国家古籍整理出版专项经费资助项目

資治通鑑

图文注释本

一

周国林　主编

岳麓書社·长沙

前 言

（一）

中国古代史部书籍，对社会发生长久影响，受到人们极大关注的，早期的当数司马迁的《史记》，一千一百多年后，则有宋代司马光《资治通鉴》的问世。要了解《资治通鉴》（以下简称《通鉴》）这部书，得先从司马光这个人说起。

司马光（1019—1086），字君实，陕州夏县（今山西夏县）人。他出生于官宦之家，据说是西晋安平献王司马孚的后裔。父亲司马池以进士起家，官至三司副使、天章阁待制。宋真宗天禧三年（1019），司马池做光州光山（今河南光山）知县时，夫人蒲氏生下第二个儿子，所以把这个儿子取名为司马光。

司马光自幼受到家庭的严格教育，养成勤奋好学的习惯。朱熹《三朝名臣言行录》引录他的话说："书不可不成诵，或在马上，或在中夜不寝，时咏其文，思其义，所得多矣。"学问增进后，文章也写得古朴淳厚，有西汉的风格。二十岁时，便考中了进士。不久，父母先后亡故，他服丧数年。除服后，入京为官。仁宗末年，官至天章阁待制兼侍讲。英宗（1064—1067 年在位）时，进位龙图阁直学士。神宗（1068—1085 年在位）即位后，任翰林学士兼侍读学士、御史中丞。在王安石推行变法时，司马光极力反对。神宗没有接受司马光的意见，司马光政治上一时失意，便退居洛阳，六任冗官，达十五年之久。在哲宗以冲龄登位后，太皇太后高氏听政。高氏不满新法，立即起用司马光为门下侍郎，不久又任尚书左仆射。司马光大行其道，废除新法，竟然在生命的最后两年中，成为际会风云、左右时局的人物。去世后，太皇太后与皇帝亲临其丧，追赠他为太师、温国公，所以后人又称司马光为司马温公。

然而，真正使司马光名垂千古的，不在于他的政治活动，而是他的学术事业。不过他的政治经历，对他学术视野的拓展和境界的提升，是不无益处的。

司马光计划修纂一部编年体史书，是在仁宗嘉祐（1056—1063）年间。有感于《春秋》之后一千多年的历史记述，从《史记》到《五代史》的纪传体史书，长达一千五百多卷，读书人历年莫能竟其篇第，毕世不暇举其大意，他决心要编写一部简明通史，来解决这个问题。他首先编了一部上起战国、下至五代的大事年表，扼要记载历代治乱兴衰之迹，名为《历年图》。后来，又完成了反映周秦两代的八卷本《通志》。《通志》的上限，不始于上古，而始于战国，其用意在于上接《春秋左氏传》。《左传》叙事至智伯之事止，《通志》托始于魏、赵、韩初命为诸侯一事，而文中却追溯到智伯灭亡，正好与《左传》衔接。《通志》进奏英宗后，引起重视。英宗下令司马光"编修历代君臣事迹"，续成八卷以下的未竟之篇。鉴于这项工作的艰巨性，英宗同意司马光设立书局，自行选择协修人员。神宗即位后，司马光进读《通志》，神宗以其"鉴于往事，有资于治道"，赐书名为《资治通鉴》，并且写了一篇序文，鼓励司马光继续编成此书。

书局设立后，最主要的协修人员是刘攽（1023—1089）、刘恕（1032—1078）和范祖禹（1041—1098）。这三人的史学造诣都很高，各自负责一个时段的资料收集。他们遍阅旧史，并旁采诸家传记，所见杂史诸书达三百多种，在加以考辨后整理为资料长编，给司马光的主编工作打下良好的基础。司马光之子司马康曾对好友晁说之说过："《资治通鉴》之成书，盖得人焉。《史记》、前后《汉》则刘贡甫（攽），自三国历七朝而隋则刘道原（恕），唐迄五代则范纯甫（祖禹）。此三公者，天下之豪英也。"

资料汇集后，剪裁的工夫仍然很艰巨。司马光在《进资治通鉴表》中，说自己"研精极虑，穷竭所有，日力不足，继之以夜……抉擿幽隐，校计豪厘"，"臣之精力，尽于此书"，是一点也无夸张的。《通鉴》以“资治”为目的,必须围绕这个重心选材。加之长编的编纂原则是“宁失于繁,毋失于略”,删订时要削去不少记事,相当费心,像唐史资料六七百卷,司马光至少花了三四年时间,才定稿为八十一卷。更费心力的是,资料长编原本来自于几百种书籍,文笔各有不同,要依照统一的体例、风格加以编排,这比重新写作更难得多。人们常说,《通鉴》写得好。事实上,主要不是“写”得好,是“编”得好。将来源于不同书籍中的资料汇集在一起,稍加润色,起承转合,使其浑然一体,如出一手,这是真正的大本事。金毓黼先生《中国史学史》曾取《通鉴》与荀悦《汉纪》相比较,说:“凡前汉十二帝之纪事,虽不出荀悦所纪之范围,而与《汉纪》之面目则大异,盖取《史》《汉》之文,徐徐自出手眼,冶于一炉,创为新作。试取其书观之,无一语不出于《史》《汉》,而无一处全袭《史》《汉》。非特前汉为然,全书无不如是,所谓剥肤存液,取精用宏,神明变化,不可方物者,非《通鉴》一书不足以当之,此所以为冠绝古今之作也。”

《通鉴》也有“写”得好的地方,那就是他的史论。对各种人物和事件,司马光有所感触,便以“臣光曰”起头而发表评论,长者千余言,短者数十字,无不苦心孤诣,戛戛独造,这些地方最足以显示他的历史观、社会观和史学思想。全书中,司马光的史论有一百一十八篇。另外他还选录前人议论九十七篇,基本上是他所认同的。虽然其间也有今日看来失当甚至陈腐平庸的见解,但却绝无凿空立论、无病呻吟之弊,是读者可以特别留意之处。

(二)

经过十九年的努力,《通鉴》修纂完毕。全书二百九十四卷,始于周威烈王二十三年(前403),终于后周显德六年(959),按照周、秦、汉、魏直至后周的次序,记载十六代、共一千三百六十二年的历史。全书体大思精,网罗繁富,虽笔削甚严,仍达三百万言。一千多年中有关国家盛衰、生民休戚,尤其是善可为法、恶可为戒的大事,尽载入书中。宋代以来学者一致公认,这是我国第一部规模宏伟、成就空前的编年体通史。

《通鉴》的修成，是中国史学史上的一个创举。本来，编年体是最早的史书体裁，但自从以《史记》为代表的纪传体史书取得"正史"地位后，编年体渐趋式微。《通鉴》一出，编年体出现复兴势头。以《通鉴》的补编、续编而言，较著名的便有刘恕的《通鉴外纪》、李焘(1115—1184)的《续资治通鉴长编》、李心传(1164—1242)的《建炎以来系年要录》、徐乾学(1631—1694)的《资治通鉴后编》、毕沅(1730—1797)的《续资治通鉴》和夏燮(1800—1875)的《明通鉴》。诚如浦起龙《史通通释》所言：编年体得《通鉴》之助，"而后史家二体到今两行，坠绪复续，厥功伟哉！"

由于《通鉴》内容浩博，叙述史实前后相隔，南宋人袁枢(1131—1205)有感及此，将《通鉴》史实归纳为二百三十九个事目，依次叙述每个事件的经过，编纂成《通鉴纪事本末》，以便观览。结果"文省于纪传，事豁于编年"，为读者了解史迹的原因结果以为鉴往知来之用，开了新途径。这完全是受《通鉴》之益，成为"善抄书者可以成创作"的典型，无意中创立出以事件为主体的纪事本末体来。此体一出，又催生出从古代到晚清的多种纪事本末体史书。至于朱熹据《通鉴》而作《纲目》，派生出纲目体来，也多少对史学影响的扩大起了些作用。

《通鉴》的修成，更是中国文化史上的大事。一代代的学者因此更加注重史学的借鉴作用，希望从历史上吸取经验教训，获得智慧，为社会的长治久安出谋划策，为个人的立身处世确立去就原则，因而潜心研习。宋代学者中，洪迈曾经手抄《通鉴》三遍，张仲隆以"通鉴"名其书斋，王应麟为《通鉴》撰《答问》，称"自有书契以来，未有如《通鉴》者"。倪思则在其《经鉏堂杂志》卷二中，把《通鉴》和群经之首的《周易》相提并论，说："《易》以明天地万物之理，《通鉴》纪治乱兴亡之迹。推其理而知其盈虚，考其迹而究其得失，是其学也有用，其于用也，斯为有益。予昔之学贪多务得，余今之学捐华摘实。手此二书，朝夕䌷绎，迨其久也，怡然理会，涣然冰释，寂然不动，退藏于密。"他们对《通鉴》的尊崇，已近乎神化了。元初，胡三省为《通鉴》作注，《自序》说："为人群而不知《通鉴》，则欲治而不知自治之源，恶乱而不知防乱之术；为人臣而不知《通鉴》，则上无以事君，下无以治民；为人子而不知《通鉴》，则谋事必至于辱先，作事不足以垂后。乃如用兵行师，创法立制，而不知迹古人之所以得，鉴古人之所以失，则求胜而败，图利而害，此必然者也。”这是就《通鉴》的功能而言。明末清初学者王夫之写出了传世之作《读通鉴论》，其《叙论四》在书名上做文章说：“旨深哉！司马氏之名是编也。曰资治者，非知治知乱而已也，所以为力行求治之资也。”“鉴者，能别人之妍媸，而整衣冠，尊瞻视者，可就正焉……故论鉴者，于其得也，而必推其所以得；于其失也，而必推其所以失。其得也，必思易其迹而何以亦得，其失也，必思就其偏而何以救失，乃可为治之资，而不仅如鉴之徒县(悬)于室、无与炤之者也。”“其曰通者何也？君道在焉，民情在焉，边防在焉，臣谊在焉，士之行己以无辱者在焉，学之守正而不陂者在焉。虽扼穷独处，而可以自淑，可以诲人，可以知道而乐，故曰通也。”后来，王鸣盛在《十七史商榷》中说得更为直截了当：“此天地间必不可无之书，亦学者必不可不读之书。”凭着这样的共识，经过无数学者的努力，《通鉴》的研究已经形成为一门《通鉴》学。

《通鉴》详于政治和军事，历代政治家、军事家对《通鉴》的痴迷程度，绝对不低于学者。宋神宗在所撰序中称赞《通鉴》：“其所载明君、良臣，切摩治道，议论之精语，德刑之善制，天人相与之际，休咎庶证之原，威福盛衰之本，规模利害之效，良将之方略，循吏之条教，断之以邪正，要之以治忽，辞令渊厚之体，箴谏深切之义，良谓备焉……列于户牖之间而尽古今之统，博而得其要，简而周于事，是亦典刑之总会、册牍之渊林矣。”后世政治、军事史上的人物，如近代史上的曾国藩、现代史上的毛泽东，他们毕生钻研《资治通鉴》，鉴前世之兴衰，考当时之得失，其认识之深刻，一般学者也难以望其项背。曾国藩认为，六经以外另有七书，能通其一即为成学，《通鉴》即为七书之一。他在《与罗少村书》中说：“窃以先哲经世之书，莫善于司马文正公《资治通鉴》。其论古皆折衷至当，开拓心胸。如因三家分晋而论名分，因曹魏移祚而论风俗，因蜀汉而论正闰，因樊英而论名实，皆能穷物之理、执圣之权。又好叙兵事所以得失之由，脉络分明；又好详名公巨卿所以兴家败家之故，使士大夫怵然知戒，实六经以外不刊之典也。”毛泽东熟读《通鉴》，重在一个用字。他曾对史学家吴晗说：“《资治通鉴》这部书写得好，尽管立场观点是封建统治阶级的，但叙事有法，历代兴衰治乱本末毕具，我们可以批判地读这部书，借以熟悉历史事件从中汲取经验教训。”他还亲自过问《通鉴》的古为今用之事，把校点《通鉴》的任务，交给吴晗组织力量去完成。总之，在政治军事人物眼中，《通鉴》是史书，更是一部政治军事的教科书。他们从《通鉴》中吸取政治智慧、军事谋略，所发生的效用是纸上谈兵的人所不可比拟的。“历史”通过他们之手，和现实发生关联，可谓《通鉴》“资治”之极致！

自然，《通鉴》也不是没有瑕疵的。近人张煦侯的《通鉴学》，曾从编纂学的角度论及《通鉴》得失，以为其得在合纪传表志而为一编，合独断考索而为一手，合史学文学而为一家，而其失亦有三端，即系年方式之过整，文化史料之太略，作者情感之或偏。不偏不倚，可谓公允的评论。善读书者，自可取其长而避其短。

（三）

历史上有价值的著作，总有注释之作出现。司马光的门人刘安世曾撰《音义》十卷，世已无传。南宋时期，有所谓司马康的释文，因刻于海陵，世称“海陵本”，属伪托之本。另外，还有史炤的释文，以及蜀州广都费氏的《通鉴音释》。宋元之际，胡三省用数十年工夫为《通鉴》作注，成为最佳注本。胡三省发扬司马光“考异法”的治学精神，对《通鉴》史文进行了一次考订，使注释工作立于坚实的史料基础之上。注释中他指出了前史及其前人注释中的不少错误，引用大量材料对《通鉴》史文作了补充和解释，使史文更加明晰。地理方面，对地理位置、沿革析置、兵事设险、政治更动、租赋收纳之类，注释相当丰富。文字音义的训释数量大，且有不少独到之处，把古音、今音、字义以及方言解释得一清二楚。可以说，这是今日阅读《通鉴》时最值得关注的古代注本。

不过，对于普通读者来说，用当代语言加以注释，或许更便于他们阅读。为此,我们曾于20年前有过注译之作。现在,应岳麓书社之约,我们将当时的注释加以修订,以应社会的需求。工作过程中,我们比较重视历史典故、地理沿革、事件因果、关键人物、疑难字词的训释。对一些难认的字,还加以注音。这些,都是试图为读者扫除一些阅读过程中的障碍,读懂这部史学经典之作。

《通鉴》问世后,刊本较多。就宋本而言,有所谓十二行本,甲、乙十五行本,十四行本,甲、乙十六行本,甲、乙十一行本,传校北宋本,达九种之多。明代刊本,孔天胤本较为知名。我们本次注释,底本采用的是清代胡克家翻刻的元刊胡三省注本。一是因为该本为精校本,二是因为有中华书局的成果可以借鉴。新中国成立后,党和政府高度关心古籍整理事业,《通鉴》是国家组织人力校点的第一部大型古籍,达到了较高水准,至今仍值得信赖。这在学术界,当无异议。

注释过程中,各人注释风格和重点不尽一致,有些词语因翻检不便,而前后皆出注,想必读者对此是可以接受的。当然,限于水平,注释中存在着不准确甚至不妥之处,则是需要在今后改正的。因此,恳请读者不吝赐正,以供修订之用。

周国林

2009年12月于武汉桂子山

注释人员简介

（以注释先后次序排列）

李国祥 广东省梅县人，1934 年 12 月 25 日生。华中师范大学历史文化学院教授、博士生导师，曾任历史文献研究所所长。主要从事古籍整理研究，参与编撰出版的论著有《古籍整理研究（八种）》《国学知识指要》《尚书选译》等。本书注释第 1～12 卷。

姚伟钧 湖北省武汉市人，1953 年 8 月 4 日生。华中师范大学历史学博士。现为华中师范大学历史文化学院教授、博士生导师。著有《中国饮食礼俗与文化史论》《世界主要文化传统概论》等书。本书注释第 13～27 卷。

汤建英 湖北省黄梅县人，1932 年 1 月 25 日生。1957 年毕业于华中师范学院历史系。长期从事高校行政管理工作。1978 年调回华中师范大学历史文献研究所工作。与人合编《明实录类纂》中《人物传记卷》《北京史料卷》《广西史料卷》《涉外史料卷》《宫廷史料卷》等书。本书注释第 28～43 卷。

王玉德 湖北省武汉市人，1954 年 4 月 30 日生。华中师范大学历史学博士。现为华中师范大学历史文化学院教授、博士生导师。著有《中华五千年生态文化》《神秘主义与中国近代社会》《发生与交融》等书。本书注释第 44～57 卷。

谭汉生 湖南省双峰县人，1958 年 5 月 22 日生。华中师范大学历史学硕士。现为华中师范大学历史文化学院副教授、硕士生导师。著有《春秋韬略》《儒家论立身之本》等书。本书注释第58～74卷。

周国林　湖北省枝江县人,1953年5月3日生。华中师范大学历史学博士。现为华中师范大学历史文化学院教授、博士生导师。著有《战国迄唐田租制度研究》《中华大谋略》《大唐西域记注译》等书。本书注释第75～118、226～240卷。

刘韶军　山东省莱州市人,1954年3月28日生。华中师范大学历史学博士。现为华中师范大学历史文化学院教授、博士生导师。著有《太玄校注》《太玄集注》《儒家学习思想研究》等书。本书注释第119～144卷。

高华平　湖北省监利县人,1962年6月27日生。南京大学文学硕士,武汉大学哲学博士。现为华中师范大学文学院教授、博士生导师。著有《魏晋玄学人格美研究》等书七部,发表学术论文六十多篇。本书注释第145～155卷。

董恩林　湖北省阳新县人,1956年11月6日生。华中师范大学历史学博士。现为华中师范大学历史文化学院教授、博士生导师。著有《唐代老学:重玄思辨中的理身理国之道》《唐代〈老子〉诠释文献研究》等书。本书注释第156～166卷。

陈蔚松　湖北省枝江县人,1944年1月17日生。华中师范大学历史学硕士。现为华中师范大学历史文化学院教授。著有《汉代考选制度》《李贽文选译》等书。本书注释第167～184卷。

庞子朝　河南省新野县人,1935年10月17日生。华中师范学院中文系毕业,古汉语讲师。1983年后,为华中师范大学历史文献研究所副研究员。与人合著《三网集》,发表学术论文四十余篇。本书注释第185~199卷。

杨昶 湖北省武汉市人,1948年9月29日生。华中师范大学历史学硕士。现为华中师范大学历史文献研究所教授。著有《勉行集》《国学知识指要·辨伪学讲义》《中华测字术》《神秘文化典籍大观》《占候解读》《出土文献探赜》等书。本书注释第200~213卷。

张三夕 湖北省鄂州市人,1953年9月30日生。南京大学文学硕士,华中师范大学历史学博士。曾在湖北大学中文系、华中师范大学历史文献研究所、海南大学文学院等校任教。现任华中师范大学文学院教授、博士生导师。著有《批判史学的批判》《死亡之思与死亡之诗》《通往历史的个人道路》等书。本书注释第214~225卷。

崔曙庭 湖南省宁乡县人,1926年4月生。1956年毕业于华中师范学院历史系,留校任教,后被聘为研究员,一直至1988年退休。主要从事历史文献整理和研究工作,参与注释和翻译二十四史和《资治通鉴》等古籍多部,著有《历史文献研究论丛》一书。本书注释第241~254卷。

顾志华 浙江省宁波市人,1945年1月22日生。北京大学历史系毕业,南京大学文学硕士。现任华中师范大学历史文献研究所教授。合著有《中国史学名著题解》《中国古代学者百人传》《李贽文选译》等。本书注释第255~268卷。

李晓明 安徽省淮南市人,1958年11月生。华中师范大学历史学博士、华中师范大学历史文献研究所教授,主要从事历史文献学、中国史学史等学科的教学和科研工作,著有《唐诗历史观念研究》《〈晋书〉志文校勘拾遗》《唐修〈晋书〉志文考辨》《〈晋书斠注〉散论》等学术论著。本书注释第269~284卷。

宋传银　湖北省洪湖市人,1965 年 4 月 30 日生。华中师范大学历史学博士。现为江汉大学人文学院副教授。著有《湖北历史人口研究》等书。本书注释第 285 ~294 卷。

资治通鉴序　御制

朕惟君子多识前言往行以畜其德，故能刚健笃实，辉光日新。《书》亦曰："王，人求多闻，时惟建事。"《诗》、《书》、《春秋》，皆所以明乎得失之迹，存王道之正，垂鉴戒于后世者也。

汉司马迁紬石室金匮之书，据左氏《国语》，推《世本》、《战国策》、《楚汉春秋》，采经摭传，罔罗天下放失旧闻，考之行事，驰骋上下数千载间，首记轩辕，至于麟止，作为纪、表、世家、书、传，后之述者不能易此体也。惟其是非不谬于圣人，褒贬出于至当，则良史之才矣。

若稽古英考，留神载籍，万机之下，未尝废卷。尝命龙图阁直学士司马光论次历代君臣事迹，俾就秘阁翻阅，给吏史笔札，起周威烈王，讫于五代。光之志以为周积衰，王室微，礼乐征伐自诸侯出，平王东迁，齐、楚、秦、晋始大，桓、文更霸，犹托尊王为辞以服天下；威烈王自陪臣命韩、赵、魏为诸侯，周虽未灭，工制尽矣！此亦古人述作造端立意之所繇也。其所载明君、良臣，切摩治道，议论之精语，德刑之善制，天人相与之际，休咎庶证之原，威福盛衰之本，规模利害之效，良将之方略，循吏之条教，断之以邪正，要之于治忽，辞令渊厚之体，箴谏深切之义，良谓备焉。凡十六代，勒成二百九十四卷，列于户牖之间而尽古今之统，博而得其要，简而周于事，是亦典刑之总会、册牍之渊林矣。

荀卿有言："欲观圣人之迹，则于其粲然者矣，后王是也。"若夫汉之文、宣，唐之太宗，孔子所谓"吾无间焉"者。自余治世盛王，有惨怛之爱，有忠利之教，或知人善任，恭俭勤畏，亦各得圣贤之一体，孟轲所谓"吾于《武成》取二三策而已"。至于荒坠颠危，可见前车之失;乱贼奸宄,厥有履霜之渐。《诗》云:“商鉴不远,在夏后之世。”故赐其书名曰《资治通鉴》,以著朕之志焉耳。

治平四年十月初开经筵,奉圣旨读《资治通鉴》。其月九日,臣光初进读,面赐御制序,令候书成日写入。

进 书 表

臣光言：先奉敕编集历代君臣事迹，又奉圣旨赐名《资治通鉴》，今已了毕者。

伏念臣性识愚鲁，学术荒疏，凡百事为，皆出人下，独于前史，粗尝尽心，自幼至老，嗜之不厌。每患迁、固以来，文字繁多，自布衣之士，读之不遍，况于人主，日有万机，何暇周览！臣常不自揆，欲删削冗长，举撮机要，专取关国家盛衰，系生民休戚，善可为法，恶可为戒者，为编年一书，使先后有伦，精粗不杂，私家力薄，无由可成。

伏遇英宗皇帝，资睿智之性，敷文明之治，思历览古事，用恢张大猷，爰诏下臣，俾之编集。臣夙昔所愿，一朝获伸，踊跃奉承，惟惧不称。先帝仍命自选辟官属，于崇文院置局，许借龙图、天章阁、三馆、秘阁书籍，赐以御府笔墨缯帛及御前钱以供果饵，以内臣为承受，眷遇之荣，近臣莫及。不幸书未进御，先帝违弃君臣。陛下绍膺大统，钦承先志，宠以冠序，赐之嘉名，每开经筵，常令进读。臣虽顽愚，荷两朝知待如此其厚，陨身丧元，未足报塞，苟智力所及，岂敢有遗！会差知永兴军，以衰疾不任治剧，乞就冗官。陛下俯从所欲，曲赐容养，差判西京留司御史台及提举西京嵩山崇福宫，前后六任，仍听以书局自随，给之禄秩，不责职业。臣既无他事，得以研精极虑，穷竭所有，日力不足，继之以夜。遍阅旧史，旁采小说，简牍盈积，浩如烟海，抉擿幽隐，校计豪厘。上起战国，下终五代，凡一千三百六十二年，修成二百九十四卷；又略举事目，年经国纬，以备检寻，为目录三十卷；又参考群书，评其同异，俾归一途，为考异三十卷：合三百五十四卷。自治平开局，迨今始成，岁月淹久，其间抵牾，不敢自保，罪负之重，固无所逃。臣光诚惶诚惧，顿首顿首。

重念臣违离阙庭，十有五年，虽身处于外，区区之心，朝夕寤寐，何尝不在陛下之左右！顾以驽蹇，无施而可，是以专事铅椠，用酬大恩，庶竭涓尘，少裨海岳。臣今骸骨癯瘁，目视昏近，齿牙无几，神识衰耗，目前所为，旋踵遗忘。臣之精力，尽于此书。伏望陛下宽其妄作之诛，察其愿忠之意，以清闲之宴，时赐省览，监前世之兴衰，考当今之得失，嘉善矜恶，取是舍非，足以懋稽古之盛德，跻无前之至治，俾四海群生，咸蒙其福，则臣虽委骨九泉，志愿永毕矣。

谨奉表陈进以闻。臣光诚惶诚惧，顿首顿首，谨言。

端明殿学士兼翰林侍读学士太中大夫提举西京嵩山崇福宫上柱国河内郡开国公食邑二千六百户食实封一千户臣司马光上表

元丰七年十一月进呈

检阅文字承事郎臣司马康

同修奉议郎臣范祖禹

同修秘书丞臣刘　恕

同修尚书屯田员外郎充集贤校理臣刘　攽

编集端明殿学士兼翰林侍读学士太中大夫臣司马光

第一册目录

资治通鉴卷第一

周纪一　起著雍摄提格[1]，尽玄黓困敦，凡三十五年。

威　烈　王[2]

二十三年　初命晋大夫魏斯、赵籍、韩虔为诸侯[3]。

臣光曰[4]：臣闻天子之职莫大于礼，礼莫大于分[5]，分莫大于名[6]。何谓礼？纪纲是也。何谓分？君、臣是也。何谓名？公、侯、卿、大夫是也。

夫以四海之广，兆民之众[7]，受制于一人，虽有绝伦之力，高世之智，莫敢不奔走而服役者，岂非以礼为之纲纪哉！是故天子统三公[8]，三公率诸侯，诸侯制卿大夫，卿大夫治士庶人。贵以临贱，贱以承贵。上之使下犹心腹之运手足，根本之制支叶，下之事上犹手足之卫心腹，支叶之庇本根，然后能上下相保而国家治安。故曰天子之职莫大于礼也。

文王序《易》，以《乾》《坤》为首。孔子系之曰[9]："天尊地卑，乾坤定矣。卑高以陈，贵贱位矣。"言君臣之位犹天地之不可易也。《春秋》抑诸侯，尊周室，王人虽微，序于诸侯之上，以是见圣人于君臣之际未尝不惓惓也[10]。非有桀、纣之暴，汤、武之仁，人归之，天命之，君臣之分当守节伏死而已矣。是故以微子而代纣则成汤配天矣[11]，以季札而君吴则太伯血食矣[12]，然二子宁亡国而不为者，诚以礼之大节不可乱也。故曰礼莫大于分也。

夫礼，辨贵贱，序亲疏，裁群物，制庶事，非名不著，非器不形[13]；名以命之，器以别之，然后上下粲然有伦，此礼之大经也。名器既亡，则礼安得独在哉！昔仲叔于奚有功于卫[14]，辞邑而请繁缨[15]，孔子以为不如多与之邑。惟名与器，不可以假人，君之所司也；政亡则国家从之。卫君待孔子而为政，孔子欲先正名，以为名不正则民无所措手足[16]。夫繁缨，小物也，而孔子惜之；正名，细务也，而孔子先之：诚以名器既乱则上下无以相保故也。夫事未有不生于微而成于著，圣人之虑远，故能谨其微而治之，众人之识近，故必待其著而后救之；治其微则用力寡而功多，救其著则竭力而不能及也。《易》曰"履霜坚冰至"[17]，《书》曰"一日二日万几"[18]，谓此类也。故曰分莫大于名也。

呜呼！幽、厉失德，周道日衰，纲纪散坏，下陵上替，诸侯专征，大夫擅政，礼之大体什丧七八矣，然文、武之祀犹绵绵相属者，盖以周之子孙尚能守其名分故也。何以言之？昔晋文公有大功于王室[19]，请隧于襄王[20]，襄王不许，曰："王章也。未有代德而有二王，亦叔父之所恶也[21]。不然，叔父有地而隧，又何请焉！"文公于是惧而不敢违。是故以周之地则不大于曹、滕，以周之民则不众于邾、莒，然历数百年，宗主天下，虽以晋、楚、齐、秦之强不敢加者，何哉？徒以名分尚存故也。至于季氏之于鲁[22]，田常之于齐[23]，白公之于楚[24]，智伯之于晋[25]，其势皆足以逐君而自为，然而卒不敢者，岂其力不足而心不忍哉，

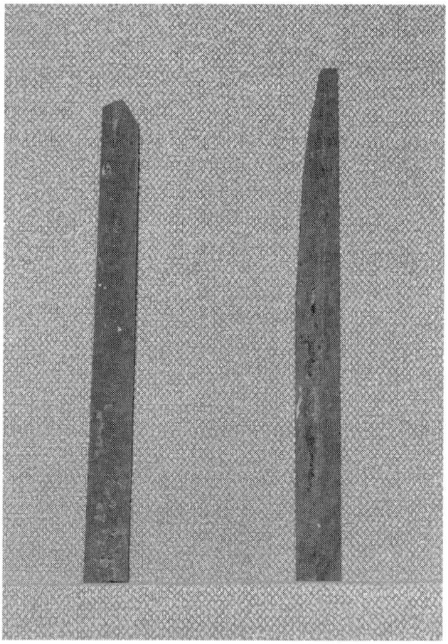

侯马盟书

乃畏奸名犯分而天下共诛之也。今晋大夫暴蔑其君，剖分晋国[26]，天子既不能讨，又宠秩之，使列于诸侯，是区区之名分复不能守而并弃之也。先王之礼于斯尽矣！

或者以为当是之时，周室微弱，三晋强盛，虽欲勿许，其可得乎！是大不然。夫三晋虽强，苟不顾天下之诛而犯义侵礼，则不请于天子而自立矣。不请于天子而自立，则为悖逆之臣，天下苟有桓、文之君，必奉礼义而征之。今请于天子而天子许之，是受天子之命而为诸侯也，谁得而讨之！故三晋之列于诸侯，非三晋之坏礼，乃天子自坏之也。

呜呼！君臣之礼既坏矣，则天下以智力相雄长，遂使圣贤之后为诸侯者，社稷无不泯绝，生民之类糜灭几尽，岂不哀哉！

【注释】

①著雍摄提格：这是我国古代用于纪年的干支别名。在《尔雅·释天》《史记·历书》里都有记载，两书记载的文字有些差异。《资治通鉴》采用《尔雅·释天》所载干支别名。今据之列为对应表如下：

《尔雅·释天》所载天干别名	阏（yān 烟）逢	旃（zhān 毡）蒙	柔兆	强圉（yǔ 予）
天干	甲	乙	丙	丁

《尔雅·释天》所载天干别名	著（chú 除）雍	屠维	上章	重光	玄黓（yì 亦）	昭阳
天干	戊	己	庚	辛	壬	癸

《尔雅·释天》所载地支别名	困敦	赤奋若	摄提格	单阏（dān yān 丹烟）	执徐	大荒落
地支	子	丑	寅	卯	辰	巳
《尔雅·释天》所载地支别名	敦牂	协洽	涒（tūn 吞）滩	作噩	阉茂	大渊献
地支	午	未	申	酉	戌	亥

②威烈王：即姬午，周考王之子。威烈是谥号。谥号是古代的帝王、大臣、贵族等死后，按其生前事迹评定的带有褒贬意义之称号。称号所用的字词，一般取自于《谥法》（《谥法》，见《逸周书·谥法解》）。帝王的

谥，由礼官议定，臣子的谥，由朝廷赐予。谥号通常只用一个字，这里威烈是两个字的复谥，较少见。《谥法》上没有两个字连在一起的谥号。按《谥法》，“猛以刚果曰威”，“有功安民曰烈”。　③“初命”句：魏、赵、韩三家，世代为晋国大夫，对周朝来说是陪臣。三家瓜分晋权，当时是破坏礼制的行为，威烈王竟首次命这些大夫为诸侯。《资治通鉴》谴责周天子崇奖侵礼犯分、自己坏乱礼制的做法，并以此为史鉴首事。《资治通鉴》全书自始至终，贯串了卫护礼制名分的主导思想。　④臣光曰：“臣光曰”是《资治通鉴》的重要组成部分，是针对篇中所载述的典型史事发表的评论，也就是“史论”。它既集中地反映了司马光的政治意识、历史观点，又表明了载述该史事的意图，体现了他“穷探治乱之迹，上助圣明之鉴”的编写目的。《资治通鉴》对史事的评论，除标明“臣光曰”的之外，引载前人评论的情况也不少。　⑤分（fèn 奋）：职分，名分，指人的地位和身份。　⑥名：名位，名号身份，即官职。　⑦兆民：众多人民。兆，形容数目极多。古代有十万曰亿、十亿曰兆的说法，是表示很多的意思。　⑧三公：对于周代的三公，有两种传统的说法。一说司马、司徒、司空为三公；一说太师、太傅、太保为三公。　⑨“孔子”句：据说孔子为《周易》作了《系辞传》。它是《易传》思想的代表作，是解释《易》的《十翼》中的两篇。系，系属，是说系属其辞于爻卦之下。　⑩惓惓（quán quán 拳拳）：诚恳，深切。　⑪微子：据《史记·殷本纪》记载，商朝帝乙有三子，长子微子启，次子中衍，第三子为纣。帝乙想立微子启为太子，太史认为微子启是妾所生，不当立，当立妻所生子纣。微子有贤才，曾劝谏过纣王。成汤：即商汤，商朝的建立者，甲骨文里称唐或大乙。配天：古人以为万物本于天，人本于祖，祖与天可以相配，所以王者都以自己之祖配天。这里是指汤可以永远成为王者之祖以配天，宗庙祭祀不绝。
⑫季札：吴王寿梦的第四子，有贤才。寿梦想立季札继位，季札辞让不受，结果传位给长子诸樊。诸樊死后，传位给次子馀眛。本可兄弟依次相传，最后传位给季札，但季札最后辞让逃避。吴国发生了诸樊之子光与馀眛之子僚争立的局面。当传位至夫差后，吴国终于灭亡。太伯：吴立国的国君。血食：因宗庙祭祀用杀牲，所以称血食。　⑬器：这里指名爵等级不同所享用不同规格的车马服饰等。　⑭仲叔于奚：人名。据《左传》记载，卫国的孙桓子率军与齐国在新筑开战，卫军战败。新筑人仲叔于奚救了孙桓子免于死难，立了大功。　⑮繁（pán 盘）缨：或作“樊缨”，古代天子诸侯驾车的马之服饰，即马的带饰。繁，通“鞶”，马腹

带。缨，马颈革带。 ⑯以上三句：节引自《论语·子路篇》。 ⑰履霜坚冰至：《周易》里《坤》卦初六的爻辞。初六指《坤》卦最下面的阴爻。这爻辞的含义是，当开始践踏到大地上的白霜时，就要想到大地结坚冰的严冬即将来临。 ⑱一日二日万几：这句话见《尚书·皋陶谟》，意思是，一天天都在发生着许多隐微的事情，应谨慎对待。一日二日，指每天。几，微小，潜隐。 ⑲晋文公有大功于王室：这件事在《左传》的《僖公二十四年》及《二十五年》，以及《国语·晋语四》《国语·周语中》都有记载。周襄王之弟太叔带为争夺王位，引狄人攻打襄王，襄王离开成周到郑国，住在氾地，晋文公重耳率军救难，杀死太叔带，送周襄王回王城。 ⑳请隧：请求死后可以依照开地作墓道送棺柩进墓室的礼制举行丧葬。这是当时王者的葬礼，诸侯只能悬柩而下葬。隧：这里指墓道。㉑叔父：古代天子称同姓诸侯为伯父、叔父。 ㉒季氏之于鲁：鲁国的大夫季氏，自季友之后，累世掌握鲁国国政。季平子时驱逐鲁昭公到齐国，季康子时驱逐鲁哀公，但他们都未敢篡国。㉓田常之于齐：田氏本为陈氏，田常即陈成子恒，他是齐国的大臣，后来杀死了大夫阚止，又杀死了国君齐简公，执掌齐国的大政，但没有篡夺齐国。 ㉔白公之于楚：楚国的白公胜作乱，杀死令尹子西、司马子期，但他不敢杀死楚惠王。 ㉕智伯之于晋：智伯在晋国各大夫中势力最大，专擅晋国国政，侵伐邻国。他攻打晋国国君晋出公，出公死后，他立了哀公骄为国君，不敢篡夺晋国。 ㉖剖分晋国：周贞定王十六年（前453）赵、韩、魏三家灭掉智氏，三分其地。从此，晋国便被赵、韩、魏三家控制、瓜分。

初，智宣子将以瑶为后[①]，智果曰[②]：“不如宵也[③]。瑶之贤于人者五，其不逮者一也。美鬓长大则贤，射御足力则贤，伎艺毕给则贤，巧文辩惠则贤，强毅果敢则贤；如是而甚不仁。夫以其五贤陵人而以不仁行之，其谁能待之？若果立瑶也，智宗必灭。”弗听。智果别族于太史[④]，为辅氏。

赵简子之子[⑤]，长曰伯鲁，幼曰无恤。将置后，不知所立，乃书训戒之辞于二简，以授二子曰：“谨识之[⑥]！”三年而问之，伯鲁不能举其辞；求其简，已失之矣。问无恤，诵其辞甚习；求其简，出诸袖中而奏之。于是简子以无恤为贤，立以为后。

简子使尹铎为晋阳[7],请曰:"以为茧丝乎[8]?抑为保障乎[9]?"简子曰:"保障哉!"尹铎损其户数[10]。简子谓无恤曰:"晋国有难,而无以尹铎为少[11],无以晋阳为远,必以为归。"

及智宣子卒,智襄子为政,与韩康子、魏桓子宴于蓝台[12]。智伯戏康子而侮段规[13]。智果闻之[14],谏曰:"主不备难[15],难必至矣!"智伯曰:"难将由我。我不为难,谁敢兴之!"对曰:"不然。《夏书》有之:'一人三失,怨岂在明,不见是图[16]。'夫君子能勤小物,故无大患。今主一宴而耻人之君相,又弗备,曰'不敢兴难',无乃不可乎!蜹、蚁、蜂、虿[17],皆能害人,况君相乎!"弗听。

【注释】

①智宣子:晋国的卿荀跞(lì 历)的儿子,名申。瑶:智宣子的儿子智伯,也称为荀瑶,死后的谥号为襄子。 ②智果:智宣子的同族。③宵:智宣子的庶子。 ④别族于太史:在太史那里另立族姓。当时太史掌管氏姓。 ⑤赵简子:名鞅。 ⑥识(zhì 志):记住。 ⑦晋阳:春秋时晋阳在今山西太原市西南晋源区。 ⑧茧丝:指抽茧丝。这里是说敛取人民的财物像抽茧丝一样,不抽尽就不停止。 ⑨保障:指筑堡垒屏障。这里是说待民宽厚,少敛取财物,让人民生活丰厚,这就像筑堡为屏障一样。 ⑩损其户数:减少户数,以使税收额减少。 ⑪而:汝,你。少:多少的少,这里指轻视,不倚重。 ⑫韩康子:名虎。魏桓子:名驹。⑬段规:韩康子的相。 ⑭智果:晋国的大夫,智氏的同族。 ⑮主:大夫的家臣称大夫为主。 ⑯以上三句:见伪《古文尚书》里的《夏书·五子之歌》。意思是,一个人有多次失误,积怨难道要等到显著时才去处置?在怨恨没显现时就应该谋划对策。 ⑰蜹(ruì 锐):蚊属小虫。虿(chài 钗去):蝎类毒虫。

智伯请地于韩康子,康子欲弗与。段规曰:"智伯好利而愎[1],不与,将伐我;不如与之。彼狃于得地[2],必请于他人;他人不与,必向之以兵,然后我得免于患而待事之变矣。"康子曰:"善。"使使者致万家之邑于智伯。智伯悦。又求地于魏桓子,桓子欲弗与。任章曰[3]:"何故弗与?"桓子曰:"无故索地,故弗与。"任章曰:"无故索地,诸大夫必惧;吾与之地,智伯必骄。彼骄而轻敌,此惧而相亲；以相亲之兵待轻敌之人，智氏之命必不长矣。《周书》曰：'将欲败之，必姑辅之。将欲取之，必姑与之[4]。'主不如与之，以骄智伯，然后可以择交而图智氏矣，奈何独以吾为智氏质乎[5]！"桓子曰："善。"复与之万家之邑一。

智伯又求蔡、皋狼之地于赵襄子[6]，襄子弗与。智伯怒，帅韩、魏之甲以攻赵氏。襄子将出，曰："吾何走乎？"从者曰："长子近[7]，且城厚完。"襄子曰："民罢力以完之[8]，又毙死以守之，其谁与我！"从者曰："邯郸之仓库实[9]。"襄子曰："浚民之膏泽以实之[10]，又因而杀之，其谁与我！其晋阳乎，先主之所属也，尹铎之所宽也，民必和矣。"乃走晋阳。

三家以国人围而灌之[11]，城不浸者三版[12]；沉灶产蛙[13]，民无叛意。智伯行水，魏桓子御，韩康子骖乘[14]。智伯曰："吾乃今知水可以亡人国也。"桓子肘康子，康子履桓子之跗[15]，以汾水可以灌安邑，绛水可以灌平阳也。絺疵谓智伯曰："韩、魏必反矣。"智伯曰："子何以知之？"絺疵曰："以人事知之。夫从韩、魏之兵以攻赵，赵亡，难必及韩、魏矣。今约胜赵而三分其地，城不没者三版，人马相食，城降有日，而二子无喜志[16]，有忧色，是非反而何？"明日，智伯以絺疵之言告二子，二子曰："此夫谗人欲为赵氏游说[17]，使主疑于二家而懈于攻赵氏也。不然，夫二家岂不利朝夕分赵氏之田，而欲为危难不可成之事乎！"二子出，絺疵入曰："主何以臣之言告二子也？"智伯曰："子何以知之？"对曰："臣见其视臣端而趋疾，知臣得其情故也。"智伯不悛[18]。絺疵请使于齐。

赵襄子使张孟谈潜出见二子，曰："臣闻唇亡则齿寒。今智伯帅韩、魏以攻赵，赵亡则韩、魏为之次矣。"二子曰："我心知其然也；恐事未遂而谋泄，则祸立至矣。"张孟谈曰："谋出二主之口，入臣之耳，何伤也！"二子乃潜与张孟谈约，为之期日而遣之。襄子夜使人杀守堤之吏，而决水灌智伯军。智伯军救水而乱，韩、魏翼而击之，襄子将卒犯其前，大败智伯之众，遂杀智伯，尽灭智氏之族。唯辅果在。

【注释】

①愎（bì 璧）：执拗，乖戾。 ②狃（niǔ 纽）：习以为常，视为当然。

③任章:魏桓子的相。　④以上所引《周书》语,是《尚书》里已佚失之篇卷中的文句。　⑤质:箭靶,或称“质的”,又通“櫍”“锧”,古代杀人用的椹垫,用以承斧、钺。　⑥蔡:即蔡邑,在今河南上蔡县西南。一说以为当此时,蔡邑不属赵所有,蔡当系“蔺”字。蔺邑,当时为赵地,在今山西吕梁市离石区西。皋狼:即皋狼邑,在今山西吕梁市离石区西北。⑦长子:邑名,在今山西长子县西南。　⑧罢(pí 裨):通“疲”,劳累。⑨邯郸:邑名,春秋时晋地,战国时赵国都城,在今河北邯郸市西南。⑩浚(jùn 俊):掘取,榨取。　⑪国人:西周、春秋时期居住于国都之内的人通称国人。国人有服军役、纳军赋的义务,各国军队多以国人为主力。　⑫三版:六尺高为三版,二尺高为一版。　⑬沉灶产蛙:指大水淹没庐舍,灶沉于水中,日久致生虾蟆。沉灶之后,只能悬釜而炊,即把锅釜悬吊在架子上,其下烧火作炊。　⑭骖乘:或作“参乘”,指古代乘车在车右陪乘的人。按古代乘车之法,地位尊高的人居左边,中间为御车人,右边即为骖乘。设骖乘是预防车子倾侧。　⑮跗(fū 夫):同“趺”,指脚背。　⑯二子无喜志:按原意理解,应为二子无喜意。　⑰谗(chán 馋)人:说别人坏话的人。　⑱悛(quān 圈):悔改,改过。

臣光曰:智伯之亡也,才胜德也。夫才与德异,而世俗莫之能辨,通谓之贤,此其所以失人也。夫聪察强毅之谓才,正直中和之谓德。才者,德之资也;德者,才之帅也。云梦之竹[①],天下之劲也;然而不矫揉[②],不羽括[③],则不能以入坚。棠溪之金[④],天下之利也;然而不镕范[⑤],不砥砺[⑥],则不能以击强。是故才德全尽谓之“圣人”,才德兼亡谓之“愚人”;德胜才谓之“君子”,才胜德谓之“小人”。凡取人之术,苟不得圣人、君子而与之,与其得小人,不若得愚人。何则?君子挟才以为善,小人挟才以为恶。挟才以为善者,善无不至矣;挟才以为恶者,恶亦无不至矣。愚者虽欲为不善,智不能周,力不能胜,譬如乳狗搏人[⑦],人得而制之。小人智足以遂其奸,勇足以决其暴,是虎而翼者也,其为害岂不多哉!夫德者人之所严,而才者人之所爱;爱者易亲,严者易疏,是以察者多蔽于才而遗于德。自古昔以来,国之乱臣,家之败子,才有余而德不足，以至于颠覆者多矣，岂特智伯哉！故为国为家者苟能审于才德之分而知所先后，又何失人之足患哉！

【注释】

①云梦之竹：指云梦出产的竹箭。云梦，春秋战国时泛指楚王的游猎区，包括今江汉平原及其东、西、北三面部分丘陵、山峦，还包括春秋时楚郢都以南的江南地。 ②矫揉：揉桡曲使之直称为矫揉。 ③羽：这里指箭翎。括：通作“筈（kuò 扩，又读 guā 瓜）”，是箭枝的末端，就是射箭时搭在弓弦上的部分。 ④棠溪之金：指棠溪出产的剑。 ⑤镕：指销镕。范：指铸造金属器物的范模。 ⑥砥砺（dǐ lì 底厉）：指磨砺使刀剑锋利。砥和砺都是磨刀石，细分之，质地精细者为砥，粗糙者为砺。 ⑦乳狗：指尚在哺乳幼狗的母狗。

三家分智氏之田。赵襄子漆智伯之头，以为饮器①。智伯之臣豫让欲为之报仇②，乃诈为刑人③，挟匕首，入襄子宫中涂厕④。襄子如厕心动，索之，获豫让。左右欲杀之，襄子曰：“智伯死无后，而此人欲为报仇，真义士也，吾谨避之耳。”乃舍之。豫让又漆身为癞，吞炭为哑。行乞于市，其妻不识也。行见其友，其友识之，为之泣曰：“以子之才，臣事赵孟⑤，必得近幸。子乃为所欲为，顾不易邪？何乃自苦如此？求以报仇，不亦难乎！”豫让曰：“既已委质为臣⑥，而又求杀之，是二心也。凡吾所为者，极难耳。然所以为此者，将以愧天下后世之为人臣怀二心者也。”襄子出，豫让伏于桥下。襄子至桥，马惊；索之，得豫让，遂杀之。

襄子为伯鲁之不立也，有子五人，不肯置后。封伯鲁之子于代，曰代成君，早卒；立其子浣为赵氏后。襄子卒，弟桓子逐浣而自立；一年卒。赵氏之人曰：“桓子立非襄主意。”乃共杀其子，复迎浣而立之，是为献子。献子生籍，是为烈侯。魏斯者，魏桓子之孙也，是为文侯。韩康子生武子；武子生虔，是为景侯。

【注释】

①饮器：饮酒的器皿。 ②豫让：姓豫名让，是智伯瑶的家臣。 ③刑人：受过刑罚、形体受损伤的人。古代多以刑人服劳役。 ④涂厕：涂刷修治厕所。 ⑤赵孟：在春秋时期，把赵宣子称为宣孟，赵文子称为

赵孟,这之后赵国继位的人就被称为赵孟。 ⑥委质:放下礼物,表示恭敬奉事。古代地位低下的人进见尊长,不敢行亲手授受之礼,把礼物放置在地上,恭敬地退出,这就是委质的本意。委,这里指放置;质,通"贽",指礼物。

魏文侯以卜子夏、田子方为师[①]。每过段干木之庐必式[②]。四方贤氏多归之。

文侯与群臣饮酒,乐,而天雨,命驾将适野。左右曰:"今日饮酒乐,天又雨,君将安之?"文侯曰:"吾与虞人期猎[③],虽乐,岂可无一会期哉!"乃往,身自罢之。

韩借师于魏以伐赵,文侯曰:"寡人与赵[④],兄弟也,不敢闻命。"赵借师于魏以伐韩,文侯应之亦然。二国皆怒而去。已而知文侯以讲于己也[⑤],皆朝于魏。魏于是始大于三晋,诸侯莫能与之争。

使乐羊伐中山[⑥],克之;以封其子击。文侯问于群臣曰:"我何如主?"皆曰:"仁君。"任座曰:"君得中山,不以封君之弟而以封君之子,何谓仁君!"文侯怒,任座趋出。次问翟璜,对曰:"仁君。"文侯曰:"何以知之?"对曰:"臣闻君仁则臣直。向者任座之言直,臣是以知之。"文侯悦,使翟璜召任座而反之,亲下堂迎之,以为上客。

文侯与田子方饮,文侯曰:"钟声不比乎[⑦]?左高[⑧]。"田子方笑。文侯曰:"何笑?"子方曰:"臣闻之,君明乐官,不明乐音。今君审于音,臣恐其聋于官也。"文侯曰:"善。"

子击出,遭田子方于道,下车伏谒。子方不为礼。子击怒,谓子方曰:"富贵者骄人乎?贫贱者骄人乎?"子方曰:"亦贫贱者骄人耳,富贵者安敢骄人?国君而骄人则失其国,大夫而骄人则失其家。失其国者未闻有以国待之者也,失其家者未闻有以家待之者也。夫士贫贱者,言不用,行不合,则纳履而去耳,安往而不得贫贱哉!"子击乃谢之。

【注释】

①卜子夏(前507—?):即卜商,春秋末晋国温地(今河南温县西南)

人，孔子的学生，曾做官为莒父宰。孔子死后，到魏国西河讲学，传播孔子的学说。李克、吴起都是他的学生。魏文侯尊他为师。田子方：战国初期人，就学于孔子的学生子贡。魏文侯尊他为师。 ②段干木：姓段干，名木，战国初期魏国人。原为晋国的市侩，就学于孔子的学生子夏。魏文侯优礼给予爵禄官职，他都不接受。式：同“轼”，车上前边的扶手板。这里用指一种礼节，即俯身按着车轼表示敬意。 ③虞人：或作“吴人”，古代掌管山泽的官。 ④寡人：诸侯自称寡人，是寡德之人的意思。⑤讲：这里是和解的意思。 ⑥乐（yuè 阅）羊：姓乐，名羊，又作乐阳，战国时魏国的将领，后封于灵寿（今河北平山县东北），其子孙世代为将。⑦比：和谐。 ⑧左高：指悬挂的编钟，左边高，所以声音不和。

文侯谓李克曰[①]：“先生尝有言曰：‘家贫思良妻，国乱思良相。’今所置非成则璜，二子何如？”对曰：“卑不谋尊，疏不谋戚。臣在阙门之外[②]，不敢当命。”文侯曰：“先生临事勿让！”克曰：“君弗察故也。居视其所亲，富视其所与，达视其所举，穷视其所不为，贫视其所不取，五者足以定之矣，何待克哉！”文侯曰：“先生就舍，吾之相定矣。”李克出，见翟璜。翟璜曰：“今者闻君召先生而卜相，果谁为之？”克曰：“魏成。”翟璜忿然作色曰：“西河守吴起[③]，臣所进也。君内以邺为忧[④]，臣进西门豹[⑤]。君欲伐中山，臣进乐羊。中山已拔，无使守之，臣进先生。君之子无傅，臣进屈侯鲋。以耳目之所睹记，臣何负于魏成！”李克曰：“子言克于子之君者[⑥]，岂将比周以求大官哉[⑦]？君问相于克，克之对如是。所以知君之必相魏成者，魏成食禄千钟[⑧]，什九在外，什一在内；是以东得卜子夏、田子方、段干木。此三人者，君皆师之；子所进五人者，君皆臣之。子恶得与魏成比也[⑨]！”翟璜逡巡再拜曰[⑩]：“璜，鄙人也，失对，愿卒为弟子！”

【注释】

①李克：战国初的政治家，曾就学于孔子的学生子夏。魏文侯灭中山国后，以子击为中山君，李克为中山相。他的政治主张主要是，爵禄给予有功劳的人，赏罚必当，招揽四方贤才。《汉书·艺文志》著录的儒家类书中有《李克》一书，早已佚失。一说李克即李悝。 ②臣在阙门之外：这里是说自己处于中央之外的疏远位置。阙门，宫城上为楼观，其下

阙而为门，也就是阙门。阙门在这里含有中央、朝廷的意思。 ③西河：又称河西。魏文侯以吴起为西河守，其所辖境在陕西东部黄河西岸地区。吴起（？—前381）：战国时兵家，卫国人。先在鲁国为将，后为魏国将，善用兵。魏文侯时为西河守，文侯死武侯继位后遭陷害，逃到楚国，官至令尹，实行变法，楚国富强。楚悼王死后，被贵族杀害。《汉书·艺文志》著录《吴起》四十八篇，已佚失。 ④邺：都邑名，在今河北临漳县西南邺镇，战国魏文侯即以邺为都。 ⑤西门豹：姓氏为西门，名豹，魏文侯任他为邺令。他破除当地“河伯娶妇”的迷信，并开凿水渠十二条，引漳水灌溉，改良土壤，发展农业生产。 ⑥“子言”句：此句第二个“子”字下本无“之”字，兹据别本补入。 ⑦比周：语出《论语·为政》：“君子周而不比，小人比而不周。”按原来的意思，周是与人团结，比是与坏人勾结。这里“比周”连用，义同“比”，即结党营私。 ⑧钟：古代量的单位。根据杜预的《左传》注，一钟为六斛四斗。古代以十斗为一斛。 ⑨恶（wū 乌）：何。 ⑩逡（qūn 囷）巡：又作逡循、逡遁，这里指退却、恐惧。

吴起者，卫人，仕于鲁。齐人伐鲁，鲁人欲以为将，起取齐女为妻，鲁人疑之，起杀妻以求将，大破齐师。或谮之鲁侯曰：“起始事曾参①，母死不奔丧，曾参绝之；今又杀妻以求为君将。起，残忍薄行人也！且以鲁国区区而有胜敌之名，则诸侯图鲁矣。”起恐得罪，闻魏文侯贤，乃往归之。文侯问诸李克，李克曰：“起贪而好色；然用兵，司马穰苴弗能过也②。”于是文侯以为将，击秦，拔五城。

吴起像

起之为将，与士卒最下者同衣食，卧不设席，行不骑乘③，亲裹赢粮④，与士卒分劳苦。卒有病疽者⑤，起为吮之。卒母闻而哭之。

人曰："子，卒也，而将军自吮其疽，何哭为？"母曰："非然也。往年吴公吮其父疽，其父战不旋踵，遂死于敌。吴公今又吮其子，妾不知其死所矣，是以哭之。"

燕湣公薨[⑥]，子僖公立。

【注释】

①曾参（前505—前436）：即孔子的学生曾子，字子舆，春秋末鲁国南武城（今山东费县）人，以孝著称。《大戴礼记》中的《曾子立事》《曾子本孝》《曾子立孝》《曾子大孝》《曾子事父母》《曾子制言》诸篇记载其言行不少，相传《大学》也是他著的。 ②司马穰苴（ráng jū 瓤居）：春秋时齐国大夫，田氏，名穰苴。任官为司马，深通兵法。奉齐景公的命令击退晋、燕军队，收复失地。战国时齐威王命大夫整理古司马兵法，并把他的兵法附入其中，称为《司马穰苴兵法》，详见《史记·司马穰苴列传》。又战国时齐将有司马穰苴，善用兵，曾执掌国政，后为齐湣王杀死。因此，有一种说法认为，所谓春秋时的司马穰苴，实系战国时司马穰苴的误传。 ③不骑乘：不骑马、不乘车。 ④赢：担负、赍担。 ⑤疽（jū 居）：痈疽。 ⑥燕（yān 烟）：本作匽、郾，周分封的诸侯国，姬姓，开国君主为召公奭。辖地在今河北北部和辽宁西端，建都于蓟（今北京西南隅）。薨（hōng 轰）：周代诸侯死去称薨。

二十四年 王崩[①]，子安王骄立。

盗杀楚声王[②]，国人立其子悼王[③]。

【注释】

①崩：天子死去称为崩。 ②楚：楚国，芈（mǐ 米）姓，始祖为鬻熊。西周时建都于丹阳（今湖北秭归县东南），常与周交战，到熊渠为国君时，疆域扩大到长江中游地区，即建都城于郢（今湖北荆州市江陵县西北纪王城）。春秋时兼并近邻小国，并与晋国争霸，楚庄王时曾成为霸主。到战国其势力鼎盛时，辖境西北达武关（今陕西商南县西北），东南及今江苏、浙江境，东北到今山东南部，西南到广西东北角。声王：名当。③悼王：名疑。

安　　王

元年　秦伐魏，至阳孤[①]。

二年　魏、韩、赵伐楚，至桑丘[②]。

郑围韩阳翟[③]。

韩景侯薨，子烈侯取立。

赵烈侯薨，国人立其弟武侯。

秦简公薨，子惠公立。

三年　王子定奔晋。

虢山崩[④]，壅河。

四年　楚围郑。郑人杀其相驷子阳[⑤]。

五年　日有食之。

三月，盗杀韩相侠累。侠累与濮阳严仲子有恶[⑥]。仲子闻轵人聂政之勇[⑦]，以黄金百溢为政母寿[⑧]，欲因以报仇。政不受，曰："老母在，政身未敢以许人也！"及母卒，仲子乃使政刺侠累。侠累方坐府上，兵卫甚众，聂政直入上阶，刺杀侠累，因自皮面决眼[⑨]，自屠出肠。韩人暴其尸于市，购问[⑩]，莫能识。其姊嫈闻而往，哭之曰："是轵深井里聂政也[⑪]！以妾尚在之故，重自刑以绝从[⑫]。妾奈何畏殁身之诛，终灭贤弟之名！"遂死于政尸之旁。

六年　郑驷子阳之党弑繻公[⑬]，而立其弟乙，是为康公。

宋悼公薨，子休公田立。

【注释】

①阳孤：据《史记·魏世家》记载作"阳狐"，地名应是阳狐，其地在今河北大名县东北。　②桑丘：《史记》作"乘丘"，乘丘在今山东巨野县西南。　③阳翟（dí 狄，又读 zhái 宅）：地名，在今河南禹州市。相传夏禹建都于此，战国时属韩国。　④虢（guó 国）山：在今河南三门峡市陕县区西。　⑤驷子阳：驷是姓氏，名子阳。郑穆公的儿子名騑，字子驷。子驷的后代便以驷为氏，子阳就是子驷的后代。　⑥濮阳：邑名，又作帝丘邑，在今河南濮阳县西南。　⑦轵（zhǐ 纸）：邑名，战国魏地，在今河南济源市南。　⑧溢：通"镒"，二十两为镒。　⑨皮面：以刀剑割划脸面。

决眼:或作“抉眼”,挖出眼睛。 ⑩购问:悬赏征询。 ⑪深井里:在今河南济源市南轵国故城。 ⑫绝从:即绝踪,断绝踪迹。 ⑬繻(rú 如,又读 xū 需)公:《史记》作“缭公”。

八年 齐伐鲁,取最[1]。

郑负黍叛[2],复归韩。

九年 魏伐郑。

晋烈公薨,子孝公倾立。

十一年 秦伐韩宜阳[3],取六邑。

初,田常生襄子盘[4],盘生庄子白,白生太公和。是岁,齐田和迁齐康公于海上[5],使食一城,以奉其先祀。

十二年 秦、晋战于武城[6]。

齐伐魏,取襄阳[7]。

鲁败齐师于平陆[8]。

十三年 秦侵晋。

齐田和会魏文侯、楚人、卫人于浊泽[9],求为诸侯。魏文侯为之请于王及诸侯,王许之。

【注释】

①最:地名。有一种版本在“最”字后有“韩救鲁”三字。 ②负黍:邑名,在今河南登封市西南。 ③宜阳:邑名,在今河南宜阳县西。 ④田常:即《左传》所载陈成子恒。 ⑤齐康公:这齐康公系姜氏。田氏势力强大取代了姜氏的齐国。 ⑥武城:在今陕西渭南市华州区东。 ⑦襄阳:“阳”字应作“陵”字,魏国襄陵邑,在今河南睢县。 ⑧平陆:战国齐地,在今山东汶上县西北。 ⑨浊泽:在今河南禹州市东北。

十五年 秦伐蜀[1],取南郑[2]。

魏文侯薨,太子击立[3],是为武侯。

武侯浮西河而下[4],中流顾谓吴起曰:“美哉山河之固,此魏国之宝也!”对曰:“在德不在险。昔三苗氏[5],左洞庭[6],右彭蠡[7];德义不修,禹灭之。夏桀之居,左河济,右泰华[8],伊阙在其南[9],羊肠在其北[10];修政不仁,汤放之。商纣之国,左孟门[11],右太行[12],常山在其北⑬，大河经其南；修政不德，武王杀之。由此观之，在德不在险。若君不修德，舟中之人皆敌国也！”

武侯曰：“善。”

孟尝君田文像

【注释】

①蜀：即蜀国，从商至战国时都是方国。曾随从周武王伐纣，春秋时与中原诸侯国少有交往，战国时交往日密，最后被秦所灭。 ②南郑：邑名，地在今陕西汉中市。 ③太子：本来周王以嫡长子为太子，是国家的储副；诸侯嫡长子称为世子。这里把魏文侯子称为太子，表明当时礼制崩坏，僭上违轨。 ④西河：这里的西河指今陕西、山西二省之间的黄河河段。 ⑤三苗氏：古族名，亦称有苗氏，其生活地域在江、淮、荆州一带。 ⑥左：这左与右相对，表示方位。按照古代的习惯，面向南时以东为左，面向北时以西为左。因天子在北，面向北则以西为左，故这里说左洞庭、右彭蠡，也就是西洞庭、东彭蠡。 ⑦彭蠡（lǐ 里）：古代的彭蠡泽，在今湖北黄梅县、安徽宿松县以南，望江县西境长江北岸龙感湖、大官湖和泊湖一带。 ⑧泰华：即华山，号称西岳，在今陕西华阴市南。 ⑨伊阙：山名，或名阙塞山、龙门山，在今河南洛阳市南。两山相对如阙门，伊水流其间。 ⑩羊肠：即羊肠坂，在今山西交城县东北。 ⑪孟门：即孟门山，在今陕西宜川县东北，山西吉县西。绵亘黄河两岸。⑫太行：即今山西、河北、河南三省交界的太行山。 ⑬常山：本名恒山，在今河北曲阳县西北与山西接壤处。为“五岳”之一的北岳。

魏置相，相田文①。吴起不悦，谓田文曰：“请与子论功可乎？”田文曰：“可。”起曰：“将三军，使士卒乐死，敌国不敢谋，子孰与起？”文曰：“不如子。”起曰：“治百官，亲万民，实府库，子孰与起？”文曰：“不如子。”起曰：“守西河，秦兵不敢东乡[②]，韩、赵宾从，子孰与起？”文曰：“不如子。”起曰：“此三者子皆出吾下，而位居吾上，何也？”文曰：“主少国疑，大臣未附，百姓不信，方是之时，属之子乎[③]，属之我乎？”起默然良久曰：“属之子矣！”

久之，魏相公叔尚主而害吴起[④]。公叔之仆曰：“起易去也。起为人刚劲自喜。子先言于君曰：‘吴起，贤人也，而君之国小，臣恐起之无留心也。君盍试延以女[⑤]，起无留心，则必辞矣。’子因与起归而使公主辱子，起见公主之贱子也，必辞，则子之计中矣。”公叔从之，吴起果辞公主。魏武侯疑之而未信，起惧诛，遂奔楚。

楚悼王素闻其贤，至则任之为相。起明法审令，捐不急之官[⑥]，废公族疏远者，以抚养战斗之士，要在强兵，破游说之言从横者[⑦]。于是南平百越[⑧]，北却三晋，西伐秦，诸侯皆患楚之强；而楚之贵戚大臣多怨吴起者。

秦惠公薨，子出公立。

赵武侯薨，国人复立烈侯之太子章，是为敬侯。

韩烈侯薨，子文侯立。

【注释】

①田文：此田文不是号孟尝君、做齐国相的田文。　②乡：通“向”，面向，朝向。　③属（zhǔ 主）：托付。　④尚主：娶公主为妻。有一种版本作“尚魏公主”。　⑤盍（hé 禾）：何不。　⑥捐不急之官：除去闲冗的官员。捐，除去。　⑦游说（shuì 税）：战国时代的策士们，周游各国，向统治者们陈说其对形势的分析，提出政治、军事、外交之对策，以谋取官、禄；他们所进行的活动就是游说。从（zòng 粽）横：即纵横，合纵连横的简称。合纵指弱国相联合以进攻强国，连横指随从强国去进攻其他弱国。一说南北为纵，六国地连南北，联合以抗强秦，称为合纵。东西为横，秦地处于西，六国处于东，六国分别服从秦国谓之连横。　⑧百越：古族名。秦汉以前已广泛分布于长江中下游以南地区，部落众多，故称百越或百粤，主要从事渔猎、农耕、金属冶炼、水上航运等；秦汉以后与汉族日益融合，其一部分与壮、黎、傣等族有密切的渊源关系。

十六年　初命齐大夫田和为诸侯[①]。

赵公子朝作乱[2]，奔魏；与魏袭邯郸，不克。

十七年 秦庶长改逆献公于河西而立之[3]；杀出子及其母[4]，沉之渊旁。

齐伐鲁。

韩伐郑，取阳城[5]；伐宋，执宋公。

齐太公薨，子桓公午立。

十九年 魏败赵师于兔台。

二十年 日有食之，既[6]。

二十一年 楚悼王薨。贵戚大臣作乱，攻吴起；起走之王尸而伏之。击起之徒因射刺起，并中王尸。既葬，肃王即位，使令尹尽诛为乱者[7]；坐起夷宗者七十余家[8]。

二十二年 齐伐燕，取桑丘[9]。魏、韩、赵伐齐，至桑丘。

二十三年 赵袭卫，不克。

齐康公薨，无子，田氏遂并齐而有之[10]。

是岁，齐桓公亦薨，子威王因齐立。

二十四年 狄败魏师于浍[11]。

魏、韩、赵伐齐，至灵丘[12]。

晋孝公薨，子靖公俱酒立。

子思像

【注释】

①齐大夫田和为诸侯：这里是说田氏不再是齐大夫，已取得诸侯的地位，田氏便拥有了齐国。田和便是齐太公。 ②有的版本在此“乱”字下有“出”字。 ③庶长：春秋时秦国设置的官爵名。庶长之官，掌握军政大权，相当于当时其他各诸侯国的卿。秦国的爵，自商鞅变法时制定二十等爵，其第十等至十八等都是庶长爵。逆：迎接。献公：

秦献公,名师隰,是秦灵公的儿子。灵公死后,献公未继立,继立的是灵公的叔父悼子,也就是简公。 ④出子:秦简公的孙子。 ⑤阳城:县名,治所在今河南登封市东南告成镇。 ⑥既:尽,食尽,也就是日全食。 ⑦令尹:官名。春秋、战国时楚国设置令尹,是楚国的最高官职,掌握军政大权。 ⑧坐:这里指办罪的因由。夷宗:诛杀其同宗族的人。夷,杀。 ⑨桑丘:此桑丘为战国时燕地,在今河北徐水县西南。 ⑩田氏遂并齐而有之:意思是说姜氏至此已灭亡,齐国为田氏所有。 ⑪浍(kuài 脍):地名,当在今山西翼城县境。 ⑫灵丘:战国齐地,在今山东高唐县南的南镇。

二十五年 蜀伐楚,取兹方[①]。

子思言苟变于卫侯曰:“其才可将五百乘[②]。”公曰:“吾知其可将;然变也尝为吏,赋于民而食人二鸡子,故弗用也。”子思曰:“夫圣人之官人,犹匠之用木也,取其所长,弃其所短;故杞梓连抱而有数尺之朽,良工不弃。今君处战国之世,选爪牙之士,而以二卵弃干城之将[③],此不可使闻于邻国也。”公再拜曰:“谨受教矣!”

卫侯言计非是,而群臣和者如出一口。子思曰:“以吾观卫,所谓‘君不君,臣不臣’者也[④]!”公丘懿子曰[⑤]:“何乃若是?”子思曰:“人主自臧[⑥],则众谋不进。事是而臧之,犹却众谋,况和非以长恶乎!夫不察事之是非而悦人赞己,暗莫甚焉;不度理之所在而阿谀求容,谄莫甚焉。君暗臣谄,以居百姓之上,民不与也。若此不已,国无类矣!”

子思言于卫侯曰:“君之国事将日非矣!”公曰:“何故?”对曰:“有由然焉。君出言自以为是,而卿大夫莫敢矫其非;卿大夫出言亦自以为是,而士庶人莫敢矫其非。君臣既自贤矣,而群下同声贤之,贤之则顺而有福,矫之则逆而有祸,如此则善安从生!《诗》曰[⑦]:‘具曰予圣[⑧],谁知乌之雌雄?’抑亦似君之君臣乎!”

鲁穆公薨,子共公奋立。

韩文侯薨,子哀侯立。

二十六年 王崩,子烈王喜立。

魏、韩、赵共废晋靖公为家人而分其地。

【注释】

①兹方:地名,其地当在古扞关(今湖北长阳土家族自治县西)以西。 ②乘(shèng 圣):古代兵车一乘,甲士三人,步卒七十二人。 ③干城:比喻捍卫者,是说武将为扞蔽则如盾,为防守则如城。干,盾牌;城,城池。干和城都用以捍卫。 ④君不君,臣不臣:见《论语·颜渊篇》载齐景公语。意思是君不像君,臣不像臣。 ⑤公丘懿子:姓公丘,名懿子。 ⑥臧:善。 ⑦《诗》:指《诗经》,以下所引诗句见《诗经》之《小雅·正月》。 ⑧具:通“俱”。予圣:我圣明。

烈王[1]

元年 日有食之。

韩灭郑,因徙都之。

赵敬侯薨,子成侯种立。

三年 燕败齐师于林狐。

鲁伐齐,入阳关[2]。

魏伐齐,至博陵[3]。

燕僖公薨,子桓公立。

宋休公薨,子辟公立。

卫慎公薨,子声公训立。

四年 赵伐卫,取都鄙七十三[4]。

魏败赵师于北蔺[5]。

五年 魏伐楚,取鲁阳[6]。

韩严遂弑哀侯,国人立其子懿侯。初,哀侯以韩廆为相而爱严遂[7],二人甚相害也。严遂令人刺韩廆于朝,廆走哀侯,哀侯抱之;人刺韩廆,兼及哀侯。

魏武侯薨,不立太子,子䓨与公中缓争立,国内乱。

【注释】

①烈王:姬喜,安王的儿子。 ②阳关:在今山东泰安市东南汶水东岸。 ③博陵:在今山东茌平县西北。 ④都鄙:公卿大夫的采邑、王的

子弟的食邑，均称为都鄙。　⑤北蔺：又称蔺邑、蔺阳邑，在今山西吕梁市离石区西。　⑥鲁阳：即今河南鲁山县。　⑦瘣：用于人名读 wěi（委）。

六年　齐威王来朝。是时周室微弱，诸侯莫朝，而齐独朝之，天下以此益贤威王。

赵伐齐，至鄄[①]。

魏败赵师于怀[②]。

齐威王召即墨大夫，语之曰："自子之居即墨也[③]，毁言日至。然吾使人视即墨，田野辟，人民给，官无事，东方以宁；是子不事吾左右以求助也！"封之万家。召阿大夫，语之曰："自子守阿[④]，誉言日至。吾使人视阿，田野不辟，人民贫馁。昔日赵攻鄄，子不救；卫取薛陵[⑤]，子不知；是子厚币事吾左右以求誉也！"是日，烹阿大夫及左右尝誉者。于是群臣耸惧[⑥]，莫敢饰诈，务尽其情，齐国大治，强于天下。

楚肃王薨，无子，立其弟良夫，是为宣王。

宋辟公薨，子剔成立。

七年　日有食之。

王崩，弟扁立，是为显王。

魏大夫王错出奔韩。公孙颀谓韩懿侯曰："魏乱，可取也。"懿侯乃与赵成侯合兵伐魏，战于浊泽，大破之，遂围魏。成侯曰："杀䓨，立公中缓，割地而退，我二国之利也。"懿侯曰："不可。杀魏君，暴也；割地而退，贪也。不如两分之。魏分为两，不强于宋、卫，则我终无魏患矣。"赵人不听。懿侯不悦，以其兵夜去。赵成侯亦去。䓨遂杀公中缓而立，是为惠王。

　　太史公曰：魏惠王之所以身不死、国不分者，二国之谋不和也。若从一家之谋，魏必分矣。故曰："君终，无適子[⑦]，其国可破也。"

【注释】

①鄄（juàn 绢）：邑名，在今山东鄄城县北旧城。　②怀：战国魏邑，在今河南武陟县。　③即墨：邑名，在今山东平度市东南。　④阿：又称

东阿邑或柯邑，在今山东阳谷县东北。 ⑤薛陵：邑名，在今山东阳谷县东北。 ⑥耸：通“悚”，惊动，恐惧。 ⑦适（dí 敌）子：适，同“嫡”。旧指正妻所生的儿子，也指正妻所生的长子。

资治通鉴卷第二

周纪二 起昭阳赤奋若，尽上章困敦，凡四十八年。

显　王

元年 齐伐魏，取观津[①]。

赵侵齐，取长城[②]。

三年 魏、韩会于宅阳[③]。

秦败魏师、韩师于洛阳。

四年 魏伐宋。

五年 秦献公败三晋之师于石门[④]，斩首六万。王赐以黼黻之服[⑤]。

七年 魏败韩师、赵师于浍。

秦、魏战于少梁[⑥]，魏师败绩[⑦]；获魏公孙痤[⑧]。

卫声公薨，子成侯速立。

燕桓公薨，子文公立。

秦献公薨，子孝公立[⑨]。孝公生二十一年矣。是时河、山以东强国六[⑩]，淮、泗之间小国十余，楚、魏与秦接界。魏筑长城，自郑滨洛以北有上郡[⑪]；楚自汉中，南有巴、黔中[⑫]；皆以夷翟遇秦[⑬]，摈斥之，不得与中国之会盟[⑭]。于是孝公发愤，布德修政，欲以强秦。

【注释】

①观津：战国时赵地，在今河北武邑县东南。　②长城：这里说的齐长城在卢县（今山东济南市长清区西南）。　③宅阳：又称北宅邑，战国

魏长城遗迹

魏地,在今河南郑州市北。 ④石门:在今陕西汉中市西北褒城镇北褒谷口。⑤黼黻(fǔ fú 府弗)之服:绣有文采的礼服。黼,黑白相间作“斧”形的花纹,斧刃处着白色,斧身着黑色。黻,黑青相间作“亞”形的花纹。⑥少梁:即今陕西韩城市南的西少梁,后改名为夏阳。 ⑦败绩:指军队溃散惨败。 ⑧公孙痤(cuó 嵯):当为公叔痤,战国时魏国大臣,曾连任魏武侯、魏惠王相国。魏惠王八年(前 362),率军战胜韩、赵联军于浍水北岸,擒赵将乐祚。 ⑨孝公(前 381—前 338):秦孝公,名渠梁。前 361 年至前 338 年在位,即位后推行商鞅变法,并把秦国都从雍迁至咸阳,秦国势力日益强大。 ⑩河、山以东:这里指的是黄河、华山以东。⑪郑:这里指郑县。郑县治所在今陕西渭南市华州区。上郡:战国魏置,秦时治所在肤施县(今陕西榆林市东南)。 ⑫巴:指巴子国地。巴在战国时领有今四川东南部一带。黔中:战国楚置郡,秦时治所在临沅县(今湖南常德市)。 ⑬翟:与“狄”同。 ⑭会盟:古代诸侯间的集会、订盟。

八年 孝公下令国中曰:“昔我穆公,自岐、雍之间修德行武[1],东平晋乱,以河为界,西霸戎翟,广地千里,天子致伯[2],诸侯毕贺,为后世开业甚光美。会往者厉、躁、简公、出子之不宁[3],国家内忧,未遑外事[4]。三晋攻夺我先君河西地,丑莫大焉。献公即位，镇抚边境，徙治栎阳⑤，且欲东伐，复穆公之故地，修穆公之政令。寡人思念先君之意，常痛于心。宾客群臣有能出奇计强秦者，吾且尊官，与之分土。”于是卫公孙鞅闻是令下⑥，乃西入秦。

公孙鞅者，卫之庶孙也⑦，好刑名之学⑧。事魏相公叔痤，痤知其贤，未及进。会病，魏惠王往问之曰：“公叔病如有不可讳⑨，将奈社稷何？”公叔曰：“痤之中庶子卫鞅，年虽少，有奇才，愿君举国而听之！”王嘿然⑩。公叔曰：“公即不听用鞅，必杀之，无令出境！”王许诺而去。公叔召鞅谢曰：“吾先君而后臣，故先为君谋，后以告子。子必速行矣！”鞅曰：“君不能用子之言任臣，又安能用子之言杀臣乎！”卒不去。王出，谓左右曰：“公叔病甚，悲乎，欲令寡人以国听卫鞅也！既又劝寡人杀之，岂不悖哉⑪！”卫鞅既至秦，因嬖臣景监以求见孝公⑫，说以富国强兵之术；公大悦，与议国事。

【注释】

①岐、雍：岐，指岐山。岐山又名天柱山、凤凰山，俗称箭箬岭，在今陕西岐山县东北。雍，指雍县，是春秋时秦国都城所在地，在今陕西宝鸡市凤翔区西南豆腐村、河南屯之间，秦德公元年（前677）即自平阳迁都于此。　②伯：古时候领导一方的长官为伯。按《周礼·春官·大宗伯》的“九命作伯”，说的是天下九州，其中之一为王畿，其余八州即为八伯所主管。伯既主管其一方的各诸侯，也就称之为方伯。　③厉、躁、简公、出子：按秦的世系，厉即厉共公；厉共公死后，其子躁公立；躁公死后，其弟怀公立；怀公被庶长鼌等围攻而自杀，于是立灵公；灵公死后，其子献公不得立，立灵公的叔父简公；简公死，惠公立；惠公死，其子出子立；立二年，庶长改杀出子，迎献公而立。自厉共公至出子被杀，是秦国不稳定的时期。　④遑（huáng 皇）：暇，闲暇。　⑤栎（yuè 月）阳：即栎阳邑，一作“栎邑”，秦孝公时定为秦都城，在今陕西西安市临潼区东北武屯镇附近古城村南。　⑥公孙鞅（约前390—前338）：卫国人，公孙氏，名鞅。后因得封商地十五邑，所以又名商鞅，是著名的政治家。他实行变法，使秦国富强。《汉书·艺文志》著录有《商君》二十九篇，今存二十四篇。⑦庶孙：与嫡孙相对，指妾媵所生之子及其系属。　⑧刑名之学：刑名，或作“形名”，本来是指形体（即实际）和名称。先秦名家主张形体（实际）和名称应该相副相合。法家又把“刑名”和“法术”联系起来，把“名”引申为法令、名分、言论等等，主张循名责实，慎赏明罚。他们主张的刑名，

战国商鞅方升

是指言论与事功。为臣的陈述主张及意见，为君的则按其言授给政事，并且按其政事上的成败优劣，考核他的功过。因此后人又称法家的学说为"刑名之学"或"刑名法术之学"。又因名家也着重研究刑名问题，所以名家也称为"刑名学"。 ⑨不可讳：这里是说死去。俗语有这样的话："人不讳死"，所以"不可讳"也就是说的死。 ⑩嘿（mò 墨）：这里与"默"同。 ⑪悖（bèi 背）：这里指谬误、不合事理。 ⑫嬖（bì 闭）臣：受宠爱亲近的臣子。嬖，宠爱，宠幸。

十年 卫鞅欲变法，秦人不悦。卫鞅言于秦孝公曰："夫民不可与虑始，而可与乐成。论至德者不和于俗，成大功者不谋于众。是以圣人苟可以强国，不法其故。"甘龙曰[①]："不然，缘法而治者，吏习而民安之。"卫鞅曰："常人安于故俗，学者溺于所闻[②]，以此两者，居官守法可也，非所与论于法之外也。智者作法，愚者制焉；贤者更礼，不肖者拘焉。"公曰："善。"以卫鞅为左庶长。卒定变法之令。令民为什伍而相收司、连坐[③]，告奸者与斩敌首同赏，不告奸者与降敌同罚。有军功者，各以率受上爵[④]；为私斗者，各以轻重被刑大小。僇力本业[⑤]，耕织致粟帛多者，复其身[⑥]；事末利及怠而贫者[⑦]，举以为收孥[⑧]。宗室非有军功论，不得为属籍[⑨]。明尊卑爵秩等级，各以差次名田宅、臣妾、衣服[⑩]。有功者显荣，无功者虽富无所芬华。

【注释】

①甘龙：人名，姓甘，名龙。 ②溺（nì 匿）：沉溺，沉湎，拘牵。③什伍：古代户籍与军队的编制。民户五家为伍，十家为什。军队则以五人为伍，二伍为什。收司：指互相纠举告发，一家有罪，九家相连纠举。一说司即管，收司，是使相司相管。连坐：一家有罪，其余各家不举报，什伍各家相连坐。 ④率（lǜ 律）：一定的标准，准则。 ⑤僇力：僇通"戮

(lù 陆)”,尽力,勉力。 ⑥复:这里指免除徭役。 ⑦末利:指耕织本业以外的营生,如工、商等。 ⑧收孥:孥,通“奴”,收其室家,没为奴婢。 ⑨属籍:指宗属的籍系。 ⑩差(cī 疵)次:分别等级班次。

令既具未布,恐民之不信,乃立三丈之木于国都市南门,募民有能徙置北门者予十金。民怪之,莫敢徙。复曰:“能徙者予五十金!”有一人徙之,辄予五十金[①]。乃下令。

令行期年[②],秦民之国都言新令之不便者以千数。于是太子犯法。卫鞅曰:“法之不行,自上犯之。”太子,君嗣也[③],不可施刑,刑其傅公子虔,黥其师公孙贾。明日,秦人皆趋令[④]。行之十年,秦国道不拾遗,山无盗贼,民勇于公战,怯于私斗,乡邑大治。秦民初言令不便者,有来言令便。卫鞅曰:“此皆乱法之民也!”尽迁之于边。其后民莫敢议令。

臣光曰:夫信者,人君之大宝也。国保于民,民保于信;非信无以使民,非民无以守国。是故古之王者不欺四海,霸者不欺四邻,善为国者不欺其民,善为家者不欺其亲。不善者反之,欺其邻国,欺其百姓,甚者欺其兄弟,欺其父子。上不信下,下不信上,上下离心,以至于败。所利不能药其所伤,所获不能补其所亡,岂不哀哉!昔齐桓公不背曹沫之盟[⑤],晋文公不贪伐原之利[⑥],魏文侯不弃虞人之期,秦孝公不废徙木之赏。此四君者道非粹白,而商君尤称刻薄,又处战攻之世,天下趋于诈力,犹且不敢忘信以畜其民,况为四海治平之政者哉!

韩懿侯薨,子昭侯立。

【注释】

①十金:二十两为一金,亦即一镒。十金即为二百两。 ②期(jī 基)年:一周年。 ③嗣(sì 饲):继承、接续。 ④趋令:归附,服从命令。 ⑤齐桓公不背曹沫之盟:据《史记·齐太公世家》及《鲁周公世家》的记载,齐桓公侵鲁,鲁庄公请求媾和,桓公便与庄公在柯地盟誓。鲁国曹沫手持匕首,至盟誓坛上胁逼桓公归还鲁国的土地,桓公只得应允。桓公事后后悔,想杀死曹沫,其相管仲不同意,终于归还所侵占的鲁

地。 ⑥晋文公不贪伐原之利：据《左传·僖公二十六年》的记载，晋文公围攻原国，命令军队只携带三天粮食。但到了三天，原国却不投降，这时间谍从原城出来报告原国即将投降的消息，军吏们也要求继续围困原城，但晋文公却下令退兵，以表示信守围攻三天的决定。待晋兵撤退三十里后，原国投降。原国，周初时为封国，春秋、战国时为邑，地在今河南济源市西北。

十一年 秦败韩师于西山。

十二年 魏、赵会于鄗①。

十三年 赵、燕会于阿②。

赵、齐、宋会于平陆③。

十四年 齐威王、魏惠王会田于郊④。惠王曰："齐亦有宝乎？"威王曰："无有。"惠王曰："寡人国虽小，尚有径寸之珠，照车前后各十二乘者十枚。岂以齐大国而无宝乎？"威王曰："寡人之所以为宝者与王异。吾臣有檀子者，使守南城，则楚人不敢为寇，泗上十二诸侯皆来朝。吾臣有盼子者，使守高唐⑤，则赵人不敢东渔于河。吾吏有黔夫者，使守徐州⑥，则燕人祭北门，赵人祭西门，徙而从者七千余家。吾臣有种首者，使备盗贼，则道不拾遗。此四臣者，将照千里，岂特十二乘哉！"惠王有惭色。

秦孝公、魏惠王会于杜平⑦。

鲁共公薨，子康公毛立。

十五年 秦败魏师于元里⑧，斩首七千级，取少梁⑨。

魏惠王伐赵，围邯郸。楚王使景舍救赵。

【注释】

①鄗(hào 浩)：春秋、战国时鄗邑，在今河北柏乡县东北。 ②阿：阿邑，又称安邑或葛邑，战国燕地，在今河北安新县西。 ③平陆：平陆邑，战国齐地，在今山东汶上县西北。 ④田：通"畋"，狩猎。 ⑤高唐：高唐邑，战国齐地，在今山东禹城市西南。 ⑥徐州：指徐州邑，又作平舒邑，战国齐地，在今河北大城县。 ⑦杜平：杜平邑，战国秦地，在今陕西澄城县境。 ⑧元里：元里城，战国秦地，在今陕西澄城县南。⑨少梁：少梁邑，在今陕西韩城市南西少梁，后改名夏阳。

十六年 齐威王使田忌救赵[①]。

初，孙膑与庞涓俱学兵法[②]，庞涓仕魏为将军，自以能不及孙膑，乃召之；至，则以法断其两足而黥之，欲使终身废弃。齐使者至魏，孙膑以刑徒阴见，说齐使者；齐使者窃载与之齐。田忌善而客待之，进于威王。威王问兵法，遂以为师。于是威王谋救赵，以孙膑为将；辞以刑余之人不可，乃以田忌为将而孙子为师，居辎车中[③]，坐为计谋。

田忌欲引兵之赵。孙子曰："夫解杂乱纷纠者不控拳[④]，救斗者不搏撠[⑤]，批亢捣虚[⑥]，形格势禁[⑦]，则自为解耳。今梁、赵相攻[⑧]，轻兵锐卒必竭于外，老弱疲于内；子不若引兵疾走魏都，据其街路，冲其方虚，彼必释赵以自救；是我一举解赵之围而收弊于魏也。"田忌从之。十月，邯郸降魏。魏师还，与齐战于桂陵[⑨]，魏师大败。

韩伐东周[⑩]，取陵观、廪丘[⑪]。

楚昭奚恤为相。江乙言于楚王曰："人有爱其狗者，狗尝溺井[⑫]，其邻人见，欲入言之，狗当门而噬之[⑬]。今昭奚恤常恶臣之见，亦犹是也。且人有好扬人之善者，王曰'此君子也'，近之；好扬人之恶者，王曰'此小人也'，远之。然则且有子弑其父、臣弑其主者，而王终已不知也[⑭]。何者？以王好闻人之美而恶闻人之恶也。"王曰："善。寡人愿两闻之。"

【注释】

①田忌：又叫田期，战国初期齐国将领。因封于徐州（今山东滕州市南），又叫徐州子期。 ②孙膑：战国时杰出的军事家，齐国阿（今山东阳谷县东）、鄄（今河南范县西南）间人，孙武的后代。曾与庞涓同学兵法于鬼谷子，因被庞涓诳骗至魏，处以膑刑（剔去膝盖骨），故称为孙膑。庞涓（？—前341）：战国时魏将，魏惠王任他为将军，在齐伐魏救韩的马陵大战中被齐军伏击，自杀而死。 ③辎（zī 滋）车：有篷盖的车。④解杂乱纷纠者不控拳：解杂乱纷纠的东西，当用手解开，不可控拳击它。 ⑤救斗者不搏撠：撠，同"击"。解救相斗的人，不能用手去搏击。⑥批亢（kàng 抗）捣虚：攻击对方的要害，直捣对方空虚的地方。批，打击。亢，本指喉咙，引申为要害。 ⑦格：这里是限制的意思。 ⑧梁：

即指魏。当时魏国都大梁(今河南开封市),所以人们又把魏国称为梁国。 ⑨桂陵:指桂陵邑,战国时魏地,在今河南长垣县西北。 ⑩东周:周室衰微后,到战国时仅保存七邑之地,又分为东周、西周。周考王封桓公之孙惠公于巩,称为东周。东、西周以芒山、首山为界。 ⑪陵观、廪丘:当时邑聚名,地点不可考。廪丘,《史记》作"邢丘"。 ⑫溺(niào 尿)井:向井里洒尿。 ⑬噬(shì 逝):咬。 ⑭终己:即终身。

十七年 秦大良造伐魏[①]。

诸侯围魏襄陵[②]。

十八年 秦卫鞅围魏固阳[③],降之。

魏人归赵邯郸。与赵盟漳水上[④]。

韩昭侯以申不害为相。

申不害者,郑之贱臣也,学黄、老、刑名[⑤],以干昭侯[⑥],昭侯用为相,内修政教,外应诸侯。十五年,终申子之身,国治兵强。

申子尝请仕其从兄,昭侯不许,申子有怨色。昭侯曰:"所为学于子者,欲以治国也。今将听子之谒而废子之术乎,已其行子之术而废子之请乎?子尝教寡人修功劳,视次第;今有所私求,我将奚听乎?"申子乃辟舍请罪曰[⑦]:"君真其人也!"

昭侯有弊袴[⑧],命藏之。侍者曰:"君亦不仁者矣,不赐左右而藏之!"昭侯曰:"吾闻明主爱一嚬一笑[⑨],嚬有为嚬,笑有为笑。今袴岂特嚬笑哉!吾必待有功者。"

十九年 秦商鞅筑冀阙宫庭于咸阳[⑩],徙都之。令民父子、兄弟同室内息者为禁[⑪]。并诸小乡聚,集为一县,县置令、丞,凡三十一县。废井田[⑫],开阡陌[⑬]。平斗、桶、权、衡、丈、尺[⑭]。

秦、魏遇于彤[⑮]。

赵成侯薨,公子緤与太子争立;緤败,奔韩。

二十一年 秦商鞅更为赋税法,行之。

【注释】

①大良造:官名,战国初期为秦国的最高官职,掌握军政大权。大良造又是爵名,商鞅制定二十等爵,大良造列为第十六等,亦称为大上造。从秦惠王设立相国掌握军政大权后,主要用作爵名。 ②襄陵:襄陵邑,

战国魏地，即今河南睢县。 ③固阳：此固阳即西汉时的稒阳县地，治所在今内蒙古包头市东古城湾。 ④漳水：即漳河，是卫河的支流，在今河北、河南两省边境。有清漳河、浊漳河两源，均出山西省东南部，在河北省南境汇合后称为漳河，东南流入卫河。 ⑤黄、老：指黄、老之学。从战国到汉初的道家学派有被称为黄老学派的，以传说中的黄帝和老子相配，并同尊为道家创始人，故称黄老。其主张之一是“无为而治”，与刑名法术之学有一定的联系。 ⑥干（gān 竿）：求取。这里指谋求官职。 ⑦辟：通“避”。 ⑧袴：“裤”的异体字。 ⑨嚬：同“颦”，皱眉。 ⑩冀阙：古时宫廷外的门阙。 ⑪同室内息：指在同屋内居住生息。 ⑫井田：按古代文献记载，成周的制度，田地以一方里为一井，一井九百亩，八家各耕百亩；余下一百亩中，八十亩为公田，二十亩为庐舍。 ⑬阡陌：指田间道，南北曰阡，东西曰陌。 ⑭桶：有一种说法认为，桶，当作“甬”，“甬”即斛。 ⑮彤：本为西周封国彤国，战国秦时有彤邑，地在今陕西渭南市华州区西南。

二十二年 赵公子范袭邯郸，不胜而死。

二十三年 齐杀其大夫牟。

鲁康公薨，子景公偃立。

卫更贬号曰侯[①]，服属三晋。

二十五年 诸侯会于京师[②]。

二十六年 王致伯于秦，诸侯皆贺秦。秦孝公使公子少官帅师会诸侯于逢泽以朝王[③]。

【注释】

①卫更贬号曰侯：周成王封康叔为卫侯，康叔的后代晋爵为公。后来因国势日益衰落，故贬号为侯。 ②京师：指洛阳。 ③逢泽：一名逢池、百尺陂，战国时属魏，在今河南开封市东南。

二十八年 魏庞涓伐韩。韩请救于齐。齐威王召大臣而谋曰：“蚤救孰与晚救[①]？”成侯曰[②]：“不如勿救。”田忌曰：“弗救则韩且折而入于魏，不如蚤救之。”孙膑曰：“夫韩、魏之兵未弊而救之，是吾代韩受魏之兵，顾反听命于韩也。且魏有破国之志，韩见亡，必东面而诉于齐矣[③]。吾因深结韩之亲而晚承魏之弊，则可受重利而得尊名也。”王曰：“善。”乃阴许韩使而遣之。韩因恃齐，五战不胜，而东委国于齐。

齐因起兵，使田忌、田婴、田盼将之，孙子为师，以救韩，直走魏都。庞涓闻之，去韩而归。魏人大发兵，以太子申为将，以御齐师。孙子谓田忌曰：“彼三晋之兵素悍勇而轻齐[4]，齐号为怯。善战者因其势而利导之。《兵法》[5]：‘百里而趣利者蹶上将[6]，五十里而趣利者军半至[7]。’”乃使齐军入魏地为十万灶，明日为五万灶，又明日为二万灶。庞涓行三日，大喜曰：“我固知齐军怯，入吾地三日，士卒亡者过半矣！”乃弃其步军，与其轻锐倍日并行逐之[8]。孙子度其行，暮当至马陵[9]，马陵道狭而旁多阻隘，可伏兵，乃斫大树，白而书之曰[10]：“庞涓死此树下！”于是令齐师善射者万弩夹道而伏，期日暮见火举而俱发。庞涓果夜到斫木下，见白书，以火烛之，读未毕，万弩俱发，魏师大乱相失。庞涓自知智穷兵败，乃自刭，曰：“遂成竖子之名[11]！”齐因乘胜大破魏师，虏太子申。

成侯邹忌恶田忌，使人操十金[12]，卜于市，曰：“我，田忌之人也。我为将三战三胜，欲行大事[13]，可乎？”卜者出，因使人执之。田忌不能自明，率其徒攻临淄[14]，求成侯；不克，出奔楚。

【注释】

①蚤：通“早”。　②成侯：邹忌封为成侯，是齐国的相。　③诉：告诉、诉说。　④三晋：本泛指韩、赵、魏，这里侧重指魏军。　⑤《兵法》：指孙武《兵法》。　⑥百里而趣（qù 去）利者蹶（jué 决）上将：意思是急速行军百里去追逐胜利会使兵员亡失，上将受挫。趣，趋向，追逐。蹶，跌倒，挫折。　⑦五十里而趣利者军半至：意思是急速行军五十里去追逐胜利的，结果他的兵员只有一半能赶到。　⑧倍日并行：指日夜兼程行军。倍日，指一日行两日的路程。并行，兼程而行，也是指一日行两日的路程。　⑨马陵：战国魏地，在今河北大名县东南。　⑩白而书：指割削掉树皮写上字。　⑪竖子：对人鄙蔑的称谓，犹如称“小子”。⑫操：持，拿着。　⑬行大事：这里指举兵谋变篡国。　⑭临淄：即临淄邑，或作临甾、临菑，在今山东淄博市东北临淄区北。

二十九年　卫鞅言于秦孝公曰：“秦之与魏，譬若人有腹心之疾,非魏并秦,秦即并魏。何者?魏居岭厄之西①,都安邑②,与秦界河,而独擅山东之利③,利则西侵秦,病则东收地。今以君之贤圣,国赖以盛;而魏往年大破于齐,诸侯畔之④,可因此时伐魏。魏不支秦,必东徙,然后秦据河、山之固,东乡以制诸侯⑤,此帝王之业也。”公从之,使卫鞅将兵伐魏。魏使公子卬将而御之。

军既相距⑥,卫鞅遗公子卬书曰⑦:“吾始与公子欢;今俱为两国将,不忍相攻,可与公子面相见盟,乐饮而罢兵,以安秦、魏之民。”公子卬以为然,乃相与会;盟已,饮,而卫鞅伏甲士,袭虏公子卬,因攻魏师,大破之。

魏惠王恐,使使献河西之地于秦以和。因去安邑,徙都大梁。乃叹曰:“吾恨不用公叔之言!”

秦封卫鞅商於十五邑⑧,号曰商君。

齐、赵伐魏。

楚宣王薨,子威王商立。

【注释】

①岭厄之西:山岭险厄的西面。当时魏都安邑,它的国土东界为今山西西南之中条山等山岭险厄形胜之地,故称居岭厄之西。 ②安邑:此安邑即今山西夏县西北的禹王城,春秋时属晋,战国初魏国建都于此。③山东:此山东概指华山以东的地方。 ④畔:通“叛”。 ⑤乡:通“向”,趋向。 ⑥距:通“拒”,抗拒,相对峙。 ⑦遗(wèi 畏):致,给。⑧商於:地方名。商,在今陕西商洛市商州区东南;於,在今河南内乡县东。这商、於两邑及其间的地方概称为商於,其地域即今丹江中下游一带。一说,商於又名於中,在今河南省淅川县西南,即战国末年,秦国使张仪诱骗楚怀王与齐绝交,诈割商於六百里之地。

三十一年 秦孝公薨,子惠文王立。公子虔之徒告商君欲反,发吏捕之。商君亡之魏;魏人不受,复内之秦①。商君乃与其徒之商於,发兵北击郑②。秦人攻商君,杀之,车裂以徇③,尽灭其家。

初,商君相秦,用法严酷,尝临渭论囚④,渭水尽赤。为相十年,人多怨之。赵良见商君,商君问曰:“子观我治秦,孰与五羖大夫贤[5]？”赵良曰：“千人之诺诺，不如一士之谔谔[6]。仆请终日正言而无诛，可乎？”商君曰：“诺。”赵良曰：“五羖大夫，荆之鄙人也，穆公举之牛口之下[7]，而加之百姓之上，秦国莫敢望焉[8]。相秦六七年而东伐郑[9]，三置晋君[10]，一救荆祸。其为相也，劳不坐乘[11]，暑不张盖[12]。行于国中，不从车乘，不操干戈。五羖大夫死，秦国男女流涕，童子不歌谣，舂者不相杵[13]。今君之见也，因嬖人景监以为主；其从政也，凌轹公族[14]，残伤百姓。公子虔杜门不出已八年矣。君又杀祝欢而黥公孙贾。《诗》曰：‘得人者兴，失人者崩[15]。’此数者，非所以得人也。君之出也，后车载甲，多力而骈胁者为骖乘[16]，持矛而操阘戟者旁车而趋[17]。此一物不具，君固不出。《书》曰：‘恃德者昌，恃力者亡[18]。’此数者，非恃德也。君之危若朝露，而尚贪商於之富，宠秦国之政，畜百姓之怨。秦王一旦捐宾客而不立朝[19]，秦国之所以收君者岂其微哉[20]！”商君弗从。居五月而难作。

【注释】

①内：同“纳”，纳入。　②郑：即郑县，其治所在陕西华县。　③车裂：古代称为轘（huán 环）刑或轘裂，俗称为“五马分尸”，是古代一种残酷的死刑。即将人头和四肢分别拴在五辆车上，以五马各驾一车，同时分驰，撕裂肢体。徇：这里指示众。　④论囚：即决囚，判决囚犯的罪罚。⑤五羖（gǔ 古）大夫：即百里奚，姓百里，名奚。春秋时秦国大夫，字井伯，本是虞国人。少时家贫，流落困顿，曾到过齐国，不被任用；又到周，也不被任用；后来到虞国，任为大夫。虞灭亡时被晋俘虏，作为陪嫁的臣仆送入秦国。后来出走到楚国，被楚人所执，秦穆公以五张黑色公羊皮赎回，任为大夫，因此被称为五羖大夫。他与由余、蹇叔等人辅佐穆公建立霸业。羖，黑色公羊。　⑥千人之诺诺，不如一士之谔谔：这句话与《史记·赵世家》所载赵简子语略同。赵简子语为：“吾闻千羊之皮，不如一狐之腋。诸大夫朝，徒闻唯唯，不闻周舍之鄂鄂。”意思是说千张羊皮比不上一张狐的腋皮。大夫们朝见时，只听见唯诺恭顺的话，听不到我已故诤臣周舍正直的言论。这两句在《史记·商君列传》作“千羊之皮，不如一狐之掖；千人之诺诺，不如一士之谔谔”。诺诺或唯唯，指阿谀恭顺的话。谔谔或鄂鄂，指正直的言论。　⑦举之牛口之下：五羖大夫以牧养牛为事，秦穆公后来举任他为大夫，所以说举之牛口之下。

⑧望:这里是埋怨、异议、责怪的意思。 ⑨东伐郑:指《左传·僖公三十年》载秦国与晋国围郑国事。 ⑩三置晋君:指秦国曾帮助拥立晋惠公、晋怀公、晋文公。 ⑪不坐乘:古代乘车为站立着乘车,只有安车才是坐乘的。不坐乘是不享受特殊车乘。 ⑫不张盖:不在车上覆盖,也就是车顶无篷盖。 ⑬相:舂杵的人在劳作中发出的唱和声为相。 ⑭轹(lì 历):欺凌。 ⑮得人者兴,失人者崩:这两句是逸《诗》里的话。 ⑯骈胁:一种生理畸形,指腋下肋骨紧密相连接。多力而骈胁者,是指骈胁的力士。 ⑰阘(xì 戏)戟:阘通"钑",古代的一种兵器。 ⑱恃德者昌,恃力者亡:这两句出自逸《书》。 ⑲捐宾客:弃宾客而去,是"死亡"的讳词。 ⑳微:这里指少。

三十二年 韩申不害卒。

三十三年 宋太丘社亡①。

邹人孟轲见魏惠王②,王曰:"叟③,不远千里而来,亦有以利吾国乎?"孟子曰:"君何必曰利,仁义而已矣!君曰何以利吾国,大夫曰何以利吾家,士庶人曰何以利吾身,上下交征利而国危矣④。未有仁而遗其亲者也,未有义而后其君者也。"王曰:"善。"

初,孟子师子思⑤,尝问牧民之道何先⑥。子思曰:"先利之。"孟子曰:"君子所以教民者,亦仁义而已矣,何必利?"子思曰:"仁义固所以利之也。上不仁则下不得其所,上不义则下乐为诈也,此为不利大矣。故《易》曰:'利者,义之和也⑦。'又曰:'利用安身,以崇德也⑧。'此皆利之大者也。"

孟轲像

臣光曰:子思、孟子之言,一也。夫唯仁者为知仁义之为利,不仁者不知也。故孟子对梁王直以仁义而不及利者，所与言之人异故也。

三十四年 秦伐韩，拔宜阳⑨。

三十五年 齐王、魏王会于徐州以相王⑩。

韩昭侯作高门，屈宜臼曰⑪："君必不出此门。何也？不时。吾所谓时者，非时日也。夫人固有利、不利时。往者君尝利矣，不作高门。前年秦拔宜阳，今年旱，君不以此时恤民之急而顾益奢，此所谓时诎举赢者也⑫。故曰不时。"

越王无彊伐齐。齐王使人说之以伐齐不如伐楚之利，越王遂伐楚。楚人大败之，乘胜尽取吴故地，东至于浙江。越以此散，诸公族争立，或为王，或为君，滨于海上，朝服于楚。

【注释】

①太丘：春秋至战国时期宋国的地方，具体地址今无可考。社：古代封土立社以祀土地神。封土，指培堆泥土。立社是表示有土地疆域。②邹：邹国，又作郰国，当时的都城在今山东邹城市东南。孟轲：即孟子（前390—前305），字子舆，战国中期儒家的代表人物，历游齐、宋、滕、魏等国，曾为齐宣王的客卿。他的思想言行记载在《孟子》一书里。③叟：对老人的尊敬称呼。 ④征：收、取。 ⑤子思：即孔伋，孔子的孙儿，战国时的哲学家。 ⑥牧民：指治理民众。古代把治理人民看作牧养人民。 ⑦这里的引文见《周易》里《乾》卦的《文言》。这《文言》引文是用以解说《乾》卦卦辞的。 ⑧这引文见《周易》的《大传》下篇。《大传》或称《系辞传》，是用以解释《周易》哲学思想的。 ⑨宜阳：宜阳邑，在今河南宜阳县西。 ⑩徐州：即徐州邑，又作舒州邑，在今山东滕州市东南。 ⑪屈宜臼：楚国的大夫，当时正在韩国。 ⑫时诎举赢：时势衰耗而举事奢侈。诎，通"屈"，这里指衰替耗损；赢，即赢余，这里指过分铺张、奢侈。

三十六年 楚王伐齐，围徐州。

韩高门成。昭侯薨，子宣惠王立。

初，洛阳人苏秦说秦王以兼天下之术①，秦王不用其言。苏秦乃去，说燕文公曰："燕之所以不犯寇被甲兵者，以赵之为蔽其南也。且秦之攻燕也，战于千里之外；赵之攻燕也，战于百里之内。

夫不忧百里之患而重千里之外，计无过于此者。愿大王与赵从亲[2]，天下为一，则燕国必无患矣。”

文公从之，资苏秦车马，以说赵肃侯曰：“当今之时，山东之建国莫强于赵[3]，秦之所害亦莫如赵。然而秦不敢举兵伐赵者，畏韩、魏之议其后也。秦之攻韩、魏也，无有名山大川之限，稍蚕食之[4]，傅国都而止[5]。韩、魏不能支秦，必入臣于秦；秦无韩、魏之规则祸中于赵矣。臣以天下地图案之，诸侯之地五倍于秦，料度诸侯之卒十倍于秦。六国为一，并力西乡而攻秦[6]，秦必破矣。夫衡人者皆欲割诸侯之地以与秦[7]，秦成则其身富荣，国被秦患而不与其忧，是以衡人日夜务以秦权恐愒诸侯[8]，以求割地。故愿大王熟计之也！窃为大王计，莫如一韩、魏、齐、楚、燕、赵为从亲以畔秦[9]，令天下之将相会于洹水之上[10]，通质结盟[11]，约曰：‘秦攻一国，五国各出锐师，或桡秦[12]，或救之。有不如约者，五国共伐之！’诸侯从亲以摈秦，秦甲必不敢出于函谷以害山东矣。”肃侯大说，厚待苏秦，尊宠赐赉之，以约于诸侯。

苏秦像

会秦使犀首伐魏[13]，大败其师四万余人，禽将龙贾[14]，取雕阴[15]，且欲东兵。苏秦恐秦兵至赵而败从约，念莫可使用于秦者，乃激怒张仪，入之于秦。

【注释】

①苏秦：战国纵横家，东周洛阳（今河南洛阳市东）人，字季子。入燕国，得燕昭王信任，奉命入齐，从事反间活动，使齐国疲于对外战争，以

便攻齐复仇。齐湣王末年任为齐相。秦昭王约齐湣王并称东、西帝，他劝说湣王取消帝号，和赵国李兑一起约五国攻秦，赵国封他为武安君。五国合纵攻秦，迫使秦废帝号，归还部分韩、魏土地。齐乘机攻灭宋国，燕将乐毅联合五国大举攻齐，苏秦的反间活动暴露，被车裂而死。《汉书·艺文志》著录纵横家有《苏子》三十一篇，原书早已佚失。据马王堆汉墓出土帛书整理的《战国纵横家书》保存有苏秦的书信和游说辞十六章。《史记·苏秦列传》所记载的与此不同。 ②从亲：结为合纵相亲的盟约国。 ③山东：指崤山或华山以东的地方。这里泛指战国除秦以外的各国。 ④蚕食：比喻逐渐侵占。 ⑤傅国都而止：是说侵略至其国都而后止。傅，通"附"，这里指至，迫近。 ⑥西乡：即向西。 ⑦衡人：衡，通"横"。主张连横的人。 ⑧恐愒（hè 赫）：恐吓。 ⑨畔：通"叛"。 ⑩洹（huán 桓）水：古水名，又名安阳河，在今河南省北境。源出林州市隆虑山，东流经安阳县到内黄县北入卫河。 ⑪通质：相约誓结为盟国。质，这里指盟约。 ⑫桡：通"挠"，扰乱，阻止。 ⑬犀首：即公孙衍。战国时魏国阴晋（今陕西华阴市东）人，初在秦为大良造，后入魏为将，主张各国合纵抗秦。魏惠王后元十二年（前343）发起燕、赵、中山、韩、魏"五国相王"，之后四年为魏相。犀首，本是魏国的官名，因公孙衍任此官，故又称公孙衍为犀首。 ⑭禽：通"擒"。 ⑮雕阴：战国时魏地，在今陕西甘泉县南。

张仪者，魏人，与苏秦俱事鬼谷先生[①]，学纵横之术，苏秦自以为不及也。仪游诸侯无所遇，困于楚，苏秦故召而辱之。仪恐[②]，念诸侯独秦能苦赵，遂入秦。苏秦阴遣其舍人赍金币资仪[③]，仪得见秦王。秦王说之[④]，以为客卿[⑤]。舍人辞去，曰："苏君忧秦伐赵败从约，以为非君莫能得秦柄[⑥]，故激怒君，使臣阴奉给君资，尽苏君之计谋也。"张仪曰："嗟乎！此吾在术中而不悟，吾不及苏君明矣。为吾谢苏君，苏君之时[⑦]，仪何敢言！"

于是苏秦说韩宣惠王曰："韩地方九百余里，带甲数十万，天下之强弓、劲弩、利剑皆从韩出。韩卒超足而射[⑧]，百发不暇止。以韩卒之勇，被坚甲，跖劲弩[⑨]，带利剑，一人当百，不足言也。大王事秦，秦必求宜阳、成皋[⑩]；今兹效之，明年复求割地。与则无地以给之；不与则弃前功，受后祸。且大王之地有尽而秦求无已，以有尽之地逆无已之求，此所谓市怨结祸者也[11]，不战而地已削矣。鄙谚曰：‘宁为鸡口，无为牛后[12]。’夫以大王之贤，挟强韩之兵，而有牛后之名，臣窃为大王羞之！”韩王从其言。

张仪像

【注释】

①鬼谷先生：相传是战国时楚人，姓名传说不一。隐居于鬼谷地方，因此自称鬼谷，擅长养生持身和合纵连横之学。据《史记·苏秦列传》及《张仪列传》记载，苏秦、张仪都从他学合纵连横之术。　②恐：此“恐”字《史记》作“怒”。　③舍人：官名，战国及汉初，王公贵官都用舍人。按唐代颜师古《汉书注》说：“舍人，亲近左右之通称也。”赍（jī 讥）：带着。　④说：通“悦”。　⑤客卿：古代指在本国做官的外国人，是说地位为卿，而以客礼相待。　⑥得秦柄：得到秦国的大权。柄，这里指权力。　⑦苏君之时：指苏秦在世之时。　⑧超足而射：按《战国策·韩策一》，旧本此句有作“举跖踏弩”的，有的“超”字作“跕”字。这句话的意思是举脚踏弩发射矢镞。　⑨跖劲弩：指脚踏劲弩发射。射弩的方法是，发射的人坐着，举起脚去踏弩，以手引发机关，旋即发射。跖，踏。　⑩成皋：邑名，战国韩地，在今河南荥阳市西北。　⑪市怨结祸：买来仇怨，结成祸根。这里指割地换取来的是仇怨，并结下了祸根。　⑫宁为鸡口，无为牛后：比喻宁可在小局面中独立自主，不愿在大局面中任人支配。鸡口，即鸡嘴。牛后，指牛的肛门。鸡口虽小，主进食物，牛后虽大却排粪。

苏秦说魏王曰：“大王之地方千里，地名虽小，然而田舍庐庑之数[1]，曾无所刍牧。人民之众，车马之多，日夜行不绝，輷輷殷殷[2]，若有三军之众。臣窃量大王之国不下楚。今窃闻大王之卒，武士二十万，苍头二十万[3]，奋击二十万[4]，厮徒十万[5]；车六百乘，骑五千匹；乃听于群臣之说，而欲臣事秦！故敝邑赵王使臣效愚计，奉明约，在大王之诏诏之。”魏王听之。

苏秦说齐王曰：“齐四塞之国[6]，地方二千余里，带甲数十万，粟如丘山。三军之良[7]，五家之兵[8]，进如锋矢，战如雷霆，解如风雨，即有军役，未尝倍泰山、绝清河、涉渤海者也[9]。临淄之中七万户，臣窃度之，不下户三男子，不待发于远县，而临淄之卒固已二十一万矣。临淄甚富而实，其民无不斗鸡、走狗、六博、阘鞠[10]。临淄之涂[11]，车毂击[12]，人肩摩，连衽成帷[13]，挥汗成雨。夫韩、魏之所以重畏秦者，为与秦接境壤也。兵出而相当，不十日而战，胜存亡之机决矣[14]。韩、魏战而胜秦，则兵半折，四境不守；战而不胜，则国已危亡随其后；是故韩、魏之所以重与秦战而轻为之臣也。今秦之攻齐则不然，倍韩、魏之地，过卫阳晋之道[15]，经乎亢父之险[16]，车不得方轨[17]，骑不得比行[18]，百人守险，千人不敢过也。秦虽欲深入则狼顾[19]，恐韩、魏之议其后也，是故恫疑、虚喝、骄矜而不敢进[20]，则秦之不能害齐亦明矣。夫不深料秦之无奈齐何，而欲西面而事之，是群臣之计过也。今无臣事秦之名而有强国之实，臣是故愿大王少留意计之！”齐王许之。

【注释】

①庐庑（wǔ 武）：指民居房屋。庐，小屋；庑，大屋。　②輷輷（hōng hōng 轰轰）殷殷（yǐn yǐn 隐隐）：像车马奔驰的震动声音。輷輷，同“轰轰”。　③苍头：战国时以青巾裹头的军队。　④奋击：指奋力击敌的士卒，即精兵。　⑤厮徒：指厮役，执劳役供使唤的徒役。　⑥四塞之国：四境都有天险屏障的国家。　⑦三军：原指上、中、下三军，这里是军队的统称。　⑧五家：这里指齐国的五都。战国时齐国置五都，都相当于其他各国的郡。都设有选练的常备兵。这五都可能是临淄、平陆、阿、即墨、莒。另一说认为指管仲创立的五家为一轨的军制。　⑨倍：通“背”。　⑩斗鸡、走狗、六博、阘鞠：指各种游戏。斗鸡，以鸡相斗的游戏。走狗，驱狗逐猎。六博，或作六簙、陆博，是古代的博戏，共十二棋子，六黑六白，两人相博，各执六棋子，故名六博。局分十二道，两头当中

各为水，放“鱼”两枚。博时先掷采，后行棋，棋行到处，则入水食“鱼”，每食一“鱼”得二筹，得筹多即获胜。阘鞠，《史记》作蹋鞠，是踢球游戏，鞠即球，用皮做成，内装满毛，可以用足踢，也可以用杖打。 ⑪涂：通“途”。 ⑫车毂（gǔ 古）击：车轴头相碰击，形容道路上车辆多致使车毂相碰。毂，车轮中心的横木，周围与车辐的一端相接，中有圆孔，用以插轴。 ⑬连衽（rèn 认）成帷：衣襟相连可成帷幕。衽，衣襟。帷，帷幕。 ⑭此句的“胜”字下当有一“负”字。 ⑮阳晋：这里指的阳晋邑，是战国齐地，在今山东郓城县西。 ⑯亢父：亢父邑，战国齐地，在今山东济宁市南。 ⑰方轨：指两车并列而行。方，并列、并排。 ⑱比行：并行，两马并行。 ⑲狼顾：狼行走时常回头后顾，以防袭击。这里用以比喻有后顾之忧。 ⑳恫（dòng 冻）疑、虚喝：恐惧怀疑、虚张声势吓唬威胁。

乃西南说楚威王曰：“楚，天下之强国也，地方六千余里，带甲百万，车千乘，骑万匹，粟支十年，此霸王之资也。秦之所害莫如楚，楚强则秦弱，秦强则楚弱，其势不两立。故为大王计，莫如从亲以孤秦。臣请令山东之国，奉四时之献，以承大王之明诏；委社稷[①]，奉宗庙，练士厉兵，在大王之所用之。故从亲则诸侯割地以事楚，衡合则楚割地以事秦，此两策者相去远矣，大王何居焉？”楚王亦许之。

于是苏秦为从约长[②]，并相六国，北报赵，车骑辎重拟于王者。

齐威王薨，子宣王辟彊立；知成侯卖田忌[③]，乃召而复之。

燕文公薨，子易王立。

卫成侯薨，子平侯立。

三十七年　秦惠王使犀首欺齐、魏，与共伐赵，以败从约。赵肃侯让苏秦[④]，苏秦恐，请使燕，必报齐。苏秦去赵而从约皆解。赵人决河水以灌齐、魏之师，齐、魏之师乃去。

魏以阴晋为和于秦，实华阴。

齐王伐燕，取十城；已而复归之。

三十九年　秦伐魏，围焦、曲沃[⑤]。魏入少梁、河西地于秦[⑥]。

四十年　秦伐魏，度河，取汾阴、皮氏[⑦]，拔焦。

楚威王薨，子怀王槐立。

宋公剔成之弟偃袭攻剔成；剔成奔齐，偃自立为君。

四十一年 秦公子华、张仪帅师围魏蒲阳[8]，取之。张仪言于秦王，请以蒲阳复与魏，而使公子繇质于魏。仪因说魏王曰："秦之遇魏甚厚，魏不可以无礼于秦。"魏因尽入上郡十五县以谢焉[9]。张仪归而相秦。

【注释】

①委社稷：这里是说把社稷、宗庙托付、隶属于楚国。委，隶属、托付。 ②从约长：合纵之约的盟主。 ③知成侯卖田忌：知道了成侯邹忌陷害田忌的事实。这事载于前所述显王二十八年（前341）史事内。成侯，即邹忌。卖，叛卖、陷害。 ④让：责备。 ⑤焦：焦邑，战国时魏地，即今河南三门峡市陕州区。曲沃：即曲沃邑，战国时魏地，在今河南灵宝市北。 ⑥少梁：少梁邑，即今陕西韩城市南的少梁，后改名为夏阳。 ⑦汾阴：汾阴邑，战国魏地，即今山西万荣县西南古城。皮氏：即皮氏邑，战国魏地，在今山西河津市西。 ⑧蒲阳：蒲阳邑，又称蒲子邑，即今山西隰县。 ⑨上郡：战国时魏设置上郡，治所在今陕西榆林市东南。

四十二年 秦县义渠[1]，以其君为臣。

秦归焦、曲沃于魏。

四十三年 赵肃侯薨，子武灵王立；置博闻师三人，左、右司过三人[2]，先问先君贵臣肥义，加其秩。

四十四年 夏，四月，戊午，秦初称王。

卫平侯薨，子嗣君立。卫有胥靡亡之魏[3]，因为魏王之后治病。嗣君闻之，使人请以五十金买之。五反[4]，魏不与，乃以左氏易之[5]。左右谏曰："夫以一都买一胥靡，可乎？"嗣君曰："非子所知也！夫治无小，乱无大[6]。法不立，诛不必，虽有十左氏，无益也。法立，诛必，失十左氏，无害也。"魏王闻之曰："人主之欲，不听之不祥。"因载而往，徒献之[7]。

四十五年 秦张仪帅师伐魏，取陕[8]。

苏秦通于燕文公之夫人，易王知之。苏秦恐，乃说易王曰："臣居燕不能使燕重，而在齐则燕重。"易王许之。乃伪得罪于燕而奔齐，齐宣王以为客卿。苏秦说齐王高宫室，大苑囿，以明得意，欲以敝齐而为燕。

四十六年　秦张仪及齐、楚之相会啮桑⑨。

韩、燕皆称王。赵武灵王独不肯，曰："无其实，敢处其名乎！"令国人谓己曰君。

四十七年　秦张仪自啮桑还而免相，相魏，欲令魏先事秦而诸侯效之；魏王不听。秦王伐魏，取曲沃、平周⑩，复阴厚张仪益甚。

【注释】

①义渠：义渠国，在今甘肃庆阳市西南，春秋时期的西戎国。②左、右司过：这里的左、右司过与上一句的博闻师都是师傅之职，是帮助料理政事的。　③胥靡：又作"缗縻"，古代对一种有罪而处罚劳役的人的称谓。因这种罪人被用绳索牵连着劳动，故名胥靡。胥靡，意为拘缚之。　④五反：反，通"返"，往返五次。　⑤左氏：左氏邑，战国时卫地，即今山东菏泽市定陶区西左城。　⑥夫治无小，乱无大：据《韩非子·内储说上》作"夫治无小而乱无大"，按旧注的意思是说，若不治小者，则大乱起矣。　⑦徒献之：指不取赎金，不要都邑白白地将胥靡奉送还卫国。徒，白白地。　⑧陕：陕邑，又作焦邑，战国时魏地，即今河南三门峡市陕州区。　⑨啮（niè 聂）桑：啮桑津，又作采桑津，春秋时为晋地，在今山西吉县西的黄河岸上。　⑩平周：平周邑，战国时魏地，在今山西介休市西（一说在今山西灵石县境）。

四十八年　王崩，子慎靓王定立。

燕易王薨，子哙立。

齐王封田婴于薛①，号曰靖郭君。靖郭君言于齐王曰："五官之计②，不可不日听而数览也。"王从之；已而厌之，悉以委靖郭君。靖郭君由是得专齐之权。

靖郭君欲城薛③，客谓靖郭君曰："君不闻海大鱼乎？网不能止，钩不能牵，荡而失水，则蝼蚁制焉。今夫齐，亦君之水也。君长有齐，奚以薛为！苟为失齐，虽隆薛之城到于天，庸足恃乎④！"乃不果城。

靖郭君有子四十人[5]，其贱妾之子曰文。文通傥饶智略[6]，说靖郭君以散财养士。靖郭君使文主家待宾客，宾客争誉其美，皆请靖郭君以文为嗣。靖郭君卒，文嗣为薛公，号曰孟尝君，孟尝君招致诸侯游士及有罪亡人，皆舍业厚遇之[7]，存救其亲戚，食客常数千人，各自以为孟尝君亲己。由是孟尝君之名重天下。

臣光曰：君子之养士，以为民也。《易》曰[8]："圣人养贤，以及万民。"夫贤者，其德足以敦化正俗，其才足以顿纲振纪，其明足以烛微虑远，其强足以结仁固义；大则利天下，小则利一国。是以君子丰禄以富之，隆爵以尊之；养一人而及万人者，养贤之道也。今孟尝君之养士也，不恤智愚[9]，不择臧否[10]，盗其君之禄，以立私党，张虚誉，上以侮其君，下以蠹其民[11]，是奸人之雄也，乌足尚哉！《书》曰[12]："受为天下逋逃主，萃渊薮。"此之谓也。

【注释】

①薛：薛县，在今山东滕州市东南。　②五官：指主管专门职事的五大夫。　③欲城薛：想在薛地筑城。　④庸：岂。　⑤有一种本子在"十"字下有一"余"字，即"有子四十余人"。　⑥通傥（tǎng 倘）饶智略：通达卓异多有才智谋略。傥，即倜傥，指卓异、豪爽。　⑦舍业：指为他们筑舍，立居业。　⑧这里引《易》的话，见《易·颐卦》的《彖辞》"圣人养贤，以及万民"。是说圣人养育贤人，是要把好处扩展到广大民众中去。　⑨恤：这里指慎重考虑。　⑩臧否（zāng pǐ 脏痞）：好坏。　⑪蠹（dù 妒）：损害、侵害。　⑫这里引《书》里的话，见伪古文《尚书》里的《武成》，原文是"今商王受……为天下逋逃主，萃渊薮"。意思是现在商王纣……是天下逃亡罪人的窝主，是他们聚集的栖身地。商王受，即商王纣。渊薮（sǒu 叟），本指鱼和兽类聚集的地方，也用以比喻人和物类聚集的处所。薮，是湖泽的通称。

孟尝君聘于楚[1]，楚王遗之象床[2]。登徒直送之[3]，不欲行，谓孟尝君门人公孙戌曰："象床之直千金，苟伤之毫发，则卖妻子不足偿也。足下能使仆无行者，有先人之宝剑，愿献之。"公孙戌许诺，入见孟尝君曰："小国所以皆致相印于君者，以君能振达贫穷，存亡继绝，故莫不悦君之义，慕君之廉也。今始至楚而受象床，则未至之国将何以待君哉！”孟尝君曰：“善。”遂不受。公孙戌趋去，未至中闺[4]，孟尝君召而反之，曰：“子何足之高，志之扬也[5]？”公孙戌以实对。孟尝君乃书门版曰：“有能扬文之名，止文之过，私得宝于外者，疾入谏！”

臣光曰：孟尝君可谓能用谏矣。苟其言之善也，虽怀诈谖之心[6]，犹将用之，况尽忠无私以事其上乎！《诗》云：“采葑采菲，无以下体[7]。”孟尝君有焉。

韩宣惠王欲两用公仲、公叔为政，问于缪留。对曰：“不可。晋用六卿而国分[8]；齐简公用陈成子及阚止而见杀；魏用犀首、张仪而西河之外亡。今君两用之，其多力者内树党，其寡力者藉外权。群臣有内树党以骄主，有外为交以削地，君之国危矣。”

【注释】

①聘：古代国与国之间派遣使者访问。 ②遗（wèi 畏）：赠予。象床：用象牙装饰的床。 ③登徒直：人姓名。登徒，姓。直，名。 ④中闺：宫中小门。闺门，上圆下方，形如圭，故称闺。 ⑤足之高，志之扬：即趾高气扬，指走路抬脚高，神气十足。比喻得意忘形。 ⑥谖（xuān 宣）：欺诈。 ⑦“采葑采菲，无以下体”句：出自《诗经·邶风》里的《谷风》，意思是收取大头菜、收取萝卜时，因菜头萝卜不可口，因此可取它的叶，不取用它的根。这里引以比喻只接受人家正确的意见，不计较他的不良动机。葑，蔓菁，即大头菜。菲，即萝卜。下体，指根部。 ⑧六卿：春秋后期晋国的范氏、中行氏、智氏、韩氏、魏氏、赵氏六家为卿，号为六卿。六卿先后实行改革，也互相争斗，晋国最后被瓜分。

资治通鉴卷第三

周纪三　起重光赤奋若，尽昭阳大渊献，凡二十有三年。

慎　靓　王

元年　卫更贬号曰君[①]。

二年　秦伐魏，取鄢[②]。

魏惠王薨，子襄王立。孟子入见而出，语人曰："望之不似人君，就之而不见所畏焉。卒然问曰[③]：'天下恶乎定[④]？'吾对曰：'定于一。''孰能一之？'对曰：'不嗜杀人者能一之[⑤]。''孰能与之？'对曰：'天下莫不与也。王知夫苗乎？七、八月之间旱[⑥]，则苗槁矣[⑦]。天油然作云[⑧]，沛然下雨[⑨]，则苗浡然兴之矣[⑩]。其如是，孰能御之！'"

三年　楚、赵、魏、韩、燕同伐秦，攻函谷关。秦人出兵逆之，五国之师皆败走。

宋初称王。

四年　秦败韩师于修鱼[⑪]，斩首八万级，虏其将鲠、申差于浊泽[⑫]。诸侯振恐。

齐大夫与苏秦争宠，使人刺秦，杀之。

张仪说魏襄王曰："梁地方不至千里，卒不过三十万，地四平，无名山大川之限，卒成楚、韩、齐、赵之境，守亭、障者不下十万，梁之地势固战场也。夫诸侯之约从，盟于洹水之上，结为兄弟以相坚也。今亲兄弟同父母，尚有争钱财相杀伤，而欲恃反复苏秦之余谋,其不可成亦明矣。大王不事秦,秦下兵攻河外,据卷、衍、酸枣[13],劫卫,取阳晋,则赵不南,赵不南则梁不北,梁不北则从道绝,从道绝则大王之国欲毋危不可得也。故愿大王审定计议,且赐骸骨[14]。”魏王乃倍从约[15],而因仪以请成于秦[16]。张仪归,复相秦。

鲁景公薨,子平公旅立。

【注释】

①卫更贬号曰君:卫国已在周显王二十三年(前346)贬改称号为侯,这时再贬改称号为君。 ②鄗:一作“鄗邑”,在今河南鄗城县南。③卒(cù 促):同“猝”,突然。 ④恶(wū 乌):何,怎么。 ⑤嗜(shì 试):喜欢,爱好。 ⑥这里记述孟子的话,他说的七、八月间,是依周历说的,实际是夏历的五、六月间。 ⑦槁(gǎo 搞):枯干,枯萎。 ⑧油然:形容乌云兴起的情状。 ⑨沛然:比喻雨水骤然普降。 ⑩浡(bó 勃)然:形容生长旺盛。 ⑪修鱼:修鱼邑,战国时韩地,在今河南原阳县西南。 ⑫浊泽:浊泽邑,在今河南禹州市东北。 ⑬卷:卷邑,战国时魏地,在今河南原阳县原武故城西北。衍:即衍氏邑,战国时魏地,在今河南郑州市北。酸枣:酸枣邑,在今河南延津县西南。 ⑭赐骸骨:即乞赐骸骨。乞身,封建时代官员自请退休的用语,亦称乞骸骨。 ⑮倍:通“背”。 ⑯请成:请求讲和。成,讲和。

五年 巴、蜀相攻击[1],俱告急于秦。秦惠王欲伐蜀,以为道险狭难至,而韩又来侵,犹豫未能决。司马错请伐蜀[2]。张仪曰:“不如伐韩。”王曰:“请闻其说。”仪曰:“亲魏,善楚,下兵三川[3],攻新城、宜阳[4],以临二周之郊[5],据九鼎[6],按图籍[7],挟天子以令于天下,天下莫敢不听,此王业也。臣闻争名者于朝,争利者于市。今三川、周室,天下之朝市也,而王不争焉,顾争于戎翟,去王业远矣。”司马错曰:“不然。臣闻欲富国者务广其地,欲强兵者务富其民,欲王者务博其德[8]:三资者备而王随之矣。今王地小民贫,故臣愿先从事于易。夫蜀,西僻之国而戎翟之长也,有桀、纣之乱[9];以秦攻之,譬如使豺狼逐群羊;得其地足以广国,取其财足以富民,缮兵不伤众而彼已服焉[10]。拔一国而天下不以为暴,利尽四海而天下不以为贪[11],是我一举而名实附也,而又有禁暴止乱之名。今攻韩，劫天子，恶名也，而未必利也；又有不义之名，而攻天下所不欲，危矣。臣请论其故：周，天下之宗室也[12]。齐、韩之与国也。周自知失九鼎，韩自知亡三川，将二国并力合谋，以因乎齐、赵而求解乎楚、魏，以鼎与楚，以地与魏，王弗能止也。此臣之所谓危也。不如伐蜀完[13]。”王从错计，起兵伐蜀；十月取之。贬蜀王，更号为侯；而使陈庄相蜀。蜀既属秦，秦以益强，富厚，轻诸侯。

【注释】

①巴：巴国，一名巴子国，都城在今重庆市北。从商代至战国时都是方国，其地域有今重庆市一带。蜀：蜀国，从商代至战国都是方国，曾随从周武王伐纣。后建都于成都（今四川成都市）。 ②司马错：司马氏的后裔居于秦地的一系祖先，名错，任为将军，也是司马迁的祖先。 ③三川：指今河南境内黄河、伊河、洛河相交会的地方。秦庄襄王元年（前249）设置三川郡于此。 ④新城：战国时韩地，在今河南伊川县西南。宜阳：即宜阳邑，战国时韩地，在今河南宜阳县西。 ⑤二周：当时周已分为东周、西周，故称为二周。 ⑥九鼎：据古代传说，夏禹时铸九鼎，象征九州，后来作为传国之宝，商汤时迁移到商邑，周武王时又把它迁移到洛邑。 ⑦图籍：指地图和户籍。图是指绘制的地形图，籍指记载户口的数字。 ⑧王（wàng旺）：完成王业，称王于天下。 ⑨桀、纣之乱：指国内出现像桀、纣时那样腐败、残暴的乱政。 ⑩缮兵：也就是修缮干戈，即整治兵器，进行战争。 ⑪这里的“四”字，有的本子作“西”字。 ⑫天下之宗室：指周仍为天下所宗仰，所以说是天下之宗室。 ⑬完：这里指保全，即有取得胜利的把握。

苏秦既死，秦弟代、厉亦以游说显于诸侯。燕相子之与苏代婚[1]，欲得燕权。苏代使于齐而还，燕王哙问曰[2]：“齐王其霸乎？”对曰：“不能。”王曰：“何故？”对曰：“不信其臣。”于是燕王专任子之。鹿毛寿谓燕王曰[3]：“人之谓尧贤者，以其能让天下也。今王以国让子之，是王与尧同名也。”燕王因属国于子之，子之大重。或曰：“禹荐益而以启人为吏[4]，及老而以启为不足任天下，传之于益。启与交党攻益，夺之，天下谓禹名传天下于益而实令启自取之。今王言属国于子之而吏无非太子人者，是名属子之而实太子用事也。”王因收印绶[5]，自三百石吏已上而效之子之[6]。子之南面行王事，而哙老，不听政，顾为臣[7]，国事皆决于子之。

六年 王崩，子赧王延立[8]。

【注释】

①子之（？—前314）：战国时燕国大臣。任国相时，办事果断，善于监督考核臣属。后因燕王哙让位而成国君，在齐宣王攻进燕国时被杀。②燕王哙（？—前314）：即姬哙，战国时燕国国君。在位时主张选拔人才，勤俭治国，后让位给子之。在齐宣王攻进燕国时，他与子之同被杀死。 ③鹿毛寿：人的姓名，又叫潘寿，或称厝毛、唐毛寿。 ④益：即伯益。益或作“翳”，伯益又称大费，古代嬴姓的祖先。相传善于狩猎，舜时任为虞官，后来得到禹的信任，助禹治水有功，被定为继位人。禹的儿子启为要继承王位，与伯益相争，伯益被启杀死。启，传说中的夏代国王，禹的儿子。禹死后，启夺取了王位，因而确立了传子制度。 ⑤印绶：印和系印的丝组。指官吏的印章。 ⑥三百石：指一年俸禄三百石的官吏。按照后世汉代的制度计算，三百石吏为第十等官吏，年俸四十斛。 ⑦顾：反而，却。 ⑧赧（nǎn 腩）：即姬延。

赧 王 上

元年 秦人侵义渠，得二十五城。

魏人叛秦。秦人伐魏，取曲沃而归其人。又败韩于岸门[1]，韩太子仓入质于秦以和。

燕子之为王三年，国内大乱。将军市被与太子平谋攻子之。齐王令人谓太子曰：“寡人闻太子将饬君臣之义，明父子之位，寡人之国唯太子所以令之。”太子因要党聚众，使市被攻子之，不克。市被反攻太子。构难数月，死者数万人，百姓恫恐。齐王令章子将五都之兵，因北地之众以伐燕[2]。燕士卒不战，城门不闭。齐人取子之，醢之[3]，遂杀燕王哙。

齐王问孟子曰：“或谓寡人勿取燕，或谓寡人取之。以万乘之国伐万乘之国，五旬而举之，人力不至于此；不取，必有天殃。取之何如?”孟子对曰:“取之而燕民悦则取之,古之人有行之者,武王是也。取之而燕民不悦则勿取,古之人有行之者,文王是也。以万乘之国伐万乘之国,箪食壶浆以迎王师[4],岂有他哉?避水火也。如水益深,如火益热,亦运而已矣!”

诸侯将谋救燕。齐王谓孟子曰:“诸侯多谋伐寡人者,何以待之?”对曰:“臣闻七十里为政于天下者,汤是也;未闻以千里畏人者也。《书》曰[5]:‘徯我后,后来其苏[6]。’今燕虐其民,王往而征之,民以为将拯己于水火之中也,箪食壶浆以迎王师。若杀其父兄,系累其子弟[7],毁其宗庙,迁其重器,如之何其可也!天下固畏齐之强也,今又倍地而不行仁政,是动天下之兵也。王速出令,反其旄倪[8],止其重器,谋于燕众,置君而后去之,则犹可及止也。”齐王不听。

已而燕人叛。王曰:“吾甚惭于孟子。”陈贾曰:“王无患焉。”乃见孟子,曰:“周公何人也?”曰:“古圣人也。”陈贾曰:“周公使管叔监商[9],管叔以商畔也。周公知其将畔而使之与?”曰:“不知也。”陈贾曰:“然则圣人亦有过与[10]?”曰:“周公,弟也,管叔,兄也,周公之过不亦宜乎!且古之君子,过则改之;今之君子,过则顺之。古之君子,其过也如日月之食,民皆见之;及其更也,民皆仰之。今之君子,岂徒顺之,又从为之辞!”

是岁,齐宣王薨,子湣王地立。

【注释】

①岸门:在今山西河津市南。　②北地:这北地是指齐国国境北部地方。　③醢(hǎi 海):肉酱,剁成肉酱。　④箪(dān 担)食壶浆:用小筐盛着饭用壶盛着酒浆。箪,用竹或苇制成的盛饭筐器。浆,指酒浆或饮料。　⑤这里引的《书》曰句,出自伪古文《尚书》里的《仲虺之诰》。⑥徯我后,后来其苏:意思是等待我们的君王,君王来到,我们就将复活。徯,等待。后,君王。苏,复苏,复活。　⑦系累:束缚,捆绑。　⑧旄倪:指老小。旄同“耄(mào)”,古代把年龄八十、九十的称耄。倪,即儿,小儿。　⑨周公使管叔监商:据《史记·管蔡世家》记载,周武王攻克殷后,周公等曾封兄弟叔鲜于管,封叔度于蔡,以监治殷商遗民。　⑩与:通“欤”。

二年 秦右更疾伐赵①,拔蔺,虏其将庄豹。

秦王欲伐齐,患齐、楚之从亲,乃使张仪至楚,说楚王曰:“大王诚能听臣,闭关绝约于齐②,臣请献商於之地六百里③,使秦女得为大王箕帚之妾④,秦、楚嫁女娶妇,长为兄弟之国。”楚王说而许之。群臣皆贺,陈轸独吊⑤。王怒曰:“寡人不兴师而得六百里地,何吊也?”对曰:“不然。以臣观之,商於之地不可得而齐、秦合,齐、秦合则患必至矣。”王曰:“有说乎?”对曰:“夫秦之所以重楚者,以其有齐也。今闭关绝约于齐则楚孤,秦奚贪夫孤国而与之商於之地六百里!张仪至秦,必负王。是王北绝齐交,西生患于秦也,两国之兵必俱至。为王计者,不若阴合而阳绝于齐,使人随张仪,苟与吾地,绝齐未晚也。”王曰:“愿陈子闭口,毋复言,以待寡人得地!”乃以相印授张仪,厚赐之。遂闭关绝约于齐,使一将军随张仪至秦。

张仪详堕车⑥,不朝三月。楚王闻之,曰:“仪以寡人绝齐未甚邪?”乃使勇士宋遗借宋之符⑦,北骂齐王。齐王大怒,折节以事秦⑧,齐、秦之交合。张仪乃朝,见楚使者曰:“子何不受地?从某至某,广袤六里⑨。”使者怒,还报楚王。楚王大怒,欲发兵而攻秦。陈轸曰:“轸可发口言乎?攻之不如因赂之以一名都,与之并力而攻齐⑩,是我亡地于秦,取偿于齐也。今王已绝于齐而责欺于秦,是吾合齐、秦之交而来天下之兵也,国必大伤矣!”楚王不听,使屈匄帅师伐秦。秦亦发兵使庶长章击之⑪。

【注释】

①右更:秦代爵位等级的名称。秦商鞅变法时制二十等爵,右更为第十四等爵,相当于当时其他各国的卿。 ②闭关:这里指断绝交往。古代各国都设有守关的官,叫关尹,外国使者来到,关尹通报,便行礼节迎之。闭关是指拒绝外国使者,不予通报,断绝交往。 ③商於(wū乌):又作於中,在今河南淅川县西南。另一说以为是商(今陕西商洛市商州区东南)於(今河南内乡县东)两邑和两邑之间的土地。 ④箕帚之妾:是说备洒扫使唤的婢妾。箕帚,扫除的用具。 ⑤吊:这里指伤心、痛心。 ⑥详:通“佯”,假装。 ⑦符:即符节,古代关门出入所持的凭证,是节的一种,一般用竹或木制成。 ⑧折节:委屈自己而居于别

人之下。 ⑨广袤（mào 冒）：泛指纵横的长度。旧时以从东至西的横长为广，从北至南的纵长为袤。 ⑩有一种本子“力”作“兵”。 ⑪庶长：秦置官爵名，掌握军政大权，相当于当时其他各国的卿。秦商鞅变法时制定的二十等爵，从第十级到十八级都属于庶长的级别。

三年 春，秦师及楚战于丹阳[①]，楚师大败；斩甲士八万，虏屈匄及列侯[②]、执珪七十余人[③]，遂取汉中郡[④]。楚王悉发国内兵以复袭秦，战于蓝田[⑤]，楚师大败。韩、魏闻楚之困，南袭楚，至邓[⑥]。楚人闻之，乃引兵归，割两城以请平于秦。

燕人共立太子平，是为昭王。昭王于破燕之后[⑦]。吊死问孤，与百姓同甘苦，卑身厚币以招贤者。谓郭隗曰：“齐因孤之国乱而袭破燕，孤极知燕小力少，不足以报；然诚得贤士与共国，以雪先王之耻，孤之愿也。先生视可者，得身事之！”郭隗曰：“古之人君有以千金使涓人求千里马者[⑧]，马已死，买其首五百金而返。君大怒，涓人曰：‘死马且买之，况生者乎！马今至矣。’不期年[⑨]，千里之马至者三。今王必欲致士，先从隗始，况贤于隗者，岂远千里哉！”于是昭王为隗改筑宫而师事之。于是士争趣燕[⑩]：乐毅自魏往[⑪]，剧辛自赵往[⑫]。昭王以乐毅为亚卿，任以国政。

战国燕国铺首

韩宣惠王薨，子襄王仓立。

【注释】

①丹阳：指今陕西、河南二省之间丹江以北地区。 ②屈匄（gài 盖）：人名。匄，“丐”的异体字。③执珪：爵位名，战国时楚国设置，是楚国的最高爵位，也有称“上执珪”的。 ④汉中郡：治所在南郑县

（今陕西汉中市）。　⑤蓝田：蓝田邑，战国时楚地，在今湖北钟祥市西北。⑥邓：邓邑，春秋以来楚地，在今河南漯河市郾城区东南。　⑦有的本子在“后”字之后有“即位”二字。　⑧涓人：或称“中涓”，本是指在君主左右担任洒扫的人，但也指亲信的侍臣，如谒者、舍人之类；后世用作宦官的称谓。涓，洁。　⑨期（jī 基）年：一整年。　⑩趣：通“趋”。　⑪乐毅：本中山国灵寿（今河北平山县东北）人，是魏国将领乐羊的后代。乐毅到燕国后，成为著名的将领。　⑫剧辛（？—前242）：原为赵国人，与庞煖友善，到燕国后任为燕将。

四年　蜀相杀蜀侯。

秦惠王使人告楚怀王，请以武关之外易黔中地[①]。楚王曰：“不愿易地，愿得张仪而献黔中地。”张仪闻之，请行。王曰：“楚将甘心于子，奈何行？”张仪曰：“秦强楚弱，大王在，楚不宜敢取臣。且臣善其嬖臣靳尚[②]，靳尚得事幸姬郑袖，袖之言，王无不听者。”遂往。楚王囚，将杀之。靳尚谓郑袖曰：“秦王甚爱张仪，将以上庸六县及美女赎之[③]。王重地尊秦，秦女必贵而夫人斥矣。”于是郑袖日夜泣于楚王曰：“臣各为其主耳。今杀张仪，秦必大怒。妾请子母俱迁江南，毋为秦所鱼肉也！”王乃赦张仪而厚礼之。张仪因说楚王曰：“夫为从者无以异于驱群羊而攻猛虎，不格明矣[④]。今王不事秦，秦劫韩驱梁而攻楚，则楚危矣。秦西有巴、蜀，治船积粟，浮岷江而下，一日行五百余里，不至一日而拒扞关[⑤]，扞关惊则从境以东尽城守矣，黔中、巫郡非王之有[⑥]。秦举甲出武关，则北地绝。秦兵之攻楚也，危难在三月之内，而楚待诸侯之救在半岁之外。夫待弱国之救，忘强秦之祸，此臣所为大王患也。大王诚能听臣，臣请令秦、楚长为兄弟之国，无相攻伐。”楚王已得张仪而重出黔中地，乃许之。

【注释】

①武关：战国秦置，在今陕西丹凤县西南的丹江北岸。黔中：即黔中郡，战国楚置，秦时治所在临沅县（今湖南常德市）。　②嬖（bì 闭）臣：受宠爱的臣子。嬖，宠爱，宠幸。　③上庸：上庸县，本为庸国，春秋时楚置为县，治所在今湖北竹山县西南。　④格：抵敌。　⑤扞关：古关名，

故址在今湖北长阳土家族自治县西。 ⑥巫郡：一说在今重庆巫山县北。据杜佑注在今湖北巴东县。

张仪遂之韩，说韩王曰："韩地险恶山居，五谷所生，非菽而麦[①]，国无二岁之食；见卒不过二十万[②]。秦被甲百余万。山东之士被甲蒙胄以会战[③]，秦人捐甲徒裼以趋敌[④]，左挈人头，右挟生虏。夫战孟贲、乌获之士以攻不服之弱国[⑤]，无异垂千钧之重于鸟卵之上[⑥]，必无幸矣。大王不事秦，秦下甲据宜阳，塞成皋，则王之国分矣，鸿台之宫，桑林之苑，非王之有也。为大王计，莫如事秦以攻楚，以转祸而悦秦，计无便于此者！"韩王许之。

张仪归报，秦王封以六邑，号武信君。复使东说齐王曰："从人说大王者必曰：'齐蔽于三晋，地广民众，兵强士勇，虽有百秦，将无奈齐何。'大王贤其说而不计其实。今秦、楚嫁女娶妇，为昆弟之国；韩献宜阳；梁效河外[⑦]；赵王入朝，割河间以事秦[⑧]。大王不事秦，秦驱韩、梁攻齐之南地，悉赵兵，渡清河[⑨]，指博关，临菑、即墨非王之有也[⑩]！国一日见攻，虽欲事秦，不可得也！"齐王许张仪。

张仪去，西说赵王曰："大王收率天下以摈秦，秦兵不敢出函谷关十五年。大王之威行于山东，敝邑恐惧[⑪]，缮甲厉兵，力田积粟，愁居慑处[⑫]，不敢动摇，唯大王有意督过之也。今以大王之力，举巴、蜀[⑬]，并汉中[⑭]，包两周[⑮]，守白马之津[⑯]。秦虽僻远，然而心忿含怒之日久矣。今秦有敝甲凋兵军于渑池，愿渡河，逾漳[⑰]，据番吾[⑱]，会邯郸之下，愿以甲子合战[⑲]，正殷纣之事。谨使使臣先闻左右。今楚与秦为昆弟之国，而韩、梁称东藩之臣，齐献鱼盐之地，此断赵之右肩也。夫断右肩而与人斗，失其党而孤居，求欲毋危得乎！今秦发三将军，其一军塞午道[⑳]，告齐使渡清河，军于邯郸之东，一军军成皋，驱韩、梁军于河外，一军军于渑池，约四国为一以攻赵，赵服必四分其地。臣窃为大王计，莫如与秦王面相约而口相结，常为兄弟之国也。"赵王许之。

【注释】

①菽：豆类。 ②见（xiàn 县）：同"现"。 ③胄（zhòu 宙）：古代战

士作战时所戴的帽子,即头盔。 ④徒裼(xī 息):赤脚露体。徒,即徒跣,赤脚。裼,即袒身,脱衣露体。 ⑤孟贲(bēn 奔)、乌获:战国时的勇士。⑥钧:古代重量单位,三十斤为一钧。 ⑦河外:指今山西、陕西两省之间黄河南段以西的地区。 ⑧河间:即河间邑,在今河北献县东南。战国时原为赵地,后为秦所有。 ⑨清河:战国时的清河,介于齐、赵二国之间,源出今河南浚县南,其下游所经地不详。 ⑩博关:按《史记正义》注,博关在博州,当在今山东聊城市地界内。临菑:即临淄邑,在今山东淄博市东北临淄区北,西周至战国齐国建都于此。 ⑪敝邑:春秋、战国时,各国使臣交往,各自称本国为敝邑。 ⑫慑(shè 摄):恐惧,害怕。⑬举巴、蜀:事见以上慎靓王五年(前316),秦王听从司马错的意见伐蜀事。 ⑭并汉中:事见以上赧王二年(前313),秦大败楚军,取汉中郡。⑮包两周:事见以上赧王元年(前314),秦军伐魏取曲沃,又败韩军于岸门,也就是包两周的意思。 ⑯白马之津:即白马津,又称围津、垝津,在今河南滑县东北,战国时为黄河的津渡。 ⑰漳:指漳河。漳河是卫河的支流,在今河北、河南二省边界。有清漳河、浊漳河二源,都出自山西省东南部,在河北南部汇合后称为漳河,东南流入卫河。 ⑱番(pó 婆)吾:即番吾邑,战国赵地,在今河北省平山县东。 ⑲甲子合战:周武王伐纣时是癸亥,陈兵在商的郊野,甲子清晨与纣军会战于牧野,武王战胜了殷纣。这里张仪用甲子合战的话,是用来恐吓赵王。 ⑳午道:地名,按郑玄说,一纵一横为午,谓交道也。午道的位置当在赵国的东面,齐国的西面。

张仪乃北之燕,说燕王曰:"今赵王已入朝,效河间以事秦。大王不事秦,秦下甲云中、九原[①],驱赵而攻燕,则易水、长城非大王之有也[②]!且今时齐、赵之于秦,犹郡县也,不敢妄举师以攻伐。今王事秦,长无齐、赵之患矣。"燕王请献常山之尾五城以和[③]。

张仪归报,未至咸阳,秦惠王薨,子武王立[④]。武王自为太子时,不说张仪;及即位,群臣多毁短之。诸侯闻仪与秦王有隙,皆畔衡,复合从。

五年 张仪说秦武王曰:"为王计者,东方有变,然后王可以多割得地也。臣闻齐王甚憎臣,臣之所在,齐必伐之。臣愿乞其不肖之身以之梁[⑤],齐必伐梁[⑥],齐、梁交兵而不能相去,王以其间伐韩，入三川，挟天子，案图籍，此王业也！”王许之。齐王果伐梁，梁王恐。张仪曰：“王勿患也！请令齐罢兵。”乃使其舍人之楚，借使谓齐王曰[7]：“甚矣王之托仪于秦也[8]！”齐王曰：“何故？”楚使者曰：“张仪之去秦也固与秦王谋矣，欲齐、梁相攻而令秦取三川也。今王果伐梁，是王内罢国而外伐与国[9]，而信仪于秦王也。”齐王乃解兵还。张仪相魏一岁，卒。

【注释】

①云中：战国时期赵武灵王置云中郡，秦时治所在云中县（今内蒙古托克托县东北）。九原：战国赵地，秦置九原郡，治所在九原县（今内蒙古包头市西北）。 ②易水：在今河北省西部。大清河上源支流，有北、中、南三支，均源出易县境，汇合后入南拒马河。 ③常山：本名恒山，西汉及北宋时称常山，在今河北曲阳县西北与山西省接壤处，为五岳之一的北岳。 ④武王：秦武王，即嬴荡。 ⑤不肖：这里是谦词，是说自己无才无德不成器。 ⑥梁：即魏国。魏国的都城在大梁，故又称魏为梁。⑦借使：这是说魏、齐两国相交战，魏国不能直接派使者去齐国，只得借楚国的使者前去齐国。 ⑧托：得到信任，受到依重。 ⑨罢：同“疲”。

仪与苏秦皆以纵横之术游诸侯，致位富贵，天下争慕效之。又有魏人公孙衍者，号曰犀首，亦以谈说显名。其余苏代、苏厉、周最、楼缓之徒[1]，纷纭遍于天下，务以辩诈相高，不可胜纪；而仪、秦、衍最著。

孟子论之曰[2]：或谓：“公孙衍张仪岂不大丈夫哉：一怒而诸侯惧，安居而天下熄？”孟子曰：“是恶足为大丈夫哉！君子立天下之正位，行天下之正道，得志则与民由之，不得志则独行其道，富贵不能淫，贫贱不能移，威武不能诎[3]，是之谓大丈夫。”

扬子《法言》曰[4]：或问：“仪、秦学乎鬼谷术而习乎纵横言，安中国者各十余年，是夫？”曰：“诈人也，圣人恶诸。”曰：“孔子读而仪、秦行[5]，何如也？”曰：“甚矣凤鸣而鸷翰也[6]！”“然则子贡不为欤[7]”？曰：“乱而不解，子贡耻诸[8]。说而不富贵，仪、秦耻诸[9]。”或曰：“仪、秦其才矣乎，迹不蹈已[10]？”

曰：“昔在任人[11]，帝而难之[12]，不以才乎？才乎才，非吾徒之才也！”

【注释】

①周最：战国末期的说客，曾在齐国任职，并善待齐国，他的政治活动主要目的是抗秦。楼缓：战国时的赵国人，秦昭王时曾任为秦国国相。②以下引用孟子的话，见《孟子·滕文公下》。所引用的文句，是概述《孟子》原文的大意。 ③诎（qū 屈）：通“屈”。 ④这里引用的扬子《法言》，见《法言》的《渊骞篇》。《法言》是西汉扬雄摹仿《论语》写成的书，共十三卷，内容是宣扬传统的儒家思想，反对《老子》书中排斥仁义，绝弃礼学，提出“有生者必有死，有始者必有终”等论点，具有无神论倾向。司马光为《法言》撰有集注。 ⑤孔子读而仪、秦行：读孔子的书而行张仪、苏秦那样的游说之事。 ⑥鸷（zhì 至）翰：凶猛的鸟的羽毛。鸷，凶猛的鸟。翰，羽毛。 ⑦然则子贡不为欤：这是诘问的话，意思是说，游说既然不好，那么子贡不该做游说的事。据《史记·仲尼弟子列传》记载，齐国攻伐鲁国，子贡曾游说齐、吴、晋、越等国的国君，终于导致齐国乱，吴国败亡，晋国强大，越国称霸，而鲁国得以保全。 ⑧乱而不解，子贡耻诸：见国家危乱而不能解救，子贡对此感到耻辱。这是说子贡的游说，是以解救鲁国为崇高的目的。 ⑨说而不富贵，仪、秦耻诸：这句话是说从事游说而得不到富贵，张仪、苏秦对此感到羞耻。这是强调张仪、苏秦的游说是以追求个人的富贵为目的，是卑下的。 ⑩迹不蹈已：不循蹈前人已有的陈迹行事。 ⑪任人：巧诈奸佞的人。任，通“壬”，古代亦称“壬人”。 ⑫难：这里是拒绝、排斥的意思。《尚书·尧典》有“而难任人”句。按旧注的意思，“难”字作拒绝讲，“难任人”就是拒绝奸佞的人。

秦王使甘茂诛蜀相庄[1]。

秦王、魏王会于临晋[2]。

赵武灵王纳吴广之女孟姚，有宠，是为惠后。生子何。

六年 秦初置丞相，以樗里疾为右丞相[3]。

七年 秦、魏会于应[4]。

秦王使甘茂约魏以伐韩，而令向寿辅行[5]。甘茂令向寿还，谓王曰：“魏听臣矣，然愿王勿伐！”王迎甘茂于息壤而问其故。对

赵武灵王像

曰："宜阳大县[6]，其实郡也。今王倍数险[7]，行千里，攻之难。鲁人有与曾参同姓名者杀人，人告其母，其母织自若也。及三人告之，其母投杼下机[8]，逾墙而走。臣之贤不若曾参，王之信臣又不如其母，疑臣者非特三人，臣恐大王之投杼也。魏文侯令乐羊将而攻中山[9]，三年而拔之。反而论功[10]，文侯示之谤书一箧[11]。乐羊再拜稽首曰[12]：'此非臣之功，君之力也！'今臣，羁旅之臣也[13]，樗里子、公孙奭挟韩而议之[14]，王必听之，是王欺魏王而臣受公仲侈之怨也[15]。"王曰："寡人弗听也，请与子盟！"乃盟于息壤。秋，甘茂、庶长封帅师伐宜阳。

八年　甘茂攻宜阳，五月而不拔。樗里子、公孙奭果争之。秦王召甘茂，欲罢兵。甘茂曰："息壤在彼。"王曰："有之。"因大悉起兵以佐甘茂，斩首六万，遂拔宜阳。韩公仲侈入谢于秦以请平。

秦武王好以力戏，力士任鄙、乌获、孟说皆至大官。八月，王与孟说举鼎，绝脉而薨。族孟说[16]。武王无子，异母弟稷为质于燕，国人逆而立之[17]，是为昭襄王。昭襄王母芈八子[18]，楚女也，实宣太后。

【注释】

①甘茂：秦国大臣，楚下蔡（今安徽凤台县）人，曾从史举学百家之术。秦惠文王时，曾为秦将兵略汉中地。秦武王时，任右丞相。秦昭襄王时，为避谗言，出奔至齐国，任为上卿，乘出使楚国之便，谋归秦国而不得，后卒于魏国。蜀相庄：即蜀相陈庄。赧王四年（前311）他杀了蜀侯，因此秦王派甘茂去诛杀他。　②临晋：即临晋城，战国魏文侯十六年（前

409）筑，在今陕西大荔县东南朝邑镇西南。秦置为县。 ③樗（chū 初）里疾（？—前300）：秦惠王异母弟，名疾。因居住在樗里（或作楮里）的地方，故称为樗里子。初任为庶长，后因立有战功封为严君，至秦武王时，与甘茂分别任为左、右丞相，为人滑稽多智。 ④应：应国，原为西周武王子封国，在今河南鲁山县东。战国时为邑，属韩，后入秦，为秦相范雎封邑。 ⑤向寿：秦国将领，秦惠文王妃芈八子的外族，即芈八子母亲的亲属，自少便与秦昭襄王相居处。辅行：也就是副使。 ⑥宜阳：即宜阳县，战国韩置，治所在今河南宜阳县西。 ⑦倍：通“背”，背离。 ⑧杼（zhù 注）：梭子。 ⑨乐羊将而攻中山：这件事见卷第一周威烈王二十三年（前403）。 ⑩反：通“返”。 ⑪谤书：攻击、诽谤的文书。箧（qiè 怯）：小箱子。 ⑫稽首：古时一种跪拜礼，叩头至地。 ⑬羁（jī 机）旅：或作“羇旅”，指作客他乡。按杜预的《左传》注，羁，寄也；旅，客也。 ⑭公孙奭（shì 式）：《战国策》作公孙衍。 ⑮公仲侈：又作“公仲冯”，公仲朋，韩国的相。 ⑯族：诛灭其族。 ⑰逆：迎，接。 ⑱芈（mǐ 米）八子：姓芈的八子，是秦惠文王的妃。芈，楚国的一个姓。八子，秦国的后妃除皇后、夫人之外，还有美人、良人、八子、七子、长使、少使等名号，排列为等次。

赵武灵王北略中山之地[①]，至房子[②]，遂至代，北至无穷[③]，西至河，登黄华之上[④]。与肥义谋胡服骑射以教百姓，曰：“愚者所笑，贤者察焉。虽驱世以笑我，胡地、中山，吾必有之！”遂胡服。

国人皆不欲，公子成称疾不朝。王使人请之曰：“家听于亲，国听于君。今寡人作教易服而公叔不服，吾恐天下议己也[⑤]。制国有常，利民为本；从政有经，令行为上。明德先论于贱，而从政先信于贵，故愿慕公叔之义以成胡服之功也。”公子成再拜稽首曰：“臣闻中国者，圣贤之所教也，礼乐之所用也，远方之所观赴也，蛮夷之所则效也。今王舍此而袭远方之服[⑥]，变古之道，逆人之心，臣愿王孰图之也[⑦]！”使者以报。王自往请之，曰：“吾国东有齐、中山，北有燕、东胡[⑧]，西有楼烦、秦、韩之边[⑨]。今无骑射之备，则何以守之哉？先时中山负齐之强兵，侵暴吾地，系累吾民[⑩]，引水围鄗[⑪]；微社稷之神灵，则鄗几于不守也。先君丑之，故寡人变服骑射，欲以备四境之难，报中山之怨。而叔顺中国之俗，恶变服之名，以忘鄗事之丑，非寡人之所望也！”公子成听命，乃赐胡服；明日服而朝。于是始出胡服令，而招骑射焉。

九年 秦昭王使向寿平宜阳，而使樗里子、甘茂伐魏。甘茂言于王，以武遂复归之韩[12]。向寿、公孙奭争之，不能得，由此怨谗甘茂。茂惧，辍伐魏蒲阪[13]，亡去。樗里子与魏讲而罢兵。甘茂奔齐。

赵王略中山地，至宁葭[14]；西略胡地，至榆中[15]。林胡王献马[16]。归，使楼缓之秦，仇液之韩，王贲之楚，富丁之魏，赵爵之齐；代相赵固主胡，致其兵。

楚王与齐、韩合从。

【注释】

①略：略取，即侵夺。 ②房子：房子邑，又作鲂子邑，战国魏地，后入于赵，在今河北高邑县西南。 ③无穷：无穷门，战国赵地，在今河北张北县南。 ④黄华：黄河侧的山名。 ⑤这句中的“己”字，另一种本子作“之”字。以“之”字为可取。 ⑥舍：舍弃。 ⑦孰：通“熟”。 ⑧东胡：古代东胡族所居地。东胡本来以居匈奴（古称胡）以东而得名。春秋战国时，南邻燕国，后为燕国将领秦开所攻破，便迁徙于今西辽河上游老哈河、西拉木伦河流域。燕筑长城以防其侵袭。后世东胡居于乌桓山的称乌桓，居鲜卑山一带的称鲜卑。 ⑨楼烦：古族名。春秋末，分布于今山西宁武、岢岚等县，精骑射，从事畜牧。后活动于今陕北及内蒙古自治区南部。 ⑩系累：拘掳。 ⑪鄗（hào 皓）：春秋战国时邑名，在今河北柏乡县东北。 ⑫武遂：战国韩地，在今山西垣曲县东南；一说在今山西临汾市西南。 ⑬蒲阪：蒲阪邑，又作蒲邑，战国魏地，即今河南长垣市。 ⑭宁葭：宁葭邑，又作蔓葭邑，战国时中山国地，在今河北石家庄市鹿泉区北，后属赵。 ⑮榆中：榆中故地说法不一：有的以为在上郡，即今陕西省东北部；有的以为在金城，即今甘肃兰州市榆中县一带；有的说在胜州北河北岸，即今内蒙古河套东北岸。 ⑯林胡：古族名，也称澹林，战国时其活动地域在今山西朔州市北至内蒙古自治区内。从事畜牧，精骑射。战国末为赵将李牧所击败，归附于赵。

十年 彗星见[1]。

赵王伐中山，取丹丘、爽阳、鸿之塞[2]，又取鄗、石邑、封龙、东垣[③]。中山献四邑以和。

秦宣太后异父弟曰穰侯魏冉[④]，同父弟曰华阳君芈戎；王之同母弟曰高陵君、泾阳君[⑤]。魏冉最贤，自惠王、武王时[⑥]，任职用事。武王薨，诸弟争立，唯魏冉力能立昭王[⑦]。昭王即位，以魏冉为将军，卫咸阳。是岁，庶长壮及大臣、诸公子谋作乱，魏冉诛之；及惠文后皆不得良死[⑧]，悼武王后出居于魏[⑨]，王兄弟不善者，魏冉皆灭之。王少，宣太后自治事。任魏冉为政，威震秦国。

十一年 秦王、楚王盟于黄棘[⑩]；秦复与楚上庸。

十二年 彗星见。

秦取魏蒲阪、晋阳、封陵[⑪]；又取韩武遂。

齐、韩、魏以楚负其从亲，合兵伐楚。楚王使太子横为质于秦而请救。秦客卿通将兵救楚，三国引兵去。

十三年 秦王、魏王、韩太子婴会于临晋，韩太子至咸阳而归；秦复与魏蒲阪。

秦大夫有私与楚太子斗者，太子杀之，亡归。

十四年 日有食之，既[⑫]。

秦人取韩穰。

蜀守烰叛秦[⑬]，秦司马错往诛之。

秦庶长奂会韩、魏、齐兵伐楚，败其师于重丘[⑭]，杀其将唐昧[⑮]；遂取重丘。

赵王伐中山，中山君奔齐。

【注释】

①彗(huì 汇)星见(xiàn 现)：彗星出现。彗星，我国古代叫“妖星”“欃枪”，通常叫“扫帚星”，是绕太阳运行的一种天体。古代由于缺乏科学知识，认为彗星的出现是灾难的预兆。我国于前七世纪已有彗星观测的记录。见，这里同“现”。 ②丹丘：丹丘邑，在今河北曲阳县西北。爽阳：《史记·赵世家》作华阳。按《括地志》说，北岳别名称华阳台，即常山也。按其地当在今河北曲阳县境。鸿之塞：或作“鸱之塞”，或作鸿上故关，旧注以为汝城，其地当在今河北唐县东北。 ③石邑：一名石城，在今河北石家庄市鹿泉区东南。封龙：即封龙邑，其地在今河北石家庄市鹿泉区东南。东垣：即东垣邑，其地在今河北正定县南。 ④穰侯

魏冉：魏冉得封穰邑，故称穰侯。穰邑地在今河南邓州市。　⑤高陵君：高陵君名显，其封地高陵邑，在今陕西西安市高陵区西南。泾阳君：泾阳君名悝，其封地泾阳，在今陕西泾阳县西北。　⑥惠王：即惠文王。⑦昭王：即昭襄王。　⑧惠文后：惠文王后，是昭王的嫡母。　⑨悼武王后：即秦武王后，是昭王的大嫂。　⑩黄棘（jí 集）：黄棘邑，战国楚地，在今河南南阳市新野县南。　⑪晋阳：晋阳邑，又作阳晋邑，战国魏地，在今山西芮城县西。封陵：即封陵邑，又称封陆邑，封谷邑，战国魏地，在今山西芮城县西南。　⑫既：食尽，即日全食。　⑬烬：按《史记索隐》注音晖。　⑭重丘：重丘邑，战国楚地，在今河南泌阳县东北。　⑮唐眜：楚国将领，又作唐蔑。

十五年　秦泾阳君为质于齐。

秦华阳君伐楚，大破楚师，斩首三万，杀其将景缺，取楚襄城[①]。楚王恐，使太子为质于齐以请平。

秦樗里疾卒，以赵人楼缓为丞相。

赵武灵王爱少子何，欲及其生而立之。

十六年　五月戊申，大朝东宫，传国于何。王庙见礼毕[②]，出临朝，大夫悉为臣。肥义为相国[③]，并傅王。武灵王自号“主父”。主父欲使子治国，身胡服，将士大夫西北略胡地。将自云中、九原南袭咸阳，于是诈自为使者，入秦，欲以观秦地形及秦王之为人。秦王不知，已而怪其状甚伟，非人臣之度，使人逐之；主父行已脱关矣，审问之，乃主父也。秦人大惊。

齐王、魏王会于韩。

秦人伐楚，取八城。秦王遗楚王书曰：“始寡人与王约为兄弟，盟于黄棘，太子入质，至欢也。太子陵杀寡人之重臣，不谢而亡去。寡人诚不胜怒，使人侵君王之边。今闻君王乃令太子质于齐以求平。寡人与楚接境，婚姻相亲；而今秦、楚不欢，则无以令诸侯。寡人愿与君王会武关[④]，面相约，结盟而去，寡人之愿也！”

楚王患之，欲往恐见欺，欲不往恐秦益怒。昭睢曰：“毋行而发兵自守耳！秦，虎狼也，有并诸侯之心，不可信也！”怀王之子兰劝王行[⑤]，王乃入秦。秦王令一将军诈为王，伏兵武关，楚王至则闭关劫之，与俱西，至咸阳，朝章台[⑥]，如藩臣礼，要以割巫、黔中郡[⑦]。楚王欲盟，秦王欲先得地。楚王怒曰："秦诈我，而又强要我以地！"因不复许。秦人留之。

楚大臣患之，乃相与谋曰："吾王在秦不得还，要以割地，而太子为质于齐；齐、秦合谋，则楚无国矣。"欲立王子之在国者。昭睢曰："王与太子俱困于诸侯，今又倍王命[⑧]，而立其庶子[⑨]，不宜！"乃诈赴于齐[⑩]。齐湣王召群臣谋之[⑪]，或曰："不若留太子以求楚之淮北[⑫]。"齐相曰："不可！郢中立王，是吾抱空质而行不义于天下也。"其人曰："不然，郢中立王[⑬]，因与其新王市曰[⑭]：'予我下东国，吾为王杀太子。不然，将与三国共立之。'"齐王卒用其相计而归楚太子。楚人立之。

【注释】

①襄城：一作新城。战国时楚地，即今河南襄城县。　②庙见（xiàn 现）：王新即位前拜祀祖庙。　③相国：春秋时期齐景公设置左、右相，为卿、大夫中权势很大的官；战国时各诸侯国多设有相职，而称为相国的始见于此。　④武关：战国时秦置，在今陕西丹凤县西南丹江北岸。⑤有的本子在"怀王之子"下还有一"子"字，即作"怀王之子子兰"。⑥章台：秦国的章台宫，在当时咸阳的渭水之南。　⑦巫：巫邑，战国楚地，在今重庆巫山县北。　⑧倍：通"背"。　⑨庶子：指妾所生之子，侧室之子。　⑩诈赴于齐：假称怀王已死，给齐国送去讣告。赴，这里指讣告、报丧。　⑪齐湣王：当时齐国国君，即田地。　⑫淮北：指楚国当时淮河以北的地方，也就是下文说的"下东国"。　⑬郢中：这里指楚国的都城。　⑭市：这里指提出相互交换的条件。

秦王闻孟尝君之贤，使泾阳君为质于齐以请。孟尝君来入秦，秦王以为丞相。

十七年　或谓秦王曰："孟尝君相秦，必先齐而后秦；秦其危哉！"秦王乃以楼缓为相，囚孟尝君，欲杀之。孟尝君使人求解于秦王幸姬，姬曰："愿得君狐白裘[①]。"孟尝君有狐白裘，已献之秦王，无以应姬求。客有善为狗盗者[②]，入秦藏中[③]，盗狐白裘以献姬。姬乃为之言于王而遣之。王后悔，使追之。孟尝君至关，关法，鸡鸣而出客，时尚蚤[4]，追者将至，客有善为鸡鸣者，野鸡闻之皆鸣。孟尝君乃得脱归。

楚人告于秦曰："赖社稷神灵，国有王矣！"秦王怒，发兵出武关击楚，斩首五万，取十六城。

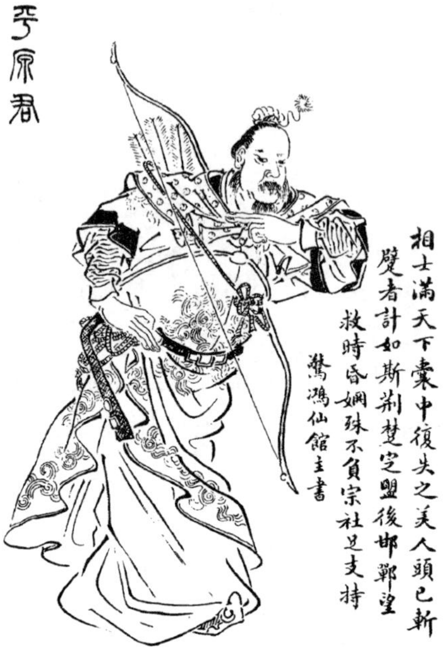

平原君赵胜像

赵王封其弟为平原君[5]。平原君好士，食客尝数千人[6]。有公孙龙者，善为坚白同异之辩[7]，平原君客之。孔穿自鲁适赵[8]，与公孙龙论臧三耳[9]，龙甚辩析。子高弗应，俄而辞出，明日复见平原君。平原君曰："畴昔公孙之言信辩也[10]，先生以为何如？"对曰："然。几能令臧三耳矣。虽然，实难！仆愿得又问于君：今谓三耳甚难而实非也，谓两耳甚易而实是也，不知君将从易而是者乎，其亦从难而非者乎？"平原君无以应。明日，谓公孙龙曰："公无复与孔子高辩事也！其人理胜于辞；公辞胜于理，终必受诎。"

邹衍过赵，平原君使与公孙龙论白马非马之说。邹子曰："不可。夫辩者，别殊类使不相害，序异端使不相乱。抒意通指，明其所谓，使人与知焉，不务相迷也。故胜者不失其所守，不胜者得其所求。若是，故辩可为也。及至烦文以相假，饰辞以相惇[11]，巧譬以相移，引人使不得及其意，如此害大道。夫缴纫争言而竞后息[12]，不能无害君子，衍不为也。"座皆称善。公孙龙由是遂绌。

【注释】

①狐白裘：集狐的腋皮做成的裘。裘，即皮袍。　②狗盗：装作狗进入宫室去盗窃。　③藏（zàng 葬）中：库藏之内。　④蚤：通"早"。⑤有的本子"弟"字下有"胜"字，即为"赵王封其弟胜为平原君"。

⑥有的本子“尝”作“常”。 ⑦坚白同异之辩:指战国时期名辩中关于“坚白”“同异”两个争论的问题。惠施学派提出了“合同异”的论题,并以“天与地卑、山与泽平”等命题来进行论证。公孙龙学派提出了“离坚白”的论题,并与“白马非马”等命题来进行论证。惠施学派夸大了事物间的同一性而抹杀了事物间的差别性,公孙龙派却夸大了事物间的差别性而抹杀了事物间的同一性,两者都是片面的。 ⑧孔穿:孔子的后代,名穿,字子高。 ⑨臧三耳:奴婢有三个耳朵。臧,指臧获,即奴婢。⑩畴昔:日前,往昔,这里指昨日。畴,犹曩时,指过去的时日。昔,以往、从前。 ⑪惇(dūn 敦):重视、劝勉,这里指炫耀。 ⑫“缴纫”句:有的本子“纫”作“纷”。缴(jiǎo 狡),缴绕,纠缠。缴纫,指意见相抵触,纷然争论不休止。

资治通鉴卷第四

周纪四　起阏逢困敦，尽著雍困敦，凡二十五年。

赧　王　中

十八年　楚怀王亡归。秦人觉之，遮楚道[①]。怀王从间道走赵[②]。赵主父在代，赵人不敢受。怀王将走魏，秦人追及之，以归。

鲁平公薨，子缗公贾立。

十九年　楚怀王发病，薨于秦，秦人归其丧。楚人皆怜之，如悲亲戚。诸侯由是不直秦。

齐、韩、魏、赵、宋同击秦，至盐氏而还[③]。秦与韩武遂[④]，与魏封陵以和[⑤]。

赵主父行新地，遂出代；西遇楼烦王于西河而致其兵。

魏襄王薨，子昭王立。

韩襄王薨，子釐王咎立[⑥]。

二十年　秦尉错伐魏襄城[⑦]。

赵主父与齐、燕共灭中山，迁其王于肤施[⑧]。归，行赏，大赦，置酒，酺五日[⑨]。

赵主父封其长子章于代，号曰安阳君。

安阳君素侈，心不服其弟。主父使田不礼相之。李兑谓肥义曰："公子章强壮而志骄，党众而欲大，田不礼忍杀而骄，二人相得，必有阴谋。夫小人有欲，轻虑浅谋，徒见其利，不顾其害，难必不久矣。子任重而势大，乱之所始而祸之所集也。子何不称疾毋出而传政于公子成，毋为祸梯[⑩]，不亦可乎！”肥义曰：“昔者主父以王属义也，曰：‘毋变而度[⑪]，毋易而虑，坚守一心，以殁而世！’义再拜受命而籍之[⑫]。今畏不礼之难而忘吾籍，变孰大焉！谚曰：‘死者复生，生者不愧。’吾欲全吾言，安得全吾身乎！子则有赐而忠我矣。虽然，吾言已在前矣，终不敢失！”李兑曰：“诺，子勉之矣！吾见子已今年耳[⑬]。”涕泣而出。

【注释】

①遮：拦住，拦截。 ②间道：偏僻的小路。 ③盐氏：盐氏邑，战国魏地，即今山西运城市。 ④武遂：武遂邑，战国韩地，在今山西垣曲县东南（一说在今山西临汾市西南）。 ⑤封陵：即封陵邑，又称封陆邑、封谷邑，战国魏地，在今山西芮城县西南。 ⑥釐（xī 希）：通“僖”，如史书上周釐王也写作周僖王。 ⑦襄城：一作“新城”，战国楚地，即今河南襄城县。 ⑧肤施：肤施邑，战国赵地，在今陕西榆林市东南。⑨酺：聚饮，特指命令特许的大聚饮。 ⑩祸梯：也就是祸阶，是说祸害的来由。 ⑪而：通“尔”。汝，你。 ⑫籍：本指书册、簿籍，这里指把重要的命令、嘱托记录于簿籍。 ⑬已：止。

李兑数见公子成以备田不礼[①]。肥义谓信期曰[②]：“公子章与田不礼声善而实恶，内得主而外为暴[③]，矫令以擅一旦之命[④]，不难为也。今吾忧之，夜而忘寐，饥而忘食，盗出入不可不备。自今以来，有召王者必见吾面，我将以身先之，无故而后王可入也。”信期曰：“善。”

主父使惠文王朝群臣而自从旁窥之，见其长子傫然也[⑤]，反北面为臣，诎于其弟，心怜之，于是乃欲分赵而王公子章于代。计未决而辍。主父及王游沙丘[⑥]，异宫，公子章、田不礼以其徒作乱，诈以主父令召王。肥义先入，杀之。高信即与王战[⑦]。公子成与李兑自国至[⑧]，乃起四邑之兵入距难[⑨]，杀公子章及田不礼，灭其党。公子成为相，号安平君；李兑为司寇[⑩]。是时惠文王少，成、兑专政。

公子章之败也，往走主父；主父开之[⑪]。成、兑因围主父[⑫]。公子章死，成、兑谋曰：“以章故，围主父；即解兵，吾属夷矣[⑬]！”乃遂围之，令："宫中人后出者夷！"宫中人悉出。主父欲出不得，又不得食，探雀鷇而食之[14]。三月余，饿死沙丘宫。主父定死，乃发丧赴诸侯。主父初以长子章为太子，后得吴娃[15]，爱之，为不出者数岁。生子何，乃废太子章而立之。吴娃死，爱弛；怜故太子，欲两王之，犹豫未决，故乱起。

秦楼缓免相，魏冉代之。

二十一年 秦败魏师于解[16]。

二十二年 韩公孙喜、魏人伐秦。穰侯荐左更白起于秦王以代向寿将兵[17]，败魏师、韩师于伊阙[18]，斩首二十四万级，虏公孙喜，拔五城。秦王以白起为国尉[19]。

秦王遗楚王书曰："楚倍秦[20]，秦且率诸侯伐楚，愿王之饬士卒，得一乐战！"楚王患之，乃复与秦和亲。

二十三年 楚襄王迎妇于秦。

臣光曰：甚哉秦之无道也，杀其父而劫其子[21]；楚之不竞也，忍其父而婚其仇！乌呼，楚之君诚得其道，臣诚得其人，秦虽强，乌得陵之哉！善乎荀卿论之曰："夫道，善用之则百里之地可以独立，不善用之则楚六千里而为仇人役。"故人主不务得道而广有其势，是其所以危也。

秦魏冉谢病免，以客卿烛寿为丞相。

【注释】

①数见：屡次相会，这里指多次在一块谋划，以防备田不礼发动变乱。 ②信期：人的姓名，也就是下文的高信。 ③内得主：这里指在朝中得到主父的怜悯。 ④矫令：指假托主父的命令。矫，假托，诈称。 ⑤儽（lěi 垒）：颓丧的样子。 ⑥沙丘：在今河北广宗县西北大平台。 ⑦高信即与王战：按旧注说，这句话的意思是"高信以王与公子章之徒战也"。 ⑧自国至：从国都到来。当时赵国国都在邯郸，也就是从邯郸赶到沙丘来。 ⑨距难：抵抗暴乱。距，通"拒"。 ⑩司寇：官名，自西周以来为六卿之一，主管刑事。 ⑪主父开之：主父开宫门接纳他（公子章）。 ⑫有的本子"主父"下有"宫"字。 ⑬夷：诛，灭。 ⑭鷇（gòu 够）：还要母鸟哺养的雏鸟。 ⑮吴娃：就是上一卷里所说的吴广之女孟姚。当时吴、楚之间称美女为娃。 ⑯解（xiè 械）：解邑，战国时魏地，

在今山西临猗县临晋镇东南城东、城西二村之间。 ⑰穰侯:即魏冉。封于穰,称穰侯。左更:秦军功二十等爵位中的第十二等为左更,其地位相当于卿。白起(? —前257):又称公孙起,当时秦国的名将,郿(今陕西眉县)人。在秦昭王时,屡获战功,后封为武安君。 ⑱伊阙:一名阙口,又名龙门,在今河南洛阳市南。 ⑲国尉:战国时,有的国家设有国尉、郡尉等武官;国尉是地位最高的武官。 ⑳倍:通"背"。 ㉑劫:这里指威胁、威逼。

二十四年 秦伐韩,拔宛[1]。

秦烛寿免。魏冉复为丞相,封于穰与陶[2],谓之穰侯。又封公子市于宛,公子悝于邓[3]。

二十五年 魏入河东地四百里、韩入武遂地二百里于秦[4]。

魏芒卯始以诈见重[5]。

二十六年 秦大良造白起、客卿错伐魏[6],至轵[7],取城大小六十一。

二十七年 冬,十月,秦王称西帝,遣使立齐王为东帝,欲约与共伐赵。苏代自燕来,齐王曰:"秦使魏冉致帝,子以为何如?"对曰:"愿王受之而勿称也。秦称之,天下安之,王乃称之,无后也[8]。秦称之,天下恶之,王因勿称,以收天下,此大资也。且伐赵孰与伐桀宋利[9]?今王不如释帝以收天下之望,发兵以伐桀宋,宋举则楚、赵、梁、卫皆惧矣。是我以名尊秦而令天下憎之,所谓以卑为尊也。"齐王从之,称帝二日而复归之。十二月,吕礼自齐入秦,秦王亦去帝,复称王。

秦攻赵,拔杜阳[10]。

二十八年 秦攻赵,拔新垣、曲阳[11]。

二十九年 秦司马错击魏河内[12]。魏献安邑以和,秦出其人归之魏。

秦败韩师于夏山[13]。

宋有雀生䳭于城之陬[14]。史占之曰:"吉。小而生巨,必霸天下。"宋康王喜,起兵灭滕[15],伐薛[16],东败齐,取五城,南败楚,取地三百里,西败魏军,与齐、魏为敌国,乃愈自信其霸。欲霸之亟成,故射天笞地，斩社稷而焚灭之，以示威服鬼神。为长夜之饮于室中，室中人呼万岁，则堂上之人应之，堂下之人又应之，门外之人又应之，以至于国中，无敢不呼万岁者。天下之人谓之“桀宋”。齐湣王起兵伐之，民散，城不守。宋王奔魏，死于温[17]。

【注释】

①宛（yuān 冤）：宛县，当时治所在今河南南阳市。　②穰：穰邑，在今河南邓州市。陶：陶邑，在今山东菏泽市定陶区西北。　③邓：邓邑，在今河南漯河市郾城区东南。　④河东地：指安邑（今山西夏县西北禹王城）、大阳（今山西平陆县境）、蒲阪（今河南长垣县）、解邑（今山西临猗县临晋镇东南城东、城西二村之间）等濒临黄河一带的地方。　⑤芒卯：人的姓名。姓芒，名卯。　⑥大良造：又称大上造，秦二十等爵中的第十六级爵名。　⑦轵：轵邑，战国魏地，在今河南济源市南。　⑧无后也：意思是不后也，不晚也，未晚也。　⑨桀宋：宋康王想称霸，侵伐邻近各国，在国内为所欲为，其昏暴有如夏桀，故当时人称他为“桀宋”。⑩杜阳：杜阳邑，战国秦地，在今陕西麟游县西北。　⑪新垣：地名，不能确知当今何地。曲阳：曲阳邑，战国赵地，在今河北省曲阳县西北。⑫河内：指今河南省黄河以北地区。　⑬夏山：不能考知当今何处。⑭鹟：刘向《说苑》作“鹯（zhān 毡）”，即“晨风”鸟，鹞属，凶猛，击杀雀、燕等小鸟为食。　⑮滕：滕国，在今山东滕州市西南。　⑯薛：薛国，在今山东滕州市东南。　⑰温：温县，治所在今河南温县西南。

三十年　秦王会楚王于宛，会赵王于中阳[1]。

秦蒙武击齐，拔九城。

齐湣王既灭宋而骄，乃南侵楚，西侵三晋，欲并二周[2]，为天子。狐咺正议[3]，斫之檀衢[4]。陈举直言，杀之东闾[5]。

燕昭王日夜抚循其人，益以富实，乃与乐毅谋伐齐。乐毅曰：“齐，霸国之余业也[6]，地大人众，未易独攻也。王必欲伐之，莫如约赵及楚、魏。”于是使乐毅约赵，别使使者连楚、魏，且令赵啗秦以伐齐之利[7]。诸侯害齐王之骄暴，皆争合谋与燕伐齐。

三十一年　燕王悉起兵，以乐毅为上将军[8]。秦尉斯离帅师与三晋之师会之。赵王以相国印授乐毅，乐毅并将秦、魏、韩、赵之兵以伐齐。齐湣王悉国中之众以拒之，战于济西，齐师大败。

乐毅还秦、韩之师，分魏师以略宋地，部赵师以收河间[9]。身率燕师，长驱逐北。剧辛曰[10]："齐大而燕小，赖诸侯之助以破其军，宜及时攻取其边城以自益，此长久之利也。今过而不攻，以深入为名，无损于齐，无益于燕而结深怨，后必悔之。"乐毅曰："齐王伐功矜能，谋不逮下，废黜贤良，信任谄谀，政令戾虐，百姓怨怼[11]。今军皆破亡，若因而乘之，其民必叛，祸乱内作，则齐可图也。若不遂乘之，待彼悔前之非，改过恤下而抚其民，则难虑也。"遂进军深入。齐人果大乱失度，湣王出走。乐毅入临淄，取宝物、祭器，输之于燕。燕王亲至济上劳军，行赏飨士；封乐毅为昌国君，遂使留徇齐城之未下者。

齐王出亡之卫，卫君辟宫舍之[12]，称臣而共具[13]。齐王不逊，卫人侵之。齐王去奔邹、鲁[14]，有骄色；邹、鲁弗内，遂走莒[15]。楚使淖齿将兵救齐，因为齐相。淖齿欲与燕分齐地，乃执湣王而数之[16]，曰："千乘、博昌之间[17]，方数百里，雨血沾衣，王知之乎？"曰："知之。""嬴、博之间[18]，地坼及泉[19]，王知之乎？"曰："知之。""有人当阙而哭者，求之不得，去则闻其声，王知之乎？"曰："知之。"淖齿曰："天雨血沾衣者，天以告也；地坼及泉者，地以告也；有人当阙而哭者，人以告也。天、地、人皆告矣，而王不知诫焉，何得无诛！"遂弑王于鼓里[20]。

【注释】

①中阳：中阳邑，战国赵地，在今山西中阳县。　②二周：指东周国与西周国。东周国，战国时建都于巩（今河南巩义市西南）。西周国，战国时封置，都于河南城（今河南洛阳市西王城公园一带）。东周国与西周国后来都被秦灭亡。　③狐咺（xuān 喧）：人的姓名，姓狐，名咺。④檀衢（qú 渠）：齐国有檀台。檀衢，是通向檀台的道路。衢，四通八达的道路。　⑤东闾：齐都的东门。　⑥霸国之余业：齐在春秋时，齐桓公霸天下，国家强大，到战国时的齐国，仍凭借齐国原来的基础，所以这里说齐是霸国之余业。　⑦啗：同"啖（dàn 淡）"。引诱，利诱。　⑧上将军：如同春秋时期的元帅。　⑨河间：河间邑，战国赵地，在今河北献县东南。　⑩剧辛：原为赵国人，与庞煖友善，后奔燕，为燕国的将领。⑪怼（duì 队）：怨恨。　⑫辟：通"避"，让开，让出，躲开。这里作让出。

⑬共具:供酒食,具资用。共,通“供”,供奉,供给。 ⑭邹:邹国,又作邾国,西周时封置,都于邾(今山东曲阜市东南),春秋文公十一年(前616)迁都于绎(今山东邹城市东南)。 ⑮莒:莒邑,即今山东莒县。⑯数(shǔ 鼠):列举罪状。 ⑰千乘:千乘邑,战国齐地,在今山东高青县东南高苑城北。博昌:即博昌邑,战国齐地,在今山东博兴县东南。⑱嬴:嬴邑,在今山东莱芜市西北。 ⑲地坼(chè 彻):土地裂开。坼,分裂,裂开。 ⑳鼓里:莒邑中的地名,靠近齐国宗庙。

荀子论之曰[①]:国者,天下之利势也。得道以持之,则大安也,大荣也,积美之源也。不得道以持之,则大危也,大累也,有之不如无之;及其綦也[②],索为匹夫[③],不可得也。齐湣、宋献是也[④]。

故用国者义立而王,信立而霸,权谋立而亡。

挈国以呼礼义[⑤],而无以害之。行一不义,杀一无罪,而得天下,仁者不为也。擽然扶持心国[⑥],且若是其固也。之所与为之者之人,则举义士也。之所以为布陈于国家刑法者,则举义法也。主之所极然,帅群臣而首向之者,则举义志也。如是,则下仰上以义矣,是基定也。基定而国定,国定而天下定。故曰:以国济义,一日而白,汤、武是也。是所谓义立而王也。

德虽未至也,义虽未济也,然而天下之理略奏矣[⑦],刑赏已诺信于天下矣,臣下晓然皆知其可要也。政令已陈,虽睹利败,不欺其民;约结已定,虽睹利败,不欺其与[⑧];如是,则兵劲城固,敌国畏之;国一綦明[⑨],与国信之;虽在僻陋之国,威动天下,五伯是也[⑩]。是所谓信立而霸也。

挈国以呼功利,不务张其义,齐其信,唯利之求;内则不惮诈其民而求小利焉,外则不惮诈其与而求大利焉。内不修正其所以有,然常欲人之有,如是,则臣下百姓莫不以诈心待其上矣。上诈其下,下诈其上,则是上下析也[⑪]。如是,则敌国轻之,与国疑之,权谋日行而国不免危削,綦之而亡,齐湣、薛公是也[⑫]。故用强齐,非以修礼义也,非以本政教也,非以一天下也，绵绵常以结引驰外为务[13]。故强，南足以破楚，西足以诎秦，北足以败燕，中足以举宋，及以燕、赵起而攻之，若振槁然[14]，而身死国亡，为天下大戮，后世言恶则必稽焉[15]。是无他故焉，唯其不由礼义而由权谋也。

三者，明主之所谨择也，仁人之所务白也。善择者制人，不善择者人制之。

【注释】

①以下引用荀子的话，见《荀子·王霸》。 ②綦（qí 其）：极，甚。 ③索：要求，请求。 ④宋献：指宋康王。 ⑤挈（qiè 切）：提。这里作带领、领导。 ⑥烁（luò 落）：小石坚硬的样子。 ⑦奏：这里作节奏讲，也可作奏效讲，是取得功效的意思。 ⑧与：这里指与国，即相互间订立了合作条约的同盟国家。 ⑨这里的“綦”字应作“其”字。 ⑩五伯（bà 霸）：指春秋时期的五霸。一般以齐桓公、晋文公、宋襄公、秦穆公、楚庄王为春秋五霸。伯，通“霸”。 ⑪析：分，离。 ⑫薛公：指孟尝君。 ⑬引：通“靷”。引马车、牛车前行的皮带。靷的一端系在车轴上，一端系在骖马胸部的皮革上。 ⑭槁（gǎo 搞）：枯干的树木。 ⑮稽：考察。

乐毅闻昼邑人王蠋贤①，令军中环昼邑三十里无入。使人请蠋，蠋谢不往。燕人曰：“不来，吾且屠昼邑！”蠋曰：“忠臣不事二君，烈女不更二夫②。国破君亡，吾不能存，而又欲劫之以兵；吾与其不义而生，不若死！”遂经其颈于树枝③，自奋绝脰而死④。燕师乘胜长驱，齐城皆望风奔溃。乐毅修整燕军，禁止侵掠，求齐之逸民，显而礼之。宽其赋敛，除其暴令，修其旧政⑤，齐民喜悦。乃遣左军渡胶东、东莱⑥；前军循泰山以东至海，略琅邪⑦；右军循河、济，屯阿、鄄以连魏师⑧；后军旁北海以抚千乘⑨；中军据临淄而镇齐都。祀桓公、管仲于郊，表贤者之闾，封王蠋之墓。齐人食邑于燕者二十余君⑩，有爵位于蓟者百有余人⑪。六月之间，下齐七十余城，皆为郡县。

秦王、魏王、韩王会于京师。

三十二年　秦、赵会于穰。秦拔魏安城⑫，兵至大梁而还⑬。

齐淖齿之乱，湣王子法章变姓名为莒太史敫家佣。太史敫女奇法章状貌，以为非常人，怜而常窃衣食之，因与私通。王孙贾从湣王，失王之处，其母曰："汝朝出而晚来，则吾倚门而望；汝暮出而不还，则吾倚闾而望[14]。汝今事王，王走，汝不知其处，汝尚何归焉！"王孙贾乃入市中呼曰："淖齿乱齐国，杀湣王。欲与我诛之者袒右[15]！"市人从者四百人，与攻淖齿，杀之。于是齐亡臣相与求湣王子，欲立之。法章惧其诛己，久之乃敢自言，遂立以为齐王，保莒城以拒燕，布告国中曰："王已立在莒矣！"

赵王得楚和氏璧[16]，秦昭王欲之，请易以十五城。赵王欲勿与，畏秦强；欲与之，恐见欺。以问蔺相如，对曰："秦以城求璧而王不许，曲在我矣。我与之璧而秦不与我城，则曲在秦。均之二策，宁许以负秦。臣愿奉璧而往；使秦城不入，臣请完璧而归之！"赵王遣之。相如至秦，秦王无意偿赵城。相如乃以诈绐秦王[17]，复取璧，遣从者怀之，间行归赵，而以身待命于秦。秦王以为贤而弗诛，礼而归之。赵王以相如为上大夫。

卫嗣君薨，子怀君立。嗣君好察微隐，县令有发褥而席弊者，嗣君闻之，乃赐之席。令大惊，以君为神。又使人过关市[18]，赂之以金，既而召关市，问有客过与汝金，汝回遣之；关市大恐。又爱泄姬，重如耳，而恐其因爱重以壅己也，乃贵薄疑以敌如耳，尊魏妃以偶泄姬[19]，曰："以是相参也[20]。"

荀子论之曰：成侯、嗣君，聚敛计数之君也，未及取民也。子产，取民者也，未及为政也。管仲，为政者也，未及修礼也。故修礼者王，为政者强，取民者安，聚敛者亡。

【注释】

①昼邑：有的本子作"画邑"。具体地点不详。王蠋：《汉书·古今人表》作"王歜（chù 触）"。 ②有的本子在"夫"字下有"齐王不用吾谏故退而耕于野"十二字。 ③经：这里指上吊。 ④自奋绝脰（dòu 豆）：自己奋起往上冲，然后下落断颈项致死。脰，颈项。 ⑤有的本子"政"字改为"制"字。 ⑥胶东：在今山东平度市。东莱：在今山东莱州市。⑦琅邪：秦置为郡，治所在琅邪县（今山东青岛市黄岛区西南夏河城）。⑧阿：即阿邑，又称东阿邑、柯邑，在今山东阳谷县东北。鄄：即鄄邑，又

称甄邑，在今山东鄄城县北旧城集。　⑨旁（bàng 傍）：同“傍”。依傍，沿着。北海：西汉时有北海郡，治所在营陵县（今山东昌乐县东南）。千乘：即千乘邑，战国时属齐，在今山东高青县东南高苑城北。　⑩食邑：即采邑，又叫采地或封地。古代诸侯封赐所属卿、大夫作为世禄的田邑。⑪蓟：蓟邑，自西周至战国为燕国都城，在今北京西南。⑫安城：战国时魏地，在今河南原阳县西南。　⑬大梁：大梁城，在今河南开封市西北。　⑭闾：里巷的大门。　⑮袒右：袒露右肩。　⑯和氏璧：楚人卞和得玉璞，献楚厉王，后来又献给楚武王。从厉王到武王都听信玉匠的话，以为是石不是玉，先后刖去卞和的左、右足。到了楚文王时，玉匠整理其璞，得玉宝，名为和氏璧。璧的形状，平圆形，正中有孔，既可作礼器，也可作装饰品。　⑰绐（dài 怠）：欺骗，谎言。　⑱关市：这里也指掌管关市的官。　⑲偶：相匹，相对。　⑳参：相参列，相杂而处。目的是使之互相制约。

蔺相如像

三十三年　秦伐赵，拔两城。

三十四年　秦伐赵，拔石城。

秦穰侯复为丞相。

楚欲与齐、韩共伐秦，因欲图周。王使东周武公谓楚令尹昭子曰[①]：“周不可图也。”昭子曰：“乃图周，则无之；虽然，何不可图？”武公曰：“西周之地，绝长补短，不过百里。名为天下共主，裂其地不足以肥国，得其众不足以劲兵。虽然，攻之者名为弑君[②]。然而犹有欲攻之者，见祭器在焉故也[③]。夫虎肉臊而兵利身[④]，人犹攻之；若使泽中之麋蒙虎之皮[⑤]，人之攻之也必万倍矣。裂楚之地，足以肥国，诎楚之名，足以尊王[⑥]。今子欲诛残天下之共主，居三代之传器，器南，则兵至矣！”于是楚计辍不行。

三十五年 秦白起败赵军，斩首二万，取代光狼城[⑦]。又使司马错发陇西兵[⑧]，因蜀攻楚黔中，拔之。楚献汉北及上庸地[⑨]。

三十六年 秦白起伐楚，取鄢、邓、西陵[⑩]。

秦王使使者告赵王，愿为好会于河外渑池[⑪]。赵王欲毋行，廉颇、蔺相如计曰：“王不行，示赵弱且怯也。”赵王遂行，相如从。廉颇送至境，与王诀曰：“王行，度道里会遇之礼毕，还不过三十日，三十日不还，则请立太子以绝秦望。”王许之。

会于渑池，王与赵王饮，酒酣，秦王请赵王鼓瑟，赵王鼓之。蔺相如复请秦王击缶[⑫]，秦王不肯。相如曰：“五步之内，臣请得以颈血溅大王矣！”左右欲刃相如，相如张目叱之，左右皆靡[⑬]。王不怿[⑭]，为一击缶。罢酒，秦终不能有加于赵；赵人亦盛为之备，秦不敢动。赵王归国，以蔺相如为上卿，位在廉颇之右。

廉颇像

廉颇曰：“我为赵将，有攻城野战之功。蔺相如素贱人，徒以口舌而位居我上，吾羞，不忍为之下！”宣言曰[⑮]：“我见相如，必辱之！”相如闻之，不肯与会；每朝，常称病，不欲争列。出而望见，辄引车避匿。其舍人皆以为耻。相如曰：“子视廉将军孰与秦王？”曰：“不若。”相如曰：“夫以秦王之威而相如廷叱之，辱其群臣；相如虽驽[⑯]，独畏廉将军哉！顾吾念之，强秦所以不敢加兵于赵者[⑰]，徒以吾两人在也。今两虎共斗，其势不俱生。吾所以为此者，先国家之急而后私仇也！”廉颇闻之，肉袒负荆至门谢罪[18]，遂为刎颈之交。

【注释】

①令尹：官名，春秋、战国时期楚国设置，是楚国的最高官职，掌管军政大权。 ②弑(shì 试)君：指臣下杀其君上。 ③祭器：这里所说的祭器，是指夏、商、周三代以来所传的祭器，像九鼎之类的国宝重器。 ④臊(sāo 搔)：指肉的臊味。 ⑤麋：指麋鹿。麋鹿俗称"四不像"，性温驯，易捕猎。 ⑥有的本子"王"作"主"。 ⑦光狼城：战国时赵邑，在今山西高平市西。 ⑧陇西：战国时秦置陇西郡，治所在狄道县(今甘肃临洮县)。 ⑨汉北：泛指今汉水以北地区。上庸：本为庸国，春秋楚置上庸县，治所在今湖北竹山县西南。 ⑩鄢：鄢邑，在今湖北宜城市南。邓：邓邑，在今河南漯河市郾城区东南。西陵：西陵邑，战国楚地，在今湖北宜昌市西北。 ⑪渑池：渑池邑，又作黾池邑，在今河南省渑池县西。 ⑫缶(fǒu 否)：瓦质的打击乐器。 ⑬靡(mǐ 米)：委靡不振的样子。 ⑭怿(yì 译)：喜悦。 ⑮宣言：这里是把自己的话公开宣扬出去的意思。 ⑯驽(nú 奴)：本指能力低下的马，这里比喻人的才能低劣。 ⑰有的本子"所"字前有一个"之"字。 ⑱肉袒负荆：袒露身体背负荆条，是谢罪时表示惶恐。肉袒，去衣服露出身体。荆，即荆条，是用来鞭笞的。

初，燕人攻安平[1]，临淄市掾田单在安平[2]，使其宗人皆以铁笼傅车辖[3]。及城溃，人争门而出，皆以辖折车败[4]，为燕所擒；独田单宗人以铁笼得免，遂奔即墨。是时齐地皆属燕，独莒、即墨未下，乐毅乃并右军、前军以围莒，左军、后军围即墨。即墨大夫出战而死。即墨人曰："安平之战，田单宗人以铁笼得全，是多智习兵。"因共立以为将以拒燕。乐毅围二邑，期年不克[5]，乃令解围，各去城九里而为垒[6]，令曰："城中民出者勿获，困者赈之，使即旧业，以镇新民。"三年而犹未下。或谗之于燕昭王曰："乐毅智谋过人，伐齐，呼吸之间克七十余城，今不下者两城耳，非其力不能拔，所以三年不攻者，欲久仗兵威以服齐人，南面而王耳。今齐人已服，所以未发者，以其妻子在燕故也。且齐多美女，又将忘其妻子。愿王图之！"昭王于是置酒大会，引言者而让之曰[7]："先王举国以礼贤者，非贪土地以遗子孙也。遭所传德薄[8]，不能堪命，国人不顺。齐为无道，乘孤国之乱以害先王。寡人统位，痛之入骨，故广延群臣，外招宾客，以求报仇；其有成功者，尚欲与之同共燕国。今乐君亲为寡人破齐，夷其宗庙[9]，报塞先仇，齐国固乐君所有，非燕之所得也。乐君若能有齐，与燕并为列国，结欢同好，以抗诸侯之难，燕国之福，寡人之愿也。汝何敢言若此！”乃斩之。赐乐毅妻以后服，赐其子以公子之服；辂车乘马[10]，后属百两[11]，遣国相奉而致之乐毅，立乐毅为齐王。乐毅惶恐不受，拜书，以死自誓。由是齐人服其义，诸侯畏其信，莫敢复有谋者。

顷之，昭王薨，惠王立。惠王自为太子时，尝不快于乐毅。田单闻之，乃纵反间于燕[12]，宣言曰：“齐王已死，城之不拔者二耳。乐毅与燕新王有隙，畏诛而不敢归，以伐齐为名，实欲连兵南面王齐。齐人未附，故且缓攻即墨以待其事。齐人所惧，唯恐他将之来，即墨残矣。”燕王固已疑乐毅，得齐反间，乃使骑劫代将而召乐毅。乐毅知王不善代之，遂奔赵。燕将士由是愤惋不和。

田单令城中人食，必祭其先祖于庭，飞鸟皆翔舞而下城中。燕人怪之，田单因宣言曰：“当有神师下教我。”有一卒曰：“臣可以为师乎？”因反走。田单起引还，坐东乡[13]，师事之。卒曰：“臣欺君。”田单曰：“子勿言也！”因师之。每出约束，必称神师。乃宣言曰：“吾唯惧燕军之劓所得齐卒[14]，置之前行，即墨败矣！”燕人闻之，如其言。城中见降者尽劓，皆怒，坚守，唯恐见得。单又纵反间，言：“吾惧燕人掘吾城外冢墓，可为寒心！”燕军尽掘冢墓，烧死人。齐人从城上望见，皆涕泣，共欲出战，怒自十倍。田单知士卒

战国燕国铜人

之可用，乃身操版、锸[15]，与士卒分功；妻妾编于行伍之间；尽散饮食飨士。令甲卒皆伏，使老、弱、女子乘城[16]，遣使约降于燕；燕军皆呼万岁。田单又收民金得千镒[17]，令即墨富豪遗燕将，曰："即降，愿无虏掠吾族家！"燕将大喜，许之。燕军益懈。田单乃收城中，得牛千余，为绛缯衣[18]，画以五采龙文，束兵刃于其角，而灌脂束苇于其尾，烧其端，凿城数十穴，夜纵牛，壮士五千人随其后。牛尾热，怒而奔燕军。燕军大惊，视牛皆龙文，所触尽死伤。而城中鼓噪从之[19]，老弱皆击铜器为声，声动天地。燕军大骇，败走。齐人杀骑劫，追亡逐北[20]，所过城邑皆叛燕，复为齐。田单兵日益多，乘胜，燕日败亡，走至河上，而齐七十余城皆复焉。乃迎襄王于莒，入临淄，封田单为安平君。

【注释】

①安平：安平邑，春秋、战国齐地，在今山东淄博市东北。 ②市掾（yuàn 院）：市里的官属。掾，是古代下属官员的通称。 ③傅：通"附"，附着。 ④軎（wèi 卫）：古代车上的零件名，指车轴的端头。 ⑤期（jī 基）年：一周年。 ⑥垒：军营四周所筑的堡寨。堡垒，营垒。 ⑦让：责备。 ⑧这句说的是王哙把国君之位让给子之，以至亡国杀身。事见上一卷慎靓王五年（前316）。 ⑨夷：诛锄，夷灭，削平。 ⑩辂（lù 路）车乘马：四匹马拉的大车。辂车又叫大辂，是殷代流传下来的木制车。乘马，指四匹马。辂车乘马，当是那时诸侯国君享用的仪制。 ⑪两（liàng 谅）：同"辆"。 ⑫反间（jiàn 建）：利用敌人的间谍，把虚假不实的情况故意散布之后让他知道，并让他回去传播，使敌之间谍反为我所用。 ⑬乡：通"向"。 ⑭劓（yì 艺）：古代有劓刑，是割鼻子的刑罚。这里指割掉鼻子。 ⑮版：又作"板"，筑墙用的夹板。锸：即锹，插地起土的工具。 ⑯乘城：登城。 ⑰镒（yì 逸）：古代的重量单位，二十两或二十四两为一镒。古代又以一镒为一金，一镒是二十四两。 ⑱绛缯衣：大红色的丝织衣服。这里指裹在牛身上的红色绢罩。 ⑲噪（zào 灶）：众人一起呼喊。 ⑳逐北：追逐败走的军队。北，败走为北。

齐王以太史敫之女为后，生太子建。太史敫曰："女不取媒，因自嫁，非吾种也，污吾世！"终身不见君王后，君王后亦不以不见故失人子之礼。

赵王封乐毅于观津[①]，尊宠之，以警动于燕、齐。燕惠王乃使人让乐毅，且谢之曰："将军过听，以与寡人有隙，遂捐燕归赵[②]。将军自为计则可矣，而亦何以报先王之所以遇将军之意乎？"乐毅报书曰[③]："昔伍子胥说听于阖闾而吴远迹至郢[④]；夫差弗是也[⑤]，赐之鸱夷而浮之江[⑥]。吴王不寤先论之可以立功[⑦]，故沉子胥而不悔；子胥不蚤见主之不同量，是以至于入江而不化[⑧]。夫免身立功以明先王之迹，臣之上计也。离毁辱之诽谤[⑨]，堕先王之名[⑩]，臣之所大恐也。临不测之罪，以幸为利，义之所不敢出也。臣闻古之君子，交绝不出恶声，忠臣去国，不洁其名。臣虽不佞[⑪]，数奉教于君子矣。唯君王之留意焉！"于是燕王复以乐毅子间为昌国君，而乐毅往来复通燕，卒于赵，号曰望诸君。

田单相齐，过淄水[⑫]，有老人涉淄而寒，出水不能行。田单解其裘而衣之。襄王恶之，曰："田单之施于人，将以取我国乎[⑬]！不早图，恐后之变也。"左右顾无人，岩下有贯珠者[⑭]，襄王呼而问之曰："汝闻吾言乎？"对曰："闻之。"王曰："汝以为何如？"对曰："王不如因以为己善。王嘉单之善，下令曰：'寡人忧民之饥也[⑮]，单收而食之。寡人忧民之寒也，单解裘而衣之。寡人忧劳百姓，而单亦忧，称寡人之意。'单有是善而王嘉之，单之善亦王之善也！"王曰："善。"乃赐单牛酒。后数日，贯珠者复见王曰："王朝日宜召田单而揖之于庭[⑯]，口劳之。乃布令求百姓之饥寒者，收谷之[⑰]。"乃使人听于闾里，闻大夫之相与语者曰："田单之爱人，嗟，乃王之教也！"

田单任貂勃于王[⑱]。王有所幸臣九人，欲伤安平君，相与语于王曰："燕之伐齐之时，楚王使将军将万人而佐齐。今国已定而社稷已安矣，何不使使者谢于楚王？"王曰："左右孰可？"九人之属曰："貂勃可。"貂勃使楚，楚王受而觞之[⑲]，数月不反。九人之属相与语曰："夫一人之身而牵留万乘者，岂不以据势也哉！且安平君之与王也，君臣无异而上下无别。且其志欲为不善，内抚百姓，外怀戎翟，礼天下之贤士，其志欲有为也，愿王察之！"异日，王曰："召相单而来！"田单免冠、徒跣、肉袒而进，退而请死罪，五日而王曰："子无罪于寡人。子为子之臣礼，吾为吾之王礼而已矣。"貂勃从楚来,王赐之酒。酒酣,王曰:“召相单而来!”貂勃避席稽首曰:“王上者孰与周文王?”王曰:“吾不若也。”貂勃曰:“然,臣固知王不若也。下者孰与齐桓公?”王曰:“吾不若也。”貂勃曰:“然,臣固知王不若也。然则周文王得吕尚以为太公⑳,齐桓公得管夷吾以为仲父㉑,今王得安平君而独曰‘单’。安得此亡国之言乎!且自天地之辟,民人之始,为人臣之功者,谁有厚于安平君者哉?王不能守王之社稷,燕人兴师而袭齐,王走而之城阳之山中㉒,安平君以惴惴即墨三里之城㉓,五里之郭,敝卒七千人,禽其司马而反千里之齐,安平君之功也。当是之时,舍城阳而自王,天下莫之能止。然而计之于道,归之于义,以为不可,故栈道木阁而迎王与后于城阳山中㉔,王乃得反,子临百姓。今国已定,民已安矣,王乃曰‘单’,婴儿之计不为此也。王亟杀此九子者以谢安平君;不然,国其危矣!”乃杀九子而逐其家,益封安平君以夜邑万户㉕。

【注释】

①观津:战国时赵地,在今河北武邑县东南。 ②捐:抛弃。 ③报书:答复的书信。 ④伍子胥(?—前484):春秋时期吴国大夫,名员,字子胥,楚国大夫伍奢之子。伍奢被杀后,他潜逃到吴国,帮助阖闾杀了吴王僚,夺取王位。吴国整顿武备,不久攻破楚国,伍子胥以功被封于申,因此又称申胥。到吴王夫差时,渐被疏远,后来夫差赐剑命他自杀。 ⑤夫差(?—前473):春秋末期吴国国君,阖闾之子,前495年至前473年在位。曾打败越兵,乘胜进击越都,迫使越国屈服。他企图向北方扩展,前482年在黄池(今河南封丘县西南)与诸侯会盟,与晋国争霸,越乘虚攻入吴国后,他自杀而死。 ⑥鸱(chī痴)夷:皮制的口袋。 ⑦寤:通“悟”。 ⑧入江而不化:是说伍子胥死后,尸体虽被夫差盛入鸱夷,投入江中,但伍子胥的灵魂不散。 ⑨离:通“罹”,遭受,遭遇。 ⑩堕(huī灰):通“隳”,毁坏。 ⑪佞(nìng泞):才,有才能。 ⑫淄水:即今山东省淄河河流。 ⑬有的本子“将”字下有“欲”字。 ⑭岩下:这里指殿廷的岩下。 ⑮有的本子“忧”字下有“之”字。 ⑯揖(yī医):拱手为礼。 ⑰收谷:收恤供养。 ⑱任:这里指保荐。 ⑲觞(shāng伤):向人敬酒或自饮。 ⑳吕尚:姜姓,吕氏,名望。西周初年任太师(武官名),也称师尚父。佐武王灭商有功,封于齐,有太公之称,俗称姜太公。 ㉑管夷吾(?—前645):又叫管敬仲,春秋初期政治家,由鲍叔牙

推荐，齐桓公任命为卿，尊称仲父。在齐进行改革，使齐国国力大振，帮助齐桓公以尊王攘夷相号召，成为春秋时期第一霸主。 ㉒城阳：城阳邑，在今山东菏泽市东。 ㉓惴惴：指恐惧不安。 ㉔栈道木阁：即栈道，在峭岩陡壁上凿孔架桥连阁而成道路。 ㉕夜邑：又称掖邑，战国齐地，在今山东莱州市。

田单将攻狄[①]，往见鲁仲连[②]。鲁仲连曰："将军攻狄，不能下也。"田单曰："臣以即墨破亡余卒破万乘之燕，复齐之墟[③]，今攻狄而不下，何也？"上车弗谢而去，遂攻狄。三月不克。齐小儿谣曰："大冠若箕[④]，修剑拄颐[⑤]，攻狄不能下，垒枯骨成丘。"田单乃惧，问鲁仲连曰："先生谓单不能下狄，请闻其说。"鲁仲连曰："将军之在即墨，坐则织蒉[⑥]，立则仗锸，为士卒倡曰：'无可往矣！宗庙亡矣！今日尚矣[⑦]！归于何党矣[⑧]！'当此之时，将军有死之心，士卒无生之气，闻君言莫不挥泣奋臂而欲战，此所以破燕也。当今将军东有夜邑之奉，西有淄上之娱，黄金横带而骋乎淄、渑之间[⑨]，有生之乐，无死之心，所以不胜也。"田单曰："单之有心，先生志之矣。"明日，乃厉气循城，立于矢石之所，援枹鼓之[⑩]；狄人乃下。

初，齐湣王既灭宋，欲去孟尝君。孟尝君奔魏，魏昭王以为相，与诸侯共伐破齐。湣王死，襄王复国，而孟尝君中立为诸侯，无所属。襄王新立，畏孟尝君，与之连和。孟尝君卒，诸子争立，而齐、魏共灭薛，孟尝君绝嗣。

三十七年　秦大良造白起伐楚。拔郢，烧夷陵。楚襄王兵散，遂不复战，东北徙都于陈[⑪]。秦以郢为南郡[⑫]，封白起为武安君。

三十八年　秦武安君定巫、黔中，初置黔中郡。

魏昭王薨，子安釐王立[⑬]。

三十九年　秦武安君伐魏，拔两城。

楚王收东地兵，得十余万，复西取江南十五邑。

魏安釐王封其弟无忌为信陵君。

四十年　秦相国穰侯伐魏。韩暴鸢救魏[⑭]，穰侯大破之，斩首四万。暴鸢走开封。魏纳八城以和。穰侯复伐魏，走芒卯，入北宅[15]。魏人割温以和[16]。

四十一年 魏复与齐合从。秦穰侯伐魏,拔四城,斩首四万。

鲁湣公薨,子顷公雠立。

【注释】

①狄:狄邑,一作翟邑,战国齐地,在今山东高青县东南。 ②鲁仲连:姓鲁,名仲连,齐国人。善出谋划策,常周游各国,排难解纷。③墟:这里指疆土、土地。 ④大冠:指武冠。箕:这里指簸箕。 ⑤拄颐(yí 夷):支撑着下巴。拄,支撑;颐,下巴。 ⑥蒉:盛土的竹筐。⑦尚:即庶几,表示希望、追求。 ⑧党:党类、族类。 ⑨渑:渑水,源出自今山东淄博市东北临淄区东,北流入时水(今小清河)。 ⑩枹(fú 浮):击鼓的槌。 ⑪陈:陈郡,秦置郡,治所在陈县(今河南周口市淮阳区)。 ⑫南郡:战国秦昭王二十九年(前278)所置郡,治所在郢(今湖北荆州市西北纪南城),后迁治江陵(今湖北荆州市)。 ⑬釐:通“僖”,安釐王亦作安僖王。 ⑭暴鸢(yuān 冤):人的姓名,姓暴,名鸢。 ⑮北宅:北宅邑,战国魏地,在今河南郑州市北。 ⑯有的本子“魏”字上有“遂围大梁”四字。温:即温邑,春秋时晋国设置,治所在今河南温县西南。

四十二年 赵人、魏人伐韩华阳[1]。韩人告急于秦,秦王弗救。韩相国谓陈筮曰:“事急矣,愿公虽病,为一宿之行!”陈筮如秦[2],见穰侯。穰侯曰:“事急乎? 故使公来。”陈筮曰:“未急也。”穰侯怒曰:“何也?”陈筮曰:“彼韩急则将变而他从;以未急,故复来耳。”穰侯曰:“请发兵矣。”乃与武安君及客卿胡阳救韩,八日而至,败魏军于华阳之下,走芒卯,虏三将,斩首十三万。武安君又与赵将贾偃战,沉其卒二万人于河。魏段干子请割南阳予秦以和。苏代谓魏王曰:“欲玺者[3],段干子也,欲地者,秦也。今王使欲地者制玺,欲玺者制地,魏地尽矣! 夫以地事秦,犹抱薪救火,薪不尽,火不灭。”王曰:“是则然也。虽然,事始已行,不可更矣。”对曰:“夫博之所以贵枭者[4],便则食,不便则止。今何王之用智不如用枭也?”魏王不听,卒以南阳为和[5],实修武。

韩釐王薨,子桓惠王立。

韩、魏既服于秦,秦王将使武安君与韩、魏伐楚,未行,而楚使者黄歇至，闻之，畏秦乘胜一举而灭楚也，乃上书曰："臣闻物至则反[6]，冬、夏是也；致至则危，累棋是也。今大国之地，遍天下有其二垂，此从生民以来，万乘之地未尝有也。先王三世不忘接地于齐，以绝从亲之要。今王使盛桥守事于韩，盛桥以其地入秦，是王不用甲，不信威[7]，而得百里之地，王可谓能矣！王又举甲而攻魏，杜大梁之门，举河内，拔燕、酸枣、虚、桃[8]，入邢[9]，魏之兵云翔而不敢救，王之功亦多矣！王休甲息众，二年而后复之，又并蒲、衍、首垣以临仁、平丘[10]，黄、济阳婴城而魏氏服[11]。王又割濮磨之北[12]，注齐、秦之要，绝楚、赵之脊，天下五合六聚而不敢救，王之威亦单矣[13]！王若能保功守威，绌攻取之心而肥仁义之地，使无后患，三王不足四，五伯不足六也[14]！王若负人徒之众，仗兵革之强，乘毁魏之威，而欲以力臣天下之主，臣恐其有后患也。《诗》曰[15]：'靡不有初，鲜克有终。'《易》曰[16]：'狐涉水，濡其尾。'此言始之易，终之难也。昔吴之信越也，从而伐齐，既胜齐人于艾陵[17]，还为越王禽于三江之浦[18]。智氏之信韩、魏也，从而伐赵，攻晋阳城，胜有日矣，韩、魏叛之，杀智伯瑶于凿台之下[19]。今王妒楚之不毁而忘毁楚之强韩、魏也，臣为王虑而不取也。夫楚国，援也；邻国，敌也。今王信韩、魏之善王，此正吴之信越也，臣恐韩、魏卑辞除患而实欲欺大国也。何则？王无重世之德于韩、魏而有累世之怨焉。夫韩、魏父子兄弟接踵而死于秦将十世矣[20]，故韩、魏之不亡，秦社稷之忧也。今王资之与攻楚，不亦过乎！且攻楚将恶出兵[21]？王将借路于仇雠之韩、魏乎，兵出之日而王忧其不反也。王若不借路于仇雠之韩、魏，必攻随水右壤[22]，此皆广川、大水、山林、溪谷，不食之地。是王有毁楚之名而无得地之实也。且王攻楚之日，四国必悉起兵而应王，秦、楚之兵构而不离[23]，魏氏将出而攻留、方与、铚、湖陵、砀、萧、相[24]，故宋必尽，齐人南面攻楚，泗上必举[25]，此皆平原四达膏腴之地，如此，则天下之国莫强于齐、魏矣。臣为王虑，莫若善楚。秦、楚合而为一以临韩，韩必敛手而朝[26]，王施以东山之险[27]，带以曲河之利[28]，韩必为关内之侯。若是而王以十万戍郑[29]，梁氏寒心，许、鄢陵婴城而上蔡、召陵不往来也[30]，如此，魏亦关内侯矣。大王壹善楚而关内两万乘之主注地于齐，齐右壤可拱手而取也。王之地一经两海[31]，要约天下，是燕、赵无齐、楚，齐、楚无燕、赵也。然后危动燕、赵，直摇齐、楚，此四国者不待痛而服矣。”王从之，止武安君而谢韩、魏，使黄歇归，约亲于楚。

【注释】

①华阳：华阳邑，又称华邑，在今河南新郑市北。　②如：往。③欲玺（xǐ 徙）者：想得到官印的人。这里指想要得到秦国相印的人。④枭（xiāo 嚣）：古时博戏的胜采。　⑤南阳：这南阳是战国时期魏国的南阳，地在今河南济源市、淇县之间太行山以南地区。　⑥至：极，极点。⑦信（shēn 身）：同“伸”。　⑧燕：燕邑，战国魏地，在今河南延津县东北。酸枣：即酸枣邑，在今河南延津县西南。虚：即虚邑，又作郲邑，在今河南封丘县北。桃：即桃城，在今河南延津县东北。　⑨邢：指邢丘邑，在今河南温县东。　⑩蒲：蒲邑，又称蒲阪邑，即今河南长垣县。衍：即衍邑，一作衍氏邑，战国魏地，在今河南郑州市北。首垣：首垣邑，亦即长垣邑，战国魏地，在今河南长垣县东北。仁：其地不明在今何处。平丘：即平丘邑，在今河南封丘县东。　⑪黄：即黄邑，战国魏地，在今河南开封市东北。济阳：即济阳邑，战国魏地，在今河南兰考县东北。　⑫濮磨：按旧注，濮磨地近濮水。濮水，又称濮渠水，其上游分为二支：一支于今河南封丘县西分古济水东北流；一支于今河南原阳县北分古黄河东流。二支合流于今河南长垣县西，后又分为二支：一支入古瓠子河，一支入古巨野泽。　⑬单：通“殚”，竭，尽。　⑭伯：通“霸”。　⑮这里引的《诗》句“靡不有初，鲜克有终”见《诗·大雅·荡》。意思是做事往往都有好的开始，但很少能够做到好的结局。靡，无。鲜，少。克，能。⑯这里引的《易》句“狐涉水，濡其尾”原出自《易·未济》的卦辞“小狐汔（qì 迄）济，濡其尾”。意思是小狐渡河将近渡过时，尾巴被打湿了。汔，庶几，差不多，将近。　⑰艾陵：艾陵邑，在今山东莱芜市东北。⑱禽：通“擒”。三江：按《吴地记》：松江东北行七十里，得三江口，东北入海为娄江，东南入海为东江，并松江为三江。　⑲凿台：战国赵地，在今山西晋中市榆次区南郭村。　⑳有的本子“秦”字下有“者”字。㉑恶（wū 乌）：何，怎么。　㉒随水右壤：指随水西面的土地。　㉓构：这里指构兵，交战。　㉔留：留邑，在今江苏沛县东南。方与（fáng yù 房预）：方与邑，在今山东鱼台县西。铚：铚邑，在今安徽宿州市西南。湖陵：秦置为县，治所在今山东鱼台县东南。砀：砀邑，春秋时属宋，后入于

楚，在今河南夏邑县东南。萧：古时的萧国，后被楚国所灭，在今安徽萧县西北。相：相邑，春秋时属宋，后入于楚，在今安徽濉溪县西北。㉕泗上：由于楚国蚕食鲁国，因此楚国据有泗上的土地。㉖敛手：这里指拱手。㉗东山：指咸阳以东的华山到崤塞等山。㉘曲河：按旧注，指黄河自云中沙南县曲而向南流，到华阴潼关曲而向东流，故称为曲河。㉙郑：郑邑，战国时韩国都城，在今河南新郑市。㉚许：秦置为县，治所在今河南许昌市东。鄢陵：即鄢陵邑，又作安陵邑，在今河南漯河市郾城区东南。上蔡：春秋末以蔡县改名上蔡，治所在今河南上蔡县西南。召陵：即召陵邑，在今河南漯河市郾城区东。㉛一经两海：是说从西海到东海都为秦所据有。经，东西为经。两海，指东海与西海。

资治通鉴卷第五

周纪五 起屠维赤奋若，尽旃蒙大荒落，凡十七年。

赧王下

四十三年 楚以左徒黄歇侍太子完为质于秦[①]。

秦置南阳郡[②]。

秦、魏、楚共伐燕。

燕惠王薨，子武成王立。

四十四年 赵蔺相如伐齐，至平邑[③]。

赵田部吏赵奢收租税[④]，平原君家不肯出；赵奢以法治之，杀平原君用事者九人。平原君怒，将杀之。赵奢曰："君于赵为贵公子，今纵君家而不奉公则法削，法削则国弱，国弱则诸侯加兵，是无赵也。君安得有此富乎！以君之贵，奉公如法则上下平，上下平则国强，国强则赵固，而君为贵戚，岂轻于天下邪！"平原君以为贤，言之于王。王使治国赋，国赋太平，民富而府库实。

四十五年 秦伐赵，围阏与[⑤]。赵王召廉颇、乐乘而问之曰："可救否？"皆曰："道远险狭，难救。"问赵奢，赵奢对曰："道远险狭，譬犹两鼠斗于穴中，将勇者胜。"王乃令赵奢将兵救之。去邯郸三十里而止，令军中曰："有以军事谏者死！"

秦师军武安西[⑥]，鼓噪勒兵，武安屋瓦尽振。赵军中候有一人言急救武安[⑦]，赵奢立斩之。坚壁二十八日不行[⑧]，复益增垒。秦间入赵军，赵奢善食遣之。间以报秦将，秦将大喜曰："夫去国三十里而军不行，乃增垒，阏与非赵地也！”赵奢既已遣间，卷甲而趋，一日一夜而至，去阏与五十里而军，军垒成。秦师闻之，悉甲而往。赵军士许历请以军事谏，赵奢进之。许历曰：“秦人不意赵至此，其来气盛，将军必厚集其陈以待之；不然，必败。”赵奢曰：“请受教！”许历请刑，赵奢曰：“胥[9]，后令邯郸。”许历复请谏，曰：“先据北山上者胜，后至者败。”赵奢许诺，即发万人趋之。秦师后至，争山不得上；赵奢纵兵击秦师，秦师大败，解阏与而还。赵王封奢为马服君[10]，与廉、蔺同位；以许历为国尉。

【注释】

①左徒：战国时楚国官名，其职事是参与议论国家大政、发布号令、接待宾客等。　②南阳郡：治所在宛县（今河南南阳市）。　③平邑：在今河南南乐县东北。　④田部吏：主管收取田地租税部门的官吏。⑤阏与：阏与邑，在今山西和顺县。　⑥武安：武安邑，在今河北武安市西南。　⑦中候：古代军中负责侦探敌情的军官。　⑧一种本子“壁”作“壁”，“壁”字下有“留”字，是说坚守壁垒二十八日不出兵。　⑨胥：通“须”，等待。　⑩马服君：赵奢的封号为马服君。关于“马服”的说法，细加考论有二：一说是马服即服马的意思，当因乘马打仗而得此封号，死后葬于邯郸的紫山，所以紫山又称马服山；一说是赵奢的封号取自马服山山名。

穰侯言客卿灶于秦王，使伐齐，取刚、寿以广其陶邑[1]。

初，魏人范雎从中大夫须贾使于齐[2]，齐襄王闻其辩口，私赐之金及牛、酒。须贾以为雎以国阴事告齐也[3]，归而告其相魏齐。魏齐怒，笞击范雎，折胁，摺齿[4]，雎佯死，卷以箦[5]，置厕中，使客醉者更溺之[6]，以惩后，令无妄言者。范雎谓守者曰：“能出我，我必有厚谢。”守者乃请弃箦中死人。魏齐醉，曰：“可矣。”范雎得出。魏齐悔，复召求之。魏人郑安平遂操范雎亡匿，更姓名曰张禄。

秦谒者王稽使于魏[7]，范雎夜见王稽。稽潜载与俱归，荐之于王，王见之于离宫[8]。范雎佯为不知永巷而入其中[9]，王来而宦者怒逐之，曰：“王至！”范雎谬曰[10]：“秦安得王，秦独有太后、穰侯耳！”王微闻其言，乃屏左右[11]，跽而请曰[12]：“先生何以幸教寡人？”

对曰："唯唯[13]。"如是者三。王曰："先生卒不幸教寡人邪?"范雎曰："非敢然也！臣，羁旅之臣也，交疏于王，而所愿陈者皆匡君之事，处人骨肉之间，愿效愚忠而未知王之心也，此所以王三问而不敢对者也。臣知今日言之于前，明日伏诛于后，然臣不敢避也。且死者，人之所必不免也，苟可以少有补于秦而死，此臣之所大愿也。独恐臣死之后，天下杜口裹足[14]，莫肯乡秦耳[15]。"王跽曰："先生，是何言也！今者寡人得见先生，是天以寡人溷先生而存先王之宗庙也[16]。事无大小，上及太后，下至大臣，愿先生悉以教寡人，无疑寡人也！"范雎拜，王亦拜。范雎曰："以秦国之大，士卒之勇，以治诸侯，譬若走韩卢而博蹇兔也[17]，而闭关十五年，不敢窥兵于山东者，是穰侯为秦谋不忠，而大王之计亦有所失也。"王跽曰："寡人愿闻失计！"然左右多窃听者，范雎未敢言内，先言外事，以观王之俯仰[18]。因进曰："夫穰侯越韩、魏而攻齐刚、寿，非计也。齐湣王南攻楚，破军杀将，再辟地千里，而齐尺寸之地无得焉者，岂不欲得地哉？形势不能有也。诸侯见齐之罢敝[19]，起兵而伐齐，大破之，齐几于亡，以其伐楚而肥韩、魏也。今王不如远交而近攻，得寸则王之寸也，得尺亦王之尺也。今夫韩、魏，中国之处而天下之枢也。王若用霸，必亲中国以为天下枢，以威楚、赵，楚强则附赵，赵强则附楚，楚、赵皆附，齐必惧矣，齐附则韩、魏因可虏也。"王曰："善。"乃以范雎为客卿，与谋兵事。

【注释】

①刚：刚邑，又作纲邑，在今山东宁阳县东北。寿：寿邑，在今山东东平县西南。陶邑：在今山东菏泽市定陶区西北，是秦国穰侯魏冉的封邑。

②范雎（suī 虽）：即后来的秦国相，封为应侯。中大夫：战国时仍采用周朝的制度，设上、中、下大夫，中大夫掌管议论。 ③阴事：这里指秘密的事。 ④摺（lā 拉）齿：拉折牙齿。摺，通"拹（lā 拉）"，拉折。 ⑤箦（zé 责）：这里指竹席。 ⑥溺（niào 尿）：同"尿"，小便。 ⑦谒者：官名，其职责是为国君掌管传达。 ⑧离宫：指别宫，即除正宫以外供皇帝临时居住的宫室。 ⑨永巷：指宫中的长巷，又是幽禁妃嫔或宫女的处所。 ⑩谬：这里指故意说出相反的话。 ⑪屏左右：使身边的随从人员退避。 ⑫跽（jì 忌）：长跪，即双膝着地，上身挺直，直身而跪。

⑬唯唯（wěi wěi 委委）：应诺声。 ⑭杜口裹足：闭口不言，止步不前。 ⑮乡（xiàng 象）：同“向”。 ⑯溷：这里同“混”，是烦扰、打扰的意思。 ⑰韩卢：战国时韩国的名犬。色黑，故名卢。蹇（jiǎn 简）兔：跛足的兔。 ⑱俯仰：俯与仰的仪容，也就是赞许与反感的表情。 ⑲罢（pí 疲）敝：疲劳乏力。罢，通“疲”。

四十六年 秦中更胡伤攻赵阏与[①]，不拔。

四十七年 秦王用范雎之谋，使五大夫绾伐魏[②]，拔怀[③]。

四十八年 秦悼太子质于魏而卒。

四十九年 秦拔魏邢丘[④]。范雎日益亲，用事，因承间说王曰[⑤]：“臣居山东时，闻齐之有孟尝君，不闻有王；闻秦有太后、穰侯，不闻有王。夫擅国之谓王，能利害之谓王，制杀生之谓王。今太后擅行不顾，穰侯出使不报，华阳、泾阳击断无讳[⑥]，高陵进退不请，四贵备而国不危者，未之有也。为此四贵者下，乃所谓无王也。穰侯使者操王之重，决制于诸侯，剖符于天下[⑦]，征敌伐国，莫敢不听；战胜攻取则利归于陶，战败则结怨于百姓而祸归于社稷。臣又闻之，木实繁者披其枝[⑧]，披其枝者伤其心；大其都者危其国[⑨]，尊其臣者卑其主。淖齿管齐[⑩]，射王股，擢王筋[⑪]，悬之于庙梁，宿昔而死[⑫]。李兑管赵[⑬]，囚主父于沙丘，百日而饿死。今臣观四贵之用事，此亦淖齿、李兑之类也。夫三代之所以亡国者，君专授政于臣，纵酒弋猎[⑭]；其所授者妒贤疾能，御下蔽上以成其私，不为主计，而主不觉悟，故失其国。今自有秩以上至诸大吏[⑮]，下及王左右，无非相国之人者，见王独立于朝，臣窃为王恐，万世之后有秦国者，非王子孙也！”王以为然，于是废太后，逐穰侯、高陵、华阳、泾阳君于关外，以范雎为丞相，封为应侯。

【注释】

①中更：秦二十等爵中的第十三等爵为中更。中更相当于卿。 ②五大夫：秦二十等爵中的第九等爵为五大夫。五大夫相当于大夫。 ③怀：怀邑，在今河南武陟县西南。 ④邢丘：邢丘邑，在今河南温县东北。 ⑤承间：趁着方便的机会。这里指可私下交谈的时间。 ⑥击断：即决断。这里指专断决定大事。 ⑦剖符：古代帝王分封诸侯或功

臣，剖分符节为二，帝王及受封者各执其一，作为征信的凭证，这就叫剖符。 ⑧披：劈去。这里指果实繁盛使树枝压折断裂。 ⑨大其都者危其国：使都市扩展过大的就要危害国家。按照《左传·隐公元年》的记载，古代的制度，最大的都市不能超过国都的三分之一；中等的都市，不得超过国都的五分之一；小的都市不能超过国都的九分之一。 ⑩淖齿管齐：淖齿掌管齐国的大权。事见上卷赧王三十一年（前 284）。 ⑪擢：拔。 ⑫宿昔：这里指一夕之间。 ⑬李兑管赵：李兑掌管赵国的大权。事见上卷赧王二十一年（前 294）。 ⑭弋（yì 亦）猎：指射猎、游猎。 ⑮有秩：这里指有俸禄的最低级官吏。秩，指俸禄。

魏王使须贾聘于秦[①]，应侯敝衣间步而往见之[②]。须贾惊曰：“范叔固无恙乎[③]！”留坐饮食，取一绨袍赠之[④]。遂为须贾御而至相府，曰：“我为君先入通于相君。”须贾怪其久不出，问于门下，门下曰：“无范叔，乡者吾相张君也[⑤]。”须贾知见欺，乃膝行入谢罪。应侯坐，责让之，且曰：“尔所以得不死者，以绨袍恋恋尚有故人之意耳！”乃大供具[⑥]，请诸侯宾客；坐须贾于堂下，置莝、豆于前而马食之[⑦]，使归告魏王曰：“速斩魏齐头来！不然，且屠大梁[⑧]！”须贾还，以告魏齐。魏齐奔赵，匿于平原君家。

赵惠文王薨，子孝成王丹立；以平原君为相。

五十年 秦宣太后薨。九月，穰侯出之陶。

臣光曰：穰侯援立昭王[⑨]，除其灾害；荐白起为将，南取鄢、郢，东属地于齐[⑩]，使天下诸侯稽首而事秦，秦益强大者，穰侯之功也。虽其专恣骄贪足以贾祸[⑪]，亦未至尽如范雎之言。若雎者，亦非能为秦忠谋，直欲得穰侯之处，故扼其吭而夺之耳[⑫]。遂使秦王绝母子之义，失舅甥之恩。要之，雎真倾危之士哉！

秦王以子安国君为太子。

秦伐赵，取三城。赵王新立，太后用事，求救于齐。齐人曰：“必以长安君为质[⑬]。”太后不可。齐师不出，大臣强谏。太后明谓左右曰：“复言长安君为质者，老妇必唾其面！”左师触龙愿见太后[⑭]，太后盛气而胥之入[⑮]。左师公徐趋而坐，自谢曰：“老臣病足，不得见久矣，窃自恕[16]；而恐太后体之有所苦也，故愿望见太后。”太后曰：“老妇恃辇而行[17]。”曰：“食得毋衰乎[18]？”曰：“恃粥耳。”太后不和之色稍解。左师公曰：“老臣贱息舒祺[19]，最少，不肖[20]，而臣衰，窃怜爱之，愿得补黑衣之缺以卫王宫[21]，昧死以闻[22]！”太后曰：“诺。年几何矣？”对曰：“十五岁矣。虽少，愿及未填沟壑而托之[23]。”太后曰：“丈夫亦爱少子乎？”对曰：“甚于妇人。”太后笑曰：“妇人异甚。”对曰：“老臣窃以为媪之爱燕后贤于长安君[24]。”太后曰：“君过矣！不若长安君之甚。”左师公曰：“父母爱其子则为之计深远。媪之送燕后也，持其踵而泣，念其远也，亦哀之矣。已行，非不思也，祭祀则祝之曰：‘必勿使反！’岂非为之计长久，为子孙相继为王也哉？”太后曰：“然。”左师公曰：“今三世以前，至于赵王之子孙为侯者，其继有在者乎？”曰：“无有。”曰：“此其近者祸及身，远者及其子孙。岂人主之子侯则不善哉？位尊而无功，奉厚而无劳[25]，而挟重器多也[26]。今媪尊长安君之位，而封之以膏腴之地，多与之重器，而不及今令有功于国，一旦山陵崩[27]，长安君何以自托于赵哉？”太后曰：“诺，恣君之所使之[28]！”于是为长安君约车百乘质于齐。齐师乃出，秦师退。

齐安平君田单将赵师以伐燕，取中阳[29]；又伐韩，取注人[30]。

齐襄王薨，子建立。建年少，国事皆决于君王后。

【注释】

①聘：古代国与国之间派遣使者访问叫聘。 ②间步：从方便小路徒步行进。 ③无恙：没有疾病、灾殃可忧虑的事，也就是平安的意思。恙，忧。 ④绨袍：粗绨做的袍。绨，古代的一种丝织物。 ⑤乡：这里通“向”。刚才，前一个时候。 ⑥供具：供给酒食的器具。 ⑦莝（cuò 错）：铡碎的草。 ⑧屠大梁：攻下大梁城并杀尽其人民。古代以攻下城池而杀尽城中的人为屠城，也叫洗城。 ⑨援：引进。 ⑩东属地于齐：是说开拓国土，东边连接到齐国国界。 ⑪贾（gǔ 古）祸：招致祸害。 ⑫扼（è 厄）：掐住。吭（háng 杭）：喉咙。 ⑬长安君：赵惠文王少子的封号。 ⑭左师：官名。春秋时的宋国设有左师、右师，都是执政官，属上卿。这赵国的左师，当是优处老臣的散官。 ⑮胥（xū 须）：等待。 ⑯窃自恕：私下里原谅、宽恕自己。 ⑰辇（niǎn 捻）：用人推挽的车。

⑱衰:减少。 ⑲贱息:卑贱的儿子。息,儿子。 ⑳不肖:不贤,不才。 ㉑黑衣:古代军士穿黑衣,因此,黑衣便成军士的代称。 ㉒昧死:即冒死。古代臣下上书或进言,多用"昧死",是表示敬畏的意思。 ㉓填沟壑(hè 贺):意思是死后尸体无人安葬,弃置于沟壑里。这是对着太后谦称自己的死。壑,沟谷。 ㉔媪(ǎo 袄):对年老妇女的尊称。燕后:赵太后的女儿出嫁到燕国为后,所以触龙这里称她为燕后。 ㉕奉:这里同"俸",即俸禄。 ㉖重器:国家的重宝。 ㉗山陵崩:讳言赵太后的死。 ㉘恣:听任,任凭。 ㉙中阳:中阳邑,战国赵地,在今山西中阳县。 ㉚注人:注人邑,即注邑,战国时韩地,在今河南汝州市西。

五十一年 秦武安君伐韩,拔九城,斩首五万。

田单为赵相[①]。

五十二年 秦武安君伐韩,取南阳[②];攻太行道[③],绝之。

楚顷襄王疾病。黄歇言于应侯曰:"今楚王疾恐不起,秦不如归其太子。太子得立,其事秦必重而德相国无穷,是亲与国而得储万乘也。不归,则咸阳布衣耳。楚更立君,必不事秦,是失与国而绝万乘之和,非计也。"应侯以告王。王曰:"令太子之傅先往问疾,反而后图之。"黄歇与太子谋曰:"秦之留太子,欲以求利也。今太子力未能有以利秦也,而阳文君子二人在中。王若卒大命[④],太子不在,阳文君子必立为后,太子不得奉宗庙矣。不如亡秦,与使者俱出。臣请止,以死当之!"太子因变服为楚使者御而出关;而黄歇守舍,常为太子谢病。度太子已远,乃自言于王曰:"楚太子已归,出远矣。歇愿赐死!"王怒,欲斩之。应侯曰:"歇为人臣,出身以徇其主,太子立,必用歇。不如无罪而归之,以亲楚。"王从之。黄歇至楚三月,秋,顷襄王薨,考烈王即位,以黄歇为相,封以淮北地,号曰春申君。

五十三年 楚人纳州于秦以平[⑤]。

武安君伐韩,拔野王[⑥]。上党路绝[⑦],上党守冯亭与其民谋曰:"郑道已绝[⑧],秦兵日进,韩不能应,不如以上党归赵。赵受我,秦必攻之;赵被秦兵,必亲韩;韩、赵为一,则可以当秦矣。"乃遣使者告于赵曰:"韩不能守上党,入之秦,其吏民皆安于赵,不乐为秦。

春申君黄歇像

有城市邑十七，愿再拜献之大王！”赵王以告平阳君豹，对曰：“圣人甚祸无故之利。”王曰：“人乐吾德，何谓无故？”对曰：“秦蚕食韩地，中绝，不令相通，固自以为坐而受上党也。韩氏所以不入于秦者，欲嫁其祸于赵也。秦服其劳而赵受其利，虽强大不能得之于弱小，弱小固能得之于强大乎！岂得谓之非无故哉？不如勿受。”王以告平原君，平原君请受之。王乃使平原君往受地，以万户都三封其太守为华阳君，以千户都三封其县令为侯，吏民皆益爵三级。冯亭垂涕不见使者，曰：“吾不忍卖主地而食之也！”

【注释】

①以上五十一年的记载，是据章钰校补。　②南阳：在今河南省西南部地区。　③太行道：此太行道，地当今河南济源市东。　④卒大命：即死去。　⑤州：本春秋时的州国，后被楚所灭，地在今湖北洪湖市东北。　⑥野王：野王邑，在今河南省沁阳市。　⑦上党：上党郡，战国时韩置郡，秦时治所在长子县（今山西长子县西南）。　⑧郑：即郑邑，战国时韩国国都所在地，在今河南新郑市。

五十五年　秦左庶长王龁攻上党，拔之。上党民走赵。赵廉颇军于长平[①]，以按据上党民[②]。王龁因伐赵。赵军数战不胜，止一裨将、四尉[③]。赵王与楼昌、虞卿谋，楼昌请发重使为媾[④]。虞卿曰：“今制媾者在秦；秦必欲破王之军矣，虽往请媾，秦将不听。不如发使以重宝附楚、魏，楚、魏受之，则秦疑天下之合从[⑤]，媾乃可成也。”王不听，使郑朱媾于秦，秦受之。王谓虞卿曰：“秦内郑朱矣。”对曰：“王必不得媾而军破矣。何则？天下之贺战胜者皆在秦矣。夫郑朱，贵人也，秦王、应侯必显重之以示天下。天下见王之媾于秦，必不救王；秦知天下之不救王，则媾不可得成矣。”既而秦果显郑朱而不与赵媾。

秦数败赵兵，廉颇坚壁不出。赵王以颇失亡多而更怯不战，怒，数让之[6]。应侯又使人行千金于赵为反间，曰：“秦之所畏，独畏马服君之子赵括为将耳！廉颇易与[7]，且降矣！”赵王遂以赵括代颇将。蔺相如曰：“王以名使括，若胶柱鼓瑟耳[8]。括徒能读其父书传，不知合变也[9]。”王不听。初，赵括自少时学兵法，以天下莫能当；尝与其父奢言兵事，奢不能难，然不谓善。括母问其故，奢曰：“兵，死地也，而括易言之。使赵不将括则已；若必将之，破赵军者必括也。”及括将行，其母上书，言括不可使。王曰：“何以？”对曰：“始妾事其父，时为将，身所奉饭而进食者以十数，所友者以百数，王及宗室所赏赐者，尽以与军吏士大夫；受命之日，不问家事。今括一旦为将，东乡而朝[10]，军吏无敢仰视之者；王所赐金帛，归藏于家，而日视便利田宅可买者买之。王以为如其父，父子异心，愿王勿遣！”王曰：“母置之，吾已决矣！”母因曰：“即如有不称，妾请无随坐[11]！”赵王许之。

秦王闻括已为赵将，乃阴使武安君为上将军而王龁为裨将，令军中：“有敢泄武安君将者斩！”赵括至军，悉更约束[12]，易置军吏，出兵击秦师。武安君佯败而走，张二奇兵以劫之[13]。赵括乘胜追造秦壁，壁坚拒不得入；奇兵二万五千人绝赵军之后，又五千骑绝赵壁间。赵军分而为二，粮道绝。武安君出轻兵击之，赵战不利，因筑壁坚守以待救至。秦王闻赵食道绝，自如河内发民年十五以上悉诣长平，遮绝赵救兵及粮食[14]。齐人、楚人救赵。赵人乏食，请粟于齐，王弗许。周子曰：“夫赵之于齐、楚，扞蔽也[15]，犹齿之有唇也，唇亡则齿寒；今日亡赵，明日患及齐、楚矣。救赵之务，宜若奉漏瓮沃焦釜然[16]。且救赵，高义也；却秦师，显名也；义救亡国，威却强秦。不务为此而爱粟，为国计者过矣！”齐王弗听。九月，赵军食绝四十六日，皆内阴相杀食。急来攻秦垒，欲出为四队，四五复之，不能出。赵括自出锐卒搏战，秦人射杀之。赵师大败，卒四十万人皆降。武安君曰："秦已拔上党，上党民不乐为秦而归赵。赵卒反复，非尽杀之，恐为乱。"乃挟诈而尽坑杀之，遗其小者二百四十人归赵，前后斩首虏四十五万人[17]，赵人大震。

【注释】

①长平：长平邑，战国赵地，在今山西高平市西北。 ②按据：安置，安定。 ③按照别的本子，"止"字应是"亡"字。裨将：副将。 ④媾：讲和，求和。 ⑤合从：即合纵。 ⑥让：责备。 ⑦易与：意为不足道，容易对付。 ⑧胶柱鼓瑟：胶粘住弦柱而鼓瑟，比喻拘泥不知通变。因瑟上有柱，用以张弦，鼓瑟时松紧弦柱，即可调节声音；若把弦柱胶死，就不可能灵活变换音调。 ⑨合变：中国古代兵法的常用术语。《孙子·势》说："凡战者，以正合，以奇胜。"包含的是奇正相生、变化无穷的用兵思想，也就是"合变"的军事谋略。其关键是以正兵接战，奇兵（即预设的侧翼或伏兵）出其不意突击以制胜。 ⑩东乡而朝：这里指自居主帅之位东向而坐会见军吏。乡，通"向"。 ⑪随坐：指株连而入罪。⑫约束：这里指军事部署、军中命令。 ⑬劫：威胁，威逼。 ⑭遮：拦住，阻拦。 ⑮扞蔽：即屏障。 ⑯奉漏瓮沃焦釜：捧着漏瓮向焦灼的釜上浇水。奉，捧；瓮，一种陶制的盛器。 ⑰首虏：这里指斩杀俘虏的首级。

五十六年 十月，武安君分军为三：王龁攻赵武安、皮牢[①]，拔之。司马梗北定太原，尽有上党地。韩、魏使苏代厚币说应侯曰[②]："武安君即围邯郸乎？"曰："然。"苏代曰："赵亡则秦王王矣[③]；武安君为三公[④]，君能为之下乎？虽欲无为之下，固不得已矣。秦尝攻韩，围邢丘，困上党，上党之民皆反为赵，天下不乐为秦民之日久矣。今亡赵，北地入燕，东地入齐，南地入韩、魏，则君之所得民无几何人矣。不如因而割之，无以为武安君功也。"应侯言于秦王曰："秦兵劳，请许韩、赵之割地以和，且休士卒。"王听之，割韩垣雍、赵六城以和[⑤]。正月，皆罢兵。武安君由是与应侯有隙。

赵王将使赵郝约事于秦[⑥]，割六县。虞卿谓赵王曰："秦之攻王也，倦而归乎？王以其力尚能进，爱王而弗攻乎？"王曰："秦不遗余力矣，必以倦而归也。”虞卿曰：“秦以其力攻其所不能取，倦而归，王又以其力之所不能取以送之，是助秦自攻也。来年秦攻王，王无救矣。”赵王计未定，楼缓至赵，赵王与之计之。楼缓曰：“虞卿得其一，不得其二。秦、赵构难而天下皆说，何也？曰：‘吾且因强而乘弱矣。’今赵不如亟割地为和以疑天下，慰秦之心。不然，天下将因秦之怒，乘赵之敝，瓜分之，赵且亡，何秦之图乎！”虞卿闻之，复见曰：“危哉楼子之计，是愈疑天下，而何慰秦之心哉！独不言其示天下弱乎？且臣言勿与者，非固勿与而已也；秦索六城于王，而王以六城赂齐。齐、秦之深仇也，其听王不待辞之毕也。则是王失之于齐而取偿于秦，而示天下有能为也。王以此发声，兵未窥于境，臣见秦之重赂至赵而反媾于王也。从秦为媾，韩、魏闻之，必尽重王，是王一举而结三国之亲而与秦易道也。”赵王曰：“善。”使虞卿东见齐王，与之谋秦。虞卿未返，秦使者已在赵矣。楼缓闻之，亡去。赵王封虞卿以一城。

【注释】

①武安：武安邑，在今河北武安市西南。皮牢：皮牢邑，战国赵邑，在今山西翼城县东北。　②有的本子“使”上有“恐”字。　③秦王王（wàng 旺）矣：秦王将称王于天下了。第二个“王”字，指为王、称王。④三公：这里是说秦王若为天下共主，白起就将成为最高军事长官，也就是秦国的三公之一。　⑤垣雍：垣雍邑，战国时属韩，在今河南原阳县西南。　⑥赵郝：或作“赵赦”。

秦之始伐赵也，魏王问于大夫[1]，皆以为秦伐赵，于魏便。孔斌曰[2]：“何谓也？”曰：“胜赵，则吾因而服焉；不胜赵，则可承敝而击之。”子顺曰：“不然。秦自孝公以来，战未尝屈，今又属其良将，何敝之承！”大夫曰：“纵其胜赵，于我何损？邻之羞，国之福也。”子顺曰：“秦，贪暴之国也，胜赵，必复他求，吾恐于时魏受其师也[3]。先人有言：燕雀处屋，子母相哺，呴呴焉相乐也[4]，自以为安矣。灶突炎上[5]，栋宇将焚，燕雀颜不变，不知祸之将及己也。今子不悟赵破患将及己，可以人而同于燕雀乎！”子顺者，孔子六世孙也。初，魏王闻子顺贤，遣使者奉黄金束帛，聘以为相。子顺曰[⑥]:“若王能信用吾道,吾道固为治世也,虽蔬食饮水,吾犹为之。若徒欲制服吾身,委以重禄,吾犹一夫耳,魏王奚少于一夫!”使者固请,子顺乃之魏;魏王郊迎以为相。子顺改嬖宠之官以事贤才[⑦],夺无任之禄以赐有功[⑧]。诸丧职者咸不悦,乃造谤言。文咨以告子顺。子顺曰:“民之不可与虑始久矣!古之善为政者,其初不能无谤。子产相郑,三年而后谤止[⑨];吾先君之相鲁[⑩],三月而后谤止。今吾为政日新,虽不能及贤,庸知谤乎[⑪]!”文咨曰:“未识先君之谤何也!”子顺曰:“先君相鲁,人诵之曰:‘麛裘而芾[⑫],投之无戾。芾而麛裘,投之无邮。’及三月,政化既成,民又诵曰:‘裘衣章甫[⑬],实获我所。章甫裘衣,惠我无私。’”文咨喜曰:“乃今知先生不异乎圣贤矣。”子顺相魏凡九月,陈大计辄不用,乃喟然曰[⑭]:“言不见用,是吾言之不当也。言不当于主,居人之官,食人之禄,是尸利素餐[⑮],吾罪深矣!”退而以病致仕[⑯]。人谓子顺曰:“王不用子,子其行乎!”答曰:“行将何之?山东之国,将并于秦;秦为不义,义所不入。”遂寝于家。新垣固请子顺曰:“贤者所在,必兴化致治。今子相魏,未闻异政而即自退,意者志不得乎,何去之速也?”子顺曰:“以无异政,所以自退也。且死病无良医。今秦有吞食天下之心,以义事之,固不获安;救亡不暇,何化之兴!昔伊挚在夏[⑰],吕望在商,而二国不治,岂伊、吕之不欲哉?势不可也。当今山东之国敝而不振,三晋割地以求安,二周折而入秦,燕、齐、楚已屈服矣。以此观之,不出二十年,天下其尽为秦乎!”

秦王欲为应侯必报其仇,闻魏齐在平原君所,乃为好言诱平原君至秦而执之。遣使谓赵王曰:“不得齐首,吾不出王弟于关!”魏齐穷,抵虞卿,虞卿弃相印,与魏齐偕亡。至魏,欲因信陵君以走楚。信陵君意难见之,魏齐怒,自杀,赵王卒取其首以与秦,秦乃归平原君。九月,五大夫王陵复将兵伐赵。武安君病,不任行[⑱]。

【注释】

①有的本子“于”字下有“诸”字。　②孔斌:即下文的“子顺”,孔子的六世孙。　③于时:就是“于此时”的意思。　④呴呴(gòu gòu 够够):鸟鸣声。呴,通“雊”。　⑤灶突:炉灶的烟囱。炎上:指火焰升腾。

⑥有的本子“顺”字下有“谓使者”三字。 ⑦嬖宠之官：这里指受亲近宠爱而无贤才的官。 ⑧无任之禄：这里指不任事官员享用的俸禄。 ⑨以上两句说的子产相郑事见《左传·襄公三十年》。子产即公孙侨，或称公孙成子。《左传》原文的大意是，子产为郑国相一年，众人就讽诵说：子产拿走我们的衣冠贮藏起来，计算我们的田亩而收税，谁人要去杀子产，我将要帮助他。到子产为相三年以后，众人改诵说：我有子弟，子产教诲他，我有田亩，子产栽培它，子产死了，谁来继他的位呢？ ⑩吾先君：这里子顺说的是孔子。 ⑪庸：岂。 ⑫麛（mí 迷）：小鹿。芾（fú 佛）：古代礼服上的蔽膝。 ⑬章甫：古代的一种帽子，本是殷代玄冠的名称。 ⑭喟然：叹声。 ⑮尸利：也就是尸禄，指亲近君王而不劝谏，像古代祭祀时任尸或祝受利禄的人。这里是说做君王的官，食君王的禄，而不能为君王效力。素餐：无功而受禄。 ⑯致仕：退出官职，辞掉官职。 ⑰伊挚：即伊尹，尹是官名。伊挚原事奉夏桀，后被商汤任以国政。 ⑱不任：不堪，不能够。

五十七年 正月，王陵攻邯郸，少利，益发卒佐陵；陵亡五校[①]。武安君病愈，王欲使代之。武安君曰：“邯郸实未易攻也，且诸侯之救日至。彼诸侯怨秦之日久矣，秦虽胜于长平，士卒死者过半，国内空，远绝河山而争人国都[②]；赵应其内，诸侯攻其外，破秦军必矣。”王自命不行，乃使应侯请之。武安君终辞疾，不肯行；乃以王龁代王陵。

赵王使平原君求救于楚，平原君约其门下食客文武备具者二十人与之俱，得十九人，余无可取者。毛遂自荐于平原君。平原君曰：“夫贤士之处世也，譬若锥之处囊中，其末立见。今先生处胜之门下三年于此矣，左右未有所称诵，胜未有所闻，是先生无所有也。先生不能，先生留！”毛遂曰：“臣乃今日请处囊中耳！使遂蚤得处囊中，乃脱颖而出[③]，非特其末见而已。”平原君乃与之俱，十九人相与目笑之[④]。平原君至楚，与楚王言合从之利害，日出而言之，日中不决。毛遂按剑历阶而上，谓平原君曰：“从之利害，两言而决耳！今日出而言，日中不决，何也？”楚王怒叱曰：“胡不下[⑤]！吾乃与而君言[⑥]，汝何为者也？”毛遂按剑而前曰：“王之所以叱遂者，以楚国之众也。今十步之内，王不得恃楚国之众也！王之命悬于遂手[7]。吾君在前，叱者何也？且遂闻汤以七十里之地王天下，文王以百里之壤而臣诸侯，岂其士卒众多哉？诚能据其势而奋其威也。今楚地方五千里，持戟百万，此霸王之资也。以楚之强，天下弗能当。白起，小竖子耳，率数万之众，兴师以与楚战，一战而举鄢、郢，再战而烧夷陵，三战而辱王之先人[8]，此百世之怨而赵之所羞，而王弗之恶焉，合从者为楚，非为赵也。吾君在前，叱者何也？”楚王曰：“唯唯，诚若先生之言，谨奉社稷以从。”毛遂曰：“从定乎？”楚王曰：“定矣。”毛遂谓楚王之左右曰：“取鸡、狗、马之血来！”毛遂奉铜盘而跪进之楚王曰：“王当歃血以定从[9]；次者吾君，次者遂。”遂定从于殿上。毛遂左手持盘血而右手招十九人曰：“公等相与歃此血于堂下！公等录录[10]，所谓‘因人成事’者也。”平原君已定从而归，至于赵，曰：“胜不敢相天下士矣[11]！”遂以毛遂为上客。

【注释】

①校（xiào 效）：古代军队单位名称。古代以二曲为部，部四百人，立司马；二部为校，校八百人，立尉；二校为裨将，一千六百人，立将军；二裨将军三千二百人，有将军、副将军。 ②绝：度越，穿过。 ③颖：尖端。 ④目笑：互相用眼睛示意以耻笑。 ⑤胡：何。 ⑥而：汝，你。 ⑦悬：系着，紧扣着。 ⑧辱王之先人：指焚烧楚王先人的陵墓。 ⑨歃（shà 霎）血：一说“歠（chuò 辍）血”，即用口饮血；一说以手指蘸血，涂于口旁。是古代订盟约时的一种仪式。 ⑩录录：同“碌碌”，本指平庸无才干。这里指没有什么好的表现，只是辛苦跟随。 ⑪有的本子“敢”字下有“复”字。

于是楚王使春申君将兵救赵[1]，魏王亦使将军晋鄙将兵十万救赵。秦王使谓魏王曰：“吾攻赵，旦暮且下，诸侯敢救之者，吾已拔赵，必移兵先击之！”魏王恐，遣人止晋鄙，留兵壁邺[2]，名为救赵，实挟两端。又使将军新垣衍间入邯郸，因平原君说赵王，欲共尊秦为帝，以却其兵。齐人鲁仲连在邯郸，闻之，往见新垣衍曰：“彼秦者，弃礼义而上首功之国也[3]。彼即肆然而为帝于天下，则连有蹈东海而死耳，不愿为之民也！且梁未睹秦称帝之害故耳[④]，吾将使秦王烹醢梁王[⑤]！”新垣衍怏然不悦曰：“先生恶能使秦王烹醢梁王？”鲁仲连曰：“固也，吾将言之。昔者九侯、鄂侯、文王[⑥]，纣之三公也。九侯有子而好，献之于纣，纣以为恶，醢九侯；鄂侯争之强，辩之疾，故脯鄂侯[⑦]；文王闻之，喟然而叹，故拘之牖里之库百日[⑧]，欲令之死。今秦，万乘之国也，梁，亦万乘之国也；俱据万乘之国，各有称王之名，奈何睹其一战而胜，欲从而帝之，卒就脯醢之地乎！且秦

鲁仲连像

无已而帝，则将行其天子之礼以号令于天下，则且变易诸侯之大臣，彼将夺其所不肖而与其所贤，夺其所憎而与其所爱，彼又将使其子女谗妾为诸侯妃姬，处梁之宫，梁王安得晏然而已乎！而将军又何以得故宠乎！”新垣衍起，再拜曰：“吾乃今知先生天下之士也！吾请出，不敢复言帝秦矣！”

燕武成王薨，子孝王立。

初，魏公子无忌仁而下士，致食客三千人。魏有隐士曰侯嬴，年七十，家贫，为大梁夷门监者[⑨]。公子置酒大会宾客，坐定，公子从车骑虚左自迎侯生[⑩]。侯生摄敝衣冠，直上载公子上坐不让；公子执辔愈恭。侯生又谓公子曰：“臣有客在市屠中，愿枉车骑过之[⑪]。”公子引车入市，侯生下见其客朱亥，睥睨[⑫]，故久立，与其客语，微察公子，公子色愈和；乃谢客就车，至公子家。公子引侯生坐上坐，遍赞宾客[⑬]，宾客皆惊。及秦围赵，赵平原君之夫人，公子无忌之姊也[⑭]，平原君使者冠盖相属于魏[⑮]，让公子曰：“胜所以自附于婚姻者，以公子之高义，能急人之困也。今邯郸旦暮降秦而魏救不至，纵公子轻胜弃之，独不怜公子姊邪！”公子患之，数请魏

王敕晋鄙令救赵，及宾客辩士游说万端，王终不听。公子乃属宾客约车骑百余乘[16]，欲赴斗以死于赵；过夷门，见侯生。侯生曰："公子勉之矣，老臣不能从！"公子去，行数里，心不快，复还见侯生。侯生笑曰："臣固知公子之还也！今公子无他端而欲赴秦军[17]，譬如以肉投馁虎，何功之有！"公子再拜问计。侯嬴屏人曰："吾闻晋鄙兵符在王卧内，而如姬最幸，力能窃之。尝闻公子为如姬报其父仇，如姬欲为公子死无所辞。公子诚一开口，则得虎符[18]，夺晋鄙之兵，北救赵，西却秦，此五伯之功也。"公子如其言，果得兵符。公子行，侯生曰："将在外，君令有所不受[19]。有如晋鄙合符而不授兵，复请之，则事危矣。臣客朱亥，其人力士，可与俱。晋鄙若听，大善；不听，可使击之！"于是公子请朱亥与俱。至邺，晋鄙合符，疑之，举手视公子曰："吾拥十万之众屯于境上，今单车来代之，何如哉？"朱亥袖四十斤铁椎，椎杀晋鄙[20]，公子遂勒兵下令军中曰："父子俱在军中者，父归！兄弟俱在军中者，兄归！独子无兄弟者，归养！"得选兵八万人，将之而进。

王龁久围邯郸不拔，诸侯来救，战数不利。武安君闻之曰："王不听吾计，今何如矣？"王闻之，怒，强起武安君。武安君称病笃，不肯起。

【注释】

①春申君：即战国时楚国贵族黄歇。 ②壁：营垒，这里指在营垒中留守。邺：战国魏置县，治所在今河北临漳县西南邺镇。 ③上首功：秦以作战中斩首多为上功，所以这里说秦是上首功的国家。 ④梁：魏国都城在大梁，故魏国又称梁。 ⑤烹：古代以鼎镬煮杀人的酷刑。⑥九侯：一作"鬼侯"。古代有一个国家名叫九，九侯臣属于纣，是纣王的三公之一。鄂：古代有鄂国，或作"邘"。鄂侯臣属于纣，是纣王的三公之一。 ⑦脯（fǔ 府）：本指干肉，这里指古代酷刑，杀死后使之成为干肉。⑧牖（yǒu 有）里：一作"羑里"，地在今河南汤阴县北。 ⑨夷门：战国魏都大梁城的东门，在今河南开封市城东北隅，后来开封也别称夷门。 ⑩虚左：空出左边的席位。古代以左为尊，虚左即让出上位以待贤者。 ⑪枉：这里指绕道。过：访，探望。 ⑫睥睨（pì nì 僻腻）：又作俾倪或辟倪。这里是斜视窥察的意思。 ⑬赞：赞誉，介绍。 ⑭公

子无忌:即魏国公子信陵君魏无忌。 ⑮冠盖:本指仕宦的冠服和车盖,这里指派出的使者及其所乘车骑。 ⑯属(zhǔ 主)宾客:集合带领宾客。属,集合。 ⑰无他端:指没有其他计策可以施行。 ⑱虎符:即兵符,是古代帝王调发军队的信物。用铜铸成虎形,背有铭文,分成两半,右半留存中央,左半发给地方官吏或统兵将帅。 ⑲将在外,君令有所不受:这是孙武子的话。《孙子·九变篇》就有"君命有所不受"的话。它的意思是将军在外地,根据实际情况作出决定,即使君王的命令,有的也可不接受。 ⑳椎(zhuī 追,又读 chuí 垂)杀:用铁椎击杀。

五十八年 十月,免武安君为士伍[①],迁之阴密[②]。十二月,益发卒军汾城旁[③]。武安君病,未行,诸侯攻王龁,龁数却,使者日至,王乃使人遣武安君,不得留咸阳中。武安君出咸阳西门十里,至杜邮[④]。王与应侯群臣谋曰:"白起之迁,意尚怏怏有余言。"王乃使使者赐之剑,武安君遂自杀。秦人怜之,乡邑皆祭祀焉。

魏公子无忌大破秦师于邯郸下,王龁解邯郸围走。郑安平为赵所困[⑤],将二万人降赵,应侯由是得罪。

公子无忌既存赵,遂不敢归魏,与宾客留居赵,使将将其军还魏。赵王与平原君计,以五城封公子。赵王扫除自迎,执主人之礼,引公子就西阶[⑥]。公子侧行辞让,从东阶上,自言罪过,以负于魏,无功于赵。赵王与公子饮至暮,口不忍献五城,以公子退让也。赵王以鄗为公子汤沐邑[⑦]。魏亦复以信陵奉公子。公子闻赵有处士毛公隐于博徒,薛公隐于卖浆家,欲见之;两人不肯见,公子乃间步从之游。平原君闻而非之。公子曰:"吾闻平原君之贤,故背魏而救赵。今平原君所与游,徒豪举耳,不求士也。以无忌从此两人游,尚恐其不我欲也,平原君乃以为羞乎!"为装欲去。平原君免冠谢,乃止。

平原君欲封鲁连,使者三返,终不肯受。又以千金为鲁连寿,鲁连笑曰:"所贵于天下士[⑧],为人排患释难解纷乱而无取也。即有取者,是商贾之事也!"遂辞平原君而去,终身不复见。

秦太子之妃曰华阳夫人,无子;夏姬生子异人。异人质于赵;秦数伐赵,赵人不礼之。异人以庶孽孙质于诸侯[⑨],车乘进用不

吕不韦像

饶[10]，居处困不得意。

阳翟大贾吕不韦适邯郸，见之，曰："此奇货可居！"乃往见异人，说曰："吾能大子之门！"异人笑曰："且自大君之门！"不韦曰："子不知也，吾门待子门而大。"异人心知所谓，乃引与坐，深语。不韦曰："秦王老矣。太子爱华阳夫人，夫人无子。子之兄弟二十余人，子傒有秦国之业[11]，士仓又辅之。子居中，不甚见幸，久质诸侯。太子即位，子不得争为嗣矣。"异人曰："然则奈何？"不韦曰："能立適嗣者[12]，独华阳夫人耳。不韦虽贫，请以千金为子西游，立子为嗣。"异人曰："必如君策，请得分秦国与君共之。"不韦乃以五百金与异人，令结宾客。复以五百金买奇物玩好，自奉而西，见华阳夫人之姊，而以奇物献于夫人，因誉子异人之贤，宾客遍天下，常日夜泣思太子及夫人，曰："异人也以夫人为天！"夫人大喜。不韦因使其姊说夫人曰："夫以色事人者，色衰则爱弛。今夫人爱而无子，不以繁华时蚤自结于诸子中贤孝者，举以为適，即色衰爱弛，虽欲开一言，尚可得乎！今子异人贤而自知中子不得为適，夫人诚以此时拔之，是子异人无国而有国，夫人无子而有子也，则终身有宠于秦矣。"夫人以为然，承间言于太子曰："子异人绝贤，往来者皆称誉之。"因泣曰："妾不幸无子，愿得子异人立以为子以托妾身！"太子许之，与夫人刻玉符，约以为嗣，因厚馈遗异人，而请吕不韦傅之。异人名誉盛于诸侯。

吕不韦娶邯郸诸姬绝美者与居，知其有娠，异人从不韦饮，见而请之。不韦佯怒，既而献之，孕期年而生子政，异人遂以为夫人。邯郸之围，赵人欲杀之，异人与不韦行金六百斤予守者，脱亡赴秦军，遂得归。异人楚服而见华阳夫人，夫人曰："吾楚人也，当自子之。"因更其名曰楚。

五十九年 秦将军摎伐韩，取阳城、负黍⑬，斩首四万。伐赵，取二十余县，斩首虏九万。赧王恐，背秦，与诸侯约从，将天下锐师出伊阙攻秦⑭，令无得通阳城。秦王使将军摎攻西周，赧王入秦，顿首受罪，尽献其邑三十六，口三万。秦受其献，归赧王于周。是岁，赧王崩。

【注释】

①士伍：有罪贬失官爵，称为士伍，是罚入士卒之伍的意思。 ②阴密：阴密邑，战国秦地，在今甘肃灵台县西南。 ③汾城：战国魏邑，在今山西新绛县东北。 ④杜邮：杜邮邑，战国秦地，在今陕西咸阳市东北。⑤郑安平：郑安平曾藏匿范雎，范雎为秦相，称应侯，保举郑安平任职，安平降赵，按秦律，被保举的人偾事的，保举者与同罪，所以应侯因此获罪。⑥公子就西阶：按照《礼记》里所说的礼仪，主人就东阶而上，客人就西阶而上。宾客若要谦降自己的等级，便就主人的东阶而上。下文说公子从东阶上，就是说公子自己谦虚降等。 ⑦鄗：鄗邑，在今河北柏乡县东北。汤沐邑：以其邑的赋税供汤沐之用，所以叫汤沐邑。 ⑧一种本子"下"字下有"之"字；一种本子"士"字下有"者"字。 ⑨庶孽：指不是嫡正的子孙，如妾所生子多称庶孽。 ⑩进：这里指钱财，即"賮"义。⑪一种本子"秦"作"承"。 ⑫適：通"嫡"。 ⑬阳城：即今河南登封市东南告城镇。负黍：负黍邑，在今河南登封市西南。 ⑭伊阙：一名阙口，又名龙门，在今河南洛阳市南。

资治通鉴卷第六

秦纪一　起柔兆敦牂，尽昭阳作噩，凡二十八年。

昭　襄　王

五十二年　河东守王稽坐与诸侯通[①]，弃市。应侯日以不怿。王临朝而叹，应侯请其故。王曰：“今武安君死，而郑安平、王稽等皆畔，内无良将而外多敌国，吾是以忧！”应侯惧，不知所出。

燕客蔡泽闻之，西入秦，先使人宣言于应侯曰：“蔡泽，天下雄辩之士；彼见王，必困君而夺君之位。”应侯怒，使人召之。蔡泽见应侯，礼又倨[②]。应侯不快，因让之曰：“子宣言欲代我相，请闻其说。”蔡泽曰：“吁，君何见之晚也！夫四时之序，成功者去[③]。君独不见夫秦之商君、楚之吴起、越之大夫种[④]，何足愿与？”应侯谬曰：“何为不可！此三子者，义之至也，忠之尽也。君子有杀身以成名，死无所恨。”蔡泽曰：“夫人立功，岂不期于成全邪！身名

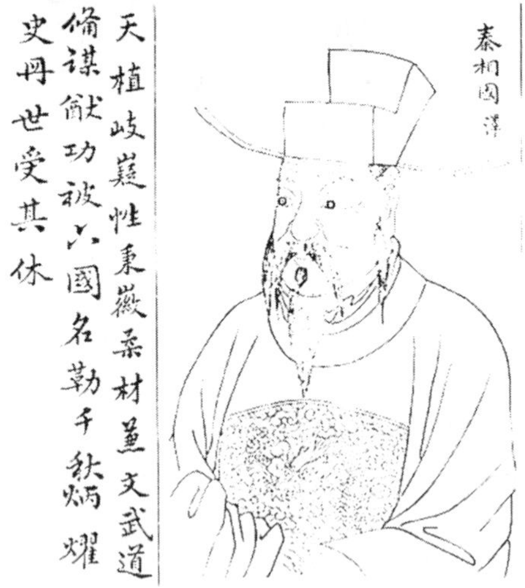

蔡泽像

俱全者,上也;名可法而身死者,次也;名僇辱而身全者[5],下也。夫商君、吴起、大夫种,其为人臣尽忠致功,则可愿矣。闳夭、周公[6],岂不亦忠且圣乎! 三子之可愿,孰与闳夭、周公哉?”应侯曰:“善。”蔡泽曰:“然则君之主惇厚旧故,不倍功臣,孰与孝公、楚王、越王?”曰:“未知何如。”蔡泽曰:“君之功能孰与三子?”曰:“不若。”蔡泽曰:“然则君身不退,患恐甚于三子矣。语曰:‘日中则移,月满则亏。’进退嬴缩[7],与时变化,圣人之道也。今君之怨已仇而德已报[8],意欲至矣而无变计,窃为君危之!”应侯遂延以为上客,因荐于王。王召与语,大悦,拜为客卿。应侯因谢病免。王新悦蔡泽计画[9],遂以为相国。泽为相数月,免。

【注释】

①河东:河东郡,秦设置,治所在安邑县(今山西夏县北禹王城)。②倨(jù 巨):傲慢。 ③成功者去:是说春、夏、秋、冬四季的运转更替,成就了其各自功能的便被代谢而去。如春生而后夏长,再而后秋就实,冬闭藏,周而复始,代谢而去。 ④商君:商君事迹见卷第二周显王三十一年(前338)。吴起:吴起事迹见卷第一安王二十一年(前381)。大夫种:即文种,字少禽,春秋末年越国大夫。吴王夫差二年(前494),越王勾践被吴王打败,困守会稽,他出计贿赂吴太宰嚭,得免亡国,文种被授予国政,越君臣刻苦图强,终于灭亡吴国。勾践听信谗言,后来赐剑文种令其自杀。 ⑤名僇(lù 陆)辱:名声受侮辱。僇,侮辱。 ⑥闳(hóng 宏)夭:西周初年的大臣,闳氏,名夭,与散宜生、太颠等同辅周文王。⑦嬴缩:又作“盈缩”,指伸长、缩短,或增、减。嬴,满,有余,或写作“赢”。 ⑧仇(chóu 愁):这里指回报,报复。 ⑨计画:即出计谋划。

楚春申君以荀卿为兰陵令[1]。荀卿者,赵人,名况,尝与临武君论兵于赵孝成王之前。王曰:“请问兵要。”临武君对曰:“上得天时,下得地利,观敌之变动,后之发,先之至,此用兵之要术也。”荀卿曰:“不然。臣所闻古之道,凡用兵攻战之本,在乎一民。弓矢不调,则羿不能以中[2];六马不和,则造父不能以致远[3];士民不亲附,则汤、武不能以必胜也。故善附民者,是乃善用兵者也。故兵要在乎附民而已。”临武君曰:“不然。兵之所贵者势利也,所行者变诈也。善用兵者感忽悠闇[4]，莫知所从出；孙、吴用之，无敌于天下，岂必待附民哉！”荀卿曰：“不然。臣之所道，仁人之兵，王者之志也。君之所贵，权谋势利也。仁人之兵，不可诈也。彼可诈者，怠慢者也，露袒者也[5]，君臣上下之间滑然有离德者也[6]。故以桀诈桀，犹巧拙有幸焉。以桀诈尧，譬之以卵投石，以指桡沸[7]，若赴水火，入焉焦没耳。故仁人之兵，上下一心，三军同力；臣之于君也，下之于上也，若子之事父，弟之事兄，若手臂之扞头目而覆胸腹也。诈而袭之，与先惊而后击之，一也。且仁人用十里之国则将有百里之听，用百里之国则将有千里之听，用千里之国则将有四海之听，必将聪明警戒，和傅而一。故仁人之兵，聚则成卒[8]，散则成列，延则若莫邪之长刃[9]，婴之者断[10]；兑则若莫邪之利锋[11]，当之者溃；圜居而方止，则若盘石然，触之者角摧而退耳。且夫暴国之君，将谁与至哉？彼其所与至者，必其民也。其民之亲我欢若父母，其好我芬若椒兰；彼反顾其上则若灼黥[12]，若仇雠；人之情，虽桀、跖，岂有肯为其所恶，贼其所好者哉！是犹使人之子孙自贼其父母也。彼必将来告之，夫又何可诈也！故仁人用，国日明，诸侯先顺者安，后顺者危，敌之者削，反之者亡。《诗》曰：‘武王载发，有虔秉钺，如火烈烈，则莫我敢遏’[13]，此之谓也。”

【注释】

①兰陵：兰陵县，战国楚置，治所在今山东兰陵县西南兰陵镇。②羿（yì 艺）：古代传说中善射的人。　③造父：古代善于御马的人，传说周穆王曾要他驾御千里马。　④感忽：恍忽，或倏忽，指短暂的时间。悠闇：即悠暗，指远看不清楚的情状，这里是指短暂时间内的变幻。　⑤露袒：指人的肢体上下没有衣裳遮蔽、裸露肉袒的情况，这里是说散漫无约束的情况。　⑥滑（gǔ 骨）：通“汩”，乱。　⑦桡（náo 挠）：通“挠”，这里是“搅”的意思。　⑧卒：古代军队以一百人为一卒。　⑨莫邪（yé 爷）：古代宝剑名。　⑩婴：通“撄”，触犯，碰触。　⑪兑（ruì 瑞）：通“锐”。　⑫灼黥：即古代的受刑人或士兵的面部受炙灼、刺字涂墨。⑬这以上所引的《诗》句，是《诗经》里《商颂·长发》的诗句。武王：即汤，殷人称他为武王。载：始。发：《诗》里作“旆”，大旗。虔：威猛如虎的样子。秉：持。钺：大斧。遏：遏止，抵御。《诗》句的意思是：殷武王出

兵战旗扬，如猛虎威武手持大斧，有如炽烈的火在燃烧，有谁敢来阻挡抵御我。

孝成王、临武君曰：“善。请问王者之兵，设何道，何行而可？”荀卿曰：“凡君贤者其国治，君不能者其国乱；隆礼贵义者其国治[①]，简礼贱义者其国乱。治者强，乱者弱，是强弱之本也。上足卬则下可用也[②]；上不足卬则下不可用也。下可用则强，下不可用则弱，是强弱之常也。齐人隆技击[③]，其技也，得一首者则赐赎锱金[④]，无本赏矣[⑤]。是事小敌毳[⑥]，则偷可用也[⑦]；事大敌坚，则涣焉离耳；若飞鸟然，倾侧反覆无日，是亡国之兵也，兵莫弱是矣，是其去赁市佣而战之几矣[⑧]。魏氏之武卒，以度取之；衣三属之甲[⑨]，操十二石之弩[⑩]，负矢五十个，置戈其上，冠胄带剑，赢三日之粮[⑪]，日中而趋百里；中试则复其户[⑫]，利其田宅。是其气力数年而衰，而复利未可夺也，改造则不易周也[⑬]，是故地虽大，其税必寡，是危国之兵也。秦人，其生民也狭隘，其使民也酷烈，劫之以势，隐之以厄[⑭]，忸之以庆赏[⑮]，鰌之以刑罚[⑯]，使民所以要利于上者，非斗无由也。使以功赏相长，五甲首而隶五家[⑰]，是最为众强长久之道。故四世有胜[⑱]，非幸也，数也。故齐之技击不可以遇魏之武卒，魏之武卒不可以遇秦之锐士，秦之锐士不可以当桓、文之节制，桓、文之节制不可以当汤、武之仁义，有遇之者，若以焦熬投石焉[⑲]。兼是数国者，皆干赏蹈利之兵也[⑳]，佣徒鬻卖之道也；未有贵上安制綦节之理也[㉑]。诸侯有能微妙之以节[㉒]，则作而兼殆之耳[㉓]。故招延募选，隆势诈，上功利，是渐之也。礼义教化，是齐之也。故以诈遇诈，犹有巧拙焉；以诈遇齐，譬之犹以锥刀堕泰山也[㉔]。故汤、武之诛桀、纣也，拱挹指麾[㉕]，而强暴之国莫不趋使，诛桀、纣若诛独夫。故《泰誓》曰[㉖]‘独夫纣’，此之谓也。故兵大齐则制天下，小齐则治邻敌。若夫招延募选，隆势诈，上功利之兵，则胜不胜无常，代翕代张[㉗]，代存代亡，相为雌雄耳。夫是谓之盗兵，君子不由也。”

【注释】

①隆礼：尊重礼，重视礼。　②卬（yǎng 氧）：通“仰”。　③技击：

用手足技巧熟练操作器械攻击取胜。 ④赐赎锱金：官府赐锱金赎买。锱，八两金为锱。 ⑤无本赏：按旧注说，斩得首级即得赏，不论战事胜败都得赏。假若没有斩首之功，即使战事胜利也不给赏，这便是无本赏。⑥毳（cuì 脆）：通“脆”，脆弱。 ⑦偷：苟且。 ⑧赁市佣：出钱赁市中佣作的人。赁，雇用。 ⑨三属之甲：指上身有一甲、大腿有甲裤、小腿上亦缠有甲，所以叫三属之甲。 ⑩石（shí 时，又读 dàn 旦）：重量单位，按习惯的说法，一百二十市斤为一石。 ⑪赢：装足，装够。 ⑫中试：经考试达到了合格程度。 ⑬改造：指更改选择。 ⑭厄（è 呃）：厄塞，险要的地方。 ⑮忸（niǔ 纽）：熟习，习以为常。 ⑯鳅（qiū 秋）：通“遒”，迫蹙。引申为箝制。 ⑰五甲首而隶五家：作战中获取了五甲首的便可隶属役使乡里的五家。 ⑱四世有胜：指秦孝公、惠文王、悼武王、昭襄王四世都得到胜利发展。 ⑲以焦熬投石：把焦熬的物体投掷在硬石上。焦熬的物体脆而易碎，故投于石上必粉碎。 ⑳干赏：求取赏赐。干，求。 ㉑安制綦（qí 其）节：安守制度极遵节义。綦，极，甚。㉒微妙：精尽，精心尽意。 ㉓作：起。殆：危。 ㉔堕（huī 灰）：通“隳”，毁坏。 ㉕拱挹指麾（huī 挥）：拱手作揖地指挥。挹，通“揖”。麾，通“挥”。 ㉖《泰誓》：《尚书》的篇名，即《大誓》，相传是周武王伐纣的誓师词。《今文尚书》二十八篇中无此篇，现在的《泰誓》是伪《古文尚书》里的一篇。 ㉗翕（xī 吸）：收敛，收缩。

孝成王、临武君曰：“善。请问为将。”荀卿曰：“知莫大于弃疑[①]，行莫大于无过，事莫大于无悔；事至无悔而止矣，不可必也[②]。故制号政令，欲严以威；庆赏刑罚，欲必以信；处舍收藏[③]，欲周以固；徙举进退，欲安以重，欲疾以速；窥敌观变，欲潜以深，欲伍以参[④]；遇敌决战，必行吾所明，无行吾所疑；夫是之谓六术。无欲将而恶废，无怠胜而忘败，无威内而轻外，无见其利而不顾其害，凡虑事欲熟而用财欲泰，夫是之谓五权。将所以不受命于主有三：可杀而不可使处不完，可杀而不可使击不胜，可杀而不可使欺百姓，夫是之谓三至。凡受命于主而行三军，三军既定，百官得序，群物皆正，则主不能喜，敌不能怒，夫是之谓至臣。虑必先事而申之以敬，慎终如始，始终如一，夫是之谓大吉。凡百事之成也必在敬之，其败也必在慢之。故敬胜怠则吉，怠胜敬则灭；计胜欲则从，欲胜计则凶。战如守，行如战，有功如幸。敬谋无旷[5]，敬事无旷，敬吏无旷，敬众无旷，敬敌无旷，夫是之谓五无旷。慎行此六术、五权、三至，而处之以恭敬、无旷，夫是之谓天下之将，则通于神明矣。”

临武君曰：“善。请问王者之军制。”荀卿曰：“将死鼓，御死辔，百吏死职，上大夫死行列。闻鼓声而进，闻金声而退。顺命为上，有功次之。令不进而进，犹令不退而退也，其罪惟均。不杀老弱，不猎禾稼，服者不禽，格者不赦[6]，奔命者不获。凡诛，非诛其百姓也，诛其乱百姓者也。百姓有捍其贼，则是亦贼也。以其顺刃者生，傃刃者死[7]，奔命者贡。微子开封于宋[8]，曹触龙断于军[9]，商之服民，所以养生之者无异周人，故近者歌讴而乐之，远者竭蹶而趋之[10]，无幽闲辟陋之国，莫不趋使而安乐之，四海之内若一家，通达之属莫不从服，夫是之谓人师。《诗》曰：‘自西自东，自南自北，无思不服[11]。’此之谓也。王者有诛而无战，城守不攻，兵格不击，敌上下相喜则庆之，不屠城，不潜军，不留众，师不越时，故乱者乐其政，不安其上，欲其至也。”临武君曰：“善。”

陈嚣问荀卿曰：“先生议兵，常以仁义为本，仁者爱人，义者循理，然则又何以兵为？凡所为有兵者，为争夺也。”荀卿曰：“非汝所知也。彼仁者爱人，爱人，故恶人之害之也；义者循理，循理，故恶人之乱之也。彼兵者，所以禁暴除害也，非争夺也。”

燕孝王薨，子喜立。

周民东亡。秦人取其宝器，迁西周公于𢠸狐之聚[12]。

楚人迁鲁于莒而取其地。

【注释】

①知：通“智”。　②必：一定，必然。这里指一定胜利，一定成功。③处舍：这里指营垒。收藏：指库藏财物。　④伍以参：即参伍，指交互错杂，错综比较。　⑤旷：荒废，懈怠，松弛。　⑥格：击打，搏斗。⑦傃（sù 素）：向着，对着。　⑧微子开：即微子启，周代宋国的始祖。他本是商纣的庶兄，封于微（今山东梁山县西北）。曾多次劝谏商纣，纣王不听，于是出走，后来向周投降，周封他于宋。　⑨曹触龙：人的姓名，一说是桀的左师，这里说是纣的臣属，为人谄谀不正。　⑩竭蹶：颠仆，竭

力，尽力而行。 ⑪以上所引《诗》句，见《诗·大雅·文王有声》。意思是从西到东，从南到北，四方之民都想服从周王朝。 ⑫墠（dàn 但）狐之聚：即墠狐聚，古地名，在今河南汝州市西北。

五十三年 摎伐魏，取吴城[①]。韩王入朝。魏举国听令。

五十四年 王郊见上帝于雍[②]。

楚迁于巨阳[③]。

五十五年 卫怀君朝于魏，魏人执而杀之；更立其弟，是为元君。元君，魏婿也。

五十六年 秋，王薨，孝文王立。尊唐八子为唐太后[④]，以子楚为太子。赵人奉子楚妻子归之。韩王衰绖入吊祠[⑤]。

燕王喜使栗腹约欢于赵，以五百金为赵王酒。反而言于燕王曰："赵壮者皆死长平，其孤未壮，可伐也。"王召昌国君乐间问之，对曰："赵四战之国，其民习兵，不可。"王曰："吾以五而伐一。"对曰："不可。"王怒。群臣皆以为可，乃发二千乘，栗腹将而攻鄗[⑥]，卿秦攻代。将渠曰："与人通关约交，以五百金饮人之王，使者报而攻之，不祥，师必无功。"王不听，自将偏军随之。将渠引王之绶，王以足蹴之[⑦]。将渠泣曰："臣非自为，为王也！"燕师至宋子[⑧]，赵廉颇为将，逆击之，败栗腹于鄗，败卿秦、乐乘于代，追北五百余里，遂围燕。燕人请和，赵人曰："必令将渠处和。"燕王使将渠为相而处和，赵师乃解去。

赵平原君卒。

孝 文 王

元年 冬，十月己亥，王即位；三日薨。子楚立，是为庄襄王；尊华阳夫人为华阳太后，夏姬为夏太后。

燕将攻齐聊城[⑨]，拔之。或谮之燕王，燕将保聊城，不敢归。齐田单攻之，岁余不下。鲁仲连乃为书，约之矢以射城中，遗燕将，为陈利害曰："为公计者，不归燕则归齐。今独守孤城，齐兵日益而燕救不至，将何为乎？”燕将见书，泣三日，犹豫不能自决。欲归燕，已有隙；欲降齐，所杀虏于齐甚众，恐已降而后见辱。喟然叹曰：“与人刃我，宁我自刃！”遂自杀。聊城乱，田单克聊城。归，言鲁仲连于齐，欲爵之。仲连逃之海上，曰：“吾与富贵而诎于人⑩，宁贫贱而轻世肆志焉！”

魏安釐王问天下之高士于子顺⑪，子顺曰：“世无其人也；抑可以为次，其鲁仲连乎！”王曰：“鲁仲连强作之者⑫，非体自然也。”子顺曰：“人皆作之。作之不止，乃成君子；作之不变，习与体成，则自然也。”

【注释】

①吴城：战国魏地，在今山西平陆县北。 ②郊见：在郊外行祭祀典礼，是因继承了王位行天子之礼。雍：即雍都，是春秋时秦都之一，在今陕西凤翔区西南豆腐村与河南屯之间。 ③巨阳：即巨阳邑，邑名，战国楚地，楚自陈迁都于此，故址在今安徽阜阳市市北。 ④八子：秦宫中的女官官名。 ⑤衰绖（cuī dié 催迭）：丧服。丧服上身为衰，下身为裳，麻在头首及腰，都称为绖。 ⑥鄗：鄗邑，春秋、战国时邑，在今河北柏乡县东北。 ⑦蹴（cù 促）：踢。 ⑧宋子：宋子邑，战国赵地，在今河北赵县东北。 ⑨聊城：即春秋战国时的聊邑，齐地，在今山东聊城市西北。⑩与：与其。 ⑪安釐王：即安僖王。釐，通“僖”。 ⑫作：这里指故意做作。

庄 襄 王

元年 吕不韦为相国。

东周君为诸侯谋伐秦；王使相国帅师讨灭之，迁东周君于阳人聚①。周既不祀②。周比亡③，凡有七邑：河南、洛阳、谷城、平阴、偃师、巩、缑氏④。

以河南洛阳十万户封相国不韦为文信侯。

蒙骜伐韩，取成皋、荥阳⑤，初置三川郡⑥。

楚灭鲁，迁鲁顷公于卞⑦，为家人⑧。

二年 日有食之。

蒙骜伐赵，取榆次、狼孟等三十七城[9]。

楚春申君言于楚王曰："淮北地边于齐，其事急，请以为郡而封于江东。"楚王许之。春申君因城吴故墟以为都邑[10]，宫室极盛。

三年 王齕攻上党诸城，悉拔之，初置太原郡[11]。

蒙骜帅师伐魏，取高都、汲[12]。魏师数败，魏王患之，乃使人请信陵君于赵。信陵君畏得罪，不肯还，诫门下曰："有敢为魏使通者死！"宾客莫敢谏。毛公、薛公见信陵君曰："公子所以重于诸侯者，徒以有魏也。今魏急而公子不恤[13]，一旦秦人克大梁，夷先王之宗庙，公子当何面目立天下乎！"语未卒，信陵君色变，趣驾还魏[14]。魏王持信陵君而泣，以为上将军。信陵君使人求援于诸侯。诸侯闻信陵君复为魏将，皆遣兵救魏。信陵君率五国之师败蒙骜于河外[15]，蒙骜遁走。信陵君追至函谷关，抑之而还。

安陵人缩高之子仕于秦[16]，秦使之守管[17]。信陵君攻之不下，使人谓安陵君曰："君其遣缩高，吾将仕之以五大夫，使为执节尉。"安陵君曰："安陵，小国也，不能必使其民。使者自往请之。"使吏导使者至缩高之所。使者致信陵君之命，缩高曰："君之幸高也，将使高攻管也。夫父攻子守，人之笑也；见臣而下，是倍主也。父教子倍，亦非君之所喜。敢再拜辞！"使者以报信陵君。信陵君大怒，遣使之安陵君所曰："安陵之地，亦犹魏也。今吾攻管而不下，则秦兵及我，社稷必危矣。愿君生束缩高而致之！若君弗致，无忌将发十万之师以造安陵之城下。"安陵君曰："吾先君成侯受诏襄王以守此城也，手授太府之宪[18]。宪之上篇曰：'臣弑君，子弑父，有常不赦。国虽大赦，降城亡子不得与焉。'今缩高辞大位以全父子之义，而君曰'必生致之'，是使我负襄王之诏而废太府之宪也，虽死，终不敢行！"缩高闻之曰："信陵君为人，悍猛而自用，此辞反必为国祸。吾已全己，无违人臣之义矣，岂可使吾君有魏患乎！"乃之使者之舍，刎颈而死。信陵君闻之，缟素辟舍[19]，使使者谢安陵君曰："无忌，小人也，困于思虑，失言于君，请再拜辞罪！"

王使人行万金于魏以间信陵君，求得晋鄙客，令说魏王曰：

“公子亡在外十年矣，今复为将，诸侯皆属，天下徒闻信陵君而不闻魏王矣。”王又数使人贺信陵君：“得为魏王未也？”魏王日闻其毁，不能不信，乃使人代信陵君将兵。信陵君自知再以毁废，乃谢病不朝，日夜以酒色自娱，凡四岁而卒。韩王往吊，其子荣之，以告子顺。子顺曰：“必辞之以礼！‘邻国君吊，君为之主。’今君不命子，则子无所受韩君也。”其子辞之。

五月，丙午，王薨。太子政立，生十三年矣，国事皆决于文信侯，号称仲父。

晋阳反。

【注释】

①阳人聚：即阳人邑，在今河南汝州市西北。　②周既不祀：是说周朝尽灭，不再有宗庙祭祀了。既，尽。　③比：及，到。　④河南：即河南邑，当指今河南洛阳市以西一带地区。谷城：治所在今河南洛阳市西北。平阴：即平阴邑，战国秦置，治所在今河南洛阳市孟津区东北。巩：即巩邑，在今河南巩义市西南，战国时西周定为国都。缑（gōu 勾）氏：即缑氏邑，在今河南洛阳市偃师区东南。　⑤成皋：即成皋邑，战国韩地，在今河南荥阳市西北，后入于秦。　⑥三川郡：治所在洛阳，今河南洛阳市东北。　⑦下：下邑，在今山东泗水县东南。　⑧家人：即平民。　⑨榆次：即榆次邑，战国魏地，在今山西晋中市榆次区。狼孟：即狼孟邑，战国赵地，在今山西阳曲县。　⑩吴故墟：指吴国的都城姑苏，在今江苏苏州市。　⑪太原郡：治所在晋阳，即今山西太原市西南古城营西古城。⑫高都：战国魏地，即今山西晋城市。汲：汲邑，战国魏地，在今河南卫辉市西南。　⑬恤：忧虑，惊恐。　⑭趣（cù 促）：急促。　⑮河外：指今河南省黄河以南地区。　⑯安陵：又作鄢邑、鄢陵邑，在今河南鄢陵县西北，战国魏地。　⑰管：管国，又作关国。本商邑，西周初为管叔封国，即今河南郑州市；战国时属韩，为邑。　⑱太府：当时魏国保藏图籍之府。宪：法，法令。　⑲缟（gǎo 搞）素：白色的衣服，这里指丧服。辟舍：离开官舍，表示不敢安居，是敬谨的行动。辟：通“避”。

始皇帝上

元年　蒙骜击定之。

韩欲疲秦人，使无东伐，乃使水工郑国为间于秦，凿泾水自仲山为渠[①]，并北山[②]，东注洛[③]。中作而觉，秦人欲杀之。郑国曰："臣为韩延数年之命，然渠成，亦秦万世之利也。"乃使卒为之[④]。注填阏之水溉舄卤之地四万余顷[⑤]，收皆亩一钟[⑥]，关中由是益富饶。

二年 麃公将卒攻卷，斩首三万。

赵以廉颇为假相国[⑦]，伐魏，取繁阳[⑧]。赵孝成王薨，子悼襄王立，使武襄君乐乘代廉颇。廉颇怒，攻武襄君，武襄君走。廉颇出奔魏，久之，魏不能信用。赵师数困于秦，赵王思复得廉颇，廉颇亦思复用于赵。赵王使使者视廉颇尚可用否。廉颇之仇郭开多与使者金，令毁之。廉颇见使者，一饭斗米，肉十斤，被甲上马，以示可用。使者还报曰："廉将军虽老，尚善饭；然与臣坐，顷之三遗矢矣[⑨]。"赵王以为老，遂不召。楚人阴使迎之。廉颇一为楚将，无功，曰："我思用赵人！"卒死于寿春[⑩]。

三年 大饥[⑪]。

蒙骜伐韩，取十二城。

赵王以李牧为将，伐燕，取武遂、方城[⑫]。李牧者，赵之北边良将也，尝居代、雁门备匈奴[⑬]，以便宜置吏，市租皆输入莫府[⑭]，为士卒费，日击数牛飨士；习骑射，谨烽火，多间谍，为约曰："匈奴即入盗，急入收保[⑮]。有敢捕虏者斩！"匈奴每入，烽火谨，辄入收保不战。如是数岁，亦不亡失。匈奴皆以为怯，虽赵边兵亦以为吾将怯。赵王让之，李牧如故。王怒，使他人代之。岁余，屡出战，不利，多失亡，边不得田畜。王复请李牧，李牧杜门称病不出[⑯]。王强起之，李牧曰："必欲用

郑国渠遗址

臣，如前，乃敢奉令。”王许之。李牧至边，如约。匈奴数岁无所得，终以为怯。边士日得赏赐而不用，皆愿一战。于是乃具选车得千三百乘，选骑得万三千匹，百金之士五万人，彀者十万人[17]，悉勒习战[18]；大纵畜牧，人民满野。匈奴小入，佯北不胜[19]，以数十人委之[20]。单于闻之[21]，大率众来入。李牧多为奇陈[22]，张左、右翼击之，大破之，杀匈奴十余万骑。灭襜褴[23]，破东胡[24]，降林胡。单于奔走，十余岁不敢近赵边。

【注释】

①仲山：在今陕西泾阳县西北。　②并（bàng 傍）：通“傍”，挨着，依沿着。　③洛：即洛水，又名北洛水，即陕西省的洛河。　④卒：终。⑤填阏（è 鄂）：填塞。阏，阻塞。舄（xì 戏）卤：又作“斥卤”，含盐碱成分过多，不适宜耕种的土地。　⑥钟：古计量单位。春秋时齐国的“公量”，以四升为豆，四豆为区（瓯），四区为釜，十釜为钟。据杜预《左传注》说，一钟即后来的六斛四斗。　⑦假相国：暂时的或名义上的相国。假相国是权宜而立。　⑧繁阳：即繁阳邑，战国魏地，在今河南内黄县西北，西汉时置为县。　⑨三遗矢：按旧注，是说“数起便也”，即多次起身去解大便。矢，一作“屎”。　⑩寿春：即寿春邑，也称为郢，即今安徽寿县，战国时曾作为楚都。　⑪大饥：即大灾荒。　⑫武遂：战国燕地，即今河北保定市徐水区西北遂城。方城：战国时的方城，即今河北固安县西南的方城。　⑬雁门：即战国赵武灵王所置的雁门郡。秦至西汉时治所在善无县，即今山西右玉县东南。　⑭莫府：即幕府。古代将军的府署称为幕府。因军队出征，施用帐幕，故称。莫，通“幕”。　⑮收保：收畜产以自保。　⑯杜门：闭门。　⑰彀（gòu 够）者：能张弓射箭的士兵。彀，张弓。　⑱勒：约束，训练。　⑲佯北：假装败走。　⑳委：弃，丢弃。㉑单（chán 蝉）于：匈奴最高首领的称号。全称是“撑犁孤涂单于”。匈奴语“撑犁”是“天”，“孤涂”是“子”，“单于”是“广大”的意思。　㉒陈：“阵”的古字。　㉓襜褴：古族名，又作澹林、儋林、林胡。战国时分布在今山西朔州市北至内蒙古自治区，从事畜牧，精骑射。　㉔东胡：古族名，因居匈奴以东而得名。春秋战国以来南邻燕国，后来被燕将秦开打败，迁于今西辽河的上游——老哈河、西拉木伦河流域。燕筑长城以防其袭，秦末时强盛。后为匈奴所败，退居于鲜卑山者称鲜卑，居于乌桓山者为乌桓。

先是，天下冠带之国七[①]，而三国边于戎狄：秦自陇以西有绵诸、绲戎、翟、貆之戎[②]，岐、梁、泾、漆之北有义渠、大荔、乌氏、朐衍之戎[③]；而赵北有林胡、楼烦之戎；燕北有东胡、山戎[④]；各分散居溪谷，自有君长，往往而聚者百有余戎，然莫能相一。其后义渠筑城郭以自守，而秦稍蚕食之，至惠王遂拔义渠二十五城。昭王之时，宣太后诱义渠王，杀诸甘泉[⑤]，遂发兵伐义渠，灭之，始于陇西、北地、上郡筑长城以拒胡[⑥]。赵武灵王北破林胡、楼烦，筑长城，自代并阴山下[⑦]，至高阙为塞[⑧]。而置云中、雁门、代郡[⑨]。其后燕将秦开为质于胡，胡甚信之；归而袭破东胡，东胡却千余里。燕亦筑长城，自造阳至襄平[⑩]，置上谷、渔阳、右北平、辽东郡以拒胡[⑪]。及战国之末而匈奴始大。

四年　春，蒙骜伐魏，取旸、有诡[⑫]。三月，军罢。

秦质子归自赵；赵太子出归国。

七月，蝗，疫。令百姓纳粟千石，拜爵一级。

魏安釐王薨，子景湣王立。

五年　蒙骜伐魏，取酸枣、燕、虚、长平、雍丘、山阳等三十城[⑬]；初置东郡[⑭]。

初剧辛在赵与庞煖善，已而仕燕。燕王见赵数困于秦，廉颇去而庞煖为将，欲因其敝而攻之，问于剧辛，对曰："庞煖易与耳！"燕王使剧辛将而伐赵。赵庞煖御之，杀剧辛，取燕师二万。

诸侯患秦攻伐无已时。

六年　楚、赵、魏、韩、卫合从以伐秦，楚王为从长，春申君用事，取寿陵[⑮]。至函谷，秦师出，五国之师皆败走。楚王以咎春申君，春申君以此益疏。观津人朱英谓春申君曰："人皆以楚为强，君用之而弱。其于英不然。先君时，秦善楚，二十年而不攻楚，何也？秦逾黾厄之塞而攻楚[⑯]，不便；假道于两周，背韩、魏而攻楚，不可。今则不然。魏旦暮亡，不能爱许、鄢陵[⑰]，魏割以与秦，秦兵去陈百六十里。臣之所观者，见秦、楚之日斗也。"楚于是去陈[⑱]，徙寿春，命曰郢。春申君就封于吴，行相事。

秦拔魏朝歌[⑲]，及卫濮阳[⑳]。卫元君率其支属徙居野王[㉑]，阻其山以保魏之河内。

七年　伐魏，取汲。

夏太后薨。

蒙骜卒。

八年　魏与赵邺[22]。

韩桓惠王薨，子安立。

【注释】

①冠带之国：指有戴冠束带习尚的国家，这里实际指中原各国及秦、赵、燕等与胡、戎、狄各族相接壤的国家。　②绵诸：地在今甘肃清水县一带。绲戎：即昆夷，古代的犬戎族，殷周时游牧于泾、渭流域，当在今陕西彬州市、岐山一带。翟：即狄。狄族居于今甘肃临洮县一带。豲：春秋时的西戎国，在今甘肃陇西县东南。　③岐：岐山，在今陕西岐山县东北。梁：梁山，在今陕西乾县西北，西南迤逦至今扶风县北境。泾：即泾河，是渭河的支流，在今陕西中部。漆：漆水，有一种说法认为是今陕西彬县泾河支流水帘河。义渠：古西戎族之一，分布于岐山、梁山、泾河、漆水之北以及今甘肃庆阳市、泾川县一带。大荔：古西戎族之一，分布于今陕西大荔县一带。乌氏（zhī 支）：即乌氏戎，分布于今甘肃平凉市一带。朐衍：西戎的衍国，地在今宁夏盐池县一带。　④山戎：即北戎，分布在今河北北部。　⑤甘泉：甘泉宫，在今陕西淳化县西北甘泉山上。　⑥陇西：陇西郡，治所在今甘肃临洮县。北地：北地郡，当时治所在义渠县，即今甘肃庆阳市西南。上郡：当时治所在肤施县，即今陕西榆林市东南。　⑦并：通“傍”，挨着，沿着。　⑧高阙：即高阙塞，在今内蒙古乌拉特中后联合旗西南。　⑨云中：云中郡，秦代治所在云中县，今内蒙古托克托县东北。雁门：雁门郡，治所在善无县，即今山西右玉县东南。　⑩造阳：在今河北独山口附近。襄平：襄平邑，战国燕地，在今辽宁辽阳市。⑪上谷：上谷郡，秦时治所在沮阳县，即今河北怀来县东南。渔阳：渔阳郡，治所在渔阳县，今北京密云区西南。右北平：即右北平郡，秦代治所在无终县，即今天津蓟州区。辽东郡：治所在襄平县，即今辽宁辽阳市老城区。　⑫旸：按司马贞的《史记索隐》，音畅，战国魏的邑名。有诡：魏邑名。　⑬酸枣：酸枣邑，在今河南延津县西南。燕：即燕邑，战国魏地，在今河南延津县东北。虚：即虚邑，在今河南封丘县北。长平：即长平邑，战国魏地，在今河南西华县东北。雍丘：即雍丘邑，在今河南杞县。

山阳：战国魏地，在今河南焦作市东南。 ⑭东郡：治所在濮阳县，即今河南濮阳市西南。 ⑮寿陵：按《史记正义》说，此寿陵当在当时河东郡界内。 ⑯黾厄之塞：又作黾隘、冥厄，即今河南信阳市南平靖关。 ⑰许：即许昌，秦置为县，治所在今河南许昌市东。鄢陵：即鄢陵邑，在今河南鄢陵县西北。 ⑱陈：即陈县，治所即今河南淮阳县。 ⑲朝歌：朝歌邑，即今河南淇县。 ⑳濮阳：濮阳邑，一作帝丘邑，在今河南濮阳市西南。 ㉑野王：野王邑，即今河南沁阳市。 ㉒邺：邺县，治所即今河北临漳县西南邺镇。

九年 伐魏，取垣、蒲[①]。

夏，四月，寒，民有冻死者。

王宿雍。

己酉，王冠，带剑。

杨端和伐魏，取衍氏[②]。

初，王即位，年少，太后时与文信侯私通。王益壮，文信侯恐事觉，祸及己，乃诈以舍人嫪毐为宦者[③]，进于太后。太后幸之，生二子，封毐为长信侯，以太原为毐国，政事皆决于毐；客求为毐舍人者甚众。王左右有与毐争言者，告毐实非宦者，王下吏治毐。毐惧，矫王御玺发兵，欲攻蕲年宫。王使相国昌平君、昌文君发卒攻毐，战咸阳，斩首数百；毐败走，获之。秋，九月，夷毐三族；党与皆车裂灭宗；舍人罪轻者徙蜀，凡四千余家。迁太后于雍萯阳宫[④]，杀其二子。下令曰："敢以太后事谏者，戮而杀之，断其四支，积于阙下！"死者二十七人。齐客茅焦上谒请谏。王使谓之曰："若不见夫积阙下者邪？"对曰："臣闻天有二十八宿[⑤]，今死者二十七人，臣之来固欲满其数耳。臣非畏死者也！"使者走入白之。茅焦邑子同食者，尽负其衣物而逃。王大怒曰："是人也，故来犯吾，趣召镬烹之[⑥]，是安得积阙下哉！"王按剑而坐，口正沫出。使者召之入，茅焦徐行至前，再拜谒起，称曰："臣闻有生者不讳死，有国者不讳亡；讳死者不可以得生，讳亡者不可以得存。死生存亡，圣主所欲急闻也，陛下欲闻之乎？"王曰："何谓也？"茅焦曰："陛下有狂悖之行[⑦]，不自知邪？车裂假父，囊扑二弟[⑧]，迁母于雍，残戮谏士;桀、纣之行不至于是矣！今天下闻之,尽瓦解,无向秦者,臣窃为陛下危之！臣言已矣！”乃解衣伏质[9]。王下殿,手自接之曰:“先生起就衣,今愿受事！”乃爵之上卿。王自驾,虚左方,往迎太后,归于咸阳,复为母子如初。

楚考烈王无子,春申君患之,求妇人宜子者甚众,进之,卒无子。赵人李园持其妹欲进诸楚王,闻其不宜子,恐久无宠,乃求为春申君舍人。已而谒归,故失期而还。春申君问之,李园曰:“齐王使人求臣之妹,与其使者饮,故失期。”春申君曰:“聘入乎?”曰:“未也。”春申君遂纳之。既而有娠[10],李园使其妹说春申君曰:“楚王贵幸君,虽兄弟不如也。今君相楚二十余年而王无子,即百岁后将更立兄弟[11],彼亦各贵其故所亲,君又安得常保此宠乎！非徒然也,君贵,用事久,多失礼于王之兄弟,兄弟立,祸且及身矣。今妾有娠而人莫知,妾幸君未久,诚以君之重,进妾于王,王必幸之。妾赖天而有男,则是君之子为王也。楚国尽可得,孰与身临不测之祸哉!”春申君大然之。乃出李园妹,谨舍而言诸楚王。王召入,幸之,遂生男,立为太子。

李园妹为王后,李园亦贵用事,而恐春申君泄其语,阴养死士,欲杀春申君以灭口;国人颇有知之者。楚王病,朱英谓春申君曰:“世有无望之福[12],亦有无望之祸。今君处无望之世,事无望之主,安可以无无望之人乎!”春申君曰:“何谓无望之福?”曰:“君相楚二十余年矣,虽名相国,其实王也。王今病,旦暮薨,薨而君相幼主,因而当国,王长而反政,不即遂南面称孤,此所谓无望之福也。”“何谓无望之祸?”曰:“李园不治国而君之仇也,不为兵而养死士之日久矣。王薨,李园必先入,据权而杀君以灭口,此所谓无望之祸也。”“何谓无望之人?”曰:“君置臣郎中,王薨,李园先入,臣为君杀之,此所谓无望之人也。”春申君曰:“足下置之。李园,弱人也,仆又善之。且何至此!”朱英知言不用,惧而亡去。后十七日,楚王薨,李园果先入,伏死士于棘门之内[13]。春申君入,死士侠刺之,投其首于棘门之外;于是使吏尽捕诛春申君之家。太子立,是为幽王。

扬子《法言》曰[14]:“或问信陵、平原、孟尝、春申益乎?”

曰:“上失其政,奸臣窃国命,何其益乎!”

王以文信侯奉先王功大,不忍诛。

【注释】

①垣:垣邑,又称王垣邑,在今山西垣曲县东南。蒲:蒲邑,在今山西隰县北。　②衍氏:衍氏邑,在今河南郑州市北。　③嫪毐(lào ǎi 烙蔼):战国末年秦国的宦官,受太后宠爱,权势极大。后因叛乱被杀。④萯(bèi 贝)阳宫:又作“倍阳宫”,战国秦文王时修筑,在今陕西西安市鄠邑区西南。　⑤二十八宿(xiù 秀):指角、亢、氐、房、心、尾、箕、斗、牛、女、虚、危、室、壁、奎、娄、胃、昴、毕、觜、参、井、鬼、柳、星、张、翼、轸,共二十八星。宿是指日月星辰运行的度次。　⑥镬(huò 获):古时指无足的鼎,现今南方称为锅子。　⑦狂悖(bèi 背):行为狂暴违背常理。悖,违背,违反。　⑧囊扑:用囊袋装人,加以扑杀。　⑨质:通“锧”,古代杀人所用的椹垫。　⑩娠(shēn 身):指怀胎。　⑪百岁后:这里指死后。⑫无望:这里指不曾想望而忽然到来的事,也就是意料不到的事。⑬棘门:楚国都城寿春的城门名称。　⑭这里引用的扬子《法言》,见扬雄《法言·渊骞篇》。

十年　冬,十月,文信侯免相,出就国。

宗室大臣议曰:“诸侯人来仕者,皆为其主游间耳,请一切逐之[①]。”于是大索,逐客。客卿楚人李斯亦在逐中,行,且上书曰:“昔穆公求士,西取由余于戎,东得百里于宛,迎蹇叔于宋,求丕豹、公孙支于晋,并国二十,遂霸西戎。孝公用商鞅之法,诸侯亲服,至今治强。惠王用张仪之计,散六国之从,使之事秦。昭王得范雎,强公室,杜私门。此四君者,皆以客之功。由此观之,客何负于秦哉!夫色、乐、珠、玉不产于秦而王服御者众;取人则不然,不问可否,不论曲直,非秦者去,为客者逐。是所重者在乎色、乐、珠、玉,而所轻者在乎人民也。臣闻太山不让土壤,故能成其大;河海不择细流,故能就其深;王者不却众庶,故能明其德;此五帝、三王之所以无敌也。今乃弃黔首以资敌国[②],却宾客以业诸侯,所谓藉寇兵,赍盗粮者也[③]。”王乃召李斯,复其官,除逐客之令。李斯至骊邑而还。王卒用李斯之谋,阴遣辩士赍金玉游说诸侯,诸侯名士可下以财者厚遗结之,不肯者利剑刺之,离其君臣之计,然后使良将随其后,数年之中,卒兼天下。

十一年 赵人伐燕,取狸阳④。兵未罢,将军王翦、桓齮、杨端和伐赵,攻邺,取九城。王翦攻阏与、轑阳⑤,桓齮取邺、安阳。

赵悼襄王薨,子幽缪王迁立。其母倡也,嬖于悼襄王,悼襄王废嫡子嘉而立之。迁素以无行闻于国。

文信侯就国岁余,诸侯宾客使者相望于道,请之。王恐其为变,乃赐文信侯书曰:"君何功于秦,封君河南,食十万户?何亲于秦,号称仲父?其与家属徙处蜀!"文信侯自知稍侵,恐诛。

十二年 文信侯饮鸩死⑥,窃葬。其舍人临者,皆逐迁之。且曰:"自今以来,操国事不道如嫪毐、不韦者,籍其门⑦,视此!"

扬子《法言》曰⑧:或问:"吕不韦其智矣乎?以人易货。"曰:"谁谓不韦智者欤!以国易宗。吕不韦之盗,穿窬之雄乎⑨!穿窬也者,吾见担石矣⑩,未见雒阳也。"

自六月不雨,至于八月。

发四郡兵助魏伐楚。

【注释】

①一切:全部,完全。 ②黔首:战国及秦代对国民的称谓。③藉:借。赍盗粮:把粮食送给盗贼。 ④狸阳:当为狸邑,战国齐地,后入于燕,复入于赵,地在今河北任丘市北。 ⑤阏与(yù yú 预余):阏与邑,战国韩地,后属赵,在今山西和顺县。轑阳:或称轑阿,治所在今山西左权县。 ⑥鸩(zhèn 震):毒酒。 ⑦籍:这里指籍没,即登记并没收所有的财产。⑧这里引用的扬雄《法言》语句,见《法言·渊骞篇》。⑨穿窬:指盗窃行为。按朱熹注《论语》说:穿,指穿壁;窬,指逾墙。 ⑩担石(dàn shí 旦食):或作"儋石"。古代容量单位以十斗为石,二

战国半两

石为儋。"担石"常用来形容粟米为数有限。

十三年 桓齮伐赵,败赵将扈辄于平阳[①],斩首十万,杀扈辄。赵王以李牧为大将军,复战于宜安、肥下[②],秦师败绩,桓齮奔还。赵封李牧为武安君。

十四年 桓齮伐赵,取宜安、平阳、武城[③]。

韩王纳地效玺,请为藩臣,使韩非来聘[④]。韩非者,韩之诸公子也,善刑名法术之学,见韩之削弱,数以书干韩王[⑤],王不能用。于是韩非疾治国不务求人任贤,反举浮淫之蠹而加之功实之上[⑥],宽则宠名誉之人,急则用介胄之士[⑦],所养非所用,所用非所养。悲廉直不容于邪枉之臣,观往者得失之变,作《孤愤》《五蠹》《内、外储》《说林》《说难》五十六篇,十余万言。

王闻其贤,欲见之。非为韩使于秦,因上书说王曰:"今秦地方数千里,师名百万,号令赏罚,天下不如。臣昧死愿望见大王,言所以破天下从之计。大王诚听臣说,一举而天下之从不破,赵不举,韩不亡,荆、魏不臣,齐、燕不亲,霸王之名不成,四邻诸侯不朝,大王斩臣以徇国,以戒为王谋不忠者也。"王悦之,未任用。李斯嫉之,曰:"韩非,韩之诸公子也。今欲并诸侯,非终为韩不为秦,此人情也。今王不用,久留而归之,此自遗患也;不如以法诛之。"王以为然,下吏治非。李斯使人遗非药,令早自杀。韩非欲自陈,不得见。王后悔,使人赦之,非已死矣。

扬子《法言》曰[⑧]:或问:"韩非作《说难》之书而卒死乎说难,敢问何反也?"曰:"《说难》盖其所以死乎!"曰:"何也?""君子以礼动,以义止,合则进,否则退,确乎不忧其不合也。夫说人而忧其不合,则亦无所不至矣。"或曰:"非忧说之不合,非邪?"曰:"说不由道,忧也。由道而不合,非忧也。"

臣光曰:臣闻君子亲其亲以及人之亲,爱其国以及人之国,是以功大名美而享有百福也。今非为秦画谋,而首欲覆其宗国以售其言,罪固不容于死矣,乌足愍哉[⑨]!

【注释】

①平阳:平阳县,治所在今山西临汾市西南金殿镇。 ②宜安:宜安

邑，战国赵地，在今河北石家庄市藁城区西南。肥下：即肥邑，战国赵地，在今河北石家庄市藁城区西南。 ③武城：战国赵地，在今河北磁县西南。 ④聘：古代国与国之间派遣使者访问。 ⑤干：求请任用。 ⑥蠹（dù 妒）：本指蛀虫，这里指耗费国家财物的人。 ⑦介胄之士：指披甲戴盔的将士。 ⑧这里引用扬子《法言》语句，见扬雄所著《法言·问明篇》。 ⑨愍（mǐn 悯）：哀怜，怜悯。

十五年 王大兴师伐赵，一军抵邺，一军抵太原，取狼孟、番吾；遇李牧而还。

初，燕太子丹尝质于赵，与王善。王即位，丹为质于秦，王不礼焉。丹怒，亡归。

十六年 韩献南阳地。九月，发卒受地于韩。

魏人献地。

代地震，自乐徐以西[1]，北至平阴[2]，台屋墙垣太半坏，地拆东西百三十步[3]。

十七年 内史胜灭韩[4]，虏韩王安，以其地置颍川郡[5]。

华阳太后薨。

赵大饥。

卫元君薨，子角立。

十八年 王翦将上地兵下井陉，端和将河内兵共伐赵。赵李牧、司马尚御之。秦人多与赵王嬖臣郭开金，使毁牧及尚，言其欲反。赵王使赵葱及齐将颜聚代之。李牧不受命，赵人捕而杀之；废司马尚。

十九年 王翦击赵军，大破之，杀赵葱，颜聚亡，遂克邯郸，虏赵王迁。王如邯郸，故与母家有仇怨者皆杀之。还，从太原、上郡归。

太后薨。

王翦屯中山以临燕。赵公子嘉帅其宗数百人奔代，自立为代王。赵之亡，大夫稍稍归之，与燕合兵，军上谷。

楚幽王薨，国人立其弟郝。三月，郝庶兄负刍杀之，自立。

魏景湣王薨，子假立。

汉荆轲刺秦王画像石拓片

燕太子丹怨王，欲报之，以问其傅鞠武。鞠武请西约三晋，南连齐、楚，北媾匈奴以图秦[6]。太子曰："太傅之计，旷日弥久，令人心惛然，恐不能须也。"顷之，将军樊於期得罪，亡之燕，太子受而舍之。鞠武谏曰："夫以秦王之暴而积怒于燕，足为寒心，又况闻樊将军之所在乎！是谓委肉当饿虎之蹊也。愿太子疾遣樊将军入匈奴！"太子曰："樊将军穷困于天下，归身于丹，是固丹命卒之时也，愿更虑之！"鞠武曰："夫行危以求安，造祸以为福，计浅而怨深，连结一人之后交，不顾国家之大害，所谓资怨而助祸矣。"太子不听。

太子闻卫人荆轲之贤，卑辞厚礼而请见之。谓轲曰："今秦已虏韩王，又举兵南伐楚，北临赵；赵不能支秦，则祸必至于燕。燕小弱，数困于兵，何足以当秦！诸侯服秦，莫敢合从。丹之私计愚，以为诚得天下之勇士使于秦，劫秦王，使悉反诸侯侵地，若曹沫之与齐桓公，则大善矣；则不可，则因而刺杀之。彼大将擅兵于外而内有乱，则君臣相疑，以其间，诸侯得合从，其破秦必矣。唯荆卿留意焉！"荆轲许之。于是舍荆卿于上舍，太子日造门下，所以奉养荆轲，无所不至。及王翦灭赵，太子闻之惧，欲遣荆轲行。荆轲曰："今行而无信，则秦未可亲也。诚得樊将军首与燕督亢之地图[7]，奉献秦王，秦王必说见臣，臣乃有以报。"太子曰："樊将军穷困来归丹，丹不忍也！"荆轲乃私见樊於期曰："秦之遇将军，可谓深矣，父母宗族皆为戮没！今闻购将军首，金千斤，邑万家，将奈何?”於期太息流涕曰:“计将安出?”荆卿曰:“愿得将军之首以献秦王,秦王必喜而见臣,臣左手把其袖,右手揕其胸[8],则将军之仇报而燕见陵之愧除矣!”樊於期曰:“此臣之日夜切齿腐心也!”遂自刎。太子闻之,奔往伏哭,然已无奈何,遂以函盛其首[9]。太子豫求天下之利匕首,使工以药淬之[10],以试人,血濡缕[11],人无不立死者。乃装为遣荆轲,以燕勇士秦舞阳为之副,使入秦。

【注释】

①乐徐:乐徐邑,战国燕地,在今河北易县西南。 ②平阴:平阴邑,战国赵地,在今山西阳高县东南。 ③坼(chè 彻):分裂,裂开。步:长度单位,历代标准不一致,周代以八尺为一步,秦代以六尺为一步,旧制以营造尺五尺为一步。 ④内史:官名。秦置内史,掌管京畿地方。⑤颍川郡:治所在阳翟县,即今河南禹州市。 ⑥媾:交好,交合。⑦督亢:在今河北涿州市东南,跨涿州市、高碑店市、固安县等市县界。中有督亢陂,周边五十余里,支渠四通,富灌溉之利,战国时燕富饶地带。⑧揕(zhèn 振):刺。 ⑨函:匣子。 ⑩淬(cuì 翠):浸染。 ⑪濡(rú 如):沾染。

资治通鉴卷第七

秦纪二　起阏逢阉茂，尽玄黓执徐，凡十九年。

始皇帝下

二十年　荆轲至咸阳，因王宠臣蒙嘉卑辞以求见；王大喜，朝服，设九宾而见之[①]。荆轲奉图以进于王，图穷而匕首见，因把王袖而揕之；未至身，王惊起，袖绝。荆轲逐王，王环柱而走。群臣皆愕，卒起不意[②]，尽失其度。而秦法，群臣侍殿上者不得操尺寸之兵，左右以手共搏之，且曰："王负剑！"负剑，王遂拔以击荆轲，断其左股。荆轲废，乃引匕首擿王[③]，中铜柱。自知事不就，骂曰："事所以不成者，以欲生劫之，必得约契以报太子也！"遂体解荆轲以徇[④]。王于是大怒，益发兵诣赵，就王翦以伐燕，与燕师、代师战于易水之西，大破之。

二十一年　冬，十月，王翦拔蓟，燕王及太子率其精兵东保辽东，李信急追之。代王嘉遗燕王书，令杀太子丹以献。丹匿衍水中[⑤]，燕王使使斩丹，欲以献王，王复进兵攻之。

王贲伐楚，取十余城。王问于将军李信曰："吾欲取荆，于将军度用几何人而足？"李信曰："不过用二十万。"王以问王翦，王翦曰："非六十万人不可。"王曰："王将军老矣，何怯也！"遂使李信、蒙恬将二十万人伐楚；王翦因谢病归频阳[⑥]。

二十二年　王贲伐魏，引河沟以灌大梁。三月，城坏。魏王假降，杀之，遂灭魏。

王使人谓安陵君曰:“寡人欲以五百里地易安陵。”安陵君曰:“大王加惠,以大易小,甚幸。虽然,臣受地于魏之先王,愿终守之,弗敢易!”王义而许之。

李信攻平舆[7],蒙恬攻寝[8],大破楚军。信又攻鄢郢,破之。于是引兵而西,与蒙恬会城父[9]。楚人因随之,三日三夜不顿舍,大败李信,入两壁,杀七都尉;李信奔还。

王闻之,大怒,自至频阳谢王翦曰:“寡人不用将军谋,李信果辱秦军。将军虽病,独忍弃寡人乎!”王翦谢:“病不能将。”王曰:“已矣,勿复言!”王翦曰:“必不得已用臣,非六十万人不可!”王曰:“为听将军计耳。”于是王翦将六十万人伐楚。王送至霸上[10],王翦请美田宅甚众。王曰:“将军行矣,何忧贫乎!”王翦曰:“为大王将,有功,终不得封侯,故及大王之向臣,以请田宅为子孙业耳。”王大笑。王翦既行,至关,使使还请善田者五辈。或曰:“将军之乞贷亦已甚矣!”王翦曰:“不然。王怚中而不信人[11],今空国中之甲士而专委于我,我不多请田宅为子孙业以自坚,顾令王坐而疑我矣。”

【注释】

①九宾:关于九宾之礼,说法不一,据《史记·廉颇蔺相如列传》注之《史记正义》引刘伯庄说,是指朝会陈设车辂文物。即朝会文物齐备。 ②卒(cù 猝):同“猝”,突然。 ③擿(zhì 至):同“掷”。 ④体解:肢解。 ⑤衍水:衍水在辽东。 ⑥频阳:秦置频阳县,治所在今陕西富平县东北的美原镇西南。 ⑦平舆:平舆邑,在今河南平舆县北。 ⑧寝:寝邑,在今安徽临泉县。 ⑨城父:城父邑,在今河南宝丰县东。 ⑩霸上:又名霸头,在今陕西西安市东白鹿原北首。 ⑪怚(cū 粗):粗暴。

二十三年 王翦取陈以南至平舆。楚人闻王翦益军而来,乃悉国中兵以御之;王翦坚壁不与战。楚人数挑战,终不出。王翦日休士洗沐,而善饮食,抚循之[1];亲与士卒同食。久之,王翦使人问“军中戏乎”?对曰:“方投石、超距[2]。”王翦曰:“可用矣!”楚既不得战,乃引而东。王翦追之,令壮士击,大破楚师,至蕲南,杀其将军项燕,楚师遂败走。王翦因乘胜略定城邑。

二十四年　王翦、蒙武虏楚王负刍，以其地置楚郡。

二十五年　大兴兵，使王贲攻辽东，虏燕王喜。

臣光曰：燕丹不胜一朝之忿以犯虎狼之秦，轻虑浅谋，挑怨速祸，使召公之庙不祀忽诸[3]，罪孰大焉！而论者或谓之贤，岂不过哉！

夫为国家者，任官以才，立政以礼，怀民以仁，交邻以信；是以官得其人，政得其节，百姓怀其德，四邻亲其义。夫如是，则国家安如磐石，炽如焱火[4]，触之者碎，犯之者焦，虽有强暴之国，尚何足畏哉！丹释此不为，顾以万乘之国，决匹夫之怒，逞盗贼之谋，功隳身戮，社稷为墟，不亦悲哉！

夫其膝行、蒲伏[5]，非恭也；复言、重诺[6]，非信也；糜金、散玉，非惠也；刎首、决腹，非勇也。要之，谋不远而动不义，其楚白公胜之流乎[7]！

荆轲怀其豢养之私，不顾七族，欲以尺八匕首强燕而弱秦，不亦愚乎！故扬子论之以要离为蛛蝥之靡[8]，聂政为壮士之靡，荆轲为刺客之靡，皆不可谓之义。又曰："荆轲，君子盗诸！"善哉！

王贲攻代，虏代王嘉。

王翦悉定荆江南地，降百越之君，置会稽郡。

五月，天下大酺。

初，齐君王后贤，事秦谨与诸侯信；齐亦东边海上。秦日夜攻三晋、燕、楚，五国各自救，以故齐王建立四十余年不受兵。及君王后且死，戒王建曰："群臣之可用者某。"王曰："请书之。"君王后曰："善！"王取笔牍受言，君王后曰："老妇已忘矣。"君王后死，后胜相齐，多受秦间金。宾客入秦，秦又多与金。客皆为反间，劝王朝秦，不修攻战之备，不助五国攻秦，秦以故得灭五国。

齐王将入朝，雍门司马前曰[9]："所为立王者，为社稷耶，为王耶？"王曰："为社稷。"司马曰："为社稷立王，王何以去社稷而入秦？"齐王还车而反。

即墨大夫闻之，见齐王曰："齐地方四千里，带甲数百万。夫三晋大夫皆不便秦，而在阿、甄之间者百数；王收而与之百万人之众，使收三晋之故地，即临晋之关可以入矣[10]。鄢郢大夫不欲为秦，而在城南下者百数，王收而与之百万之师，使收楚故地，即武关可以入矣。如此，则齐威可立，秦国可亡，岂特保其国家而已哉！”齐王不听。

二十六年 王贲自燕南攻齐，猝入临淄，民莫敢格者。秦使人诱齐王，约封以五百里之地。齐王遂降，秦迁之共[11]，处之松柏之间，饿而死。齐人怨王建不早与诸侯合从，听奸人宾客以亡其国，歌之曰：“松耶，柏耶！住建共者客耶！”疾建用客之不详也[12]。

臣光曰：从衡之说虽反覆百端，然大要合从者，六国之利也。昔先王建万国，亲诸侯，使之朝聘以相交，飨宴以相乐，会盟以相结者，无他，欲其同心戮力以保家国也[13]。乡使六国能以信义相亲[14]，则秦虽强暴，安得而亡之哉！夫三晋者，齐、楚之藩蔽；齐、楚者，三晋之根柢；形势相资，表里相依。故以三晋而攻齐、楚，自绝其根柢也；以齐、楚而攻三晋，自撤其藩蔽也。安有撤其藩蔽以媚盗，曰“盗将爱我而不攻”，岂不悖哉！

【注释】

①抚循：抚慰，安抚。 ②投石：一种飞石重十二斤，用机械发射，是古代军中的一种技巧练习。据《汉书》记载，甘延寿有力，能以手投石。超距：即跳跃。 ③不祀忽诸：忽然不祭祀，即宗庙忽然绝止祭祀，也就是亡国。 ④焱（yàn 焰）：火花。 ⑤膝行：跪着前进，表示畏服。蒲伏：同“匍匐”，伏地用手行走。 ⑥复言：出言必信，而可复言。 ⑦白公胜：春秋时楚国大夫，名胜，楚平王之孙。其父太子建因被陷害而出走。他随伍子胥至吴，后被召回，任巢大夫，号白公。楚惠王十年（前479），起兵杀死令尹子西、司马子期，控制楚都，后被叶公打败，自缢而死。 ⑧要（yāo 腰）离：春秋末年吴国人。相传他由伍子胥推荐给吴王，谋刺在卫国的公子庆忌。他要吴王断其右手，杀其妻子，假装得罪出走。到了卫国，又假意向庆忌献破吴之策，谋求亲近庆忌。当同舟渡江时，他把庆忌刺死，自己也自杀而死。蝥（máo 矛）：或作“蟊”，吃禾根的害虫。靡：披靡而死。 ⑨雍门：齐国城门名。 ⑩临晋之关：临晋关即蒲津关，在今陕西大荔县朝邑镇东黄河岸边。 ⑪共：共县，在今河南辉

县市。 ⑫不详：不详审。 ⑬戮力：努力，尽力。 ⑭乡使：假使，当初。乡，通“向”。

王初并天下，自以为德兼三皇①，功过五帝②，乃更号曰“皇帝”，命为“制”，令为“诏”，自称曰“朕”③。追尊庄襄王为太上皇。制曰：“死而以行为谥，则是子议父，臣议君也，甚无谓。自今以来，除谥法。朕为始皇帝，后世以计数，二世、三世至于万世，传之无穷。”

初，齐威、宣之时，邹衍论著终始五德之运④；及始皇并天下，齐人奏之。始皇采用其说，以为周得火德，秦代周，从所不胜，为水德。始改年，朝贺皆自十月朔；衣服、旌旄、节旗皆尚黑⑤；数以六为纪。

丞相绾等言：“燕、齐、荆地远，不为置王，无以镇之。请立诸子。”始皇下其议。廷尉斯曰⑥：“周文武所封子弟同姓甚众，然后属疏远，相攻击如仇雠，周天子弗能禁止。今海内赖陛下神灵一统，皆为郡、县，诸子功臣以公赋税重赏赐之，甚足易制，天下无异意，则安宁之术也。置诸侯不便。”始皇曰：“天下共苦战斗不休，以有侯王。赖宗庙，天下初定，又复立国，是树兵也；而求其宁息，岂不难哉！廷尉议是。”

嬴政像

分天下为三十六郡⑦，郡置守、尉、监。

收天下兵聚咸阳，销以为钟鐻⑧、金人十二，重各千石，置宫庭中。一法度、衡、石、丈尺⑨。徙天下豪桀于咸阳十二万户。

诸庙及章台、上林皆在渭南。每破诸侯，写放其宫室，作之咸阳北阪上，南临渭，自雍门以东至泾、渭，殿屋、复道、周阁相属[10]，所得诸侯美人、钟鼓以充入之。

【注释】

①三皇：传说中的古代帝王。说法不一，如《史记·秦始皇本纪》中以天皇、地皇、泰皇为三皇；《白虎通》以伏羲、神农、祝融为三皇；《风俗通义·皇霸篇》引《礼纬含文嘉》以燧人、伏羲、神农为三皇等等。②五帝：传说中的上古帝王。说法不一，《史记·五帝本纪》以黄帝、颛顼、帝喾、唐尧、虞舜为五帝。　③朕（zhèn 震）：古人自称朕，从秦始皇帝后专用为皇帝自称。　④终始五德之运：这是以金、木、水、火、土五德相生相克循环不已附会历史的说法。如帝舜以土德王，土生金，故夏以金德王；金生水，故商以水德王；水生木，故周以木德王；等等。邹衍以为周为火德，按其说，秦当为土德，但始皇要以水胜火，自以为秦为水德。⑤旌旄（jīng máo 精毛）：古代的一种旗。缀旄牛尾于竿头，下有五彩析羽，用以指挥或开道。　⑥廷尉：秦官名，掌管刑狱。　⑦三十六郡：据裴骃《史记集解》说，三十六郡为：三川、河东、南阳、南郡、九江、鄣郡、会稽、颍川、砀郡、泗水、薛郡、东郡、琅邪、齐郡、上谷、渔阳、右北平、辽西、辽东、代郡、巨鹿、邯郸、上党、太原、云中、九原、雁门、上郡、陇西、北地、汉中、巴郡、蜀郡、黔中、长沙、内史。　⑧鐻（jù 据）：同“虡”，古代悬架钟磬的架子其横陈者为簨，其两旁直柱为虡。　⑨石（shí 时）：古代重量单位，一百二十市斤为一石。　⑩复道：高楼间或山岩险要处架空的通道。按裴骃《史记集解》说，上下有道，故谓之复道。

二十七年　始皇巡陇西、北地，至鸡头山[①]，过回中焉[②]。

作信宫渭南，已，更命曰极庙[③]。自极庙道通骊山，作甘泉前殿，筑甬道自咸阳属之[④]，治驰道于天下。

二十八年　始皇东行郡、县，上邹峄山[⑤]，立石颂功业。于是召集鲁儒生七十人，至泰山下，议封禅[⑥]。诸儒或曰：“古者封禅，为蒲车，恶伤山之土石、草木；扫地而祭，席用葅秸[⑦]。”议各乖异。始皇以其难施用，由此绌儒生。而遂除车道，上自太山阳至颠，立石颂德；从阴道下，禅于梁父。其礼颇采太祝之祀雍上帝所用[⑧]，而封藏皆秘之，世不得而记也。

于是始皇遂东游海上，行礼祠名山、大川及八神[⑨]。始皇南登琅邪,大乐之,留三月,作琅邪台,立石颂德,明得意。

初,燕人宋毋忌、羡门子高之徒称有仙道、形解销化之术[⑩],燕、齐迂怪之士皆争传习之。自齐威王、宣王、燕昭王皆信其言,使人入海求蓬莱、方丈、瀛洲,云此三神山在勃海中,去人不远。患且至,则风引船去。尝有至者,诸仙人及不死之药皆在焉。及始皇至海上,诸方士齐人徐市等争上书言之,请得齐戒与童男女求之[⑪]。于是遣徐市发童男女数千人入海求之。船交海中,皆以风为解,曰:“未能至,望见之焉。”

始皇还,过彭城,斋戒祷祠,欲出周鼎泗水[⑫],使千人没水求之,弗得。乃西南渡淮水,之衡山、南郡。浮江至湘山祠,逢大风,几不能渡。上问博士曰:“湘君何神?”对曰:“闻之:尧女,舜之妻,葬此。”始皇大怒,使刑徒三千人皆伐湘山树,赭其山[⑬]。遂自南郡由武关归。

初,韩人张良,其父、祖以上五世相韩。及韩亡,良散千金之产,欲为韩报仇。

【注释】

①鸡头山:又名笄头山、崆峒山、牵屯山、薄洛山,在今宁夏隆德县东。 ②回中:即回中宫,在今陕西陇县西北。 ③极庙:宫庙像天极,故名极庙。按《史记·天官书》说,中宫曰天极,即北极星。 ④甬道:两旁有墙的驰道或通道。其中驰道就是天子所行道,是君主驰车走马的路,如后世的御路。 ⑤邹峄山:又名邾峄山、峄山、邹山,在今山东邹城市东南。 ⑥封禅:战国时齐鲁地方有些儒生认为五岳中泰山最高,帝王应到泰山祭祀。登泰山筑土坛祭天叫做“封”,在泰山南梁父山上辟基祭地叫做“禅”。 ⑦葅(zū 租):同“菹”,一种水草。秸(jiē 阶):农作物的茎秆。 ⑧太祝:秦代的奉常官有属官雍太祝令、丞,主管雍地祭祀上帝礼仪。 ⑨八神:按《封禅书》记载,八神一为天主,祠天齐渊水;二为地主,祠太山、梁父;三为兵主,祠蚩尤;四为阴主,祠三山;五为阳主,祠之罘山;六为月主,祠之莱山;七为日主,祠成山;八为四时主,祠琅邪。 ⑩宋毋忌:古代一种传说认为他是火仙。羡门子高:古代一种传说认为他是仙人。形解:即尸解,指人老而解去身上原有的骨骼,如销解化去。 ⑪齐戒:即斋戒。 ⑫周鼎:周朝的宝鼎。当时人相传宋国太丘社亡时周鼎沉没于泗水中。 ⑬赭(zhě 者):红色。赭其山,即使山

呈红色。

二十九年 始皇东游,至阳武博浪沙中[①],张良令力士操铁椎狙击始皇[②],误中副车[③]。始皇惊,求,弗得;令天下大索十日。

始皇遂登之罘,刻石;旋,之琅邪,道上党入。

三十一年 使黔首自实田[④]。

三十二年 始皇之碣石,使燕人卢生求羡门,刻碣石门[⑤]。坏城郭,决通堤坊。始皇巡北边,从上郡入。卢生使入海还,因奏《录图书》曰:"亡秦者胡也。"始皇乃遣将军蒙恬发兵三十万人,北伐匈奴。

三十三年 发诸尝逋亡人、赘婿、贾人为兵[⑥],略取南越陆梁地,置桂林、南海、象郡[⑦];以谪徙民五十万人戍五岭[⑧],与越杂处。

蒙恬斥逐匈奴,收河南地为四十四县。筑长城,因地形,用制险塞;起临洮至辽东,延袤万余里[⑨]。于是渡河,据阳山[⑩],逶迤而北。暴师于外十余年,蒙恬常居上郡统治之;威振匈奴。

三十四年 谪治狱吏不直及覆狱故、失者[⑪],筑长城及处南越地。

丞相李斯上书曰:"异时诸侯并争,厚招游学。今天下已定,法令出一,百姓当家则力农工,士则学习法令。今诸生不师今而学古,以非当世,惑乱黔首,相与非法教,人闻令下,则各以其学议之,入则心非,出则巷议,夸主以为名,异趣以为高,率群下以造谤。如此弗禁,则主势降乎上,党与成乎下。禁之便!臣请史官非秦记皆烧之;非博士官所职,天下有藏《诗》《书》、百家语者,皆诣守、尉杂烧之。有敢偶语《诗》《书》,弃市;以古非今者族;吏见知不举,与同罪。令下三十日,不烧,黥为城旦[⑫]。所不去者,医药、卜筮、种树之书。若欲有学法令者以吏为师。"制曰:"可。"

魏人陈馀谓孔鲋曰:"秦将灭先王之籍,而子为书籍之主,其危哉!"子鱼曰:"吾为无用之学,知吾者惟友。秦非吾友,吾何危哉!吾将藏之以待其求;求至,无患矣。"

【注释】

①阳武:即阳武县,治所在今河南原阳县东南。博浪沙:在今河南原

阳县东南。浪,一作“狼”。 ②狙(jū居)击:暗中埋伏,乘机袭击。③副车:跟在天子所乘车后面的车称为副车。 ④黔首自实田:即百姓占有的土地数向政府报告,也就是政府承认私自拥有的土地。 ⑤碣石:碣石山,即今辽宁绥中县东南的姜女坟。 ⑥赘婿:秦代壮男到女家就婚的称为赘婿。 ⑦桂林:秦置桂林郡,治所在今广西桂平市西南古城。南海:秦置南海郡,治所在番禺县,即今广东广州市。象郡:秦置象郡,治所在临尘县,即今广西崇左市。 ⑧谪:古代官吏有罪而被降职或流放为谪,判往边险地方充防守的则称谪戍。五岭:即越城、都庞、萌渚、骑田、大庾五岭的总称,在今湘、赣、粤、桂等省区边境。 ⑨袤:本指南北纵长,而这里指的是东西横长。 ⑩阳山:即今内蒙古狼山。 ⑪覆狱故、失者:指狱吏覆审已判决的罪故意改换正确判决,或覆审有失误的。覆狱,指上奏的判决已经确定又覆按察审核。故,指故意改换合理的判决。失,指改换判决有失误。 ⑫黥:古代的一种肉刑,即墨刑的异称。就是用刀刺刻额颊等处,再涂上墨。城旦:按《律》为四年刑期。

三十五年 使蒙恬除直道[①],道九原,抵云阳,堑山堙谷千八百里[②],数年不就。

始皇以为咸阳人多,先王之宫庭小,乃营作朝宫渭南上林苑中,先作前殿阿房[③],东西五百步,南北五十丈,上可以坐万人,下可以建五丈旗,周驰为阁道,自殿下直抵南山,表南山之颠以为阙。为复道,自阿房渡渭,属之咸阳,以象天极阁道、绝汉抵营室也[④]。隐宫、徒刑者七十万人[⑤],乃分作阿房宫或作骊山[⑥]。发北山石椁[⑦],写蜀、荆地材,皆至;关中计宫三百,关外四百余。于是立石东海上朐界中[⑧],以为秦东门。因徙三万

阿房宫夯土遗迹

家骊邑，五万家云阳，皆复不事十岁。

卢生说始皇曰："方中：人主时为微行以辟恶鬼。恶鬼辟，真人至。愿上所居宫毋令人知，然后不死之药殆可得也！"始皇曰："吾慕真人！"自谓"真人"，不称"朕"。乃令咸阳之旁二百里内宫观二百七十[9]，复道、甬道相连，帷帐、钟鼓、美人充之，各案署不移徙。行所幸，有言其处者，罪死。始皇幸梁山宫从山上见丞相车骑众，弗善也。中人或告丞相，丞相后损车骑。始皇怒曰："此中人泄吾语！"案问，莫服，捕时在旁者，尽杀之。自是后，莫知行之所在。群臣受决事者，悉于咸阳宫。

侯生、卢生相与讥议始皇，因亡去。始皇闻之，大怒曰："卢生等，吾尊赐之甚厚，今乃诽谤我！诸生在咸阳者，吾使人廉问[10]，或为妖言以乱黔首。"于是使御史悉案问诸生。诸生传相告引[11]，乃自除犯禁者四百六十余人，皆坑之咸阳，使天下知之，以惩后；益发谪徙边。始皇长子扶苏谏曰："诸生皆诵法孔子。今上皆重法绳之，臣恐天下不安。"始皇怒，使扶苏北监蒙恬军于上郡。

三十六年 有陨石于东郡。或刻其石曰："始皇死而地分。"始皇使御史逐问，莫服；尽取石旁居人诛之，燔其石。

迁河北榆中三万家[12]；赐爵一级。

三十七年 冬，十月，癸丑，始皇出游；左丞相斯从，右丞相去疾守。始皇二十余子，少子胡亥最爱，请从；上许之。

十一月，行至云梦[13]，望祀虞舜于九疑山[14]。浮江下，观藉柯，渡海渚，过丹阳[15]，至钱唐，临浙江。水波恶，乃西百二十里，从狭中渡。上会稽，祭大禹，望于南海；立石颂德。还，过吴，从江乘渡。并海上，北至琅邪、之罘。见巨鱼，射杀之。遂并海西，至平原津而病。

【注释】

①除：修治。 ②堑（qiàn 欠）：挖掘。堙（yīn 因）：填塞。 ③阿房（páng 旁）：阿房宫，一名叫阿城。在今陕西西安市南阿房村、古城村、眴家庄一带。 ④天极：北极星。阁道：星名，属奎宿，共有六星。汉：天汉，即银河，或称天河。营室：星名，最早包含营、壁两宿，后专指"营宿"。古代人认为营室二星，是天子之宫。 ⑤隐宫：判处宫刑的人。因

隐于荫室一百天故称隐宫。徒刑：有罪既加刑又罚劳役称为徒刑。⑥骊山：这里指作骊山始皇的陵墓。⑦北山：指今陕西关中平原北部诸山。椁（guǒ 果）：棺外的套棺。⑧朐：指朐山，即今江苏连云港市西南锦屏山。⑨观（guàn 贯）：楼台。⑩廉问：察问。⑪传相告引：互相揭发，依次牵连。如甲牵连乙、乙牵连丙、丙牵连丁…… ⑫河北：这里指战国时齐国境内黄河以北，即今河北省东光县、盐山县及山东宁津县、乐陵市等县市一带地方。⑬云梦：即云梦泽，在今湖北孝感市以东的江、汉之间监利市、潜江市等市县一带。⑭望祀：古代，天子巡狩所至，对山川之神依次序望祭。九疑山：一作九嶷山，又名苍梧山，在今湖南宁远县南。⑮丹阳：丹阳县，治所在今安徽当涂县东北小丹阳。

始皇恶言死，群臣莫敢言死事。病益甚，乃令中车府令行符玺事赵高为书赐扶苏曰："与丧，会咸阳而葬。"书已封，在赵高所，未付使者。秋，七月，丙寅，始皇崩于沙丘平台①。丞相斯为上崩在外，恐诸公子及天下有变，乃秘之不发丧，棺载辒凉车中②，故幸宦者骖乘。所至，上食、百官奏事如故，宦者辄从车中可其奏事。独胡亥、赵高及幸宦者五六人知之。

初，始皇尊宠蒙氏，信任之。蒙恬任在外将，蒙毅常居中参谋议，名为忠信，故虽诸将相莫敢与之争。赵高者，生而隐宫；始皇闻其强力，通于狱法，举以为中车府令，使教胡亥决狱；胡亥幸之。赵高有罪，始皇使蒙毅治之；毅当高法应死。始皇以高敏于事，赦之，复其官。赵高既雅得幸于胡亥，又怨蒙氏，乃说胡亥，请诈以始皇命诛扶苏而立胡亥为太子。胡亥然其计。赵高曰："不与丞相谋，恐事不能成。"乃见丞相斯曰："上赐长子书及符玺，皆在胡亥所。定太子，在君侯与高之口耳。事将何如？"斯曰："安得亡国之言！此非人臣所当议也！"高曰："君侯材能、谋虑、功高、无怨、长子信之，此五者皆孰与蒙恬？"斯曰："不及也。"高曰："然则长子即位，必用蒙恬为丞相，君侯终不怀通侯之印归乡里明矣③！胡亥慈仁笃厚，可以为嗣。愿君审计而定之！"丞相斯以为然，乃相与谋，诈为受始皇诏，立胡亥为太子；更为书赐扶苏，数以不能辟地立功，士卒多耗，反数上书，直言诽谤，日夜怨望不得罢归为太子；

将军恬不矫正，知其谋；皆赐死，以兵属裨将王离。

秦始皇陵铜车马

扶苏发书，泣，入内舍，欲自杀。蒙恬曰："陛下居外，未立太子；使臣将三十万众守边，公子为监，此天下重任也。今一使者来，即自杀，安知其非诈！复请而后死，未暮也。"使者数趣之[4]。扶苏谓蒙恬曰："父赐子死，尚安复请！"即自杀。蒙恬不肯死，使者以属吏，系诸阳周[5]；更置李斯舍人为护军，还报。胡亥已闻扶苏死，即欲释蒙恬。会蒙毅为始皇出祷山川，还至。赵高言于胡亥曰："先帝欲举贤立太子久矣，而毅谏以为不可；不若诛之！"乃系诸代。

遂从井陉抵九原。会暑，辒车臭，乃诏从官令车载一石鲍鱼以乱之。从直道至咸阳，发丧。太子胡亥袭位。

九月，葬始皇于骊山，下锢三泉[6]；奇器珍怪，徙藏满之。令匠作机弩，有穿近者辄射之。以水银为百川、江河、大海，机相灌输。上具天文，下具地理。后宫无子者，皆令从死。葬既已下，或言工匠为机藏，皆知之，藏重即泄。大事尽，闭之墓中。

二世欲诛蒙恬兄弟。二世兄子子婴谏曰："赵王迁杀李牧而用颜聚，齐王建杀其故世忠臣而用后胜，卒皆亡国。蒙氏，秦之大臣、谋士也，而陛下欲一旦弃去之。诛杀忠臣而立无节行之人，是内使群臣不相信而外使斗士之意离也！"二世弗听，遂杀蒙毅及内史恬。恬曰："自吾先人及至子孙，积功信于秦三世矣。今臣将兵三十余万，身虽囚系，其势足以倍畔。然自知必死而守义者，不敢辱先人之教以不忘先帝也！"乃吞药自杀。

扬子《法言》曰[7]：或问："蒙恬忠而被诛，忠奚可为也？"曰："堑山，堙谷，起临洮，击辽水，力不足而尸有余，忠不足相也。”

臣光曰：始皇方毒天下而蒙恬为之使，恬不仁可知矣。然恬明于为人臣之义，虽无罪见诛，能守死不贰，斯亦足称也。

【注释】

①沙丘：在今河北广宗县西北大平台。　②辒凉（wēn liáng 温凉）车：古代的卧车。车有窗户，闭之则温，开之则凉，所以称为辒凉车。③通侯：本称为彻侯，是秦代二十等爵位中的最高一级爵，后因避汉武帝刘彻名讳，改称为列侯或通侯，列侯多授于异姓有功之臣，一般住在京师，不住在封地。　④趣（cù 促）：催促。　⑤阳周：阳周县，即后来的罗川县，治所在今甘肃正宁县（山河镇）西南旧正宁。　⑥锢：以金属熔液填塞空隙。这里是指以铜熔液填塞空隙。三泉：相对九泉而言，是说三重之泉，也就是到了地下有水的深处。　⑦这里引用《法言》语句，见扬雄《法言·渊骞篇》。

二世皇帝上

元年　冬，十月，戊寅，大赦。

春，二世东行郡县，李斯从；到碣石，并海，南至会稽；而尽刻始皇所立刻石，旁著大臣从者名，以章先帝成功盛德而还。

夏，四月，二世至咸阳，谓赵高曰：“夫人生居世间也，譬犹骋六骥过决隙也[1]。吾既已临天下矣，欲悉耳目之所好，穷心志之所乐，以终吾年寿，可乎？”高曰：“此贤主之所能行而昏乱主之所禁也。虽然，有所未可，臣请言之：夫沙丘之谋，诸公子及大臣皆疑焉；而诸公子尽帝兄，大臣又先帝之所置也。今陛下初立，此其属意怏怏皆不服，恐为变；臣战战栗栗，唯恐不终，陛下安得为此乐乎！”二世曰：“为之奈何？”赵高曰：“陛下严法而刻刑，令有罪者相坐，诛灭大臣及宗室；然后收举遗民，贫者富之，贱者贵之。尽除先帝之故臣，更置陛下之所亲信者，此则阴德归陛下，害除而奸谋塞，群臣莫不被润泽，蒙厚德，陛下则高枕肆志宠乐矣。计莫出于此！”二世然之。乃更为法律，务益刻深，大臣、诸公子有罪，辄下高鞠治之[2]。于是公子十二人戮死咸阳市，十公主矺死于杜[3]，财物入于县官[4]，相连逮者不可胜数。

公子将闾昆弟三人囚于内宫，议其罪独后。二世使使令将闾曰："公子不臣，罪当死！吏致法焉。"将闾曰："阙廷之礼[5]，吾未尝敢不从宾赞也；廊庙之位，吾未尝敢失节也；受命应对，吾未尝敢失辞也；何谓不臣？愿闻罪而死！"使者曰："臣不得与谋，奉书从事！"将闾乃仰天大呼"天"者三，曰："吾无罪！"昆弟三人皆流涕，拔剑自杀。宗室振恐。公子高欲奔，恐收族，乃上书曰："先帝无恙时，臣入则赐食，出则乘舆，御府之衣，臣得赐之，中厩之宝马，臣得赐之。臣当从死而不能，为人子不孝，为人臣不忠。不孝不忠者，无名以立于世，臣请从死，愿葬骊山之足。唯上幸哀怜之！"书上，二世大说，召赵高而示之，曰："此可谓急乎？"赵高曰："人臣当忧死不暇，何变之得谋！"二世可其书，赐钱十万以葬。

复作阿房宫。尽征材士五万人为屯卫咸阳，令教射。狗马禽兽当食者多，度不足，下调郡县，转输菽粟、刍藁，皆令自赍粮食；咸阳三百里内不得食其谷。

秋，七月，阳城人陈胜、阳夏人吴广起兵于蕲[6]。是时，发闾左戍渔阳[7]，九百人屯大泽乡[8]，陈胜、吴广皆为屯长。会天大雨，道不通，度已失期[9]；失期，法皆斩。陈胜、吴广因天下之愁怨，乃杀将尉，召令徒属曰："公等皆失期当斩；假令毋斩，而戍死者固什六七。且壮士不死则已，死则举大名耳！王、侯、将、相宁有种乎！"众皆从之。乃诈称公子扶苏、项燕，为坛而盟，称大楚；陈胜自立为将军，吴广为都尉。攻大泽乡，拔之；收而攻蕲，蕲下。乃令符离人葛婴将兵徇蕲以东[10]；攻铚、酂、苦、柘、谯[11]，皆下之。行收兵；比至陈[12]，车六七百乘，骑千余，卒数万人。攻陈，陈守尉皆不在，独守丞与战谯门中[13]，不胜；守丞死，陈胜乃入据陈。

初，大梁人张耳、陈馀相与为刎颈交。秦灭魏，闻二人魏之名士，重赏购求之。张耳、陈馀乃变名姓，俱之陈，为里监门以自食。里吏尝以过笞陈馀，陈馀欲起，张耳蹑之[14]，使受笞。吏去，张耳乃引陈馀之桑下，数之曰："始吾与公言何如？今见小辱而欲死一吏乎!"陈馀谢之。陈涉既入陈,张耳、陈馀诣门上谒。陈涉素闻其贤,大喜。陈中豪桀父老请立涉为楚王,涉以问张耳、陈馀。耳、馀对曰:"秦为无道,灭人社稷,暴虐百姓;将军出万死之计,为天下除残也。今始至陈而王之,示天下私。愿将军毋王,急引兵而西;遣人立六国后,自为树党,为秦益敌;敌多则力分,与众则兵强。如此,则野无交兵,县无守城,诛暴秦,据咸阳,以令诸侯;诸侯亡而得立,以德服之,则帝业成矣!今独王陈,恐天下懈也。"陈涉不听,遂自立为王,号"张楚"。

当是时,诸郡县苦秦法,争杀长吏以应涉。谒者从东方来,以反者闻。二世怒,下之吏。后使者至,上问之,对曰:"群盗鼠窃狗偷,郡守、尉方逐捕,今尽得,不足忧也。"上悦。

陈王以吴叔为假王,监诸将以西击荥阳。

张耳、陈馀复说陈王,请奇兵北略赵地。于是陈王以故所善陈人武臣为将军,邵骚为护军,以张耳、陈馀为左、右校尉,予卒三千人,徇赵。

陈王又令汝阴人邓宗徇九江郡。当此时,楚兵数千人为聚者不可胜数。

葛婴至东城,立襄强为楚王。闻陈王已立,因杀襄强还报。陈王诛杀葛婴。

陈王令周市北徇魏地。以上蔡人房君蔡赐为上柱国[15]。

陈王闻周文,陈之贤人也,司兵,乃与之将军印,使西击秦。

武臣等从白马渡河,至诸县,说其豪桀,豪桀皆应之;乃行收兵,得数万人;号武臣为武信君。下赵十余城,余皆城守;乃引兵东北击

秦"廿六年诏"陶权

范阳。范阳蒯彻说武信君曰[16]:"足下必将战胜而后略地,攻得然后下城,臣窃以为过矣。诚听臣之计,可不攻而降城,不战而略地,传檄而千里定[17],可乎?"武信君曰:"何谓也?"彻曰:"范阳令徐公,畏死而贪,欲先天下降。君若以为秦所置吏,诛杀如前十城,则边地之城皆为金城汤池[18],不可攻也。君若赍臣侯印以授范阳令,使乘朱轮华毂[19],驱驰燕、赵之郊,即燕、赵城可无战而降矣。"武信君曰:"善!"以车百乘、骑二百、侯印迎徐公。燕、赵闻之,不战以城下者三十余城。

陈王既遣周章,以秦政之乱,有轻秦之意,不复设备。博士孔鲋谏曰:"臣闻兵法:'不恃敌之不我攻,恃吾不可攻。'今王恃敌而不自恃,若跌而不振,悔之无及也。"陈王曰:"寡人之军,先生无累焉。"

周文行收兵至关,车千乘,卒数十万,至戏,军焉。二世乃大惊,与群臣谋曰:"奈何?"少府章邯曰:"盗已至,众强,今发近县,不及矣。骊山徒多,请赦之,授兵以击之。"二世乃大赦天下,使章邯免骊山徒、人奴产子,悉发以击楚军,大败之。周文走。

张耳、陈馀至邯郸,闻周章却,又闻诸将为陈王徇地还者多以谗毁得罪诛,乃说武信君,令自王。八月,武信君自立为赵王,以陈馀为大将军,张耳为右丞相,邵骚为左丞相;使人报陈王。陈王大怒,欲尽族武信君等家而发兵击赵。柱国房君谏曰:"秦未亡而诛武信君等家,此生一秦也;不如因而贺之,使急引兵西击秦。"陈王然之,从其计,徙系武信君等家宫中,封张耳子敖为成都君,使使者贺赵,令趣发兵西入关。张耳、陈馀说赵王曰:"王王赵,非楚意,特以计贺王。楚已灭秦,必加兵于赵。愿王毋西兵,北徇燕、代,南收河内以自广。赵南据大河,北有燕、代,楚虽胜秦,必不敢制赵;不胜秦,必重赵。赵乘秦、楚之敝,可以得志于天下。"赵王以为然,因不西兵,而使韩广略燕,李良略常山,张黡略上党。

【注释】

①骥(jì 济):千里马,快马。决隙:裂开的小缝隙。 ②鞫:审讯罪人。 ③矺:即"磔(zhé 哲)",古代一种分尸的酷刑。 ④县官:这里指朝廷、官府。 ⑤阙廷:指朝廷。 ⑥阳城:阳城县,秦时治所在今河南

登封市东南三十五里的告城镇。阳夏：阳夏县，秦时治所在今河南太康县。蕲：县，秦置，治所在今安徽宿州市东南蕲县集。 ⑦闾（lǘ 驴）左：闾左是居住在里门左边的平民。秦是以居闾右为贵，闾左为贱。闾，里门。渔阳：渔阳县，旧时治所在今北京密云区西南。 ⑧大泽乡：在今安徽宿州市境内。 ⑨度（duó 夺）：估计。 ⑩符离：符离县，秦时治所在今安徽宿州市东北。 ⑪铚（zhì 至）：铚县，在今安徽宿州市西南。酂（cuó 嵯）：酂县，在今河南永城市西南。苦（gǔ 古）：苦县，在今河南鹿邑县东。柘（zhè 这）：柘县，在今河南柘城县西北。谯（qiáo 瞧）：谯县，在今安徽亳州市。 ⑫陈：陈县，秦时治所在今河南周口市淮阳区。 ⑬谯门：门上有高楼以候望的为谯门。 ⑭蹑（niè 聂）：踩，踏。 ⑮上柱国：或称柱国，战国时楚国官名。原为保卫国都之官，后为楚国最高级武官，其地位仅次于令尹。 ⑯范阳：范阳县，治所在今河北定兴县西南固城镇。 ⑰檄（xí 席）：古代官府用以征召、晓谕或声讨的文书。 ⑱金城汤池：形容城池险固。金比喻坚，汤比喻沸热不可近。 ⑲朱轮华毂：古代王侯贵族所乘的红色车子。毂，本指轮中心的圆木，这里是车轮的代称。

九月，沛人刘邦起兵于沛[1]，下相人项梁起兵于吴[2]，狄人田儋起兵于齐[3]。

刘邦，字季，为人隆准、龙颜[4]，左股有七十二黑子。爱人喜施，意豁如也[5]；常有大度，不事家人生产作业。初为泗上亭长[6]，单父人吕公[7]，好相人，见季状貌，奇之，以女妻之。

刘邦像

既而季以亭长为县送徒骊山，徒多道亡。自度比至皆亡之，到丰西泽中亭[8]，止饮，夜，乃解纵所送徒曰："公等皆去，吾亦从此逝矣！"徒中壮士愿从者十余人。

刘季被酒，夜径泽中，有大蛇当径，季拔剑斩蛇。有老妪哭曰[9]:“吾子,白帝子也,化为蛇,当道;今赤帝子杀之!”因忽不见。刘季亡匿于芒、砀山泽之间[10],数有奇怪;沛中子弟闻之,多欲附者。

及陈涉起,沛令欲以沛应之。掾、主吏萧何、曹参曰[11]:“君为秦吏,今欲背之,率沛子弟,恐不听。愿君召诸亡在外者,可得数百人,因劫众,众不敢不听。”乃令樊哙召刘季。刘季之众已数十百人矣;沛令后悔,恐其有变,乃闭城城守,欲诛萧、曹。萧、曹恐,逾城保刘季。刘季乃书帛射城上,遗沛父老,为陈利害。父老乃率子弟共杀沛令,开门迎刘季,立以为沛公。萧、曹等为收沛子弟,得三千人,以应诸侯。

项梁者,楚将项燕子也,尝杀人,与兄子籍避仇吴中。吴中贤士大夫皆出其下。籍少时学书,不成,去;学剑,又不成。项梁怒之。籍曰:“书,足以记名姓而已!剑,一人敌,不足学;学万人敌!”于是项梁乃教籍兵法,籍大喜;略知其意,又不肯竟学。籍长八尺余,力能扛鼎,才器过人。会稽守殷通闻陈涉起,欲发兵以应涉,使项梁及桓楚将。是时,桓楚亡在泽中。梁曰:“桓楚亡,人莫知其处,独籍知之耳。”梁乃诫籍持剑居外,梁复入,与守坐,曰:“请召籍,使受命召桓楚。”守曰:“诺。”梁召籍入。须臾,梁眴籍曰[12]:“可行矣!”于是籍遂拔剑斩守头。项梁持守头,佩其印绶。门下大惊,扰乱;籍所击杀数十百人,一府中皆慑伏[13],莫敢起。梁乃召故所知豪吏,谕以所为起大事,遂举吴中兵,使人收下县,得精兵八千人。梁为会稽守,籍为裨将,徇下县。籍是时年二十四。

田儋,故齐王族也。儋从弟荣,荣弟横,皆豪健,宗强,能得人。周市徇地至狄,狄城守。田儋详为缚其奴[14],从少年之廷,欲谒杀奴,见狄令。因击杀令,而召豪吏子弟曰:“诸侯皆反秦自立。齐,古之建国也;儋,田氏,当王!”遂自立为齐王,发兵以击周市。周市军还去。田儋率兵东略定齐地。

韩广将兵北徇燕,燕地豪桀欲共立广为燕王。广曰:“广母在赵,不可!”燕人曰:“赵方西忧秦,南忧楚,其力不能禁我。且以楚之强,不敢害赵王将相之家,赵独安敢害将军家乎!”韩广乃自立为燕王。居数月,赵奉燕王母家属归之。

赵王与张耳、陈馀北略地燕界,赵王间出,为燕军所得。燕囚之,欲求割地;使者往请,燕辄杀之。有厮养卒走燕壁[15],见燕将曰:“君知张耳、陈馀何欲?”曰:“欲得其王耳。”赵养卒笑曰:“君未知此两人所欲也。夫武臣、张耳、陈馀,杖马棰下赵数十城[16],此亦各欲南面而王,岂欲为将相终已耶!顾其势初定,未敢参分而王,且以少长先立武臣为王,以持赵心。今赵地已服,此两人亦欲分赵而王,时未可耳。今君乃囚赵王。此两人名为求赵王,实欲燕杀之;此两人分赵自立。夫以一赵尚易燕,况以两贤王左提右挈而责杀王之罪,灭燕易矣!”燕将乃归赵王,养卒为御而归。

周市自狄还,至魏地,欲立故魏公子宁陵君咎为王。咎在陈,不得之魏。魏地已定,诸侯皆欲立周市为魏王。市曰:“天下昏乱,忠臣乃见。今天下共畔秦,其义必立魏王后乃可。”诸侯固请立市,市终辞不受;迎魏咎于陈,五反,陈王乃遣之,立咎为魏王,市为魏相。

是岁,二世废卫君角为庶人,卫绝祀。

【注释】

①沛:沛县,即今江苏沛县。 ②下相:下相县,治所在今江苏宿迁市西南、废黄河西岸古城。 ③狄:狄县,在今山东高青县东南。④准:鼻子。 ⑤豁:开阔。 ⑥泗上亭:《史记·高祖本纪》作泗水亭。泗水亭在今江苏沛县东。亭长:按秦朝法律,十里为一亭,亭长是主管一亭的官吏。 ⑦单(shàn 扇)父:秦置单父县,治所在今山东单县南。⑧丰:是沛县的聚邑名。 ⑨妪(yù 玉):妇人,老妇。 ⑩芒、砀:即芒山、砀山的合称,芒、砀都在今河南永城市东北。 ⑪掾(yuàn 院):古代属官的通称。 ⑫眴(shùn 顺):以目示意。 ⑬慑伏:因畏惧而屈服。⑭详:通“佯”。诈,假作。 ⑮厮养:旧时称为人服役、地位低微的人。⑯棰:鞭子。

资治通鉴卷第八

秦纪三 起昭阳大荒落，尽阏逢敦牂，凡二年。

二世皇帝下

二年 冬，十月，泗川监平将兵围沛公于丰[①]，沛公出与战，破之；令雍齿守丰。十一月，沛公引兵之薛[②]。泗川守壮兵败于薛，走至戚[③]；沛公左司马得杀之。

周章出关，止屯曹阳[④]，二月余，章邯追败之；复走渑池，十余日，章邯击，大破之。周文自刎，军遂不战。

吴叔围荥阳；李由为三川守，守荥阳，叔弗能下。楚将军田臧等相与谋曰："周章军已破矣，秦兵旦暮至。我围荥阳城弗能下，秦兵至，必大败，不如少遗兵守荥阳，悉精兵迎秦军。今假王骄，不知兵权，不足与计事，恐败。"因相与矫王令以诛吴叔。献其首于陈王。陈王使使赐田臧楚令尹印，以为上将。

田臧乃使诸将李归等守荥阳，自以精兵西迎秦军于敖仓[⑤]，与战；田臧死，军破。章邯进兵击李归等荥阳下，破之，李归等死。阳城人邓说将兵居郯[⑥]，章邯别将击破之。铚人伍逢将兵居许[⑦]，章邯击破之。两军皆散，走陈，陈王诛邓说。

二世数诮让李斯[⑧]："居三公位，如何令盗如此！"李斯恐惧，重爵禄，不知所出，乃阿二世意，以书对曰："夫贤主者，必能行督责之术者也。故申子曰'有天下而不恣睢[⑨]，命之曰"以天下为桎梏"'者，无他焉，不能督责，而顾以其身劳于天下之民，若尧、禹然，故谓之桎梏也’。夫不能修申、韩之明术,行督责之道,专以天下自适也;而徒务苦形劳神,以身徇百姓,则是黔首之役,非畜天下者也,何足贵哉！故明主能行督责之术以独断于上,则权不在臣下,然后能灭仁义之途,绝谏说之辩,荦然行恣睢之心而莫之敢逆[10]。如此,群臣、百姓救过不给,何变之敢图!”二世说,于是行督责益严,税民深者为明吏,杀人众者为忠臣,刑者相半于道[11],而死人日成积于市;秦民益骇惧思乱。

赵李良已定常山,还报赵王。赵王复使良略太原;至石邑[12],秦兵塞井陉,未能前。秦将诈为二世书以招良。良得书未信,还之邯郸,益请兵。未至,道逢赵王姊出饮,良望见,以为王,伏谒道旁。王姊醉,不知其将,使骑谢李良。李良素贵,起,惭其从官。从官有一人曰:“天下畔秦,能者先立。且赵王素出将军下,今女儿乃不为将军下车,请追杀之!”李良已得秦书,固欲反赵,未决;因此怒,遣人追杀王姊,因将其兵袭邯郸。邯郸不知,竟杀赵王、邵骚。赵人多为张耳、陈馀耳目者,以故二人独得脱。

陈人秦嘉、符离人朱鸡石等起兵,围东海守于郯。陈王闻之,使武平君畔为将军,监郯下军。秦嘉不受命,自立为大司马;恶属武平君,告军吏曰:“武平君年少,不知兵事,勿听!”因矫以王命杀武平君畔。

二世益遣长史司马欣、董翳佐章邯击盗。章邯已破伍逢,击陈柱国房君,杀之;又进击陈西张贺军。陈王出监战。张贺死。

腊月,陈王之汝阴[13],还,至下城父[14],其御庄贾杀陈王以降。初,陈涉既为王,其故人皆往依之。妻之父亦往焉,陈王以众宾待之,长揖不拜。妻之父怒曰:“怙乱僭号[15],而傲长者,不能久矣!”不辞而去。陈王跪谢,遂不为顾。客出入愈益发舒,言陈王故情。或说陈王曰:“客愚无知,颛妄言,轻威。”陈王斩之。诸故人皆自引去,由是无亲陈王者。陈王以朱防为中正,胡武为司过,主司群臣。诸将徇地至,令之不是,辄系而罪之。以苛察为忠;其所不善者,弗下吏,辄自治之。诸将以其故不亲附,此其所以败也。

陈王故涓人[16]、将军吕臣为苍头军[17],起新阳,攻陈,下之,杀庄贾,复以陈为楚;葬陈王于砀,谥曰隐王。

初，陈王令铚人宋留将兵定南阳，入武关。留已徇南阳，闻陈王死，南阳复为秦；宋留以军降，二世车裂留以徇。

【注释】

①泗川：即泗水郡。　②薛：薛郡，治所在鲁山，即今山东曲阜市。　③戚：戚县，治所在今山东微山县。　④曹阳：曹阳亭，在今河南三门峡市陕州区城西。　⑤敖仓：在今河南荥阳市东北敖山，地当黄河与古济水分流处。　⑥郯（tán 谈）：有一种说法认为郯县在山东，章邯部当时未至郯，故当为“郏”。郏县，治所在今河南郏县。　⑦许：许县，治所在今河南许昌市东。　⑧诮（qiào 俏）让：责问。　⑨恣睢：放纵。　⑩荦（luò 络）：分明。　⑪半：伴。　⑫石邑：一名石城，在今河北石家庄市鹿泉区东南。　⑬汝阴：汝阴县，治所即今安徽阜阳市。　⑭下城父：在今安徽涡阳县东南。⑮怙（hù 户）乱：乘祸乱而活动。　⑯涓人：指在左右担任洒扫的人。　⑰苍头军：士卒头着青巾故称为苍头军。这里所说的苍头军即当时的农民军。

魏周市将兵略丰、沛，使人招雍齿。雍齿雅不欲属沛公，即以丰降魏，沛公攻之，不克。

赵张耳、陈馀收其散兵，得数万人，击李良；良败，走归章邯。

客有说耳、馀曰：“两君羁旅[1]，而欲附赵，难可独立；立赵后，辅以谊，可就功。”乃求得赵歇。春，正月，耳、馀立歇为赵王，居信都。

东阳宁君、秦嘉闻陈王军败，乃立景驹为楚王，引兵之方与，欲击秦军定陶下；使公孙庆使齐，欲与之并力俱进。齐王曰：“陈王战败，不知其死生，楚安得不请而立王！”公孙庆曰：“齐不请楚而立王，楚何故请齐而立王！且楚首事，当令于天下。”田儋杀公孙庆。

秦左、右校复攻陈[2]，下之。吕将军走，徼兵复聚[3]，与番盗黥布相遇[4]，攻击秦左、右校，破之青波，复以陈为楚。

黥布者，六人也[5]。姓英氏，坐法黥，以刑徒论输骊山。骊山之徒数十万人，布皆与其徒长豪桀交通，乃率其曹耦亡之江中为群盗[6]。番阳令吴芮，甚得江湖间民心，号曰番君。布往见之，其众已数千人。番君乃以女妻之，使将其兵击秦。

楚王景驹在留[7]，沛公往从之。张良亦聚少年百余人欲往从景驹，道遇沛公，遂属焉；沛公拜良为厩将[8]。良数以太公兵法说沛公；沛公善之，常用其策；良为他人言，皆不省。良曰："沛公殆天授！"故遂留不去。

沛公与良俱见景驹，欲请兵以攻丰。时章邯司马𫊸将兵北定楚地，屠相[9]，至砀。东阳宁君、沛公引兵西，与战萧西[10]，不利，还，收兵聚留。二月，攻砀，三日，拔之；收砀兵得六千人，与故合九千人。三月，攻下邑[11]，拔之；还击丰，不下。

广陵人召平为陈王徇广陵[12]，未下。闻陈王败走，章邯且至，乃渡江，矫陈王令，拜项梁为楚上柱国，曰："江东已定，急引兵西击秦！"梁乃以八千人渡江而西。闻陈婴已下东阳，遣使欲与连和俱西。陈婴者，故东阳令史[13]，居县中，素信谨，称为长者。东阳少年杀其令，相聚得二万人，欲立婴为王。婴母谓婴曰："自我为汝家妇，未尝闻汝先世之有贵者。今暴得大名，不祥；不如有所属。事成，犹得封侯；事败，易以亡，非世所指名也。"婴乃不敢为王，谓其军吏曰："项氏世世将家，有名于楚；今欲举大事，将非其人不可。我倚名族，亡秦必矣！"其众从之，乃以兵属梁。

张良像

英布既破秦军，引兵而东，闻项梁西渡淮，布与蒲将军皆以其兵属焉。项梁众凡六七万人，军下邳[14]。

景驹、秦嘉军彭城东，欲以距梁。梁谓军吏曰："陈王先首事，战不利，未闻所在。今秦嘉倍陈王而立景驹，大逆无道！"乃进兵击秦嘉，秦嘉军败走。追之，至胡陵⑮，嘉还战。一日，嘉死，军降；景驹走死梁地。

梁已并秦嘉军，军胡陵，将引军而西。章邯军至栗⑯，项梁使别将朱鸡石、馀樊君与战。馀樊君死；朱鸡石军败，亡走胡陵。梁乃引兵入薛，诛朱鸡石。

沛公从骑百余往见梁；梁与沛公卒五千人，五大夫将十人。沛公还，引兵攻丰，拔之。雍齿奔魏。

项梁使项羽别攻襄城⑰，襄城坚守不下；已拔，皆坑之，还报。

梁闻陈王定死，召诸别将会薛计事，沛公亦往焉。居鄛人范增⑱，年七十，素居家，好奇计，往说项梁曰："陈胜败，固当。夫秦灭六国，楚最无罪，自怀王入秦不反，楚人怜之至今。故楚南公曰⑲：'楚虽三户，亡秦必楚。'今陈胜首事，不立楚后而自立，其势不长。今君起江东，楚蜂起之将皆争附君者，以君世世楚将，为能复立楚之后也。"于是项梁然其言，乃求得楚怀王孙心于民间，为人牧羊；夏六月，立以为楚怀王，从民望也。陈婴为上柱国，封五县，与怀王都盱眙⑳。项梁自号为武信君。

张良说项梁曰："君已立楚后，而韩诸公子横阳君成最贤，可立为王，益树党。"项梁使良求韩成，立以为韩王。以良为司徒，与韩王将千余人西略韩地，得数城，秦辄复取之；往来为游兵颍川。

【注释】

①羁(jī 奇)旅：亦作"羇旅"，作客他乡。羇，寄；旅，客。 ②左、右校：即左、右校尉。 ③徼(yāo 腰)：通"邀"，拦截。 ④番(bō 波)：即番阳县，本作鄱阳县，治所在今江西鄱阳县北。 ⑤六：六县，治所在今安徽六安市东北。 ⑥耦：辈。 ⑦留：留县，治所在今江苏沛县东南。 ⑧厩将：厩将职掌马匹。 ⑨相：相县，治所在今安徽濉溪县西北。 ⑩萧：萧县，在今安徽萧县西北。 ⑪下邑：下邑县，治所在今安徽砀山县东。 ⑫广陵：广陵县，治所在今江苏扬州市西北蜀冈上。 ⑬东阳：东阳县，治所在今江苏盱眙县东南东阳城。 ⑭下邳：下邳县，治所在今江苏睢宁县西北古邳镇东，地近沂、泗两水交会处，自古以来为淮北战

场。 ⑮胡陵：胡陵县，治所在今山东鱼台县东南。 ⑯栗：栗县，治所在今河南夏邑县。 ⑰襄城：襄城县，治所在今河南襄城县。 ⑱居鄛：居鄛县，治所在今安徽桐城市东北。 ⑲南公：《汉书·艺文志》录载有《南公十三篇》，在阴阳家流。南公为六国时人。 ⑳盱眙（xū yí 虚移）：即秦之盱台县，治所在今江苏盱眙县东北盱眙山侧。

章邯已破陈王，乃进兵击魏王于临济[①]。魏王使周市出，请救于齐、楚；齐王儋及楚将项它皆将兵随市救魏。章邯夜衔枚击[②]，大破齐、楚军于临济下，杀齐田及周市。魏王咎为其民约降；约定，自烧杀。其弟豹亡走楚，楚怀王予魏豹数千人，复徇魏地。齐田荣收其兄儋余兵，东走东阿；章邯追围之。齐人闻齐田儋死，乃立故齐王建之弟假为王，田角为相，角弟间为将，以距诸侯。

秋，七月，大霖雨。武信君引兵攻亢父，闻田荣之急，乃引兵击破章邯军东阿下；章邯走而西。田荣引兵东归齐。武信君独追北，使项羽、沛公别攻城阳，屠之。楚军军濮阳东，复与章邯战，又破之。章邯复振，守濮阳，环水。沛公、项羽去，攻定陶。

八月，田荣击逐齐王假，假亡走楚。田间前救赵，因留不敢归。田荣乃立儋子市为齐王，荣相之。田横为将，平齐地。章邯兵益盛，项梁数使使告齐、赵发兵共击章邯。田荣曰："楚杀田假，赵杀角、间，乃出兵。"楚赵不许。田荣怒，终不肯出兵。

郎中令赵高恃恩专恣，以私怨诛杀人众多；恐大臣入朝奏事言之，乃说二世曰："天子之所以贵者，但以闻声，群臣莫得见其面故也。且陛下富于春秋，未必尽通诸事；今坐朝廷，谴举有不当者，则见短于大臣，非所以示神明于天下也。陛下不如深拱禁中[③]，与臣及侍中习法者待事，事来有以揆之[④]。如此，则大臣不敢奏疑事，天下称圣主矣。"二世用其计，乃不坐朝廷见大臣，常居禁中；赵高侍中用事，事皆决于赵高。

高闻李斯以为言，乃见丞相曰："关东群盗多，今上急，益发繇，治阿房宫，聚狗马无用之物。臣欲谏，为位贱，此真君侯之事；君何不谏？"李斯曰："固也，吾欲言之久矣。今时上不坐朝廷，常居深宫。吾所言者，不可传也；欲见，无间。"赵高曰："君诚能谏，请为君候上间，语君。”于是赵高侍二世方燕乐，妇女居前，使人告丞相：“上方间，可奏事。”丞相至宫门上谒。如此者三。二世怒曰：“吾常多间日，丞相不来；吾方燕私，丞相辄来请事！丞相岂少我哉，且固我哉？”赵高因曰：“夫沙丘之谋，丞相与焉。今陛下已立为帝，而丞相贵不益，此其意亦望裂地而王矣。且陛下不问臣，臣不敢言。丞相长男李由为三川守，楚盗陈胜等皆丞相傍县之子，以故楚盗公行，过三川城，守不肯击。高闻其文书相往来，未得其审，故未敢以闻。且丞相居外，权重于陛下。”二世以为然，欲案丞相；恐其不审，乃先使人按验三川守与盗通状。

李斯闻之，因上书言赵高之短曰：“高擅利擅害，与陛下无异。昔田常相齐简公[5]，窃其恩威，下得百姓，上得群臣，卒弑简公而取齐国，此天下所明知也。今高有邪佚之志，危反之行，私家之富，若田氏之于齐矣，而又贪欲无厌，求利不止，列势次主，其欲无穷，劫陛下之威信，其志若韩玘为韩安相也[6]。陛下不图，臣恐其必为变也。”二世曰：“何哉！夫高，故宦人也；然不为安肆志，不以危易心，洁行修善，自使至此，以忠得进，以信守位，朕实贤之；而君疑之，何也？且朕非属赵君，当谁任哉！且赵君为人，精廉强力，下知人情，上能适朕；君其勿疑！”二世雅爱赵高，恐李斯杀之，乃私告赵高。高曰：“丞相所患者独高；高已死，丞相即欲为田常所为。”

【注释】

①临济：临济县，治所在今山东高青县东南。 ②衔枚：古代进军袭击敌人时，常令士兵衔枚在口中，以防喧哗。枚，形如箸，两端有带，可系于颈上。 ③拱禁中：拱手缄默居于宫禁中。 ④揆：度量，估计。 ⑤田常：即田成子，又称陈成子，春秋时齐国的大臣。田釐（xī 僖）子乞之子，名恒，一作常。他推行陈氏已实行过的争取民众的办法，以大斗借贷，小斗收进。齐简公四年（前 481），杀死简公，拥立齐平公，任相国，尽杀公族中的强者，扩大自己的封邑，从此齐国由陈氏专政。 ⑥韩玘为韩安相：此事史实缺乏详细记载，不能考见具体情况。按《年表》韩玘事昭侯，昭侯以下四世才至韩王安。按《史记索隐》说，玘为韩大夫，弑其君悼公。但韩无悼君，故此事只能付阙疑。

是时，盗贼益多，而关中卒发东击盗者无已。右丞相冯去疾、左丞相李斯、将军冯劫进谏曰："关东群盗并起，秦发兵追击，所杀亡甚众，然犹不止。盗多，皆以戍、漕、转、作事苦[1]，赋税大也。请且止阿房宫作者，减省四边戍、转。"二世曰："凡所为贵有天下者，得肆意极欲，主重明法，下不敢为非，以制御四海矣。夫虞、夏之主，贵为天子，亲处穷苦之实以徇百姓，尚何于法！且先帝起诸侯，兼天下，天下已定，外攘四夷以安边境，作宫室以章得意；而君观先帝功业有绪。今朕即位，二年之间，群盗并起，君不能禁，又欲罢先帝之所为，是上无以报先帝，次不为朕尽忠力，何以在位！"下去疾、斯、劫吏，案责他罪。去疾、劫自杀；独李斯就狱。二世以属赵高治之，责斯与子由谋反状，皆收捕宗族、宾客。赵高治斯，榜掠千余[2]，不胜痛，自诬服。

斯所以不死者，自负其辩，有功，实无反心，欲上书自陈，幸二世寤而赦之。乃从狱中上书曰："臣为丞相治民，三十余年矣。逮秦地之狭隘，不过千里，兵数十万。臣尽薄材，阴行谋臣，资之金玉，使游说诸侯；阴修甲兵，饬政教，官斗士，尊功臣；故终以胁韩，弱魏，破燕、赵，夷齐、楚，卒兼六国，虏其王，立秦为天子。又北逐胡、貉[3]，南定百越，以见秦之强。更克画平斗斛、度量、文章，布之天下，以树秦之名。此皆臣之罪也，臣当死久矣！上幸尽其能力，乃得至今。愿陛下察之！"书上，赵高使吏弃去不奏，曰："囚安得上书！"

赵高使其客十余辈诈为御史、谒者、侍中，更往覆讯斯，斯更以其实对，辄使人复榜之。后二世使人验斯，斯以为如前，终不敢更言。辞服，奏当上。二世喜曰："微赵君，几为丞相所卖！"及二世所使案三川守由者至，则楚兵已击杀之。使者来，会丞相下吏，高皆妄为反辞以相傅会[4]，遂具斯五刑论[5]，腰斩咸阳市。斯出狱，与其中子俱执。顾谓其中子曰："吾欲与若复牵黄犬，俱出上蔡东门逐狡兔，岂可得乎！"遂父子相哭而夷三族。二世乃以赵高为丞相，事无大小皆决焉。

项梁已破章邯于东阿，引兵西，北至定陶，再破秦军，项羽、沛公又与秦军战于雍丘，大破之，斩李由。项梁益轻秦，有骄色。宋义谏曰："战胜而将骄卒惰者，败。今卒少惰矣，秦兵日益，臣为君畏之！"项梁弗听。乃使宋义使于齐，道遇齐使者高陵君显，曰："公将见武信君乎？"曰："然。"曰："臣论武信君军必败；公徐行即免死，疾行则及祸。"二世悉起兵益章邯击楚军，大破之定陶，项梁死。

时连雨，自七月至九月。项羽、沛公攻外黄未下[⑥]，去，攻陈留[⑦]；闻武信君死，士卒恐，乃与将军吕臣引兵而东，徙怀王自盱眙都彭城。吕臣军彭城东；项羽军彭城西；沛公军砀。

魏豹下魏二十余城；楚怀王立豹为魏王。

后九月[⑧]，楚怀王并吕臣、项羽军，自将之；以沛公为砀郡长，封武安侯，将砀郡兵；封项羽为长安侯，号为鲁公；吕臣为司徒，其父吕青为令尹。

章邯已破项梁，以为楚地兵不足忧，乃渡河，北击赵，大破之。引兵至邯郸，皆徙其民河内，夷其城郭。张耳与赵王歇走入巨鹿城[⑨]，王离围之。陈馀北收常山兵，得数万人，军巨鹿北；章邯军巨鹿南棘原。赵数请救于楚。

高陵君显在楚，见楚王曰："宋义论武信君之军必败；居数日，军果败。兵未战而先见败征，此可谓知兵矣！"王召宋义与计事而大说之，因置以为上将军，项羽为次将，范增为末将，以救赵。诸别将皆属宋义，号为"卿子冠军"。

初，楚怀王与诸将约："先入定关中者王之[⑩]。"当是时，秦兵强，常乘胜逐北，诸将莫利先入关；独项羽怨秦之杀项梁，奋，愿与沛公西入关。怀王诸老将皆曰："项羽为人，慓悍猾贼，尝攻襄城，襄城无遗类，皆坑之；诸所过无不残灭。且楚数进取，前陈王、项梁皆败，不如更遣长者，扶义而西，告谕秦父兄。秦父兄苦其主久矣，今诚得长者往，无侵暴，宜可下。项羽不可遣；独沛公素宽大长者，可遣。"怀王乃不许项羽，而遣沛公西略地，收陈王、项梁散卒以伐秦。

沛公道砀，至阳城与杠里[⑪]，攻秦壁，破其二军。

【注释】

①漕：由水道运送粮食。转：陆路运粮食。作：劳役。 ②榜掠：捶

击，鞭笞。 ③貉（mò 陌）：对北方一种少数民族的蔑称。 ④傅会：把本没有联系的事牵强说成有联系。 ⑤五刑：按秦代法律，判定诛三族罪罚的人，都先处黥刑、劓刑、斩左右趾、笞杀、枭首、剁成肉酱；犯有诽谤罪的处以断舌。这些酷刑称为五刑。 ⑥外黄：外黄县，治所在今河南民权县西北。 ⑦陈留：陈留县，治所在今河南开封市东南陈留城。⑧后九月：指闰九月。 ⑨巨鹿城：即巨鹿县，为巨鹿郡治所，在今河北平乡县西南平乡。 ⑩关中：秦地西有陇关，东有函谷关，南有武关，北有临晋关，西南有散关。秦地居其中，故称之为关中。 ⑪阳城：根据《史记·高祖本纪》记载，应改为“成阳”。

三年 冬，十月，齐将田都畔田荣，助楚救赵。

秦立射俑

沛公攻破东郡尉于成武。

宋义行至安阳，留四十六日不进。项羽曰：“秦围赵急，宜疾引兵渡河；楚击其外，赵应其内，破秦军必矣！”宋义曰：“不然。夫搏牛之虻[①]，不可以破虮虱[②]。今秦攻赵，战胜则兵疲，我承其敝；不胜，则我引兵鼓行而西，必举秦矣。故不如先斗秦、赵。夫被坚执锐，义不如公；坐运筹策，公不如义。”因下令军中曰：“有猛如虎，狠如羊，贪如狼，强不可使者，皆斩之！”

乃遣其子宋襄相齐，身送之至无盐[③]，饮酒高会。天寒，大雨，士卒冻饥。项羽曰：“将戮力而攻秦，久留不行。今岁饥民贫，士卒食半菽，军无见粮[④]，乃饮酒高会。不引兵渡河，因赵食，与赵并力攻秦，乃曰‘承其敝’。夫以秦之强，攻新造之赵，其势必举。赵举秦强，何敝之承！且国兵新破，王坐不安席，扫境内而专属于将军，国家安危，在此一举。今不恤士卒而徇其私，非社稷之臣也！”

十一月，项羽晨朝上将军宋义，即其帐中斩宋义头。出令军中曰：“宋义与齐谋反楚，楚王阴令籍诛之！”当是时，诸将皆慑服，莫敢枝梧[5]，皆曰：“首立楚者，将军家也；今将军诛乱。”乃相与共立羽为假上将军。使人追宋义子，及之齐，杀之。使桓楚报命于怀王。怀王因使羽为上将军。

十二月，沛公引兵至栗[6]，遇刚武侯，夺其军四千余人，并之；与魏将皇欣、武满军合攻秦军，破之。

故齐王建孙安下济北，从项羽救赵。

章邯筑甬道属河，饷王离。王离兵食多，急攻巨鹿。巨鹿城中食尽、兵少，张耳数使人召前陈馀。陈馀度兵少，不敌秦，不敢前。数月，张耳大怒，怨陈馀，使张黡、陈泽往让陈馀曰：“始吾与公为刎颈交，今王与耳旦暮且死，而公拥兵数万不肯相救，安在其相为死！苟必信，胡不赴秦军俱死；且有十一二相全。”陈馀曰：“吾度前终不能救赵，徒尽亡军。且馀所以不俱死，欲为赵王、张君报秦。今必俱死，如以肉委饿虎，何益！”张黡、陈泽要以俱死。馀乃使黡、泽将五千人先尝秦军，至，皆没。当是时，齐师、燕师皆来救赵，张敖亦北收代兵，得万余人，来，皆壁馀旁，未敢击秦。

项羽已杀卿子冠军，威震楚国，乃遣当阳君、蒲将军将卒二万渡河救巨鹿。战少利，绝章邯甬道，王离军乏食。陈馀复请兵。项羽乃悉引兵渡河，皆沉船，破釜、甑，烧庐舍，持三日粮，以示士卒必死，无一还心。于是至则围王离，与秦军遇，九战，大破之；章邯引兵却。诸侯兵乃敢进击秦军，遂杀苏角，虏王离；涉间不降，自烧杀。当是时，楚兵冠诸侯；军救巨鹿者十余壁，莫敢纵兵。及楚击秦，诸侯将从壁上观。楚战士无不一当十，呼声动天地，诸侯军无不人人惴恐。于是已破秦军，项羽召见诸侯将；诸侯将入辕门[7]，无不膝行而前，莫敢仰视。项羽由是始为诸侯上将军，诸侯皆属焉。

于是赵王歇及张耳乃得出巨鹿城谢诸侯。张耳与陈馀相见，责让陈馀以不肯救赵；及问张黡、陈泽所在，疑陈馀杀之，数以问余。馀怒曰："不意君之望臣深也！岂以臣为重去将印哉？"乃脱解印绶，推与张耳；张耳亦愕不受。陈馀起如厕。客有说张耳曰："臣闻'天与不取，反受其咎'。今陈将军与君印，君不受；反天不祥。急取之！"张耳乃佩其印，收其麾下。而陈馀还，亦望张耳不让，遂趋出，独与麾下所善数百人之河上泽中渔猎。赵王歇还信都。

【注释】

①虻（méng 萌）：虫类，形状似苍蝇而稍大，雌虫吸取牛等牲畜的血液，有时也吸人血，危害性很大。　②虮（jǐ 己）虱：虱子及它的卵。虮，虱子的卵。　③无盐：无盐县，治所在今山东东平县东无盐村。　④见（xiàn 现）粮：现存的粮食。　⑤枝梧：或作"支吾"，抗拒。　⑥栗：栗县，治所在今河南夏邑县。　⑦辕门：古代帝王出巡止宿在险阻的地方，用车子作为屏藩。其出入口，仰起两辆车子，使两车的辕相向交接，成为一半圆形的门，称为"辕门"。后世把领军将领的营门及督抚等官署的外门也称为"辕门"。

春，二月，沛公北击昌邑[①]，遇彭越；彭越以其兵从沛公。越，昌邑人，常渔巨野泽中[②]，为群盗。陈胜、项梁之起，泽间少年相聚百余人，往从彭越曰："请仲为长[③]。"越谢曰："臣不愿也。"少年强请，乃许；与期旦日日出会，后期者斩。旦日日出，十余人后，后者至日中。于是越谢曰："臣老，诸君强以为长。今期而多后，不可尽诛，诛最后者一人。"令校长斩之[④]。皆笑曰："何至于是！请后不敢。"于是越引一人斩之，设坛祭，令徒属，皆大惊，莫敢仰视。乃略地，收诸侯散卒得千余人，遂助沛公攻昌邑。

昌邑未下，沛公引兵西过高阳[⑤]。高阳人郦食其[⑥]，家贫落魄[⑦]，为里监门。沛公麾下骑士适食其里中人，食其见，谓曰："诸侯将过高阳者数十人，吾问其将皆握龊[⑧]，好苛礼，自用，不能听大度之言。吾闻沛公慢而易人，多大略，此真吾所愿从游，莫为我先[⑨]。若见沛公，谓曰：'臣里中有郦生，年六十余，长八尺，人皆谓之狂生。生自谓"我非狂生"。'"骑士曰："沛公不好儒，诸客冠儒冠来者，沛公辄解其冠，溲溺其中[⑩]，与人言，常大骂；未可以儒生说也。"郦生曰："第言之。"骑士从容言，如郦生所诫者。

沛公至高阳传舍[11]，使人召郦生。郦生至，入谒。沛公方倨床[12]，使两女子洗足而见郦生。郦生入，则长揖不拜，曰："足下欲助秦攻诸侯乎，且欲率诸侯破秦也？"沛公骂曰："竖儒！天下同苦秦久矣，故诸侯相率而攻秦，何谓助秦攻诸侯乎！"郦生曰："必聚徒、合义兵诛无道秦，不宜倨见长者！"于是沛公辍洗，起，摄衣，延郦生上坐，谢之。郦生因言六国从横时。沛公喜，赐郦生食，问曰："计将安出？"郦生曰："足下起纠合之众，收散乱之兵，不满万人；欲以径入强秦，此所谓探虎口者也。夫陈留，天下之冲，四通五达之郊也；今其城中又多积粟。臣善其令，请得使之令下足下；即不听，足下引兵攻之，臣为内应。"于是遣郦生行，沛公引兵随之，遂下陈留；号郦食其为广野君。郦生言其弟商。时商聚少年得四千人，来属沛公，沛公以为将，将陈留兵以从。郦生常为说客，使诸侯。

三月，沛公攻开封，未拔；西与秦将杨熊会战白马[13]，又战曲遇东[14]，大破之。杨熊走之荥阳，二世使使者斩之以徇。

夏，四月，沛公南攻颍川，屠之。因张良，遂略韩地。时赵别将司马卬方欲渡河入关，沛公乃北攻平阴[15]，绝河津南，战洛阳东。军不利，南出轘辕[16]，张良引兵从沛公；沛公令韩王成留守阳翟，与良俱南。

六月，与南阳守齮战犨东[17]，破之，略南阳郡；南阳守走保城，守宛[18]。沛公引兵过宛，西；张良谏曰："沛公虽欲急入关，秦兵尚众，距险；今不下宛，宛从后击，强秦在前，此危道也！"于是沛公乃夜引军从他道还，偃旗帜，迟明[19]，围宛城三匝。南阳守欲自刭，其舍人陈恢曰："死未晚也。"乃逾城见沛公曰："臣闻足下约先入咸阳者王之。今足下留守宛，宛郡县连城数十，其吏民自以为降必死，故皆坚守乘城。今足下尽日止攻，士死伤者必多；引兵去宛，宛必随足下后。足下前则失咸阳之约，后有强宛之患。为足下计，莫若约降封其守；因使止守，引其甲卒与之西。诸城未下者，闻声争开门而待足下，足下通行无所累。"沛公曰："善！"秋，七月，南阳守齮降，封为殷侯；封陈恢千户。

引兵西，无不下者。至丹水[20]，高武侯鳃、襄侯王陵降。还攻胡阳[21]，遇番君别将梅鋗，与偕攻析、郦[22]，皆降。所过亡得卤掠，秦民皆喜。

【注释】

①昌邑：昌邑县，治所在今山东巨野县南。 ②巨野泽：又名大野泽，在今山东巨野县北。 ③仲：彭越字仲。 ④校长：一校的长官。校是军营名称。一校，即指一部军队。 ⑤高阳：高阳乡，在今河南杞县。⑥郦食其（lì yì jī 丽意基）：秦汉之际的儒生，楚汉战争中归附刘邦，多有策谋，后被齐王广烹死。 ⑦落魄：或作“落泊”，穷困失意。 ⑧握龊：器量狭窄。 ⑨先：即先容，是说先为人介绍。 ⑩溲溺（sōu niào 搜尿）：小便。 ⑪传（zhuàn 撰）舍：供来往行人居住的旅舍。 ⑫倨：通“踞”，伸开脚坐着。 ⑬白马：白马县，治所在今河南滑县旧县东。⑭曲遇：曲遇聚，在今河南中牟县东。 ⑮平阴：平阴县，治所在今河南洛阳市孟津区东北。 ⑯轘辕：轘辕关，在今河南偃师市东南轘辕山上。⑰犨（chōu 抽）：犨县，治所在今河南鲁山县东南。 ⑱宛：宛县，治所在今河南南阳市。 ⑲迟（zhì 稚）明：即凌晨，接近天明时。 ⑳丹水：即今湖北、河南、陕西三境内汉江支流丹江。 ㉑胡阳：胡阳县，在今河南唐河县西南湖阳镇。 ㉒析：在今河南西峡县。郦：郦县，在今河南南阳市西北。

王离军既没，章邯军棘原，项羽军漳南，相持未战。秦军数却，二世使人让章邯。章邯恐，使长史欣请事；至咸阳，留司马门三日[①]，赵高不见，有不信之心。长史欣恐，还走其军，不敢出故道。赵高果使人追之，不及。欣至军，报曰：“赵高用事于中，下无可为者。今战能胜，高必疾妒吾功；不能胜，不免于死。愿将军孰计之！”

陈馀亦遗章邯书曰：“白起为秦将，南征鄢郢，北坑马服，攻城略地，不可胜计，而竟赐死。蒙恬为秦将，北逐戎人，开榆中地数千里，竟斩阳周。何者？功多，秦不能尽封，因以法诛之。今将军为秦将三岁矣，所亡失以十万数；而诸侯并起滋益多。彼赵高素谀日久，今事急，亦恐二世诛之，故欲以法诛将军以塞责，使人更代将军以脱其祸。夫将军居外久，多内郤[②]，有功亦诛，无功亦诛。且天之亡秦，无愚智皆知之。今将军内不能直谏，外为亡国将，孤特独立而欲常存，岂不哀哉！将军何不还兵与诸侯为从，约共攻秦，分王其地，南面称孤！此孰与身伏铁质[3]，妻子为戮乎？”

章邯狐疑，阴使候始成使项羽，欲约。约未成，项羽使蒲将军日夜引兵渡三户[4]，军漳南，与秦军战，再破之。项羽悉引兵击秦军汙水上，大破之。章邯使人见项羽，欲约。项羽召军吏谋曰：“粮少，欲听其约。”军吏皆曰：“善！”项羽乃与期洹水南殷虚上[5]。已盟，章邯见项羽而流涕，为言赵高。项羽乃立章邯为雍王，置楚军中；使长史欣为上将军，将秦军为前行。

瑕丘申阳下河南[6]，引兵从项羽。

初，中丞相赵高欲专秦权，恐群臣不听，乃先设验，持鹿献于二世曰：“马也。”二世笑曰：“丞相误邪，谓鹿为马？”问左右，或默，或言马以阿顺赵高，或言鹿者。高因阴中诸言鹿者以法。后群臣皆畏高，莫敢言其过。

高前数言“关东盗无能为也”；及项羽虏王离等，而章邯等军数败，上书请益助。自关以东，大抵尽畔秦吏，应诸侯；诸侯咸率其众西乡。八月，沛公将数万攻武关，屠之。高恐二世怒，诛及其身，乃谢病，不朝见。

二世梦白虎啮其左骖马[7]，杀之，心不乐，怪问占梦[8]。卜曰：“泾水为祟。”二世乃斋于望夷宫，欲祠泾水，沉四白马。使使责让高以盗贼事。高惧，乃阴与其婿咸阳令阎乐及弟赵成谋曰：“上不听谏；今事急，欲归祸于吾。欲易置上，更立子婴。子婴仁俭，百姓皆载其言。”乃使郎中令为内应，诈为有大贼，令乐召吏发卒追，劫乐母置高舍。遣乐将吏卒千余人至望夷宫殿门，缚卫令仆射[9]，曰：“贼入此，何不止？”卫令曰：“周庐设卒甚谨[10]，安得贼，敢入宫！”乐遂斩卫令，直将吏入，行射郎、宦者。郎、宦者大惊，或走，或格；格者辄死，死者数十人。郎中令与乐俱入，射上幄坐帏[11]。二世怒，召左右；左右皆惶扰不斗。旁有宦者一人侍，不敢去。二世入内，谓曰：“公何不早告我，乃至于此！”宦者曰：“臣不敢言，故得全；使臣早言，皆已诛，安得至今！”阎乐前即二世，数曰：“足下骄恣，诛杀无道，天下共畔足下；足下其自为计！”二世曰：“丞相可得见否？”乐曰：“不可！”二世曰：“吾愿得一郡为王。”弗许。又曰：“愿为万户侯。”弗许。曰：“愿与妻子为黔首，比诸公子。”阎乐曰："臣受命于丞相，为天下诛足下；足下虽多言，臣不敢报！"麾其兵进。二世自杀。阎乐归报赵高。赵高乃悉召诸大臣、公子，告以诛二世之状，曰："秦故王国；始皇君天下，故称帝。今六国复自立，秦地益小，乃以空名为帝，不可；宜如故，便。"乃立子婴为秦王。以黔首葬二世杜南宜春苑中。

九月，赵高令子婴斋戒，当庙见⑫，受玉玺；斋五日。子婴与其子二人谋曰："丞相高杀二世望夷宫，恐群臣诛之，乃佯以义立我。我闻赵高乃与楚约，灭秦宗室而分王关中。今使我斋、见庙，此欲因庙中杀我。我称病不行，丞相必自来；来则杀之。"高使人请子婴数辈，子婴不行。高果自往，曰："宗庙重事，王奈何不行？"子婴遂刺杀高于斋宫。三族高家以徇。

遣将兵距峣关⑬，沛公欲击之。张良曰："秦兵尚强，未可轻。愿先遣人益张旗帜于山上为疑兵，使郦食其、陆贾往说秦将，啖以利。"秦将果欲连和；沛公欲许之。张良曰："此独其将欲叛，恐其士卒不从；不如因其懈怠击之。"沛公引兵绕峣关，逾蒉山⑭，击秦军，大破之蓝田南。遂至蓝田，又战其北，秦兵大败。

【注释】

①司马门：宫廷外门为司马门。　②内郤：朝廷内的怨隙。郤，同"隙"。　③伏铁质：即处以腰斩的刑罚。铁，即铡刀，古代用作腰斩的刑具。质，腰斩用的砧。　④三户：三户津，在今河北磁县西南古漳水上。　⑤洹水：即今河南北部卫河支流安阳河。　⑥瑕丘：瑕丘县，治所在今山东济宁市兖州区东北。　⑦啮（niè 聂）：咬。左骖马：以马驾车，两边的马叫骖，居于左边的叫左骖马。　⑧占梦：官名，掌管岁时，观天地，辨阴阳之气，以日、月、星、辰占梦的吉凶。　⑨卫令仆射（yè 夜）：是卫尉的属官。卫尉掌管宫门屯兵，其属官有卫士令；卫令仆射是卫令中的首长。秦代凡侍中、尚书、博士、谒者、郎等官都设仆射；仆射是负责某职事者中的头领。　⑩周庐：卫士在周垣内设的区庐。区庐即仗宿屋，是在宫垣内的庐舍，卫士白天巡行，夜里警备。　⑪幄：上下四周都设帐为幄。帏：即"帷"，帐幕。　⑫庙见（xiàn 现）：亲自到宗庙敬拜祖先。⑬峣关：在今陕西商洛市商州区西北。　⑭蒉（kuì 愧）山：在今陕西蓝田县南。

资治通鉴卷第九

汉纪一 起旃蒙协洽，尽柔兆涒滩，凡二年。

太祖高皇帝上之上

元年 冬，十月，沛公至霸上；秦王子婴素车、白马[①]，系颈以组[②]，封皇帝玺、符、节[③]，降轵道旁[④]。诸将或言诛秦王。沛公曰："始怀王遣我，固以能宽容。且人已降，杀之不祥。"乃以属吏[⑤]。

贾谊论曰：秦以区区之地致万乘之权，招八州而朝同列[⑥]，百有余年，然后以六合为家[⑦]，殽、函为宫；一夫作难而七庙堕[⑧]，身死人手，为天下笑者，何也？仁谊不施而攻守之势异也。

沛公西入咸阳，诸将皆争走金帛财物之府分之；萧何独先入收秦丞相府图籍藏之，以此沛公得具知天下厄塞、户口多少、强弱之处。沛公见秦宫室、帷帐、狗马、重宝、妇女以千数，意欲留居之。樊哙谏曰："沛公欲有天下耶，将为富家翁耶？凡此奢丽之物，皆秦所以亡也，沛公何用焉？愿急还霸上，无留宫中！"沛公不听。张良曰："秦为无道，故沛公得至此。夫为天下除残贼，宜缟素为资[⑨]。今始入秦，即安其乐，此所谓'助桀为虐'。且忠言逆耳利于行，毒药苦口利于病[⑩]，愿沛公听樊哙言！"沛公乃还军霸上。

十一月，沛公悉召诸县父老、豪桀，谓曰："父老苦秦苛法久矣！吾与诸侯约，先入关者王之；吾当王关中。与父老约，法三章耳：杀人者死，伤人及盗抵罪。余悉除去秦法，诸吏民皆案堵如故[11]。凡吾所以来，为父老除害，非有所侵暴；无恐！且吾所以还军霸上，待诸侯至而定约束耳。”乃使人与秦吏行县、乡、邑，告谕之。秦民大喜，争持牛、羊、酒食献飨军士。沛公又让不受，曰：“仓粟多，非乏，不欲费民。”民又益喜，唯恐沛公不为秦王。

项羽既定河北，率诸侯兵欲西入关。先是，诸侯吏卒、徭使、屯戍过秦中者，秦中吏卒遇之多无状。及章邯以秦军降诸侯，诸侯吏卒乘胜多奴虏使之，轻折辱秦吏卒。秦吏卒多怨，窃言曰：“章将军等诈吾属降诸侯。今能入关破秦，大善；即不能，诸侯虏吾属而东，秦又尽诛吾父母妻子，奈何？”诸将微闻其计，以告项羽。项羽召黥布、蒲将军计曰：“秦吏卒尚众，其心不服；至关不听，事必危。不如击杀之，而独与章邯、长史欣、都尉翳入秦。”于是楚军夜击坑秦卒二十余万人新安城南。

【注释】

①素车、白马：白色的车和马，这里是服丧用的车马。子婴以此表示秦国灭亡，诚心投降。　②系颈以组：表示要自杀。组，用丝织成的阔带子，古代用作佩印或佩玉的绶，这里指佩玺的绶。　③封：这里指把御用的信物包扎后用粘泥封好，加盖印章。符：发兵符。节：像竹节形，用毛制作，上下相重。受命持节即可传达号令赏罚，也就是信物。　④轵（zhǐ 纸）道：即轵道亭，在霸陵县，即今陕西省西安市东北。　⑤属（zhǔ 主）吏：交付给监守官吏。　⑥八州：指秦所处的雍州之外的豫、兖、青、扬、荆、幽、冀、并八州之地。同列：指被秦国兼并的六国。　⑦六合：指天、地、东、西、南、北，也就是天下。　⑧七庙：天子七庙，按次序分则为太祖居中，其下则按父为昭、子为穆左右排列。太祖为始，配其下三昭、三穆即为七庙。堕（huī 灰）：通“隳”，毁坏。　⑨缟（gǎo 搞）素：白色的织物，是有丧之服，这里是指用以怜悯安抚人民。　⑩毒药苦口：应为“良药苦口”。　⑪案堵：即“安堵”，指不迁移徙动。

或说沛公曰：“秦富十倍天下，地形强。闻项羽号章邯为雍王，王关中，今则来，沛公恐不得有此。可急使兵守函谷关，无内诸侯军；稍征关中兵以自益，距之。”沛公然其计，从之。

已而项羽至关，关门闭；闻沛公已定关中，大怒，使黥布等攻破函谷关。十二月，项羽进至戏[①]。沛公左司马曹无伤使人言项羽曰："沛公欲王关中，令子婴为相，珍宝尽有之。"欲以求封。项羽大怒，飨士卒，期旦日击沛公军。当是时，项羽兵四十万，号百万，在新丰鸿门[②]；沛公兵十万，号二十万，在霸上。

范增说项羽曰："沛公居山东时，贪财，好色；今入关，财物无所取，妇女无所幸，此其志不在小。吾令人望其气，皆为龙虎，成五采，此天子气也。急击勿失！"

楚左尹项伯者[③]，项羽季父也，素善张良，乃夜驰之沛公军，私见张良，具告以事，欲呼与俱去，曰："毋俱死也！"张良曰："臣为韩王送沛公；沛公今有急，亡去，不义，不可不语。"良乃入，具告沛公。沛公大惊。良曰："料公士卒足以当项羽乎？"沛公默然曰："固不如也。且为之奈何？"张良曰："请往谓项伯，言沛公之不敢叛也。"沛公曰："君安与项伯有故？"张良曰："秦时与臣游，尝杀人，臣活之。今事有急，故幸来告良。"沛公曰："孰与君少长？"良曰："长于臣。"沛公曰："君为我呼入，吾得兄事之。"张良出，固要项伯[④]；项伯即入见沛公。沛公奉卮酒为寿[⑤]，约为婚姻，曰："吾入关，秋毫不敢有所近[⑥]，籍吏民，封府库而待将军。所以遣将守关

函谷关遗址

者，备他盗之出入与非常也。日夜望将军至，岂敢反乎！愿伯具言臣之不敢倍德也。”项伯许诺，谓沛公曰：“旦日不可不蚤自来谢。”沛公曰：“诺。”于是项伯复夜去，至军中，具以沛公言报项羽；因言曰：“沛公不先破关中，公岂敢入乎！今人有大功而击之，不义也；不如因善遇之。”项羽许诺。

沛公旦日从百余骑来见项羽鸿门，谢曰：“臣与将军戮力而攻秦，将军战河北，臣战河南；不自意能先入关破秦，得复见将军于此。今者有小人之言，令将军与臣有隙。”项羽曰：“此沛公左司马曹无伤言之；不然，籍何以至此！”项羽因留沛公与饮。范增数目项羽，举所佩玉玦以示之者三[⑦]。项羽默然不应。范增起，出召项庄，谓曰：“君王为人不忍。若入前为寿，寿毕，请以剑舞，因击沛公于坐，杀之。不者[⑧]，若属皆且为所虏！”庄则入为寿，寿毕，曰：“军中无以为乐，请以剑舞。”项羽曰：“诺。”项庄拔剑起舞。项伯亦拔剑起舞，常以身翼蔽沛公，庄不得击。

西汉壁画《鸿门宴》局部

于是张良至军门见樊哙。哙曰：“今日之事何如？”良曰：“今项庄拔剑舞，其意常在沛公也。”哙曰：“此迫矣，臣请入，与之同命！”哙即带剑拥盾入。军门卫士欲止不内，樊哙侧其盾以撞，卫士仆地。遂入，披帷立，瞋目视项羽，头发上指，目眦尽裂。项羽按剑而跽曰[⑨]：“客何为者？”张良曰：“沛公之参乘樊哙也。”项羽曰：“壮士！赐之卮酒！”则与斗卮酒。哙拜谢，起，立而饮之。项羽曰：“赐之彘肩[⑩]！”则与一生彘肩。樊哙覆其盾于地，加彘肩其上，拔剑切而啖之。项羽曰:“壮士复能饮乎?”樊哙曰:“臣死且不避,卮酒安足辞!夫秦有虎狼之心,杀人如不能举,刑人如恐不胜;天下皆叛之。怀王与诸将约曰:‘先破秦入咸阳者,王之。’今沛公先破秦,入咸阳,毫毛不敢有所近,还军霸上以待将军。劳苦而功高如此,未有封爵之赏,而听细人之说,欲诛有功之人,此亡秦之续耳,窃为将军不取也!”项羽未有以应,曰:“坐!”樊哙从良坐。

坐须臾,沛公起如厕,因招樊哙出。沛公曰:“今者出,未辞也,为之奈何?”樊哙曰:“如今人方为刀俎,我方为鱼肉,何辞为!”于是遂去。鸿门去霸上四十里,沛公则置车骑,脱身独骑;樊哙、夏侯婴、靳彊、纪信等四人持剑、盾步走,从骊山下道芷阳⑪,间行趣霸上。留张良使谢项羽,以白璧献羽,玉斗与亚父。沛公谓良曰:“从此道至吾军,不过二十里耳。度我至军中,公乃入。”沛公已去,间至军中,张良入谢曰:“沛公不胜杯杓⑫,不能辞,谨使臣良奉白璧一双,再拜献将军足下;玉斗一双,再拜奉亚父足下。”项羽曰:“沛公安在?”良曰:“闻将军有意督过之,脱身独去,已至军矣。”项羽则受璧,置之坐上。亚父受玉斗,置之地,拔剑撞而破之,曰:“唉,竖子不足与谋!夺将军天下者,必沛公也;吾属今为之虏矣!”沛公至军,立诛杀曹无伤。

居数日,项羽引兵西,屠咸阳,杀秦降王子婴,烧秦宫室,火三月不灭;收其货宝、妇女而东。秦民大失望。

韩生说项羽曰:“关中阻山带河,四塞之地,地肥饶,可都以霸。”项羽见秦宫室皆已烧残破,又心思东归,曰:“富贵不归故乡,如衣绣夜行,谁知之者!”韩生退曰:“人言楚人沐猴而冠耳,果然!”项羽闻之,烹韩生。

【注释】

①戏:即戏水,在今陕西西安市临潼区东。 ②新丰:即新丰县,原为骊邑县地,治所在今陕西西安市临潼区东北阴盘镇。鸿门:在今陕西西安市临潼区东北阴盘镇东。 ③左尹:楚官有左尹、右尹,都是行政长官。 ④要(yāo 腰):通“邀”。 ⑤卮(zhī 支):古代一种盛酒器。⑥秋毫:或称秋毫之末,指鸟兽在秋天新长出来的细毛。按朱熹注《孟子》说:“毛至秋而末锐,小而难见也。”比喻极纤小的事物。 ⑦玦(jué

决）：半圆形的玉环。 ⑧不（fǒu 否）者：相当于“否则”。 ⑨跽（jì 技）：长跪，即双膝着地，上身挺直。 ⑩彘（zhì 智）肩：即猪蹄膀，古代称猪为彘。 ⑪芷（zhǐ 旨）阳：秦置县名，地在今陕西西安市长安区东。 ⑫杯杓（sháo 勺）：或作“杯勺”。杯，指酒杯。杓，指杓子。一种舀东西的器具。杯杓，这里指酒。

项羽使人致命怀王；怀王曰：“如约。”项羽怒曰：“怀王者，吾家所立耳，非有功伐[1]，何以得专主约！天下初发难时，假立诸侯后以伐秦。然身被坚执锐首事，暴露于野三年，灭秦定天下者，皆将相诸君与籍之力也。怀王虽无功，固当分其地而王之。”诸将皆曰：“善！”春，正月，羽阳尊怀王为义帝，曰：“古之帝者，地方千里，必居上游。”乃徙义帝于江南，都郴[2]。

二月，羽分天下王诸将。羽自立为西楚霸王[3]，王梁、楚地九郡，都彭城。羽与范增疑沛公，而业已讲解，又恶负约，乃阴谋曰：“巴、蜀道险，秦之迁人皆居之。”乃曰：“巴、蜀亦关中地也。”故立沛公为汉王，王巴、蜀、汉中，都南郑[4]。而三分关中，王秦降将，以距塞汉路：章邯为雍王，王咸阳以西，都废丘[5]；长史欣者，故为栎阳狱掾[6]，尝有德于项梁；都尉董翳者，本劝章邯降楚；故立欣为塞王，王咸阳以东，至河，都栎阳；立翳为翟王，王上郡，都高奴[7]。项羽欲自取梁地，乃徙魏王豹为西魏王，王河东，都平阳[8]。瑕丘申阳者，张耳嬖臣也，先下河南郡，迎楚河上，故立申阳为河南王，都洛阳。韩王成因故都，都阳翟。赵将司马卬定河内，数有功，故立卬为殷王，王河内，都朝歌。徙赵王歇为代王。赵相张耳素贤，又从入关，故立耳为常山王，王赵地，治襄国[9]。当阳君黥布为楚将，常冠军，故立布为九江王，都六[10]。番君吴芮率百越佐诸侯，又从入关，故立芮为衡山王，都邾。义帝柱国共敖将兵击南郡，功多，因立敖为临江王，都江陵。徙燕王韩广为辽东王，都无终[11]。燕将臧荼从楚救赵，因从入关，故立荼为燕王，都蓟。徙齐王田市为胶东王，都即墨。齐将田都从楚救赵，因从入关，故立都为齐王，都临菑。项羽方渡河救赵，田安下济北数城，引其兵降项羽，故立安为济北王，都博阳[12]。田荣数负项梁，又不肯将兵从楚击秦，以故不封。成安君陈馀弃将印去，不从入关，亦不封。客多说项羽曰："张耳、陈馀，一体有功于赵，今耳为王，馀不可以不封。"羽不得已，闻其在南皮[13]，因环封之三县。番君将梅鋗功多，封十万户侯。

汉王怒，欲攻项羽；周勃、灌婴、樊哙皆劝之。萧何谏曰："虽王汉中之恶，不犹愈于死乎？"汉王曰："何为乃死也？"何曰："今众弗如，百战百败，不死何为！夫能诎于一人之下而信于万乘之上者，汤、武是也。臣愿大王王汉中，养其民以致贤人，收用巴、蜀，还定三秦，天下可图也。"汉王曰："善！"乃遂就国，以何为丞相。

汉王赐张良金百镒，珠二斗；良具以献项伯。汉王亦因令良厚遗项伯，使尽请汉中地，项王许之。

夏，四月，诸侯罢戏下兵，各就国。项王使卒三万人从汉王之国。楚与诸侯之慕从者数万人，从杜南入蚀中[14]。张良送至褒中[15]，汉王遣良归韩；良因说汉王烧绝所过栈道，以备诸侯盗兵，且示项羽无东意。

【注释】

①功伐：即功劳。积攻为伐。 ②郴：郴县，治所在今湖南郴州市。 ③西楚：大致指淮河以北，沛、陈、汝南、南郡这些地方为西楚。 ④南郑：南郑县，治所在今陕西汉中市东。 ⑤废丘：废丘县，治所在今陕西兴平市东南南佐村。 ⑥栎阳：栎阳县，治所在今陕西西安市临潼区东北武屯镇附近古城村南。 ⑦高奴：高奴县，治所在今陕西延安市城东延河东岸。 ⑧平阳：平阳县，治所在今山西临汾市西南金殿。 ⑨襄国：襄国县，治所在今河北邢台市。 ⑩六：六县，治所在今安徽六安市东北。 ⑪无终：无终县，治所在今天津蓟州区。 ⑫博阳：博阳县，治所在今山东泰安市东南。 ⑬南皮：南皮县，治所在今河北南皮县东北。 ⑭蚀中：又名子午道。自今陕西西安市长安区子午镇南穿秦岭，通往今陕西安康市境。 ⑮褒中：褒中县，治所在今陕西汉中市西北褒城东。

田荣闻项羽徙齐王市于胶东，而以田都为齐王，大怒。五月，荣发兵距击田都，都亡走楚。荣留齐王市，不令之胶东。市畏项羽，窃亡之国。荣怒，六月，追击杀市于即墨，自立为齐王。是时，彭越在巨野，有众万余人，无所属。荣与越将军印，使击济北。秋，七月，越击杀济北王安。荣遂并王三齐之地[①]，又使越击楚。项王命萧公角将兵击越，越大破楚军。

张耳之国，陈馀益怒曰："张耳与馀，功等也；今张耳王，馀独侯，此项羽不平！"乃阴使张同、夏说说齐王荣曰："项羽为天下宰不平[②]，尽王诸将善地，徙故王于丑地。今赵王乃北居代，馀以为不可。闻大王起兵，不听不义；愿大王资馀兵击常山，复赵王，请以赵为扞蔽[③]！"齐王许之，遣兵从陈馀。

项王以张良从汉王，韩王成又无功，故不遣之国，与俱至彭城，废以为穰侯；已，又杀之。

初，淮阴人韩信，家贫，无行[④]，不得推择为吏，又不能治生商贾，常从人寄食饮，人多厌之。信钓于城下，有漂母见信饥，饭信。信喜，谓漂母曰："吾必有以重报母。"母怒曰："大丈夫不能自食；吾哀王孙而进食[⑤]，岂望报乎！"淮阴屠中少年有侮信者曰："若虽长大，好带刀剑，中情怯耳。"因众辱之曰："信能死，刺我；不能死，出我袴下[⑥]！"于是信孰视之[⑦]，俛出袴下[⑧]，蒲伏。一市人皆笑信，以为怯。

及项梁渡淮，信杖剑从之；居麾下[⑨]，无所知名。项梁败，又属项羽，羽以为郎中；数以策干羽[⑩]，羽不用。汉王之入蜀，信亡楚归汉，未知名。为连敖[⑪]，坐当斩；其辈十三人皆已斩，次至信，信乃仰视，适见滕公[⑫]，曰："上不欲就天下乎，何为斩壮士？"滕公奇其言，壮其貌，释而不斩；与语，大说之，言于王。王拜以为治粟都尉[⑬]，亦未之奇也。

信数与萧何语，何奇之。汉王至南郑，诸将及士卒皆歌讴思东归，多道亡者。信度何等已数言王，王不我用，即亡去。何闻信亡，不及以闻，自追之。人有言王曰："丞相何亡。"王大怒，如失左右手。居一二日，何来谒王。王且怒且喜，骂何曰："若亡，何也？"何曰："臣不敢亡也，臣追亡者耳。"王曰："若所追者谁？"何曰："韩信也。"王复骂曰："诸将亡者以十数，公无所追；追信，诈也！"何曰："诸将易得耳；至如信者，国士无双。王必欲长王汉中，无所事信；必欲争天下，非信无可与计事者。顾王策安所决耳！"王曰：

"吾亦欲东耳,安能郁郁久居此乎!"何曰:"计必欲东,能用信,信即留;不能用信,终亡耳。"王曰:"吾为公以为将。"何曰:"虽为将,信不留。"王曰:"以为大将。"何曰:"幸甚!"于是王欲召信拜之。何曰:"王素慢无礼;今拜大将,如呼小儿,此乃信所以去也。王必欲拜之,择良日,斋戒,设坛场,具礼,乃可耳。"王许之。诸将皆喜,人人各自以为得大将。至拜大将,乃韩信也,一军皆惊。

西汉"千秋万岁"瓦当

信拜礼毕,上坐。王曰:"丞相数言将军,将军何以教寡人计策?"信辞谢,因问王曰:"今东乡争权天下,岂非项王耶?"汉王曰:"然。"曰:"大王自料,勇悍仁强孰与项王?"汉王默然良久,曰:"不如也。"信再拜贺曰:"惟信亦以为大王不如也。然臣尝事之,请言项王之为人也:项王喑噁叱咤[14],千人皆废[15],然不能任属贤将;此特匹夫之勇耳。项王见人,恭敬慈爱,言语呕呕[16],人有疾病,涕泣分食饮;至使人,有功当封爵者,印刓敝[17],忍不能予;此所谓妇人之仁也。项王虽霸天下而臣诸侯,不居关中而都彭城;背义帝之约,而以亲爱王诸侯,不平;逐其故主而王其将相,又迁逐义帝置江南,所过无不残灭;百姓不亲附,特劫于威强耳。名虽为霸,实失天下心,故其强易弱。今大王诚能反其道,任天下武勇,何所不诛;以天下城邑封功臣,何所不服;以义兵从思东归之士,何所不散!且三秦王为秦将,将秦子弟数岁矣,所杀亡不可胜计;又欺其众,降诸侯,至新安,项王诈坑秦降卒二十余万,唯独邯、欣、翳得脱。秦父兄怨此三人,痛入骨髓。今楚强以威王此三人,秦民莫爱也。大王之入武关,秋毫无所害;除秦苛法,与秦民约法三章[18]；秦民无不欲得大王王秦者。于诸侯之约，大王当王关中，关中民咸知之；大王失职入汉中，秦民无不恨者。今大王举而东，三秦可传檄而定也[19]。”于是汉王大喜，自以为得信晚，遂听信计，部署诸将所击；留萧何收巴、蜀租，给军粮食。

【注释】

①三齐：指齐、济北、胶东这些地方。 ②宰：主宰。 ③扞蔽：即屏藩。 ④行（xìng 幸）：德行，善行。 ⑤王孙：古代对贵族子弟的通称，也是对青年人的一种尊称，相当于后世称呼“公子”。 ⑥袴：同“胯”。 ⑦孰：通“熟”。 ⑧俛：同“俯”。 ⑨麾（huī 灰）下：部下。 ⑩干：求，进说。 ⑪连敖：掌管仓库粮饷的小官。 ⑫滕公：即夏侯婴，是刘邦的好友，因曾为滕县令，故称滕公。 ⑬治粟都尉：管理全国盐铁事务的官。 ⑭喑噁（yīn wù 因务）：满怀怒气的样子。 ⑮废：瘫痪。 ⑯呕呕（xū xū 嘘嘘）：和悦的样子。 ⑰刓（wán 玩）：磨去棱角。敝：即弊，损坏。 ⑱法三章：即“杀人者死，伤人及盗抵罪”。 ⑲传檄（xí 习）：发布声讨罪行的文告。

八月，汉王引兵从故道出[1]，袭雍；雍王章邯迎击汉陈仓。雍兵败，还走；止，战好畤[2]，又败，走废丘。汉王遂定雍地，东至咸阳；引兵围雍王于废丘，而遣诸将略地。塞王欣、翟王翳皆降，以其地为渭南、河上、上郡。令将军薛欧、王吸出武关，因王陵兵以迎太公、吕后。项王闻之，发兵距之阳夏，不得前。

王陵者，沛人也，先聚党数千人，居南阳，至是始以兵属汉。项王取陵母置军中，陵使至，则东乡坐陵母[3]，欲以招陵。陵母私送使者，泣曰：“愿为老妾语陵：善事汉王，汉王长者，终得天下；毋以老妾故持二心。妾以死送使者！”遂伏剑而死。项王怒，烹陵母。

项王以故吴令郑昌为韩王，以距汉。

张良遗项王书曰：“汉王失职，欲得关中；如约即止，不敢东。”又以齐、梁反书遗项王曰：“齐欲与赵并灭楚。”项王以此故无西意，而北击齐。

燕王广不肯之辽东；臧荼击杀之，并其地。

是岁，以内史沛周苛为御史大夫。

项王使趣义帝行，其群臣、左右稍稍叛之。

二年 冬，十月，项王密使九江、衡山、临江王击义帝，杀之江中。

陈馀悉三县兵，与齐兵共袭常山。常山王张耳败，走汉，谒汉王于废丘；汉王厚遇之。陈馀迎赵王于代，复为赵王。赵王德陈馀，立以为代王。陈馀为赵王弱，国初定，不之国，留傅赵王；而使夏说以相国守代。

张良自韩间行归汉：汉王以为成信侯。良多病，未尝特将，常为画策臣，时时从汉王。

汉王如陕，镇抚关外父老。

河南王申阳降，置河南郡。

汉王以韩襄王孙信为韩太尉，将兵略韩地。信急击韩王昌于阳城，昌降。十一月，立信为王；常将韩兵从汉王。

汉王还都栎阳。

诸将拔陇西。

春，正月，项王北至城阳。齐王荣将兵会战，败，走平原，平原民杀之。项王复立田假为齐王。遂北至北海，烧夷城郭、室屋，坑田荣降卒，系虏其老弱、妇女，所过多所残灭。齐民相聚叛之。

汉将拔北地，虏雍王弟平。

三月，汉王自临晋渡河。魏王豹降，将兵从；下河内，虏殷王卬，置河内郡。

初，阳武人陈平，家贫，好读书。里中社，平为宰，分肉食甚均。父老曰："善，陈孺子之为宰！"平曰："嗟乎，使平得宰天下，亦如是肉矣！"及诸侯叛秦，平事魏王咎于临济，为太仆，说魏王，不听。人或谗之，平亡去。后事项羽，赐爵为卿。殷王反，项羽使平击降之；还，拜为都尉，赐金二十镒。

居无何，汉王攻下殷。项王怒，将诛定殷将吏。平惧，乃封其金与印，使使归项王；而挺身间行[④]，杖剑亡，渡河，归汉王于修武，因魏无知求见汉王。汉王召入，赐食，遣罢就舍。平曰："臣为事来，所言不可以过今日。"于是汉王与语而说之，问曰："子之居楚何官？”曰：“为都尉。”是日，即拜平为都尉，使为参乘，典护军。诸将尽讙曰[5]：“大王一日得楚之亡卒，未知其高下，而即与同载，反使监护长者！”汉王闻之，愈益幸平。

汉王南渡平阴津，至洛阳新城。三老董公遮说王曰：“臣闻‘顺德者昌，逆德者亡’；‘兵出无名，事故不成’。故曰：‘明其为贼，敌乃可服。’项羽为无道，放杀其主，天下之贼也。夫仁不以勇，义不以力，大王宜率三军之众，为之素服，以告诸侯而伐之，则四海之内莫不仰德，此三王之举也。”于是汉王为义帝发丧，袒而大哭，哀临三日，发使告诸侯曰：“天下共立义帝，北面事之，今项羽放杀义帝江南[6]，大逆无道！寡人悉发关中兵，收三河士，南浮江、汉以下，愿从诸侯王击楚之杀义帝者！”

使者至赵，陈馀曰：“汉杀张耳，乃从。”于是汉王求人类张耳者斩之，持其头遗陈馀；馀乃遣兵助汉。

田荣弟横收散卒得数万人，起城阳；夏，四月，立荣子广为齐王，以拒楚。项王因留，连战，未能下。虽闻汉东，既击齐，欲遂破之而后击汉，汉王以故得率诸侯兵凡五十六万人伐楚。到外黄，彭越将其兵三万余人归汉。汉王曰：“彭将军收魏地得十余城，欲急立魏后。今西魏王豹，真魏后。”乃拜彭越为魏相国，擅将其兵略定梁地。汉王遂入彭城，收其货宝、美人，日置酒高会。

项王闻之，令诸将击齐，而自以精兵三万人南，从鲁出胡陵至萧。晨，击汉军而东至彭城，日中，大破汉军。汉军皆走，相随入谷、泗水，死者十余万人。汉卒皆南走山，楚又追击至灵璧东睢水上[7]；汉军却，为楚所挤，卒十余万人皆入睢水，水为之不流。围汉王三匝。会大风从西北起，折木，发屋，扬沙石，窈冥昼晦，逢迎楚军，大乱坏散，而汉王乃得与数十骑遁去。欲过沛收家室，而楚亦使人之沛取汉王家；家皆亡，不与汉王相见。

汉王道逢孝惠、鲁元公主，载以行。楚骑追之，汉王急，推堕二子车下。滕公为太仆，常下收载之；如是者三，曰：“今虽急，不可以驱，奈何弃之！”故徐行。汉王怒，欲斩之者十余；滕公卒保护，脱二子。审食其从太公、吕后间行求汉王，不相遇，反遇楚军；楚军与归，项王常置军中为质。

是时，吕后兄周吕侯为汉将兵，居下邑；汉王间往从之，稍稍收其士卒。诸侯皆背汉，复与楚。塞王欣、翟王翳亡降楚。

田横进攻田假，假走楚，楚杀之；横遂复定三齐之地。

汉王问群臣曰："吾欲捐关以东；等弃之，谁可与共功者？"张良曰："九江王布，楚枭将，与项王有隙；彭越与齐反梁地；此两人可急使。而汉王之将，独韩信可属大事，当一面。即欲捐之，捐之此三人，则楚可破也！"

初，项王击齐，征兵九江，九江王布称病不往，遣将将军数千人行。汉之破楚彭城，布又称病不佐楚。楚王由此怨布，数使使者诮让，召布。布愈恐，不敢往。项王方北忧齐、赵，西患汉，所与者独九江王；又多布材，欲亲用之，以故未之击。

汉王自下邑徙军砀，遂至虞，谓左右曰："如彼等者，无足与计天下事！"谒者随何进曰："不审陛下所谓。"汉王曰："孰能为我使九江，令之发兵倍楚？留项王数月，我之取天下可以百全。"随何曰："臣请使之！"汉王使与二十人俱。

五月，汉王至荥阳，诸败军皆会，萧何亦发关中老弱未傅者悉诣荥阳，汉军复大振。楚起于彭城，常乘胜逐北，与汉战荥阳南京、索间。

楚骑来众，汉王择军中可为骑将者，皆推故秦骑士重泉人李必、骆甲；汉王欲拜之。必、甲曰："臣故秦民，恐军不信臣；愿得大王左右善骑者傅之。"乃拜灌婴为中大夫令，李必、骆甲为左右校尉，将骑兵击楚骑于荥阳东，大破之，楚以故不能过荥阳而西。汉王军荥阳，筑甬道属之河，以取敖仓粟。

【注释】

①故道：故道县，治所在今陕西宝鸡市西南大散关东南。 ②好畤（zhì 治）：好畤县，治所在今陕西乾县东五里好畤村。 ③东乡：即"东向"，古代以东向之位为尊。 ④挺身：即拔身，拔身而走。 ⑤讙（huān 欢）：喧哗。 ⑥放杀：迁徙而杀之。 ⑦灵璧：即今安徽灵璧县。睢水：其水自今河南开封市东分古鸿沟东流，经今杞县、睢县、宁陵县、商丘市、夏邑县、永城市等，复经安徽濉溪县、宿州市、灵璧县及江苏睢宁县北，至宿迁市西注入古泗水，久湮。

周勃、灌婴等言于汉王曰："陈平虽美如冠玉，其中未必有也。臣闻平居家时盗其嫂；事魏不容，亡归楚；不中，又亡归汉。今日大王尊官之，令护军。臣闻平受诸将金，金多者得善处，金少者得恶处。平，反复乱臣也，愿王察之！"汉王疑之，召让魏无知。无知曰："臣所言者能也，陛下所问者行也。今有尾生、孝己之行[①]，而无益胜负之数，陛下何暇用之乎！楚、汉相距，臣进奇谋之士，顾其计诚足以利国家不耳。盗嫂、受金，又何足疑乎！"汉王召让平曰："先生事魏不中，事楚而去，今又从吾游，信者固多心乎？"平曰："臣事魏王，魏王不能用臣说，故去事项王。项王不能信人，其所任爱，非诸项，即妻之昆弟，虽有奇士不能用。闻汉王能用人，故归大王。臣裸身来[②]，不受金无以为资。诚臣计画有可采者，愿大王用之；使无可用者，金具在，请封输官，得请骸骨。"汉王乃谢，厚赐，拜为护军中尉，尽护诸将。诸将乃不敢复言。

魏王豹谒归视亲疾；至则绝河津，反为楚。

六月，汉王还栎阳。

壬午，立子盈为太子；赦罪人。

汉兵引水灌废丘，废丘降，章邯自杀。尽定雍地，以为中地、北地、陇西郡。

关中大饥，米斛万钱，人相食。令民就食蜀、汉。

初，秦之亡也，豪桀争取金玉，宣曲任氏独窖仓粟。及楚、汉相距荥阳，民不得耕种，而豪桀金玉尽归任氏，任氏以此起，富者数世。

秋，八月，汉王如荥阳，命萧何守关中侍太子，为法令约束，立宗庙、社稷、宫室、县邑；事有不及奏决者，辄以便宜施行[③]，上来，以闻。计关中户口，转漕、调兵以给军，未尝乏绝。

汉王使郦食其往说魏王豹，且召之。豹不听，曰："汉王慢而侮人，骂詈诸侯、群臣如骂奴耳[④]，吾不忍复见也！"于是汉王以韩信为左丞相，与灌婴、曹参俱击魏。

汉王问食其："魏大将谁也？"对曰："柏直。"王曰："是口尚乳臭，安能当韩信！""骑将谁也？"曰："冯敬。"曰："是秦将冯无择子也，虽贤，不能当灌婴。”“步卒将谁也？”曰：“项它。”曰：“不能当曹参。吾无患矣！”韩信亦问郦生：“魏得无用周叔为大将乎？”郦生曰：“柏直也。”信曰：“竖子耳！”遂进兵。

魏王盛兵蒲坂以塞临晋。信乃益为疑兵，陈船欲渡临晋，而伏兵从夏阳以木罂渡军⑤，袭安邑。魏王豹惊，引兵迎信。九月，信击虏豹，传诣荥阳；悉定魏地，置河东、上党、太原郡。

汉之败于彭城而西也，陈馀亦觉张耳不死，即背汉。韩信既定魏，使人请兵三万人，愿以北举燕、赵，东击齐，南绝楚粮道。汉王许之，乃遣张耳与俱，引兵东，北击赵、代。后九月，信破代兵，禽夏说于阏与。信之下魏破代，汉辄使人收其精兵诣荥阳以距楚。

【注释】

①尾生：人名，古代传说中坚守信约的人。据《庄子·盗跖》中说：尾生与一女子约定在桥梁下相会，女子没有按约到来，大水冲来他也不离开，结果抱着梁柱淹死。孝己：商朝高宗的儿子，以实行孝道著称。②裸身：即赤身，也就是贫穷无财物用度。　③便宜施行：即便宜行事，是说可以按照实际情况考虑事势所宜，自行处理，不必请示。　④詈（lì 利）：骂，责骂。　⑤木罂：以木制框柙缚上罂缶，用以浮渡。罂缶是大腹小口的瓦器。

资治通鉴卷第十

汉纪二　起强圉作噩，尽著雍阉茂，凡二年。

太祖高皇帝上之下

三年　冬十月，韩信、张耳以兵数万东击赵。赵王及成安君陈馀闻之，聚兵井陉口[①]，号二十万。

广武君李左车说成安君曰："韩信、张耳乘胜而去国远斗，其锋不可当。臣闻'千里馈粮[②]，士有饥色；樵苏后爨[③]，师不宿饱[④]'。今井陉之道，车不得方轨[⑤]，骑不得成列；行数百里，其势粮食必在其后。愿足下假臣奇兵三万人，从间路绝其辎重[⑥]；足下深沟高垒勿与战。彼前不得斗，退不得还，野无所掠，不至十日，而两将之头可致于麾下；否则必为二子所禽矣。"

成安君尝自称义兵，不用诈谋奇计，曰："韩信兵少而疲，如此避而不击，则诸侯谓吾怯而轻来伐我矣。"

韩信使人间视，知其不用广武君策，则大喜，乃敢引兵遂下。未至井陉口三十里，止舍。夜半，传发[⑦]，选轻骑二千人，人持一赤帜，从间道萆山而望赵军[⑧]。诫曰："赵见我走，必空壁逐我；若疾入赵壁，拔赵帜，立汉赤帜。"令其裨将传餐[⑨]，曰："今日破赵会食！"诸将皆莫信，佯应曰："诺。"信曰："赵已先据便地为壁；且彼未见吾大将旗鼓，未肯击前行，恐吾至阻险而还也。"乃使万人先行，出，背水陈；赵军望见而大笑。

平旦，信建大将旗鼓，鼓行出井陉口；赵开壁击之，大战良久。

于是信与张耳佯弃鼓旗，走水上军；水上军开入之，复疾战。赵果空壁争汉旗鼓，逐信、耳。信、耳已入水上军，军皆殊死战，不可败。信所出奇兵二千骑共候赵空壁逐利，则驰入赵壁，皆拔赵旗，立汉赤帜二千。赵军已不能得信等，欲还归壁；壁皆汉赤帜，见而大惊，以为汉皆已得赵王将矣，兵遂乱，遁走，赵将虽斩之，不能禁也。于是汉兵夹击，大破赵军，斩成安君泜水上[10]，禽赵王歇。

诸将效首虏，毕贺，因问信曰："兵法'右倍山陵，前左水泽'。今者将军令臣等反背水陈，曰'破赵会食'，臣等不服，然竟以胜。此何术也？"信曰："此在兵法，顾诸君不察耳！兵法不曰：'陷之死地而后生，置之亡地而后存？'且信非得素拊循士大夫也[11]，此所谓'驱市人而战之'，其势非置之死地，使人人自为战；今予之生地，皆走，宁尚可得而用之乎！"诸将皆服，曰："善！非臣所及也。"

信募生得广武君者予千金。有缚致麾下者，信解其缚，东乡坐，师事之。问曰："仆欲北伐燕，东伐齐，何若而有功？"广武君辞谢曰："臣，败亡之虏，何足以权大事乎！"信曰："仆闻之：百里奚居虞而虞亡，在秦而秦霸；非愚于虞而智于秦也，用与不用，听与不听也。诚令成安君听足下计，若信者亦已为禽矣；以不用足下，故信得侍耳。今仆委心归计，愿足下勿辞！"广武君曰："今将军涉西河，虏魏王，禽夏说；东下井陉，不终朝而破赵二十万众，诛成安君；名闻海内，威震天下，农夫莫不辍耕释耒，褕衣甘食[12]，倾耳以待命者，此将军之所长也。然而众劳卒罢，其实难用。今将军欲举倦敝之兵顿之燕坚城之下[13]，欲战不得，攻之不拔，情见势屈；旷日持久，粮食单竭[14]。燕既不服，齐必距境以自强。燕、齐相持而不下，则刘、项之权未有所分也，此将军所短也。善用兵者，不以短击长而以长击短。"韩信曰："然则何由？"广武君对曰："方今为将军计，莫如按甲休兵，镇抚赵民，百里之内，牛酒日至，以飨士大夫；北首燕路[15]，而后遣辨士奉咫尺之书，暴其所长于燕，燕必不敢不听从。燕已从而东临齐，虽有智者，亦不知为齐计矣。如是，则天下事皆可图也。兵固有先声而后实者，此之谓也。"韩信曰："善！"从其策，发使使燕，燕从风而靡；遣使报汉，且请以张耳王赵，汉王许之。楚数使奇兵渡河击赵，张耳、韩信往来救赵，因行定赵城邑,发兵诣汉。

【注释】

①井陉(xíng 形)口:在今河北井陉县西北。 ②馈:运送。 ③樵苏后爨(cuàn 窜):打柴割草然后做饭。意思是事前没有做好准备,临时才打柴草然后做饭,结果只会饿肚皮。樵,这里指砍柴、打柴。苏,指割草。爨,指烧火做饭。 ④不宿饱:不能经常饱,也就是容易饿肚子。宿饱:经常饱。 ⑤方轨:车并行而走。 ⑥辎重:载物资的车。 ⑦传发:传令发兵,即命令起兵进攻。 ⑧萆:通"蔽",遮掩,隐蔽。 ⑨裨(pí 皮)将:偏将、副将。传餐:传递干粮。 ⑩泜(chí 池)水:即槐河,在今河北省。 ⑪拊循:抚慰,安抚。拊(fǔ 府):通"抚"。 ⑫揄(yú 余):美好。 ⑬顿:屯,驻扎。 ⑭单:通"殚",尽。 ⑮北首:头朝向北方,也就是面向北方。

甲戌晦,日有食之。

十一月,癸卯晦,日有食之。

随何至九江,九江太宰主之[1],三日不得见。随何说太宰曰:"王之不见何,必以楚为强,以汉为弱也。此臣之所以为使。使何得见,言之而是,大王所欲闻也;言之而非,使何等二十人伏斧质九江市,足以明王倍汉而与楚也。"太宰乃言之王。

王见之。随何曰:"汉王使臣敬进书大王御者,窃怪大王与楚何亲也?"九江王曰:"寡人北乡而臣事之。"随何曰:"大王与项王俱列为诸侯,北乡而臣事之者,必以楚为强,可以托国也。项王伐齐,身负版筑[2],为士卒先。大王宜悉九江之众,身自将之,为楚前锋;今乃发四千人以助楚。夫北面而臣事人者,固若是乎?汉王入彭城,项王未出齐也。大王宜悉九江之兵渡淮,日夜会战彭城下;大王乃抚万人之众,无一人渡淮者,垂拱而观其孰胜[3]。夫托国于人者,固若是乎?大王提空名以乡楚而欲厚自托,臣窃为大王不取也!然而大王不背楚者,以汉为弱也。夫楚兵虽强,天下负之以不义之名,以其背盟约而杀义帝也。汉王收诸侯,还守成皋、荥阳,下蜀、汉之粟,深沟壁垒,分卒守徼乘塞[4]。楚人深入敌国八九百里,老弱转粮千里之外。汉坚守而不动,楚进则不得攻,退则不能解，故曰楚兵不足恃也。使楚胜汉，则诸侯自危惧而相救；夫楚之强，适足以致天下之兵耳。故楚不如汉，其势易见也。今大王不与万全之汉而自托于危亡之楚，臣窃为大王惑之！臣非以九江之兵足以亡楚也；大王发兵而倍楚，项王必留；留数月，汉之取天下可以万全。臣请与大王提剑而归汉，汉王必裂地而封大王；又况九江必大王有也。”九江王曰：“请奉命。”阴许畔楚与汉，未敢泄也。

楚使者在九江，舍传舍，方急责布发兵。随何直入，坐楚使者上，曰：“九江王已归汉，楚何以得发兵？”布愕然。楚使者起。何因说布曰：“事已构，可遂杀楚使者，无使归，而疾走汉并力。”布曰：“如使者教。”于是杀楚使者，因起兵而攻楚。

楚使项声、龙且攻九江，数月，龙且破九江军。布欲引兵走汉，恐楚兵杀之，乃间行与何俱归汉。十二月，九江王至汉。汉王方踞床洗足，召布入见。布大怒，悔来，欲自杀；及出就舍，帐御、饮食、从官皆如汉王居，布又大喜过望。于是乃使人入九江；楚已使项伯收九江兵，尽杀布妻子。布使者颇得故人、幸臣，将众数千人归汉。汉益九江王兵，与俱屯成皋。

楚数侵夺汉甬道，汉军乏食。汉王与郦食其谋桡楚权[5]。食其曰：“昔汤伐桀，封其后于杞；武王伐纣，封其后于宋。今秦失德弃义，侵伐诸侯，灭其社稷，使无立锥之地。陛下诚能复立六国之后，此其君臣、百姓必皆戴陛下之德，莫不向风慕义，愿为臣妾。德义已行，陛下南乡称霸，楚必敛衽而朝。”汉王曰：“善！趣刻印，先生因行佩之矣。”

食其未行，张良从外来谒。汉王方食，曰：“子房前！客有为我计桡楚权者。”具以郦生语告良，曰：“何如？”良曰：“谁为陛下画此计者？陛下事去矣！”汉王曰：“何哉？”对曰：“臣请借前箸，为大王筹之；昔汤、武封桀、纣之后者，度能制其死生之命也；今陛下能制项籍之死命乎？其不可一也。武王入殷，表商容之闾，释箕子之囚，封比干之墓[6]；今陛下能乎？其不可二也。发巨桥之粟[7]，散鹿台之钱[8]，以赐贫穷；今陛下能乎？其不可三也。殷事已毕，偃革为轩，倒载干戈，示天下不复用兵；今陛下能乎？其不可四也。

休马华山之阳，示以无为；今陛下能乎？其不可五也。放牛桃林之阴[9]，以示不复输积；今陛下能乎？其不可六也。天下游士，离其亲戚，弃坟墓，去故旧，从陛下游者，徒欲日夜望咫尺之地。今复立六国之后，天下游士各归事其主，从其亲戚，反其故旧、坟墓，陛下谁与取天下乎？其不可七也。且夫楚唯无强，六国立者复桡而从之，陛下焉得而臣之？其不可八也。诚用客之谋，陛下事去矣！”汉王辍食，吐哺，骂曰：“竖儒几败而公事！”令趣销印。

荀悦论曰：夫立策决胜之术，其要有三：一曰形，二曰势，三曰情。形者言其大体得失之数也；势者，言其临时之宜、进退之机也；情者，言其心志可否之实也。故策同、事等而功殊者，三术不同也。

初，张耳、陈馀说陈涉以复六国，自为树党；郦生亦说汉王。所以说者同而得失异者，陈涉之起，天下皆欲亡秦；而楚、汉之分未有所定，今天下未必欲亡项也。故立六国，于陈涉，所谓多己之党而益秦之敌也；且陈涉未能专天下之地也，所谓取非其有以与于人，行虚惠而获实福也。立六国，于汉王，所谓割己之有而以资敌，设虚名而受实祸也。此同事而异形者也。

及宋义待秦、赵之毙，与昔卞庄刺虎同说者也[10]。施之战国之时，邻国相攻，无临时之急，则可也。战国之立，其日久矣，一战胜败，未必以存亡也；其势非能急于亡敌国也，进乘利，退自保，故累力待时，乘敌之毙，其势然也。今楚、赵所起，其与秦势不并立，安危之机，呼吸成变，进则定功，退则受祸。此同事而异势者也。

伐赵之役，韩信军于泜水之上而赵不能败。彭城之难，汉王战于睢水之上，士卒皆赴入睢水而楚兵大胜。何则？赵兵出国迎战，见可而进，知难而退，怀内顾之心，无出死之计；韩信军孤在水上，士卒必死，无有二心，此信之所以胜也。汉王深入敌国，置酒高会，士卒逸豫，战心不固；楚以强大之威而丧其国都，士卒皆有愤激之气，救败赴亡之急，以决一旦之命，此汉之所以败也。且韩信选精兵以守，而赵以内顾之士攻之；项羽选精兵以攻，而汉以怠惰之卒应之。此同事而异情者也。

故曰：权不可豫设，变不可先图；与时迁移，应物变化，设策之机也。

【注释】

①太宰：掌管供给饮食的官。 ②版筑：筑土墙的器具。版，指墙板；筑，指杵。 ③垂拱：垂衣拱手，指不做什么事，静候事态发展。 ④徼：指边境的亭障。 ⑤桡（náo 挠）：削弱。 ⑥商容：商代贵族。相传被纣王废黜。箕子：商代的贵族，纣王的叔父，任为太师。曾劝谏纣王，纣王不听，把他囚禁。比干：商代贵族，纣王的叔父，任为少师。他因屡次劝谏纣王，被剖心而死。 ⑦巨桥：即巨桥仓，为商纣时粟仓，在今河北平乡县东南。 ⑧鹿台：一名廪台，又称"南单之台"，在今河南淇县。商纣王所筑，大三里，高千尺。周武王伐纣，纣败走登此台自焚而死。 ⑨桃林：又名桃原，约在今河南灵宝市以西，陕西西安市临潼区以东地区。 ⑩卞庄刺虎：卞庄子，又作馆庄子、卞严子、辨庄子，春秋时鲁国卞邑大夫，以勇力驰名。卞庄子刺虎的故事详见《史记·张仪列传》之《陈轸传》，其故事大意是：卞庄子要去刺杀两条老虎。馆竖子制止说，两条虎正在食牛，他们会因争食而斗，这样小虎会斗死，大虎会斗伤，最后你把斗伤的大虎刺死，等于是刺死两虎。卞庄子按馆竖子的意见办，果然获得二虎。

汉王谓陈平曰："天下纷纷，何时定乎？"陈平曰："项王骨鲠之臣[①]，亚父、钟离眛、龙且、周殷之属，不过数人耳。大王诚能捐数万斤金，行反间，间其君臣，以疑其心；项王为人，意忌信谗，必内相诛，汉因举兵而攻之，破楚必矣。"汉王曰："善！"乃出黄金四万斤与平，恣所为，不问其出入。平多以金纵反间于楚军，宣言："诸将钟离眛等为项王将，功多矣，然而终不得裂地而王，欲与汉为一，以灭项氏而分王其地。"项王果意不信钟离眛等。

夏，四月，楚围汉王于荥阳，急；汉王请和，割荥阳以西者为汉。亚父劝羽急攻荥阳；汉王患之。项羽使使至汉，陈平使为大牢具[②]。举进，见楚使，即佯惊曰："吾以为亚父使，乃项王使！"复持去，更以恶草具进楚使[③]。楚使归，具以报项王；项王果大疑亚父。亚父欲急攻下荥阳城，项王不信，不肯听。亚父闻项王疑之，乃怒曰："天下事大定矣，君王自为之，愿赐骸骨④！"归，未至彭城，疽发背而死⑤。

五月，将军纪信言于汉王曰："事急矣！臣请诳楚，王可以间出。"于是陈平夜出女子东门二千余人，楚因四面击之。纪信乃乘王车，黄屋⑥，左纛⑦，曰："食尽，汉王降。"楚皆呼万岁，之城东观。以故汉王得与数十骑出西门遁去，令韩王信与周苛、魏豹、枞公守荥阳。羽见纪信，问："汉王安在？"曰："已出去矣。"羽烧杀信。周苛、枞公相谓曰："反国之王，难与守城！"因杀魏豹。

汉王出荥阳，至成皋，入关，收兵欲复东。辕生说汉王曰："汉与楚相距荥阳数岁，汉常困。愿君王出武关，项王必引兵南走。王深壁勿战，令荥阳、成皋间且得休息，使韩信等得安辑河北赵地，连燕、齐，君王乃复走荥阳。如此，则楚所备者多，力分；汉得休息，复与之战，破之必矣！"汉王从其计，出军宛、叶间⑧。与黥布行收兵。羽闻汉王在宛，果引兵南；汉王坚壁不与战。

汉王之败彭城，解而西也，彭越皆亡其所下城，独将其兵北居河上，常往来为汉游兵击楚，绝其后粮。是月，彭越渡睢，与项声、薛公战下邳，破，杀薛公。羽乃使终公守成皋，而自东击彭越。汉王引兵北，击破终公，复军成皋。

六月，羽已破走彭越，闻汉复军成皋，乃引兵西拔荥阳城，生得周苛。羽谓苛："为我，将以公为上将军，封三万户。"周苛骂曰："若不趋降汉，今为虏矣；若非汉王敌也！"羽烹周苛，并杀枞公而虏韩王信，遂围成皋。汉王逃，独与滕公共车出成皋玉门，北渡河，宿小修武传舍。晨，自称汉使，驰入赵壁，张耳、韩信未起，即其卧内，夺其印符以麾召诸将，易置之。信、耳起，乃知汉王来，大惊。汉王既夺两人军，即令张耳循行，备守赵地。拜韩信为相国，收赵兵未发者击齐。诸将稍稍得出成皋从汉王。楚遂拔成皋，欲西；汉使兵距之巩，令其不得西。

【注释】

①骨鲠之臣：刚直的臣子。　②大牢：即太牢。古代祭祀或宴会，牛、羊、猪三牲齐备叫"太牢"；只有猪、羊叫"少牢"。　③恶草具：供给

饮食不备肴肉,就叫恶草具。恶,是粗恶;草,是草率。 ④赐骸骨:准予辞职引退。骸骨,身体的代称。 ⑤疽(jū 居):毒疮。 ⑥黄屋:古代帝王所乘车上以黄缯为里的车盖。 ⑦左纛(dào 到):纛是古时帝王乘舆上的装饰物,用牦牛尾或雉尾制成,因设在车衡的左边,故称左纛。 ⑧叶(shè 涉):古邑名,汉时置为县,地在今河南叶县南。

秋,七月,有星孛于大角[①]。

临江王敖薨,子尉嗣。

汉王得韩信军,复大振。八月,引兵临河,南乡,军小修武,欲复与楚战。郎中郑忠说止汉王,使高垒深堑勿与战。汉王听其计,使将军刘贾、卢绾将卒二万人,骑数百,渡白马津,入楚地,佐彭越,烧楚积聚,以破其业,无以给项王军食而已。楚兵击刘贾,贾辄坚壁不肯与战,而与彭越相保。

彭越攻徇梁地,下睢阳、外黄等十七城。九月,项王谓大司马曹咎曰:“谨守成皋!即汉王欲挑战,慎勿与战,勿令得东而已。我十五日必定梁地,复从将军。”羽引兵东行,击陈留、外黄、睢阳等城,皆下之。

汉王欲捐成皋以东,屯巩、洛以距楚。郦生曰:“臣闻‘知天之天者,王事可成’;王者以民为天,而民以食为天。夫敖仓天下转输久矣,臣闻其下乃有藏粟甚多。楚人拔荥阳,不坚守敖仓,乃引而东,令适卒分守成皋,此乃天所以资汉也。方今楚易取而汉反却,自夺其便,臣窃以为过矣!且两雄不俱立,楚、汉久相持不决,海内摇荡,农夫释耒,工女下机,天下之心未有所定也。愿足下急复进兵,收取荥阳,据敖仓之粟,塞成皋之险,杜太行之道,距蜚狐之口[②],守白马之津,以示诸侯形制之势,则天下知所归矣。”王从之,乃复谋取敖仓。

食其又说王曰:“方今燕、赵已定,唯齐未下。诸田宗强,负海、岱[③],阻河、济,南近于楚,人多变诈;足下虽遣数万师,未可以岁月破也。臣请得奉明诏说齐王,使为汉而称东藩。”上曰:“善!”

乃使郦生说齐王曰:“王知天下之所归乎?”王曰:“不知也。天下何所归?”郦生曰:“归汉!”曰:“先生何以言之?”曰:“汉王先入咸阳；项王负约，王之汉中。项王迁杀义帝；汉王闻之，起蜀、汉之兵击三秦，出关而责义帝之处。收天下之兵，立诸侯之后；降城即以侯其将，得赂即以分其士；与天下同其利，豪英贤才皆乐为之用。项王有倍约之名，杀义帝之负；于人之功无所记，于人之罪无所忘；战胜而不得其赏，拔城而不得其封，非项氏莫得用事；天下畔之，贤才怨之，而莫为之用。故天下之事归于汉王，可坐而策也！夫汉王发蜀、汉，定三秦；涉西河，破北魏；出井陉，诛成安君，此非人之力也，天之福也！今已据敖仓之粟，塞成皋之险，守白马之津，杜太行之阪，距蜚狐之口；天下后服者先亡矣。王疾先下汉王，齐国可得而保也；不然，危亡可立而待也！”先是，齐闻韩信且东兵，使华无伤、田解将重兵屯历下[④]，军以距汉。及纳郦生之言，遣使与汉平，乃罢历下守战备，与郦生日纵酒为乐。

韩信引兵东，未度平原，闻郦食其已说下齐，欲止。辨士蒯彻说信曰[⑤]：“将军受诏击齐，而汉独发间使下齐，宁有诏止将军乎，何以得毋行也？且郦生，一士，伏轼掉三寸之舌[⑥]，下齐七十余城；将军以数万众，岁余乃下赵五十余城。为将数岁，反不如一竖儒之功乎！”于是信然之，遂渡河。

四年　冬，十月，信袭破齐历下军，遂至临淄。齐王以郦生为卖己，乃烹之；引兵东走高密，使使之楚请救。田横走博阳[⑦]，守相田光走城阳，将军田既军于胶东。

【注释】

①孛：彗星。大角：北天著名橙色亮星。大角星是天王帝坐廷。②蜚狐之口：即飞狐口，在今河北蔚县东南。　③岱：即岱山，亦即泰山。④历下：历下邑，即今山东济南市。　⑤辨：通“辩”。　⑥轼：车前横木，供乘车者凭伏。　⑦博阳：博阳县，治所在今山东泰安市东南，后废。

楚大司马咎守成皋，汉数挑战，楚军不出。使人辱之，数日，咎怒，渡兵汜水[①]。士卒半渡，汉击之，大破楚军，尽得楚国金玉、货赂，咎及司马欣皆自刭汜水上。汉王引兵渡河，复取成皋，军广武[②]，就敖仓食。

项羽下梁地十余城，闻成皋破，乃引兵还。汉军方围钟离眜于荥阳东，闻羽至，尽走险阻。羽亦军广武，与汉相守。数月，楚军食少。项王患之，乃为俎[3]，置太公其上，告汉王曰："今不急下，吾烹太公！"汉王曰："吾与羽俱北面受命怀王，约为兄弟，吾翁即若翁，必欲烹而翁[4]，幸分我一杯羹！"项王怒，欲杀之。项伯曰："天下事未可知；且为天下者不顾家，虽杀之无益。只益祸耳！"项王从之。

项王谓汉王曰："天下匈匈数岁者[5]，徒以吾两人耳。愿与汉王挑战，决雌雄，毋徒苦天下之民父子为也！"汉王笑谢曰："吾宁斗智，不能斗力！"项王三令壮士出挑战，汉有善骑射者楼烦辄射杀之。项王大怒，乃自被甲持戟挑战。楼烦欲射之，项王瞋目叱之[6]，楼烦目不敢视，手不敢发，遂走还入壁，不敢复出。汉王使人间问之，乃项王也，汉王大惊。

于是项王乃即汉王，相与临广武间而语。羽欲与汉王独身挑战。汉王数羽曰："羽负约，王我于蜀、汉，罪一；矫杀卿子冠军，罪二；救赵不还报，而擅劫诸侯兵入关，罪三；烧秦宫室，掘始皇帝冢，收私其财，罪四；杀秦降王子婴，罪五；诈坑秦子弟新安二十万，罪六；王诸将善地而徙逐故王，罪七；出逐义帝彭城，自都之，夺韩王地，并王梁、楚，多自与，罪八；使人阴杀义帝江南，罪九；为政不平，主约不信，天下所不容，大逆无道，罪十也。吾以义兵从诸侯诛残贼，使刑余罪人击公，何苦乃与公挑战！"羽大怒，伏弩射中汉王。汉王伤胸，乃扪足曰[7]："虏中吾指。"汉王病创卧，张良强请汉王起行劳军，以安士卒，毋令楚乘胜。汉王出行军，疾甚，因驰入成皋。

韩信已定临淄，遂东追齐王。项王使龙且将兵，号二十万以救齐，与齐王合军高密。

客或说龙且曰："汉兵远斗穷战，其锋不可当。齐、楚自居其地，兵易败散。不如深壁，令齐王使其信臣招所亡城；亡城闻王在，楚来救，必反汉。汉兵二千里客居齐地，齐城皆反之，其势无所得食，可无战而降也。"龙且曰："吾平生知韩信为人，易与耳！寄食于漂母，无资身之策；受辱于袴下，无兼人之勇；不足畏也。且夫救齐，不战而降之，吾何功！今战而胜之，齐之半可得也。"

十一月，齐、楚与汉夹潍水而陈[8]。韩信夜令人为万余囊，满盛沙，壅水上流；引军半渡击龙且，佯不胜，还走。龙且果喜曰："固知信怯也！"遂追信。信使人决壅囊，水大至，龙且军太半不得渡。即急击杀龙且，水东军散走，齐王广亡去。信遂追北至城阳，虏齐王广。汉将灌婴追得齐守相田光，进至博阳。田横闻齐王死，自立为齐王，还击婴，婴败横军于嬴下。田横亡走梁，归彭越。婴进击齐将田吸于千乘，曹参击田既于胶东，皆杀之，尽定齐地。

立张耳为赵王。

汉王疾愈，西入关。至栎阳，枭故塞王欣头栎阳市。留四日，复如军，军广武。

韩信使人言汉王曰："齐伪诈多变，反复之国也；南边楚，请为假王以镇之。"汉王发书，大怒，骂曰："吾困于此，旦暮望若来佐我；乃欲自立为王！"张良、陈平蹑汉王足，因附耳语曰："汉方不利，宁能禁信之自王乎！不如因而立之，善遇，使自为守；不然，变生。"汉王亦悟，因复骂曰："大丈夫定诸侯，即为真王耳，何以假为！"春，二月，遣张良操印立韩信为齐王，征其兵击楚。

项王闻龙且死，大惧，使盱台人武涉，往说齐王信曰："天下共苦秦久矣，相与戮力击秦。秦已破，计功割地，分土而王之，以休士卒。今汉王复兴兵而东，侵人之分，夺人之地；已破三秦，引兵出关，收诸侯之兵以东击楚，其意非尽吞天下者不休，其不知厌足如是甚也！且汉王不可必：身居项王掌握中数矣，项王怜而活之；然得脱，辄倍约，复击项王，其不可亲信如此。今足下虽自以与汉王为厚交，为之尽力用兵，必终为所禽矣。足下所以得须臾至今者，以项王尚存也。当今二王之事，权在足下，足下右投则汉王胜，左投则项王胜。项王今日亡，则次取足下。足下与项王有故，何不反汉与楚连和，参分天下王之！今释此时而自必于汉以击楚，且为智者固若此乎？"韩信谢曰："臣事项王，官不过郎中，位不过执戟；言不听，画不用，故倍楚而归汉。汉王授我上将军印，予我数万众，解衣衣我，推食食我，言听计用，故吾得以至于此。夫人深亲信我，我倍之不祥；虽死不易！幸为信谢项王。"

武涉已去，蒯彻知天下权在信，乃以相人之术说信曰："仆相君之面，不过封侯，又危不安；相君之背，贵乃不可言。”韩信曰：“何谓也？”蒯彻曰：“天下初发难也，忧在亡秦而已。今楚、汉分争，使天下之人肝胆涂地，父子暴骸骨于中野，不可胜数。楚人走彭城，转斗逐北，乘利席卷，威震天下；然兵困于京、索之间，迫西山而不能进者，三年于此矣。汉王将数十万之众，距巩、雒，阻山河之险，一日数战，无尺寸之功，折北不救。此所谓智勇俱困者也。百姓罢极怨望，无所归倚；以臣料之，其势非天下之贤圣固不能息天下之祸。当今两主之命，县于足下，足下为汉，则汉胜，与楚则楚胜。诚能听臣之计，莫若两利而俱存之，参分天下，鼎足而居，其势莫敢先动。夫以足下之贤圣，有甲兵之众，据强齐，从赵、燕，出空虚之地而制其后，因民之欲，西乡为百姓请命，则天下风走而响应矣，孰敢不听！割大、弱强以立诸侯，诸侯已立，天下服听，而归德于齐。案齐之故，有胶、泗之地，深拱揖让，则天下之君王相率而朝于齐矣。盖闻‘天与弗取，反受其咎；时至不行，反受其殃’。愿足下熟虑之！”韩信曰：“汉王遇我甚厚，吾岂可乡利而倍义乎！”蒯生曰：“始常山王、成安君为布衣时，相与为刎颈之交；后争张黡、陈泽之事，常山王杀成安君泜水之南，头足异处。此二人相与，天下至欢也，然而卒相禽者，何也？患生于多欲而人心难测也。今足下欲行忠信以交于汉王，必不能固于二君之相与也，而事多大于张黡、陈泽者；故臣以为足下必汉王之不危己，亦误矣！大夫种存亡越，霸句践，立功成名而身死亡，野兽尽而猎狗烹。夫以交友言之，则不如张耳之与成安君者也；以忠信言之，则不过大夫种之于句践也：此二者足以观矣，愿足下深虑之！且臣闻‘勇略震主者身危，功盖天下者不赏’。今足下戴震主之威，挟不赏之功，归楚，楚人不信；归汉，汉人震恐。足下欲持是安归乎？”韩信谢曰：“先生且休矣，吾将念之。”后数日，蒯彻复说曰：“夫听者，事之候也；计者，事之机也；听过计失而能久安者鲜矣！故知者，决之断也；疑者，事之害也。审豪厘之小计，遗天下之大数，智诚知之，决弗敢行者，百事之祸也。夫功者，难成而易败，时者，难得而易失也；时乎时，不再来！”韩信犹豫，不忍倍汉；又自以为功多，汉终不夺我齐，遂谢蒯彻。因去，佯狂为巫。

秋，七月，立黥布为淮南王。

八月，北貉燕人来致枭骑助汉。

汉王下令：军士不幸死者，吏为衣衾棺敛，转送其家。四方归心焉。

是岁，以中尉周昌为御史大夫。昌，苛从弟也。

项羽自知少助；食尽，韩信又进兵击楚，羽患之。汉遣侯公说羽请太公。羽乃与汉约，中分天下，割洪沟以西为汉，以东为楚。九月，楚归太公、吕后，引兵解而东归。汉王欲西归，张良、陈平说曰："汉有天下太半，而诸侯皆附；楚兵疲食尽，此天亡之时也。今释弗击，此所谓'养虎自遗患'也。"汉王从之。

【注释】

①汜（sì 四）水：源出今河南巩义市东南，北流经今河南荥阳市西北汜水镇西，注入黄河。 ②广武：广武城，在今河南荥阳市东北广武山上。有东、西二城，相距二百步，中隔广武涧。 ③俎（zǔ 祖）：切肉用的砧板。 ④若：你。而：汝，你。 ⑤匈匈：同"汹汹"，动荡战乱。 ⑥瞋（chēn 郴）：发怒时瞪眼。 ⑦扪（mén 门）：抚摸。 ⑧潍水：即今山东东部的潍河。

资治通鉴卷第十一

汉纪三　起屠维大渊献，尽重光赤奋若，凡三年。

太祖高皇帝中

五年　冬，十月，汉王追项羽至固陵[①]，与齐王信、魏相国越期会击楚；信、越不至，楚击汉军，大破之。汉王复坚壁自守，谓张良曰："诸侯不从奈何？"对曰："楚兵且破，二人未有分地，其不至固宜；君王能与共天下，可立致也。齐王信之立，非君王意，信亦不自坚；彭越本定梁地，始，君王以魏豹故拜越为相国；今豹死，越亦望王，而君王不早定。今能取睢阳以北至谷城皆以王彭越[②]，从陈以东傅海与齐王信。信家在楚，其意欲复得故邑。能出捐此地以许两人，使各自为战，则楚易破也。"汉王从之。于是韩信、彭越皆引兵来。

十一月，刘贾南渡淮，围寿春，遣人诱楚大司马周殷。殷畔楚，以舒屠六[③]，举九江兵迎黥布，并行屠城父[④]，随刘贾皆会。

十二月，项王至垓下[⑤]，兵少，食尽，与汉战不胜，入壁；汉军及诸侯兵围之数重。项王夜闻汉军四面皆楚歌，乃大惊曰："汉皆已得楚乎？是何楚人之多也！"则夜起，饮帐中，悲歌忼慨，泣数行下；左右皆泣，莫能仰视。于是项王乘其骏马名骓，麾下壮士骑从者八百余人，直夜，溃围南出驰走。平明，汉军乃觉之，令骑将灌婴以五千骑追之。项王渡淮，骑能属者才百余人。至阴陵，迷失道，问一田父，田父绐曰[⑥]："左。"左，乃陷大泽中，以故汉追及之。

垓下遗址

项王乃复引兵而东，至东城，乃有二十八骑；汉骑追者数千人。项王自度不得脱，谓其骑曰："吾起兵至今，八岁矣；身七十余战，未尝败北，遂霸有天下。然今卒困于此，此天之亡我，非战之罪也！今日固决死，愿为诸君快战，必溃围，斩将，刈旗，三胜之，令诸君知天亡我，非战之罪也。"乃分其骑以为四队，四乡。汉军围之数重。项王谓其骑曰："吾为公取彼一将。"令四面骑驰下，期山东为三处。于是项王大呼驰下，汉军皆披靡，遂斩汉一将。是时，郎中骑杨喜追项王，项王瞋目而叱之，喜人马俱惊，辟易数里[7]。项王与其骑会为三处，汉军不知项王所在，乃分军为三，复围之。项王乃驰，复斩汉一都尉，杀数十百人；复聚其骑，亡其两骑耳。乃谓其骑曰："何如？"骑皆伏曰："如大王言！"

于是项王欲东渡乌江[8]，乌江亭长㯍船待[9]，谓项王曰："江东虽小，地方千里，众数十万人，亦足王也。愿大王急渡！今独臣有船，汉军至，无以渡。"项王笑曰："天之亡我，我何渡为！且籍与江东子弟八千人渡江而西，今无一人还；纵江东父兄怜而王我，我何面目见之！纵彼不言，籍独不愧于心乎！"乃以所乘骓马赐亭长，令骑皆下马步行，持短兵接战。独籍所杀汉军数百人，身亦被十余创。顾见汉骑司马吕马童，曰："若非吾故人乎？"马童面之[⑩]，指示中郎骑王翳曰："此项王也。"项王乃曰："吾闻汉购我头千金，邑万户；吾为若德。"乃自刎而死。王翳取其头；余骑相蹂践争项王，相杀者数十人；最其后，杨喜、吕马童及郎中吕胜、杨武各得其一体；五人共会其体，皆是，故分其户，封五人皆为列侯。

楚地悉定，独鲁不下；汉王引天下兵欲屠之。至其城下，犹闻弦诵之声；为其守礼义之国，为主死节，乃持项王头以示鲁父兄，鲁乃降。汉王以鲁公礼葬项王于谷城，亲为发哀，哭之而去。诸项氏枝属皆不诛。封项伯等四人皆为列侯，赐姓刘氏；诸民略在楚者皆归之。

太史公曰[⑪]：羽起陇亩之中，三年，遂将五诸侯灭秦，分裂天下而封王侯，政由羽出；位虽不终，近古以来未尝有也！及羽背关怀楚，放逐义帝而自立；怨王侯叛己，难矣！自矜功伐，奋其私智而不师古，谓霸王之业，欲以力征经营天下。五年，卒亡其国，身死东城；尚不觉悟而不自责，乃引"天亡我，非用兵之罪也"，岂不谬哉！

扬子《法言》：或问："楚败垓下，方死，曰'天也'，谅乎？"曰："汉屈群策，群策屈群力；楚憞群策而自屈其力。屈人者克，自屈者负；天曷故焉！"

【注释】

①固陵：固陵县，治所在今河南太康县南。 ②谷城：即谷城邑，一名小谷。本春秋时齐地，即今山东东阿县南东阿镇。 ③舒：春秋时国名，故地在今安徽舒城县。 ④城父（fǔ 甫）：邑名，地在今安徽亳州市东南。 ⑤垓下：地名，在今安徽灵璧县东南。 ⑥绐（dài 怠）：欺骗。⑦辟易：惊退。 ⑧乌江：水名，今名为乌江浦，在今安徽和县东北。⑨亭长：秦、汉时乡官名。十里一亭，设亭长一人。檥（yǐ 蚁）：指船靠岸。⑩面之：背对他。面，通"偭"，以背相向。 ⑪太史公曰：是司马迁的议论，用以总结通篇内容或补充史实，或阐明写作主旨，或评论史事、人物。太史公即司马迁。

汉王还，至定陶，驰入齐王信壁，夺其军。

临江王共尉不降，遣卢绾、刘贾击虏之。

春，正月，更立齐王信为楚王，王淮北，都下邳。封魏相国建城侯彭越为梁王，王魏故地，都定陶。

令曰："兵不得休八年，万民与苦甚；今天下事毕，其赦天下殊死以下[①]。"

诸侯王皆上疏请尊汉王为皇帝。二月甲午，王即皇帝位于汜水之阳。更王后曰皇后，太子曰皇太子；追尊先媪曰昭灵夫人。

诏曰："故衡山王吴芮，从百粤之兵，佐诸侯，诛暴秦，有大功；诸侯立以为王，项羽侵夺之地，谓之番君。其以芮为长沙王。"又曰："故粤王无诸，世奉粤祀；秦侵夺其地，使其社稷不得血食。诸侯伐秦，无诸身率闽中兵以佐灭秦，项羽废而弗立。今以为闽粤王，王闽中地。"

帝西都洛阳。

夏，五月，兵皆罢归家。

诏："民前或相聚保山泽，不书名数。今天下已定，令各归其县，复故爵、田宅；吏以文法教训辨告，勿笞辱军吏卒；爵及七大夫以上[②]，皆令食邑，非七大夫已下，皆复其身及户，勿事。"

帝置酒洛阳南宫，上曰："彻侯、诸将毋敢隐朕，皆言其情：吾所以有天下者何？项氏之所以失天下者何？"高起、王陵对曰："陛下使人攻城略地，因以与之，与天下同其利；项羽不然，有功者害之，贤者疑之，此其所以失天下也。"上曰："公知其一，未知其二。夫运筹帷幄之中，决胜千里之外，吾不如子房；填国家[③]，抚百姓，给饷馈，不绝粮道，吾不如萧何；连百万之众，战必胜，攻必取，吾不如韩信。三者皆人杰，吾能用之，此吾所以取天下者也。项羽有一范增而不能用，此所以为我禽也。"群臣说服。

韩信至楚，召漂母，赐千金。召辱己少年令出跨下者，以为中尉；告诸将相曰："此壮士也。方辱我时，我宁不能杀之邪？杀之无名，故忍而就此。"

彭越既受汉封，田横惧诛，与其徒属五百余人入海，居岛中。帝以田横兄弟本定齐地，齐贤者多附焉；今在海中，不取，后恐为乱。乃使使赦横罪，召之。横谢曰："臣烹陛下之使郦生，今闻其弟商为汉将;臣恐惧,不敢奉诏,请为庶人,守海岛中。”使还报,帝乃诏卫尉郦商曰:“齐王田横即至,人马从者敢动摇者,致族夷!”乃复使使持节具告以诏商状,曰:“田横来,大者王,小者乃侯耳;不来,且举兵加诛焉。”

横乃与其客二人乘传诣洛阳[④]。未至三十里,至尸乡厩置。横谢使者曰:“人臣见天子,当洗沐。”因止留,谓其客曰:“横始与汉王俱南面称孤;今汉王为天子,而横乃为亡虏,北面事之,其耻固已甚矣。且吾烹人之兄,与其弟并肩而事主;纵彼畏天子之诏不敢动,我独不愧于心乎!且陛下所以欲见我者,不过欲一见吾面貌耳;今斩吾头,驰三十里间,形容尚未能败,犹可观也。”遂自刭,令客奉其头,从使者驰奏之。帝曰:“嗟乎!起自布衣,兄弟三人更王,岂不贤哉!”为之流涕,而拜其二客为都尉;发卒二千人,以王者礼葬之。既葬,二客穿其冢傍孔,皆自刭,下从之。帝闻之,大惊。以横客皆贤,余五百人尚在海中,使使召之;至,则闻田横死,亦皆自杀。

【注释】

①殊死:古代的一种死刑,即斩首。　②七大夫:即公大夫。因列为二十等爵的第七等,所以叫做七大夫。　③填:即“镇”,安定。　④乘传(zhuàn 撰):乘坐驿站专用的车辆。传,即传车,驿站的专用车。

初,楚人季布为项籍将,数窘辱帝。项籍灭,帝购求布千金;敢有舍匿,罪三族。布乃髡钳为奴[①],自卖于鲁朱家,朱家心知其季布也,买置田舍;身之洛阳见滕公,说曰:“季布何罪!臣各为其主用,职耳;项氏臣岂可尽诛邪?今上始得天下,而以私怨求一人,何示不广也!且以季布之贤,汉求之急,此不北走胡,南走越耳。夫忌壮士以资敌国,此伍子胥所以鞭荆平之墓也[②]。君何不从容为上言之!”滕公待间,言于上,如朱家指。上乃赦布,召拜郎中,朱家遂不复见之。

布母弟丁公,亦为项羽将,逐窘帝彭城西。短兵接,帝急,顾谓丁公曰:“两贤岂相厄哉!”丁公引兵而还。及项王灭,丁公谒见。帝以丁公徇军中,曰:“丁公为项王臣不忠,使项王失天下者也。”遂斩之，曰：“使后为人臣无效丁公也！”

臣光曰：高祖起丰、沛以来，罔罗豪桀，招亡纳叛，亦已多矣。及即帝位，而丁公独以不忠受戮，何哉？夫进取之与守成，其势不同。当群雄角逐之际，民无定主；来者受之，固其宜也。及贵为天子，四海之内，无不为臣；苟不明礼义以示之，使为臣者，人怀贰心以徼大利，则国家其能久安乎！是故断以大义，使天下晓然皆知为臣不忠者无所自容；而怀私结恩者，虽至于活己，犹以义不与也。戮一人而千万人惧，其虑事岂不深且远哉！子孙享有天禄四百余年，宜矣！

齐人娄敬戍陇西，过洛阳，脱挽辂[③]，衣羊裘，因齐人虞将军求见上。虞将军欲与之鲜衣，娄敬曰：“臣衣帛，衣帛见；衣褐，衣褐见；终不敢易衣。”于是虞将军入言上。上召见，问之。娄敬曰：“陛下都洛阳，岂欲与周室比隆哉？”上曰：“然。”娄敬曰：“陛下取天下与周异。周之先，自后稷封邰[④]，积德累善，十有余世，至于太王、王季、文王、武王而诸侯自归之，遂灭殷为天子。及成王即位，周公相焉，乃营洛邑，以为此天下之中也，诸侯四方纳贡职，道里均矣。有德则易以王，无德则易以亡。故周之盛时，天下和洽，诸侯、四夷莫不宾服，效其贡职。及其衰也，天下莫朝，周不能制也；非唯其德薄也，形势弱也。今陛下起丰、沛，卷蜀、汉，定三秦，与项羽战荥阳、成皋之间，大战七十，小战四十；使天下之民，肝脑涂地，父子暴骨中野，不可胜数，哭泣之声未绝，伤夷者未起[⑤]，而欲比隆于成、康之时，臣窃以为不侔也。且夫秦地被山带河，四塞以为固；卒然有急，百万之众可立具也。因秦之故，资甚美膏腴之地，此所谓天府者也。陛下入关而都之，山东虽乱，秦之故地可全而有也。夫与人斗，不搤其亢，拊其背，未能全其胜也；今陛下案秦之故地，此亦搤天下之亢而拊其背也。”帝问群臣，群臣皆山东人，争言：“周王数百年，秦二世即亡。洛阳东有成皋，西有崤、渑，倍河，乡伊、洛，其固亦足恃也。”上问张良。良曰：“洛阳虽有此固，其中小不过数百里，田地薄，四面受敌，此非用武之国也。关中左崤、函，右陇、蜀，沃野千里；南有巴、蜀之饶，北有胡苑之利。阻三面而守，独以一面东制诸侯；诸侯安定，河、渭漕挽天下，西给京师；诸侯有变，顺流而下，足以委输；此所谓金城千里，天府之国也。娄敬说是也。”上即日车驾西，都长安。拜娄敬为郎中，号曰奉春君，赐姓刘氏。

【注释】

①髡（kūn 昆）钳：秦时的刑罚。髡是剃去头发，钳是用铁箍箍着脖子。 ②伍子胥所以鞭荆平之墓：伍子胥，楚大夫伍奢之子。楚平王听信谗言杀死伍奢，子胥投奔吴国，借吴国军队破楚，入郢都，挖开楚平王的墓而鞭其尸。荆平，即指楚平王。 ③挽辂：绑在车辕上的一根横木叫辂，其作用是备人牵挽，所以叫挽辂。 ④邰（tái 苔）：即邰国，或作斄国、骀国，商、西周时的国家，在今陕西武功县西南。 ⑤伤夷：即创伤。夷，与“痍”同，受创为痍。

张良素多病，从上入关，即道引[1]，不食谷，杜门不出，曰：“家世相韩；及韩灭，不爱万金之资，为韩报仇强秦，天下振动。今以三寸舌为帝者师，封万户侯，此布衣之极，于良足矣。愿弃人间事，欲从赤松子游耳[2]。”

臣光曰：夫生之有死，譬犹夜旦之必然；自古及今，固未有超然而独存者也。以子房之明辨达理，足以知神仙之为虚诡矣；然其欲从赤松子游者，其智可知也。夫功名之际，人臣之所难处。如高帝所称者，三杰而已；淮阴诛夷，萧何系狱，非以履盛满而不止耶！故子房托于神仙，遗弃人间，等功名于外物，置荣利而不顾，所谓“明哲保身”者，子房有焉。

六月，壬辰，大赦天下。

秋，七月，燕王臧荼反；上自将征之。

赵景王耳、长沙文王芮皆薨。

九月，虏臧荼。壬子，立太尉长安侯卢绾为燕王。绾家与上同里闬[3]，绾生又与上同日；上宠幸绾，群臣莫敢望，故特王之。

项王故将利几反，上自击破之。

后九月，治长乐宫[4]。

项王将钟离昧，素与楚王信善。项王死后，亡归信。汉王怨昧，闻其在楚，诏楚捕昧。信初之国，行县邑，陈兵出入。

六年 冬，十月，人有上书告楚王信反者。帝以问诸将，皆曰："亟发兵，坑竖子耳！"帝默然。又问陈平。陈平曰："人上书言信反，信知之乎？"曰："不知。"陈平曰："陛下精兵孰与楚？"上曰："不能过。"平曰："陛下诸将，用兵有能过韩信者乎？"上曰："莫及也。"平曰："今兵不如楚精而将不能及，举兵攻之，是趣之战也，窃为陛下危之！"上曰："为之奈何？"平曰："古者天子有巡狩⑤，会诸侯。陛下第出，伪游云梦，会诸侯于陈。陈，楚之西界；信闻天子以好出游，其势必无事而郊迎谒；谒而陛下因禽之，此特一力士之事耳。"帝以为然；乃发使告诸侯会陈，"吾将南游云梦"。上因随以行。

楚王信闻之，自疑惧，不知所为。或说信曰："斩钟离昧以谒上，上必喜，无患。"信从之。十二月，上会诸侯于陈，信持昧首谒上；上令武士缚信，载后车。信曰："果若人言：'狡兔死，走狗烹；高鸟尽，良弓藏；敌国破，谋臣亡。'天下已定，我固当烹！"上曰："人告公反。"遂械系信以归，因赦天下。

田肯贺上曰："陛下得韩信，又治秦中。秦，形胜之国也，带河阻山，地势便利；其以下兵于诸侯，譬犹居高屋之上建瓴水也。夫齐，东有琅邪、即墨之饶，南有泰山之固，西有浊河之限，北有勃海之利；地方二千里，持戟百万；此东西秦也，非亲子弟，莫可使王齐者。"上曰："善！"赐金五百斤。

上还，至洛阳，赦韩信，封为淮阴侯。信知汉王畏恶其能，多称病，不朝从；居常鞅鞅，羞与绛、灌等列。尝过樊将军哙。哙跪拜送迎，言称臣，曰："大王乃肯临臣！"信出门，笑曰："生乃与哙等为伍！"

上尝从容与信言诸将能将兵多少。上问曰："如我能将几何？"信曰："陛下不过能将十万。"上曰："于君何如？"曰："臣多多而益善耳。"上笑曰："多多益善，何为为我禽？"信曰："陛下不能将兵而善将将，此乃信之所以为陛下禽也。且陛下，所谓'天授，非人力'也。"

【注释】

①道引：或作"导引"，运气令和、引体令柔的意思，为中国古代强身

除病的一种养生方法。 ②赤松子:传说是仙人,神农时为雨师服食水玉,教神农,能入火自焚。至昆仑山上,常止西王母石室,随风雨上下。③闬(hàn 旱):巷门,里门。 ④长乐宫:在长安城东隅,本为秦时的兴乐宫,周围二十里,高祖改修而居此。 ⑤巡狩:或作“巡守”,古时皇帝五年一巡狩,视察诸侯所守的地方。

甲申,始剖符封诸功臣为彻侯①。萧何封酂侯,所食邑独多。功臣皆曰:“臣等身被坚执锐,多者百余战,小者数十合。今萧何未尝有汗马之劳,徒持文墨议论,顾反居臣等上,何也?”帝曰:“诸君知猎乎?夫猎,追杀兽兔者,狗也;而发纵指示兽处者②,人也。今诸君徒能得走兽耳,功狗也;至如萧何,发纵指示,功人也。”群臣皆不敢言。张良为谋臣,亦无战斗功;帝使自择齐三万户。良曰:“始,臣起下邳,与上会留,此天以臣授陛下;陛下用臣计,幸而时中。臣愿封留足矣,不敢当三万户。”乃封张良为留侯。封陈平为户牖侯,平辞曰:“此非臣之功也。”上曰:“吾用先生谋,战胜克敌,非功而何?”平曰:“非魏无知,臣安得进?”上曰:“若子,可谓不背本矣?”乃复赏魏无知。

帝以天下初定,子幼,昆弟少,惩秦孤立而亡,欲大封同姓以填抚天下③。春,正月,丙午,分楚王信地为二国:以淮东五十三县立从兄将军贾为荆王,以薛郡、东海、彭城三十六县立弟文信君交为楚王。壬子,以云中、雁门、代郡五十三县立兄宜信侯喜为代王,以胶东、胶西、临淄、济北、博阳、城阳郡七十三县立微时外妇之子肥为齐王④;诸民能齐言者皆以与齐。

上以韩王信材武,所王北近巩、洛,南迫宛、叶,东有淮阳,皆天下劲兵处;乃以太原郡三十一县为韩国,徙韩王信王太原以北,备御胡,都晋阳。信上书曰:“国被边,匈奴数入寇;晋阳去塞远,请治马邑⑤。”上许之。

上已封大功臣二十余人,其余日夜争功不决,未得行封。上在洛阳南宫,从复道望见诸将,往往相与坐沙中语。上曰:“此何语?”留侯曰:“陛下不知乎?此谋反耳!”上曰:“天下属安定,何故反乎?”留侯曰:“陛下起布衣,以此属取天下;今陛下为天子,而所封皆故人所亲爱,所诛皆生平所仇怨。今军吏计功,以天下不足遍封;此属畏陛下不能尽封,恐又见疑平生过失及诛,故即相聚谋反耳。"上乃忧曰:"为之奈何?"留侯曰:"上平生所憎、群臣所共知,谁最甚者?"上曰:"雍齿与我有故怨,数尝窘辱我;我欲杀之,为其功多,故不忍。"留侯曰:"今急先封雍齿,则群臣人人自坚矣。"于是上乃置酒,封雍齿为什方侯⑥;而急趋丞相、御史定功行封⑦。群臣罢酒,皆喜,曰:"雍齿尚为侯,我属无患矣!"

臣光曰:张良为高帝谋臣,委以心腹,宜其知无不言;安有闻诸将谋反,必待高帝目见偶语,然后乃言之邪!盖以高帝初得天下,数用爱憎行诛赏,或时害至公,群臣往往有觖望自危之心⑧;故良因事纳忠以变移帝意,使上无阿私之失,下无猜惧之谋,国家无虞,利及后世。若良者,可谓善谏矣。

列侯毕已受封,诏定元功十八人位次⑨。皆曰:"平阳侯曹参,身被七十创,攻城略地,功最多,宜第一。"谒者、关内侯鄂千秋进曰:"群臣议皆误,夫曹参虽有野战略地之功,此特一时之事耳。上与楚相距五岁,失军亡众,跳身遁者数矣;然萧何常从关中遣军补其处,非上所诏令召,而数万众会。上之乏绝者数矣,又军无见粮;萧何转漕关中,给食不乏。陛下虽数亡山东,萧何常全关中以待陛下。此万世之功也。今虽无曹参等百数,何缺于汉;汉得之,不必待以全。奈何欲以一旦之功而加万世之功哉!萧何第一,曹参次之。"上曰:"善!"于是乃赐萧何带剑履上殿,入朝不趋。上曰:"吾闻'进贤受上赏'。萧何功虽高,得鄂君乃益明。"于是因鄂千秋所食邑,封为安平侯。是日,悉封何父子兄弟十余人,皆有食邑;益封何二千户。

上归栎阳。

夏,五月,丙午,尊太公为太上皇。

【注释】

①剖符:把符分开。符是信物,分开为两半,受封人得一半,皇上执另一半。剖,破。 ②发纵:纵放,这是指把猎狗纵放出去追逐猎物。③填:通"镇",镇守。 ④微时外妇:指微贱时同居,而后来已外嫁的妇人。 ⑤马邑:秦置县,治所在今山西朔州市。 ⑥什方:什方县,或作

什邡县，治所在今四川什邡市。 ⑦趋（cù 促）：催促，赶快。 ⑧觖（jué 决）望：不满意，抱怨。 ⑨元功：指功劳大、年辈资历高的人。

初，匈奴畏秦，北徙十余年。及秦灭，匈奴复稍南渡河。

单于头曼有太子曰冒顿[1]。后有所爱阏氏[2]，生少子，头曼欲立之。是时，东胡强而月氏盛[3]，乃使冒顿质于月氏。既而头曼急击月氏，月氏欲杀冒顿。冒顿盗其善马骑之，亡归；头曼以为壮，令将万骑。

冒顿乃作鸣镝[4]，习勒其骑射。令曰："鸣镝所射而不悉射者，斩之！"冒顿乃以鸣镝自射其善马，既又射其爱妻；左右或不敢射者，皆斩之。最后以鸣镝射单于善马，左右皆射之。于是冒顿知其可用；从头曼猎，以鸣镝射头曼，其左右亦皆随鸣镝而射。遂杀头曼，尽诛其后母与弟及大臣不听从者。冒顿自立为单于。

东胡闻冒顿立，乃使使谓冒顿："欲得头曼时千里马。"冒顿问群臣，群臣皆曰："此匈奴宝马也，勿与！"冒顿曰："奈何与人邻国而爱一马乎！"遂与之。居顷之，东胡又使使谓冒顿："欲得单于一阏氏。"冒顿复问左右，左右皆怒曰："东胡无道，乃求阏氏！请击之！"冒顿曰："奈何与人邻国爱一女子乎！"遂取所爱阏氏予东胡。东胡王愈益骄。东胡与匈奴中间，有弃地莫居，千余里，各居其边，为瓯脱[5]。东胡使使谓冒顿："此弃地，欲有之。"冒顿问群臣，群臣或曰："此弃地，予之亦可，勿与亦可。"于是冒顿大怒曰："地者，国之本也，奈何予之！"诸言予之者，皆斩之。冒顿上马，令："国中有后出者斩！"遂袭击东胡。东胡初轻冒顿，不为备；冒顿遂灭东胡。

既归，又西击走月氏，南并楼烦、白羊河南王，遂侵燕、代，悉复收蒙恬所夺匈奴故地与汉关故河南塞至朝那[6]、肤施[7]。是时，汉兵方与项羽相距，中国罢于兵革，以故冒顿得自强，控弦之士三十余万，威服诸国。

秋，匈奴围韩王信于马邑。信数使使胡，求和解。汉发兵救之；疑信数间使，有二心，使人责让信。信恐诛，九月，以马邑降匈奴。匈奴冒顿因引兵南逾句注[8]，攻太原，至晋阳。

帝悉去秦苛仪，法为简易。群臣饮酒争功，醉，或妄呼，拔剑击柱，帝益厌之。叔孙通说上曰："夫儒者难与进取，可与守成。臣愿征鲁诸生，与臣弟子共起朝仪。"帝曰："得无难乎？"叔孙通曰："五帝异乐，三王不同礼；礼者，因时世、人情为之节文者也。臣愿颇采古礼，与秦仪杂就之。"上曰："可试为之，令易知，度吾所能行者为之！"

于是叔孙通使，征鲁诸生三十余人。鲁有两生不肯行，曰："公所事者且十主，皆面谀以得亲贵。今天下初定，死者未葬，伤者未起，又欲起礼、乐。礼、乐所由起，积德百年而后可兴也。吾不忍为公所为；公去矣，无污我！"叔孙通笑曰："若真鄙儒也，不知时变！"遂与所征三十人西，及上左右为学者与其弟子百余人，为绵蕞[9]，野外习之。月余，言于上曰："可试观矣。"上使行礼，曰："吾能为此。"乃令群臣习肄。

七年　冬，十月，长乐宫成，诸侯群臣皆朝贺。先平明，谒者治礼，以次引入殿门，陈东、西乡。卫官侠陛及罗立廷中，皆执兵，张旗帜。于是皇帝传警[10]，辇出房；引诸侯王以下至吏六百石以次奉贺，莫不振恐肃敬。至礼毕，复置法酒[11]。诸侍坐殿上，皆伏，抑首；以尊卑次起上寿。觞九行，谒者言"罢酒"，御史执法举不如仪者，辄引去。竟朝置酒，无敢讙哗失礼者。于是帝曰："吾乃今日知为皇帝之贵也！"乃拜叔孙通为太常[12]，赐金五百斤。

初，秦有天下，悉内六国礼仪，采择其尊君、抑臣者存之。及通制礼，颇有所增损，大抵皆袭秦故，自天子称号下至佐僚及宫室、官名，少所变改。其书，后与律、令同录，藏于理官；法家又复不传，民臣莫有言者焉。

臣光曰：礼之为物大矣！用之于身，则动静有法而百行备焉；用之于家，则内外有别而九族睦焉；用之于乡，则长幼有伦而俗化美焉；用之于国，则君臣有叙而政治成焉；用之于天下，则诸侯顺服而纪纲正焉；岂直几席之上、户庭之间得之而不乱哉！夫以高祖之明达，闻陆贾之言而称善，睹叔孙之仪而叹息；然所以不能肩于三代之王者，病于不学而已。当是之时，得大儒而佐之，与之以礼为天下，其功烈岂若是而止哉！惜夫，叔孙生之为器小也！徒窃礼之糠秕，以依世、谐俗、取宠而已，遂使先王之礼沦没而不振，以迄于今，岂不痛甚矣哉！是以扬子讥之曰：“昔者鲁有大臣，史失其名。曰：‘何如其大也！’曰：‘叔孙通欲制君臣之仪，召先生于鲁，所不能致者二人。’曰：‘若是，则仲尼之开迹诸侯也非邪？’曰：‘仲尼开迹，将以自用也。如委已而从人，虽有规矩、准绳，焉得而用之！’”善乎扬子之言也！夫大儒者，恶肯毁其规矩、准绳以趋一时之功哉！

【注释】

①冒顿（mò dú 默牍）：匈奴单于，姓挛鞮。　②阏氏（yān zhī 烟支）：亦作“焉提”，汉时匈奴单于之妻的称号。　③月氏（zhī 支）：古族名，其部族在秦、汉时游牧于敦煌、祁连间。　④鸣镝（dí 敌）：响箭。⑤瓯脱：用土筑成的瞭望台，是备警的设施。　⑥朝那：朝那县，治所在今宁夏固原市东南。　⑦肤施：肤施县，治所在今陕西榆林市东南无定河北岸。　⑧句注：句注山，又名陉岭、西陉山，在今山西代县西北。⑨蕞（zuì 最）：同“蕝”，古代演习朝会礼仪时束茅以表示位置的名称。⑩传警：传声而唱，以为警戒。这是皇帝临朝时的一种规仪。　⑪法酒：如同说礼爵，饮酒有节制，不饮到醉的程度。　⑫太常：官名。秦代叫奉常，掌管宗庙礼仪。

上自将击韩王信，破其军于铜鞮[①]，斩其将王喜。信亡走匈奴；白土人曼丘臣[②]、王黄等立赵苗裔赵利为王，复收信败散兵，与信及匈奴谋攻汉。匈奴使左、右贤王将万余骑，与王黄等屯广武以南[③]，至晋阳，汉兵击之，匈奴辄败走，已复屯聚，汉兵乘胜追之。会天大寒，雨雪，士卒堕指者什二三。

上居晋阳，闻冒顿居代谷，欲击之。使人觇匈奴[④]，冒顿匿其壮士、肥牛马，但见老弱及羸畜。使者十辈来，皆言匈奴可击。上复使刘敬往使匈奴，未还；汉悉兵三十二万北逐之，逾句注。刘敬还，报曰：“两国相击，此宜夸矜，见所长；今臣往，徒见羸瘠、老弱，此必欲见短，伏奇兵以争利。愚以为匈奴不可击也。”是时，汉兵已业行，上怒，骂刘敬曰：“齐虏以口舌得官，今乃妄言沮吾军！”械系敬广武。

帝先至平城，兵未尽到；冒顿纵精兵四十万骑，围帝于白登七日，汉兵中外不得相救饷。帝用陈平秘计，使使间厚遗阏氏。阏氏谓冒顿曰：“两主不相困。今得汉地，而单于终非能居之也。且汉主亦有神灵，单于察之！”冒顿与王黄、赵利期，而黄、利兵不来，疑其与汉有谋，乃解围之一角。会天大雾，汉使人往来，匈奴不觉。陈平请令强弩傅两矢，外乡，从解角直出。帝出围，欲驱；太仆滕公固徐行。至平城，汉大军亦到，胡骑遂解去。汉亦罢兵归，令樊哙止定代地。

上至广武，赦刘敬，曰：“吾不用公言，以困平城；吾皆已斩前使十辈矣！”乃封敬二千户为关内侯，号为建信侯。帝南过曲逆[5]，曰：“壮哉县！吾行天下，独见洛阳与是耳。”乃更封陈平为曲逆侯，尽食之。平从帝征伐，凡六出奇计，辄益封邑焉。

十二月，上还，过赵。赵王敖执子婿礼甚卑；上箕倨慢骂之。赵相贯高、赵午等皆怒，曰：“吾王，孱王也[6]！”乃说王曰：“天下豪桀并起，能者先立。今王事帝甚恭，而帝无礼；请为王杀之！”张敖啮其指出血，曰：“君何言之误！先人亡国，赖帝得复国，德流子孙；秋豪皆帝力也。愿君无复出口！”贯高、赵午等皆相谓曰：“乃吾等非也。吾王长者，不倍德；且吾等义不辱。今帝辱我王，故欲杀之，何洿王为！事成归王，事败独身坐耳。”

白登之战遗址

匈奴攻代。代王喜弃国自归，赦为郃阳侯。辛卯，立皇子如意为代王。

春，二月，上至长安。萧何治未央宫，上见其壮丽，甚怒，谓何曰:“天下匈匈,劳苦数岁,成败未可知,是何治宫室过度也!”何曰:“天下方未定,故可因以就宫室。且夫天子以四海为家,非壮丽无以重威,且无令后世有以加也。”上说。

臣光曰:王者以仁义为丽,道德为威,未闻其以宫室填服天下也。天下未定,当克己节用以趋民之急;而顾以宫室为先,岂可谓之知所务哉!昔禹卑宫室而桀为倾宫。创业垂统之君,躬行节俭以示子孙,其末流犹入于淫靡,况示之以侈乎!乃云“无令后世有以加”,岂不谬哉!至于孝武,卒以宫室罢敝天下,未必不由酂侯启之也!

上自栎阳徙都长安。

初置宗正官[7],以序九族。

夏,四月,帝行如洛阳。

【注释】

①铜鞮:铜鞮县,治所在今山西沁县南古城。 ②白土:白土县,治所在今陕西神木市西北。 ③广武:广武县,治所在今山西代县西南之古城。 ④觇(chān 搀):窥看。 ⑤曲逆:曲逆县,治所在今河北顺平县东南。 ⑥孱(chán 缠):懦弱。 ⑦宗正官:掌管皇室亲属的官。

资治通鉴卷第十二

汉纪四　起玄黓摄提格，尽昭阳赤奋若，凡十二年。

太祖高皇帝下

八年　冬，上击韩王信余寇于东垣[1]，过柏人[2]。贯高等壁人于厕中，欲以要上。上欲宿，心动，问曰："县名为何？"曰："柏人。"上曰："柏人者，迫于人也。"遂不宿而去。十二月，帝行自东垣至。

春，三月，行如洛阳。

令贾人毋得衣锦、绣、绮、縠、絺、纻、罽[3]，操兵、乘、骑马。

秋，九月，行自洛阳至；淮南王、梁王、赵王、楚王皆从。

匈奴冒顿数苦北边。上患之，问刘敬，刘敬曰："天下初定，士卒罢于兵，未可以武服也。冒顿杀父代立，妻群母，以力为威，未可以仁义说也。独可以计久远，子孙为臣耳；然恐陛下不能为。"上曰："奈何？"对曰："陛下诚能以適长公主妻之，厚奉遗之，彼必慕，以为阏氏，生子，必为太子。陛下以岁时汉所余、彼所鲜，数问遗，因使辨士风谕以礼节。冒顿在，固为子婿；死，则外孙为单于；岂尝闻外孙敢与大父抗礼者哉！可无战以渐臣也。若陛下不能遣长公主，而令宗室及后宫诈称公主，彼知，不肯贵近，无益也。"帝曰："善！"欲遣长公主。吕后日夜泣曰："妾唯太子、一女，奈何弃之匈奴！"上竟不能遣。

九年　冬，上取家人子名为长公主，以妻单于；使刘敬往结和亲约。

臣光曰：建信侯谓冒顿残贼，不可以仁义说，而欲与为婚姻，何前后之相违也！夫骨肉之恩，尊卑之叙，唯仁义之人为能知之；奈何欲以此服冒顿哉！盖上世帝王之御夷狄也，服则怀之以德，叛则震之以威，未闻与为婚姻也。且冒顿视其父如禽兽而猎之，奚有于妇翁！建信侯之术，固已疏矣；况鲁元已为赵后，又可夺乎！

刘敬从匈奴来，因言："匈奴河南白羊、楼烦王，去长安近者七百里，轻骑一日一夜可以至秦中。秦中新破，少民，地肥饶，可益实。夫诸侯初起时，非齐诸田、楚昭、屈、景莫能兴。今陛下虽都关中，实少民，东有六国之强族；一日有变，陛下亦未得高枕而卧也。臣愿陛下徙六国后及豪桀、名家居关中；无事可以备胡，诸侯有变，亦足率以东伐。此强本弱末之术也。"上曰："善！"十一月，徙齐、楚大族昭氏、屈氏、景氏、怀氏、田氏五族及豪桀于关中，与利田、宅，凡十余万口。

十二月，上行如洛阳。

贯高怨家知其谋，上变告之。于是上逮捕赵王及诸反者。赵午等十余人皆争自刭；贯高独怒骂曰："谁令公为之？今王实无谋，而并捕王。公等皆死，谁白王不反者？"乃轞车胶致[④]，与王诣长安。高对狱曰："独吾属为之，王实不知。"吏治，搒笞数千，刺剟[⑤]，身无可击者；终不复言。吕后数言："张王以公主故，不宜有此。"上怒曰："使张敖据天下，岂少而女乎！"不听。

廷尉以贯高事辞闻。上曰："壮士！谁知者？以私问之。"中大夫泄公曰："臣之邑子，素知之，此固赵国立义不侵、为然诺者也。"上使泄公持节往问之箯舆前[⑥]。泄公与相劳苦，如生平欢，因问："张王果有计谋不？"高曰："人情宁不各爱其父母、妻子乎？今吾三族皆以论死，岂爱王过于吾亲哉？顾为王实不反，独吾等为之。"具道本指所以为者、王不知状。于是泄公入，具以报上。春，正月，上赦赵王敖，废为宣平侯，徙代王如意为赵王。

上贤贯高为人，使泄公具告之曰："张王已出。"因赦贯高。贯高喜曰："吾王审出乎？"泄公曰："然。"泄公曰："上多足下，故赦足下。"贯高曰："所以不死、一身无余者，白张王不反也。今王已出，吾责已塞，死不恨矣。且人臣有篡弑之名，何面目复事上哉！纵上不杀我，我不愧于心乎！”乃仰绝亢，遂死。

荀悦论曰：贯高首为乱谋，杀主之贼；虽能证明其王，小亮不塞大逆，私行不赎公罪。《春秋》之义大居正，罪无赦可也。

臣光曰：高祖骄以失臣，贯高狠以亡君。使贯高谋逆者，高祖之过也；使张敖亡国者，贯高之罪也。

诏：“丙寅前有罪，殊死已下，皆赦之。”

二月，行自洛阳至。

初，上诏：“赵群臣宾客敢从张王者，皆族。”郎中田叔、孟舒皆自髡钳为王家奴以从。及张敖既免，上贤田叔、孟舒等。召见，与语，汉廷臣无能出其右者。上尽拜为郡守、诸侯相。

【注释】

①东垣：东垣县，治所在今河北正定县南。　②柏人：柏人县，治所在今河北隆尧县西尧城西北。　③绮（qǐ 起）：有花纹的丝织品。縠（hú 斛）：绉纱一类的丝织品。絺（chī 痴）：细葛布。罽（jì 计）：一种毛织品。④槛（jiàn 鉴）车：古代的一种囚车，四面有板，如槛形。胶致：胶密不得开，致达京师。　⑤剟（duō 多）：刺。　⑥箯（biān 鞭）：竹子编成的舆床。

夏，六月晦，日有食之。

更以丞相何为相国。

十年　夏，五月，太上皇崩于栎阳宫。秋，七月，癸卯，葬太上皇于万年[1]，楚王、梁王皆来送葬。赦栎阳囚。

定陶戚姬有宠于上，生赵王如意。上以太子仁弱，谓如意类已；虽封为赵王，常留之长安。上之关东，戚姬常从，日夜啼泣，欲立其子。吕后年长，常留守，益疏。上欲废太子而立赵王，大臣争之，皆莫能得。御史大夫周昌廷争之强，上问其说。昌为人吃，又盛怒，曰：“臣口不能言，然臣期期知其不可！陛下欲废太子，臣期期不奉诏！”上欣然而笑。吕后侧耳于东厢听，既罢，见昌，为跪谢，曰：“微君，太子几废。”

时赵王年十岁，上忧万岁之后不全也；符玺御史赵尧请为赵王置贵强相，及吕后、太子、群臣素所敬惮者。上曰："谁可者？"尧曰："御史大夫昌，其人也。"上乃以昌相赵，而以尧代昌为御史大夫。

初，上以阳夏侯陈豨为相国，监赵、代边兵；豨过辞淮阴侯。淮阴侯挈其手，辟左右，与之步于庭，仰天叹曰："子可与言乎？"豨曰："唯将军令之！"淮阴侯曰："公之所居，天下精兵处也；而公，陛下之信幸臣也。人言公之畔，陛下必不信；再至，陛下乃疑矣；三至，必怒而自将。吾为公从中起，天下可图也。"陈豨素知其能也，信之，曰："谨奉教！"

豨常慕魏无忌之养士，及为相守边，告归[2]，过赵，宾客随之者千余乘，邯郸官舍皆满。赵相周昌求入见上，具言豨宾客甚盛，擅兵于外数岁，恐有变。上令人覆案豨客居代者诸不法事，多连引豨。豨恐，韩王信因使王黄、曼丘臣等说诱之。

太上皇崩，上使人召豨，豨称病不至；九月，遂与王黄等反，自立为代王，劫略赵、代。上自东击之。至邯郸，喜曰："豨不南据邯郸而阻漳水，吾知其无能为矣！"

周昌奏："常山二十五城，亡其二十城；请诛守、尉。"上曰："守、尉反乎？"对曰："不。"上曰："是力不足，亡罪。"

上令周昌选赵壮士可令将者，白见四人。上嫚骂曰："竖子能为将乎？"四人惭，皆伏地；上封各千户，以为将。左右谏曰："从入蜀、汉，伐楚，赏未遍行；今封此，何功？"上曰："非汝所知。陈豨反，赵、代地皆豨有。吾以羽檄征天下兵，未有至者，今计唯独邯郸中兵耳；吾何爱四千户，不以慰赵子弟！"皆曰："善！"

又闻豨将皆故贾人；上曰："吾知所以与之矣。"乃多以金购豨将，豨将多降。

十一年 冬，上在邯郸。陈豨将侯敞将万余人游行，王黄将骑千余军曲逆，张春将卒万余人渡河攻聊城[3]；汉将军郭蒙与齐将击，大破之。太尉周勃道太原入定代地，至马邑，不下，攻残之。赵利守东垣，帝攻拔之，更命曰真定。帝购王黄、曼丘臣以千金，其麾下皆生致之。于是陈豨军遂败。

淮阴侯信称病，不从击豨，阴使人至豨所，与通谋。信谋与家臣夜诈诏赦诸官徒、奴，欲发以袭吕后、太子；部署已定，待豨报。其舍人得罪于信，信囚，欲杀之。春，正月，舍人弟上变，告信欲反状于吕后。吕后欲召，恐其傥不就；乃与萧相国谋，诈令人从上所来，言豨已得，死，列侯、群臣皆贺。相国绐信曰："虽疾，强入贺。"信入，吕后使武士缚信，斩之长乐钟室。信方斩，曰："吾悔不用蒯彻之计，乃为儿女子所诈，岂非天哉！"遂夷信三族。

臣光曰：世或以韩信为首建大策，与高祖起汉中，定三秦，遂分兵以北，禽魏，取代，仆赵，胁燕，东击齐而有之，南灭楚垓下，汉之所以得天下者，大抵皆信之功也。观其距蒯彻之说，迎高祖于陈，岂有反心哉！良由失职怏怏，遂陷悖逆。夫以卢绾里闬旧恩，犹南面王燕，信乃以列侯奉朝请；岂非高祖亦有负于信哉？臣以为高祖用诈谋禽信于陈，言负则有之；虽然，信亦有以取之也。始，汉与楚相距荥阳，信灭齐，不还报而自王；其后汉追楚至固陵，与信期共攻楚而信不至；当是之时，高祖固有取信之心矣，顾力不能耳。及天下已定，则信复何恃哉！夫乘时以徼利者，市井之志也；酬功而报德者，士君子之心也。信以市井之志利其身，而以士君子之心望于人，不亦难哉！是故太史公论之曰："假令韩信学道谦让，不伐己功，不矜其能，则庶几哉！于汉家勋，可以比周、召、太公之徒，后世血食矣！不务出此，而天下已集，乃谋畔逆；夷灭宗族，不亦宜乎！"

【注释】

①万年：万年县，在今陕西西安市临潼区东北武屯镇附近古城村南。②告归：请求休假回家。　③聊城：聊城县，治所在今山东聊城市西北。

将军柴武斩韩王信于参合[1]。

上还洛阳，闻淮阴侯之死，且喜且怜之；问吕后曰："信死亦何言？"吕后曰："信言恨不用蒯彻计。"上曰："是齐辩士蒯彻也。"乃诏齐捕蒯彻。蒯彻至，上曰："若教淮阴侯反乎？"对曰："然，臣固教之。竖子不用臣之策，故令自夷于此；如用臣之计，陛下安得而夷之乎！”上怒曰：“烹之！”彻曰：“嗟乎！冤哉烹也！”上曰：“若教韩信反，何冤？”对曰：“秦失其鹿，天下共逐之，高材疾足者先得焉。跖之狗吠尧；尧非不仁，狗固吠非其主。当是时，臣唯独知韩信，非知陛下也。且天下锐精持锋欲为陛下所为者甚众，顾力不能耳，又可尽烹之邪？”上曰：“置之。”

立子恒为代王，都晋阳。

大赦天下。

上之击陈豨也，征兵于梁；梁王称病，使将将兵诣邯郸。上怒，使人让之。梁王恐，欲自往谢。其将扈辄曰：“王始不往，见让而往，往则为禽矣；不如遂发兵反。”梁王不听。梁太仆得罪，亡走汉，告梁王与扈辄谋反。于是上使使掩梁王，梁王不觉，遂囚之洛阳。有司治：“反形已具，请论如法。”上赦以为庶人，传处蜀青衣[②]。西至郑，逢吕后从长安来。彭王为吕后泣涕，自言无罪，愿处故昌邑。吕后许诺，与俱东。至洛阳，吕后白上曰：“彭王壮士，今徙之蜀，此自遗患；不如遂诛之。妾谨与俱来。”于是吕后乃令其舍人告彭越复谋反。廷尉王恬开奏请族之，上可其奏。三月，夷越三族。枭越首洛阳，下诏：“有收视者，辄捕之。”

梁大夫栾布使于齐，还，奏事越头下，祠而哭之。吏捕以闻。上召布，骂，欲烹之。方提趋汤，布顾曰：“愿一言而死。”上曰：“何言？”布曰：“方上之困于彭城，败荥阳、成皋间，项王所以遂不能西者，徒以彭王居梁地，与汉合从苦楚也。当是之时，王一顾，与楚则汉破，与汉则楚破。且垓下之会，微彭王，项氏不亡。天下已定，彭王剖符受封，亦欲传之万世。今陛下一征兵于梁，彭王病不行，而陛下疑以为反；反形未具，以苛小案诛灭之。臣恐功臣人人自危也。今彭王已死，臣生不如死，请就烹！”于是上乃释布罪，拜为都尉。

丙午，立皇子恢为梁王；丙寅，立皇子友为淮阳王。罢东郡，颇益梁；罢颍川郡，颇益淮阳。

夏，四月，行自洛阳至。

五月，诏立秦南海尉赵佗为南粤王，使陆贾即授玺绶，与剖符通使，使和集百越，无为南边患害。

西汉昭明单圈铭带镜

初，秦二世时，南海尉任嚣病且死，召龙川令赵佗，语曰："秦为无道，天下苦之。闻陈胜等作乱，天下未知所安。南海僻远，吾恐盗兵侵地至此，欲兴兵绝新道自备，待诸侯变；会病甚。且番禺负山险[3]，阻南海[4]，东西数千里，颇有中国人相辅，此亦一州之主也，可以立国。郡中长吏，无足与言者，故召公告之。"即被佗书，行南海尉事。嚣死，佗即移檄告横浦、阳山、湟溪关曰[5]："盗兵且至，急绝道，聚兵自守！"因稍以法诛秦所置长吏，以其党为假守。秦已破灭，佗即击并桂林、象郡，自立为南越武王。

陆生至，尉佗魋结、箕倨见陆生[6]。陆生说佗曰："足下中国人，亲戚、昆弟、坟墓在真定。今足下反天性，弃冠带，欲以区区之越与天子抗衡为敌国，祸且及身矣！且夫秦失其政，诸侯、豪桀并起，唯汉王先入关，据咸阳。项羽倍约，自立为西楚霸王，诸侯皆属，可谓至强。然汉王起巴蜀，鞭笞天下，遂诛项羽，灭之；五年之间，海内平定，此非人力，天之所建也。天子闻君王王南越，不助天下诛暴逆，将相欲移兵而诛王。天子怜百姓新劳苦，故且休之，遣臣授君王印，剖符通使。君王宜郊迎，北面称臣，乃欲以新造未集之越，屈强于此！汉诚闻之，掘烧王先人冢，夷灭宗族，使一偏将将十万众临越，则越杀王降汉如反覆手耳！"于是尉佗乃蹶然起坐[7]，谢陆生曰："居蛮夷中久，殊失礼义。"因问陆生曰："我孰与萧何、曹参、韩信贤？"陆生曰："王似贤也。"复曰："我孰与皇帝贤？"陆生曰："皇帝继五帝、三皇之业，统理中国；中国之人以亿计，地方万里，万物殷富；政由一家，自天地剖判未始有也。今王众不过数十万，皆蛮夷，崎岖山海间，譬若汉一郡耳，何乃比于汉！"尉佗大笑曰："吾不起中国，故王此；使我居中国，何遽不若汉！"乃留陆生与饮，数月，曰："越中无足与语。至生来，令我日闻所不闻。”赐陆生橐中装直千金，他送亦千金。陆生卒拜尉佗为南越王，令称臣，奉汉约。归报，帝大悦，拜贾为太中大夫。

【注释】

①参合：参合县，治所在今山西阳高县南白登堡。 ②青衣：青衣县，治所在今四川雅安市名山区北。 ③番禺：番禺县，治所在今广东广州市。 ④南海：南海郡，治所在番禺县，即今广东广州市。 ⑤横浦：横浦关，即今广东南雄市东北、江西大余县大庾岭上的梅关。阳山：阳山关，在今广东阳山县东北锣寨岭上。湟溪关：在今广东英德市西北。⑥魋结：即椎髻。椎髻，一撮之髻，其形像椎，所以称为椎髻。 ⑦蹶然起坐：惊恐起身坐着。因尉佗原箕踞，即伸出两脚席地而坐，惊恐后改为正规坐着。

陆生时时前说称诗、书，帝骂之曰：“乃公居马上而得之，安事诗、书！”陆生曰：“居马上得之，宁可以马上治之乎？且汤武逆取而以顺守之；文武并用，长久之术也。昔者吴王夫差、智伯、秦始皇，皆以极武而亡。乡使秦已并天下[①]，行仁义，法先圣，陛下安得而有之！”帝有惭色，曰：“试为我著秦所以失天下、吾所以得之者及古成败之国。”陆生乃粗述存亡之征，凡著十二篇。每奏一篇，帝未尝不称善，左右呼万岁；号其书曰“《新语》”。

帝有疾，恶见人，卧禁中，诏户者无得入群臣[②]，群臣绛、灌等莫敢入，十余日。舞阳侯樊哙排闼直入[③]，大臣随之。上独枕一宦者卧。哙等见上，流涕曰：“始，陛下与臣等起丰、沛，定天下，何其壮也！今天下已定，又何惫也！且陛下病甚，大臣震恐；不见臣等计事，顾独与一宦者绝乎！且陛下独不见赵高之事乎？”帝笑而起。

秋，七月，淮南王布反。

初，淮阴侯死，布已心恐。及彭越诛，醢其肉以赐诸侯。使者至淮南，淮南王方猎，见醢，因大恐，阴令人部聚兵，候伺旁郡警急。布所幸姬，病就医，医家与中大夫贲赫对门，赫乃厚馈遗，从姬饮医家；王疑其与乱，欲捕赫。赫乘传诣长安上变，言“布谋反有端，可先未发诛也”。上读其书，语萧相国，相国曰：“布不宜有此，恐仇怨妄诬之。请系赫，使人微验淮南王。”淮南王见赫以罪亡上变，固已疑其言国阴事；汉使又来，颇有所验；遂族赫家，发兵反。反书闻，上乃赦贲赫，以为将军。

上召诸将问计。皆曰：“发兵击之，坑竖子耳，何能为乎！”汝阴侯滕公召故楚令尹薛公问之。令尹曰：“是固当反。”滕公曰：“上裂地而封之，疏爵而王之；其反何也？”令尹曰：“往年杀彭越，前年杀韩信；此三人者，同功一体之人也，自疑祸及身，故反耳！”滕公言之上，上乃召见。问薛公，薛公对曰：“布反不足怪也。使布出于上计，山东非汉之有也；出于中计，胜败之数未可知也；出于下计，陛下安枕而卧矣。”上曰：“何谓上计？”对曰：“东取吴，西取楚，并齐，取鲁，传檄燕、赵，固守其所，山东非汉之有也。”“何谓中计？”“东取吴，西取楚，并韩，取魏，据敖仓之粟，塞成皋之口，胜败之数未可知也。”“何谓下计？”“东取吴，西取下蔡，归重于越，身归长沙，陛下安枕而卧，汉无事矣。”上曰：“是计将安出？”对曰：“出下计。”上曰：“何为废上、中计而出下计？”对曰：“布，故丽山之徒也，自致万乘之主，此皆为身，不顾后、为百姓万世虑者也；故曰出下计。”上曰：“善！”封薛公千户。乃立皇子长为淮南王。

是时，上有疾，欲使太子往击黥布。太子客东园公、绮里季、夏黄公、角里先生说建成侯吕释之曰：“太子将兵，有功则位不益，无功则从此受祸矣。君何不急请吕后，承间为上泣言：‘黥布，天下猛将也，善用兵。今诸将皆陛下故等夷，乃令太子将此属，无异使羊将狼，莫肯为用；且使布闻之，则鼓行而西耳。上虽病，强载辎车，卧而护之，诸将不敢不尽力。上虽苦，为妻子自强！’”于是吕释之立夜见吕后。吕后承间为上泣涕而言，如四人意。上曰：“吾惟竖子固不足遣，而公自行耳。”

于是上自将兵而东，群臣居守，皆送至霸上。留侯病，自强起，至曲邮[4]，见上曰：“臣宜从，病甚。楚人剽疾[5]，愿上无与争锋！”因说上令太子为将军，监关中兵。上曰：“子房虽病，强卧而傅太子。”是时，叔孙通为太傅，留侯行少傅事。发上郡、北地、陇西车骑、巴蜀材官及中尉卒三万人为皇太子卫[6]，军霸上。

布之初反，谓其将曰：“上老矣，厌兵，必不能来。使诸将，诸将独患淮阴、彭越，今皆已死，余不足畏也。”故遂反。果如薛公之言，东击荆。荆王贾走死富陵；尽劫其兵，渡淮击楚。楚发兵与战徐、僮间[7]，为三军，欲以相救为奇[8]。或说楚将曰：“布善用兵，民素畏之。且兵法‘诸侯自战其地为散地’，今别为三，彼败吾一军，余皆走，安能相救！”不听。布果破其一军，其二军散走；布遂引兵而西。

【注释】

①乡（xiàng 向）使：假使以前。乡，通“向”，以前。 ②户者：守门户的人。 ③排闼（tà 榻）：推开小门。闼，小门。 ④曲邮：在今陕西西安市临潼区东。 ⑤剽疾：与“剽轻”意思相同，即剽悍轻捷。 ⑥材官：供差遣的低级武职。 ⑦僮：僮县，治所在今安徽省泗县东北。 ⑧奇：即奇谲，奇特有计，奇计。

十二年 冬，十月，上与布军遇于蕲西，布兵精甚。上壁庸城，望布军置陈如项籍军，上恶之。与布相望见，遥谓布曰：“何苦而反？”布曰：“欲为帝耳！”上怒骂之，遂大战。布军败走，渡淮，数止战，不利，与百余人走江南，上令别将追之。

上还，过沛，留，置酒沛宫，悉召故人、父老、诸母、子弟佐酒，道旧故为笑乐。酒酣上自为歌，起舞，慷慨伤怀，泣数行下，谓沛父兄曰：“游子悲故乡。朕自沛公以诛暴逆，遂有天下；其以沛为朕汤沐邑，复其民，世世无有所与。”乐饮十余日，乃去。

汉别将击英布军洮水南、北[1]，皆大破之。布故与番君婚，以故长沙成王臣使人诱布，伪欲与亡走越，布信而随之。番阳人杀布兹乡民田舍。

周勃悉定代郡、雁门、云中地，斩陈豨于当城。

上以荆王贾无后，更以荆为吴国；辛丑，立兄仲之子濞为吴王，王三郡、五十三城。

十一月，上过鲁，以太牢祠孔子。

上从破黥布归，疾益甚，愈欲易太子。张良谏不听，因疾不视事。叔孙通谏曰：“昔者晋献公以骊姬之故，废太子，立奚齐，晋国乱者数十年，为天下笑。秦以不蚤定扶苏，令赵高得以诈立胡亥，自使灭祀,此陛下所亲见。今太子仁孝,天下皆闻之。吕后与陛下攻苦食淡,其可背哉！陛下必欲废適而立少,臣愿先伏诛,以颈血污地！"帝曰:"公罢矣,吾直戏耳！"叔孙通曰:"太子,天下本,本一摇,天下振动;奈何以天下为戏乎！"时大臣固争者多;上知群臣心皆不附赵王,乃止不立。

相国何以长安地狭,上林中多空地,弃;愿令民得入田,毋收稾,为禽兽食。上大怒曰:"相国多受贾人财物,乃为请吾苑！"下相国廷尉,械系之。数日,王卫尉侍,前问曰:"相国何大罪,陛下系之暴也?"上曰:"吾闻李斯相秦皇帝,有善归主,有恶自与。今相国多受贾竖金,而为之请吾苑以自媚于民,故系治之。"王卫尉曰:"夫职事苟有便于民而请之,真宰相事;陛下奈何乃疑相国受贾人钱乎?且陛下距楚数岁,陈豨、黥布反,陛下自将而往;当是时,相国守关中,关中摇足,则关以西非陛下有也！相国不以此时为利,今乃利贾人之金乎?且秦以不闻其过亡天下;李斯之分过,又何足法哉！陛下何疑宰相之浅也！"帝不怿。是日,使使持节赦出相国。相国年老,素恭谨,入,徒跣谢[②]。帝曰:"相国休矣！相国为民请苑,吾不许;我不过为桀、纣主,而相国为贤相,吾故系相国,欲令百姓闻吾过也。"

陈豨之反也,燕王绾发兵击其东北。当是时,陈豨使王黄求救匈奴;燕王绾亦使其臣张胜于匈奴,言豨等军破。张胜至胡,故燕王藏荼子衍出亡在胡,见张胜曰:"公所以重于燕者,以习胡事也;燕所以久存者,以诸侯数反,兵连不决也。今公为燕,欲急灭豨等;豨等已尽,次亦至燕,公等亦且为虏矣。公何不令燕且缓陈豨,而与胡和！事宽,得长王燕;即有汉急,可以安国。"张胜以为然,乃私令匈奴助豨等击燕。燕王绾疑张胜与胡反,上书请族张胜。胜还,具道所以为者;燕王乃诈论他人,脱胜家属,使得为匈奴间。而阴使范齐之陈豨所,欲令久亡,连兵勿决。

汉击黥布,豨常将兵居代。汉击斩豨,其裨将降,言燕王绾使范齐通计谋于豨所。帝使使召卢绾,绾称病;又使辟阳侯审食其、御史大夫赵尧往迎燕王,因验问左右。绾愈恐,闭匿,谓其幸臣曰:"非刘氏而王,独我与长沙耳。往年春,汉族淮阴,夏,诛彭越,皆吕氏计。今上病,属任吕后;吕后妇人,专欲以事诛异姓王者及大功臣。”乃遂称病不行,其左右皆亡匿。语颇泄,辟阳侯闻之,归,具报上,上益怒;又得匈奴降者,言张胜亡在匈奴为燕使。于是上曰:“卢绾果反矣!”春,二月,使樊哙以相国将兵击绾,立皇子建为燕王。

诏曰:“南武侯织,亦粤之世也,立以为南海王。”

上击布时,为流矢所中,行道,疾甚。吕后迎良医。医入见,曰:“疾可治。”上嫚骂之曰:“吾以布衣提三尺取天下③,此非天命乎! 命乃在天,虽扁鹊何益④!”遂不使治疾,赐黄金五十斤,罢之。吕后问曰:“陛下百岁后,萧相国既死,谁令代之?”上曰:“曹参可。”问其次,曰:“王陵可;然少戆⑤,陈平可以助之。陈平知有余,然难独任。周勃重厚少文,然安刘氏者必勃也,可令为太尉。”吕后复问其次,上曰:“此后亦非乃所知也。”夏,四月,甲辰,帝崩于长乐宫。丁未,发丧,大赦天下。

【注释】

①洮水:此洮水近长沙。据罗含《湘中记》说,零陵有洮水。 ②徒跣:赤脚步行。 ③三尺:指剑。 ④扁鹊:战国时名医,原名秦越人。

汉高祖长陵

《史记》有传。此指名医。 ⑤戆(zhuàng 壮):愚而刚直。

卢绾与数千人居塞下候伺,幸上疾愈,自入谢;闻帝崩,遂亡入匈奴。

五月,丙寅,葬高帝于长陵[1]。

初,高祖不修文学,而性明达,好谋,能听,自监门、戍卒见之如旧。初顺民心作三章之约。天下既定,命萧何次律、令[2],韩信申军法[3],张苍定章程[4],叔孙通制礼仪;又与功臣剖符作誓,丹书、铁契,金匮、石室,藏之宗庙。虽日不暇给,规摹弘远矣。

己巳,太子即皇帝位,尊皇后曰皇太后。

初,高帝病甚,人有恶樊哙云:"党于吕氏,即一日上晏驾[5],欲以兵诛赵王如意之属。"帝大怒,用陈平谋,召绛侯周勃受诏床下,曰:"陈平亟驰传载勃代哙将;平至军中,即斩哙头!"二人既受诏,驰传,未至军,行计之曰:"樊哙,帝之故人也,功多;且又吕后弟吕媭之夫,有亲且贵。帝以忿怒故欲斩之,则恐后悔;宁囚而致上自诛之。"未至军,为坛,以节召樊哙。哙受诏,即反接[6],载槛车传诣长安;而令绛侯勃代将,将兵定燕反县。

平行,闻帝崩;畏吕媭谗之于太后,乃驰传先去。逢使者,诏平与灌婴屯荥阳。平受诏,立复驰至宫,哭殊悲;因固请得宿卫中。太后乃以为郎中令,使傅教惠帝。是后吕媭谗乃不得行。樊哙至,则赦,复爵邑。

太后令永巷囚戚夫人,髡钳,衣赭衣,令舂。遣使召赵王如意,使者三反,赵相周昌谓使者曰:"高帝属臣赵王,王年少;窃闻太后怨戚夫人,欲召赵王并诛之,臣不敢遣王。王且亦病,不能奉诏。"太后怒,先使人召昌。昌至长安,乃使人复召赵王。王来,未到;帝知太后怒,自迎赵王霸上,与入宫,自挟与起居饮食。太后欲杀之,不得间。

孝惠皇帝

元年 冬，十二月，帝晨出射。赵王年少，不能蚤起；太后使人持鸩饮之。帝还，赵王已死。太后遂断戚夫人手足，去眼，煇耳[⑦]，饮喑药[⑧]，使居厕中，命曰："人彘。"居数日，乃召帝观人彘。帝见，问知其戚夫人，乃大哭，因病，岁余不能起。使人请太后曰："此非人所为。臣为太后子，终不能治天下。"帝以此日饮为淫乐，不听政。

臣光曰：为人子者，父母有过则谏；谏而不听，则号泣而随之。安有守高祖之业，为天下之主，不忍母之残酷，遂弃国家而不恤，纵酒色以伤生！若孝惠者，可谓笃于小仁而未知大谊也。

徙淮阳王友为赵王。

春，正月，始作长安城西北方。

二年 冬，十月，齐悼惠王来朝；饮于太后前，帝以齐王，兄也，置之上坐。太后怒，酌鸩酒置前，赐齐王为寿。齐王起，帝亦起取卮；太后恐，自起泛帝卮。齐王怪之，因不敢饮，佯醉去；问知其鸩，大恐。齐内史士说王，使献城阳郡为鲁元公主汤沐邑。太后喜，乃罢归齐王。

春，正月，癸酉，有两龙见兰陵家人井中。

陇西地震。

夏，旱。

郃阳侯仲薨。

酂文终侯萧何病，上亲自临视，因问曰："君即百岁后，谁可代君者？"对曰："知臣莫如主。"帝曰："曹参何如？"何顿首曰："帝得之矣，臣死不恨！"

秋，七月，辛未，何薨。何置田宅，必居穷僻处，为家，不治垣屋。曰："后世贤，师吾俭；不贤，毋为势家所夺。"

癸巳，以曹参为相国。参闻何薨，告舍人："趣治行！吾将入相。"居无何，使者果召参。始，参微时，与萧何善；及为将相，有隙；至何且死，所推贤唯参。参代何为相，举事无所变更，一遵何约束。择郡国吏木讷于文辞、重厚长者[9]，即召除为丞相史；吏之言文刻深、欲务声名者，辄斥去之。日夜饮醇酒；卿、大夫以下吏及宾客见参不事事，来者皆欲有言，参辄饮以醇酒；间欲有所言，复饮之，醉而后去，终莫得开说，以为常。见人有细过，专掩匿覆盖之；府中无事。

参子窋为中大夫，帝怪相国不治事，以为“岂少朕与?”使窋归，以其私问参。参怒，笞窋二百，曰：“趣入侍！天下事非若所当言也！”至朝时，帝让参曰：“乃者我使谏君也。”参免冠谢曰：“陛下自察圣武孰与高帝?”上曰：“朕乃安敢望先帝！”又曰：“陛下观臣能孰与萧何贤?”上曰：“君似不及也。”参曰：“陛下言之是也。高帝与萧何定天下，法令既明。今陛下垂拱，参等守职，遵而勿失，不亦可乎！”帝曰：“善！”

参为相国，出入三年，百姓歌之曰：“萧何为法，较若画一。曹参代之，守而勿失；载其清净，民以宁壹。”

三年　春，发长安六百里内男女十四万六千人城长安，三十日罢。

以宗室女为公主，嫁匈奴冒顿单于。是时，冒顿方强，为书，使使遗高后，辞极亵嫚。高后大怒，召将相大臣，议斩其使者，发兵击之。樊哙曰：“臣愿得十万众横行匈奴中！”中郎将季布曰：“哙可斩也！前匈奴围高帝于平城，汉兵三十二万，哙为上将军，不能解围。今歌吟之声未绝，伤夷者甫起，而哙欲摇动天下，妄言以十万众横行，是面谩也。且夷狄譬如禽兽，得其善言不足喜，恶言不足怒也。”高后曰：“善！”令大谒者张释报书，深自谦逊以谢之，并遗以车二乘，马二驷。冒顿复使使来谢，

萧何墓

曰:"未尝闻中国礼义,陛下幸而赦之。"因献马,遂和亲。

夏,五月,立闽越君摇为东海王。摇与无诸,皆越王句践之后也,从诸侯灭秦,功多,其民便附,故立之。都东瓯,世号东瓯王。

六月,发诸侯王、列侯徒隶二万人城长安。

秋,七月,都厩灾。

是岁,蜀湔氐反[10],击平之。

四年 冬,十月,立皇后张氏。后,帝姊鲁元公主女也,太后欲为重亲,故以配帝。

春,正月,举民孝、弟、力田者,复其身。

三月,甲子,皇帝冠,赦天下[11]。

省法令妨吏民者。除挟书律[12]。

帝以朝太后于长乐宫及间往,数跸烦民[13]。乃筑复道于武库南。奉常叔孙通谏曰:"此高帝月出游衣冠之道也,子孙奈何乘宗庙道上行哉!"帝惧曰:"急坏之!"通曰:"人主无过举;今已作,百姓皆知之矣。愿陛下为原庙渭北,月出游之,益广宗庙,大孝之本。"上乃诏有司立原庙。

臣光曰:过者,人之所必不免也;惟圣贤为能知而改之。古之圣王,患其有过而不自知也,故设诽谤之木,置敢谏之鼓;岂畏百姓之闻其过哉!是以仲虺美成汤曰:"改过不吝。"傅说戒高宗曰:"无耻过作非。"由是观之,则为人君者,固不以无过为贤,而以改过为美也。今叔孙通谏孝惠,乃云"人主无过举",是教人君以文过遂非也,岂不缪哉!

长安宫鸿台灾。

秋,七月,乙亥,未央宫凌室灾;丙子,织室灾。

五年 冬,雷;桃李华,枣实[14]。

春,正月,复发长安六百里内男女十四万五

曹参墓

千人城长安，三十日罢。

夏，大旱，江河水少，溪谷水绝。

秋，八月，平阳懿侯曹参薨。

六年 冬，十月，以王陵为右丞相，陈平为左丞相。

齐悼惠王肥薨。

夏，留文成侯张良薨。

以周勃为太尉。

七年 冬，发车骑、材官诣荥阳，太尉灌婴将。

春，正月，辛丑朔，日有食之。

夏，五月，丁卯，日有食之，既。

秋，八月，戊寅，帝崩于未央宫。大赦天下。九月，辛丑，葬安陵。

初，吕太后命张皇后取他人子养之，而杀其母，以为太子。既葬，太子即皇帝位，年幼；太后临朝称制。

【注释】

①长陵：汉高祖墓长陵，在今陕西咸阳市东北。 ②萧何次律：萧何编次《律九章》，主要摭自秦法，但也根据时宜有所增、损。 ③韩信申军法：张良、韩信序次兵法书，共采自一百八十二家，存其要用，定著三十五家。 ④章程：章指历数的章术；程指权衡、尺、斗、斛的平法。程，即法式。 ⑤晏驾：古代称帝王死的讳辞。本来的涵义是，天子当晨起早作，一日忽然死去，不出临朝，臣子讳之为宫车晚出，亦即晏驾。 ⑥反接：反缚两手。 ⑦煇耳：以药熏耳使其成为聋子。 ⑧喑（yīn 阴）：哑。 ⑨木讷：质朴而不善辞令。 ⑩湔氐：湔氐县，治所在今四川松潘县西北。 ⑪冠：行冠礼。孝惠帝十七岁即位，至此年行冠礼而赦天下。 ⑫挟书律：指对私藏《诗》《书》等书籍者给予罪罚的法令。史载，秦始皇三十四年，颁布命制："天下敢有藏《诗》《书》、百家语者，悉诣守尉杂烧之……令下三十日不烧，黥为城旦。"此焚书令，即挟书律。 ⑬跸：或作"趩"，指古代帝王出行时清道，禁止行人通行。 ⑭雷：打雷。华，指花、开花。实，结果实。冬天打雷、桃李开花、枣树结果实，均为异常现象。

资治通鉴卷第十三

汉纪五　起阏逢摄提格，尽昭阳大渊献，凡十年。

高　皇　后

元年　冬，太后议欲立诸吕为王，问右丞相陵，陵曰："高帝刑白马盟曰：'非刘氏而王，天下共击之。'今王吕氏，非约也。"太后不说，问左丞相平、太尉勃，对曰："高帝定天下，王子弟；今太后称制，王诸吕，无所不可。"太后喜，罢朝，王陵让陈平、绛侯曰："始与高帝啑血盟[1]，诸君不在邪！今高帝崩，太后女主，欲王吕氏；诸君纵欲阿意背约，何面目见高帝于地下乎？"陈平、绛侯曰："于今，面折廷争，臣不如君；全社稷，定刘氏之后，君亦不如臣。"陵无以应之。十一月，甲子，太后以王陵为帝太傅[2]，实夺之相权；陵遂病免归。

乃以左丞相平为右丞相；以辟阳侯审食其为左丞相[3]，不治事，令监宫中，如郎中令。食其故得幸于太后，公卿皆因而决事。

西汉"与天无极"瓦当

太后怨赵尧为赵隐王谋，乃抵尧罪。

上党守任敖尝为沛狱吏[④]，有德于太后；乃以为御史大夫。

太后又追尊其父临泗侯吕公为宣王，兄周吕令武侯泽为悼武王，欲以王诸吕为渐。

春，正月，除三族罪、妖言令[⑤]。

夏，四月，鲁元公主薨；封公主子张偃为鲁王，谥公主曰鲁元太后。

辛卯，封所名孝惠子山为襄城侯，朝为轵侯，武为壶关侯。

太后欲王吕氏，乃先立所名孝惠子强为淮阳王，不疑为恒山王；使大谒者张释风大臣。大臣乃请立悼武王长子郦侯台为吕王，割齐之济南郡为吕国。

五月，丙申，赵王宫丛台灾[⑥]。

秋，桃、李华。

【注释】

①唼（shà 霎）血：同“歃血”，古代订盟时的一种仪式，把牲畜的血涂在嘴唇上，表示诚意。 ②太傅：官名。为辅导太子的官，三公之一。 ③审食其（yì jī 易基）（？—前177）：西汉沛县（今属江苏）人。初任汉高祖舍人，与吕后同时为项羽所俘，渐为吕后所亲信，后封辟阳侯，吕后时，任左丞相，公卿皆因而决事，权势很大。文帝时被免去相位，后为淮南王刘长所杀。 ④上党：郡名。战国韩置，治所在壶关（今山西长治市北），西汉移治长子（今山西长子县西）。 ⑤除三族罪：诛杀三族（父族、母族、妻族）是秦政府制定的残酷法律，西汉初年废除。 ⑥丛台：战国时赵国筑，西汉初为赵王宫苑内胜景。

二年 冬，十一月，吕肃王台薨。

春，正月，乙卯，地震；羌道、武都道山崩[①]。

夏，五月，丙申，封楚元王子郢客为上邳侯，齐悼惠王子章为朱虚侯，令入宿卫；又以吕禄女妻章。

六月，丙戌晦，日有食之。

秋，七月，恒山哀王不疑薨。

行八铢钱[②]。

癸丑，立襄成侯山为恒山王，更名义。

三年 夏，江水、汉水溢，流四千余家。

秋，星昼见。

伊水、洛水溢，流千六百余家。汝水溢，流八百余家。

四年 春，二月，癸未，立所名孝惠子太为昌平侯。

夏，四月，丙申，太后封女弟媭为临光侯。

少帝寝长③，自知非皇后子，乃出言曰："后安能杀吾母而名我！我壮，即为变！"太后闻之，幽之永巷中，言帝病。左右莫得见。太后语群臣曰："今皇帝病久不已，失惑昏乱，不能继嗣治天下；其代之。"群臣皆顿首言："皇太后为天下齐民计，所以安宗庙、社稷甚深；群臣顿首奉诏。"遂废帝，幽杀之。五月，丙辰，立恒山王义为帝。更名曰弘；不称元年，以太后制天下事故也。以轵侯朝为恒山王。

是岁，以平阳侯曹窋为御史大夫。

有司请禁南越关市、铁器。南越王佗曰："高帝立我，通使物。今高后听谗臣，别异蛮夷，隔绝器物；此必长沙王计，欲倚中国击灭南越而并王之，自为功也。"

五年 春，佗自称南越武帝，发兵攻长沙，败数县而去。

秋，八月，淮阳怀王强薨；以壶关侯武为淮阳王。

九月，发河东、上党骑屯北地。

初令戍卒岁更。

【注释】

①羌道：县名。西汉置，因境内为羌族所居故名。治今甘肃舟曲县北，三国后废。武都道：县名。西汉置，治今甘肃西和县西南。 ②八铢钱：古钱币名。秦有半两钱，汉初因其太重，改铸荚钱，重三铢。至吕后二年（前186）又嫌荚钱太轻，改铸八铢钱，重半两。 ③寖（jìn 进）：渐渐。

六年 冬，十月，太后以吕王嘉居处骄恣，废之。十一月，立肃王弟产为吕王。

春，星昼见。

夏，四月，丁酉，赦天下。

封朱虚侯章弟兴居为东牟侯，亦入宿卫。

匈奴寇狄道，攻阿阳[1]。

行五分钱[2]。

宣平侯张敖卒，赐谥曰鲁元王。

七年 冬，十二月，匈奴寇狄道，略二千余人。

春，正月，太后召赵幽王友。友以诸吕女为后，弗爱，爱他姬。诸吕女怒，去，谗之于太后曰："王言'吕氏安得王！太后百岁后，吾必击之'。"太后以故召赵王。赵王至，置邸，不得见，令卫围守之，弗与食；其群臣或窃馈，辄捕论之。丁丑，赵王饿死，以民礼葬之长安民冢次。

己丑，日食，昼晦。太后恶之，谓左右曰："此为我也！"

二月，徙梁王恢为赵王，吕王产为梁王。梁王不之国，为帝太傅。

秋，七月，丁巳[3]，立平昌侯太为济川王[4]。

吕媭女为将军、营陵侯刘泽妻。泽者，高祖从祖昆弟也。齐人田生为之说大谒者张卿曰："诸吕之王也，诸大臣未大服。今营陵侯泽，诸刘最长；今卿言太后王之，吕氏王益固矣。"张卿入言太后，太后然之，乃割齐之琅邪郡封泽为琅邪王。

赵王恢之徙赵，心怀不乐。太后以吕产女为王后，王后从官皆诸吕，擅权，微伺赵王，赵王不得自恣。王有所爱姬，王后使人鸩杀之[5]。六月，王不胜悲愤，自杀。太后闻之，以为王用妇人弃宗庙礼，废其嗣。

是时，诸吕擅权用事；朱虚侯章，年二十，有气力，忿刘氏不得职。尝入侍太后燕饮，太后令章为酒吏。章自请曰："臣将种也，请得以军法行酒。"太后曰："可。"酒酣，章请为《耕田歌》；太后许之。章曰："深耕穊种[6]，立苗欲疏；非其种者，锄而去之！"太后默然。顷之，诸吕有一人醉，亡酒，章追，拔剑斩之而还，报曰："有亡酒一人，臣谨行法斩之！"太后左右皆大惊，业已许其军法，无以罪也；因罢。自是之后，诸吕惮朱虚侯，虽大臣皆依朱虚侯，刘氏为益强。

陈平患诸吕，力不能制，恐祸及己；尝燕居深念[7]，陆贾往，直入坐；而陈丞相不见。陆生曰："何念之深也！"陈平曰："生揣我何念？"陆生曰："足下极富贵，无欲矣；然有忧念，不过患诸吕、少主耳。"陈平曰："然。为之奈何？"陆生曰："天下安，注意相；天下危，注意将。将相和调，则士豫附；天下虽有变，权不分。为社稷计，在两军掌握耳[8]。臣尝欲谓太尉绛侯；绛侯与我戏，易吾言。君何不交驩太尉[9]，深相结！"因为陈平画吕氏数事。陈平用其计，乃以五百金为绛侯寿，厚具乐饮；太尉报亦如之。两人深相结，吕氏谋益衰。陈平以奴婢百人、车马五十乘、钱五百万遗陆生为饮食费。

太后使使告代王，欲徙王赵。代王谢之，愿守代边。太后乃立兄子吕禄为赵王，追尊禄父建成康侯释之为赵昭王。

九月，燕灵王建薨；有美人子，太后使人杀之。国除。

遣隆虑侯周灶将兵击南越。

【注释】

①阿阳：县名。西汉置，治所在今甘肃静宁县西南。 ②五分钱：汉初钱名。形如榆荚，重三铢，半径五分，文曰"汉兴"，又称五分钱。③丁巳：七月无此日，疑误，待考。 ④济川：国名，西汉置。即济南、济北之地。 ⑤鸩（zhèn 震）：用毒酒害人。 ⑥穊（jì 记）：稠密。⑦燕：同"宴"，安乐、安闲。 ⑧两军：应为"两君"。 ⑨驩：同"欢"。

八年 冬，十月，辛丑，立吕肃王子东平侯通为燕王；封通弟庄为东平侯。

三月，太后祓，还，过轵道，见物如苍犬，撠太后掖，忽不复见。卜之，云"赵王如意为祟"。太后遂病掖伤。

太后为外孙鲁王偃年少孤弱，夏，四月，丁酉，封张敖前姬两子侈为新都侯，寿为乐昌侯，以辅鲁王。又封中大谒者张释为建陵侯，以其劝王诸吕，赏之也。

江、汉水溢，流万余家。

秋，七月，太后病甚，乃令赵王禄为上将军，居北军[1]；吕王产居南军[2]。太后诫产、禄曰："吕氏之王，大臣弗平。我即崩，帝年少，大臣恐为变。必据兵卫宫，慎毋送丧，为人所制！”辛巳，太后崩，遗诏：大赦天下，以吕王产为相国，以吕禄女为帝后。高后已葬，以左丞相审食其为帝太傅。

诸吕欲为乱，畏大臣绛、灌等，未敢发。朱虚侯以吕禄女为妇，故知其谋，乃阴令人告其兄齐王，欲令发兵西，朱虚侯、东牟侯为内应，以诛诸吕，立齐王为帝。齐王乃与其舅驷钧、郎中令祝午、中尉魏勃阴谋发兵。齐相召平弗听。八月，丙午，齐王欲使人诛相；相闻之，乃发卒卫王宫。魏勃给召平曰：“王欲发兵，非有汉虎符验也[3]。而相君围王固善，勃请为君将兵卫王。”召平信之。勃既将兵，遂围相府；召平自杀。于是齐王以驷钧为相，魏勃为将军，祝午为内史[4]，悉发国中兵。

使祝午东诈琅邪王曰：“吕氏作乱，齐王发兵欲西诛之。齐王自以年少，不习兵革之事，愿举国委大王。大王，自高帝将也；请大王幸之临菑，见齐王计事。”琅邪王信之，西驰见齐王。齐王因留琅邪王，而使祝午尽发琅邪国兵，并将之。琅邪王说齐王曰：“大王，高皇帝適长孙也[5]，当立；今诸大臣狐疑未有所定；而泽于刘氏最为长年，大臣固待泽决计。今大王留臣，无为也，不如使我入关计事。”齐王以为然，乃益具车送琅邪王。琅邪王既行，齐遂举兵西攻济南；遗诸侯王书，陈诸吕之罪，欲举兵诛之。

相国吕产等闻之，乃遣颍阴侯灌婴将兵击之。灌婴至荥阳，谋曰：“诸吕拥兵关中，欲危刘氏而自立。今我破齐还报，此益吕氏之资也。”乃留屯荥阳，使使谕齐王及诸侯与连和，以待吕氏变，共诛之。齐王闻之，乃还兵西界待约。

吕禄、吕产欲作乱，内惮绛侯、朱虚等，外畏齐、楚兵；又恐灌婴畔之，欲待灌婴兵与齐合而发，犹豫未决。

当是时，济川王太、淮阳王武、常山王朝及鲁王张偃皆年少，未之国，居长安；赵王禄、梁王产各将兵居南、北军；皆吕氏之人也。列侯群臣莫自坚其命。

太尉绛侯勃不得主兵[6]。曲周侯郦商老病，其子寄与吕禄善。绛侯乃与丞相陈平谋，使人劫郦商，令其子寄往给说吕禄曰：“高帝与吕后共定天下，刘氏所立九王，吕氏所立三王[7]，皆大臣之议，事已布告诸侯，皆以为宜。今太后崩，帝少，而足下佩赵王印，不急之国守藩，乃为上将，将兵留此，为大臣、诸侯所疑。足下何不归将印，以兵属太尉，请梁王归相国印，与大臣盟而之国。齐兵必罢，大臣得安，足下高枕而王千里，此万世之利也。”吕禄信然其计，欲以兵属太尉；使人报吕产及诸吕老人，或以为便，或曰不便，计犹豫未有所决。

吕禄信郦寄，时与出游猎，过其姑吕媭[8]。媭大怒曰：“若为将而弃军，吕氏今无处矣。”乃悉出珠玉、宝器散堂下，曰：“毋为他人守也！”

九月，庚申旦，平阳侯窋行御史大夫事，见相国产计事。郎中令贾寿使从齐来，因数产曰：“王不早之国；今虽欲行，尚可得耶！”具以灌婴与齐、楚合从欲诛诸吕告产[9]，且趣产急入宫。平阳侯颇闻其语，驰告丞相、太尉。

太尉欲入北军，不得入。襄平侯纪通尚符节[10]，乃令持节矫内太尉北军。太尉复令郦寄与典客刘揭先说吕禄曰[11]：“帝使太尉守北军，欲足下之国。急归将印，辞去！不然，祸且起。”吕禄以为郦况不欺己，遂解印属典客，而以兵授太尉。太尉至军，吕禄已去。太尉入军门，行令军中曰：“为吕氏右袒，为刘氏左袒！”军中皆左袒。太尉遂将北军；然尚有南军。丞相平乃召朱虚侯章佐太尉；太尉令朱虚侯监军门，令平阳侯告卫尉[12]：“毋入相国产殿门！”

吕产不知吕禄已去北军，乃入未央宫，欲为乱。至殿门，弗得入，徘徊往来。平阳侯恐弗胜，驰语太尉。太尉尚恐不胜诸吕，未敢公言诛之，乃谓朱虚侯曰：“急入宫卫帝！”朱虚侯请卒，太尉予卒千余人。入未央宫门，见产廷中。日餔时[13]，遂击产；产走。天风大起，以故其从官乱，莫敢斗；逐产，杀之郎中府吏厕中。朱虚侯已杀产，帝命谒者持节劳朱虚侯[14]。朱虚侯欲夺其节，谒者不肯。朱虚侯则从与载，因节信驰走，斩长乐卫尉吕更始。还，驰入北军报太尉，太尉起拜贺。朱虚侯曰：“所患独吕产；今已诛，天下定矣！”遂遣人分部悉捕诸吕男女，无少长皆斩之。辛酉，捕斩吕禄而笞杀吕媭，使人诛燕王吕通而废鲁王张偃。戊辰，徙济川王王梁。遣朱虚侯章以诛诸吕事告齐王，令罢兵。

灌婴在荥阳，闻魏勃本教齐王举兵，使使召魏勃至，责问之。勃曰："失火之家，岂暇先言丈人而后救火乎！"因退立，股战而栗，恐不能言者，终无他语。灌将军熟视笑曰："人谓魏勃勇；妄庸人耳，何能为乎！"乃罢魏勃。灌婴兵亦罢荥阳归。

班固赞曰："孝文时，天下以郦寄为卖友。夫卖友者，谓见利而忘义也。若寄父为功臣而又执劫；虽摧吕禄以安社稷，谊存君亲可也。"

【注释】

①北军：汉初宿卫京师的军队。 ②南军：汉初皇宫的卫军。 ③虎符：古时国家调兵的凭证。 ④内史：当时诸侯王国治理民政的官员。 ⑤適（dí 嫡）：通"嫡"，血统最近最亲的。 ⑥太尉：当时的全国最高军事长官。 ⑦指刘氏所封的楚、代、淮南、吴、琅邪、齐、常山、淮阳、济川九王，及吕氏所封梁、赵、燕三王。 ⑧吕媭（xū 须）：吕后的妹妹，是吕禄的姑母。 ⑨合从：战国时六国联盟以进攻秦国，称"合纵"。时齐、楚俱在东部，西向讨伐关中诸吕，与战国时"合纵"相类似，故称"合从"，"从""纵"古时相通。 ⑩符节：古代传达命令、征调兵将、出入门关等所用的凭证。 ⑪典客：负责接待外国及少数民族使者的官员。 ⑫卫尉：皇宫警卫部队的长官。 ⑬铺（bǔ 捕）时：申时，即下午三时到五时。 ⑭谒者：给皇帝传达命令的官员。

诸大臣相与阴谋曰："少帝及梁、淮阳、恒山王，皆非真孝惠子也；吕后以计诈名他人子，杀其母养后宫，令孝惠子之，立以为后及诸王，以强吕氏。今皆已夷灭诸吕，而所立即长，用事，吾属无类矣！不如视诸王最贤者立之。"或言："齐王，高帝长孙，可立也。"大臣皆曰："吕氏以外家恶而几危宗庙，乱功臣。今齐王舅驷钧，虎而冠；即立齐王，复为吕氏矣。代王方今高帝见子最长，仁孝宽厚；太后家薄氏谨良。且立长固顺，况以仁孝闻天下乎！"乃相与共阴使人召代王。

代王问左右，郎中令张武等曰："汉大臣皆故高帝时大将，习兵，多谋诈。此其属意非止此也，特畏高帝、吕太后威耳。今已诛诸吕，新啑血京师[①]，此以迎大王为名，实不可信。愿大王称疾毋往，以观其变。”中尉宋昌进曰：“群臣之议皆非也。夫秦失其政，诸侯、豪桀并起，人人自以为得之者以万数，然卒践天子之位者，刘氏也；天下绝望，一矣。高帝封王子弟，地犬牙相制，此所谓磐石之宗也②；天下服其强，二矣。汉兴，除秦苛政，约法令，施德惠，人人自安，难动摇，三矣。夫以吕太后之严，立诸吕为三王，擅权专制；然而太尉以一节入北军一呼，士皆左袒，为刘氏，叛诸吕，卒以灭之。此乃天授，非人力也。今大臣虽欲为变，百姓弗为使，其党宁能专一邪！方今内有朱虚、东牟之亲，外畏吴、楚、淮阳、琅邪、齐、代之强。方今高帝子，独淮南王与大王；大王又长，贤圣仁孝闻于天下，故大臣因天下之心而欲迎立大王。大王勿疑也！”代王报太后计之，犹豫未定。卜之，兆得大横③，占曰：“大横庚庚，余为天王，夏启以光。”代王曰：“寡人固已为王矣，又何王？”卜人曰：“所谓天王者，乃天子也。”于是代王遣太后弟薄昭往见绛侯，绛侯等具为昭言所以迎立王意。薄昭还报曰：“信矣，毋可疑者。”代王乃笑谓宋昌曰：“果如公言。”

乃命宋昌参乘，张武等六人乘传，从诣长安。至高陵④，休止，而使宋昌先驰之长安观变。昌至渭桥⑤，丞相以下皆迎。昌还报。代王驰至渭桥，群臣拜谒称臣，代王下车答拜。太尉勃进曰：“愿请间。”宋昌曰：“所言公，公言之；所言私，王者无私。”太尉乃跪上天子玺、符。代王谢曰：“至代邸而议之。”

后九月，己酉晦，代王至长安，舍代邸，群臣从至邸。丞相陈平等皆再拜言曰：“子弘等皆非孝惠子，不当奉宗庙。大王，高帝长子，宜为嗣。愿大王即天子位！”代王西乡让者三，南乡让者再⑥，遂即天子位；群臣以礼次侍。

东牟侯兴居曰：“诛吕氏，臣无功，请得除宫。”乃与太仆汝阴侯滕公入宫，前谓少帝曰：“足下非刘氏子，不当立！”乃顾麾左右执戟者掊兵罢去；有数人不肯去兵，宦者令张释谕告，亦去兵。滕公乃召乘舆车载少帝出。少帝曰：“欲将我安之乎！”滕公曰：“出就舍。”舍少府。乃奉天子法驾迎代王于邸，报曰：“宫谨除。”代王即夕入未央宫。有谒者十人持戟卫端门，曰：“天子在也，足下何为者而入！”代王乃谓太尉。太尉往谕，谒者十人皆掊兵而去，代王遂入。夜，拜宋昌为卫将军，镇抚南北军；以张武为郎中令，行殿中。有司分部诛灭梁、淮阳、恒山王及少帝于邸。文帝还坐前殿，夜，下诏书赦天下。

【注释】

①啑：当作“喋”，喋，血流满地。 ②磐石：厚而大的石头。比喻坚固稳定。 ③大横：古时用火烤龟壳，来占卜未来，如果龟壳上显示出来全是横的裂纹，称为大横。 ④高陵：县名，即今陕西西安市高陵区。⑤渭桥：秦昭王时修建，在长安以北三里。 ⑥中国古代礼俗为，宾主位东西面，君臣位南北面。代王刘桓先向西辞让，为宾主之礼，后向南辞让，已成君臣了。

太宗孝文皇帝上

元年 冬，十月，庚戌，徙琅邪王泽为燕王；封赵幽王子遂为赵王。

陈平谢病，上问之，平曰：“高祖时，勃功不如臣，及诛诸吕，臣功亦不如勃；愿以右丞相让勃。”十一月，辛巳，上徙平为左丞相，太尉勃为右丞相[①]，大将军灌婴为太尉。诸吕所夺齐、楚故地，皆复与之。

论诛诸吕功，右丞相勃以下益户、赐金各有差。绛侯朝罢趋出，意得甚；上礼之恭，常目送之。郎中安陵袁盎谏曰：“诸吕悖逆，大臣相与共诛之。是时丞相为太尉，本兵柄，适会其成功。今丞相如有骄主色，陛下谦让；臣主失礼，窃为陛下弗取也！”后朝，上益庄，丞相益畏。

十二月，诏曰：“法者，治之正也。今犯法已论，而使无罪之父母、妻子、同产坐之，及为收帑[②]，朕甚不取！其除收帑诸相坐律令！”

春，正月，有司请蚤建太子[③]。上曰：“朕既不德，纵不能博求天下贤圣有德之人而禅天下焉，而曰豫建太子，是重吾不德也；其安之！”有司曰：“豫建太子，所以重宗庙、社稷，不忘天下也。”上曰:“楚王,季父也;吴王,兄也;淮南王,弟也:岂不豫哉?今不选举焉,而曰必子;人其以朕为忘贤有德者而专于子,非所以优天下也!”有司固请曰:“古者殷、周有国,治安皆千余岁,用此道也;立嗣必子,所从来远矣。高帝平天下为太祖,子孙继嗣世世不绝,今释宜建而更选于诸侯及宗室,非高帝之志也。更议不宜。子启最长,纯厚慈仁,请建以为太子。”上乃许之。

三月,立太子母窦氏为皇后。皇后,清河观津人。有弟广国,字少君,幼为人所略卖,传十余家,闻窦后立,乃上书自陈。召见,验问,得实,乃厚赐田宅、金钱,与兄长君家于长安。绛侯、灌将军等曰:“吾属不死,命乃且县此两人。两人所出微,不可不为择师傅、宾客;又复效吕氏,大事也!”于是乃选士之有节行者与居。窦长君、少君由此为退让君子,不敢以尊贵骄人。

【注释】

①右丞相:古礼有时尊左,有时尚右。据《史记》等书记载,西汉时人们是以右为尊,如《史记·廉颇蔺相如列传》说:“位在廉颇之右。”再如《史记·汉文帝纪》说:“右贤左戚。”裴骃集解引韦昭注:“右犹高,左犹下也。”可见右丞相的地位高于左丞相。 ②帑:古时同“孥(nú奴)”,指妻和子女。 ③蚤:古时同“早”。

诏振贷鳏、寡、孤、独、穷困之人。又令:“八十已上,月赐米、肉、酒;九十已上,加赐帛、絮。赐物当禀鬻米者[1],长吏阅视,丞若尉致;九十,啬夫、令史致[2];二千石遣都吏循行,不称者督之。”

楚元王交薨。

夏,四月,齐、楚地震,二十九山同日崩,大水溃出。

时有献千里马者。帝曰:“鸾旗在前[3],属车在后,吉行日五十里,师行三十里;朕乘千里马,独先安之?”于是还其马,与道里费,而下诏曰:“朕不受献也。其令四方毋求来献。”

帝既施惠天下,诸侯、四夷远近驩洽;乃修代来功,封宋昌为壮武侯。

帝益明习国家事。朝而问右丞相勃曰:“天下一岁决狱几何?”勃谢不知;又问:“一岁钱谷入几何?”勃又谢不知;惶愧,汗出沾背。上问左丞相平。平曰:“有主者。”上曰:“主者谓谁?”曰:“陛下即问决狱,责廷尉;问钱谷,责治粟内史。”上曰:“苟各有主者,而君所主者何事也?”平谢曰:“陛下不知其驽下,使待罪宰相。宰相者,上佐天子,理阴阳,顺四时;下遂万物之宜;外镇抚四夷诸侯;内亲附百姓,使卿大夫各得任其职焉。”帝乃称善,右丞相大惭,出而让陈平曰:“君独不素教我对!”陈平笑曰:“君居其位,不知其任邪?且陛下即问长安中盗贼数,君欲强对邪?”于是绛侯自知其能不如平远矣。居顷之,人或说勃曰:“君既诛诸吕,立代王,威震天下。而君受厚赏,处尊位,久之,即祸及身矣。”勃亦自危,乃谢病,请归相印,上许之。秋,八月,辛未,右丞相勃免,左丞相平专为丞相。

【注释】

①鬻:古时同“粥”,即稀饭。　②啬夫:古代官名。秦汉时的乡官,掌管诉讼和赋税。　③鸾旗:天子的大旗。它是以铜作鸾鸟置于车衡上,驾四马,又名“鸾旗车”。

初,隆虑侯灶击南越,会暑湿,士卒大疫,兵不能隃领[①]。岁余,高后崩,即罢兵。赵佗因此以兵威财物赂遗闽越、西瓯、骆[②],役属焉。东西万余里,乘黄屋左纛[③],称制与中国侔。

帝乃为佗亲冢在真定者置守邑,岁时奉祀;召其昆弟,尊官、厚赐宠之。复使陆贾使南越,赐佗书曰:“朕,高皇帝侧室之子也,弃外,奉北藩于代。道里辽远,壅蔽朴愚,未尝致书。高皇帝弃群臣,孝惠皇帝即世;高后自临事,不幸有疾,诸吕为变,赖功臣之力,诛之已毕。朕以王、侯、吏不释之故,不得不立;今即位。乃者闻王遗将军隆虑侯书,求亲昆弟,请罢长沙两将军。朕以王书罢将军博阳侯;亲昆弟在真定者,已遣人存问,修治先人冢。前日闻王发兵于边,为寇灾不止。当其时,长沙苦之,南郡尤甚;虽王之国,庸独利乎!必多杀士卒,伤良将吏,寡人之妻,孤人之子,独人父母;得一亡十,朕不忍为也。朕欲定地犬牙相入者;以问吏,吏曰:‘高皇帝所以介长沙土也。’朕不得擅变焉。今得王之地,不足以为大;得王之财,不足以为富。服领以南,王自治之。虽然,王之号为帝。两帝并立，亡一乘之使以通其道，是争也；争而不让，仁者不为也。愿与王分弃前恶，终今以来，通使如故。”

贾至南越。南越王恐，顿首谢罪；愿奉明诏，长为藩臣，奉贡职。于是下令国中曰：“吾闻两雄不俱立，两贤不并世。汉皇帝，贤天子。自今以来，去帝制、黄屋、左纛。”因为书，称：“蛮夷大长、老夫臣佗昧死再拜上书皇帝陛下曰：老夫，故越吏也，高皇帝幸赐臣佗玺，以为南越王。孝惠皇帝即位，义不忍绝，所以赐老夫者厚甚。高后用事，别异蛮夷，出令曰：‘毋与蛮夷越金铁、田器、马、牛、羊；即予，予牡，毋予牝[④]。’老夫处僻，马、牛、羊齿已长。自以祭祀不修，有死罪，使内史藩、中尉高、御史平凡三辈上书谢过，皆不反。又风闻老夫父母坟墓已坏削，兄弟宗族已诛论。吏相与议曰：‘今内不得振于汉，外亡以自高异。’故更号为帝，自帝其国，非敢有害于天下。高皇后闻之，大怒，削去南越之籍，使使不通。老夫窃疑长沙王谗臣，故发兵以伐其边。老夫处越四十九年，于今抱孙焉。然夙兴夜寐，寝不安席，食不甘味，目不视靡曼之色，耳不听钟鼓之音者，以不得事汉也。今陛下幸哀怜，复故号，通使汉如故；老夫死，骨不腐。改号，不敢为帝矣。”

齐哀王襄薨。

上闻河南守吴公治平为天下第一，召以为廷尉。吴公荐洛阳人贾谊[⑤]，帝召以为博士。是时贾生年二十余。帝爱其辞博，一岁中，超迁至太中大夫。贾生请改正朔，易服色，定官名，兴礼乐，以立汉制，更秦法；帝谦让未遑也。

【注释】

①领：此处指“五岭”。　②赵佗：南越国王。真定（今河北正定县）人。秦亡后，他据南海、桂林、象郡，建立南越国，自立为南越武王。汉初，刘邦封他为南越王，吕后时，他背汉称帝，与汉分庭抗礼。文帝时，陆贾出使招抚。景帝时，归汉称臣。闽越：首府东冶，今福建福州市一带。西瓯、骆：应为“西瓯骆”，中间不应加顿号。骆为古种族民，即“骆越”，百越的一种，古时居地为西瓯，即今广西贵港市一带，所以颜师古说：“西瓯者，即骆越也。”　③黄屋：皇帝专用车，因其用黄绫做车盖，故称“黄屋”。纛（dào 道，又读 dú 毒）：古时军队或仪仗队的大旗。　④牡：雄

也。牝：雌也。因高后恐越人利用母马、母牛、母羊繁衍生息，故不予雌性牛羊给越人。 ⑤贾谊：西汉大臣、政论家。雒阳（今河南洛阳市）人。十八岁时即以文才出名。二十岁被文帝招为博士，一年后升太中大夫。因主张改革政治，遭周勃等权贵忌妒、毁谤，贬为长沙王太傅、梁怀王太傅。曾多次上书，建议削弱诸侯王势力，劝农立本。后忧郁而死，年仅三十三岁。著有《新书》一部。

二年 冬，十月，曲逆献侯陈平薨。

诏列侯各之国；为吏及诏所止者，遣太子。

十一月，乙亥，周勃复为丞相。

癸卯晦，日有食之。诏："群臣悉思朕之过失及知见之所不及，匄以启告朕[①]。及举贤良、方正、能直言极谏者[②]，以匡朕之不逮。"因各敕以职任，务省徭费以便民；罢卫将军；太仆见马遗财足，余皆以给传置。

颍阴侯骑贾山上书言治乱之道曰："臣闻雷霆之所击，无不摧折者；万钧之所压，无不糜灭者。今人主之威，非特雷霆也；執重，非特万钧也。开道而求谏，和颜色而受之，用其言而显其身，士犹恐惧而不敢自尽；又况于纵欲恣暴、恶闻其过乎！震之以威，压之以重，虽有尧、舜之智，孟贲之勇，岂有不摧折者哉！如此，则人主不得闻其过，社稷危矣。

"昔者周盖千八百国，以九州之民养千八百国之君，君有余财，民有余力，而颂声作。秦皇帝以千八百国之民自养，力罢不能胜其役，财尽不能胜其求。一君之身耳，所自养者驰骋弋猎之娱，天下弗能供也。秦皇帝计其功德，度其后嗣世世无穷；然身死才数月耳，天下四面而攻之，宗庙灭绝矣。秦皇帝居灭绝之中而不自知者，何也？天下莫敢告也。其所以莫敢告者，何也？亡养老之义，亡辅弼之臣；退诽谤之人，杀直谏之士。是以道谀、媮合苟容，比其德则贤于尧、舜，课其功则贤于汤、武；天下已溃而莫之告也。

"今陛下使天下举贤良方正之士，天下皆䜣䜣焉曰：'将兴尧舜之道、三王之功矣。'天下之士，莫不精白以承休德。今方正之士皆在朝廷矣；又选其贤者，使为常侍、诸吏，与之驰驱射猎，一日再三出。臣恐朝廷之解弛，百官之堕于事也。陛下即位，亲自勉以厚天下，节用爱民，平狱缓刑；天下莫不说喜。臣闻山东吏布诏令，民虽老羸癃疾[③]，扶杖而往听之，愿少须臾毋死，思见德化之成也。今功业方就，名闻方昭，四方乡风而从；豪俊之臣，方正之士，直与之日日猎射，击兔、伐狐，以伤大业，绝天下之望，臣窃悼之！古者大臣不得与宴游，使皆务其方而高其节，则群臣莫敢不正身修行，尽心以称大礼。夫士，修之于家而坏之于天子之廷，臣窃愍之。陛下与众臣宴游，与大臣、方正朝廷论议，游不失乐，朝不失礼，轨事之大者也。”上嘉纳其言。

上每朝，郎、从官上书疏，未尝不止辇受其言。言不可用置之，言可用采之，未尝不称善。

帝从霸陵上欲西驰下峻阪。中郎将袁盎骑，并车揽辔。上曰："将军怯邪?"盎曰："臣闻'千金之子，坐不垂堂'。圣主不乘危，不侥幸。今陛下骋六飞驰下峻山，有如马惊车败，陛下纵自轻，奈高庙、太后何!"上乃止。

上所幸慎夫人，在禁中常与皇后同席坐。及坐郎署，袁盎引却慎夫人坐。慎夫人怒，不肯坐；上亦怒，起，入禁中。盎因前说曰："臣闻'尊卑有序，则上下和'。今陛下既已立后，慎夫人乃妾；妾、主岂可与同坐哉！且陛下幸之，即厚赐之；陛下所以为慎夫人，适所以祸之也。陛下独不见'人彘'乎?"于是上乃说，召语慎夫人，慎夫人赐盎金五十斤。

贾谊说上曰："《管子》曰：'仓廪实而知礼节，衣食足而知荣辱。'民不足而可治者，自古及今，未之尝闻。古之人曰：'一夫不耕，或受之饥；一女不织，或受之寒。'生之有时而用之无度，则物力必屈。古之治天下，至纤，至悉，故其畜积足恃。今背本而趋末者甚众，是天下之大残也；淫侈之俗，日日以长，是天下之大贼也。残、贼公行，莫之或止；大命将泛，莫之振救。生之者甚少而靡之者甚多，天下财产何得不蹷[④]！

"汉之为汉，几四十年矣，公私之积，犹可哀痛。失时不雨，民且狼顾；岁恶不入，请卖爵子；既闻耳矣。安有为天下阽危者若是而上不惊者[5]！

"世之有饥、穰，天之行也；禹、汤被之矣。即不幸有方二三千里之旱，国胡以相恤？卒然边境有急，数十百万之众，国胡以馈之？兵、旱相乘，天下大屈，有勇力者聚徒而衡击，罢夫、羸老，易子咬其骨。政治未毕通也，远方之能僭拟者并举而争起矣；乃骇而图之，岂将有及乎！夫积贮者，天下之大命也；苟粟多而财有余，何为而不成！以攻则取，以守则固，以战则胜，怀敌附远，何招而不至！

"今驱民而归之农，皆著于本；使天下各食其力，末技、游食之民转而缘南亩，则畜积足而人乐其所矣。可以为富安天下，而直为此廪廪也，窃为陛下惜之！"

上感谊言，春，正月，丁亥，诏开藉田[6]，上亲耕以率天下之民。

【注释】

①匄（gài 盖）：同"丐"，乞求。 ②贤良、方正：汉代选拔官吏的科目之一。汉文帝为了询访政治得失，始诏"举贤良方正能直言极谏者"。中选者则授予官职。历代往往视作非常设之制科。 ③羸（léi 雷）：瘦。癃（lóng 隆）：衰弱多病。 ④蹷（jué 厥）：倾竭。 ⑤阽（diàn 电，旧读 yán 沿）危："阽"为近边欲坠之意，故谓危险为阽危。 ⑥藉田：古代吉礼之一，它是祈求丰收的礼俗。

三月，有司请立皇子为诸侯王。诏先立赵幽王少子辟彊为河间王，朱虚侯章为城阳王，东牟侯兴居为济北王；然后立皇子武为代王，参为太原王，揖为梁王。

五月，诏曰："古之治天下，朝有进善之旌[1]，诽谤之木[2]，所以通治道而来谏者也。今法有诽谤、妖言之罪，是使众臣不敢尽情而上无由闻过失也，将何以来远方之贤良！其除之！"

九月，诏曰："农，天下之大本也，民所恃以生也；而民或不务本而事末，故生不遂。朕忧其然，故今兹亲率群臣农以劝之；其赐天下民今年田租之半。"

燕敬王泽薨。

【注释】

①进善之旌：旌为旗子，"进善之旌"是指先秦时，大臣上朝如有进

言者，可在旌旗下言之。 ②诽谤之木：据说“诽谤之木”为尧时所立，它是立于宫外桥头的四根木柱，上面记载政治得失。郑玄注《礼记》时指出：诽谤之木即“今之华表”。

资治通鉴卷第十四

汉纪六　起阏逢困敦，尽重光协洽，凡八年。

太宗孝文皇帝中

前三年　冬，十月，丁酉晦，日有食之。

十一月，丁卯晦，日有食之。

诏曰："前遣列侯之国，或辞未行。丞相，朕之所重，其为朕率列侯之国！"十二月，免丞相勃，遣就国。乙亥，以太尉灌婴为丞相；罢太尉官，属丞相。

夏，四月，城阳景王章薨。

初，赵王敖献美人于高祖，得幸，有娠。及贯高事发，美人亦坐系河内[①]。美人母弟赵兼因辟阳侯审食其言吕后；吕后妒，弗肯白。美人已生子，恚[②]，即自杀。吏奉其子诣上，上悔，名之曰长，令吕后母之，而葬其母真定[③]。后封长为淮南王。

淮南王蚤失母，常附吕后，故孝惠、吕后时得无患；而常心怨辟阳侯，以为不强争之于吕后，使其母恨而死也。及帝即位，淮南王自以最亲，骄蹇[④]，数不奉法；上常宽假之。是岁，入朝，从上入苑囿猎，与上同车，常谓上"大兄"。王有材力，能扛鼎。乃往见辟阳侯，自袖铁椎椎辟阳侯，令从者魏敬刭之；驰走阙下，肉袒谢罪。帝伤其志为亲，故赦弗治。当是时，薄太后及太子、诸大臣皆惮淮南王。淮南王以此，归国益骄恣，出入称警跸[⑤]，称制拟于天子。袁盎谏曰："诸侯太骄，必生患。"上不听。

五月，匈奴右贤王入居河南地，侵盗上郡保塞蛮夷[6]，杀掠人民。上幸甘泉。遣丞相灌婴发车骑八万五千，诣高奴击右贤王[7]；发中尉材官属卫将军，军长安，右贤王走出塞。

上自甘泉之高奴[8]，因幸太原，见故群臣，皆赐之；复晋阳、中都民三岁租[9]。留游太原十余日。

【注释】

①河内：郡名。楚汉之际置。治所在怀县（今河南武陟县西南）。②恚（huì 会）：恼恨、发怒。③真定：县名，即今河北省正定县。④骄蹇（jiǎn 简）：骄纵蛮横。⑤警跸（bì 毕）：警，警戒；跸，清道。谓皇帝出入经过的地方严加戒备，断绝行人。也借指帝王的车驾。⑥上郡：郡名。战国魏文侯置。秦代治所在肤施（今陕西榆林市东南），汉辖境相当今无定河流域及内蒙古鄂托克旗等地。建安二十年（215）废。⑦高奴：古县名。秦置。治所在今陕西延安市东北延河北岸。东汉末废。⑧甘泉：宫名。故址在今陕西淳化县西北甘泉山。本秦林光宫，汉武帝增筑扩建。⑨晋阳：古县名。秦置，治故晋阳城。秦汉为太原郡治所，东汉后又为并州治所。中都：县名。汉置，治所在今山西平遥县西南。

初，大臣之诛诸吕也，朱虚侯功尤大，大臣许尽以赵地王朱虚侯，尽以梁地王东牟侯。及帝立，闻朱虚、东牟之初欲立齐王，故绌其功[1]，及王诸子，乃割齐二郡以王之。兴居自以失职夺功，颇怏怏；闻帝幸太原，以为天子且自击胡，遂发兵反。帝闻之，罢丞相及行兵皆归长安，以棘蒲侯柴武为大将军，将四将军、十万众击之；祁侯缯贺为将军，军荥阳[2]。秋，七月，上自太原至长安。诏："济北吏民[3]，兵未至先自定及以军城邑降者，皆赦之，复官爵；与王兴居去来者，赦之。"八月，济北王兴居兵败，自杀。

初，南阳张释之为骑郎[4]，十年不得调，欲免归。袁盎知其贤而荐之，为谒者仆射[5]。

释之从行，登虎圈，上问上林尉诸禽兽簿[6]。十余问；尉左右视，尽不能对。虎圈啬夫从旁代尉对。上所问禽兽簿甚悉，欲以观其能；口对响应，无穷者。帝曰："吏不当若是邪！尉无赖。"乃诏释之拜啬夫为上林令。释之久之前，曰："陛下以绛侯周勃何如人也?"上曰:"长者也。"又复问:"东阳侯张相如何如人也?"上复曰:"长者。"释之曰:"夫绛侯、东阳侯称为长者,此两人言事曾不能出口,岂效此啬夫喋喋利口捷给哉!且秦以任刀笔之吏,争以亟疾苛察相高,其敝,徒文具而无实,不闻其过,陵迟至于土崩[⑦]。今陛下以啬夫口辨而超迁之,臣恐天下随风而靡,争为口辨而无其实。夫下之化上,疾于景响,举错不可不审也!"帝曰:"善!"乃不拜啬夫。上就车,召释之参乘。徐行,问释之秦之敝,具以质言。至宫,上拜释之为公车令。

顷之,太子与梁王共车入朝,不下司马门。于是释之追止太子、梁王,无得入殿门,遂劾"不下公门,不敬",奏之。薄太后闻之;帝免冠,谢教儿子不谨。薄太后乃使使承诏赦太子、梁王,然后得入,帝由是奇释之,拜为中大夫[⑧];顷之,至中郎将。

从行至霸陵,上谓群臣曰:"嗟乎!以北山石为椁,用纻絮斫陈漆其间,岂可动哉!"左右皆曰:"善!"释之曰:"使其中有可欲者,虽锢南山犹有隙;使其中无可欲者,虽无石椁,又何戚焉!"帝称善。

是岁,释之为廷尉。上行出中渭桥[⑨],有一人从桥下走,乘舆马惊;于是使骑捕之,属廷尉。释之奏当:"此人犯跸,当罚金。"上怒曰:"此人亲惊吾马;马赖和柔,令他马,固不败伤我乎!而廷尉

张释之祠

乃当之罚金!”释之曰:“法者,天下公共也。今法如是;更重之,是法不信于民也。且方其时,上使使诛之则已。今已下廷尉;廷尉,天下之平也,壹倾,天下用法皆为之轻重,民安所错其手足!唯陛下察之!”上良久曰:“廷尉当是也。”

其后人有盗高庙坐前玉环,得;帝怒,下廷尉治。释之按“盗宗庙服御物者”为奏当弃市。上大怒曰:“人无道,乃盗先帝器!吾属廷尉者,欲致之族[10];而君以法奏之,非吾所以共承宗庙意也。”释之免冠顿首谢曰:“法如是,足也。且罪等,然以逆顺为差。今盗宗庙器而族之,有如万分一,假令愚民取长陵一抔土[11],陛下且何以加其法乎?”帝乃白太后许之。

【注释】

①绌(chù 处):贬斥;减省。　②荥阳:县名。治所在今河南省郑州市西部,黄河以南。　③济北:地名。故城在今山东济南市长清区南。④骑郎:官名。郎属郎中令,掌守门户,出充车骑。郎有车、骑、户三将,主车为车郎,主骑为骑郎,主户为户郎。　⑤谒者仆射:官名。始置于春秋战国,为国君掌管传达。汉制,郎中令属官有谒者,掌宾赞受事,员额至七十人,其长官称谒者仆射。　⑥禽兽簿:记录禽兽的数字,为上林尉所管。　⑦陵迟:斜平,迤逦渐平;引申为衰颓。　⑧中大夫:官名,掌论议,属郎中令,其位在太中大夫之下、谏大夫之上。　⑨中渭桥:古长安城有渭桥三座,即西渭桥、东渭桥、中渭桥。中渭桥在长安故城以北。⑩族:刑及父母及妻子。　⑪长陵:汉高祖葬地。抔(póu 裒):用手捧东西。一抔土,指一捧之土。

四年　冬,十二月,颍阴懿侯灌婴薨。

春,正月,甲午,以御史大夫阳武张苍为丞相[1]。苍好书,博闻,尤邃律历[2]。

上召河东守季布[3],欲以为御史大夫。有言其勇、使酒、难近者;至,留邸一月,见罢。季布因进曰:“臣无功窃宠,待罪河东,陛下无故召臣,此人必有以臣欺陛下者。今臣至,无所受事,罢去,此人必有毁臣者。夫陛下以一人之誉而召臣,以一人之毁而去臣,臣恐天下有识闻之,有以窥陛下之浅深也!”上默然,惭,良久曰："河东，吾股肱郡，故特召君耳。"

上议以贾谊任公卿之位。大臣多短之曰："洛阳之人，年少初学，专欲擅权，纷乱诸事。"于是天子后亦疏之，不用其议，以为长沙王太傅。

绛侯周勃既就国，每河东守、尉行县至绛，勃自畏恐诛，常被甲，令家人持兵以见之。其后人有上书告勃欲反，下廷尉；廷尉逮捕勃，治之。勃恐，不知置辞；吏稍侵辱之。勃以千金与狱吏，狱吏乃书牍背示之曰："以公主为证。"公主者，帝女也，勃太子胜之尚之。薄太后亦以为勃无反事。帝朝太后，太后以冒絮提帝曰[④]："绛侯始诛诸吕，绾皇帝玺，将兵于北军；不以此时反，今居一小县，顾欲反邪？"帝既见绛侯狱辞，乃谢曰："吏方验而出之。"于是使使持节赦绛侯，复爵邑。绛侯既出，曰："吾尝将百万军，然安知狱吏之贵乎！"

作顾成庙。

【注释】

①张苍（？—前152）：西汉初大臣、历算家。阳武（今河南原阳县东南）人。秦时为御史，后归汉。汉初，任代王、赵王之相，以代相从攻臧荼有功，封北平侯。文帝时，任丞相十余年。　②邃（suì 碎）：精深。③河东：郡名。秦置，治所在安邑（今山西夏县西北）。辖境相当今山西沁水以西、霍山以南地区。　④冒絮：覆额的头巾。

五年　春，二月，地震。

初，秦用半两钱[①]，高祖嫌其重，难用，更铸荚钱。于是物价腾踊，米至石万钱。夏，四月，更造四铢钱；除盗铸钱令，使民得自铸。

贾谊谏曰："法使天下公得雇租铸铜、锡为钱，敢杂以铅、铁为他巧者，其罪黥。然铸钱之情，非殽杂为巧，则不可得赢；而殽之甚微，为利甚厚。夫事有召祸而法有起奸；今令细民人操造币之势，各隐屏而铸作，因欲禁其厚利微奸，虽黥罪日报，其势不止。乃者，民人抵罪多者一县百数，及吏之所疑搒笞奔走者甚众。夫县法以诱民使入陷阱，孰多于此！又民用钱，郡县不同：或用轻钱,百加若干;或用重钱,平称不受。法钱不立:吏急而壹之乎?则大为烦苛而力不能胜;纵而弗呵乎?则市肆异用,钱文大乱;苟非其术,何乡而可哉?今农事弃捐而采铜者日蕃,释其耒耨,冶熔炊炭;奸钱日多,五谷不为多。善人怵而为奸邪,愿民陷而之刑戮;刑戮将甚不详,奈何而忽!国知患此,吏议必曰'禁之'。禁之不得其术,其伤必大。令禁铸钱,则钱必重;重则其利深,盗铸如云而起,弃市之罪又不足以禁矣。奸数不胜而法禁数溃,铜使之然也。铜布于天下,其为祸博矣,故不如收之。"贾山亦上书谏,以为:"钱者,亡用器也,而可以易富贵。富贵者,人主之操柄也;令民为之,是与人主共操柄,不可长也。"上不听。

是时,太中大夫邓通方宠幸②,上欲其富,赐之蜀严道铜山,使铸钱。吴王濞有豫章铜山③,招致天下亡命者以铸钱;东煮海水为盐;以故无赋而国用饶足。于是吴、邓钱布天下。

初,帝分代为二国;立皇子武为代王,参为太原王。是岁,徙代王武为淮阳王;以太原王参为代王,尽得故地。

【注释】

①半两钱:秦始皇统一中国后,废除贝、刀、布等币,以半两钱为全国统一的铸币。每枚重量为当时的半两,即十二铢。汉初所铸的钱,虽陆续减轻重量,仍称半两,如吕后二年(前186)减为八铢;文帝五年(前175)减为四铢。民间私铸的"半两",有轻到不足一铢的,因其轻薄如榆荚,故称"荚钱"。 ②邓通:西汉南安(今四川乐山市)人。曾为文帝吮疮得宠,赐给蜀郡严道的铜山,可自铸钱,因此邓氏钱满天下。景帝即位后,尽没收入宫,邓通寄死人家。 ③吴王濞(前215—前154):即刘濞。西汉诸侯王。沛(今江苏沛县)人,刘邦兄刘仲之子,立于沛,为吴王。在封国内,"即山铸钱,煮海水为盐",大量招纳各地逃亡人士与"任侠奸人",以扩大其割据势力。前154年,景帝采纳晁错建议,削夺王国封地。他带领楚、赵等七国以"请诛晁错以清君侧"为名,发动叛乱,失败后逃至东越,为东越人所杀。

六年 冬,十月,桃、李华。

淮南厉王长自作法令行于其国①,逐汉所置吏,请自置相、二千石[2];帝曲意从之,又擅刑杀不辜及爵人至关内侯[3];数上书不逊顺。帝重自切责之,乃令薄昭与书风谕之,引管、蔡及代顷王、济北王兴居以为儆戒[4]。

王不说,令大夫但、士伍开章等七十人与棘蒲侯柴武太子奇谋以辇车四十乘反谷口[5];令人使闽越、匈奴。事觉,有司治之;使使召淮南王。王至长安,丞相张苍、典客冯敬行御史大夫事,与宗正、廷尉奏:"长罪当弃市。"制曰:"其赦长死罪,废,勿王;徙处蜀郡严道邛邮。"尽诛所与谋者。载长以辎车[6],令县以次传之。

袁盎谏曰:"上素骄淮南王,弗为置严傅、相,以故致此。淮南王为人刚,今暴摧折之,臣恐卒逢雾露病死,陛下有杀弟之名,奈何!"上曰:"吾特苦之耳,今复之。"

淮南王果愤恚不食死。县传至雍[7],雍令发封,以死闻。上哭甚悲,谓袁盎曰:"吾不听公言,卒亡淮南王! 今为奈何?"盎曰:"独斩丞相、御史以谢天下乃可。"上即令丞相、御史逮考诸县传送淮南王不发封馈侍者,皆弃市;以列侯葬淮南王于雍,置守冢三十户。

匈奴单于遗汉书曰[8]:"前时,皇帝言和亲事,称书意,合欢。汉边吏侵侮右贤王;右贤王不请,听后义卢侯难支等计,与汉吏相距。绝二主之约,离兄弟之亲,故罚右贤王,使之西求月氏击之[9]。以天之福,吏卒良,马力强,以夷灭月氏,尽斩杀、降下,定之;楼兰、乌孙、呼揭及其旁二十六国[10],皆已为匈奴,诸引弓之民并为一家,北州以定。愿寝兵,休士卒,养马,除前事,复故约,以安边民。皇帝即不欲匈奴近塞,则且诏吏民远舍。"帝报书曰:"单于欲除前事,复故约,朕甚嘉之! 此古圣王之志也。汉与匈奴约为兄弟,所以遗单于甚厚;倍约、离兄弟之亲者,常在匈奴。然右贤王事已在赦前,单于勿深诛! 单于若称书意,明告诸吏,使无负约,有信,敬如单于书。"

后顷之,冒顿死,子稽粥立,号曰老上单于。老上单于初立,帝复遣宗室女翁主为单于阏氏[11],使宦者燕人中行说傅翁主。说不欲行,汉强使之。说曰:"必我也,为汉患者!"中行说既至,因降单于,单于甚亲幸之。

初，匈奴好汉缯絮、食物。中行说曰："匈奴人众不能当汉之一郡，然所以强者，以衣食异，无仰于汉也。今单于变俗，好汉物；汉物不过什二，则匈奴尽归于汉矣。"其得汉缯絮，以驰草棘中，衣袴皆裂敝，以示不如旃裘之完善也；得汉食物，皆去之，以示不如湩酪之便美也。于是说教单于左右疏记，以计课其人众、畜牧。其遗汉书牍及印封，皆令长大，倨傲其辞，自称"天地所生、日月所置、匈奴大单于"。

汉使或訾笑匈奴俗无礼义者，中行说辄穷汉使曰："匈奴约束径，易行；君臣简，可久；一国之政，犹一体也。故匈奴虽乱，必立宗种。今中国虽云有礼义，及亲属益疏则相杀夺，以至易姓，皆从此类也。嗟！土室之人，顾无多辞，喋喋佔佔！顾汉所输匈奴缯絮、米蘖，令其量中、必善美而已矣，何以言为乎！且所给，备、善则已；不备、苦恶，则候秋熟，以骑驰蹂而稼穑耳！"

【注释】

①淮南厉王（前198—前174）：即刘长。西汉初诸侯王。刘邦少子，于前196年被封淮南王。在封地内自作法令，前174年图谋叛乱，事泄被拘，谪徙途中不食而死。　②相、二千石：据汉制，相以下到内史、中尉皆吏二千石，由汉朝廷设置，二千石以下诸吏由诸侯王自置。　③关内侯：爵位名。秦汉时置，仅次于彻侯。有封号，而无所封之国邑。此爵为皇帝所封。　④儆（jǐng 井）：让人自己觉悟而不犯过错。　⑤辇（niǎn 碾）车：古代用人挽行以载兵器的车。谷口：在今陕西礼泉县东北泾河畔。　⑥辎（zī 仔）车：古代一种带帷的车。　⑦雍：县名。治所在今陕西凤翔县西南豆腐村、河南屯之间。　⑧单于（chán yú 蝉余）：匈奴君主的称号。此指冒顿（mò dú 莫独）单于，姓挛鞮。秦二世元年（前209）杀父头曼单于自立。西汉初年，常

西汉素纱禅衣

南下侵扰，威胁西汉王朝。 ⑨月氏(zhī 支)：部族名，秦汉之际，游牧于敦煌、祁连间，后为匈奴所攻，汉文帝初年西迁至今伊犁河上游，占有塞种故地。西迁的月氏人称大月氏；没有西迁的进入祁连山区与羌族杂居，称小月氏。 ⑩楼兰：西域国名。国都在扜泥城(今新疆罗布泊东北)，后迁都伊循城(今新疆若羌县)，改名鄯善。乌孙：西域国名。国都在赤谷城(今新疆阿克苏河上源前苏联境内伊什提克一带)。西汉神爵二年(前60)后属西域都护府。呼揭：西域国名。在瓜州西北。 ⑪阏氏(yān zhī 烟支)：汉代匈奴君主的正妻。

梁太傅贾谊上疏曰："臣窃惟今之事势，可为痛哭者一，可为流涕者二，可为长太息者六；若其他背理而伤道者，难遍以疏举。进言者皆曰'天下已安已治矣'，臣独以为未也；曰安且治者，非愚则谀，皆非事实知治乱之体者也。夫抱火厝之积薪之下而寝其上[①]，火未及然，因谓之安；方今之势，何以异此！陛下何不壹令臣得孰数之于前，因陈治安之策，试详择焉！

"使为治，劳志虑，苦身体，乏钟、鼓之乐，勿为可也；乐与今同，而加之诸侯轨道，兵革不动，匈奴宾服，百姓素朴，生为明帝，没为明神，名誉之美垂于无穷，使顾成之庙称为太宗，上配太祖，与汉亡极，立经陈纪，为万世法；虽有愚幼、不肖之嗣犹得蒙业而安。以陛下之明达，因使少知治体者得佐下风，致此非难也。

"夫树国固必相疑之势，下数被其殃，上数爽其忧，甚非所以安上而全下也。今或亲弟谋为东帝，亲兄之子西乡而击；今吴又见告矣。天子春秋鼎盛，行义未过，德泽有加焉，犹尚如是；况莫大诸侯，权力且十此者虖！

"然而天下少安，何也？大国之王幼弱未壮，汉之所置傅、相方握其事。数年之后，诸侯之王大抵皆冠，血气方刚；汉之傅、相称病而赐罢，彼自丞、尉以上遍置私人；如此，有异淮南、济北之为邪！此时而欲为治安，虽尧、舜不治。

"黄帝曰：'日中必熭[②]！操刀必割。'今令此道顺而全安甚易，不肯蚤为，已乃堕骨肉之属而抗刭之，岂有异秦之季世虖！其异姓负强而动者，汉已幸而胜之矣，又不易其所以然；同姓袭是迹而动，既有征矣，其势尽又复然。殃祸之变，未知所移，明帝处之尚不能以安，后世将如之何！

“臣窃迹前事，大抵强者先反。长沙乃二万五千户耳，功少而最完，势疏而最忠[3]；非独性异人也，亦形势然也。曩令樊、郦、绛、灌据数十城而王[4]，今虽以残亡可也；令信、越之伦列为彻侯而居[5]，虽至今存可也。然则天下之大计可知已：欲诸王之皆忠附，则莫若令如长沙王；欲臣子勿菹醢，则莫若令如樊、郦等；欲天下之治安，莫若众建诸侯而少其力。力少则易使以义，国小则亡邪心。令海内之势，如身之使臂，臂之使指，莫不制从，诸侯之君不敢有异心，辐凑并进而归命天子。割地定制，令齐、赵、楚各为若干国，使悼惠王、幽王、元王之子孙毕以次各受祖之分地，地尽而止；其分地众而子孙少者，建以为国，空而置之，须其子孙生者举使君之；一寸之地，一人之众，天子亡所利焉，诚以定治而已。如此，则卧赤子天下之上而安，植遗腹，朝委裘而天下不乱；当时大治，后世诵圣。陛下谁惮而久不为此？

“天下之势方病大瘇，一胫之大几如要，一指之大几如股，平居不可屈伸，一二指慉[6]，身虑无聊。失今不治，必为锢疾，后虽有扁鹊[7]，不能为已。病非徒瘇也，又苦跖盭[8]，元王之子，帝之从弟也；今之王者，从弟之子也。惠王之子，亲兄子也；今之王者，兄子之子也。亲者或亡分地以安天下，疏者或制大权以逼天子，臣故曰非徒病瘇也，又苦跖盭。可痛哭者，此病是也。

“天下之势方倒县。凡天子者，天下之首。何也？上也。蛮夷者，天下之足，何也？下也。今匈奴嫚侮侵掠[9]，至不敬也；而汉岁致金絮采缯以奉之。足反居上，首顾居下，倒县如此，莫之能解，犹为国有人乎？可为流涕者此也。

“今不猎猛敌而猎田彘，不搏反寇而搏畜菟，玩细娱而不图大患，德可远加而直数百里外，威令不胜，可为流涕者此也。

“今庶人屋壁得为帝服，倡优下贱得为后饰；且帝之身自衣皂绨[10]，而富民墙屋被文绣；天子之后以缘其领，庶人孽妾以缘其履；此臣所谓舛也。夫百人作之不能衣一人，欲天下亡寒，胡可得也；一人耕之，十人聚而食之，欲天下亡饥，不可得也；饥寒切于民之肌肤，欲其亡为奸邪，不可得也。可为长太息者此也。

“商君遗礼义，弃仁恩，并心于进取；行之二岁，秦俗日败。故秦人家富子壮则出分，家贫子壮则出赘；借父耰锄[11]，虑有德色；母取箕帚，立而谇语；抱哺其子，与公并倨；妇姑不相说，则反唇而相稽；其慈子、耆利，不同禽兽者亡几耳。今其遗风余俗，犹尚未改，弃礼义，捐廉耻日甚，可谓月异而岁不同矣。逐利不耳，虑非顾行也；今其甚者杀父兄矣。而大臣特以簿书不报、期会之间以为大故，至于俗流失，世坏败，因恬而不知怪，虑不动于耳目，以为是适然耳。夫移风易俗，使天下回心而乡道，类非俗吏之所能为也。俗吏之所务，在于刀笔、筐箧而不知大体。陛下又不自忧，窃为陛下惜之！岂如今定经制，令君君、臣臣，上下有差，父子六亲各得其宜！此业壹定，世世常安，而后有所持循矣；若夫经制不定，是犹渡江河亡维楫，中流而遇风波，船必覆矣。可为长太息者此也。

“夏、殷、周为天子皆数十世，秦为天子二世而亡。人性不甚相远也，何三代之君有道之长而秦无道之暴也？其故可知也。古之王者，太子乃生，固举以礼，有司齐肃端冕，见之南郊，过阙则下，过庙则趋，故自为赤子而教固已行矣。孩提有识，三公、三少明孝仁礼义以道习之，逐去邪人，不使见恶行，于是皆选天下之端士、孝弟博闻有道术者以卫翼之，使与太子居处出入。故太子乃生而见正事，闻正言，行正道，左右前后皆正人也。夫习与正人居之不能毋正，犹生长于齐不能不齐言也；习与不正人居之不能毋不正，犹生长于楚之地不能不楚言也。孔子曰：‘少成若天性，习贯如自然。’习与智长，故切而不愧；化与心成，故中道若性。夫三代之所以长久者，以其辅翼太子有此具也。及秦而不然，使赵高傅胡亥而教之狱，所习者非斩、劓人[12]，则夷人之三族也。胡亥今日即位而明日射人，忠谏者谓之诽谤，深计者谓之妖言，其视杀人若艾草菅然。岂惟胡亥之性恶哉？彼其所以道之者非其理故也。鄙谚曰：‘前车覆，后车诫。’秦世之所以亟绝者，其辙迹可见也；然而不避，是后车又将覆也。天下之命，县于太子，太子之善，在于早谕教与选左右。夫心未滥而先谕教，则化易成也；开于道术智谊之指，则教之力也；若其服习积贯，则左右而已。夫胡、粤之人，生而同声，嗜欲不异；及其长而成俗，累数译而不能相通，有虽死而不相为者，则教习然也。臣故曰选左右、早谕教最急。夫教得而左右正，则太子正矣，太子正而天下定矣。《书》曰：'一人有庆，兆民赖之。'此时务也。

"凡人之智，能见已然，不能见将然。夫礼者禁于将然之前，而法者禁于已然之后，是故法之所为用易见而礼之所为生难知也。若夫庆赏以劝善，刑罚以惩恶，先王执此之政，坚如金石；行此之令，信如四时；据此之公，无私如天地；岂顾不用哉？然而曰礼云、礼云者，贵绝恶于未萌而起教于微眇，使民日迁善、远罪而不自知也。孔子曰：'听讼，吾犹人也；必也使毋讼乎。'为人主计者，莫如先审取舍，取舍之极定于内而安危之萌应于外矣。秦王之欲尊宗庙而安子孙，与汤、武同；然而汤、武广大其德行，六七百岁而弗失，秦王治天下十余岁则大败。此亡他故矣，汤、武之定取舍审而秦王之定取舍不审矣。夫天下，大器也；今人之置器，置诸安处则安，置诸危处则危。天下之情，与器无以异，在天子之所置之。汤、武置天下于仁、义、礼、乐，累子孙数十世，此天下所共闻也；秦王置天下于法令、刑罚，祸几及身，子孙诛绝，此天下之所共见也；是非其明效大验邪！人之言曰：'听言之道，必以其事观之，则言者莫敢妄言。'今或言礼谊之不如法令，教化之不如刑罚，人主胡不引殷、周、秦事以观之也！人主之尊譬如堂，群臣如陛，众庶如地。故陛九级上，廉远地，则堂高；陛无级，廉近地，则堂卑。高者难攀，卑者易陵，理势然也。故古者圣王制为等列，内有公、卿、大夫、士，外有公、侯、伯、子、男，然后有官师、小吏，延及庶人，等级分明而天子加焉，故其尊不可及也。

"里谚曰：'欲投鼠而忌器。'此善谕也。鼠近于器，尚惮不投，恐伤其器，况于贵臣之近主乎！廉耻节礼以治君子，故有赐死而无戮辱。是以黥、劓之罪不及大夫，以其离主上不远也；礼：不敢齿君之路马，蹴其刍者有罚，所以为主上豫远不敬也。今自王、侯、三公之贵，皆天子之所改容而礼之也，古天子之所谓伯父、伯舅也；而令与众庶同黥、劓、髡、刖、笞、骂、弃市之法[13]，然则堂不无陛虖！被戮辱者不泰迫虖！廉耻不行，大臣无乃握重权、大官而有徒隶无耻之心虖！夫望夷之事⑭，二世见当以重法者，投鼠而不忌器之习也。臣闻之：履虽鲜不加于枕，冠虽敝不以苴履。夫尝已在贵宠之位，天子改容而礼貌之矣，吏民尝俯伏以敬畏之矣；今而有过，帝令废之可也，退之可也，赐之死可也，灭之可也；若夫束缚之、系緤之，输之司寇，编之徒官，司寇小吏詈骂而榜笞之⑮，殆非所以令众庶见也。夫卑贱者习知尊贵者之一旦吾亦乃可以加此也，非所以尊尊、贵贵之化也。古者大臣有坐不廉而废者，不谓不廉，曰'簠簋不饰'⑯；坐污秽淫乱、男女无别者，不曰污秽，曰'帷薄不修'⑰；坐罢软不胜任者，不谓罢软，曰：'下官不职。'故贵大臣定有其罪矣，犹未斥然正以呼之也，尚迁就而为之讳也。故其在大谴、大何之域者，闻谴、何则白冠氂缨，盘水加剑，造请室而请罪耳，上不执缚系引而行也。其有中罪者，闻命而自弛，上不使人颈盭而加也。其有大罪者，闻命则北面再拜，跪而自裁，上不使人捽抑而刑之也。曰：'子大夫自有过耳，吾遇子有礼矣。'遇之有礼，故群臣自憙；婴以廉耻，故人矜节行。上设廉耻、礼义以遇其臣，而臣不以节行报其上者，则非人类也。故化成俗定，则为人臣者皆顾行而忘利，守节而伏义，故可以托不御之权，可以寄六尺之孤，此厉廉耻、行礼义之所致也，主上何丧焉！此之不为而顾彼之久行，故曰可为长太息者此也。"

谊以绛侯前逮系狱，卒无事，故以此讥上。上深纳其言，养臣下有节，是后大臣有罪，皆自杀，不受刑。

【注释】

①抱火厝（cuò 措）之积薪之下：把火放在柴堆下面，比喻潜伏着很大的危险。 ②蘬（wèi 卫）：暴晒。 ③"长沙"二句：汉朝初期所封异姓王，迄今只有长沙王独存。 ④樊：樊哙。西汉初将领，曾任左丞相，封舞阳侯。郦：即郦食其（yì jī 义几）。秦汉之际策士。韩信袭齐，齐王疑他与韩信通谋，将他烹死。 ⑤信：韩信，西汉初军事家。西汉初封为楚王，后为吕后所杀。越：彭越，西汉初诸侯王，后为吕后所杀。 ⑥慉（xù 序）：通"畜"。此谓动而痛。 ⑦扁鹊：战国时医学家，善用各种方法（包括"针石""服汤""熨"等）治病，通过望色、听声，即能知病之所在。后为秦武王治病，遭太医令李醯嫉忌，派人把他刺死。 ⑧跞盭

(zhí lì 直戾):跞为脚掌。盭,同"戾",指乖违。此指脚掌反转。 ⑨嫚(màn 漫):轻视、侮辱。 ⑩皂绨:黑色厚实粗糙的丝绵纺织品。 ⑪耰(yōu 忧):古代农具,用于平整土地。 ⑫劓(yì 亿):古代割掉鼻子的酷刑。⑬黥(qíng 情):在脸上刺成记号并涂上墨,以防逃跑的刑法。髡(kūn 坤):古代剃去男子头发的刑法。刖(yuè 月):古代砍掉脚的酷刑。笞:鞭打之刑。弃市:街头斩首。 ⑭望夷之事:前 207 年,秦朝宦官赵高遣其婿阎乐率将士千余人至望夷宫,迫令秦二世胡亥自杀,后立子婴为秦王。 ⑮詈(lì 利):骂。 ⑯簠簋(fǔ guǐ 府轨)不饰:比喻为官不廉正。簠簋为古代祭食器。不饰谓不整齐。 ⑰帷薄不修:意思是说内外不分。帷为床帐,薄为门帘。

七年 冬,十月,令列侯太夫人、夫人、诸侯王子及吏二千石无得擅征捕[1]。

夏,四月,赦天下。

六月,癸酉,未央宫东阙罘罳灾[2]。

民有歌淮南王者曰:"一尺布,尚可缝;一斗粟,尚可舂;兄弟二人不相容!"帝闻而病之。

八年 夏,封淮南厉王子安等四人为列侯。贾谊知上必将复王之也,上疏谏曰:"淮南王之悖逆无道,天下孰不知其罪! 陛下幸而赦迁之,自疾而死,天下孰以王死之不当! 今奉尊罪人之子,适足以负谤于天下耳。此人少壮,岂能忘其父哉! 白公胜所为父报仇者[3],大父与叔父也。白公为乱,非欲取国代主;发忿快志,剡手以冲仇人之匈[4],固为俱靡而已。淮南虽小,黥布尝用之矣,汉存,特幸耳。夫擅仇人足以危汉之资,于策不便。予之众积之财,此非有子胥、白公报于广都之中[5],即疑有专诸、荆轲起于两柱之间[6],所谓假贼兵,为虎翼者也。愿陛下少留计!"上弗听。

有长星出于东方[7]。

九年 春,大旱。

十年 冬,上行幸甘泉。

将军薄昭杀汉使者。帝不忍加诛,使公卿从之饮酒,欲令自引分,昭不肯;使群臣丧服往哭之,乃自杀。

臣光曰：李德裕以为“汉文帝诛薄昭，断则明矣，于义则未安也。秦康送晋文，兴如存之感[8]；况太后尚存，唯一弟薄昭，断之不疑，非所以慰母氏之心也”。臣愚以为法者天下之公器，惟善持法者，亲疏如一，无所不行，则人莫敢有所恃而犯之也。夫薄昭虽素称长者，文帝不为置贤师傅而用之典兵；骄而犯上，至于杀汉使者，非有恃而然乎！若又从而赦之，则与成、哀之世何异哉[9]！魏文帝尝称汉文帝之美[10]，而不取其杀薄昭，曰：“舅后之家，但当养育以恩而不当假借以权，既触罪法，又不得不害。”讥文帝之始不防闲昭也，斯言得之矣。然则欲慰母心者，将慎之于始乎！

【注释】

①列侯太夫人：列侯之妻称夫人，列侯死后，子继为列侯，就把原列侯之妻称为太夫人。其子不为列侯，就不能称。　②罘罳（fú sī 服思）：古代设在门外的一种屏风。　③白公胜（？—前 497）：春秋时楚国人，楚平王之孙，太子芈建之子，楚平王欲杀芈建，后芈建之子白公胜随伍子胥投奔吴国。前 506 年，还楚，鞭打楚平王之尸，杀其叔父子西、子期。④剡（yǎn 眼）：尖、锐利。　⑤子胥（？—前 484）：即伍子胥，春秋末吴国大臣，原为楚人，其父奢为太子建傅，以直谏被杀，他避难到吴，策划杀吴王僚，使公子光夺得王位，后辅佐吴王阖庐，一举攻楚灭郢，吴王夫差时受任为大夫，后与吴王疏远，被赐死。　⑥专诸：春秋末吴国勇士。他受伍子胥推荐，以身许公子光，在一次宴席上，置匕首于炙鱼腹中，乘进肴之便，当场刺死吴王僚，他也当场被杀。公子光即位，封其子为上卿。⑦长星：古代天文学家认为天上星星有孛、彗、长三种，长星出现，人间将有战乱。　⑧秦穆公嬴任好，娶晋献公姬诡诸的女儿“秦姬”为妻，生子嬴䓨，是为秦康公。秦姬不久逝世。姬重耳是“秦姬”的兄弟。前七世纪，晋国内乱，姬重耳出奔。前 636 年，嬴任好送姬重耳回晋国就任国君，嬴䓨当时还是太子，送舅父到渭水之南，思娘亲已不能见，见了舅父，如见母亲。　⑨成、哀之世：指汉成帝刘骜、汉哀帝刘欣。　⑩魏文帝：即曹丕（187—226），三国时魏国建立者，200—226 年在位。谯（今安徽亳州市）人，曹操次子。曹操死后嗣位为丞相、魏王，旋代汉称帝，国号魏，都洛阳。后谥文帝。

资治通鉴卷第十五

汉纪七　起玄黓涒滩，尽柔兆阉茂，凡十五年。

太宗孝文皇帝下

前十一年　冬，十一月，上行幸代；春，正月，自代还。

夏，六月，梁怀王揖薨，无子。贾谊复上疏曰："陛下即不定制，如今之势，不过一传、再传，诸侯犹且人恣而不制，豪植而大强，汉法不得行矣。陛下所以为藩扞及皇太子之所恃者，唯淮阳、代二国耳。代，北边匈奴，与强敌为邻，能自完则足矣；而淮阳之比大诸侯，仅如黑子之著面，适足以饵大国而不足以有所禁御。方今制在陛下；制国而令子适足以为饵，岂可谓工哉！臣之愚计，愿举淮南地以益淮阳，而为梁王立后，割淮阳北边二、三列城与东郡以益梁。不可者，可徙代王而都睢阳[①]。梁起于新郪以北著之河，淮阳包陈而南揵之江[②]，则大诸侯之有异心者破胆而不敢谋。梁足以扞齐、赵，淮阳足以禁吴、楚，陛下高枕，终无山东之忧矣，此二世之利也。当今恬然，适遇诸侯之皆少；数岁之后，陛下且见之矣。夫秦日夜苦心劳力以除六国之祸；今陛下力制天下，颐指如意，高拱以成六国之祸，难以言智。苟身无事，畜乱，宿祸，孰视而不定；万年之后，传之老母、弱子，将使不宁，不可谓仁。"帝于是从谊计，徙淮阳王武为梁王，北界泰山，西至高阳[③]，得大县四十余城。后岁余，贾谊亦死，死时年三十三矣。

徙城阳王喜为淮南王。

【注释】

①睢阳：县名。秦置，因在睢水之阳得名。治所在今河南商丘市南。②陈：此指古陈国之地，都城为今河南淮阳，有今河南东部和安徽一部分。 ③高阳：乡名。在今河南杞县西南。

匈奴寇狄道。

时匈奴数为边患，太子家令颍川晁错上言兵事曰："《兵法》曰[1]：'有必胜之将，无必胜之民。'由此观之，安边境，立功名，在于良将，不可不择也。

"臣又闻：用兵临战合刃之急者三：一曰得地形，二曰卒服习，三曰器用利。兵法，步兵、车骑、弓弩、长戟，矛铤、剑楯之地，各有所宜；不得其宜者，或十不当一。士不选练，卒不服习，起居不精，动静不集，趋利弗及，避难不毕，前击后解，与金鼓之指相失，此不习勒卒之过也，百不当十。兵不完利，与空手同；甲不坚密，与袒裼同[2]；弩不可以及远，与短兵同；射不能中，与无矢同；中不能入，与无镞同；此将不省兵之祸也，五不当一。故《兵法》曰：'器械不利，以其卒予敌也；卒不可用，以其将予敌也；将不知兵，以其主予敌也；君不择将，以其国予敌也。'四者，兵之至要也。

"臣又闻：小大异形，强弱异势，险易异备。夫卑身以事强，小国之形也；合小以攻大，敌国之形也；以蛮夷攻蛮夷，中国之形也。今匈奴地形、技艺与中国异：上下山阪，出入溪涧，中国之马弗与也；险道倾仄，且驰且射，中国之骑弗与也；风雨罢劳，饥渴不困，中国之人弗与也；此匈奴之长技也。若夫平原、易地、轻车、突骑，则匈奴之众易桡乱也；劲弩、长戟，射疏、及远，则匈奴之弓弗能格也；坚甲、利刃，长短相杂，游弩往来，什伍俱前，则匈奴之兵弗能当也；材官驺发[3]，矢道同的，则匈奴之革笥、木荐弗能支也；下马地斗，剑戟相接，去就相薄，则匈奴之足弗能给也；此中国之长技也。以此观之：匈奴之长技三，中国之长技五；陛下又兴数十万之众以诛数万之匈奴，众寡之计，以一击十之术也。

"虽然，兵，凶器，战，危事也；故以大为小，以强为弱，在俯仰之间耳。夫以人之死争胜，跌而不振，则悔之无及也；帝王之道，出于万全。今降胡、义渠、蛮夷之属来归谊者，其众数千，饮食、长技与匈奴同。赐之坚甲、絮衣、劲弓、利矢，益以边郡之良骑，令明将能知其习俗、和辑其心者，以陛下之明约将之。即有险阻，以此当之；平地通道，则以轻车、材官制之；两军相为表里，各用其长技，衡加之以众，此万全之术也。”

帝嘉之，赐错书，宠答焉。

错又上言曰：“臣闻秦起兵而攻胡、粤者，非以卫边地而救民死也，贪戾而欲广大也，故功未立而天下乱。且夫起兵而不知其势，战则为人禽，屯则卒积死。夫胡、貉之人，其性耐寒；扬、粤之人，其性耐暑。秦之戍卒不耐其水土，戍者死于边，输者偾于道。秦民见行，如往弃市，因以谪发之，名曰‘谪戍’[4]；先发吏有谪及赘婿、贾人，后以尝有市籍者，又后以大父母、父母尝有市籍者，后入闾取其左[5]。发之不顺，行者愤怨，有万死之害而亡铢两之报，死事之后，不得一算之复，天下明知祸烈及己也；陈胜行戍，至于大泽，为天下先倡，天下从之如流水者，秦以威劫而行之之敝也。

“胡人衣食之业，不著于地，其势易以扰乱边境，往来转徙，时至时去；此胡人之生业，而中国之所以离南亩也。今胡人数转牧、行猎于塞下，以候备塞之卒，卒少则入。陛下不救，则边民绝望而有降敌之心；救之，少发则不足，多发，远县才至，则胡又已去。聚而不罢，为费甚大；罢之，则胡复入。如此连年，则中国贫苦而民不安矣。陛下幸忧边境，遣将吏发卒以治塞，甚大惠也。然今远方之卒守塞，一岁而更，不知胡人之能。不如选常居者家室田作，且以备之，以便为之高城深堑；要害之处，通川之道，调立城邑，毋下千家。先为室屋，具田器，乃募民，免罪，拜爵[6]，复其家[7]，予冬夏衣、禀食，能自给而止。塞下之民，禄利不厚，不可使久居危难之地。胡人入驱而能止其所驱者，以其半予之，县官为赎。其民如是，则邑里相救助，赴胡不避死。非以德上也，欲全亲戚而利其财也；此与东方之戍卒不习地势而心畏胡者功相万也。以陛下之时，徙民实边，使远方无屯戍之事；塞下之民，父子相保，无系虏之患；利施后世，名称圣明，其与秦之行怨民，相去远矣。”

上从其言，募民徙塞下。

错复言："陛下幸募民徙以实塞下，使屯戍之事益省，输将之费益寡，甚大惠也。下吏诚能称厚惠，奉明法，存恤所徙之老弱，善遇其壮士，和辑其心而勿侵刻，使先至者安乐而不思故乡，则贫民相慕而劝往矣。臣闻古之徙民者，相其阴阳之和，尝其水泉之味，然后营邑、立城、制里、割宅，先为筑室家，置器物焉，民至有所居，作有所用。此民所以轻去故乡而劝之新邑也。为置医、巫以救疾病，以修祭祀，男女有昏，生死相恤，坟墓相从，种树畜长，室屋完安。此所以使民乐其处而有长居之心也。

"臣又闻古之制边县以备敌也，使五家为伍，伍有长，十长一里，里有假士，四里一连，连有假五百，十连一邑，邑有假候⑧，皆择其邑之贤材有护、习地形、知民心者；居则习民于射法，出则教民于应敌。故卒伍成于内，则军政定于外。服习以成，勿令迁徙，幼则同游，长则共事。夜战声相知，则足以相救；昼战目相见，则足以相识；欢爱之心，足以相死。如此而劝以厚赏，威以重罚，则前死不还踵矣。所徙之民非壮有材者，但费衣粮，不可用也；虽有材力，不得良吏，犹亡功也。

"陛下绝匈奴不与和亲，臣窃意其冬来南也；壹大治，则终身创矣。欲立威者，始于折胶，来而不能困，使得气去，后未易服也。"

错为人峭直刻深，以其辩得幸太子，太子家号曰"智囊"。

【注释】

①晁错（前200—前154）：西汉大臣，颍川（今河南禹州市）人。少时从张恢学申、商之术。因通晓文献典故，任太常掌故。文帝时，为太子家令，深得宠信，号为"智囊"。景帝时，迁御史大夫，推行重农抑商等政策。因建议削夺诸侯王国封地，以巩固中央集权，得景帝采纳，所以，吴楚七国就以"清君侧"为名，发动叛乱，为政敌袁盎等人暗算，朝服斩于东市。著有《论贵粟疏》等三十一篇。　②裼（xī 析）：脱去上衣，露出身体的一部分。　③材官：骑射之官。驺：矢也。　④谪（zhé 折）戍：贬到边远之地充军。　⑤闾（lú 驴）：里巷。闾左：古代贫苦人民一般居住于闾巷左侧，故闾左也指贫苦人民。　⑥拜爵：指有罪者免其罪，无罪者拜爵以劝其迁徙。　⑦复其家：指人民欲迁徙者，免除其家的赋役。

⑧假:为假借之假,由于是权宜之置,所以称为“假士”“假五百”“假候”等。

十二年 冬,十二月,河决酸枣[1],东溃金堤、东郡[2];大兴卒塞之。

春,三月,除关,无用传。

晁错言于上曰:“圣王在上而民不冻饥者,非能耕而食之,织而衣之也,为开其资财之道也。故尧有九年之水,汤有七年之旱,而国亡捐瘠者,以畜积多而备先具也。今海内为一,土地、人民之众不减汤、禹,加以无天灾数年之水旱,而畜积未及者,何也?地有遗利,民有余力;生谷之土未尽垦,山泽之利未尽出,游食之民未尽归农也。

“夫寒之于衣,不待轻暖;饥之于食,不待甘旨;饥寒至身,不顾廉耻。人情,一日不再食则饥,终岁不制衣则寒。夫腹饥不得食,肤寒不得衣,虽慈父不能保其子,君安能以有其民哉!明主知其然也,故务民于农桑,薄赋敛,广畜积,以实仓廪,备水旱,故民可得而有也。民者,在上所以牧之;民之趋利,如水走下,四方无择也。

“夫珠、玉、金、银,饥不可食,寒不可衣;然而众贵之者,以上用之故也。其为物轻微易藏,在于把握,可以周海内而无饥寒之患。此令臣轻背其主,而民易去其乡,盗贼有所劝,亡逃者得轻资也。粟、米、布、帛,生于地,长于时,聚于力,非可一日成也;数石之重,中人弗胜,不为奸邪所利,一日弗得而饥寒至。是故明君贵五谷而贱金玉。

“今农夫五口之家,其服役者不下二人,其能耕者不过百亩,百亩之收不过百石。春耕,夏耘,秋获,冬藏,伐薪樵,治官府,给徭役;春不得避风尘,夏不得避暑热,秋不得避阴雨,冬不得避寒冻,四时之间无日休息;又私自送往迎来、吊死问疾、养孤长幼在其中。勤苦如此,尚复被水旱之灾,急政暴赋,赋敛不时,朝令而暮改。有者半贾而卖[3],无者取倍称之息,于是有卖田宅,鬻妻子以偿责者矣。而商贾,大者积贮倍息,小者坐列贩卖[4],操其奇赢[5]，日游都市，乘上之急，所卖必倍。故其男不耕耘，女不蚕织，衣必文采，食必粱肉[6]；无农夫之苦，有仟伯之得[7]。因其富厚，交通王侯，力过吏势，以利相倾；千里游敖，冠盖相望，乘坚、策肥，履丝、曳缟[8]。此商人所以兼并农人，农人所以流亡者也。

"方今之务，莫若使民务农而已矣。欲民务农，在于贵粟；贵粟之道，在于使民以粟为赏罚。今募天下入粟县官，得以拜爵，得以除罪。如此，富人有爵，农民有钱，粟有所渫。夫能入粟以受爵，皆有余者也；取于有余以供上用，则贫民之赋可损，所谓损有余，补不足，令出而民利者也。今令民有车骑马一匹者，复卒三人；车骑者，天下武备也，故为复卒。神农之教曰：'有石城十仞[9]，汤池百步[10]，带甲百万，而无粟，弗能守也。'以是观之，粟者，王者大用，政之本务。令民入粟受爵至五大夫以上[11]，乃复一人耳，此其与骑马之功相去远矣。爵者，上之所擅，出于口而无穷；粟者，民之所种，生于地而不乏。夫得高爵与免罪，人之所甚欲也；使天下人入粟于边以受爵、免罪，不过三岁，塞下之粟必多矣。"

帝从之，令民入粟于边，拜爵各以多少级数为差[12]。

错复奏言："陛下幸使天下入粟塞下以拜爵，甚大惠也。窃恐塞卒之食不足用，大渫天下粟。边食足以支五岁，可令入粟郡县矣；郡县足支一岁以上，可时赦，勿收农民租。如此，德泽加于万民，民愈勤农，大富乐矣。"

上复从其言，诏曰："道民之路，在于务本。朕亲率天下农，十年于今，而野不加辟，岁一不登，民有饥色；是从事焉尚寡，而吏未加务。吾诏书数下，岁劝民种树而功未兴，是吏奉吾诏不勤而劝民不明也。且吾农民甚苦而吏莫之省，将何以劝焉！其赐农民今年租税之半。"

【注释】

①酸枣：县名。春秋郑邑，秦置县。治所在今河南延津县西南。②金堤：西汉时东郡、魏郡、平原郡界内黄河两岸，都有石筑的金堤，高者至四五丈。东郡：郡名，前242年置，治所在濮阳西南，西汉辖境相当今山东东阿县、梁山县以西，山东郓城县、东明县、河南范县、长垣县北部以北，延津县以东，山东聊城市茌平区、冠县、河南清丰县、濮阳县、滑县以

南地区。 ③贾(jià 架):同“价”。 ④坐列贩卖:行卖为商,坐卖为贾。列,市列也,若今在市场上卖物。 ⑤奇赢:指有余钱而去蓄积奇异之物以赢利。 ⑥粱:好粟为粱。 ⑦仟伯:仟指千钱,伯指百钱。 ⑧坚:指好车,坚固之车。缟(gǎo 稿):古时一种白丝织物。 ⑨仞:古时八尺叫做一仞。 ⑩汤池:以沸汤为池,人不可靠近,以此比喻城池坚固。 ⑪五大夫:古代爵位中第九等级。 ⑫“拜爵”句:汉朝沿袭秦朝官,最低一阶(公士),最高二十阶(列侯)。当时规定,缴纳粮食六百石,任命三等官阶(上造)。以后逐渐升高,缴纳粮食四千石,任命九等官阶(五大夫),缴纳粮食一万二千石,任命十九等官阶(大庶长)。

十三年 春,二月,甲寅,诏曰:“朕亲率天下农耕以供粢盛[1],皇后亲桑以供祭服;其具礼仪!”

初,秦时祝官有秘祝[2],即有灾祥,辄移过于下。夏,诏曰:“盖闻天道,祸自怨起而福由德兴,百官之非,宜由朕躬。今秘祝之官移过于下,以彰吾之不德,朕甚弗取。其除之!”

齐太仓令淳于意有罪[3],当刑,诏狱逮系长安。其少女缇萦上书曰[4]:“妾父为吏,齐中皆称其廉平;今坐法当刑。妾伤夫死者不可复生,刑者不可复属,虽后欲改过自新,其道无由也。妾愿没入为官婢,以赎父刑罪,使得自新。”

淳于缇萦像

天子怜悲其意,五月,诏曰:“《诗》曰:‘恺弟君子[5],民之父母。’今人有过,教未施而刑已加焉,或欲改行为善而道无由至,朕甚怜之!夫刑至断支体,刻肌肤,终身不息,何其刑之痛而不德也!岂为民父母之意哉?其除肉刑,有以易之;及令罪人各以轻重,不亡逃，有年而免。具为令！”

丞相张苍、御史大夫冯敬奏请定律曰：“诸当髡者为城旦、春；当黥髡者钳为城旦、春[6]；当劓者笞三百；当斩左止者笞五百；当斩右止及杀人先自告及吏坐受赇、枉法、守县官财物而即盗之、已论而复有笞罪者皆弃市。罪人狱已决为城旦、春者，各有岁数以免。”制曰：“可。”

是时，上既躬修玄默，而将相皆旧功臣，少文多质。惩恶亡秦之政，论议务在宽厚，耻言人之过失；化行天下，告讦之俗易[7]。吏安其官，民乐其业，畜积岁增，户口寖息。风流笃厚，禁罔疏阔，罪疑者予民，是以刑罚大省，至于断狱四百，有刑错之风焉。

六月，诏曰：“农，天下之本，务莫大焉。今勤身从事而有租税之赋，是为本末者无以异也，其于劝农之道未备，其除田之租税！”

【注释】

①粢（zī 资）盛：放在器物中供祭祀用的谷物。粢，古代谷类总称。 ②祝：祭祀时司告鬼神的人。 ③淳于意：西汉临淄（今山东淄博市东）人，著名医学家，曾任齐国太仓令。 ④缇萦（tí yíng 提营）：淳于意之女，文帝时，其父因为被人所告而下狱，她上书请做官婢，以赎父刑。文帝感动，不久下令废除肉刑。旧史家多归功于她的上书，将她作为宣传封建孝道的榜样。 ⑤恺弟：恺，和乐。弟通“悌”，平易近人。 ⑥城旦：清晨起来修治城郭。舂：捣米。 ⑦讦：自下告上为讦。

十四年　冬，匈奴老上单于十四万骑入朝那、萧关[1]，杀北地都尉卬[2]，虏人民畜产甚多；遂至彭阳[3]，使奇兵入烧回中宫[4]，候骑至雍甘泉[5]。帝以中尉周舍、郎中令张武为将军，发车千乘、骑卒十万军长安旁，以备胡寇；而拜昌侯卢卿为上郡将军，宁侯魏遬为北地将军，隆虑侯周灶为陇西将军，屯三郡。上亲劳军，勒兵，申教令，赐吏卒，自欲征匈奴。群臣谏，不听；皇太后固要，上乃止。于是以东阳侯张相如为大将军，成侯董赤、内史栾布皆为将军，击匈奴。单于留塞内月余，乃去。汉逐出塞即还，不能有所杀。

上辇过郎署，问郎署长冯唐曰[6]：“父家何在？”对曰：“臣大父赵人，父徙代。”上曰：“吾居代时，吾尚食监高祛数为我言赵将李齐之贤⑦，战于巨鹿下⑧。今吾每饭意未尝不在巨鹿也。父知之乎？”唐对曰：“尚不如廉颇、李牧之为将也。”上搏髀曰：“嗟乎，吾独不得廉颇、李牧为将！吾岂忧匈奴哉？”唐曰：“陛下虽得廉颇、李牧，弗能用也。”

上怒，起，入禁中，良久，召唐，让曰：“公奈何众辱我？独无间处乎？”唐谢曰：“鄙人不知忌讳。”上方以胡寇为意，乃卒复问唐曰：“公何以知吾不能用廉颇、李牧也？”唐对曰：“臣闻上古王者之遣将也，跪而推毂，曰：‘阃以内者⑨，寡人制之；阃以外者，将军制之。’军功爵赏皆决于外，归而奏之，此非虚言也。臣大父言：李牧为赵将，居边，军市之租，皆自用飨士；赏赐决于外，不从中覆也。委任而责成功，故李牧乃得尽其智能；选车千三百乘，彀骑万三千，百金之士十万，是以北逐单于，破东胡，灭澹林，西抑强秦，南支韩、魏；当是之时，赵几霸。其后会赵王迁立，用郭开谗，卒诛李牧，令颜聚代之；是以兵破士北，为秦所禽灭。今臣窃闻魏尚为云中守，其军市租尽以飨士卒，私养钱五日一椎牛⑩，自飨宾客、军吏、舍人，是以匈奴远避，不近云中之塞。虏曾一入，尚率车骑击之，所杀甚众。夫士卒尽家人子，起田中从军，安知尺籍、伍符⑪？终日力战，斩首捕虏，上功幕府，一言不相应，文吏以法绳之，其赏不行；而吏奉法必用。臣愚以为陛下赏太轻，罚太重。且云中守魏尚坐上功首虏差六级，陛下下之吏，削其爵，罚作之⑫。由此言之，陛下虽得廉颇、李牧，弗能用也！”上说。是日，令唐持节赦魏尚，复以为云中守，而拜唐为车骑都尉。

春，诏广增诸祀坛场、珪币⑬，且曰：“吾闻祠官祝釐，皆归福于朕躬，不为百姓，朕甚愧之。夫以朕之不德，而专飨独美其福，百姓不与焉，是重吾不德也！其令祠官致敬，无有所祈！”

是岁，河间文王辟彊薨。

初，丞相张苍以为汉得水德，鲁人公孙臣以为汉当土德，其应，黄龙见；苍以为非，罢之。

【注释】

①朝那：县名，西汉置，治所在今宁夏固原市东南。萧关：古关名，故

址在今宁夏固原市东南，为自关中通向塞北的交通要冲。 ②北地：郡名，秦置，西汉时治所在马岭（今甘肃庆阳市西北）。 ③彭阳：县名，西汉置，治所在今甘肃镇原县东南。 ④回中宫：宫名。在今陕西陇县西北。 ⑤雍甘泉：即甘泉宫，在今陕西淳化县西北甘泉山上。 ⑥冯唐：安陵（今陕西咸阳市东北）人。文帝时为郎中署长，时已年老。尝当众批评文帝不善用人，文帝感悟，任他为车骑都尉。景帝时，任楚相，武帝时召求贤良之士，他年逾九十，不能为官，乃任其子冯遂为郎。 ⑦尚食监：主管膳食的官员。 ⑧巨鹿：县名，秦置，治所在今河北平乡县西南。 ⑨阃（kǔn 捆）：门坎。 ⑩私养钱：指来自军中市场租税的收入，它有别于政府拨给，所以谓私养钱。 ⑪尺籍：指军令。伍符：指军士伍伍相保的符信。 ⑫罚作：一年徒刑为"罚作"。 ⑬珪币：古代贵族朝聘、祭祀、丧葬时所用的玉器。

十五年 春，黄龙见成纪[①]。帝召公孙臣，拜为博士，与诸生申明土德，草改历、服色事。张苍由此自绌。

夏，四月，上始幸雍，郊见五帝，赦天下。

九月，诏诸侯王、公卿、郡守举贤良、能直言极谏者，上亲策之。太子家令晁错对策高第，擢为中大夫。错又上言宜削诸侯及法令可更定者，书凡三十篇。上虽不尽听，然奇其材。

是岁，齐文王则、河间哀王福皆薨，无子，国除。

赵人新垣平以望气见上，言长安东北有神，气成五采。于是作渭阳五帝庙[②]。

十六年 夏，四月，上郊祀五帝于渭阳五帝庙。于是贵新垣平至上大夫，赐累千金；而使博士、诸生刺《六经》中作《王制》，谋议巡狩、封禅事。又于长门道北立五帝坛[③]。

徙淮南王喜复为城阳王。又分齐为六国；丙寅，立齐悼惠王子在者六人：杨虚侯将闾为齐王，安都侯志为济北王，武成侯贤为菑川王，白石侯雄渠为胶东王，平昌侯卬为胶西王，扐侯辟光为济南王。淮南厉王子在者三人：阜陵侯安为淮南王，安阳侯勃为衡山王，阳周侯赐为庐江王。

秋，九月，新垣平使人持玉杯上书阙下献之。平言上曰："阙下有宝玉气来者。”已，视之，果有献玉杯者，刻曰“人主延寿”。平又言：“臣候日再中。”居顷之，日却，复中。于是始更以十七年为元年，令天下大酺[④]。平言曰：“周鼎亡在泗水中[⑤]，今河决，通于泗，臣望东北汾阴直有金宝气[⑥]，意周鼎其出乎！兆见，不迎则不至。”于是上使使治庙汾阴，南临河，欲祠出周鼎。

【注释】

①成纪：县名，属天水郡（今位于甘肃秦安县），传说为庖牺所生之处。 ②渭阳五帝庙：在咸阳以东三十里。 ③长门道北立五帝坛：长门为亭名，在西安东南处。五帝坛为白帝坛、赤帝坛、黄帝坛、青帝坛、黑帝坛。④酺：聚饮，指由朝廷恩准的大聚饮。 ⑤泗水：出自山东泗水县陪尾山，四源并发，故名。 ⑥汾阴：县名，汉置，因汾水南流过县，故名汾阴，今山西万荣县北九里汾阴故地即是。

后元年 冬，十月，人有上书告新垣平“所言皆诈也”；下吏治，诛夷平。是后，上亦怠于改正、服、鬼神之事，而渭阳、长门五帝，使祠官领，以时致礼，不往焉。

春，三月，孝惠皇后张氏薨。

诏曰：“间者数年不登，又有水旱、疾疫之灾，朕甚忧之。愚而不明，未达其咎：意者朕之政有所失而行有过与？乃天道有不顺，地利或不得，人事多失和，鬼神废不享与？何以致此？将百官之奉养或废，无用之事或多与？何其民食之寡乏也？夫度田非益寡，而计民未加益，以口量地，其于古犹有余；而食之甚不足者，其咎安在？无乃百姓之从事于末以害农者蕃，为酒醪以靡谷者多，六畜之食焉者众与？细大之义，吾未得其中，其与丞相、列侯、吏二千石、博士议之，有可以佐百姓者，率意远思，无有所隐！”

二年 夏，上行幸雍棫阳宫[①]。

六月，代孝王参薨。

匈奴连岁入边，杀略人民、畜产甚多；云中、辽东最甚[②]，郡万余人。上患之，乃使使遗匈奴书。单于亦使当户报谢，复与匈奴和亲。

八月，戊戌，丞相张苍免。帝以皇后弟窦广国贤、有行，欲相之,曰:“恐天下以吾私广国,久念不可。”而高帝时大臣,余见无可者。御史大夫梁国申屠嘉[3],故以材官蹶张从高帝,封关内侯;庚午,以嘉为丞相,封故安侯。嘉为人廉直,门不受私谒。是时,太中大夫邓通方爱幸,赏赐累巨万;帝尝燕饮通家,其宠幸无比。嘉尝入朝,而通居上旁,有怠慢之礼。嘉奏事毕,因言曰:“陛下幸爱群臣,则富贵之;至于朝廷之礼,不可以不肃。”上曰:“君勿言,吾私之。”罢朝,坐府中,嘉为檄召通诣丞相府,不来,且斩通。通恐,入言上;上曰:“汝第往,吾今使人召若。”通诣丞相,免冠、徒跣,顿首谢嘉。嘉坐自如,弗为礼,责曰:“夫朝廷者,高帝之朝廷也。通小臣,戏殿上,大不敬,当斩。吏!今行斩之!”通顿首,首尽出血,不解。上度丞相已困通,使使持节召通而谢丞相:“此吾弄臣,君释之!”邓通既至,为上泣曰:“丞相几杀臣!”

【注释】

①棫阳宫:秦昭王时兴建,位于陕西扶风县东北。 ②云中:郡名,战国时置,秦代治所在云中(今内蒙古托克托县东北)。辽东:郡名,战国时置,治所在襄平(今辽宁辽阳市)。 ③申屠嘉:西汉大臣。梁人,为人廉直。初从刘邦击项羽、英布,任都尉,惠帝时为淮南太守,文帝时任丞相,封故安侯,景帝时反对晁错变更法令,借故奏请斩错,因帝庇护未遂,呕血而死。

三年 春,二月,上行幸代。

是岁,匈奴老上单于死,子军臣单于立。

四年 夏,四月,丙寅晦[1],日有食之。

五月,赦天下。

上行幸雍。

五年 春,正月,上行幸陇西[2];三月,行幸雍;秋,七月,行幸代。

六年 冬,匈奴三万骑入上郡,三万骑入云中,所杀略甚众,烽火通于甘泉、长安[3]。以中大夫令免为车骑将军,屯飞狐[4];故楚相苏意为将军,屯句注[5];将军张武屯北地;河内太守周亚夫为将军[6],次细柳[7];宗正刘礼为将军,次霸上;祝兹侯徐厉为将军,次棘门[8];以备胡。上自劳军,至霸上及棘门军,直驰入,将以下骑送迎。已而之细柳军,军士吏被甲,锐兵刃,彀弓弩持满,天子先驱至,不得入。先驱曰:“天子且至!”军门都尉曰:“将军令曰:‘军中闻将军令,不闻天子之诏。’”居无何,上至,又不得入。于是上乃使使持节诏将军:“吾欲入营劳军。”亚夫乃传言“开壁门”。壁门士请车骑曰:“将军约:军中不得驰驱。”于是天子乃按辔徐行。至营,将军亚夫持兵揖曰:“介胄之士不拜,请以军礼见。”天子为动,改容,式车,使人称谢:“皇帝敬劳将军。”成礼而去。既出军门,群臣皆惊。上曰:“嗟乎,此真将军矣!曩者霸上、棘门军若儿戏耳,其将固可袭而虏也。至于亚夫,可得而犯耶!”称善者久之。月余,汉兵至边,匈奴亦远塞,汉兵亦罢。乃拜周亚夫为中尉。

夏,四月,大旱,蝗。令诸侯无入贡;弛山泽,减诸服御,损郎吏员;发仓庾以振民[9];民得卖爵。

【注释】

①丙寅:四月丁亥朔,无此日,疑作“丙辰”。　②陇西:郡名,战国时秦置,因在陇山之西而得名,治所在狄道(今甘肃临洮县南)。　③烽火:由烽火台上燃放,它是古代传递军事上紧急情况的手段。从京城作放射形状,分别通往边疆,每隔十公里或十五公里,建筑一个高大的碉堡,碉堡上储有木柴和狼粪,如果敌人攻击边界,夜间燃起木柴,谓之烽火;白天燃起狼粪,谓之狼烟,消息传到京城,可很快发兵赴援。　④飞狐:要隘名。在河北涞源县北蔚县南,为古代河北平原与北方边郡间的交通咽喉。　⑤句(gōu 沟)注:山名。在今山西代县北。因山形勾转、水势流注得名。　⑥周亚夫(?—前143):西汉名将,沛(今江苏沛县)人,周勃之子。文帝后元六年(前158),匈奴入边,他以河内守为将军,治军严谨,文帝誉为“真将军”。在景帝三年(前154),吴楚反,他为太尉,东击吴楚,三月而定,升为丞相,谢病免。后因其子私买御物,被牵连下狱,绝食而死。　⑦细柳:地名,在今陕西咸阳市西南渭河北岸。因周亚夫在此治军严谨,后人称军营纪律严明者为“细柳营”“细柳兵”。⑧棘门:地名。原为秦宫门。在今陕西咸阳市东北。　⑨庾(yǔ 雨):古代露天的积粮处。

七年　夏,六月,己亥,帝崩于未央宫[1]。遗诏曰:“朕闻之:盖天下万物之萌生，靡不有死；死者，天地之理，万物之自然，奚可甚哀！当今之世，咸嘉生而恶死，厚葬以破业，重服以伤生，吾甚不取。且朕既不德，无以佐百姓；今崩，又使重服久临以罹寒暑之数，哀人父子，伤长老之志，损其饮食，绝鬼神之祭祀，以重吾不德，谓天下何！朕护保宗庙，以眇眇之身托于天下君王之上，二十有余年矣。赖天之灵，社稷之福，方内安宁，靡有兵革。朕既不敏，常惧过行以羞先帝之遗德，惟年之久长，惧于不终。今乃幸以天年得复供养于高庙，其奚哀念之有？其令天下吏民：令到，出临三日，皆释服；毋禁取妇、嫁女、祠祀、饮酒、食肉；自当给丧事服临者，皆无跣，绖带毋过三寸；毋布车及兵器；毋发民哭临宫殿中；殿中当临者，皆以旦夕各十五举音，礼毕罢；非旦夕临时，禁毋得擅哭临；已下棺，服大功十五日，小功十四日，纤七日，释服。他不在令中者，皆以此令比类从事。布告天下，使明知朕意。霸陵山川因其故[②]，毋有所改。归夫人以下至少使[③]。"乙巳，葬霸陵。

帝即位二十三年，宫室、苑囿、车骑、服御，无所增益；有不便，辄弛以利民。尝欲作露台，召匠计之，直百金。上曰："百金，中人十家之产也。吾奉先帝宫室，尝恐羞之，何以台为！"身衣弋绨；所幸慎夫人，衣不曳地；帷帐无文绣；以示敦朴，为天下先。治霸陵，

西汉骑兵俑

皆瓦器，不得以金、银、铜、锡为饰；因其山，不起坟。吴王诈病不朝，赐以几杖。群臣袁盎等谏说虽切，常假借纳用焉。张武等受赂金钱，觉，更加赏赐以愧其心；专务以德化民。是以海内安宁，家给人足，后世鲜能及之。

丁未，太子即皇帝位。尊皇太后薄氏曰太皇太后，皇后曰皇太后④。

九月，有星孛于西方。

是岁，长沙王吴著薨，无子，国除。

初，高祖贤文王芮⑤，制诏御史："长沙王忠，其定著令。"至孝惠、高后时，封芮庶子二人为列侯，传国数世绝。

【注释】

①未央宫：故址在今陕西西安市西北长安故城内西南隅，汉高帝七年（前200）丞相萧何主持修筑，宫成后常为朝见之处。　②霸陵：县名，本芷阳县。汉文帝九年（前171）于此筑霸陵，并改县名。治所在今陕西西安市东北。　③归夫人：汉初宫廷妃嫔编制，共分七级，即夫人、美人、良人、八子、七子、长使、少使，每一级不限于一人。　④古时帝王的祖母称太皇太后，帝王的母亲称皇太后。　⑤吴芮（ruì 瑞）（？—前202）：西汉初诸侯王。初为秦朝番（pó 婆）阳（今江西鄱阳县）令，颇得民心，尊为"番君"。秦末率越人起兵，汉朝建立，为长沙王。

孝景皇帝上①

元年　冬，十月，丞相嘉等奏："功莫大于高皇帝，德莫盛于孝文皇帝。高皇帝庙，宜为帝者太祖之庙；孝文皇帝庙，宜为帝者太宗之庙。天子宜世世献祖宗之庙，郡国诸侯宜各为孝文皇帝立太宗之庙②。"制曰："可。"

夏，四月，乙卯，赦天下。

遣御史大夫青至代下与匈奴和亲。

五月，复收民田半租，三十而税一。

初，文帝除肉刑，外有轻刑之名，内实杀人；斩右止者又当死；

斩左止者笞五百，当劓者笞三百，率多死。是岁，下诏曰："加笞与重罪无异[3]；幸而不死，不可为人。其定律：笞五百曰三百，笞三百曰二百。"

以太中大夫周仁为郎中令，张欧为廷尉，楚元王子平陆侯礼为宗正，中大夫晁错为左内史。仁始为太子舍人，以廉谨得幸。张欧亦事帝于太子宫，虽治刑名家，为人长者；帝由是重之，用为九卿。欧为吏未尝言按人，专以诚长者处官；官属以为长者，亦不敢大欺。

【注释】

①孝景皇帝（前 188—前 141）：即刘启。汉景帝。文帝长子，前 157—前 141 年在位。继续采取与民休息政策，田赋三十税一，重农抑商。前 154 年，平定吴楚七国之乱，巩固了中央集权。在位十七年，社会经济呈现繁荣景象，政治相对安定，海内殷富，府库充实，史称"文景之治"。　②古人把夺取天下者称为"祖"，治理天下者称为"宗"，但有特别功勋的皇帝祭庙，有时也为"祖"。　③重罪：指死刑。

二年　冬，十二月，有星孛于西南。

令天下男子年二十始傅[1]。

春，三月，甲寅，立皇子德为河间王，阏为临江王，馀为淮阳王，非为汝南王，彭祖为广川王，发为长沙王。

夏，四月，壬午，太皇太后薄氏崩。

六月，丞相申屠嘉薨。时内史晁错数请间言事，辄听，宠幸倾九卿，法令多所更定。丞相嘉自绌所言不用，疾错。错为内史，东出不便，更穿一门南出。南出者，太上皇庙堧垣也[2]。嘉闻错穿宗庙垣，为奏，请诛错。客有语错，错恐，夜入宫上谒，自归上。至朝，嘉请诛内史错。上曰："错所穿非真庙垣，乃外堧垣，故冗官居其中[3]；且又我使为之，错无罪。"丞相嘉谢。罢朝，嘉谓长史曰："吾悔不先斩错乃请之，为错所卖。"至舍，因欧血而死。错以此愈贵。

秋，与匈奴和亲。

八月，丁未[4]，以御史大夫开封侯陶青为丞相。丁巳，以内史晁错为御史大夫。

彗星出东北。

秋，衡山雨雹⑤，大者五寸，深者二尺。

荧惑逆行守北辰⑥，月出北辰间；岁星逆行天廷中⑦。

汉景帝刘启像

梁孝王以窦太后少子故，有宠，王四十余城，居天下膏腴地。赏赐不可胜道，府库金钱且百巨万，珠玉宝器多于京师。筑东苑，方三百余里，广睢阳城七十里⑧，大治宫室，为复道，自宫连属于平台三十余里⑨。招延四方豪俊之士，如吴人枚乘、严忌⑩，齐人羊胜、公孙诡、邹阳⑪，蜀人司马相如之属皆从之游⑫。每入朝，上使使持节以乘舆驷马迎梁王于关下。既至，宠幸无比；入则侍上同辇，出则同车，射猎上林中；因上疏请留，且半岁。梁侍中、郎、谒者著籍引出入天子殿门，与汉宦官无异。

【注释】

①二十始傅：汉初原定男子二十三岁开始服徭役，现提前为二十岁。②太上皇庙：指刘邦父亲刘执嘉的祭庙，位于长安香室街南，冯翊府北。堧（ruán）垣：城郭旁的空地。 ③冗官：多余的官。 ④丁未：据“丙辰”朔，八月无“丁未”。 ⑤衡山：郡国名。以境内包衡山（今安徽霍山县）周围得名。治所在邾（今湖北黄冈市西北）。 ⑥荧惑：即火星。北辰：即北极星。 ⑦岁星：即木星。天廷：即太微星座。古人认为，北极星和太微星座，象征地上君王之位，尊严不可侵犯。如果有其他星体接近、穿过或进入，显示将有犯上作乱的事件。 ⑧睢阳城：梁国首府（今河南商丘市南）。 ⑨平台：位于睢阳城东北，离宫所在。 ⑩枚乘（？—前140）：西汉辞赋家。字叔，淮阴（今江苏淮安市西）人。有赋九篇，今存《七发》《柳赋》等。严忌：西汉文士。本姓庄，《汉书》避汉明帝讳，改为严。⑪羊胜（？—前150）：西汉文士。齐（今山东东部）人。

公孙诡(？—前148):西汉文士,齐人。吴楚七国乱后,梁孝王招延四方文士,他与羊胜、邹阳等皆游于梁。孝王怨袁盎等阻止景帝立自己为嗣,就与公孙诡和羊胜合谋,刺杀袁盎等议臣十余人。后景帝遣使至梁捕之,他和羊胜都被迫自杀。邹阳(前206—前129):西汉文学家。临淄(今山东淄博市东)人。景帝时,与枚乘、严忌等仕吴,以文辩知名。曾上书谏阻吴王谋反,未被采纳。遂离吴,客游于梁,为梁孝王门客。后为羊胜等谗害,下狱。曾上书自陈,文辞委婉辩解,孝王释之,待为上客。有文七篇,今存《狱中上梁王书》等。　⑫司马相如(前179—前117):西汉辞赋家,字长卿,蜀郡成都人,慕蔺相如之为人,故更名相如。景帝时,为武骑常侍,后称病免官离去,在临邛得到寡妇卓文君的喜爱,与之私奔成都,后因家贫,又返回临邛卖酒为生,文君父卓王孙分与钱百万、僮百人,成为富人。武帝好其辞赋,召至长安,任为郎、孝文园令。有《子虚》《上林》等赋,词藻瑰丽,汉、魏文人多仿之。

资治通鉴卷第十六

汉纪八　起强圉大渊献，尽上章困敦，凡十四年。

孝景皇帝下

前三年　冬，十月，梁王来朝。时上未置太子，与梁王宴饮，从容言曰："千秋万岁后传于王。"王辞谢，虽知非至言，然心内喜；太后亦然。詹事窦婴引卮酒进上曰[①]："天下者，高祖之天下，父子相传，汉之约也；上何以得传梁王！"太后由此憎婴；婴因病免；太后除婴门籍[②]，不得朝请。梁王以此益骄。

春，正月，乙巳，赦。

长星出西方。

洛阳东宫灾[③]。

初，孝文时，吴太子入见，得侍皇太子饮、博。吴太子博争道，不恭；皇太子引博局提吴太子，杀之。遣其丧归葬，至吴，吴王愠曰："天下同宗，死长安即葬长安，何必来葬为！"复遣丧之长安葬。吴王由此稍失藩臣之礼，称疾不朝。京师知其以子故，系治、验问吴使者；吴王恐，始有反谋。后使人为秋请[④]，文帝复问之，使者对曰："王实不病；汉系治使者数辈，吴王恐，以故遂称病。夫'察见渊中鱼不祥'[⑤]；唯上弃前过，与之更始。"于是文帝乃赦吴使者，归之，而赐吴王几杖，老，不朝。吴得释其罪，谋亦益解。然其居国，以铜、盐故，百姓无赋；卒践更，辄予平贾[⑥]；岁时存问茂材，赏赐闾里；他郡国吏欲来捕亡人者，公共禁弗予。如此者四十余年。

晁错数上书言吴过，可削；文帝宽，不忍罚，以此吴日益横。及帝即位，错说上曰："昔高帝初定天下，昆弟少，诸子弱，大封同姓，齐七十余城，楚四十余城，吴五十余城；封三庶孽，分天下半。今吴王前有太子之郤，诈称病不朝，于古法当诛。文帝弗忍，因赐几杖，德至厚，当改过自新；反益骄溢，即山铸钱，煮海水为盐，诱天下亡人谋作乱。今削之亦反，不削亦反。削之，其反亟，祸小；不削，反迟，祸大。"上令公卿、列侯、宗室杂议，莫敢难；独窦婴争之，由此与错有郤。及楚王戊来朝，错因言："戊往年为薄太后服，私奸服舍，请诛之。"诏赦，削东海郡[⑦]。及前年，赵王有罪，削其常山郡[⑧]；胶西王卬以卖爵事有奸，削其六县。

廷臣方议削吴。吴王恐削地无已，因发谋举事；念诸侯无足与计者，闻胶西王勇，好兵，诸侯皆畏惮之，于是使中大夫应高口说胶西王曰："今者，主上任用邪臣，听信谗贼，侵削诸侯，诛罚良重，日以益甚。语有之曰：'狧糠及米。'吴与胶西，知名诸侯也，一时见察，不得安肆矣。吴王身有内疾，不能朝请二十余年，常患见疑，无以自白，胁肩累足，犹惧不见释。窃闻大王以爵事有过。所闻诸侯削地，罪不至此；此恐不止削地而已！"王曰："有之。子将奈何？"高曰："吴王自以为与大王同忧，愿因时循理，弃躯以除患于天下，意亦可乎？"胶西王瞿然骇曰："寡人何敢如是！主上虽急，固有死耳，安得不事！"高曰："御史大夫晁错，营惑天子，侵夺诸侯，诸侯皆有背叛之意，人事极矣。彗星出，蝗虫起，此万世一时；而愁劳，圣人所以起也。吴王内以晁错为诛，外从大王后车，方洋天下，所向者降，所指者下，莫敢不服。大王诚幸而许之一言，则吴王率楚王略函谷关，守荥阳、敖仓之粟[⑨]，距汉兵，治次舍，须大王。大王幸而临之，则天下可并，两主分割，不亦可乎？"王曰："善！"归，报吴王，吴王犹恐其不果，乃身自为使者，至胶西面约之。胶西群臣或闻王谋，谏曰："诸侯地不能当汉十二，为叛逆以忧太后，非计也。今承一帝，尚云不易；假令事成，两主分争，患乃益生。"王不听，遂发使约齐、菑川[⑩]、胶东、济南，皆许诺。

初，楚元王好书[⑪]，与鲁申公、穆生、白生俱受《诗》于浮丘伯；及王楚，以三人为中大夫。穆生不耆酒；元王每置酒，常为穆生设醴[12]。及子夷王、孙王戊即位，常设，后乃忘设焉。穆生退，曰："可以逝矣！醴酒不设，王之意怠；不去，楚人将钳我于市[13]。"遂称疾卧。申公、白生强起之，曰："独不念先王之德与？今王一旦失小礼，何足至此！"穆生曰："《易》称：'知幾其神乎！幾者，动之微，吉凶之先见者也。君子见幾而作，不俟终日。'先王之所以礼吾三人者，为道存也；今而忽之，是忘道也。忘道之人，胡可与久处，岂为区区之礼哉！"遂谢病去。申公、白生独留。王戊稍淫暴，太傅韦孟作诗讽谏，不听，亦去，居于邹。戊因坐削地事，遂与吴通谋。申公、白生谏戊，戊胥靡之[14]，衣之赭衣，使雅舂于市。休侯富使人谏王。王曰："季父不吾与，我起，先取季父矣！"休侯惧，乃与母太夫人奔京师。

及削吴会稽、豫章郡书至[15]，吴王遂先起兵，诛汉吏二千石以下；胶西、胶东、菑川、济南、楚、赵亦皆反。楚相张尚、太傅赵夷吾谏王戊，戊杀尚、夷吾。赵相建德、内史王悍谏王遂，遂烧杀建德、悍。齐王后悔，背约城守。济北王城坏未完，其郎中令劫守，王不得发兵。胶西王、胶东王为渠率，与菑川、济南共攻齐，围临菑。赵王遂发兵住其西界，欲待吴、楚俱进，北使匈奴与连兵。

吴王悉其士卒，下令国中曰："寡人年六十二，身自将；少子年十四，亦为士卒先。诸年上与寡人同，下与少子等，皆发。"凡二十余万人。南使闽、东越，闽、东越亦发兵从。吴王起兵于广陵，西涉淮，因并楚兵，发使遗诸侯书，罪状晁错，欲合兵诛之。吴、楚共攻梁，破棘壁，杀数万人；乘胜而前，锐甚。梁孝王遣将军击之，又败梁两军，士卒皆还走。梁王城守睢阳。

初，文帝且崩，戒太子曰："即有缓急，周亚夫真可任将兵。"及七国反书闻，上乃拜中尉周亚夫为太尉，将三十六将军往击吴、楚，遣曲周侯郦寄击赵，将军栾布击齐[16]；复召窦婴，拜为大将军，使屯荥阳监齐、赵兵。

初，晁错所更令三十章，诸侯讙哗。错父闻之，从颍川来，谓错曰："上初即位，公为政用事，侵削诸侯，疏人骨肉，口语多怨，公何为也？"错曰："固也；不如此，天子不尊，宗庙不安。"父曰："刘氏安矣而晁氏危，吾去公归矣！"遂饮药死，曰："吾不忍见祸逮身！"

周亚夫像

后十余日，吴、楚七国俱反，以诛错为名。

上与错议出军事，错欲令上自将兵而身居守；又言："徐、僮之旁吴所未下者，可以予吴。"错素与吴相袁盎不善[17]，错所居坐，盎辄避；盎所居坐，错亦避；两人未尝同堂语。及错为御史大夫，使吏按盎受吴王财物，抵罪；诏赦以为庶人。吴、楚反，错谓丞、史曰："袁盎多受吴王金钱，专为蔽匿，言不反；今果反，欲请治盎，宜知其计谋。"丞、史曰："事未发，治之有绝；今兵西向，治之何益！且盎不宜有谋。"错犹与未决。人有告盎，盎恐，夜见窦婴，为言吴所以反，愿至前，口对状。婴入言，上乃召盎。盎入见，上方与错调兵食。上问盎："今吴、楚反，于公意何如？"对曰："不足忧也！"上曰："吴王即山铸钱，煮海为盐，诱天下豪桀；白头举事，此其计不百全，岂发乎？何以言其无能为也？"对曰："吴铜盐之利则有之，安得豪桀而诱之！诚令吴得豪桀，亦且辅而为谊，不反矣。吴所诱皆无赖子弟、亡命、铸钱奸人，故相诱以乱。"错曰："盎策之善。"上曰："计安出？"盎对曰："愿屏左右。"上屏人，独错在；盎曰："臣所言，人臣不得知。"乃屏错。错趋避东厢，甚恨。上卒问盎，对曰："吴、楚相遗书，言高皇帝王子弟各有分地，今贼臣晁错擅適诸侯，削夺之地，以故反，欲西共诛错，复故地而罢。方今计独有斩错，发使赦吴、楚七国，复其故地，则兵可毋血刃而俱罢。"于是上默然良久，曰："顾诚何如？吾不爱一人以谢天下。"盎曰："愚计出此，唯上孰计之！"乃拜盎为太常，密装治行。后十余日，上令丞相青、中尉嘉、廷尉欧劾奏错："不称主上德信，欲疏群臣、百姓，又欲以城邑予吴，无臣子礼，大逆无道，错当要斩，父母、妻子、同产无少长皆弃市[18]。”制曰：“可。”错殊不知。壬子，上使中尉召错，绐载行市，错衣朝衣斩东市。上乃使袁盎与吴王弟子宗正德侯通使吴。

谒者仆射邓公为校尉，上书言军事，见上，上问曰：“道军所来，闻晁错死，吴、楚罢不？”邓公曰：“吴为反数十岁矣；发怒削地，以诛错为名，其意不在错也。且臣恐天下之士拑口不敢复言矣。”上曰：“何哉？”邓公曰：“夫晁错患诸侯强大不可制，故请削之以尊京师，万世之利也。计画始行，卒受大戮；内杜忠臣之口，外为诸侯报仇，臣窃为陛下不取也。”于是帝喟然长息曰：“公言善，吾亦恨之！”

袁盎、刘通至吴，吴、楚兵已攻梁壁矣。宗正以亲故，先入见，谕吴王，令拜受诏。吴王闻袁盎来，知其欲说，笑而应曰：“我已为东帝，尚谁拜！”不肯见盎，而留军中，欲劫使将；盎不肯，使人围守，且杀之。盎得间，脱亡归报。

太尉亚夫言于上曰：“楚兵剽轻，难与争锋，愿以梁委之，绝其食道，乃可制也。”上许之。亚夫乘六乘传，将会兵荥阳。发至霸上，赵涉遮说亚夫曰：“吴王素富，怀辑死士久矣。此知将军且行，必置间人于崤、渑厄狭之间；且兵事尚神密，将军何不从此右去，走蓝田[19]，出武关[20]，抵洛阳！间不过差一二日，直入武库，击鸣鼓。诸侯闻之，以为将军从天而下也。”太尉如其计，至洛阳，喜曰：“七国反，吾乘传至此，不自意全。今吾据荥阳，荥阳以东，无足忧者。”使吏搜崤、渑间，果得吴伏兵。乃请赵涉为护军。

太尉引兵东北走昌邑[21]，吴攻梁急，梁数使使条侯求救，条侯不许；又使使诉条侯于上。上使告条侯救梁，亚夫不奉诏，坚壁不出；而使弓高侯等将轻骑兵出淮泗口[22]，绝吴、楚兵后，塞其饷道，梁使中大夫韩安国及楚相张尚弟羽为将军；羽力战，安国持重，乃得颇败吴兵。吴兵欲西，梁城守，不敢西；即走条侯军，会下邑，欲战。条侯坚壁不肯战；吴粮绝卒饥，数挑战，终不出。条侯军中夜惊，内相攻击，扰乱至帐下，亚夫坚卧不起，顷之，复定。吴奔壁东南陬，亚夫使备西北；已而其精兵果奔西北，不得入。吴、楚士卒多饥死叛散，乃引而去。二月，亚夫出精兵追击，大破之。吴王濞弃其军，与壮士数千人夜亡走；楚王戊自杀。

吴王之初发也，吴臣田禄伯为大将军。田禄伯曰："兵屯聚而西，无他奇道，难以立功。臣愿得五万人，别循江、淮而上，收淮南、长沙，入武关，与大王会，此亦一奇也。"吴王太子谏曰："王以反为名，此兵难以借人，人亦且反王，奈何？且擅兵而别，多他利害，徒自损耳！"吴王即不许田禄伯。

吴少将桓将军说王曰："吴多步兵，步兵利险；汉多车骑，车骑利平地。愿大王所过城不下，直去，疾西据洛阳武库，食敖仓粟，阻山河之险以令诸侯，虽无入关，天下固已定矣。大王徐行留下城邑，汉军车骑至，驰入梁、楚之郊，事败矣。"吴王问诸老将，老将曰："此年少，椎锋可耳，安知大虑！"于是王不用桓将军计。

王专并将兵。兵未渡淮，诸宾客皆得为将、校尉、候、司马，独周丘不用。周丘者，下邳人，亡命吴，酤酒无行；王薄之，不任。周丘乃上谒，说王曰："臣以无能，不得待罪行间。臣非敢求有所将也，愿请王一汉节，必有以报。"王乃予之。周丘得节，夜驰入下邳；下邳时闻吴反，皆城守。至传舍，召令入户，使从者以罪斩令，遂召昆弟所善豪吏告曰："吴反，兵且至，屠下邳不过食顷；今先下，家室必完，能者封侯矣。"出，乃相告，下邳皆下。周丘一夜得三万人，使人报吴王，遂将其兵北略城邑；比至阳城，兵十余万，破阳城中尉军。闻吴王败走，自度无与共成功，即引兵归下邳，未至，疽发背死。

【注释】

①窦婴（？—前131）：西汉大臣。字王孙，观津（今河北武邑县东）人。窦太后侄，景帝时为大将军。吴楚七国反时，他守荥阳，监齐、赵兵。乱平后，以功封魏其侯。武帝时任丞相，后为窦太后贬斥，不久又因罪被杀。卮（zhī 知）：古代盛酒的杯子。　②门籍：出入宫殿门之籍。　③东宫：指刘邦早先在洛阳居住时，修筑宫室，有东宫、南宫、北宫。　④秋请：封国国君，每年春秋二季，定期到长安晋见皇帝，春季称"朝"，秋季称"请"。　⑤察见渊中鱼不祥：比喻皇帝不应打听臣属的阴私，否则臣属恐惧过度，必将生变。　⑥"卒践"二句：汉朝规定，不愿当兵的人，可

以出钱雇人代替,或把钱缴给政府,由政府招募。刘濞为了收买人心,对于当兵的人,均由刘濞出钱雇用。 ⑦东海郡:秦置,楚、汉之际也称郯郡,治所在郯(今山东郯城县北)。 ⑧常山郡:汉高帝三年(前 204)置郡,治所在今河北元氏县。 ⑨敖仓:秦代所置谷仓。故址在今河南荥阳市北敖山上。地当黄河和济水分流处。中原漕粮集中于此,再西运关中,北输边塞,是当时最重要的粮仓。楚、汉相争时,刘邦夺取此仓,以供军需。汉、魏均仍在此设仓。 ⑩菑川:郡国名,汉文帝分齐国置国,景帝时为参加叛乱的七国之一。治所在剧(今山东寿光市)。 ⑪楚元王(? —前 197):即刘交,西汉皇族,刘邦同父弟。好读书,多才艺。少时尝受《诗》于荀卿门人浮丘伯。秦末从刘邦起兵,入关后封文信君,后随刘邦转战各地。前 201 年封楚王。 ⑫醴:甜酒,少曲多米,酿二宿而熟。 ⑬钳:刑罚,束铁圈于颈。 ⑭胥靡:刑罚,将罪犯以绳索相连,并强迫劳动。 ⑮会稽:郡名,治所在吴县(今江苏苏州市)。豫章郡:治所在今江西南昌市。 ⑯栾布:西汉将领。梁人,彭越在巨野起兵,他为人所略卖,为奴于燕。燕王臧荼任他为将。及臧荼反,汉击燕,他被俘。后被彭越赎回,为梁大夫。不久,彭越被诛,令不准收视,他独收而哭之。刘邦壮其义,任为都尉。文帝时,为燕相,至将军,以功封俞侯。 ⑰袁盎(? —前 148):西汉大臣,历任中郎将、西都尉,后为齐相、吴相。景帝即位,御史大夫晁错使吏告发他受吴王财物,获罪,赦为庶人。吴楚反,错欲请治其罪。他得悉后,夜见窦婴,托婴求见景帝,劝景帝"斩错以谢吴"。吴楚破后,拜为楚相,病免家居。后梁孝王怨他阻景帝立己为嗣,使人将他刺杀于安陵门外。 ⑱弃市:在闹市执行死刑,并将尸体扔在街上示众。 ⑲蓝田:地名,位于今陕西蓝田县西北。 ⑳武关:地名,位于今陕西丹凤县东南。 ㉑昌邑:古县名。秦置,治所在今山东巨野县东南。 ㉒弓高侯:韩信的儿子韩颓当被封弓高侯。

壬午晦,日有食之。

吴王之弃军亡也,军遂溃,往往稍降太尉条侯及梁军。吴王渡淮,走丹徒[①],保东越,兵可万余人,收聚亡卒。汉使人以利啖东越,东越即给吴王出劳军,使人鏦杀吴王[②],盛其头,驰传以闻。吴太子驹亡走闽越。吴、楚反,凡三月,皆破灭,于是诸将乃以太尉谋为是;然梁王由此与太尉有隙。

三王之围临菑也，齐王使路中大夫告于天子[③]。天子复令路中大夫还报，告齐王坚守，“汉兵今破吴楚矣”。路中大夫至，三国兵围临菑数重，无从入。三国将与路中大夫盟曰：“若反言：‘汉已破矣，齐趣下三国，不，且见屠。’”路中大夫既许，至城下，望见齐王曰：“汉已发兵百万，使太尉亚夫击破吴、楚，方引兵救齐；齐必坚守无下！”三国将诛路中大夫。齐初围急，阴与三国通谋，约未定；会路中大夫从汉来，其大臣乃复劝王无下三国。会汉将栾布、平阳侯等兵至齐，击破三国兵。解围已，后闻齐初与三国有谋，将欲移兵伐齐，齐孝王惧，饮药自杀。

胶西、胶东、菑川王各引兵归国。胶西王徒跣、席藁、饮水谢太后[④]。王太子德曰：“汉兵还，臣观之，已罢，可袭，愿收王余兵击之！不胜而逃入海，未晚也。”王曰：“吾士卒皆已坏，不可用。”弓高侯韩颓当遗胶西王书曰：“奉诏诛不义：降者赦除其罪，复故；不降者灭之。王何处？须以从事。”王肉袒叩头，诣汉军壁谒曰：“臣卬奉法不谨，惊骇百姓，乃苦将军远道至于穷国，敢请菹醢之罪！”弓高侯执金鼓见之曰：“王苦军事，愿闻王发兵状。”王顿首膝行，对曰：“今者晁错天子用事臣，变更高皇帝法令，侵夺诸侯地。卬等以为不义，恐其败乱天下，七国发兵且诛错。今闻错已诛，卬等谨已罢兵归。”将军曰：“王苟以错为不善，何不以闻！及未有诏、虎符，擅发兵击义国！以此观之，意非徒欲诛错也。”乃出诏书，为王读之，曰：“王其自图！”王曰：“如卬等死有余罪！”遂自杀，太后、太子皆死。胶东王、菑川王、济南王皆伏诛。

郦将军兵至赵，赵王引兵还邯郸城守。郦寄攻之，七月不能下。匈奴闻吴、楚败，亦不肯入边。栾布破齐还，并兵引水灌赵城；城坏，王遂自杀。

帝以齐首善，以迫劫有谋，非其罪也，召立齐孝王太子寿，是为懿王。

济北王亦欲自杀，幸全其妻子。齐人公孙玃谓济北王曰：“臣请试为大王明说梁王，通意天子；说而不用，死未晚也。”公孙玃遂见梁王曰：“夫济北之地，东接强齐，南牵吴、越，北胁燕、赵。此四分五裂之国，权不足以自守，劲不足以捍寇，又非有奇怪云以待难也;虽坠言于吴,非其正计也。乡使济北见情实,示不从之端,则吴必先历齐,毕济北,招燕、赵而总之,如此,则山东之从结而无隙矣。今吴王连诸侯之兵,驱白徒之众,西与天子争衡;济北独底节不下,使吴失与而无助,跬步独进,瓦解土崩,破败而不救者,未必非济北之力也。夫以区区之济北而与诸侯争强,是以羔犊之弱而扞虎狼之敌也。守职不桡,可谓诚一矣,功义如此,尚见疑于上,胁肩低首,累足抚衿,使有自悔不前之心,非社稷之利也。臣恐藩臣守职者疑之!臣窃料之:能历西山,径长乐,抵未央,攘袂而正议者,独大王耳;上有全亡之功,下有安百姓之名,德沦于骨髓,恩加于无穷,愿大王留意详惟之!"孝王大说,使人驰以闻;济北王得不坐,徙封于菑川。

【注释】

①丹徒:县名,秦置,治所在今江苏镇江市东南丹徒区。 ②鏦(cōng 匆):古兵器,短矛。 ③中大夫:官名,掌对国君顾问应答。④徒跣、席藁(gǎo 搞)、饮水:三者都是古时罪犯的待遇,用此表示自责。

河间王太傅卫绾击吴、楚有功[①],拜为中尉。绾以中郎将事文帝,醇谨无他。上为太子时,召文帝左右饮,而绾称病不行。文帝且崩,属上曰:"绾长者,善遇之!"故上亦宠任焉。

夏,六月,乙亥,诏:"吏民为吴王濞等所诖误当坐及逋逃亡军者,皆赦之。"

帝欲以吴王弟德哀侯广之子续吴,以楚元王子礼续楚。窦太后曰:"吴王,老人也,宜为宗室顺善;今乃首率七国纷乱天下,奈何续其后?"不许吴,许立楚后。乙亥,徙淮阳王馀为鲁王;汝南王非为江都王[②],王故吴地;立宗正礼为楚王;立皇子端为胶西王,胜为中山王[③]。

四年 春,复置关,用传出入。

夏,四月,己巳,立子荣为皇太子,彻为胶东王。

六月,赦天下。

秋,七月,临江王阏薨。

冬,十月,戊戌晦,日有食之[④]。

初，吴、楚七国反，吴使者至淮南，淮南王欲发兵应之。其相曰："王必欲应吴，臣愿为将。"王乃属之。相已将兵，因城守，不听王而为汉，汉亦使曲城侯将兵救淮南，以故得完。

吴使者至庐江[5]，庐江王不应，而往来使越。至衡山，衡山王坚守无二心。及吴、楚已破，衡山王入朝。上以为贞信，劳苦之，曰："南方卑湿。"徙王王于济北以褒之。庐江王以边越，数使使相交，徙为衡山王，王江北。

五年　春，正月，作阳陵邑。夏，募民徙阳陵[6]，赐钱二十万。

遣公主嫁匈奴单于。

徙广川王彭祖为赵王。

济北贞王勃薨。

【注释】

①河间：郡国名。治所在乐城（今河北献县东南）。　②汝南：郡名，治所在上蔡（今河南上蔡县西南）。江都：郡名，位于今江苏扬州市一带。　③中山：郡国名，治所在卢奴（今河北定州市）。　④汉代景帝四年（前153）至中元四年（前146）都以冬十月为岁首，此为岁末，当属史误。另据十月癸酉朔，十月无戊戌日。　⑤庐江：郡名，治所在舒（今安徽庐江县西南）。⑥阳陵：县名。西汉五陵之一。本弋阳县，汉景帝五年（前152）在此筑阳陵，并改县名。治所在今陕西西安市高陵区西南。景帝死后葬此。

六年　冬，十二月，雷，霖雨。

初，上为太子，薄太后以薄氏女为妃；及即位，为皇后，无宠。秋，九月，皇后薄氏废。

楚文王礼薨。

初，燕王臧荼有孙女曰臧儿，嫁为槐里王仲妻[1]，生男信与两女而仲死；更嫁长陵田氏[2]，生男蚡、胜。文帝时，臧儿长女为金王孙妇，生女俗。臧儿卜筮之，曰："两女皆当贵。"臧儿乃夺金氏妇，金氏怒，不肯予决；内之太子宫，生男彻[3]。彻方在身时，王夫人梦日入其怀。

及帝即位，长男荣为太子；其母栗姬，齐人也。长公主嫖欲以女嫁太子，栗姬以后宫诸美人皆因长公主见帝，故怒而不许；长公主欲与王夫人男彻，王夫人许之。由是长公主日谗栗姬而誉王夫人之美；帝亦自贤之，又有曩者所梦日符，计未有所定。王夫人知帝嗛栗姬，因怒未解，阴使人趣大行请立栗姬为皇后。帝怒曰："是而所宜言邪！"遂按诛大行。

【注释】

①槐里：县名，治所在今陕西兴平市东南。　②长陵：古县名。西汉五陵之一。汉高帝十二年（前195）筑陵置县。治所在今陕西咸阳市东北。高帝死后葬此。　③刘彻（前156—前87）：西汉皇帝。前141至前87年在位。景帝之子。年四岁为胶东王，七岁立为皇太子，十六岁即位。在位期间，在政治上继续削弱王国的割据势力，打击豪强。思想上采纳董仲舒"罢黜百家，独尊儒术"的建议，借以巩固中央集权。经济上将冶铁、煮盐收归官营，以充实国家经济实力；由政府直接经营运输和贸易，以平稳物价；又治理黄河，大量移民至边境屯田。军事上连续发动大规模反击匈奴的战争，解除了匈奴对边境诸郡的威胁。在位五十四年，将汉朝推至全盛时期。其统治后期，徭役、兵役不断增加，致使大批农民破产流亡。谥武帝。

七年　冬，十一月，己酉[①]，废太子荣为临江王。太子太傅窦婴力争不能得，乃谢病免。栗姬恚恨而死[②]。

庚寅晦[③]，日有食之。

二月，丞相陶青免。乙巳，太尉周亚夫为丞相。罢太尉官。

夏，四月，乙巳，立皇后王氏。

丁巳，立胶东王彻为皇太子。

是岁，以太仆刘舍为御史大夫[④]，济南太守郅都为中尉。

始，都为中郎将，敢直谏。尝从入上林，贾姬如厕，野彘卒来入厕。上目都[⑤]，都不行；上欲自持兵救贾姬。都伏上前曰："亡一姬，复一姬进，天下所少，宁贾姬等乎！陛下纵自轻，奈宗庙、太后何！"上乃还，彘亦去。太后闻之，赐都金百斤，由此重都。都为人，勇悍公廉，不发私书，问遗无所受，请谒无所听。及为中尉，先严酷，行法不避贵戚；列侯、宗室见都，侧目而视，号曰"苍鹰"。

【注释】

①己酉：十一月丙辰朔，无己酉日。　②恚（huì 会）：恼恨、发怒。③庚寅：十一月丙辰朔，无庚寅日。　④刘舍：高祖刘邦的功臣桃安侯刘襄的儿子，襄本姓项，刘邦赐姓刘。　⑤目：看，注视。

中元年　夏，四月，乙巳，赦天下。

地震。衡山原都雨雹，大者尺八寸。

二年　春，二月，匈奴入燕。

三月，临江王荣坐侵太宗庙壖垣为宫①，征诣中尉府对簿。临江王欲得刀笔②，为书谢上，而中尉郅都禁吏不予；魏其侯使人间与临江王。临江王既为书谢上，因自杀。窦太后闻之，怒；后竟以危法中都而杀之。

夏，四月，有星孛于西北。

立皇子越为广川王，寄为胶东王。

秋，九月，甲戌晦，日有食之。

初，梁孝王以至亲有功，得赐天子旌旗，从千乘万骑，出跸入警。王宠信羊胜、公孙诡，以诡为中尉。胜、诡多奇邪计，欲使王求为汉嗣。栗太子之废也，太后意欲以梁王为嗣，尝因置酒谓帝曰："安车大驾，用梁王为寄。"帝跪席举身曰："诺。"置酒，帝以访诸大臣，大臣袁盎等曰："不可。昔宋宣公不立子而立弟，以生祸乱，五世不绝③。小不忍，害大义，故《春秋》大居正。"由是太后议格，遂不复言。王又尝上书："愿赐容车之地，径至长乐宫，自使梁国士众筑作甬道朝太后。"袁盎等皆建以为不可。

梁王由此怨袁盎及议臣，乃与羊胜、公孙诡谋，阴使人刺杀袁盎及他议臣十余人。贼未得也，于是天子意梁；逐贼，果梁所为。上遣田叔、吕季主往按梁事，捕公孙诡、羊胜；诡、胜匿王后宫，使者十余辈至梁，责二千石急。梁相轩丘豹及内史韩安国以下举国大索④，月余弗得。安国闻诡、胜匿王所，乃入见王而泣曰："主辱者臣死。大王无良臣，故纷纷至此。今胜、诡不得，请辞，赐死！"王曰："何至此！"安国泣数行下，曰："大王自度于皇帝，孰与临江王亲？"王曰："弗如也。"安国曰："临江王適长太子，以一言过，废王临江；用宫垣事，卒自杀中尉府。何者？治天下终不用私乱公。今大王列在诸侯，訹邪臣浮说，犯上禁，桡明法。天子以太后故，不忍致法于大王；太后日夜涕泣，幸大王自改，大王终不觉寤。有如太后宫车即晏驾，大王尚谁攀乎？”语未卒，王泣数行而下，谢安国曰：“吾今出胜、诡。”王乃令胜、诡皆自杀，出之。上由此怨望梁王。

梁王恐，使邹阳入长安，见皇后兄王信说曰：“长君弟得幸于上，后宫莫及，而长君行迹多不循道理者。今袁盎事即穷竟，梁王伏诛，太后无所发怒，切齿侧目于贵臣，窃为足下忧之。”长君曰：“为之奈何？”阳曰：“长君诚能精为上言之，得毋竟梁事；长君必固自结于太后，太后厚德长君入于骨髓，而长君之弟幸于两宫[5]，金城之固也。昔者舜之弟象，日以杀舜为事，及舜立为天子，封之于有卑。夫仁人之于兄弟，无藏怒，无宿怨，厚亲爱而已。是以后世称之。以是说天子，侥幸梁事不奏。”长君曰：“诺。”乘间入言之，帝怒稍解。

是时，太后忧梁事不食，日夜泣不止，帝亦患之。会田叔等按梁事来还，至霸昌厩，取火悉烧梁之狱辞，空手来见帝。帝曰：“梁有之乎？”叔对曰：“死罪！有之。”上曰：“其事安在？”田叔曰：“上毋以梁事为问也！”上曰：“何也？”曰：“今梁王不伏诛，是汉法不行也；伏法而太后食不甘味，卧不安席，此忧在陛下也。”上大然之，使叔等谒太后，且曰：“梁王不知也；造为之者，独在幸臣羊胜、公孙诡之属为之耳，谨已伏诛死，梁王无恙也。”太后闻之，立起坐餐，气平复。

梁王因上书请朝。既至关，茅兰说王，使乘布车、从两骑入，匿于长公主园。汉使使迎王，王已入关，车骑尽居外，不知王处。太后泣曰：“帝果杀吾子！”帝忧恐。于是梁王伏斧质于阙下谢罪[6]。太后、帝大喜，相泣，复如故，悉召王从官入关。然帝益疏王，不与同车辇矣。帝以田叔为贤，擢为鲁相。

【注释】

①壖垣：宫外的短墙。 ②刀笔：古代的书写工具。古人记事书于简册，有谬误则以刀削而除之，故称刀笔。 ③“昔宋”三句：据《春秋

传》记载：宋宣公不传位给自己的儿子与夷，而传位给自己的弟弟，是为穆公；穆公也不传位给自己的儿子冯，而传位给与夷，其后冯和与夷争位，宋国大乱。 ④韩安国：西汉将领，大臣。初事梁孝王为中大夫。前154年，吴楚七国反，他与张羽为将，击退吴、楚。建元中，武帝闻其贤，召为北地都尉，迁大司农，后为御史大夫。元光二年（前133），统帅三十万大军在马邑伏击匈奴。元朔三年（前126），为材官将军，屯于渔阳。曾得匈奴俘虏，供言匈奴远去，遂上书罢军屯。月余，匈奴大入上谷、渔阳，他兵败，徙屯右北平，郁郁而终。 ⑤两宫：指太后宫和帝宫。⑥阙（què 雀）：皇宫门前两边的望楼，泛指帝王的住所。此指未央宫北阙下，这里是臣僚奏事和谒见的地方。

三年 冬，十一月，罢诸侯御史大夫官。

夏，四月，地震。

旱，禁酤酒[①]。

三月，丁巳[②]，立皇子乘为清河王[③]。

秋，九月，蝗。

有星孛于西北[④]。

戊戌晦，日有食之。

初，上废栗太子，周亚夫固争之，不得；上由此疏之。而梁孝王每朝，常与太后言条侯之短。窦太后曰："皇后兄王信可侯也。"帝让曰："始，南皮、章武[⑤]，先帝不侯，及臣即位乃侯之；信未得封也。"窦太后曰："人生各以时行耳。自窦长君在时，竟不得侯，死后，其子彭祖顾得侯，吾甚恨之！帝趣侯信也。"帝曰："请得与丞相议之。"上与丞相议。亚夫曰："高皇帝约：'非刘氏不得王，非有功不得侯。'今信虽皇后兄，无功，侯之，非约也。"帝默然而止。其后匈奴王徐庐等六人降，帝欲侯之以劝后。丞相亚夫曰："彼背主降陛下，陛下侯之，则何以责人臣不守节者乎？"帝曰："丞相议不可用。"乃悉封徐庐等为列侯。亚夫因谢病。九月，戊戌，亚夫免；以御史大夫桃侯刘舍为丞相。

四年 夏，蝗。

冬，十月，戊午，日有食之。

【注释】

①酤(gū 估)酒:卖酒。 ②丁巳:据"壬申"朔,三月无"丁巳"日。③清河:战国时介于齐、赵二国之间,刘邦在此置清河郡,景帝时为王国。④孛(bèi 倍):古书上指光芒四射的彗星。 ⑤南皮:即南皮侯窦彭祖,是太后的弟弟窦长君的儿子。章武:即章武侯窦广国,太后的弟弟。

五年 夏,立皇子舜为常山王[①]。

六月,丁巳,赦天下。

大水。

秋,八月,己酉,未央宫东阙灾。

九月,诏:"诸狱疑,若虽文致于法而于人心不厌者,辄谳之。"

地震。

六年 冬,十月,梁王来朝,上疏欲留;上弗许[②]。王归国,意忽忽不乐。

十二月,改诸廷尉、将作等官名[③]。

春,二月,乙卯,上行幸雍,郊五畤[④]。

三月,雨雪。

夏,四月,梁孝王薨。窦太后闻之,哭极哀,不食,曰:"帝果杀吾子!"帝哀惧,不知所为;与长公主计之,乃分梁为五国,尽立孝王男五人为王:买为梁王,明为济川王,彭离为济东王,定为山阳王,不识为济阴王[⑤];女五人皆食汤沐邑。奏之太后,太后乃说,为帝加一餐。孝王未死时,财以巨万计,及死,藏府余黄金尚四十余万斤,他物称是。

上既减笞法,笞者犹不全;乃更减笞三百曰二百,笞二百曰一百。又定棰令[⑥]:棰长五尺,其本大一寸,竹也;末薄半寸,皆平其节。当笞者笞臀;毕一罪,乃更人。自是笞者得全。然死刑既重而生刑又轻,民易犯之。

六月,匈奴入雁门,至武泉,入上郡,取苑马[⑦];吏卒战死者二千人。陇西李广为上郡太守,尝从百骑出,遇匈奴数千骑,见广,以为诱骑,皆惊,上山陈。广之百骑皆大恐,欲驰还走。广曰:"吾去大军数十里,今如此以百骑走,匈奴追射我立尽。今我留,匈奴必以我为大军之诱,必不敢击我。”广令诸骑曰:“前!”未到匈奴阵二里所,止,令曰:“皆下马解鞍!”其骑曰:“虏多且近,即有急,奈何?”广曰:“彼虏以我为走;今皆解鞍以示不走,用坚其意。”于是胡骑遂不敢击。有白马将出,护其兵;李广上马,与十余骑奔,射杀白马将而复还,至其骑中解鞍,令士皆纵马卧。是时会暮,胡兵终怪之,不敢击。夜半时,胡兵亦以为汉有伏军于旁,欲夜取之,胡皆引兵而去。平旦,李广乃归其大军。

秋,七月,辛亥晦,日有食之。

自郅都之死,长安左右宗室多暴犯法。上乃召济南都尉南阳宁成为中尉。其治效郅都,其廉弗如;然宗室、豪桀皆人人惴恐。

城阳共王喜薨[⑧]。

【注释】

①常山:在今河北曲阳县西北与山西接壤处。刘邦时置常山郡,属赵国;吕后时分为王国;文帝时又合并到赵国;景帝又复为王国。　②汉代规定诸侯王朝见皇帝有四次见面的机会:始到,入宫小见;到正月元旦,奉皮荐璧玉贺正月,法见;过三日,为诸侯王置酒,赐金钱财物;再过二日,复入宫小见,辞别。　③此时改廷尉为大理、将作少府为大匠、奉常为太常、典客为大行令、长信詹事为长信少府、将行为大长秋、主爵中尉为都尉。　④畤(zhì 至):祭天地及古代帝王的处所。　⑤梁国仍以睢阳为都城。济川国在陈留、东郡之间。济东国后入汉为大河郡,后又为东平国。山阳国即山阳郡。济阴国即济阴郡。　⑥棰(chuí 垂):鞭子。　⑦苑马:古代把养鸟兽之地统称为苑,所以牧马之处也名为苑。《汉书·食货志》说:“景帝始造苑马以广用。”　⑧喜:即共王刘喜,文帝前四年嗣父刘章爵为王,八年迁王至淮阳,后四年又回到城阳,至此逝世。

后元年　春,正月,诏曰:“狱,重事也。人有智愚,官有上下。狱疑者谳有司[①];有司所不能决,移廷尉;谳而后不当,谳者不为失。欲令治狱者务先宽。”

三月,赦天下。

夏,大酺五日[②],民得酤酒[③]。

五月，丙戌，地震。上庸地震二十二日，坏城垣。

秋，七月，丙午，丞相舍免。

乙巳晦，日有食之。

八月，壬辰④，以御史大夫卫绾为丞相，卫尉南阳直不疑为御史大夫。初，不疑为郎，同舍有告归，误持其同舍郎金去。已而同舍郎觉亡，意不疑；不疑谢有之，买金偿。后告归者至而归金⑤，亡金郎大惭。以此称为长者，稍迁至中大夫。人或廷毁不疑⑥，以为盗嫂。不疑闻，曰："我乃无兄。"然终不自明也。

帝居禁中，召周亚夫赐食，独置大胾⑦，无切肉，又不置箸。亚夫心不平，顾谓尚席取箸⑧。上视而笑曰："此非不足君所乎？"亚夫免冠谢上，上曰："起！"亚夫因趋出。上目送之曰："此鞅鞅，非少主臣也。"

居无何，亚夫子为父买工官尚方甲楯五百被⑨，可以葬者。取庸苦之，不与钱⑩。庸知其盗买县官器，怨而上变，告子，事连污亚夫。书既闻，上下吏。吏簿责亚夫⑪，亚夫不对。上骂之曰："吾不用也！"召诣廷尉。廷尉责问曰："君侯欲反何？"亚夫曰："臣所买器，乃葬器也，何谓反乎？"吏曰："君纵不欲反地上，即欲反地下耳！"吏侵之益急。初，吏捕亚夫，亚夫欲自杀，其夫人止之，以故不得死，遂入廷尉。因不食五日，欧血而死⑫。

是岁，济阴哀王不识薨。

【注释】

①谳（yàn 艳）：议罪。　②酺（pú 仆）：聚会饮酒。　③民得酤酒：景帝中元三年（前 147）禁民卖酒，今解除此禁。　④壬辰：八月丁未朔，无壬辰日。　⑤告：古时休假称告。　⑥廷毁：在朝廷上诋毁。　⑦胾（zì 自）：切成的大块肉。　⑧尚席：操持宴席的官吏。　⑨工官：官名，主掌营造器物。甲楯：即"甲盾"。被：具。　⑩"取庸"二句：此指周亚夫之子雇工，工作劳苦又不给钱，致使雇工怨恨上告，祸及周亚夫。所以说周亚夫之死，虽由景帝少恩，但其子也有责任。　⑪簿责：书之于簿，一一责问。　⑫欧（ǒu 偶）：呕吐。

二年　春，正月，地一日三动。

三月,匈奴入雁门[①],太守冯敬与战,死。发车骑、材官屯雁门。

春,以岁不登,禁内郡食马粟;没入之。

夏,四月,诏曰:"雕文刻镂,伤农事者也;锦绣纂组,害女工者也。农事伤则饥之本,女工害则寒之原也。夫饥寒并至而能亡为非者寡矣。朕亲耕,后亲桑,以奉宗庙粢盛、祭服,为天下先;不受献,减太官,省徭赋,欲天下务农蚕,素有蓄积,以备灾害。强毋攘弱,众毋暴寡;老耆以寿终,幼孤得遂长。今岁或不登,民食颇寡,其咎安在?或诈伪为吏,以货赂为市,渔夺百姓,侵牟万民。县丞,长吏也;奸法与盗盗,甚无谓也!其令二千石各修其职;不事官职、耗乱者,丞相以闻,请其罪。布告天下,使明知朕意。"

五月,诏算赀四得官[②]。

秋,大旱。

【注释】

①雁门:郡名。战国赵武灵王置。秦、西汉治所在善无(今山西右玉县南)。 ②诏算赀四得官:汉代朝廷做官的渠道有三:一是为郎;一是在封国、郡中为吏,推荐入朝;一是在中央政府中为吏,推荐上去。其中郎因为直接侍奉皇帝,容易升官,但家产必须在十万钱以上(一算为一万钱),这也是做官的基本条件。商人虽有钱,但法令规定他们不能做官,寒士因为无钱,也做不了官。这年,景帝下诏,把家产限额由十万钱降到四万钱,以吸收新人为官。

三年 冬,十月,日月皆食,赤五日。

十二月晦,雷;日如紫;五星逆行守太微[①];月贯天廷中。

春,正月,诏曰:"农,天下之本也。黄金、珠、玉,饥不可食,寒不可衣,以为币用,不识其终始。间岁或不登,意为末者众,农民寡也。其令郡国务劝农桑,益种树,可得衣食物。吏发民若取庸采黄金、珠、玉者,坐赃为盗。二千石听者,与同罪。"

甲寅,皇太子冠。

甲子,帝崩于未央宫。太子即皇帝位,年十六。尊皇太后为太皇太后,皇后为皇太后。

二月，癸酉，葬孝景皇帝于阳陵。

三月，封皇太后同母弟田蚡为武安侯②，胜为周阳侯。

班固《赞》曰：孔子称："斯民也，三代之所以直道而行也。"信哉！周、秦之弊，罔密文峻，而奸轨不胜。汉兴，扫除烦苛，与民休息；至于孝文，加之以恭俭；孝景遵业。五六十载之间，至于移风易俗，黎民醇厚。周云成、康，汉言文、景，美矣！

汉兴，接秦之弊，作业剧而财匮，自天子不能具钧驷，而将相或乘牛车③，齐民无藏盖。天下已平，高祖乃令贾人不得衣丝、乘车，重租税以困辱之。孝惠、高后时，为天下初定，复弛商贾之律；然市井之子孙，亦不得仕宦为吏。量吏禄，度官用，以赋于民。而山川、园池、市井租税之入，自天子以至于封君汤沐邑④，皆各为私奉养焉，不领于天下之经费。漕转山东粟以给中都官，岁不过数十万石。继以孝文、孝景，清净恭俭，安养天下，七十余年之间，国家无事，非遇水旱之灾，民则人给家足。都鄙廪庾皆满，而府库余货财；京师之钱累巨万，贯朽而不可校⑤；太仓之粟陈陈相因，充溢露积于外，至腐败不可食。众庶街巷有马，而阡陌之间成群，乘字牝者摈而不得聚会。守闾阎者食粱肉；为吏者长子孙，居官者以为姓号。故人人自爱而重犯法，先行义而后绌辱焉。当此之时，罔疏而民富，役财骄溢，或至兼并；豪党之徒，以武断于乡曲。宗室有土，公、卿、大夫以下，争于奢侈，室庐，舆服僭于上，无限度。物盛而衰，固其变也；自是之后，孝武内穷侈靡，外攘夷狄，天下萧然，财力耗矣！

【注释】

①五星：东方岁星、南方荧惑星、西方太白星、北方辰星、中央镇星。太微：古代天文学家认为是帝星所在，象征地上的皇帝。 ②田蚡（fén 坟）（？—前131）：西汉大臣。汉景帝王皇后的弟弟。武帝即位，封武安侯，拜太尉，后迁丞相。元光三年（前132），黄河改道南流，洪水泛滥，十六郡皆遭水灾。他的封邑位于旧河道以北，不受洪水之害，故竭力反对治理黄河，使黄河废治二十年之久。任官骄横专断，曾诬杀窦婴及灌夫。 ③牛车：汉代以牛车为贱，魏、晋以后王公始多乘牛车。 ④汤沐邑：周

制，诸侯朝见天子，天子赐以王畿以内的、供住宿和斋戒沐浴的封邑。后来皇帝、皇后、公主等收取赋税的私邑也称“汤沐邑”。　⑤古时的钱，中间有一方孔，可以用绳子串起便于收藏。此处形容钱多，以致串钱的绳子多到腐烂不可胜计。

资治通鉴卷第十七

汉纪九 起重光赤奋若，尽强圉协洽，凡七年。

世宗孝武皇帝上之上

建元元年[①] 冬，十月，诏举贤良方正直言极谏之士，上亲策问以古今治道，对者百余人。广川董仲舒对曰[②]："道者，所由适于治之路也，仁、义、礼、乐，皆其具也。故圣王已没，而子孙长久，安宁数百岁，此皆礼乐教化之功也。夫人君莫不欲安存，而政乱国危者甚众；所任者非其人，而所由者非其道，是以政日以仆灭也。夫周道衰于幽、厉，非道亡也，幽、厉不由也。至于宣王，思昔先王之德，兴滞补敝，明文、武之功业，周道粲然复兴，此夙夜不懈行善之所致也。

"孔子曰：'人能弘道，非道弘人。'故治乱废兴在于己，非天降命，不可得反；其所操持悖谬，失其统也。为人君者，正心以正朝廷，正朝廷以正百官，正百官以正万民，正万民以正四方。四方正，远近莫敢不壹于正，而亡有邪气奸其间者，是以阴阳调而风雨时，群生和而万民殖，诸福之物，可致之祥，莫不毕至，而王道终矣！

"孔子曰：'凤鸟不至，河不出图，吾已矣夫！'自悲可致此物，而身卑贱不得致也[③]。今陛下贵为天子，富有四海，居得致之位，操可致之势，又有能致之资；行高而恩厚，知明而意美，爱民而好士，可谓谊主矣。然而天地未应而美祥莫至者，何也？凡以教化不立而万民不正也。夫万民之从利也，如水之走下，不以教化堤防之，不能止也。古之王者明于此，故南面而治天下，莫不以教化为大务。立太学以教于国，设庠序以化于邑[④]，渐民以仁，摩民以谊，节民以礼，故其刑罚甚轻而禁不犯者，教化行而习俗美也。圣王之继乱世也，扫除其迹而悉去之，复修教化而崇起之；教化已明，习俗已成，子孙循之，行五六百岁尚未败也。秦灭先圣之道，为苟且之治，故立十四年而亡，其遗毒余烈至今未灭，使习俗薄恶，人民嚚顽[⑤]，抵冒殊扞[⑥]，熟烂如此之甚者也。窃譬之：琴瑟不调，甚者必解而更张之，乃可鼓也；为政而不行，甚者必变而更化之，乃可理也。故汉得天下以来，常欲治而至今不可善治者，失之于当更化而不更化也。

"臣闻圣王之治天下也，少则习之学，长则材诸位[⑦]，爵禄以养其德，刑罚以威其恶，故民晓于礼谊而耻犯其上。武王行大谊，平残贼，周公作礼乐以文之；至于成、康之隆，囹圄空虚四十余年[⑧]；此亦教化之渐而仁谊之流，非独伤肌肤之效也。至秦则不然。师申、商之法，行韩非之说，憎帝王之道，以贪狼为俗，诛名而不察实，为善者不必免而犯恶者未必刑也。是以百官皆饰虚辞而不顾实，外有事君之礼，内有背上之心，造伪饰诈，趋利无耻；是以刑者甚众，死者相望，而奸不息，俗化使然也。今陛下并有天下，莫不率服，而功不加于百姓者，殆王心未加焉。《曾子》曰：'尊其所闻，则高明矣；行其所知，则光大矣。高明光大，不在于他，在乎加之意而已。'[⑨]愿陛下因用所闻，设诚于内而致行之，则三王何异哉！

汉武帝刘彻像

“夫不素养士而欲求贤，譬犹不琢玉而求文采也。故养士之大者，莫大虖太学；太学者，贤士之所关也，教化之本原也。今以一郡、一国之众对，亡应书者，是王道往往而绝也。臣愿陛下兴太学，置明师，以养天下之士，数考问以尽其材，则英俊宜可得矣。今之郡守、县令，民之师帅，所使承流而宣化也；故师帅不贤，则主德不宣，恩泽不流。今吏既亡教训于下，或不承用主上之法，暴虐百姓，与奸为市[10]，贫穷孤弱，冤苦失职，甚不称陛下之意；是以阴阳错缪，氛气充塞，群生寡遂，黎民未济，皆长吏不明使至于此也！

“夫长吏多出于郎中、中郎[11]、吏二千石子弟，选郎吏又以富訾[12]，未必贤也。且古所谓功者，以任官称职为差，非谓积日累久也；故小材虽累日，不离于小官，贤材虽未久，不害为辅佐，是以有司竭力尽知，务治其业而以赴功。今则不然，累日以取贵，积久以致官，是以廉耻贸乱，贤不肖浑淆，未得其真。臣愚以为使诸列侯、郡守、二千石各择其吏民之贤者，岁贡各二人以给宿卫，且以观大臣之能；所贡贤者，有赏，所贡不肖者，有罚。夫如是，诸吏二千石皆尽心于求贤，天下之士可得而官使也[13]。遍得天下之贤人，则三王之盛易为而尧、舜之名可及也。毋以日月为功，实试贤能为上，量材而授官，录德而定位，则廉耻殊路，贤不肖异处矣！

“臣闻众少成多，积小致巨，故圣人莫不以暗致明，以微致显；是以尧发于诸侯，舜兴虖深山[14]，非一日而显也，盖有渐以致之矣。言出于己，不可塞也；行发于身，不可掩也；言行，治之大者，君子之所以动天地也。故尽小者大，慎微者著；积善在身，犹长日加益而人不知也；积恶在身，犹火销膏而人不见也；此唐、虞之所以得令名而桀、纣之可为悼惧者也。

“夫乐而不乱，复而不厌者，谓之道。道者，万世亡敝；敝者，道之失也。先王之道，必有偏而不起之处，故政有眊而不行，举其偏者以补其敝而已矣。三王之道，所祖不同，非其相反，将以捄溢扶衰，所遭之变然也。故孔子曰：‘无为而治者其舜乎！’改正朔，易服色，以顺天命而已；其余尽循尧道，何更为哉！故王者有改制之名，亡变道之实。然夏尚忠，殷尚敬，周尚文者，所继之捄当用此也。孔子曰：‘殷因于夏礼，所损益可知也；周因于殷礼，所损益可知也；其或继周者，虽百世可知也。'此言百王之用，以此三者矣。夏因于虞，而独不言所损益者，其道一而所上同也。道之大原出于天，天不变，道亦不变；是以禹继舜，舜继尧，三圣相受而守一道，亡捄敝之政也，故不言其所损益也。由是观之，继治世者其道同，继乱世者其道变。

"今汉继大乱之后，若宜少损周之文致，用夏之忠者。夫古之天下，亦今之天下，共是天下，以古准今，壹何不相逮之远也！安所缪盭而陵夷若是？意者有所失于古之道与？有所诡于天之理与？

"夫天亦有所分予：予之齿者去其角，傅其翼者两其足[15]，是所受大者不得取小也。古之所予禄者，不食于力，不动于末[16]，是亦受大者不得取小，与天同意者也。夫已受大，又取小，天不能足，而况人虖！此民之所以嚣嚣苦不足也[17]。身宠而载高位，家温而食厚禄，因乘富贵之资力以与民争利天下，民安能如之哉？民日削月朘[18]，寖以大穷。富者奢侈羡溢，贫者穷急愁苦；民不乐生，安能避罪！此刑罚之所以蕃而奸邪不可胜者也。天子大夫者，下民之所视效，远方之所四面而内望也；近者视而放之，远者望而效之，岂可以居贤人之位而为庶人行哉！夫皇皇求财利，常恐乏匮者，庶人之意也；皇皇求仁义，常恐不能化民者，大夫之意也。《易》曰：'负且乘，致寇至。'乘车者，君子之位也；负担者，小人之事也；此言居君子之位而为庶人之行者，患祸必至也。若居君子之位，当君子之行，则舍公仪休之相鲁，无可为者矣。

"《春秋》大一统者，天地之常经，古今之通谊也。今师异道，人异论，百家殊方，指意不同，是以上无以持一统，法制数变，下不知所守。臣愚以为诸不在《六艺》之科、孔子之术者，皆绝其道，勿使并进，邪辟之说灭息，然后统纪可一而法度可明，民知所从矣！"

天子善其对，以仲舒为江都相。会稽庄助亦以贤良对策[19]，天子擢为中大夫。丞相卫绾奏："所举贤良，或治申、韩、苏、张之言乱国政者，请皆罢。"奏可。董仲舒少治《春秋》，孝景时为博士，进退容止，非礼不行，学者皆师尊之。及为江都相，事易王。易王，帝兄，素骄，好勇。仲舒以礼匡正，王敬重焉。

【注释】

①建元:自古帝王没有年号,年号的起名,始于“建元”。 ②董仲舒(前179—前104):西汉思想家。广川(今河北枣强县东北)人。景帝时为博士,潜心钻研孔子学说,被举为贤良。汉武帝时,召试天下贤良文学之士,他以贤良对策,提出“天人相与”“君权神授”学说,又创立“三纲”“五常”体系,要求汉武帝罢黜百家,独尊儒术,为武帝采纳,开此后二千余年以儒学为正统之局面。曾任江都王和胶西王相。后托病辞官,专事修学著书。今存《春秋繁露》《举贤良对策》。 ③河不出图:指黄河中龙马没有驮出图书。凤鸟、龙马都是古代传说中祥瑞的象征。此段为孔子哀叹自己有德,但无地位,所以凤鸟、河图不至。 ④庠序:指地方学校。 ⑤嚚(yín 银):奸诈。 ⑥抵:抵触。冒:冒犯。殊:绝。扞:拒绝。 ⑦材诸位:量材而授之以位。 ⑧囹圄:监狱。 ⑨曾子:即曾参。此段话见《大戴礼记·曾子疾病篇》。 ⑩与奸为市:指守令与小吏作奸,交易求利。 ⑪郎中:三百石吏。中郎:六百石吏。 ⑫訾:同“资”。 ⑬官使:授之以官而任使之。 ⑭舜兴虖深山:此谓尧自唐侯升起而为天子,舜曾耕于历山。 ⑮傅:与“附”通,附着。 ⑯末:指商贾。此谓食禄者不得为工、农、商贾。 ⑰嚣嚣(áo 敖):愁怨声。 ⑱朘(juān 捐):缩减。 ⑲会稽:郡名,治所在吴县(今江苏苏州市)。

春,二月,赦。

行三铢钱。

夏,六月,丞相卫绾免。丙寅,以魏其侯窦婴为丞相,武安侯田蚡为太尉。上雅向儒术,婴、蚡俱好儒,推毂代赵绾为御史大夫,兰陵王臧为郎中令[①]。绾请立明堂以朝诸侯[②],且荐其师申公。秋,天子使使束帛加璧、安车驷马以迎申公[③]。既至,见天子。天子问治乱之事,申公年八十余,对曰:“为治者不至多言,顾力行何如耳!”是时,天子方好文词,见申公对,默然;然已招致,则以为太中大夫,舍鲁邸,议明堂、巡狩、改历、服色事。

是岁,内史宁成抵罪髡钳[④]。

二年 冬,十月,淮南王安来朝。上以安属为诸父而材高,甚尊重之,每宴见谈语,昏暮然后罢。

安雅善武安侯田蚡,其入朝,武安侯迎之霸上,与语曰:“上无太子，王亲高皇帝孙，行仁义，天下莫不闻。宫车一日晏驾，非王尚谁立者？"安大喜，厚遗蚡金钱财物。

【注释】

①兰陵：县名，治所在今山东兰陵县西南兰陵镇。 ②明堂：即王者厅堂，以正四时，出教化的地方，秦时废而不存。 ③安车：防止颠簸的安适车子，古代安车都驾一马，此谓用四马，表示尊敬。 ④宁成：西汉酷吏，南阳穰县（今河南邓州市）人。景帝时，先后任济南都尉、中尉。因贪暴残酷，宗室豪桀人人惴恐。武帝即位，徙为内史。后畏罪解脱归家，在家乡放高利贷，购陂田千余顷，役使贫民数千家，致产数千金，从骑数十。再起为关都尉，出入关者云："宁见乳虎，无直宁成之怒。"

太皇窦太后好黄、老言[①]，不悦儒术。赵绾请毋奏事东宫[②]。窦太后大怒曰："此欲复为新垣平邪！"阴求得赵绾、王臧奸利事，以让上；上因废明堂事，诸所兴为皆废。下绾、臧吏，皆自杀；丞相婴、太尉蚡免，申公亦以疾免归。

初，景帝以太子太傅石奋及四子皆二千石，乃集其门，号奋为"万石君"[③]。万石君无文学[④]，而恭谨无与比。子孙为小吏，来归谒，万石君必朝服见之，不名。子孙有过失，不责让，为便坐，对案不食；然后诸子相责，因长老肉袒谢罪，改之，乃许。子孙胜冠者在侧，虽燕居必冠[⑤]。其执丧，哀戚甚悼。子孙遵教，皆以孝谨闻乎郡国。及赵绾、王臧以文学获罪，窦太后以为儒者文多质少；今万石君家不言而躬行，乃以其长子建为郎中令，少子庆为内史。建在上侧，事有可言，屏人恣言极切，至廷见[⑥]，如不能言者；上以是亲之。庆尝为太仆，御出，上问车中几马，庆以策数马毕，举手曰："六马。"庆于诸子中最为简易矣。

窦婴、田蚡既免，以侯家居。蚡虽不任职，以王太后故亲幸，数言事多效；士吏趋势利者，皆去婴而归蚡，蚡日益横。

春，二月，丙戌朔，日有食之。

三月，乙未[⑦]，以太常柏至侯许昌为丞相。

【注释】

①黄：黄帝。老：指李耳所著《老子》一书。黄老为道家学派，主张清

心寡欲、无为而治。 ②东宫:窦太后所住的长乐宫处于皇帝所住的未央宫之东,故谓之东宫,亦谓之东朝。 ③万石君:总合一家,五人为二千石,故号“万石君”。 ④文学:指儒家经学。 ⑤燕居:退朝而处,闲居。 ⑥廷见:指在百官正朝毕集之时。 ⑦乙未:三月丙辰朔,无乙未日。

初,堂邑侯陈午尚帝姑馆陶公主嫖,帝之为太子,公主有力焉;以其女为太子妃,及即位,妃为皇后。窦太主恃功,求请无厌,上患之。皇后骄妒,擅宠而无子,与医钱凡九千万,欲以求子,然卒无之;后宠浸衰。皇太后谓上曰:“汝新即位,大臣未服,先为明堂,太皇太后已怒;今又忤长主,必重得罪。妇人性易悦耳,宜深慎之!”上乃于长主、皇后复稍加恩礼。

上祓霸上[①],还,过上姊平阳公主,悦讴者卫子夫,子夫母卫媪,平阳公主家僮也[②];主因奉送子夫入宫,恩宠日隆。陈皇后闻之,恚,几死者数矣;上愈怒。

子夫同母弟卫青[③],其父郑季,本平阳县吏,给事侯家,与卫媪私通而生青,冒姓卫氏。青长,为侯家骑奴。大长公主执囚青,欲杀之;其友骑郎公孙敖与壮士篡取之。上闻,乃召青为建章监、侍中,赏赐数日间累千金。既而以子夫为夫人,青为太中大夫。

夏,四月,有星如日,夜出。

初置茂陵邑[④]。

时大臣议者多冤晁错之策,务摧抑诸侯王,数奏暴其过恶,吹毛求疵,笞服其臣,使证其君;诸侯王莫不悲怨。

【注释】

①祓(fú 扶):古时一种除灾求福的祭祀,也泛指扫除。 ②僮:婢妾的总称。 ③卫青(?—前106):西汉名将。字仲卿,河东平阳(今山西临汾市西南)人。卫皇后弟。初为平阳公主家奴,后为汉武帝重用,官至大将军,封长平侯。元朔二年(前127),率军大败匈奴。他前后七次出击匈奴,制止了匈奴贵族的掠夺,安定了北边诸郡。 ④茂陵:汉武帝刘彻墓,在今陕西兴平市东南。

三年 冬,十月,代王登、长沙王发、中山王胜、济川王明来朝。上置酒，胜闻乐声而泣。上问其故，对曰："悲者不可为累欷[①]，思者不可为叹息。今臣心结日久，每闻幼眇之声，不知涕泣之横集也。臣得蒙肺附为东藩[②]，属又称兄。今群臣非有葭莩之亲[③]，鸿毛之重；群居党议，朋友相为，使夫宗室摈却，骨肉冰释，臣窃伤之！"具以吏所侵闻。于是上乃厚诸侯之礼，省有司所奏诸侯事，加亲亲之恩焉。

河水溢于平原。

大饥，人相食。

秋，七月，有星孛于西北。

济川王明坐杀中傅[④]，废迁房陵[⑤]。

七国之败也，吴王子驹亡走闽越，怨东瓯杀其父，常劝闽越击东瓯。闽粤从之，发兵围东瓯，东瓯使人告急天子。天子问田蚡，蚡对曰："越人相攻击，固其常；又数反覆，自秦时弃不属，不足以烦中国往救也。"庄助曰："特患力不能救，德不能覆；诚能，何故弃之！且秦举咸阳而弃之，何但越也！今小国以穷困来告急，天子不救，尚安所愬；又何以子万国乎？"上曰："太尉不足与计。吾新即位，不欲出虎符发兵郡国。"乃遣助以节发兵会稽。会稽守欲距法不为发，助乃斩一司马，谕意指，遂发兵浮海救东瓯。未至，闽越引兵罢。东瓯请举国内徙，乃悉举其众来，处于江淮之间。

九月，丙子晦，日有食之。

【注释】

①欷(xī 希)：悲伤、叹息。 ②肺附：如同肝肺之相附，比喻亲近、恩典。 ③葭莩(jiā fú 家浮)：比喻轻薄。葭，初生的芦苇。莩，芦苇秆里的薄膜。 ④中傅：宦官。汉代各王国有太傅，秩二千石，掌傅王以德义。中傅出入王宫，在王左右，也主傅教导王。 ⑤房陵：县名，治所在今湖北房县。

上自初即位，招选天下文学材智之士，待以不次之位[①]。四方士多上书言得失，自眩鬻者以千数，上简拔其俊异者宠用之。庄助最先进；后又得吴人朱买臣[②]、赵人吾丘寿王、蜀人司马相如、平原东方朔[③]、吴人枚皋、济南终军等[④]，并在左右，每令与大臣辨论，中外相应以义理之文，大臣数屈焉。然相如特以辞赋得幸；朔、皋不根持论，好诙谐，上以俳优畜之[5]，虽数赏赐，终不任以事也。朔亦观上颜色，时时直谏，有所补益。

是岁，上始为微行，北至池阳[6]，西至黄山[7]，南猎长杨[8]，东游宜春[9]，与左右能骑射者期诸殿门。常以夜出，自称平阳侯；旦明，入南山下，射鹿、豕、狐、兔，驰骛禾稼之地[10]，民皆号呼骂詈[11]。鄠、杜令欲执之，示以乘舆物，乃得免。又尝夜至柏谷，投逆旅宿，就逆旅主人求浆，主人翁曰："无浆，正有溺耳！"且疑上为奸盗，聚少年欲攻之；主人妪睹上状貌而异之，止其翁曰："客非常人也；且又有备，不可图也。"翁不听，妪饮翁以酒，醉而缚之。少年皆散走，妪乃杀鸡为食以谢客。明日，上归，召妪，赐金千斤，拜其夫为羽林郎。后乃私置更衣，从宣曲以南十二所，夜投宿长杨、五柞等诸宫。

上以道远劳苦，又为百姓所患，乃使太中大夫吾丘寿王举籍阿城以南[12]，盩厔以东[13]，宜春以西，提封顷亩，及其贾直，欲除以为上林苑，属之南山，又诏中尉、左右内史表属县草田，欲以偿鄠、杜之民。寿王奏事，上大说称善。时东方朔在傍，进谏曰："夫南山，天下之阻也。汉兴，去三河之地[14]，止霸、浐以西，都泾、渭之南，此所谓天下陆海之地[15]，秦之所以虏西戎、兼山东者也。其山出玉石、金、银、铜、铁、良材，百工所取给，万民所卬足也。又有粳、稻、梨、栗、桑、麻、竹箭之饶，土宜姜、芋，水多蛙、鱼，贫者得以人给家足，无饥寒之忧；故酆、镐之间，号为土膏，其贾亩一金。今规以为苑，绝陂池水泽之利而取民膏腴之地，上乏国家之用，下夺农桑之业，是其不可一也。盛荆、棘之林，广狐、菟之苑，大虎、狼之虚，坏人冢墓，发人室庐，令幼弱怀土而思，耆老泣涕而悲，是其不可二也。斥而营之，垣而囿之，骑驰东西，车骛南北，有深沟大渠。夫一日之乐，不足以危无堤之舆，是其不可三也。夫殷作九市之宫而诸侯畔，灵王起章华之台而楚民散[16]，秦兴阿房之殿而天下乱。粪土愚臣，逆盛意，罪当万死！"上乃拜朔为太中大夫、给事中，赐黄金百斤。然遂起上林苑，如寿王所奏。

上又好自击熊、豕，驰逐野兽。司马相如上疏谏曰："臣闻物

东方朔像

有同类而殊能者，故力称乌获⑰，捷言庆忌⑱，勇期贲、育⑲。臣之愚，窃以为人诚有之，兽亦宜然。今陛下好陵阻险，射猛兽，卒然遇逸材之兽，骇不存之地，犯属车之清尘，舆不及还辕，人不暇施巧，虽有乌获、逄蒙之技不得用，枯木朽株，尽为难矣。是胡、越起于毂下而羌、夷接轸也⑳，岂不殆哉！虽万全而无患，然本非天子之所宜近也。且夫清道而后行，中路而驰，犹时有衔橛之变；况乎涉丰草，骋丘墟，前有利兽之乐，而内无存变之意，其为害也不难矣。夫轻万乘之重不以为安，乐出万有一危之涂以为娱，臣窃为陛下不取。盖明者远见于未萌而知者避危于无形，祸固多藏于隐微而发于人之所忽者也。故鄙谚曰：'家累千金，坐不垂堂。'此言虽小，可以谕大。"上善之。

【注释】

①不次：破格提拔。　②朱买臣（？—前115）：西汉大臣。吴（今江苏苏州市）人。家贫好学，卖薪为生，其妻弃之另嫁。武帝时，由严助推荐，拜为中大夫。出任会稽太守，与横海将军韩说等击平东越叛乱，征为主爵都尉。数年，因犯法免官。后复为丞相长史。因与御史大夫张汤不和，乃上书告发张汤之阴事。汤自杀后，他亦被诛。善辞赋，精通《楚辞》，尝为武帝文学侍臣。　③东方朔（前154—前93）：西汉大臣，文学家。性诙谐滑稽，善辞赋。武帝初即位，征举方正贤良材力之士，他上书自荐，任常侍郎、太中大夫等职，常以正道讽谏武帝。因终不得重用，故作散文赋《答客难》，以抒发有才智无由施展之苦闷。后世称之为"仙人"。④终军（？—前112）：西汉官吏。少好学，年十八选为博士弟子，

以善辨异兽奇木，奏对合宜，甚受武帝赏识，任为谒者给事中，擢升谏大夫。后奉命出使南越，说服南越王臣服汉朝。越相反对，发兵杀南越王，他也被杀。死时年仅二十余，时人称为“终童”。 ⑤俳(pái 排)优：指唱戏或表演曲艺的艺人(含有轻视的意味)。 ⑥池阳：县名。治所在今陕西泾阳县西北。 ⑦黄山：宫名。位于今陕西兴平市东南。 ⑧长杨：宫名。位于今陕西周至县东南。 ⑨宜春：宫名。位于今西安市东南。 ⑩骛(wù 务)：奔驰、乱跑。 ⑪詈(lì 利)：骂。 ⑫阿城：即秦代的阿房宫，因其墙壁宽广高大，所以俗呼为阿城。 ⑬盩(zhōu 周)厔：县名。今为陕西周至县。 ⑭三河：指河内、河南、河东。汉高帝始居洛阳，后西都关中，是去三河之地。 ⑮陆海：大海生产万物，而关中物产丰富，如同大海一样富饶，是以谓之陆海。 ⑯章华之台：前535年，楚灵王在华容城建章华台，盖世豪华。 ⑰乌获：战国时秦力士，传说他力举千钧。 ⑱庆忌：春秋时吴王僚的王子，以行动敏捷、能说会道著称。 ⑲贲：即孟贲。战国时大力士。相传他勇武有威严，怒时“发直目裂”，气势逼人。育：即夏育，周朝猛士。 ⑳“是胡”句：中国古代对四方少数民族有概括的名称，北曰“胡”，南为“越”，东称“夷”，西谓“羌”或“狄”。

四年 夏，有风赤如血。

六月，旱。

秋，九月，有星孛于东北。

是岁，南越王佗死，其孙文王胡立。

五年 春，罢三铢钱，行半两钱。

置五经博士[①]。

夏，五月，大蝗。

秋，八月，广川惠王越、清河哀王乘皆薨，无后，国除。

六年 春，二月，乙未，辽东高庙灾[②]。

夏，四月，壬子，高园便殿火；上素服五日。

五月，丁亥，太皇太后崩。

六月，癸巳，丞相昌免；武安侯田蚡为丞相。蚡骄侈：治宅甲诸第，田园极膏腴；市买郡县物，相属于道；多受四方赂遗；其家金玉、妇女、狗马、声乐、玩好，不可胜数。每入奏事，坐语移日，所言皆听；荐人或起家至二千石，权移主上。上乃曰："君除吏已尽未？吾亦欲除吏。"尝请考工地益宅[3]，上怒曰："君何不遂取武库？"是后乃稍退。

秋，八月，有星孛于东方，长竟天。

【注释】

①五经博士：指《诗》《尚书》《春秋公羊传》《仪礼》《易》这五经博士。　②辽东：郡名。治所在襄平（今辽阳市）。　③考工：官名，少府的属官，职掌器械制作。

闽越王郢兴兵击南越边邑；南越王守天子约，不敢擅兴兵，使人上书告天子。于是天子多南越义，大为发兵，遣大行王恢出豫章，大农令韩安国出会稽[1]，击闽越。

淮南王安上书谏曰[2]："陛下临天下，布德施惠，天下摄然，人安其生，自以没身不见兵革。今闻有司举兵将以诛越，臣安窃为陛下重之。

"越，方外之地，剪发文身之民也[3]，不可以冠带之国法度理也。自三代之盛，胡、越不与受正朔[4]，非强勿能服，威弗能制也；以为不居之地，不牧之民，不足以烦中国也。自汉初定已来七十二年，越人相攻击者不可胜数，然天子未尝举兵而入其地也。臣闻越非有城郭邑里也，处溪谷之间，篁竹之中[5]，习于水斗，便于用舟，地深昧而多水险；中国之人不知其势阻而入其地，虽百不当其一。得其地，不可郡县也，攻之，不可暴取也。以地图察其山川要塞，相去不过寸数，而间独数百千里，险阻、林丛弗能尽著；视之若易，行之甚难。天下赖宗庙之灵，方内大宁，戴白之老不见兵革，民得夫妇相守，父子相保，陛下之德也。越人名为藩臣，贡酎之奉不输大内[6]，一卒之用不给上事；自相攻击，而陛下发兵救之，是反以中国而劳蛮夷也！且越人愚戆轻薄[7]，负约反覆，其不用天子之法度，非一日之积也。壹不奉诏，举兵诛之，臣恐后兵革无时得息也。

"间者，数年岁比不登，民待卖爵、赘子以接衣食。赖陛下德泽振救之，得毋转死沟壑；四年不登，五年复蝗，民生未复。今发兵行数千里，资衣粮，入越地，舆轿而隃领[8]，拕舟而入水，行数百千里，夹以深林丛竹，水道上下击石；林中多蝮蛇、猛兽，夏月暑时，欧泄霍乱之病相随属也；曾未施兵接刃，死伤者必众矣。前时南海王反，陛下先臣使将军简忌将兵击之，以其军降，处之上淦[9]。后复反，会天暑多雨，楼船卒水居击棹，未战而疾死者过半；亲老涕泣，孤子啼号，破家散业，迎尸千里之外，裹骸骨而归。悲哀之气，数年不息，长老至今以为记，曾未入其地而祸已至此矣。陛下德配天地，明象日月，恩至禽兽，泽及草木，一人有饥寒，不终其天年而死者，为之凄怆于心。今方内无狗吠之警，而使陛下甲卒死亡，暴露中原，沾渍山谷[10]，边境之民为之早闭晏开，朝不及夕，臣安窃为陛下重之。

“不习南方地形者，多以越为人众兵强，能难边城。淮南全国之时，多为边吏，臣窃闻之，与中国异；限以高山，人迹绝，车道不通，天地所以隔外内也。其入中国，必下领水[11]，领水之山峭峻，漂石破舟，不可以大船载食粮下也。越人欲为变，必先田余干界中[12]，积食粮，乃入，伐材治船。边城守候诚谨，越人有入伐材者，辄收捕，焚其积聚，虽百越，奈边城何！且越人绵力薄材，不能陆战，又无车骑、弓弩之用，然而不可入者，以保地险，而中国之人不耐其水土也。臣闻越甲卒不下数十万，所以入之，五倍乃足，挽车奉饷者不在其中。南方暑湿，近夏瘅热[13]，暴露水居，蝮蛇蠚生[14]，疾疢多作，兵未血刃而病死者什二三，虽举越国而虏之，不足以偿所亡。

“臣闻道路言：闽越王弟甲弑而杀之，甲以诛死[15]，其民未有所属。陛下若欲来，内处之中国，使重臣临存，施德垂赏以招致之，此必携幼、扶老以归圣德。若陛下无所用之，则继其绝世，存其亡国，建其王侯，以为畜越，此必委质为藩臣，世共贡职。陛下以方寸之印，丈二之组，填抚方外，不劳一卒，不顿一戟[16]，而威德并行。今以兵入其地，此必震恐，以有司为欲屠灭之也，必雉兔逃，入山林险阻。背而去之，则复相群聚；留而守之，历岁经年，则士卒罢倦，食粮乏绝，民苦兵事，盗贼必起。臣闻长老言：秦之时，尝使尉屠睢击越，又使监禄凿渠通道，越人逃入深山林丛，不可得攻；留军屯守空地，旷日引久，士卒劳倦；越出击之，秦兵大败，乃发適戍以备之。当此之时，外内骚动，皆不聊生，亡逃相从，群为盗贼，于是山东之难始兴。兵者凶事，一方有急，四面皆耸。臣恐变故之生，奸邪之作，由此始也。

"臣闻天子之兵有征而无战，言莫敢校也。如使越人蒙徼幸以逆执事之颜行，厮舆之卒有一不备而归者，虽得越王之首，臣犹窃为大汉羞之。陛下以四海为境，生民之属，皆为臣妾。垂德惠以覆露之，使安生乐业，则泽被万世，传之子孙，施之无穷，天下之安，犹泰山而四维之也；夷狄之地，何足以为一日之闲而烦汗马之劳乎！《诗》云：'王犹允塞，徐方既来⑰。'言王道甚大而远方怀之也。臣安窃恐将吏之以十万之师为一使之任也！"

是时，汉兵遂出，未隃领，闽越王郢发兵距险。其弟馀善乃与相、宗族谋曰："王以擅发兵击南越不请，故天子兵来诛。汉兵众强，即幸胜之，后来益多，终灭国而止。今杀王以谢天子，天子听罢兵，固国完；不听，乃力战；不胜，即亡入海。"皆曰："善！"即鏦杀王，使使奉其头致大行。大行曰："所为来者，诛王。今王头至，谢罪；不战而殒，利莫大焉。"乃以便宜案兵，告大农军，而使使奉王头驰报天子。诏罢两将兵，曰："郢等首恶，独无诸孙繇君丑不与谋焉。"乃使中郎将立丑为越繇王，奉闽越先祭祀。馀善已杀郢，威行于国，国民多属，窃自立为王，繇王不能制。上闻之，为馀善不足复兴师，曰："馀善数与郢谋乱；而后首诛郢，师得不劳。"因立馀善为东越王，与繇王并处。

上使庄助谕意南粤。南粤王胡顿首曰："天子乃为臣兴兵讨闽越，死无以报德！"遣太子婴齐入宿卫，谓助曰："国新被寇，使者行矣，胡方日夜装，入见天子。"助还，过淮南，上又使助谕淮南王安以讨越事，嘉答其意，安谢不及。助既去南越，南越大臣皆谏其王曰："汉兴兵诛郢，亦行以惊动南越。且先王昔言：'事天子期无失礼。'要之，不可以说好语入见，则不得复归，亡国之势也。"于是胡称病，竟不入见。

【注释】

①大农令：原为秦代治粟内史，汉初因袭，景帝中元六年（前144），

更名大农令；武帝太初元年（前 104），更名为大司农。 ②刘安（前179—前 122）：西汉文士。汉高祖孙，武帝叔。好读书，才思敏捷，尤工辞赋。文帝时袭父封淮南王。景帝时，吴楚七国反，他本欲加入叛乱，为大臣劝阻。曾招宾客方术之士数千，编成《内书》二十一篇，《外书》三十三篇，《中篇》八卷，后世称为《淮南鸿烈》，亦称《淮南子》。后图谋夺帝位，事泄自杀。 ③剪发文身：古越民因常在水中劳作，故只留短发，而且身刺花纹，以减少动物的伤害。 ④正朔：即中国历法。“朔”是每月一日，我国古代，每年年末，朝廷都要颁布下年度的日历，宣布每月天数，指出每月一日的关系位置。后来年号制度兴起，“正朔”遂包括年号，有时甚至专指年号。 ⑤篁（huáng 皇）：竹林，泛指竹子。 ⑥贡：指用土产品上贡。酎：分三次酿制而成的醇酒。汉代规定，每年八月，诸侯王都要向天子交纳酎金，以供祭先祖。大内：国都内。 ⑦戇（zhuàng 壮）：愚而刚直。 ⑧舆轿：用肩抬的轿子，又称肩轿。 ⑨上淦：今地不详。在古代文献中有两说，班固《汉书・地理志》认为此指“豫章郡新淦县”。而应劭认为此指“淦水之上流”。 ⑩沾渍：浸湿。 ⑪领水：即赣江。⑫余干：古县名，治所即今江西余干县。 ⑬瘅（dān 单）热：疟疾的一种，发高烧，口渴呕吐，是其病状。 ⑭蠚（hē 喝）：毒。 ⑮甲：刘安上书时听说闽越王骆郢被其弟所杀，但不知其弟之名，故称“甲”，实名为“骆馀善”。 ⑯顿：坏。 ⑰徐方：即徐国，故城在今安徽泗县北，属于淮夷中的一个大国。

是岁，韩安国为御史大夫。

东海太守濮阳汲黯为主爵都尉[①]。始，黯为谒者，以严见惮。东越相攻，上使黯往视之；不至，至吴而还，报曰：“越人相攻，固其俗然，不足以辱天子之使。”河内失火，延烧千余家，上使黯往视之；还，报曰：“家人失火，屋比延烧，不足忧也。臣过河南，河南贫人伤水旱万余家，或父子相食，臣谨以便宜，持节发河南仓粟以振贫民。臣请归节，伏矫制之罪[②]。”上贤而释之。其在东海，治官理民，好清静，择丞、史任之，责大指而已，不苛小。黯多病，卧闺阁内不出；岁余，东海大治，称之。上闻，召为主爵都尉，列于九卿[③]。其治务在无为，引大体，不拘文法。

黯为人，性倨少礼，面折，不能容人之过。时天子方招文学儒者，上曰："吾欲云云。"黯对曰："陛下内多欲而外施仁义，奈何欲效唐、虞之治乎！"上默然，怒，变色而罢朝，公卿皆为黯惧。上退，谓左右曰："甚矣汲黯之戆也！"群臣或数黯，黯曰："天子置公卿辅弼之臣，宁令从谀承意，陷主于不义乎！且已在其位，纵爱身，奈辱朝廷何！"黯多病，病且满三月；上常赐告者数，终不愈。最后病，庄助为请告。上曰："汲黯何如人哉？"助曰："使黯任职居官，无以逾人；然至其辅少主，守城深坚，招之不来，麾之不去，虽自谓贲、育亦不能夺之矣！"上曰："然。古有社稷之臣，至如黯，近之矣！"

匈奴来请和亲，天子下其议。大行王恢，燕人也，习胡事，议曰："汉与匈奴和亲，率不过数岁，即复倍约；不如勿许，兴兵击之。"韩安国曰："匈奴迁徙鸟举，难得而制，自上古不属为人。今汉行数千里与之争利，则人马罢乏；虏以全制其敝，此危道也。不如和亲。"群臣议者多附安国，于是上许和亲。

【注释】

①汲黯（àn 岸）（？—前 112）：西汉大臣，濮阳（今河南濮阳市西南）人。初为荥阳令，因耻为令，托病还乡。武帝闻之，召拜为中大夫。后任东海太守。轻刑简政，有黄老遗风。数年，东海大治，召为主爵都尉，列于九卿。后遭嫉妒，出为淮阳太守，不久病死。 ②矫制：矫，假托。假托奉皇上诏令而行之为矫制。汉律规定，矫制者，论弃市罪。 ③九卿：汉官制为：汉太常、郎中令、中大夫令、太仆、大理、大行令、宗正、大司农、少府为正九卿。中尉、主爵都尉、内史，列于九卿。

元光元年 冬，十一月，初令郡国举孝廉各一人，从董仲舒之言也。

卫尉李广为骁骑将军①，屯云中②，中尉程不识为车骑将军，屯雁门③；六月，罢。广与程不识俱以边太守将兵，有名当时。广行无部伍、行陈，就善水草舍止，人人自便，不击刁斗以自卫④，莫府省约文书⑤；然亦远斥候⑥，未尝遇害。程不识正部曲、行伍、营陈，击刁斗，士吏治军簿至明，军不得休息；然亦未尝遇害。不识曰："李广军极简易，然虏卒犯之，无以禁也；而其士卒亦佚乐，咸乐为之死。我军虽烦扰，然虏亦不得犯我。"然匈奴畏李广之略，士卒亦多乐从李广而苦程不识。

臣光曰:《易》曰:“师出以律,否臧凶。”言治众而不用法,无不凶也。李广之将,使人人自便。以广之材,如此焉可也;然不可以为法。何则?其继者难也;况与之并时而为将乎!夫小人之情,乐于安肆而昧于近祸,彼既以程不识为烦扰而乐于从广,且将仇其上而不服。然则简易之害,非徒广军无以禁虏之仓卒而已也!故曰“兵事以严终”,为将者,亦严而已矣。然则效程不识,虽无功,犹不败;效李广,鲜不覆亡哉!

夏,四月,赦天下。

五月,诏举贤良、文学,上亲策之。

秋,七月,癸未。日有食之。

【注释】

①李广(?—前119):西汉名将。陇西成纪(今甘肃秦安县西北)人。猿臂善射。文帝时,以击匈奴有功封散骑常侍。景帝、武帝时,任陇西、北地等郡太守。元光元年(前134)为卫尉。后任右北平太守,先后与匈奴七十余战,以勇敢善战著称,匈奴称之为“飞将军”,数年不敢犯边。元狩四年(前119),随大将军卫青攻匈奴,以失道被责,自杀。②云中:郡名。治所在内蒙古托克托县东北。 ③雁门:郡名。西汉治所在善无(今山西右玉县南)。 ④刁斗:有柄的一种铜铃,不含铃珠,由人击打发声,并可作为炊食器,受一斗,故名刁斗。 ⑤莫府:同“幕府”。 ⑥斥候:即侦察敌情的哨兵。斥,度也;候,视望也。

资治通鉴卷第十八

汉纪十　起著雍涒滩，尽柔兆执徐，凡九年。

世宗孝武皇帝上之下

元光二年　冬，十月，上行幸雍，祠五畤。

李少君以祠灶却老方见上①，上尊之。少君者，故深泽侯舍人，匿其年及其生长，其游以方遍诸侯，无妻子。人闻其能使物及不死，更馈遗之，常余金钱、衣食。人皆以为不治生业而饶给，又不知其何所人，愈信，争事之。少君善为巧发奇中。尝从武安侯饮，坐中有九十余老人，少君乃言与其大父游射处；老人为儿时从其大父，识其处，一坐尽惊。少君言上曰："祠灶则致物，致物而丹沙可化为黄金，寿可益，蓬莱仙者可见②；见之，以封禅则不死，黄帝是也。臣尝游海上，见安期生③，食臣枣，大如瓜。安期生仙者，通蓬莱中，合则见人，不合则隐。"于是天子始亲祠灶，遣方士入海求蓬莱安期生之属，而事化丹沙诸药齐为黄金矣。居久之，李少君病死，天子以为化去，不死；而海上燕、齐怪迂之方士多更来言神事矣。

亳人谬忌奏祠太一④。方曰："天神贵者太一，太一佐曰五帝⑤。"于是天子立其祠长安东南郊。

【注释】

①祠灶：即祭祀灶神。我国古代的一种民间迷信活动，古人认为灶神每年阴历十二月二十五日上天奏报一家人的善恶，于正月初一返回民

间。 ②蓬莱:古代传说中的神山。 ③安期生:据《列仙传》说:“安期生,琅玡人(今山东诸城市),卖药东海边,时人皆言千岁。” ④亳(bó博):古都邑名。在今河南商丘市北。太一:天之尊神,即太乙、天一、泰乙,北极星神。 ⑤五帝:指东方青帝、南方赤帝、西方白帝、北方黑帝、中央黄帝。

雁门马邑豪聂壹[1],因大行王恢言:“匈奴初和亲,亲信边,可诱以利致之,伏兵袭击,必破之道也。”上召问公卿。王恢曰:“臣闻全代之时[2],北有强胡之敌,内连中国之兵,然尚得养老、长幼,种树以时,仓廪常实,匈奴不轻侵也。今以陛下之威,海内为一;然匈奴侵盗不已者,无他,以不恐之故耳。臣窃以为击之便。”韩安国曰:“臣闻高皇帝尝围于平城,七日不食;及解围反位而无忿怒之心。夫圣人以天下为度者也,不以己私怒伤天下之公,故遣刘敬结和亲,至今为五世利[3]。臣窃以为勿击便。”恢曰:“不然。高帝身被坚执锐,行几十年,所以不报平城之怨者,非力不能,所以休天下之心也。今边境数惊,士卒伤死,中国槥车相望[4],此仁人之所隐也。故曰击之便。”安国曰:“不然。臣闻用兵者以饱待饥,正治以待其乱,定舍以待其劳;故接兵覆众,伐国堕城,常坐而役敌国,此圣人之兵也。今将卷甲轻举,深入长驱,难以为功;从行则迫胁,衡行则中绝,疾则粮乏,徐则后利,不至千里,人马乏食。《兵法》曰:‘遗人,获也。’臣故曰勿击便。”恢曰:“不然。臣今言击之者,固非发而深入也;将顺因单于之欲,诱而致之边,吾选枭骑、壮士阴伏而处以为之备,审遮险阻以为其戒。吾势已定,或营其左,或营其右,或当其前,或绝其后,单于可禽,百全必取。”上从恢议。

夏,六月,以御史大夫韩安国为护军将军,卫尉李广为骁骑将军,太仆公孙贺为轻车将军[5],大行王恢为将屯将军,太中大夫李息为材官将军,将车骑、材官三十余万匿马邑旁谷中,约单于入马邑纵兵。阴使聂壹为间,亡入匈奴,谓单于曰:“吾能斩马邑令、丞,以城降,财物可尽得。”单于爱信,以为然而许之。聂壹乃诈斩死罪囚,县其头马邑城下示单于使者为信,曰:“马邑长吏已死,可急来!”于是单于穿塞,将十万骑入武州塞。未至马邑百余里,见畜布野而无人牧者,怪之。乃攻亭[6],得雁门尉史,欲杀之;尉史乃告单于汉兵所居。单于大惊曰:“吾固疑之。”乃引兵还,出曰:“吾得尉史,天也!”以尉史为天王。塞下传言单于已去,汉兵追至塞,度弗及,乃皆罢兵。王恢主别从代出击胡辎重,闻单于还,兵多,亦不敢出。

上怒恢。恢曰:“始,约为入马邑城,兵与单于接,而臣击其辎重,可得利。今单于不至而还,臣以三万人众不敌,只取辱。固知还而斩,然完陛下士三万人。”于是下恢廷尉,廷尉当“恢逗桡,当斩”。恢行千金丞相蚡,蚡不敢言上,而言于太后曰:“王恢首为马邑事,今不成而诛恢,是为匈奴报仇也。”上朝太后,太后以蚡言告上。上曰:“首为马邑事者恢,故发天下兵数十万,从其言为此。且纵单于不可得,恢所部击其辎重,犹颇可得以尉士大夫心。今不诛恢,无以谢天下。”于是恢闻,乃自杀。自是之后,匈奴绝和亲,攻当路塞,往往入盗于汉边,不可胜数;然尚贪乐关市[7],嗜汉财物;汉亦关市不绝以中其意。

【注释】

①马邑:县名。秦置,治所在今山西朔州市。　②全代之时:战国初年,代自为一国,故曰全代。后来被赵襄子所灭,代始属赵。　③五世:指刘邦、刘盈、刘恒、刘启、刘彻这五位汉朝皇帝。　④槥(huì 惠):薄而小的棺材。　⑤公孙贺:西汉大臣。北地义渠(今甘肃庆阳市)人,其妻为卫皇后的姐姐。武帝为太子时,他为太子舍人。武帝即位,迁至太仆,因与武帝有姻戚关系而得宠。元光中擢轻车将军,后又以车骑将军从大将军卫青出征,因功封南窌侯。数年后为丞相。其子敬声为太仆,父子俱居公卿位。征和中年,敬声因擅用军费事下狱。他为营救儿子,牵连下狱,父子俱死狱中。　⑥亭:汉朝沿边境所设置的武装碉堡。　⑦关市:匈奴与汉人在边境所设立的公开交易市场。

三年　春,河水徙,从顿丘东南流[1]。夏,五月,丙子,复决濮阳瓠子[2],注巨野[3],通淮、泗,泛郡十六。天子使汲黯、郑当时发卒十万塞之,辄复坏。是时,田蚡奉邑食鄃[4];鄃居河北,河决而南,则鄃无水灾，邑收多。蚡言于上曰："江、河之决皆天事，未易以人力强塞，塞之未必应天。"而望气用数者亦以为然。于是天子久之不复事塞也。

初，孝景时，魏其侯窦婴为大将军，武安侯田蚡乃为诸郎，侍酒跪起如子侄；已而蚡日益贵幸，为丞相。魏其失势，宾客益衰，独故燕相颍阴灌夫不去。婴乃厚遇夫，相为引重，其游如父子然。夫为人刚直，使酒，诸有势在己之右者必陵之；数因酒忤丞相。丞相乃奏案："灌夫家属横颍川，民苦之。"收系夫及支属，皆得弃市罪。魏其上书论救灌夫，上令与武安东朝廷辨之。魏其、武安因互相诋讦。上问朝臣："两人孰是？"唯汲黯是魏其，韩安国两以为是；郑当时是魏其，后不敢坚。上怒当时曰："吾并斩若属矣！"即罢。起，入，上食太后，太后怒不食，曰："今我在也，而人皆藉吾弟；令我百岁后，皆鱼肉之乎！"上不得已，遂族灌夫；使有司案治魏其，得弃市罪。

【注释】

①顿丘：县名。西汉置，治所在今河南清丰县西南。　②瓠子：堤名，在河南濮阳市。　③巨野：县名。西汉置，治所在今山东巨野县。④鄃：县名。西汉置，治所在今山东平原县西南。两汉曾为侯国，吕陀、栾布、田蚡、马武等相继封于此。

四年　冬，十二月晦，论杀魏其于渭城[1]。春，三月，乙卯，武安侯蚡亦薨。及淮南王安败，上闻蚡受安金，有不顺语，曰："使武安侯在者，族矣！"

夏，四月，陨霜杀草。

御史大夫安国行丞相事，引，堕车，蹇。五月，丁巳，以平棘侯薛泽为丞相；安国病免。

地震，赦天下。

九月，以中尉张欧为御史大夫。韩安国疾愈，复为中尉。

河间王德[2]，修学好古，实事求是，以金帛招求四方善书，得书多与汉朝等。是时，淮南王安亦好书，所招致率多浮辩；献王所得书，皆古文先秦旧书，采礼乐古事，稍稍增辑至五百余篇，被服、造次必于儒者，山东诸儒多从之游。

【注释】

①汉律规定，冬天执行死刑。春天则可能遇到大赦，也可以缴纳金钱赎罪。田蚡怕春天到后会发生变故，所以在冬季最后一天杀了窦婴。渭城：今陕西咸阳市。　②河间王德：即刘德，景帝之子，武帝之兄。

五年　冬，十月，河间王来朝，献雅乐，对三雍宫及诏策所问三十余事[1]；其对，推道术而言，得事之中，文约指明。天子下太乐官常存肄河间王所献雅声，岁时以备数，然不常御也。春，正月，河间王薨，中尉常丽以闻，曰："王身端行治，温仁恭俭，笃敬爱下，明知深察，惠于鳏寡。"大行令奏："《谥法》'聪明睿知曰献'，谥曰献王。"

班固赞曰：昔鲁哀公有言："寡人生于深宫之中，长于妇人之手，未尝知忧，未尝知惧。"信哉斯言也，虽欲不危亡，不可得已！是故古人以宴安为鸩毒，无德而富贵谓之不幸。汉兴，至于孝平，诸侯王以百数，率多骄淫失道。何则？沉溺放恣之中，居势使然也。自凡人犹系于习俗，而况哀公之伦乎！"夫唯大雅，卓尔不群"，河间献王近之矣。

初，王恢之讨东越也，使番阳令唐蒙风晓南越[2]。南越食蒙以蜀枸酱[3]，蒙问所从来。曰："道西北牂柯江[4]。牂柯江广数里，出番禺城下。"蒙归至长安，问蜀贾人。贾人曰："独蜀出枸酱，多持窃出市夜郎[5]。夜郎者，临牂柯江，江广百余步，足以行船。南越以财物役属夜郎，西至桐师[6]，然亦不能臣使也。"蒙乃上书说上曰："南越王黄屋左纛[7]，地东西万余里，名为外臣，实一州主也。今以长沙、豫章往，水道多绝，难行。窃闻夜郎所有精兵可得十余万，浮船牂柯江，出其不意，此制越一奇也。诚以汉之强，巴、蜀之饶，通夜郎道为置吏，甚易。"上许之。

乃拜蒙为中郎将，将千人，食重万余人，从巴、蜀筰关入，遂见夜郎侯多同。蒙厚赐，喻以威德，约为置吏，使其子为令。夜郎旁小邑皆贪汉缯帛，以为汉道险，终不能有也，乃且听蒙约。还报，上以为犍为郡，发巴、蜀卒治道，自僰道指牂柯江[8]，作者数万人，士卒多物故，有逃亡者；用军兴法诛其渠率，巴、蜀民大惊恐。上闻之，使司马相如责唐蒙等。因谕告巴、蜀民以非上意；相如还报。

是时，邛、筰之君长闻南夷与汉通[9]，得赏赐多，多欲愿为内臣妾，请吏比南夷。天子问相如，相如曰："邛、筰、冉駹者近蜀[10]，道亦易通；秦时尝通，为郡县，至汉兴而罢。今诚复通，为置郡县，愈于南夷。"天子以为然，乃拜相如为中郎将，建节往使，及副使王然于等乘传，因巴、蜀吏币物以赂西夷；邛、筰、冉駹、斯榆之君皆请为内臣[11]。除边关；关益斥，西至沫、若水，南至牂柯为徼，通零关道，桥孙水以通邛都，为置一都尉、十余县，属蜀。天子大说。

诏发卒万人治雁门阻险。

秋，七月，大风拔木。

【注释】

①三雍宫：指辟雍（周朝的大学）、明堂（周朝设立的大会堂）、灵台（天文台）。　②番阳：县名，治所在今江西鄱阳东。　③枸（jǔ 举）酱：应为"蒟（jǔ）酱"，用蒌叶果实做的酱，有辣味，蜀人以为美味。　④牂（zāng 脏）柯江：即今云南、贵州境内北盘江及其下游流经广西、广东之红水河、黔江、浔江和西江。　⑤夜郎：战国至西汉时国名。在今贵州西部、北部与云南东北部、四川南部一带。　⑥桐师：桐师属西南夷，其地在夜郎国之西。　⑦黄屋：指帝王专用的黄盖车。纛（dào 到）：古代军队的大旗。　⑧僰（bó 搏）道：县名。汉置，治所在今四川宜宾市西南安边镇。汉武帝时为犍为郡治所。　⑨邛（qióng 穷）：县名。西汉时以邛都夷地置。治所在今四川西昌市东南。筰（zuó 昨）：县名，治所在今四川汉源县。邛、筰二地为西南夷。　⑩冉駹（máng 忙）：今四川茂县一带。　⑪斯榆：今云南大理白族自治州一带。

女巫楚服等教陈皇后祠祭厌胜[1]，挟妇人媚道；事觉，上使御史张汤穷治之。汤深竟党与，相连及诛者三百余人，楚服枭首于市。乙巳，赐皇后册，收其玺绶，罢退，居长门宫[2]。窦太主惭惧，稽颡谢上[3]。上曰："皇后所为不轨于大义，不得不废。主当信道以自慰，勿受妄言以生嫌惧。后虽废，供奉如法，长门无异上宫也。"

初,上尝置酒窦太主家,主见所幸卖珠儿董偃,上赐之衣冠,尊而不名,称为"主人翁",使之侍饮;由是董君贵宠,天下莫不闻。常从游戏北宫,驰逐平乐观,鸡、鞠之会,角狗、马之足,上大欢乐之。上为窦太主置酒宣室,使谒者引内董君。是时,中郎东方朔陛戟殿下,辟戟而前曰:"董偃有斩罪三,安得入乎?"上曰:"何谓也?"朔曰:"偃以人臣私侍公主,其罪一也。败男女之化,而乱婚姻之礼,伤王制,其罪二也。陛下富于春秋,方积思于《六经》;偃不遵经劝学,反以靡丽为右,奢侈为务,尽狗马之乐,极耳目之欲,是乃国家之大贼,人主之大蜮,其罪三也。"上默然不应,良久曰:"吾业已设饮,后而自改。"朔曰:"夫宣室者,先帝之正处也,非法度之政不得入焉。故淫乱之渐,其变为篡。是以竖貂为淫而易牙作患④,庆父死而鲁国全⑤。"上曰:"善!"有诏止,更置酒北宫,引董君从东司马门入;赐朔黄金三十斤。董君之宠由是日衰。是后,公主、贵人多逾礼制矣。

【注释】

①厌胜:古代方士的一种骗人巫术,妄言能以诅咒制服人或物。②长门宫:在长安城东南。 ③稽(qǐ 启)颡:古时一种跪拜礼,表示极度的悲痛或感谢。 ④竖貂、易牙:春秋时齐桓公的嬖臣。桓公死后,五公子皆求立,他俩杀群吏,立公子无诡,逐太子昭,内讧因此扩大。⑤庆父(? —前 660):春秋时鲁国公族。惯于制造内乱,有夺位野心,曾杀继鲁庄公位的庶子般和闵公。

上以张汤为太中大夫①,与赵禹共定诸律令,务在深文。拘守职之吏,作见知法,吏传相监司。用法益刻自此始。

八月,螟②。

是岁,征吏民有明当世之务、习先圣之术者,县次续食,令与计偕③。

菑川人公孙弘对策曰④:"臣闻上古尧、舜之时,不贵爵赏而民劝善,不重刑罚而民不犯,躬率以正而遇民信也;末世贵爵厚赏而民不劝,深刑重罚而奸不止,其上不正,遇民不信也。夫厚赏重刑，未足以劝善而禁非，必信而已矣。是故因能任官，则分职治；去无用之言，则事情得；不作无用之器，则赋敛省；不夺民时，不妨民力，则百姓富；有德者进，无德者退，则朝廷尊；有功者上，无功者下，则群臣逡；罚当罪，则奸邪止；赏当贤，则臣下劝。凡此八者，治之本也。故民者，业之则不争，理得则不怨，有礼则不暴，爱之则亲上，此有天下之急者也。礼义者，民之所服也；而赏罚顺之，则民不犯禁矣。

"臣闻之：气同则从，声比则应。今人主和德于上，百姓和合于下，故心和则气和，气和则形和，形和则声和，声和则天地之和应矣。故阴阳和，风雨时，甘露降，五谷登，六畜蕃，嘉禾兴，朱草生，山不童，泽不涸，此和之至也。"

时对者百余人，太常奏弘第居下，策奏，天子擢弘对为第一，拜为博士，待诏金马门⑤。

齐人辕固，年九十余，亦以贤良征。公孙弘仄目而事固，固曰："公孙子，务正学以言，无曲学以阿世！"诸儒多疾毁固者，固遂以老罢归。

是时，巴、蜀四郡凿山通西南夷，千余里戍转相饷。数岁，道不通，士罢饿、离暑湿死者甚众；西南夷又数反，发兵兴击，费以巨万计而无功。上患之，诏使公孙弘视焉。还奏事，盛毁西南夷无所用，上不听。弘每朝会，开陈其端，使人主自择，不肯面折廷争。于是上察其行慎厚，辩论有余，习文法吏事，缘饰以儒术，大说之，一岁中迁至左内史。

西汉星云连弧纹镜

弘奏事，有不可，不廷辨。常与汲黯请间，黯先发之，弘推其后，天子常说，所言皆听，以此日益亲贵。弘尝与公卿约议，至上前，皆倍其约以顺上旨。汲黯廷诘弘曰："齐人多诈而无情实；始与臣等建此议，今皆倍之，不忠！"上问弘。弘谢曰："夫知臣者，以臣为忠；不知臣者，以臣为不忠。"上然弘言。左右幸臣每毁弘，上益厚遇之。

【注释】

①张汤（？—前115）：西汉大臣。历任廷尉、御史大夫等职。曾与赵禹共定律令，建议铸造皮币、白金币及五铢钱，并支持盐铁官营政策，制定"告缗令"。后遭朱买臣等陷害而自杀。 ②螟（míng 鸣）：螟虫一般指水稻钻心虫，为害甚大。 ③计偕：计者，送计簿的使者；偕者，俱，一起。后世讹误，把送计簿者称为计偕。 ④公孙弘（前200—前121）：西汉大臣。少时为狱吏，因罪免。家贫，放牧为生。年四十乃学《春秋》杂说。武帝即位，召试贤良文学之士，他以贤良征为博士，时年已六十。身行俭约，轻财重义。善论辩，熟习文法吏事，拜左内史，数年后升御史大夫。元朔中，代薛泽为丞相，封平津侯。 ⑤金马门：宦者署，武帝得到大宛马后，以铜铸作，立于署门前，因以得名。

六年 冬，初算商车。

大司农郑当时言："穿渭为渠[1]，下至河，漕关东粟径易，又可以溉渠下民田万余顷。"春，诏发卒数万人穿渠，如当时策；三岁而通，人以为便。

匈奴入上谷[2]，杀略吏民。遣车骑将军卫青出上谷，骑将军公孙敖出代，轻车将军公孙贺出云中，骁骑将军李广出雁门，各万骑，击胡关市下。卫青至龙城[3]，得胡首虏七百人；公孙贺无所得；公孙敖为胡所败，亡七千骑；李广亦为胡所败。胡生得广，置两马间，络而盛卧，行十余里；广佯死，暂腾而上胡儿马上，夺其弓，鞭马南驰，遂得脱归。汉下敖、广吏，当斩，赎为庶人；唯青赐爵关内侯。青虽出于奴虏，然善骑射，材力绝人；遇士大夫以礼，与士卒有恩，众乐为用，有将帅材，故每出辄有功。天下由此服上之知人。

夏，大旱；蝗。

六月，上行幸雍。

秋，匈奴数盗边，渔阳尤甚[4]。以卫尉韩安国为材官将军，屯渔阳。

元朔元年　冬，十一月，诏曰："朕深诏执事，兴廉举孝，庶几成风，绍休圣绪。夫十室之邑，必有忠信；三人并行，厥有我师。今或至阖郡而不荐一人，是化不下究，而积行之君子壅于上闻也。且进贤受上赏，蔽贤蒙显戮，古之道也。其议二千石不举者罪[5]！"有司奏："不举孝，不奉诏，当以不敬论；不察廉，不胜任也，当免。"奏可。

十二月，江都易王非薨。

皇子据生，卫夫人之子也。三月，甲子，立卫夫人为皇后，赦天下。

秋，匈奴二万骑入汉，杀辽西太守，略二千余人，围韩安国壁；又入渔阳、雁门，各杀略千余人。安国益东徙，屯北平；数月，病死。天子乃复召李广，拜为右北平太守。匈奴号曰"汉之飞将军"，避之，数岁不敢入右北平。

车骑将军卫青将三万骑出雁门，将军李息出代；青斩首虏数千人。

东夷薉君南闾等共二十八万人降[6]，为苍海郡；人徒之费，拟于南夷，燕、齐之间，靡然骚动。

是岁，鲁共王余、长沙定王发皆薨。

【注释】

①渭：即渭河，黄河最大支流，郑当时所言之渠，起于长安，流经南山下，直通黄河，全长三百多里。　②上谷：郡名。战国燕置，秦代治所在沮阳（今河北怀来县东南）。　③龙城：匈奴祭天和大会诸部处。其地在今蒙古国鄂尔浑河西侧的和硕柴达木湖附近。　④渔阳：县名。秦置，治所在今北京密云区西南。　⑤前"者"字当为"孝"之误。　⑥薉：薉貊（huì mò 会末），古东夷族名。南闾：薉貊的君长名。

临菑人主父偃[1]、严安，无终人徐乐[2]，皆上书言事。

始，偃游齐、燕、赵，皆莫能厚遇，诸生相与排摈不容；家贫，假贷无所得，乃西入关上书阙下，朝奏，暮召入。所言九事，其八事为律令;一事谏伐匈奴,其辞曰:"《司马法》曰[3]:'国虽大,好战必亡;天下虽平,忘战必危。'夫怒者逆德也,兵者凶器也,争者末节也。夫务战胜,穷武事者,未有不悔者也。

"昔秦皇帝并吞战国,务胜不休,欲攻匈奴。李斯谏曰:'不可。夫匈奴,无城郭之居,委积之守,迁徙鸟举,难得而制也。轻兵深入,粮食必绝;踵粮以行,重不及事。得其地,不足以为利也;得其民,不可调而守也;胜必杀之,非民父母也;靡敝中国,快心匈奴,非长策也。'秦皇帝不听,遂使蒙恬将兵攻胡,辟地千里,以河为境。地固沮泽、咸卤,不生五谷。然后发天下丁男以守北河[4],暴兵露师十有余年,死者不可胜数,终不能逾河而北,是岂人众不足,兵革不备哉?其势不可也。又使天下蜚刍、挽粟,起于东腄、琅邪负海之郡,转输北河,率三十钟而致一石。男子疾耕,不足于粮饷,女子纺绩,不足于帷幕,百姓靡敝,孤寡老弱不能相养,道路死者相望,盖天下始畔秦也。

"及至高皇帝,定天下,略地于边,闻匈奴聚于代谷之外而欲击之。御史成进谏曰:'不可。夫匈奴之性,兽聚而鸟散,从之如搏影。今以陛下盛德攻匈奴,臣窃危之。'高帝不听,遂北至于代谷,果有平城之围。高皇帝盖悔之甚,乃使刘敬往结和亲之约,然后天下忘干戈之事。

"夫匈奴难得而制,非一世也;行盗侵驱,所以为业也,天性固然。上及虞、夏、殷、周,固弗程督,禽兽畜之,不属为人。夫上不观虞、夏、殷、周之统,而下循近世之失,此臣之所大忧,百姓之所疾苦也。"

严安上书曰:"今天下人民,用财侈靡,车马、衣裘、宫室,皆竞修饰,调五声使有节族,杂五色使有文章,重五味方丈于前,以观欲天下。彼民之情,见美则愿之,是教民以侈也;侈而无节,则不可赡,民离本而徼末矣。末不可徒得,故缙绅者不惮为诈,带剑者夸杀人以矫夺,而世不知愧,是以犯法者众。臣愿为民制度以防其淫,使贫富不相耀以和其心;心志定,则盗贼消,刑罚少,阴阳和,万物蕃也。昔秦王意广心逸,欲威海外,使蒙恬将兵以北攻胡,又使尉屠睢将楼船之士以攻越。当是时,秦祸北构于胡,南挂于越，宿兵于无用之地，进而不得退。行十余年，丁男被甲，丁女转输，苦不聊生，自经于道树，死者相望。及秦皇帝崩，天下大畔，灭世绝祀，穷兵之祸也。故周失之弱，秦失之强，不变之患也。今徇南夷，朝夜郎，降羌、僰，略薉州，建城邑，深入匈奴，燔其龙城，议者美之；此人臣之利，非天下之长策也。”

徐乐上书曰：“臣闻天下之患，在于土崩，不在瓦解，古今一也。

“何谓土崩？秦之末世是也。陈涉无千乘之尊、尺土之地，身非王公、大人、名族之后，乡曲之誉，非有孔、曾、墨子之贤，陶朱、猗顿之富也[⑤]；然起穷巷，奋棘矜，偏袒大呼，天下从风。此其故何也？由民困而主不恤，下怨而上不知，俗已乱而政不修。此三者，陈涉之所以为资也，此之谓土崩。故曰天下之患在乎土崩。

“何谓瓦解？吴、楚、齐、赵之兵是也。七国谋为大逆，号皆称万乘之君，带甲数十万，威足以严其境内，财足以劝其士民；然不能西攘尺寸之地而身为禽于中原者，此其故何也？非权轻于匹夫而兵弱于陈涉也。当是之时，先帝之德未衰而安土乐俗之民众，故诸侯无竟外之助，此之谓瓦解。故曰天下之患不在瓦解。

“此二体者，安危之明要，贤主之所宜留意而深察也。

“间者，关东五谷数不登，年岁未复，民多穷困，重之以边境之事；推数循理而观之，民宜有不安其处者矣。不安，故易动；易动者，土崩之势也。故贤主独观万化之原，明于安危之机，修之庙堂之上而销未形之患也，其要期使天下无土崩之势而已矣。”

书奏，天子召见三人，谓曰：“公等皆安在，何相见之晚也！”皆拜为郎中。主父偃尤亲幸，一岁中凡四迁，为中大夫；大臣畏其口，赂遗累千金。或谓偃曰：“太横矣！”偃曰：“吾生不五鼎食，死即五鼎烹耳！”

【注释】

①主父偃（？—前126）：西汉大臣。主父为复姓。武帝时，任中大夫，有才能，武帝恨相见之晚，曾在一年中连升四级。他主张进一步削弱诸侯王，实行“推恩”，使诸侯王分封子弟为侯。武帝采纳其建议，下达“推恩令”，从此王国封地愈小，名存实亡。前127年为齐相，以胁齐王自

杀被族诛。 ②无终：县名。秦置，治所在今天津蓟州区。 ③《司马法》：司马是古代主兵之官。春秋时，齐国大夫田穰苴善治兵，以军功擢任大司马。战国时，齐威王派人整理其用兵之术，附于《古司马兵法》中，号曰《司马穰苴兵法》，简称《司马法》。 ④北河：古时，黄河自今内蒙古磴口县以下，分为南北二支，北支约当今乌加河，时为黄河正流，对南支而言，称为北河。 ⑤陶朱：即范蠡（lí 离），春秋时越国大夫。曾治产获千万，受任为齐相，后弃官散财，间行至陶（今山东菏泽市定陶区西北），逐什一之利，再度致资千万，号陶朱公。猗顿：战国时大工商业者。以经营河东盐池起家，后成富商。

二年 冬，赐淮南王几杖，毋朝。

主父偃说上曰："古者诸侯不过百里，强弱之形易制。今诸侯或连城数十，地方千里，缓则骄奢，易为淫乱，急则阻其强而合从以逆京师；以法割削之，则逆节萌起；前日晁错是也。今诸侯子弟或十数，而適嗣代立，余虽骨肉，无尺地之封，则仁孝之道不宣。愿陛下令诸侯得推恩分子弟，以地侯之，彼人人喜得所愿；上以德施，实分其国，不削而稍弱矣。"上从之。春，正月，诏曰："诸侯王或欲推私恩分子弟邑者，令各条上，朕且临定其号名。"于是藩国始分，而子弟毕侯矣。

匈奴入上谷、渔阳，杀略吏民千余人。遣卫青、李息出云中以西至陇西，击胡之楼烦、白羊王于河南，得胡首虏数千，牛羊百余万。走白羊、楼烦王，遂取河南地。诏封青为长平侯；青校尉苏建、张次公皆有功。封建为平陵侯，次公为岸头侯。

主父偃言："河南地肥饶，外阻河，蒙恬城之以逐匈奴，内省转输戍漕，广中国，灭胡之本也。"上下公卿议，皆言不便。上竟用偃计，立朔方郡①，使苏建兴十余万人筑朔方城，复缮故秦时蒙恬所为塞，因河为固。转漕甚远，自山东咸被其劳，费数十百巨万，府库并虚；汉亦弃上谷之斗辟县造阳地以予胡②。

三月，乙亥晦，日有食之。

夏，募民徙朔方十万口。

【注释】

①朔方郡：西汉元朔二年（前127）置，治所在朔方（今内蒙古杭锦旗

北)，辖境相当今内蒙古河套西北部及后套地区。②造阳：地名。在今河北独石口附近。

主父偃说上曰："茂陵初立[1]，天下豪桀，并兼之家，乱众之民，皆可徙茂陵；内实京师，外销奸猾，此所谓不诛而害除。"上从之，徙郡国豪桀及訾三百万以上于茂陵。

轵人郭解[2]，关东大侠也，亦在徙中。卫将军为言："郭解家贫，不中徙。"上曰："解，布衣，权至使将军为言，此其家不贫。"卒徙解家。解平生睚眦杀人甚众，上闻之，下吏捕治解，所杀皆在赦前。轵有儒生侍使者坐，客誉郭解，生曰："解专以奸犯公法，何谓贤！"解客闻，杀此生，断其舌。吏以此责解，解实不知杀者，杀者亦竟绝，莫知为谁。吏奏解无罪，公孙弘议曰："解，布衣，为任侠行权，以睚眦杀人[3]；解虽弗知，此罪甚于解杀之，当大逆无道。"遂族郭解。

班固曰：古者天子建国，诸侯立家，自卿大夫以至于庶人，各有等差，是以民服事其上而下无觊觎[4]。周室既微，礼乐、征伐自诸侯出；桓、文之后，大夫世权，陪臣执命。陵夷至于战国，合从连衡，由是列国公子，魏有信陵，赵有平原，齐有孟尝，楚有春申，皆藉王公之势，竞为游侠，鸡鸣狗盗，无不宾礼。而赵相虞卿，弃国捐君，以周穷交魏齐之厄；信陵无忌，窃符矫命，戮将专师，以赴平原之急；皆以取重诸侯，显名天下，扼腕而游谈者，以四豪为称首。于是背公死党之议成，守职奉上之义废矣。及至汉兴，禁网疏阔，未知匡改也。是故代相陈豨从车千乘，而吴濞、淮南皆招宾客以千数；外戚大臣魏其、武安之属竞逐于京师，布衣游侠剧孟、郭解之徒驰骛于闾阎、权行州域，力折公侯，众庶荣其名迹，觊而慕之。虽其陷于刑辟，自与杀身成名，若季路、仇牧，死而不悔。故曾子曰："上失其道，民散久矣。"非明主在上，示之以好恶，齐之以礼法，民曷由知禁而反正乎！古之正法：五伯，三王之罪人也；而六国，五伯之罪人也；夫四豪者，又六国之罪人也。况于郭解之伦，以匹夫之细，窃杀生之权，其罪已不容于诛矣。

观其温良泛爱，振穷周急，谦退不伐，亦皆有绝异之姿。惜乎，不入于道德，苟放纵于末流，杀身亡宗，非不幸也。

荀悦论曰：世有三游，德之贼也：一曰游侠，二曰游说，三曰游行。立气势，作威福，结私交以立强于世者，谓之游侠；饰辩辞，设诈谋，驰逐于天下以要时势者，谓之游说；色取仁以合时好，连党类，立虚誉以为权利者，谓之游行。此三者，乱之所由生也；伤道害德，败法惑世，先王之所慎也。国有四民，各修其业；不由四民之业者，谓之奸民。奸民不生，王道乃成。

凡此三游之作，生于季世，周、秦之末尤甚焉。上不明，下不正，制度不立，纲纪弛废；以毁誉为荣辱，不核其真；以爱憎为利害，不论其实；以喜怒为赏罚，不察其理。上下相冒，万事乖错，是以言论者计薄厚而吐辞，选举者度亲疏而举笔，善恶谬于众声，功罪乱于王法。然则利不可以义求，害不可以道避也。是以君子犯礼，小人犯法，奔走驰骋，越职僭度，饰华废实，竞趋时利。简父兄之尊而崇宾客之礼，薄骨肉之恩而笃朋友之爱，忘修身之道而求众人之誉，割衣食之业以供飨宴之好，苞苴盈于门庭，聘问交于道路，书记繁于公文，私务众于官事，于是流俗成而正道坏矣。

是以圣王在上，经国序民，正其制度；善恶要于功罪而不淫于毁誉，听其言而责其事，举其名而指其实。故实不应其声者谓之虚，情不覆其貌者谓之伪，毁誉失其真者谓之诬，言事失其类者谓之罔。虚伪之行不得设，诬罔之辞不得行，有罪恶者无侥幸，无罪过者不忧惧，请谒无所行，货赂无所用，息华文，去浮辞，禁伪辩，绝淫智，放百家之纷乱，壹圣人之至道，养之以仁惠，文之以礼乐，则风俗定而大化成矣。

【注释】

①茂陵：汉武帝刘彻墓，在今陕西兴平市东北。　②轵：县名，西汉置，治所在今河南济源市南。郭解：西汉武帝时游侠。少时任侠自喜，屡犯公法，均得赦免。及长，折节为俭，常以德报怨，远近豪贤争附之。后杀扬季主，亡命太原。久之被获，族诛。　③睚眦（yá zì 牙渍）：发怒时

瞪眼,借指极小的怨恨。 ④觊觎(jì yú 济俞):非分地希望或企图得到。

燕王定国与父康王姬奸,夺弟妻为姬。杀肥如令郢人[①],郢人兄弟上书告之,主父偃从中发其事。公卿请诛定国,上许之。定国自杀,国除。

齐厉王次昌亦与其姊纪翁主通。主父偃欲纳其女于齐王,齐纪太后不许。偃因言于上曰:"齐临菑十万户,市租千金,人众殷富,巨于长安,非天子亲弟、爱子,不得王此。今齐王于亲属益疏,又闻与其姊乱,请治之!"于是帝拜偃为齐相,且正其事。偃至齐,急治王后宫宦者,辞及王;王惧,饮药自杀。偃少时游齐及燕、赵,及贵,连败燕、齐。赵王彭祖惧,上书告主父偃受诸侯金,以故诸侯子弟多以得封者。及齐王自杀,上闻,大怒,以为偃劫其王令自杀,乃征下吏。偃服受诸侯金,实不劫王令自杀。上欲勿诛,公孙弘曰:"齐王自杀,无后,国除为郡入汉,主父偃本首恶。陛下不诛偃,无以谢天下。"乃遂族主父偃。

张欧免,上欲以蓼侯孔臧为御史大夫[②]。臧辞曰:"臣世以经学为业,乞为太常,典臣家业,与从弟侍中安国纲纪古训,使永垂来嗣。"上乃以臧为太常,其礼赐如三公。

三年 冬,匈奴军臣单于死,其弟左谷蠡王伊稚斜自立为单于[③],攻破军臣单于太子於单,於单亡降汉。

【注释】

①肥如:县名。西汉置,燕国的属县,治所在今河北卢龙县北。 ②蓼:县名。西汉置,衡山国的属县,蓼即春秋之蓼国。 ③左谷蠡王:匈奴官名。匈奴有左、右蠡王,其职在左右贤王之下。谷蠡,音"鹿黎"。

以公孙弘为御史大夫。是时,方通西南夷,东置苍海,北筑朔方之郡。公孙弘数谏,以为罢敝中国以奉无用之地,愿罢之。天子使朱买臣等难以置朔方之便,发十策,弘不得一。弘乃谢曰:"山东鄙人,不知其便若是,愿罢西南夷、苍海而专奉朔方。"上乃许之。春,罢苍海郡。

弘为布被，食不重肉。汲黯曰："弘位在三公，奉禄甚多；然为布被，此诈也。"上问弘，弘谢曰："有之。夫九卿与臣善者无过黯，然今日廷诘弘，诚中弘之病。夫以三公为布被，与小吏无差，诚饰诈，欲以钓名，如汲黯言。且无汲黯忠，陛下安得闻此言！"天子以为谦让，愈益尊之。

三月，赦天下。

夏，四月，丙子，封匈奴太子於单为涉安侯，数月而卒。

初，匈奴降者言："月氏故居敦煌、祁连间[①]，为强国，匈奴冒顿攻破之。老上单于杀月氏王，以其头为饮器。余众遁逃远去，怨匈奴，无与共击之。"上募能通使月氏者。汉中张骞以郎应募[②]，出陇西，径匈奴中；单于得之，留骞十余岁。骞得间亡，乡月氏西走，数十日，至大宛[③]。大宛闻汉之饶财，欲通不得，见骞，喜，为发导译抵康居[④]，传致大月氏。大月氏太子为王，既击大夏[⑤]，分其地而居之，地肥饶，少寇，殊无报胡之心。骞留岁余，竟不能得月氏要领，乃还；并南山，欲从羌中归，复为匈奴所得，留岁余。会伊稚斜逐於单，匈奴国内乱，骞乃与堂邑氏奴甘父逃归。上拜骞为太中大夫，甘父为奉使君。骞初行时百余人，去十三岁，唯二人得还。

【注释】

①月氏（zhī 支）：西域国名。其族先居今甘肃敦煌市与青海祁连县之间。汉文帝时被匈奴攻破，西迁至今伊犁河上游，击大夏，占塞种

《张骞通西域》壁画（摹本）

故地，称大月氏；其余不能去者，入祁连山区，称小月氏。　②张骞（？—前144）：西汉外交家。汉中成固（今陕西城固县东）人。数次出使西域，与中亚各国建立了友好关系，他对促进中外经济文化交流颇多贡献。张骞官至大行，封博望侯。　③大宛：西域国名。在今中亚费尔干纳盆地。自张骞通西域后，与汉往来逐渐频繁。　④康居：西域国名，东临大宛，南接大朊。　⑤大夏：中亚细亚古国。亦称吐火罗。在兴都库什山与阿姆河上游之间（今阿富汗北部）。大夏文化多受希腊、印度和中国影响。

匈奴数万骑入塞，杀代郡太守恭，及略千余人。

六月，庚午，皇太后崩。

秋，罢西夷，独置南夷、夜郎两县、一都尉，稍令犍为自葆就，专力城朔方。

匈奴又入雁门，杀略千余人。

是岁，中大夫张汤为廷尉。汤为人多诈，舞智以御人。时上方乡文学，汤阳浮慕，事董仲舒、公孙弘等；以千乘兒宽为奏谳掾[①]，以古法义决疑狱。所治：即上意所欲罪，与监、史深祸者；即上意所欲释，与监、史轻平者；上由是悦之。汤于故人子弟调护之尤厚；其造请诸公，不避寒暑。是以汤虽文深、意忌、不专平，然得此声誉。汲黯数质责汤于上前曰："公为正卿[②]，上不能褒先帝之功业，下不能抑天下之邪心，安国富民，使囹圄空虚，何空取高皇帝约束纷更之为！而公以此无种矣。"黯时与汤论议，汤辩常在文深小苛；黯伉厉守高[③]，不能屈，忿发，骂曰："天下谓刀笔吏不可以为公卿，果然！必汤也，令天下重足而立，侧目而视矣！"

四年　冬，上行幸甘泉。

夏，匈奴入代郡、定襄、上郡[④]，各三万骑，杀略数千人。

【注释】

①兒（ní泥）宽（？—前103）：西汉大臣、水利家。千乘（今山东高青东县南）人。先任左内史，后任御史大夫。在任期间，重视水利建设，调发民工，于郑国渠上流南岸，开发六条小渠，史称"六辅渠"，使得周围高地得以灌溉。　②正卿：汉代官制规定，在九卿之外，又有列于九卿者，

故称九卿为正卿。　③伉厉:高傲,严峻。　④定襄:郡名。西汉分云中郡置。治所在成乐(今内蒙古和林格尔县西北土城子)。上郡:郡名。战国魏文侯置。治所在肤施(今陕西榆林市东南)。

资治通鉴卷第十九

汉纪十一 起强圉大荒落，尽玄黓阉茂，凡六年。

世宗孝武皇帝中之上

元朔五年 冬，十一月，乙丑，薛泽免。以公孙弘为丞相，封平津侯。丞相封侯自弘始[①]。

时上方兴功业，弘于是开东阁以延贤人[②]，与参谋议。每朝觐奏事，因言国家便宜，上亦使左右文学之臣与之论难。弘尝奏言：“十贼彍弩，百吏不敢前。请禁民毋得挟弓弩，便。”上下其议。侍中吾丘寿王对曰：“臣闻古者作五兵[③]，非以相害，以禁暴讨邪也。秦兼天下，销甲兵，折锋刃；其后民以耰鉏、箠梃相挞击，犯法滋众，盗贼不胜，卒以乱亡。故圣王务教化而省禁防，知其不足恃也。礼曰‘男子生，桑弧、蓬矢以举之’，明示有事也。大射之礼，自天子降及庶人，三代之道也。愚闻圣王合射以明教矣，未闻弓矢之为禁也。且所为禁者，为盗贼之以攻夺也；攻夺之罪死；然而不止者，大奸之于重诛，固不避也。臣恐邪人挟之而吏不能止，良民以自备而抵法禁，是擅贼威而夺民救也。窃以为大不便。”书奏，上以难弘，弘诎服焉。

弘性意忌，外宽内深；诸尝与弘有隙，无近远，虽阳与善，后竟报其过。董仲舒为人廉直，以弘为从谀，弘嫉之。胶西王端骄恣，数犯法，所杀伤二千石甚众。弘乃荐仲舒为胶西相；仲舒以病免。汲黯常毁儒，面触弘，弘欲诛之以事，乃言上曰：“右内史界部中多贵臣、宗室，难治，非素重臣不能任，请徙黯为右内史。”上从之。

春，大旱。

【注释】

①汉初常以列侯为丞相，公孙弘担任丞相后才封为平津侯，所以说丞相封侯从公孙弘开始。 ②东阁：颜师古说：“阁，小门也，东向开之，避当庭门而引客，别于掾史官属也。”即指丞相府东门。 ③五兵：指矛、戟、弓、剑、戈五种兵器。

匈奴右贤王数侵扰朔方。天子令车骑将军青将三万骑出高阙[①]，卫尉苏建为游击将军，左内史李沮为强弩将军，太仆公孙贺为骑将军，代相李蔡为轻车将军，皆领属车骑将军，俱出朔方；大行李息、岸头侯张次公为将军，俱出右北平[②]；凡十余万人，击匈奴。右贤王以为汉兵远，不能至，饮酒，醉。卫青等兵出塞六七百里，夜至，围右贤王。右贤王惊，夜逃，独与壮骑数百驰，溃围北去。得右贤裨王十余人[③]，众男女万五千余人，畜数十百万，于是引兵而还。

至塞，天子使使者持大将军印，即军中拜卫青为大将军，诸将皆属焉。夏，四月，乙未，复益封青八千七百户，封青三子伉、不疑、登皆为列侯。青固谢曰：“臣幸得待罪行间，赖陛下神灵，军大捷，皆诸校尉力战之功也。陛下幸已益封臣青；臣青子在襁褓中，未有勤劳，上列地封为三侯，非臣待罪行间所以劝士力战之意也。”天子曰：“我非忘诸校尉功也。”乃封护军都尉公孙敖为合骑侯，都尉韩说为龙额侯，公孙贺为南窌侯，李蔡为乐安侯，校尉李朔为涉轵侯，赵不虞为随成侯，公孙戎奴为从平侯，李沮、李息及校尉豆如意皆赐爵关内侯。

于是青尊宠，于群臣无二，公卿以下皆卑奉之，独汲黯与亢礼。人或说黯曰：“自天子欲群臣下大将军，大将军尊重，君不可以不拜。”黯曰：“夫以大将军有揖客，反不重邪！”大将军闻，愈贤黯，数请问国家朝廷所疑，遇黯加于平日。大将军青虽贵，有时侍中，上踞厕而视之[④]；丞相弘燕见，上或时不冠；至如汲黯见，上不冠不见也。上尝坐武帐中，黯前奏事，上不冠，望见黯，避帐中，使人可其奏。其见敬礼如此。

夏,六月,诏曰:“盖闻导民以礼,风之以乐。今礼坏、乐崩,朕甚闵焉。其令礼官劝学兴礼以为天下先!”于是丞相弘等奏:“请为博士官置弟子五十人,复其身;第其高下,以补郎中、文学、掌故[5];即有秀才异等,辄以名闻;其不事学若下材,辄罢之。又,吏通一艺以上者,请皆选择以补右职。”上从之。自此公卿、大夫、士、吏彬彬多文学之士矣。

【注释】

①高阙:地名。在今内蒙古杭锦后旗东北。阴山山脉至此中断,成一缺口,望若门阙,故名。 ②右北平:郡名。战国燕置。秦治所在无终(今天津蓟州区),西汉移治平刚(今辽宁凌源市西南)。 ③裨(pí 皮):副佐的。 ④踞厕:踞,坐也;厕,床边侧也。古代天子如坐在床沿会见大臣,有轻视之意。 ⑤掌故:官名,主掌宫府典籍、档案。

秋,匈奴万骑入代,杀都尉朱英,略千余人。

初,淮南王安[1],好读书属文,喜立名誉,招致宾客方术之士数千人。其群臣、宾客,多江、淮间轻薄士,常以厉王迁死感激安。建元六年,彗星见,或说王曰:“先吴军时,彗星出,长数尺,然尚流血千里。今彗星竟天,天下兵当大起。”王心以为然,乃益治攻战具,积金钱。

郎中雷被获罪于太子迁,时有诏,欲从军者辄诣长安,被即愿奋击匈奴。太子恶被于王,斥免之,欲以禁后。是岁,被亡之长安,上书自明。事下廷尉治,踪迹连王,公卿请逮捕治王。太子迁谋令人衣卫士衣,持戟居王旁,汉使有非是者,即刺杀之,因发兵反。天子使中尉宏即讯王,王视中尉颜色和,遂不发。公卿奏:“安壅阏奋击匈奴者[2],格明诏,当弃市。”诏削二县。既而安自伤曰:“吾行仁义,反见削地。”耻之,于是为反谋益甚。

安与衡山王赐相责望,礼节间不相能。衡山王闻淮南王有反谋,恐为所并,亦结宾客为反具,以为淮南已西,欲发兵定江、淮之间而有之。衡山王后徐来谮太子爽于王,欲废之而立其弟孝。王囚太子而佩孝以王印,令招致宾客。宾客来者微知淮南、衡山有逆计，日夜从容劝之。王乃使孝客江都人枚赫、陈喜作辅车、锻矢，刻天子玺、将相军吏印。秋，衡山王当入朝，过淮南；淮南王乃昆弟语，除前隙，约束反具。衡山王即上书谢病，上赐书不朝。

《淮南子》书影

【注释】

①淮南：郡国名。汉高帝五年（前202）以九江、衡山、庐江、豫章四郡置淮南国，治所在六安县（今安徽六安市北），旋徙寿春（今安徽寿县）。元狩初，国除，为九江郡。 ②壅阏（è 饿）：阻塞。

六年 春，二月，大将军青出定襄[1]，击匈奴；以合骑侯公孙敖为中将军，太仆公孙贺为左将军[2]，翕侯赵信为前将军，卫尉苏建为右将军，郎中令李广为后将军，左内史李沮为强弩将军，咸属大将军；斩首数千级而还[3]，休士马于定襄、云中、雁门。

赦天下。

夏，四月，卫青复将六将军出定襄，击匈奴，斩首虏万余人。右将军建、前将军信并军三千余骑独逢单于兵，与战一日余，汉兵且尽。信故胡小王，降汉，汉封为翕侯，及败，匈奴诱之，遂将其余骑可八百降匈奴。建尽亡其军，脱身亡，自归大将军。

议郎周霸曰[4]："自大将军出，未尝斩裨将。今建弃军，可斩，以明将军之威。"军正闳[5]、长史安曰："不然。《兵法》：'小敌之坚，大敌之禽也。'今建以数千当单于数万，力战一日余，士尽，不敢有二心，自归，而斩之，是示后无反意也，不当斩。"大将军曰："青幸得以肺腑待罪行间，不患无威，而霸说我以明威，甚失臣意。且使臣职虽当斩将，以臣之尊宠而不敢自擅诛于境外，而俱归天子，天子自裁之，于以见为人臣不敢专权，不亦可乎？"军吏皆曰："善！"遂囚建诣行在所[6]。

初,平阳县吏霍仲孺给事平阳侯家,与青姊卫少儿私通,生霍去病⑦。去病年十八,为侍中,善骑射,再从大将军击匈奴,为票姚校尉,与轻骑勇八百,直弃大军数百里赴利,斩捕首虏过当。于是天子曰:“票姚校尉去病,斩首虏二千余级,得相国、当户⑧,斩单于大父行藉若侯产,生捕季父罗姑,比再冠军,封去病为冠军侯。上谷太守郝贤四从大将军,捕斩首虏二千余级,封贤为众利侯。”

是岁,失两将军,亡翕侯,军功不多,故大将军不益封,止赐千金。右将军建至,天子不诛,赎为庶人。

单于既得翕侯,以为自次王,用其姊妻之,与谋汉。信教单于益北绝幕,以诱罢汉兵,徼极而取之,无近塞。单于从其计。

是时,汉比岁发十余万众击胡,斩捕首虏之士受赐黄金二十余万斤,而汉军士马死者十余万,兵甲转漕之费不与焉。于是大司农经用竭,不足以奉战士。六月,诏令民得买爵及赎禁锢,免臧罪。置赏官,名曰武功爵,级十七万,凡直三十余万金。诸买武功爵至千夫者,得先除为吏。吏道杂而多端,官职秏废矣。

【注释】

①定襄:郡名。西汉置,治所在成乐县(今内蒙古和林格尔县西北土城子)。 ②公孙贺:西汉大臣,北地义渠(今甘肃庆阳市)人。其妻为卫皇后姊。武帝为太子时,他为太子舍人。武帝即位,迁至太仆,因与武帝有姻戚关系而得宠。后因从卫青出征,有功,封为南窌侯。数年后为丞相。其子敬声为太仆,父子俱居公卿位。征和中年,敬声因擅用军费事下狱。他为营救儿子,牵连下狱,父子俱死狱中。 ③级:秦代法律规定,斩首一,赐爵一级,因此,后人称斩首为级。 ④议郎:官名。属郎中令,秩比六百石。 ⑤军正:官名。汉代军队在出征或行进中,设置军正,掌举军法,以正军中。 ⑥行在所:古人认为天子以四海为家,因此把天子居住的地方称为行在所。 ⑦霍去病(前140—前117):西汉名将。河东平阳(今山西临汾市西南)人。官至骠骑将军,封冠军侯,后任大司马。武帝时,匈奴攻扰北方诸郡,他于元狩二年(前121)两次率兵击败匈奴,斩获四万余人,控制河西四郡,开辟了通往西域的走廊。四年,又和卫青深入漠北,击败匈奴主力,控制了河套地区。他先后六次出击匈奴。后来他病故时,年仅二十四岁。 ⑧当户:匈奴官名,在左右大都尉之下。

元狩元年 冬，十月，上行幸雍，祠五畤[①]，获兽，一角而足有五蹄。有司言："陛下肃祗郊祀，上帝报享，锡一角兽，盖麟云[②]。"于是以庆五畤，畤加一牛，以燎。久之，有司又言："元宜以天瑞命，不宜以一二数，一元曰建，二元以长星曰光，今元以郊得一角兽曰狩云。"于是济北王以为天子且封禅，上书献泰山及其旁邑；天子以他县偿之。

淮南王安与宾客左吴等日夜为反谋，按舆地图，部署兵所从入。诸使者道长安来，为妄言，言"上无男，汉不治"，即喜；即言"汉廷治，有男"，王怒，以为妄言，非也。

王召中郎伍被与谋反事，被曰："王安得此亡国之言乎？臣见宫中生荆棘，露沾衣也！"王怒，系伍被父母，囚之。三月，复召问之，被曰："昔秦为无道，穷奢极虐，百姓思乱者十家而六七。高皇帝起于行陈之中，立为天子，此所谓蹈瑕候间，因秦之亡而动者也。今大王见高皇帝得天下之易也，独不观近世之吴、楚乎！夫吴王王四郡，国富民众，计定谋成，举兵而西；然破于大梁，奔走而东，身死祀绝者何？诚逆天道而不知时也。方今大王之兵，众不能十分吴、楚之一，天下安宁，万倍吴、楚之时，大王不从臣之计，今见大王弃千乘之君，赐绝命之书，为群臣先死于东宫也。"王涕泣而起。

王有孽子不害，最长，王弗爱，王后、太子皆不以为子、兄数。不害有子建，材高有气，常怨望太子，阴使人告太子谋杀汉中尉事，下廷尉治。

王患之，欲发，复问伍被曰："公以为吴兴兵，是邪，非邪？"被曰："非也。臣闻吴王悔之甚，愿王无为吴王之所悔。"王曰："吴何知反！汉将一日过成皋者四十余人[③]；今我绝成皋之口，据三川之险[④]，招山东之兵，举事如此，左吴、赵贤、朱骄如皆以为什事九成，公独以为有祸无福，何也？必如公言，不可徼幸邪？"被曰："必不得已，被有愚计。当今诸侯无异心，百姓无怨气，可伪为丞相、御史请书，徙郡国豪桀高赀于朔方，益发甲卒，急其会日；又伪为诏狱书，逮诸侯太子、幸臣；如此，则民怨，诸侯惧，即使辩士随而说之，傥可徼幸什得一乎！”王曰：“此可也。虽然，吾以为不至若此。”

于是王乃作皇帝玺，丞相、御史大夫、将军、军吏、中二千石及旁近郡太守、都尉印，汉使节。欲使人伪得罪而西，事大将军，一日发兵，即刺杀大将军。且曰：“汉廷大臣，独汲黯好直谏，守节死义，难惑以非，至如说丞相弘等，如发蒙振落耳！”

王欲发国中兵，恐其相、二千石不听，王乃与伍被谋，先杀相、二千石。又欲令人衣求盗衣，持羽檄从东方来，呼曰：“南越兵入界！”欲因以发兵。

会廷尉逮捕淮南太子，淮南王闻之，与太子谋，召相、二千石，欲杀而发兵。召相，相至，内史、中尉皆不至。王念，独杀相，无益也，即罢相。王犹豫，计未决。太子即自刭，不殊。

伍被自诣吏，告与淮南王谋反踪迹如此。吏因捕太子、王后，围王宫，尽求捕王所与谋反宾客在国中者，索得反具，以上。下公卿治其党与，使宗正以符节治王。未至，十一月，淮南王安自刭。杀王后荼、太子迁，诸所与谋反者皆族。

天子以伍被雅辞多引汉之美，欲勿诛。廷尉汤曰：“被首为王画反计，罪不可赦。”乃诛被。侍中庄助素与淮南王相结交，私论议，王厚赂遗助；上薄其罪，欲勿诛。张汤争，以为：“助出入禁门，腹心之臣，而外与诸侯交私如此；不诛，后不可治。”助竟弃市。

衡山王上书，请废太子爽，立其弟孝为太子。爽闻，即遣所善白嬴之长安上书，言“孝作辅车、锻矢，与王御者奸”，欲以败孝。会有司捕所与淮南王谋反者，得陈喜于衡山王子孝家，吏劾孝首匿喜。孝闻“律：先自告，除其罪”，即先自告所与谋反者枚赫、陈喜等。公卿请逮捕衡山王治之，王自刭死。王后徐来、太子爽及孝皆弃市，所与谋反者皆族。

凡淮南、衡山二狱，所连引列侯、二千石、豪桀等，死者数万人。

【注释】

①畤（zhì 治）：古代祭天地和五帝的处所。　②麟（lín 临）：麒麟的简称。古代传说中的一种神兽，体态像鹿，身有鳞甲。古人把它作为祥

瑞的象征。 ③成皋：县名。汉置，治所在今河南荥阳市汜水镇西，形势险要。 ④三川：郡名。战国韩宣王置，以境内有河（黄河）雒（洛）伊三川得名。秦庄襄王时治所在雒阳（今河南洛阳市东北），一说在荥阳。汉高帝二年（前205）改为河南郡。

夏，四月，赦天下。

丁卯，立皇子据为太子，年七岁。

五月，乙巳晦，日有食之。

匈奴万人入上谷，杀数百人。

初，张骞自月氏还，具为天子言西域诸国风俗："大宛在汉正西，可万里。其俗土著①，耕田；多善马，马汗血②；有城郭、室屋，如中国。其东北则乌孙③，东则于阗④。于阗之西，则水皆西流注西海⑤，其东，水东流注盐泽⑥。盐泽潜行地下，其南则河源出焉。盐泽去长安可五千里。匈奴右方居盐泽以东，至陇西长城，南接羌，鬲汉道焉。乌孙、康居、奄蔡⑦、大月氏，皆行国，随畜牧，与匈奴同俗。大夏在大宛西南，与大宛同俗。臣在大夏时，见邛竹杖、蜀布，问曰：'安得此？'大夏国人曰：'吾贾人往市之身毒⑧。'身毒在大夏东南可数千里，其俗土著，与大夏同。以骞度之，大夏去汉万二千里，居汉西南；今身毒国又居大夏东南数千里，有蜀物，此其去蜀不远矣。今使大夏，从羌中，险，羌人恶之；少北，则为匈奴所得；从蜀，宜径，又无寇。"

天子既闻大宛及大夏、安息之属⑨，皆大国，多奇物，土著，颇与中国同业，而兵弱，贵汉财物。其北有大月氏、康居之属，兵强，可以赂遗设利朝也。诚得而以义属之，则广地万里，重九译，致殊俗，威德遍于四海，欣然以骞言为然。乃令骞因蜀、犍为发间使王然于等四道并出，出駹，出冉，出徙，出邛、僰，指求身毒国，各行一二千里，其北方闭氐、莋，南方闭嶲、昆明。昆明之属无君长，善寇盗，辄杀略汉使，终莫得通。于是汉以求身毒道，始通滇国。滇王当羌谓汉使者曰："汉孰与我大？"及夜郎侯亦然。以道不通，故各自以为一州主，不知汉广大。使者还，因盛言滇大国，足事亲附；天子注意焉，乃复事西南夷。

【注释】

①土著:指有固定的城郭田宅,不随畜牧迁徙的少数民族。 ②马汗血:大宛所产的一种名马,据说它的汗好像血一样,能日行千里。③乌孙:西域国名。乌孙先居敦煌、祁连之间,后逐大月氏而建乌孙国。在今新疆温宿县以北、伊宁市以南的地方。 ④于阗:即今新疆和田市。⑤西海:指经印度、伊朗再注入西边大海。 ⑥盐泽:汉代亦名蒲昌海,即今新疆罗布泊。 ⑦奄蔡:西域国名。后人考证在今克里米亚半岛。⑧身(juān 捐)毒:后称天竺,即今印度。 ⑨安息:即今伊朗。

二年 冬,十月,上幸雍,祠五畤。

三月,戊寅,平津献侯公孙弘薨。壬辰,以御史大夫乐安侯李蔡为丞相,廷尉张汤为御史大夫。

霍去病为票骑将军,将万骑出陇西,击匈奴,历五王国,转战六日,过焉支山千余里[①],杀折兰王[②],斩卢侯王[③],执浑邪王子及相国、都尉,获首虏八千九百余级,收休屠王祭天金人。诏益封去病二千户。

夏,去病复与合骑侯公孙敖将数万骑俱出北地,异道。卫尉张骞、郎中令李广俱出右北平,异道。广将四千骑先行,可数百里,骞将万骑在后。匈奴左贤王将四万骑围广,广军士皆恐;广乃使其子敢独与数十骑驰贯胡骑,出其左右而还,告广曰:“胡虏易与耳!”军士乃安。广为圜陈,外向,胡急击之,矢下如雨,汉兵死者过半,汉矢且尽。广乃令士持满毋发,而广身自以大黄射其裨将,杀数人,胡虏益解。会日暮,吏士皆无人色,而广意气自如,益治军,军中皆服其勇。明日,复力战,死者过半,所杀亦过当。会博望侯军亦至[④],匈奴军乃解去。汉军罢,弗能追,罢归。汉法:博望侯留迟后期,当死,赎为庶人。广军功自如,无赏。而票骑将军去病深入二千余里,与合骑侯失,不相得。票骑将军逾居延,过小月氏,至祁连山,得单桓、酋涂王,及相国、都尉以众降者二千五百人,斩首虏三万二百级,获裨小王七十余人。天子益封去病五千户,封其裨将有功者鹰击司马赵破奴为从票侯,校尉高不识为宜冠侯,校尉仆多为辉渠侯[⑤]。合骑侯敖坐行留不与票骑会,当斩,赎为庶人。

是时，诸宿将所将士、马、兵皆不如票骑，票骑所将常选；然亦敢深入，常与壮骑先其大军；军亦有天幸，未尝困绝也。而诸宿将常留落不偶，由此票骑日以亲贵，比大将军矣。

匈奴入代、雁门，杀略数百人。

【注释】

①焉支山：一名删丹山，在今甘肃山丹县东南五十里。 ②折兰：匈奴国一部落名。 ③卢侯：匈奴国一部落。 ④博望：县名。西汉置，治所在今河南方城县西南。 ⑤仆多：原为匈奴人，后投降汉朝，因功被封为煇渠侯。

江都王建与其父易王所幸淖姬等及女弟征臣奸。建游雷陂[1]，天大风，建使郎二人乘小船入陂中，船覆，两郎溺，攀船，乍见乍没；建临观大笑，令勿救，皆死。凡杀不辜三十五人，专为淫虐。自知罪多，恐诛，与其后成光共使越婢下神，祝诅上。又闻淮南、衡山阴谋，建亦作兵器，刻皇帝玺，为反具。事发觉，有司请捕诛；建自杀，后成光等皆弃市，国除。

胶东康王寄薨。

秋，匈奴浑邪王降。是时，单于怒浑邪王、休屠王居西方为汉所杀虏数万人，欲召诛之。浑邪王与休屠王恐，谋降汉，先遣使向边境要遮汉人，令报天子。是时，大行李息将城河上，得浑邪王使，驰传以闻。天子闻之，恐其以诈降而袭边，乃令票骑将军将兵往迎之。休屠王后悔，浑邪王杀之，并其众。票骑既渡河，与浑邪王众相望。浑邪王裨将见汉军，而多不欲降者，颇遁去。票骑乃驰入，得与浑邪王相见，斩其欲亡者八千人，遂独遣浑邪王乘传先诣行在所，尽将其众渡河。降者四万余人，号称十万。既至长安，天子所以赏赐者数十巨万；封浑邪王万户，为漯阴侯，封其裨王呼毒尼等四人皆为列侯；益封票骑千七百户。

浑邪之降也，汉发车二万乘以迎之，县官无钱，从民贳马[2]，民或匿马，马不具。上怒，欲斩长安令，右内史汲黯曰："长安令无罪，独斩臣黯，民乃肯出马。且匈奴畔其主而降汉，汉徐以县次传之，何至令天下骚动，罢敝中国而以事夷狄之人乎！”上默然。及浑邪至，贾人与市者坐当死五百余人，黯请间见高门[③]，曰：“夫匈奴攻当路塞，绝和亲，中国兴兵诛之，死伤者不可胜计，而费以巨万百数。臣愚以为陛下得胡人，皆以为奴婢，以赐从军死事者家，所卤获，因予之，以谢天下之苦，塞百姓之心。今纵不能，浑邪率数万之众来降，虚府库赏赐，发良民侍养，譬若奉骄子，愚民安知市买长安中物，而文吏绳以为阑出财物于边关乎！陛下纵不能得匈奴之资以谢天下，又以微文杀无知者五百余人，是所谓‘庇其叶而伤其枝’者也。臣窃为陛下不取也。”上默然不许，曰：“吾久不闻汲黯之言，今又复妄发矣！”

居顷之，乃分徙降者边五郡故塞外[④]，而皆在河南，因其故俗为五属国。而金城河西，西并南山至盐泽，空无匈奴，匈奴时有候者到而希矣。

休屠王太子日磾与母阏氏[⑤]、弟伦俱没入官，输黄门养马。久之，帝游宴，见马，后宫满侧，日磾等数十人牵马过殿下，莫不窃视，至日磾独不敢。日磾长八尺二寸，容貌甚严，马又肥好，上异而问之，具以本状对；上奇焉，即日赐汤沐、衣冠，拜为马监，迁侍中、驸马都尉、光禄大夫。日磾既亲近，未尝有过失，上甚信爱之；赏赐累千金，出则骖乘，入侍左右。贵戚多窃怨曰：“陛下妄得一胡儿，反贵重之。”上闻，愈厚焉。以休屠作金人为祭天主，故赐日磾姓金氏。

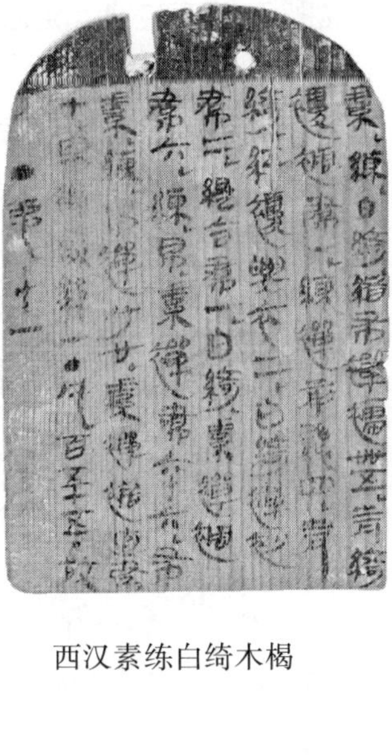

西汉素练白绮木楬

【注释】

①雷陂：即广陵之雷塘，在今江苏扬州市西北。　②贳（shì 市）：赊欠；出赁。　③高门：殿名。据《三辅黄图》说：未央宫中建有高门殿。④五郡：指陇西、北地、上郡、朔方、云中五郡。故塞：秦时与匈奴所筑

的关塞。 ⑤日磾(mì dī 密低)(前134—前86):西汉大臣。本匈奴休屠王太子。匈奴单于因休屠、浑邪二王被霍去病击败,欲以罪诛之。二王恐,共谋降汉。既而休屠后悔不降,被浑邪王所杀,尽并其众降汉。他亦没入汉宫,输黄门养马,时年十四岁。后武帝见他养马有方,拜为马监,迁侍中驸马都尉光禄大夫。昭帝即位时,他与霍光、桑弘羊同受遗诏辅政,封为秺侯。

三年 春,有星孛于东方。

夏,五月,赦天下。

淮南王之谋反也,胶东康王寄微闻其事。私作战守备。及吏治淮南事,辞出之[①]。寄母王夫人,即皇太后之女弟也,于上最亲,意自伤,发病而死,不敢置后。上闻而怜之,立其长子贤为胶东王;又封其所爱少子庆为六安王,王故衡山王地。

秋,匈奴入右北平、定襄,各数万骑,杀略千余人。

山东大水,民多饥乏。天子遣使者虚郡国仓廥以振贫民,犹不足,又募豪富吏民能假贷贫民者以名闻;尚不能相救,乃徙贫民于关以西及充朔方以南新秦中七十余万口[②],衣食皆仰给县官,数岁假予产业。使者分部护之,冠盖相望。其费以亿计,不可胜数。

汉既得浑邪王地,陇西、北地、上郡益少胡寇,诏减三郡戍卒之半,以宽天下之繇。

上将讨昆明,以昆明有滇池方三百里,乃作昆明池以习水战[③]。是时法既益严,吏多废免。兵革数动,民多买复及五大夫[④],征发之士益鲜。于是除千夫、五大夫为吏,不欲者出马。以故吏弄法,皆谪令伐棘上林,穿昆明池。

是岁,得神马于渥洼水中[⑤]。上方立乐府[⑥],使司马相如等造为诗赋;以宦者李延年为协律都尉,佩二千石印;弦次初诗以合八音之调[⑦]。诗多尔雅之文,通一经之士不能独知其辞,必集会《五经》家相与共讲习读之,乃能通知其意。及得神马,次以为歌。汲黯曰:“凡王者作乐,上以承祖宗,下以化兆民。今陛下得马,诗以为歌,协于宗庙,先帝百姓岂能知其音邪?”上默然不说。

上招延士大夫,常如不足;然性严峻,群臣虽素所爱信者,或小有犯法,或欺罔,辄按诛之,无所宽假。汲黯谏曰:“陛下求贤甚劳,未尽其用,辄已杀之。以有限之士恣无已之诛,臣恐天下贤才将尽,陛下谁与共为治乎!”黯言之甚怒,上笑而谕之曰:“何世无才,患人不能识之耳。苟能识之,何患无人!夫所谓才者,犹有用之器也,有才而不肯尽用,与无才同,不杀何施!”黯曰:“臣虽不能以言屈陛下,而心犹以为非;愿陛下自今改之,无以臣为愚而不知理也。”上顾群臣曰:“黯自言为便辟则不可⑧,自言为愚,岂不信然乎!”

【注释】

①辞出之:指供辞牵连而揭发出此事。②新秦中:地区名。亦称河南。在今内蒙古河套地区一带。秦始皇派蒙恬取得其地,临河筑城,移民屯戍。因地系新得,与故秦地相接,故名。汉武帝曾移关东贫民于此。③昆明池:故址在今陕西西安市西南斗门镇东南一片洼地。汉元狩三年(前120)为准备与昆明国作战训练水军和解决长安水源不足而开凿,方圆四十里。宋代以后湮为田地。④五大夫:秦汉时爵位分为二十级,五大夫为第九级,汉朝法律规定,从五大夫起就可免除徭役。⑤“得神马”句:据说南阳郡新野县人暴利长,因犯罪被发配到敦煌屯田垦荒,在渥洼水旁,常看见一匹奇异的马。他就与当地人一起捕到此马,呈献给武帝,故意说是从水里冒出来的,以神化此马。⑥乐府:古代音乐官署。乐府一说起于秦,但颜师古认为始于汉武帝时。乐府掌管朝会宴飨、道路游行时所用的音乐,兼采民间诗歌和乐曲。⑦八音:金、石、丝、竹、匏、土、革、木八种音调。⑧便辟:逢迎谄媚的样子。

四年 冬,有司言:“县官用度太空,而富商大贾冶铸、煮盐,财或累万金,不佐国家之急;请更钱造币以赡用,而摧浮淫并兼之徒。”是时,禁苑有白鹿而少府多银、锡,乃以白鹿皮方尺,缘以藻缋,为皮币,直四十万。王侯、宗室,朝觐、聘享必以皮币荐璧,然后得行。又造银、锡为白金三品;大者圜之,其文龙,直三千;次方之,其文马,直五百;小者椭之,其文龟,直三百①。令县官销半两钱②,更铸三铢钱,盗铸诸金钱罪皆死;而吏民之盗铸白金者不可胜数。

于是以东郭咸阳、孔仅为大农丞，领盐铁事；桑弘羊以计算用事[3]。咸阳，齐之大煮盐，仅，南阳大冶，皆致生累千金；弘羊，洛阳贾人子，以心计，年十三侍中。三人言利，事析秋毫矣。

诏禁民敢私铸铁器、煮盐者钛左趾[4]，没入其器物。公卿又请令诸贾人末作各以其物自占，率缗钱二千而一算[5]；及民有轺车若船五丈以上者，皆有算。匿不自占，占不悉，戍边一岁，没入缗钱。有能告者，以其半畀之。其法大抵出张汤。汤每朝奏事，语国家用，日晏，天子忘食；丞相充位，天下事皆决于汤。百姓骚动，不安其生，咸指怨汤。

初，河南人卜式[6]，数请输财县官以助边，天子使使问式："欲官乎？"式曰："臣少田牧，不习仕宦，不愿也。"使者问曰："家岂有冤，欲言事乎？"式曰："臣生与人无分争，邑人贫者贷之，不善者教之，所居人皆从式，式何故见冤于人！无所欲言也。"使者曰："苟如此，子何欲而然？"式曰："天子诛匈奴，愚以为贤者宜死节于边，有财者宜输委，如此而匈奴可灭也。"上由是贤之，欲尊显以风百姓，乃召拜式为中郎，爵左庶长，赐田十顷，布告天下，使明知之。未几，又擢式为齐太傅。

春，有星孛于东北。夏，有长星出于西北。

【注释】

①"大者圜之"句：汉人认为，天用莫如龙，地用莫如马，人用莫如龟，所以钱用这三种图案，以示区别。　②半两钱：建元五年（前136）废除三铢钱，改行半两钱。现在又恢复三铢钱，废除半两钱。　③桑弘羊（前152—前80）：西汉大臣。洛阳人，商人家庭出身，武帝时，任治粟都尉，领大司农。积极推行重农抑商政策，坚持将冶铁、煮盐和铸铁收归官营，充实国库。并设立平准、均输机构，控制全国商品，平抑物价，使商贾不得从中获取大利。昭帝年幼继位，他受武帝遗诏，与霍光等人辅政，任御史大夫，后与霍光争权，失败被杀。　④钛（dì 弟）：古代刑具，脚镣之类。　⑤缗（mín 民）：穿钱的绳子，亦指成串的钱，一千文为一缗。一算：一百二十钱。　⑥卜式：西汉官吏。今河南洛阳市人。少时以田畜为业。武帝时匈奴犯边，他上书朝廷，愿以家财之半捐公助边。武帝欲授以官职，他辞而不受。武帝试令其治县，有政绩，赐爵关内侯。元鼎

中，官至御史大夫，后因反对盐铁官营，加之不习文章，贬为太子太傅。

上与诸将议曰："翕侯赵信为单于画计，常以为汉兵不能度幕轻留[①]，今大发士卒，其势必得所欲。"乃粟马十万，令大将军青、票骑将军去病各将五万骑，私负从马复四万匹，步兵转者踵军后又数十万人，而敢力战深入之士皆属票骑。票骑始为出定襄，当单于；捕虏言单于东，乃更令票骑出代郡，令大将军出定襄。郎中令李广数自请行，天子以为老，弗许；良久，乃许之，以为前将军。太仆公孙贺为左将军，主爵都尉赵食其为右将军，平阳侯曹襄为后将军，皆属大将军。赵信为单于谋曰："汉兵既度幕，人马罢，匈奴可坐收虏耳。"乃悉远北其辎重，以精兵待幕北。

大将军既出塞，捕虏知单于所居，乃自以精兵走之，而令前将军广并于右将军军，出东道。东道回远而水草少，广自请曰："臣部为前将军，今大将军乃徙令臣出东道。且臣结发而与匈奴战[②]，今乃一得当单于，臣愿居前，先死单于。"大将军亦阴受上诫，以为"李广老，数奇，毋令当单于，恐不得所欲。"而公孙敖新失侯，大将军亦欲使敖与俱当单于，故徙前将军广。广知之，固自辞于大将军；大将军不听，广不谢而起行，意甚愠怒。

大将军出塞千余里，度幕，见单于兵陈而待。于是大将军令武刚车自环为营[③]，而纵五千骑往当匈奴；匈奴亦纵可万骑。会日且入，大风起，砂砾击面，两军不相见，汉益纵左右翼绕单于。单于视汉兵多而士马尚强，自度战不能如汉兵，单于遂乘六骡，壮骑可数百，直冒汉围，西北驰去。时已昏，汉匈奴相纷拿[④]，杀伤大当。汉军左校捕虏言，单于未昏而去，汉军发轻骑夜追之，大将军军因随其后，匈奴兵亦散走。迟明，行二百余里，不得单于，捕斩首虏万九千级，遂至窴颜山赵信城[⑤]，得匈奴积粟食军，留一日，悉烧其城余粟而归。

前将军广与右将军食其军无导，惑失道，后大将军，不及单于战。大将军引还，过幕南，乃遇二将军。大将军使长史责问广、食其失道状，急责广之幕府对簿。广曰："诸校尉无罪，乃我自失道，吾今自上簿至莫府。"广谓其麾下曰："广结发与匈奴大小七十余战，今幸从大将军出接单于兵，而大将军徙广部，行回远而又迷失道，岂非天哉！且广年六十余矣，终不能复对刀笔之吏！”遂引刀自刭。广为人廉，得赏赐辄分其麾下，饮食与士共之，为二千石四十余年，家无余财。猿臂，善射，度不中不发。将兵，乏绝之处见水，士卒不尽饮，广不近水，士卒不尽食，广不尝食；士以此爱乐为用。及死，一军皆哭；百姓闻之，知与不知，无老壮皆为垂涕。而右将军独下吏，当死，赎为庶人。

单于之遁走，其兵往往与汉兵相乱而随单于，单于久不与其大众相得。其右谷蠡王以为单于死，乃自立为单于。十余日，真单于复得其众，而右谷蠡王乃去其单于号。

票骑将军骑兵车重与大将军军等，而无裨将，悉以李敢等为大校，当裨将，出代、右北平二千余里，绝大幕，直左方兵[6]，获屯头王、韩王等三人，将军、相国、当户、都尉八十三人，封狼居胥山，禅于姑衍，登临翰海[7]，卤获七万四百四十三级。天子以五千八百户益封票骑将军；又封其所部右北平太守路博德等四人为列侯，从票侯破奴等二人益封，校尉敢为关内侯，食邑；军吏卒为官、赏赐甚多。而大将军不得益封，军吏卒皆无封侯者。

两军之出塞，塞阅官及私马凡十四万匹，而复入塞者不满三万匹。

乃益置大司马位，大将军、票骑将军皆为大司马，定令，令票骑将军秩禄与大将军等。自是之后，大将军青日退而票骑日益贵。大将军故人、门下士多去事票骑，辄得官爵，唯任安不肯。

票骑将军为人[8]，少言不泄，有气敢往。天子尝欲教之孙、吴兵法，对曰：“顾方略何如耳，不至学古兵法。”天子为治第，令票骑视之，对曰：“匈奴未灭，无以家为也！”由此上益重爱之。然少贵，不省士，其从军，天子为遣太官赍数十乘；既还，重车余弃粱肉，而士有饥者；其在塞外，卒乏粮或不能自振，而票骑尚穿域蹋鞠[9]；事多此类。大将军为人仁，喜士退让，以和柔自媚于上。两人志操如此。

是时，汉所杀虏匈奴合八九万，而汉士卒物故亦数万。是后匈奴远遁，而幕南无王庭。汉渡河自朔方以西至令居，往往通渠，置田官，吏卒五六万人，稍蚕食匈奴以北；然亦以马少，不复大出击匈奴矣。

匈奴用赵信计，遣使于汉，好辞请和亲。天子下其议，或言和亲，或言遂臣之。丞相长史任敞曰："匈奴新破困，宜可使为外臣，朝请于边。"汉使任敞于单于，单于大怒，留之不遣。是时，博士狄山议以为和亲便，上以问张汤，汤曰："此愚儒无知。"狄山曰："臣固愚，愚忠；若御史大夫汤，乃诈忠。"于是上作色曰："吾使生居一郡，能无使虏入盗乎？"曰："不能。"曰："居一县？"对曰："不能。"复曰："居一障间？"山自度，辩穷且下吏，曰："能。"于是上遣山乘障；至月余，匈奴斩山头而去。自是之后，群臣震慑，无敢忤汤者。

【注释】

①幕：即指沙漠。 ②结发：古代表示男子已经成年之礼，即结发初冠。 ③武刚车：即兵车。 ④纷拿：混乱的搏斗。 ⑤窴（tián 田）颜山：古山名。在匈奴境内，约为今蒙古高原杭爱山南面的一支。赵信城：赵信降匈奴后所筑之城。 ⑥左方兵：匈奴分其国为左右，左贤王主管东部兵马，右贤王主管西部兵马。中部由单于直接主管。 ⑦翰海：翰海在沙漠北面，有人认为是北海。 ⑧票骑：同"骠骑"，汉代将军称号，此指霍去病。 ⑨蹋鞠（jū 居）：鞠为古代的一种皮球，蹋鞠即踢球，其游戏规则已失传。

是岁，汲黯坐法免，以定襄太守义纵为右内史，河内太守王温舒为中尉。

先是，宁成为关都尉，吏民出入关者号曰："宁见乳虎，无值宁成之怒。"及义纵为南阳太守，至关，宁成侧行送迎；至郡，遂按宁氏，破碎其家；南阳吏民重足一迹。后徙定襄太守，初至，掩定襄狱中重罪、轻系二百余人，及宾客、昆弟私人视亦二百余人，一捕，鞠曰"为死罪解脱"[①]，是日，皆报杀四百余人，其后郡中不寒而栗。是时，赵禹、张汤以深刻为九卿，然其治尚辅法而行；纵专以鹰击为治。

王温舒始为广平都尉[②]，择郡中豪敢往吏十余人，以为爪牙，皆把其阴重罪，而纵使督盗贼。快其意所欲得，此人虽有百罪，弗法；即有避，因其事夷之，亦灭宗。以其故，齐、赵之郊盗贼不敢近广平，广平声为道不拾遗。迁河内太守；以九月至，令郡具私马五十疋为驿，捕郡中豪猾，相连坐千余家。上书请，大者至族，小者乃死，家尽没入偿臧[3]。奏行不过二三日得可，事论报，至流血十余里，河内皆怪其奏，以为神速。尽十二月，郡中毋声，毋敢夜行，野无犬吠之盗。其颇不得，失之旁郡国，追求。会春，温舒顿足叹曰："嗟乎！令冬月益展一月，足吾事矣！"

天子闻之，皆以为能，故擢为中二千石。

齐人少翁，以鬼神方见上。上有所幸王夫人卒[4]，少翁以方夜致鬼，如王夫人之貌，天子自帷中望见焉[5]。于是乃拜少翁为文成将军，赏赐甚多，以客礼礼之。文成又劝上作甘泉宫，中为台室，画天、地、太一诸鬼神而置祭具，以致天神。居岁余，其方益衰，神不至。乃为帛书以饭牛，佯不知，言曰："此牛腹中有奇。"杀视，得书，书言甚怪，天子识其手书，问其人，果是伪书；于是诛文成将军而隐之。

【注释】

①鞫（jū居）：审问。　②广平：郡国名。汉景帝中元元年（前149）分邯郸郡置郡。治所在广平（今河北鸡泽县东南）。　③臧：通过不正当的途径获得财物。　④王夫人：武帝宠妃，齐王刘闳的母亲。　⑤"少翁以方夜"三句：《汉书》把此事写到李夫人的传中，古今相承，都以为招的是李夫人的魂。但李夫人逝世时，少翁早已死亡。《通鉴》认为《汉书》记载有误，而根据《史记》的记载，认为是王夫人的事。

资治通鉴卷第二十

汉纪十二　起昭阳大渊献，尽重光协洽，凡九年。

世宗孝武皇帝中之下

元狩五年　春，三月，甲午，丞相李蔡坐盗孝景园壖地[①]，葬其中，当下吏，自杀。

罢三铢钱，更铸五铢钱。于是民多盗铸钱，楚地尤甚。

上以为淮阳[②]，楚地之郊，乃召拜汲黯为淮阳太守。黯伏谢不受印，诏数强予，然后奉诏。黯为上泣曰："臣自以为填沟壑，不复见陛下，不意陛下复收用之。臣常有狗马病，力不能任郡事。臣愿为中郎，出入禁闼[③]，补过拾遗，臣之愿也。"上曰："君薄淮阳邪？吾今召君矣。顾淮阳吏民不相得，吾徒得君之重，卧而治之。"

黯既辞行，过大行李息曰："黯弃逐居郡，不得与朝廷议矣。御史大夫汤，智足以拒谏，诈足以饰非，务巧佞之语，辩数之辞，非肯正为天下言，专阿主意。主意所不欲，因而毁之；主意所欲，因而誉之。好兴事，舞文法，内怀诈以御主心，外

西汉五铢陶范及五铢钱

挟贼吏以为威重。公列九卿,不早言之,公与之俱受其戮矣。”息畏汤,终不敢言;及汤败,上抵息罪。

使黯以诸侯相秩居淮阳,十岁而卒。

诏徙奸猾吏民于边。

夏,四月,乙卯,以太子少傅武强侯庄青翟为丞相[4]。

天子病鼎湖甚[5],巫医无所不致,不愈。游水发根言上郡有巫,病而鬼神下之。上召置,祠之甘泉,及病,使人问神君,神君言曰:“天子无忧病;病少愈,强与我会甘泉。”于是病愈,遂起幸甘泉,病良已,置酒寿宫[6]。神君非可得见,闻其言,言与人音等,时去时来,来则风肃然,居室帷中。神君所言,上使人受,书其言,命之曰“画法”。其所语,世俗之所知也,无绝殊者,而天子心独喜;其事秘,世莫知也。

时上卒起,幸甘泉,过右内史界中,道多不治,上怒曰:“义纵以我为不复行此道乎!”衔之。

【注释】

①堧(ruán 褑):城郭旁或河边的空地。 ②淮阳:郡国名。汉高帝十一年(前196)置淮阳国,惠帝以后时为郡,时为国,治所在淮阳(今河南淮阳县)。 ③禁闼(tà 挞):即宫廷、宫禁之意。 ④庄青翟:西汉武帝时丞相,其祖父庄不识是高祖刘邦的功臣。 ⑤鼎湖:宫名。在京兆郡内。 ⑥寿宫:宫名。为祭祀神灵之宫。位于雍州长安县西北三十里长安故城中。

六年 冬,十月,雨水,无冰。

上既下缗钱令而尊卜式[1],百姓终莫分财佐县官,于是杨可告缗钱纵矣。义纵以为此乱民,部吏捕其为可使者。天子以纵为废格沮事[2],弃纵市。

郎中令李敢,怨大将军之恨其父,乃击伤大将军,大将军匿讳之。居无何[3],敢从上雍[4],至甘泉宫猎,票骑将军去病射杀敢。去病时方贵幸,上为讳,云鹿触杀之。

夏,四月,乙巳,庙立皇子闳为齐王,旦为燕王,胥为广陵王,初作诰策[5]。

自造白金、五铢钱后，吏民之坐盗铸金钱死者数十万人，其不发觉者不可胜计，天下大抵无虑皆铸金钱矣。犯者众，吏不能尽诛。

六月，诏遣博士褚大、徐偃等六人分循郡国，举兼并之徒及守、相、为吏有罪者。

秋，九月，冠军景桓侯霍去病薨。天子甚悼之，为冢，像祁连山。

初，霍仲孺吏毕归家[⑥]，娶妇，生子光[⑦]。去病既壮大，乃自知父为霍仲孺。会为票骑将军，击匈奴，道出河东，遣吏迎仲孺而见之，大为买田宅奴婢而去；及还，因将光西至长安，任以为郎，稍迁至奉车都尉、光禄大夫。

是岁，大农令颜异诛。

初，异以廉直，稍迁至九卿。上与张汤既造白鹿皮币，问异，异曰："今王侯朝贺以苍璧，直数千，而以皮荐反四十万，本末不相称。"天子不说。张汤又与异有郤，及人有告异以他事，下张汤治异。异与客语初令下有不便者，异不应，微反唇。汤奏当："异九卿，见令不便，不入言而腹诽，论死。"自是之后，有腹诽之法比[⑧]，而公卿大夫多谄谀取容矣。

【注释】

①缗钱令：即前119年，汉武帝下令商人自己评估财产，拒绝或评估不实的，戍边一年，并没收财产，告密者可得到没收财产一半的赏赐。②废格沮事：即抗拒圣旨，阻挠告密事务。 ③居无何：没有多久。④上雍：雍地势较高，所以称去雍地为上雍。 ⑤诰策：皇帝敕封诸王的文书。 ⑥霍仲孺：本为河东郡平阳县小吏，后到平阳侯家服务，与婢女卫少儿（卫青的姐姐）私通，生下霍去病。后又娶一妻子，生下霍光。⑦霍光（？—前68）：西汉政治家。河东平阳（今山西临汾市西南）人。霍去病的弟弟。武帝时，任奉车都尉。与桑弘羊等同受遗诏，立昭帝为嗣，以大司马大将军辅政，封博陆侯。昭帝死，迎立昌邑王刘贺为帝，不久废，又迎立宣帝。前后执政凡二十年。 ⑧比：可供定罪比照的案例。

元鼎元年 夏，五月，赦天下。

济东王彭离骄悍，昏暮，与其奴、亡命少年数十人行剽杀人，取财物以为好，所杀发觉者百余人，坐废，徙上庸[①]。

二年　冬，十一月，张汤有罪自杀。

初，御史中丞李文，与汤有郤，汤所厚吏鲁谒居阴使人上变告文奸事，事下汤治，论杀之。汤心知谒居为之，上问："变事踪迹安起？"汤佯惊曰："此殆文故人怨之。"谒居病，汤亲为之摩足。赵王素怨汤，上书告："汤大臣，乃与吏摩足，疑与为大奸。"事下廷尉。谒居病死，事连其弟。弟系导官，汤亦治他囚导官，见谒居弟，欲阴为之，而佯不省。谒居弟弗知，怨汤，使人上书，告汤与谒居谋共变告李文。事下减宣，宣尝与汤有郤，及得此事，穷竟其事，未奏也。会人有盗发孝文园瘗钱[②]，丞相青翟朝，与汤约俱谢，至前，汤独不谢。上使御史案丞相，汤欲致其文"丞相见知"，丞相患之，丞相长史朱买臣、王朝、边通，皆故九卿、二千石，仕宦绝在汤前。汤数行丞相事，知三长史素贵，故陵折，丞史遇之，三长史皆怨恨，欲死之。乃与丞相谋，使吏捕案贾人田信等，曰："汤且欲奏请，信辄先知之，居物致富，与汤分之。"事辞颇闻，上问汤曰："吾所为，贾人辄先知之，益居其物，是类有以吾谋告之者。"汤不谢，又佯惊曰："固宜有。"减宣亦奏谒居等事。天子以汤怀诈面欺，使赵禹切责汤，汤乃为书谢，因曰："陷臣者，三长史也。"遂自杀。汤既死，家产直不过五百金。昆弟诸子欲厚葬汤，汤母曰："汤为天子大臣，被污恶言而死，何厚葬乎！"载以牛车，有棺无椁。天子闻之，乃尽案诛三长史。十二月，壬辰，丞相青翟下狱，自杀。

春，起柏梁台[③]。作承露盘，高二十丈，大七围，以铜为之；上有仙人掌，以承露，和玉屑饮之，云可以长生。宫室之修，自此日盛。

二月，以太子太傅赵周为丞相。

三月，辛亥，以太子太傅石庆为御史大夫。

大雨雪。

夏，大水，关东饿死者以千数。

【注释】

①上庸：县名。本庸国，春秋楚置县。治所在今湖北竹山县西南。

②瘗(yì 意)钱:埋葬于地下的钱。 ③柏梁台:用香柏树为材料所搭的高台。

是岁,孔仅为大农令,而桑弘羊为大农中丞,稍置均输[①],以通货物。

白金稍贱,民不宝用,竟废之。于是悉禁郡、国无铸钱,专令上林三官铸钱[②],令天下非三官钱不得行。而民之铸钱益少,计其费不能相当,惟真工、大奸乃盗为之。

浑邪王既降汉[③],汉兵击逐匈奴于幕北,自盐泽以东空无匈奴,西域道可通。于是张骞建言:"乌孙王昆莫本为匈奴臣,后兵稍强,不肯复朝事匈奴,匈奴攻不胜而远之。今单于新困于汉,而故浑邪地空无人,蛮夷俗恋故地,又贪汉财物,今诚以此时厚币赂乌孙,招以益东,居故浑邪之地,与汉结昆弟,其势宜听,听则是断匈奴右臂也。既连乌孙,自其西大夏之属皆可招来而为外臣。"天子以为然,拜骞为中郎将[④],将三百人,马各二匹,牛羊以万数,赍金币帛直数千巨万[⑤];多持节副使,道可便,遣之他旁国。

骞既至乌孙,昆莫见骞,礼节甚倨。骞谕指曰[⑥]:"乌孙能东居故地,则汉遣公主为夫人,结为兄弟,共距匈奴,匈奴不足破也。"乌孙自以远汉,未知其大小;素服属匈奴日久,且又近之,其大臣皆畏匈奴,不欲移徙。骞留久之,不能得其要领,因分遣副使使大宛、康居、大月氏、大夏、安息、身毒、于阗及诸旁国。乌孙发译道送骞还,使数十人,马数十匹,随骞报谢,因令窥汉大小。是岁,骞还,到,拜为大行[⑦]。后岁余,骞所遣使通大夏之属者皆颇与其人俱来,于是西域始通于汉矣。

西域凡三十六国,南北有大山,中央有河,东西六千余里,南北千余里,东则接汉玉门、阳关[⑧],西则限以葱岭[⑨]。河有两源,一出葱岭,一出于阗,合流东注盐泽。盐泽去玉门、阳关三百余里。自玉门、阳关出西域有两道:从鄯善傍南山北,循河西行至莎车,为南道;南道西逾葱岭,则出大月氏、安息。自车师前王廷随北山循河西行至疏勒,为北道;北道西逾葱岭,则出大宛、康居、奄蔡焉。故皆役属匈奴,匈奴西边日逐王,置僮仆都尉,使领西域,常居焉耆、危须、尉黎间[10]，赋税诸国，取富给焉。

乌孙王既不肯东还，汉乃于浑邪王故地置酒泉郡，稍发徙民以充实之；后又分置武威郡[11]，以绝匈奴与羌通之道。

天子得宛汗血马，爱之，名曰："天马。"使者相望于道以求之。诸使外国，一辈大者数百，少者百余人，人所赍操大放博望侯时，其后益习而衰少焉。汉率一岁中使多者十余，少者五六辈；远者八九岁，近者数岁而反。

【注释】

①均输：即调节物资。它是将各地产量较多的物质输给官府，官府按时价购买，再运到它处卖掉，以防止商贾牟利，这样做方便了百姓，对官府也有利可图。　②三官：指钟官令（钱币官）、辨铜令（矿业官）、均输令（物资调节官）。　③浑邪：一作"昆邪"，是匈奴部落名，在今甘肃武威市、张掖市一带。　④中郎将：官名，地位稍次于将军。　⑤千巨万：概言数目之多，数千百万。　⑥谕指：以汉廷的意旨晓谕他们。⑦大行：官名，掌接待外宾，即大鸿胪。　⑧玉门、阳关：汉代在敦煌郡设置玉门关和阳关。　⑨葱岭：在今新疆喀什地区以西，昆仑山、天山都由此发脉。　⑩焉耆：即今新疆的焉耆回族自治县。危须：今新疆焉耆回族自治县东。尉黎：即在今新疆鄯善县以北的尉黎县。　⑪武威郡：武威和酒泉，至今仍用其地名，这两郡加上张掖、敦煌，称为河西四郡，形成伸向西北的走廊。

三年　冬，徙函谷关于新安[1]。

春，正月，戊子，阳陵园火[2]。

夏，四月，雨雹。

关东郡、国十余饥，人相食。

常山宪王舜薨，子勃嗣，坐宪王病不侍疾及居丧无礼废，徙房陵[3]。后月余，天子更封宪王子平为真定王[4]，以常山为郡，于是五岳皆在天子之邦矣[5]。

徙代王义为清河王[6]。

是岁，匈奴伊稚斜单于死，子乌维单于立。

四年　冬，十月，上行幸雍，祠五畤。诏曰："今上帝，朕亲郊，而后土无祀，则礼不答也，其令有司议！”立后土祠于泽中圜丘。上遂自夏阳东幸汾阴[7]。是时，天子始巡郡、国；河东守不意行至，不办，自杀。十一月，甲子，立后土祠于汾阴脽上，上亲望拜，如上帝礼。礼毕，行幸荥阳，还，至洛阳，封周后姬嘉为周子南君。

春，二月，中山靖王胜薨。

乐成侯丁义荐方士栾大，云与文成将军同师。上方悔诛文成，得栾大，大说。大先事胶东康王，为人长美言，多方略，而敢为大言，处之不疑。大言曰：“臣常往来海中，见安期、羡门之属[8]，顾以臣为贱，不信臣；又以为康王诸侯耳，不足与方。臣之师曰：‘黄金可成而河决可塞，不死之药可得，仙人可致也。’然臣恐效文成，则方士皆掩口，恶敢言方哉！”上曰：“文成食马肝死耳。子诚能修其方，我何爱乎！”大曰：“臣师非有求人，人者求之。陛下必欲致之，则贵其使者，令为亲属，以客礼待之，乃可使通言于神人。”于是上使验小方，斗旗，旗自相触击。是时，上方忧河决而黄金不就，乃拜大为五利将军，又拜为天士将军，地士将军，大通将军。夏，四月，乙巳，封大为乐通侯，食邑二千户，赐甲第，僮千人，乘舆斥车马、帷帐、器物以充其家，又以卫长公主妻之，赍金十万斤，天子亲如五利之第，使者存问共给，相属于道。自太主、将、相以下，皆置酒其家，献遗之。天子又刻玉印曰“天道将军”，使使衣羽衣，夜立白茅上；五利将军亦衣羽衣，立白茅上，受印，以示不臣。大见数月，佩六印，贵震天下。于是海上燕、齐之间，莫不扼腕自言有禁方、能神仙矣。

【注释】

①新安：县名。汉置，治所在今河南新安县。　②阳陵：西汉五陵之一，汉景帝五年（前152）在此筑阳陵，后葬于此。并改县名，治所在今陕西西安市高陵区西南。　③房陵：县名。本春秋时防渚，秦置县。治所在今湖北房县。　④真定：郡国名。汉元鼎四年（前113）分常山郡置国，治所在今河北正定县南。　⑤五岳：中国五大名山。即东岳泰山、南岳衡山、西岳华山、北岳恒山、中岳嵩山。传说群神所居，历代帝王多往祭祀。　⑥清河：郡国名。汉高帝置郡，后屡改为国，汉元帝永光后用郡，治所在清阳（今河北清河县东南）。　⑦汾阴：县名。汉置，治所在

今山西万荣西南宝鼎,因在汾水之南故名。 ⑧安期:安期生。羡门:羡门高。传说中的古仙人。

六月,汾阴巫锦得大鼎于魏脽后土营旁[①],河东太守以闻。天子使验问,巫得鼎无奸诈,乃以礼祠,迎鼎至甘泉,从上行,荐之宗庙及上帝,藏于甘泉宫;群臣皆上寿贺。

秋,立常山宪王子商为泗水王[②]。

初,条侯周亚夫为丞相,赵禹为丞相史,府中皆称其廉平,然亚夫弗任,曰:"极知禹无害,然文深,不可以居大府。"及禹为少府,比九卿为酷急;至晚节,吏务为严峻,而禹更名宽平。

中尉尹齐素以敢斩伐著名,及为中尉,吏民益凋敝。是岁,齐坐不胜任抵罪。上乃复以王温舒为中尉,赵禹为廷尉。后四年,禹以老,贬为燕相。

是时吏治皆以惨刻相尚,独左内史兒宽,劝农业,缓刑罚,理狱讼,务在得人心;择用仁厚士,推情与下,不求名声,吏民大信爱之;收租税时,裁阔狭[③],与民相假贷,以故租多不入。后有军发,左内史以负租课殿,当免;民闻当免,皆恐失之,大家牛车、小家担负输租,繦属不绝[④],课更以最。上由此愈奇宽。

【注释】

①魏脽(shuí 谁):汾阴后土祠本为魏地之坟,故称魏脽。 ②泗水:汉封国名。本为东海郡,武帝划出三县:凌、泗阳、于,成立泗水国,由刘商当国王。 ③阔狭:即缓急。 ④繦(qiǎng 强):绳索。指输送租税不绝于道,像绳索之相连。

初,南越文王遣其子婴齐入宿卫,在长安取邯郸樛氏女,生子兴。文王薨,婴齐立,乃藏其先武帝玺,上书请立樛氏女为后,兴为嗣。汉数使使者风谕婴齐入朝。婴齐尚乐擅杀生自恣,惧入见要,用汉法比内诸侯,固称病,遂不见。婴齐薨,谥曰明王。太子兴代立,其母为太后。

太后自未为婴齐姬时,尝与霸陵人安国少季通。是岁,上使安国少季往谕王、王太后以入朝,比内诸侯,令辩士谏大夫终军等宣其辞[①],勇士魏臣等辅其决,卫尉路博德将兵屯桂阳待使者[②]。南越王年少,太后中国人;安国少季往,复与私通,国人颇知之,多不附太后。太后恐乱起,亦欲倚汉威,数劝王及群臣求内属;即因使者上书,请比内诸侯,三岁一朝,除边关。于是天子许之,赐其丞相吕嘉银印及内史、中尉、太傅印,余得自置;除其故黥、劓刑,用汉法,比内诸侯。使者皆留,填抚之。

上行幸雍,且郊,或曰:“五帝,泰一之佐也。宜立泰一,而上亲郊。”上疑未定。齐人公孙卿曰:“今年得宝鼎,其冬辛巳朔旦冬至,与黄帝时等。”卿有札书曰:“黄帝得宝鼎,是岁己酉朔旦冬至,凡三百八十年,黄帝仙登于天。”因嬖人奏之。上大悦,召问,卿对曰:“受此书申公,申公曰:‘汉兴复当黄帝之时,汉之圣者在高祖之孙且曾孙也。宝鼎出而与神通,黄帝接万灵明庭,明庭者甘泉也。黄帝采首山铜[③],铸鼎于荆山下[④],鼎既成,有龙垂胡髯下迎黄帝,黄帝上骑龙,与群臣后宫七十余人俱登天。’”于是天子曰:“嗟乎!诚得如黄帝,吾视去妻子如脱屣耳!”拜卿为郎,使东候神于太室[⑤]。

【注释】

①终军(?—前112):西汉官吏。字子云,济南(今山东济南市章丘区西北)人。少好学,年十八选为博士弟子,以善辨异兽奇木,奏对合宜,甚受武帝赏识,任为谒者给事中,擢升谏大夫。后奉命出使南越,说服南越王臣服汉朝。越相吕嘉反对,发兵攻杀南越王,他亦被杀,死时年仅二十余,时人称为“终童”。　②桂阳:县名。西汉置,治所即今广东连州市。　③首山:在今河南偃师市西北,接孟津县界,即邙山最高处。④荆山:在今河南灵宝市阌乡南。　⑤太室:山名。在今河南登封市北。

五年　冬,十月,上祠五畤于雍,遂逾陇[①],西登崆峒[②]。陇西守以行往卒,天子从官不得食,惶恐,自杀。于是上北出萧关[③],从数万骑猎新秦中,以勒边兵而归。新秦中或千里无亭徼,于是诛北地太守以下。上又幸甘泉,立泰一祠坛,所用祠具如雍一畤而有加焉。五帝坛环居其下四方地,为醊食群神从者及北斗云[④]。十一月,辛巳朔,冬至;昧爽,天子始郊拜泰一,朝朝日,夕夕月则揖。其祠，列火满坛，坛旁亨炊具。有司云：“祠上有光。”又云：“昼有黄气上属天。”太史令谈[5]、祠官宽舒等请三岁天子一郊见，诏从之。

南越王、王太后饬治行装，重赍为入朝具。其相吕嘉，年长矣，相三王，宗族仕宦为长吏者七十余人，男尽尚王女，女尽嫁王子弟、宗室，及苍梧秦王有连[6]，其居国中甚重，得众心愈于王。王之上书，数谏止王，王弗听；有畔心，数称病，不见汉使者。使者皆注意嘉，势未能诛。王、王太后亦恐嘉等先事发，欲介汉使者权，谋诛嘉等，乃置酒请使者，大臣皆侍坐饮。嘉弟为将，将卒居宫外。酒行，太后谓嘉曰：“南越内属，国之利也；而相君苦不便者，何也？”以激怒使者。使者狐疑相杖，遂莫敢发。嘉见耳目非是，即起而出。太后怒，欲鏦嘉以矛，王止太后。嘉遂出，介其弟兵就舍，称病，不肯见王及使者，阴与大臣谋作乱。王素无意诛嘉，嘉知之，以故数月不发。

天子闻嘉不听命，王、王太后孤弱不能制，使者怯无决；又以为王、王太后已附汉，独吕嘉为乱，不足以兴兵，欲使庄参以二千人往使。参曰：“以好往，数人足矣；以武往，二千人无足以为也。”辞不可，天子罢参。郏壮士故济北相韩千秋奋曰：“以区区之越，又有王、王太后应，独相吕嘉为害，愿得勇士三百人，必斩嘉以报。”于是天子遣千秋与王太后弟樛乐将二千人往，入越境。吕嘉等乃遂反，下令国中曰：“王年少。太后，中国人也，又与使者乱，专欲内属，尽持先王宝器入献天子以自媚；多从人行，至长安，虏卖以为僮仆；取自脱一时之利，无顾赵氏社稷、为万世虑计之意。”乃与其弟将卒攻杀王、王太后及汉使者，遣人告苍梧秦王及其诸郡县，立明王长男越妻子术阳侯建德为王。而韩千秋兵入，破数小邑。其后越开直道给食，未至番禺四十里，越以兵击千秋等，遂灭之；使人函封汉使者节置塞上，好为谩辞谢罪，发兵守要害处。

春，三月，壬午，天子闻南越反，曰：“韩千秋虽无功，亦军锋之冠，封其子延年为成安侯；樛乐姊为王太后，首愿属汉，封其子广德为龙亢侯。”

【注释】

①陇：即陇山，又名陇坂、陇坻。在今陕西陇县、宝鸡市与甘肃清水县、张家川回族自治县之间。北入沙漠，南止渭河，为关中平原西部屏障。 ②崆峒：山名。又名空桐山、鸡头山。在今宁夏隆德县东。 ③萧关：在今宁夏固原市东南。 ④醊（zhuì 坠）：祭奠。 ⑤司马谈（？—前110）：西汉史学家。夏阳（今陕西韩城市南）人。官至太史令。曾总结当时流行的先秦各家学说，认为阴阳、儒、墨、名、法诸家各有短长，唯道家最能综合各派所长。元封元年（前110），武帝始建汉家封禅，他被留周南（今河南洛阳市），不得从行，忧愤而死。临终嘱其子司马迁继承其业。 ⑥苍梧：治今广西梧州市。

夏，四月，赦天下。

丁丑晦，日有食之。

秋，遣伏波将军路博德出桂阳，下湟水[1]；楼船将军杨仆出豫章，下浈水[2]；归义越侯严为戈船将军，出零陵[3]，下离水[4]；甲为下濑将军，下苍梧；皆将罪人，江、淮以南楼船十万人。越驰义侯遗别将巴、蜀罪人，发夜郎兵，下牂柯江，咸会番禺。

齐相卜式上书，请父子与齐习船者往死南越。天子下诏褒美式，赐爵关内侯，金六十斤，田十顷，布告天下；天下莫应。是时列侯以百数，皆莫求从军击越。会九月尝酎，祭宗庙，列侯以令献金助祭。少府省金，金有轻及色恶者，上皆令劾以不敬，夺爵者百六人。辛巳，丞相赵周坐知列侯酎金轻，下狱，自杀。

丙申，以御史大夫石庆为丞相，封牧丘侯。时国家多事，桑弘羊等致利，王温舒之属峻法，而兒宽等推文学，皆为九卿，更进用事；事不关决于丞相，丞相庆醇谨而已。

五利将军装治行，东入海求其师。既而不敢入海，之太山祠。上使人随验，实无所见。五利妄言见其师，其方尽多不售，坐诬罔，腰斩；乐成侯亦弃市。

西羌众十万人反，与匈奴通使，攻故安[5]，围枹罕[6]。匈奴入五原[7]，杀太守。

【注释】

①湟水：一名洭水。即今广东北部连江。 ②浈水：即今广东北江

支流湠江。 ③零陵：县名。秦置，治所在今广西全州县西南湘江西岸。④离水：一名漓水，即今广西漓江。 ⑤故安：县名。西汉置，治所在今河南荥阳市东北。 ⑥枹罕：县名。西汉置，治所在今甘肃临夏县东北。 ⑦五原：县名。西汉置，治所在今内蒙古包头市西北。

六年 冬，发卒十万人，遣将军李息、郎中令徐自为征西羌，平之。

楼船将军杨仆入越地，先陷寻狭[1]，破石门[2]，挫越锋，以数万人待伏波将军路博德至俱进，楼船居前，至番禺。南越王建德、相吕嘉城守。楼船居东南面，伏波居西北面。会暮，楼船攻败越人，纵火烧城。伏波为营，遣使者招降者，赐印绶，复纵令相招。楼船力攻烧敌，驱而入伏波营中。黎旦，城中皆降。建德、嘉已夜亡入海，伏波遣人追之。校尉司马苏弘得建德，越郎都稽得嘉。戈船、下濑将军兵及驰义侯所发夜郎兵未下，南越已平矣。遂以其地为南海、苍梧、郁林、合浦、交趾、九真、日南、珠厓、儋耳九郡[3]。师还，上益封伏波；封楼船为将梁侯，苏弘为海常侯，都稽为临蔡侯，及越降将苍梧王赵光等四人皆为侯。

公孙卿候神河南，言见仙人迹缑氏城上[4]。春，天子亲幸缑氏城视迹，问卿："得毋效文成、五利乎？"卿曰："仙者，非有求人主，人主者求之；其道非宽假，神不来。言神事如迂诞，积以岁月，乃可致也。"上信之。于是郡、国各除道，缮治宫观、名山、神祠以望幸焉。

赛南越，祠泰一、后土，始用乐舞。

驰义侯发南夷兵，欲以击南越。且兰君恐远行旁国虏其老

西汉漆木篦、漆木梳

弱,乃与其众反,杀使者及犍为太守。汉乃发巴、蜀罪人当击南越者八校尉,遣中郎将郭昌、卫广将而击之,诛且兰及邛君、莋侯,遂平南夷为牂柯郡。夜郎侯始倚南越,南越已灭,夜郎遂入朝,上以为夜郎王。冉駹皆振恐,请臣置吏,乃以邛都为越巂郡,莋都为沈黎郡,冉駹为汶山郡,广汉西白马为武都郡⑤。

【注释】

①寻狭:在今广东始兴县西三百里。 ②石门:在今广东广州市番禺区西北二十里。因吕嘉拒汉,积石江中为门,故名石门。 ③南海:今广东佛山市南海区。郁林:今广西贵港市。合浦:今广东雷州市。交趾:今越南河内。九真:今越南义安县。日南:今越南顺化市。珠厓:今海南海口市琼山区。儋耳:今海南儋州市。 ④缑(gōu 沟)氏城:县名,治所在今河南洛阳市偃师区南。 ⑤武都郡:西汉置,治所在今甘肃西和县西南。

初,东越王馀善上书,请以卒八千人从楼船击吕嘉;兵至揭阳①,以海风波为解,不行,持两端,阴使南越。及汉破番禺,不至。杨仆上书愿便引兵击东越;上以士卒劳倦,不许,令诸校屯豫章、梅岭以待命②。馀善闻楼船请诛之,汉兵临境,乃遂反,发兵距汉道,号将军驺力等为吞汉将军,入白沙、武林、梅岭③,杀汉三校尉。是时,汉使大农张成、故山州侯齿将屯,弗敢击,却就便处,皆坐畏懦诛。馀善自称武帝。

上欲复使杨仆将,为其伐前劳,以书敕责之曰:"将军之功独有先破石门、寻狭,非有斩将搴旗之实也,乌足以骄人哉!前破番禺,捕降者以为虏,掘死人以为获,是一过也。使建德、吕嘉得以东越为援,是二过也。士卒暴露连岁,将军不念其勤劳,而请乘传行塞,因用归家,怀银、黄,垂三组,夸乡里,是三过也。失期内顾,以道恶为解,是四过也。问君蜀刀价而阳不知,挟伪干君,是五过也。受诏不至兰池,明日又不对,假令将军之吏,问之不对,令之不从,其罪何如?推此心在外,江海之间可得信乎?今东越深入,将军能率众以掩过不?"仆惶恐对曰:"愿尽死赎罪!"上乃遣横海将军韩说出句章④,浮海从东方往;楼船将军杨仆出武林,中尉王温舒出梅岭，以越侯为戈船、下濑将军，出若邪[5]、白沙，以击东越。

【注释】

①揭阳：县名，治所在今广东揭阳市西北。 ②梅岭：又名台岭、大庾岭，为五岭之一。在今江西大余县、广东南雄市之间，为南北交通要隘。 ③白沙：古地名，在今江西南昌市东北。武林：地名，在今江西余干县北。 ④句（gōu 沟）章：县名。治所在今浙江余姚市东南。 ⑤若邪（yé 爷）：溪名，在今浙江绍兴南，出若邪山，北流入运河。

博望侯既以通西域尊贵，其吏士争上书言外国奇怪利害求使。天子为其绝远，非人所乐往，听其言，予节[1]，募吏民，毋问所从来，为具备人众遣之，以广其道。来还，不能毋侵盗币物及使失指，天子为其习之，辄覆按致重罪，以激怒令赎，复求使，使端无穷，而轻犯法。其吏卒亦辄复盛推外国所有，言大者予节，言小者为副，故妄言无行之徒皆争效之。其使皆贫人子，私县官赍物[2]，欲贱市以私其利。外国亦厌汉使，人人有言轻重，度汉兵远不能至，而禁其食物以苦汉使。汉使乏绝，积怨至相攻击。而楼兰、车师，小国当空道，攻劫汉使王恢等尤甚，而匈奴奇兵又时遮击之[3]。使者争言西域皆有城邑，兵弱易击。于是天子遣浮沮将军公孙贺将万五千骑出九原二千余里[4]，至浮沮井而还；匈河将军赵破奴将万余骑出令居数千里，至匈河水而还；以斥逐匈奴，不使遮汉使，皆不见匈奴一人。乃分武威、酒泉地置张掖、敦煌郡，徙民以实之。

是岁，齐相卜式为御史大夫。式既在位，乃言“郡、国多不便县官作盐铁器，苦恶价贵，或强令民买之，而船有算，商者少，物贵”。上由是不悦卜式。

初，司马相如病且死，有遗书，颂功德，言符瑞，劝上封泰山[5]。上感其言，会得宝鼎，上乃与公卿诸生议封禅。封禅用希旷绝，莫知其仪，而诸方士又言：“封禅者合不死之名也。黄帝以上，封禅皆致怪物，与神通，秦皇帝不得上封。陛下必欲上，稍上即无风雨，遂上封矣。”上于是乃令诸儒采《尚书》《周官》《王制》之文，草封禅仪，数年不成。上以问左内史兒宽，宽曰：“封泰山，禅梁父，昭姓考瑞，帝王之盛节也；然享荐之义，不著于《经》。臣以为封禅告成，合祛于天地神祇，唯圣主所由，制定其当，非群臣之所能列。今将举大事，优游数年，使群臣得人人自尽，终莫能成。唯天子建中和之极，兼总条贯，金声而玉振之，以顺成天庆，垂万世之基。”上乃自制仪，颇采儒术以文之。上为封禅祠器，以示群儒，或曰“不与古同”，于是尽罢诸儒不用。上又以古者先振兵释旅，然后封禅。

【注释】

①予节：给予出使的符节。 ②县官：汉代人称政府为县官。③“而匈奴”句：汉代出使西域有南北两道，南道走楼兰，北道走车师，这两国常常阻挠汉使通过，匈奴又加以袭击汉使。 ④九原：在今山西北部。 ⑤封泰山：祭天称“封”，祭地称“禅”。古人以为泰山最高距天最近，而地又最厚，是祭天神地神的最好处所。

元封元年 冬，十月，下诏曰：“南越、东瓯[①]，咸伏其辜；西蛮、北夷，颇未辑睦；朕将巡边垂，躬秉武节，置十二部将军，亲帅师焉。”乃行，自云阳北历上郡[②]、西河、五原，出长城，北登单于台，至朔方，临北河；遣使者郭吉告单于曰：“南越王头已县于汉北阙。今单于能战，天子自将待边；不能，即南面而臣于汉，何徒远走亡匿于幕北寒苦无水草之地，毋为也！”语卒而单于大怒，立斩主客见者，而留郭吉，迁之北海上。然匈奴亦慑，终不敢出。上乃还，祭黄帝冢桥山，释兵须如。上曰：“吾闻黄帝不死，今有冢，何也？”公孙卿曰：“黄帝已仙上天，群臣思慕，葬其衣冠。”上叹曰：“吾后升天，群臣亦当葬吾衣冠于东陵乎[③]？”乃还甘泉，类祠太一。

上以卜式不习文章，贬秩为太子太傅，以兒宽代为御史大夫。

汉兵入东越境，东越素发兵距险，使徇北将军守武林。楼船将军卒钱塘辕终古斩徇北将军。故越衍侯吴阳以其邑七百人反攻越军于汉阳。越建成侯敖与繇王居股杀馀善，以其众降。上封终古为御儿侯，阳为卯石侯，居股为东成侯，敖为开陵侯；又封横海将军说为按道侯，横海校尉福为缭嫈侯，东越降将多军为无锡侯。上以闽地险阻，数反复，终为后世患，乃诏诸将悉其民徙于江、淮之间，遂虚其地。

【注释】

①东瓯：古族名、地区名。古越族中的一支。秦汉时分布在今浙江南部瓯江、灵江流域。汉武帝时遭闽越攻击，迁居江、淮一带。后世亦以东瓯或瓯越为温州及浙南一带地区的别称。 ②云阳：县名。治所在今陕西淳化县西北。 ③东陵：即茂陵，因在长安之东，故名。

春，正月，上行幸缑氏，礼祭中岳太室。从官在山下闻若有言"万岁"者三。诏祠官加增太室祠，禁无伐其草木，以山下户三百为之奉邑。

上遂东巡海上，行礼祠八神。齐人之上疏言神怪、奇方者以万数，乃益发船，令言海中神山者数千人求蓬莱神人。公孙卿持节常先行，候名山，至东莱[1]，言："夜见大人，长数丈，就之则不见，其迹甚大，类禽兽云。"群臣有言："见一老父牵狗，言'吾欲见巨公'，已忽不见。"上既见大迹，未信，及群臣又言老父，则大以为仙人也，宿留海上；与方士传车及间使求神仙，人以千数。

夏，四月，还，至奉高[2]，礼祠地主于梁父[3]。乙卯，令侍中儒者皮弁、搢绅，射牛行事[4]，封泰山下东方，如郊祠泰一之礼。封广丈二尺，高九尺，其下则有玉牒书，书秘。礼毕，天子独与侍中、奉车都尉霍子侯上泰山，亦有封，其事皆禁。明日，下阴道。丙辰，禅泰山下址东北肃然山[5]，如祭后土礼，天子皆亲拜见，衣尚黄，而尽用乐焉。江、淮间茅三脊为神藉，五色土益杂封。其封禅祠，夜若有光，昼有白云出封中。天子从禅还，坐明堂，群臣更上寿颂功德。诏曰："朕以眇身承至尊，兢兢焉惟德菲薄，不明于礼乐，故用事八神。遭天地况施，著见景象，屑然如有闻，震于怪物，欲止不敢，遂登封泰山，至于梁父，然后升禋肃然自新，嘉与士大夫更始，其以十月为元封元年。行所巡至，博、奉高、蛇丘、历城、梁父，民田租逋赋，皆贷除之，无出今年算。赐天下民爵一级。"又以五载一巡狩，用事泰山，令诸侯各治邸泰山下。

天子既已封泰山，无风雨，而方士更言蓬莱诸神若将可得，于是上欣然庶几遇之，复东至海上望焉。上欲自浮海求蓬莱，群臣谏，莫能止。东方朔曰：“夫仙者，得之自然，不必躁求。若其有道，不忧不得；若其无道，虽至蓬莱见仙人，亦无益也。臣愿陛下第还宫静处以须之，仙人将自至。”上乃止。会奉车霍子侯暴病，一日死。子侯，去病子也，上甚悼之；乃遂去，并海上，北至碣石[⑥]，巡自辽西[⑦]，历北边，至九原，五月，乃至甘泉。凡周行万八千里云。

先是，桑弘羊为治粟都尉，领大农，尽管天下盐铁。弘羊作平准之法[⑧]，令远方各以其物如异时商贾所转贩者为赋而相灌输。置平准于京师，都受天下委输。大农诸官，尽笼天下之货物，贵即卖之，贱则买之，欲使富商大贾无所牟大利，而万物不得腾踊。至是，天子巡狩郡县，所过赏赐，用帛百余万匹，钱金以巨万计，皆取足大农。弘羊又请令吏得入粟补官及罪人赎罪。山东漕粟益岁六百万石，一岁之中，太仓、甘泉仓满，边余谷，诸物均输，帛五百万匹，民不益赋而天下用饶。于是弘羊赐爵左庶长，黄金再百斤焉。

是时小旱，上令官求雨。卜式言曰：“县官当食租衣税而已，今弘羊令吏坐市列肆，贩物求利，烹弘羊，天乃雨。”

秋，有星孛于东井，后十余日，有星孛于三台。望气王朔言：“候独见填星出如瓜[⑨]，食顷，复入。”有司皆曰：“陛下建汉家封禅，天其报德星云。”

齐怀王闳薨，无子，国除。

【注释】

①东莱：郡国名。汉高帝置郡，治所在今山东莱州市。　②奉高：县名，治所在今山东泰安市东。　③地主：古代八神之一的“地主神”。④射牛行事：古代皇帝在大典以前，一定要亲自射牛。　⑤址：山脚。肃然山：今山东济南市莱芜区东北。　⑥碣石：山名。在今河北昌黎县西北。　⑦辽西：郡名。治所在阳乐（今辽宁义县西）。　⑧平准之法：即平抑物价的条例。　⑨填星：即土星。

资治通鉴卷第二十一

汉纪十三　起玄黓涒滩，尽玄黓敦牂，凡十一年。

世宗孝武皇帝下之上

元封二年　冬，十月，上行幸雍，祠五畤；还，祝祠泰一，以拜德星。

春，正月，公孙卿言："见神人东莱山，若云欲见天子。"天子于是幸缑氏城，拜卿为中大夫，遂至东莱，宿留之，数日，无所见，见大人迹云。复遣方士求神怪，采芝药，以千数。时岁旱，天子既出无名，乃祷万里沙[①]。夏，四月，还，过祠泰山。

初，河决瓠子，后二十余岁不复塞，梁、楚之地尤被其害。是岁，上使汲仁、郭昌二卿发卒数万人塞瓠子河决。天子自泰山还，自临决河，沉白马、玉璧于河，令群臣、从官自将军以下皆负薪，卒填决河。筑宫其上，名曰宣防宫。导河北行二渠，复禹旧迹，而梁、楚之地复宁，无水灾。

上还长安。

初令越巫祠上帝、百鬼，而用鸡卜[②]。

公孙卿言仙人好楼居，于是上令长安作蜚廉、桂观[③]，甘泉作益寿、延寿观，使卿持节设具而候神人。又作通天茎台[④]，置祠具其下。更置甘泉前殿，益广诸宫室。

初，全燕之世，尝略属真番[⑤]、朝鲜[⑥]，为置吏，筑障塞。秦灭燕，属辽东外徼。汉兴，为其远难守，复修辽东故塞，至浿水为界[⑦],属燕。燕王卢绾反,入匈奴。燕人卫满亡命,聚党千余人,椎髻、蛮夷服而东走出塞,渡浿水,居秦故空地上下障,稍役属真番、朝鲜蛮夷及燕亡命者王之,都王险。会孝惠、高后时,天下初定,辽东太守即约满为外臣,保塞外蛮夷,无使盗边;诸蛮夷君欲入见天子,勿得禁止。以故满得以兵威财物侵降其旁小邑,真番、临屯皆来服属,方数千里。传子至孙右渠,所诱汉亡人滋多,又未尝入见;辰国欲上书见天子,又雍阏不通。是岁,汉使涉何诱谕,右渠终不肯奉诏。何去至界上,临浿水,使御刺杀送何者朝鲜裨王长,即渡,驰入塞,遂归报天子曰:"杀朝鲜将。"上为其名美,即不诘,拜何为辽东东部都尉。朝鲜怨何,发兵袭攻杀何。

【注释】

①万里沙:在今山东莱州市内,据说古时此处有一片沙漠,沙径三百多里,并有庙祭祀沙神。 ②鸡卜:古时越族人的占卜方法。它是用一鸡一狗来祝祷祈福,然后杀掉,煮熟之后,再祭。取出鸡的两个眼骨,如果裂出人像就认为吉利。如果不成人像,就认为凶险。 ③观(guàn贯):道教的庙宇。 ④通天茎台:又名通天台,位于甘泉宫,台高五十丈。 ⑤真番:今朝鲜开城一带。 ⑥朝鲜:今朝鲜平壤一带。 ⑦浿水:今朝鲜平壤之北之清川江,但也有说是今大同江的。

六月,甘泉房中产芝九茎,上为之赦天下。

上以旱为忧,公孙卿曰:"黄帝时,封则天旱,乾封三年[①]。"上乃下诏曰:"天旱,意乾封乎!"

秋,作明堂于汶上。

上募天下死罪为兵,遣楼船将军杨仆从齐浮渤海,左将军荀彘出辽东,以讨朝鲜。

初,上使王然于以越破及诛南夷兵威喻滇王入朝。滇王者,其众数万人,其旁东北有劳深、靡莫,皆同姓相杖,未肯听。劳深、靡莫数侵犯使者吏卒。于是上遣将军郭昌、中郎将卫广发巴、蜀兵击灭劳深、靡莫,以兵临滇。滇王举国降,请置吏入朝,于是以为益州郡,赐滇王王印,复长其民。

是时,汉灭两越,平西南夷,置初郡十七[②],且以其故俗治,毋赋税。南阳、汉中以往郡，各以地比，给初郡吏卒奉食、币物、传车、马被具。而初郡时时小反，杀吏，汉发南方吏卒往诛之，间岁万余人，费皆仰给大农。大农以均输、调盐铁助赋，故能赡之。然兵所过，县为以訾给毋乏而已，不敢言擅赋法矣。

是岁，以御史中丞南阳杜周为廷尉。周外宽，内深次骨，其治大放张汤。时诏狱益多，二千石系者，新故相因，不减百余人；廷尉一岁至千余章，章大者连逮证案数百，小者数十人，远者数千，近者数百里会狱。廷尉及中都官诏狱逮至六七万人，吏所增加，十万余人。

【注释】

①乾（gān 干）：天干无雨。 ②初郡十七：即南海、郁林、苍梧、合浦、九真、日南、交趾、珠厓、儋耳、武都、牂柯、越巂、沈黎、汶山、零陵、犍为、益州等郡。

三年 冬，十二月，雷；雨雹，大如马头。

上遣将军赵破奴击车师。破奴与轻骑七百余先至，虏楼兰王，遂破车师，因举兵威以困乌孙、大宛之属。春，正月，甲申[①]，封破奴为浞野侯。王恢佐破奴击楼兰，封恢为浩侯。于是酒泉列亭障至玉门矣。

初作角抵戏、鱼龙曼延之属[②]。

汉兵入朝鲜境，朝鲜王右渠发兵距险。楼船将军将齐兵七千人先至王险。右渠城守，窥知楼船军少，即出城击楼船；楼船军败散，遁山中十余日，稍求退散卒，复聚。左将军击朝鲜浿水西军，未能破。天子为两将未有利，乃使卫山因兵威往谕右渠。右渠见使者，顿首谢："愿降，恐两将诈杀臣；今见信节，请复降。"遣太子入谢，献马五千匹，及馈军粮；人众万余，持兵方渡浿水，使者及左将军疑其为变，谓太子："已服降，宜令人毋持兵。"太子亦疑使者、左将军诈杀之，遂不渡浿水，复引归。山还报天子，天子诛山。

左将军破浿水上军，乃前至城下，围其西北。楼船亦往会，居城南。右渠遂坚守城，数月未能下。左将军所将燕、代卒多劲悍，楼船将齐卒已尝败亡困辱，卒皆恐，将心惭，其围右渠，常持和节。

左将军急击之，朝鲜大臣乃阴间使人私约降楼船，往来言尚未肯决。左将军数与楼船期战，楼船欲就其约，不会。左将军亦使人求间隙降下朝鲜，朝鲜不肯，心附楼船，以故两将不相能。左将军心意楼船前有失军罪，今与朝鲜私善，而又不降，疑其有反计，未敢发。

天子以两将围城乖异，兵久不决，使济南太守公孙遂往正之，有便宜得以从事。遂至，左将军曰："朝鲜当下，久之不下者，楼船数期不会。"具以素所意告，曰："今如此不取，恐为大害。"遂亦以为然，乃以节召楼船将军入左将军营计事，即命左将军麾下执楼船将军，并其军；以报天子，天子诛遂。

左将军已并两军，即急击朝鲜。朝鲜相路人、相韩阴、尼溪相参、将军王唊相与谋曰："始欲降楼船，楼船今执，独左将军并将，战益急，恐不能与战；王又不肯降。"阴、唊、路人皆亡降汉，路人道死。夏，尼谿参使人杀朝鲜王右渠来降。王险城未下，故右渠之大臣成已又反，复攻吏。左将军使右渠子长，降相路人之子最告谕其民，诛成已。以故遂定朝鲜，为乐浪、临屯、玄菟、真番四郡[3]。封参为澅清侯，阴为荻苴侯，唊为平州侯，长为几侯，最以父死颇有功，为涅阳侯。

左将军征至，坐争功相嫉乖计，弃市。楼船将军亦坐兵至列口[4]，当待左将军，擅先纵，失亡多，当诛，赎为庶人。

班固曰：玄菟、乐浪，本箕子所封。昔箕子居朝鲜，教其民以礼义，田蚕织作，为民设禁八条：相杀，以当时偿杀；相伤，以谷偿；相盗者，男没入为其家奴，女为婢；欲自赎者人五十万，虽免为民，俗犹羞之，嫁娶无所售。是以其民终不相盗，无门户之闭，妇人贞信不淫辟。其田野饮食以笾豆，都邑颇放效吏，往往以杯器食。郡初取吏于辽东，吏见民无闭臧，及贾人往者，夜则为盗，俗稍益薄，今于犯禁寖多，至六十余条。可贵哉，仁贤之化也！然东夷天性柔顺，异于三方之外。故孔子悼道不行，设浮桴于海，欲居九夷，有以也夫！

【注释】

①甲申：正月无甲申日，疑误。 ②角牴戏：秦汉时一种技艺表演，

传说起源于战国,其形式大约同现代摔跤相似。鱼龙:一种变魔术的游戏,即由鱼变龙。曼延:颜师古注为:"即《西京赋》所说:'巨兽百寻,是为曼延'。" ③乐浪:郡名。汉武帝元封三年(前108)置。治所在今朝鲜平壤市南。玄菟:郡名。汉武帝元封三年(前108)置。治所在今朝鲜咸镜北道咸兴。 ④列口:《汉书·地理志》说,列口县属乐浪郡。《山海经》说,其地为列水入海之口。

秋,七月,胶西于王端薨。

武都氐反,分徙酒泉。

四年 冬,十月,上行幸雍,祠五畤。通回中道,遂北出萧关,历独鹿、鸣泽①,自代而还,幸河东。春,三月,祠后土,赦汾阴、夏阳、中都死罪以下②。

夏,大旱。

匈奴自卫、霍度幕以来,希复为寇,远徙北方,休养士马,习射猎,数使使于汉,好辞甘言求请和亲。汉使北地人王乌等窥匈奴,乌从其俗,去节入穹庐,单于爱之,佯许甘言,为遣其太子入汉为质。汉使杨信于匈奴,信不肯从其俗,单于曰:"故约汉尝遣翁主,给缯絮食物有品,以和亲,而匈奴亦不扰边。今乃欲反古,令吾太子为质,无几矣。"信既归,汉又使王乌往,而单于复谄以甘言,欲多得汉财物,绐谓王乌曰:"吾欲入汉见天子面,相约为兄弟。"王乌归报汉,汉为单于筑邸于长安。匈奴曰:"非得汉贵人使,吾不与诚语。"匈奴使其贵人至汉,病,汉予药,欲愈之,不幸而死。汉使路充国佩二千石印绶往使,因送其丧,厚葬,直数千金,曰:"此汉贵人也。"单于以为汉杀吾贵使者,乃留路充国不归。诸所言者,单于特空绐王乌,殊无意入汉及遣太子。于是匈奴数使奇兵侵犯汉边。乃拜郭昌为拔胡将军,及浞野侯屯朔方以东,备胡。

【注释】

①独鹿:山名。鸣泽:湖名。两地都位于今河北容城县北。 ②夏阳:县名。治所在今陕西韩城市南。中都:县名。治所在今山西平遥县西南。

五年 冬，上南巡狩，至于盛唐，望祀虞舜于九疑。登灊天柱山[①]，自寻阳浮江[②]，亲射蛟江中[③]，获之。舳舻千里，薄枞阳而出[④]，遂北至琅邪[⑤]，并海，所过礼祠其名山大川。春，三月，还至太山，增封。甲子，始祀上帝于明堂，配以高祖；因朝诸侯王、列侯，受郡、国计。夏，四月，赦天下，所幸县毋出今年租赋。还，幸甘泉，郊泰畤。

长平烈侯卫青薨。起冢，象庐山[⑥]。

上既攘却胡、越，开地斥境，乃置交趾、朔方之州，及冀、幽、并、兖、徐、青、扬、荆、豫、益、凉等州，凡十三部，皆置刺史焉。

上以名臣文武欲尽，乃下诏曰："盖有非常之功，必待非常之人。故马或奔踶而致千里，士或有负俗之累而立功名。夫泛驾之马，跅弛之士，亦在御之而已。其令州、郡察吏、民有茂才、异等可为将、相及使绝国者。"

六年 冬，上行幸回中。

春，作首山宫。

三月，行幸河东，祠后土，赦汾阴殊死以下。

汉既通西南夷，开五郡，欲地接以前通大夏，岁遣使十余辈出此初郡，皆闭昆明，为所杀，夺币物。于是天子赦京师亡命，令从军，遣拔胡将军郭昌将以击之，斩首数十万。后复遣使，竟不得通。

【注释】

①灊(qián 潜)：县名，治所在今安徽霍山县。 ②寻阳：县名，西汉置，治所在今湖北黄梅县西南。 ③蛟：传说为龙属，郭璞说其状为："似蛇而有脚。" ④枞阳：县名，即今安徽枞阳县。 ⑤琅邪：郡名，西汉时治所在东武

西汉"君幸食"漆盘

(今山东诸城市),置有铁官、盐官。　⑥庐山:据颜师古说,为匈奴国中的山名,今地不详。

秋,大旱,蝗。

乌孙使者见汉广大,归报其国,其国乃益重汉。匈奴闻乌孙与汉通,怒,欲击之;又其旁大宛、月氏之属皆事汉;乌孙于是恐,使使愿得尚汉公主①,为昆弟。天子与群臣议,许之。乌孙以千匹马聘汉女。汉以江都王建女细君为公主,往妻乌孙,赠送甚盛;乌孙王昆莫以为右夫人。匈奴亦遣女妻昆莫,以为左夫人。公主自治宫室居,岁时一再与昆莫会,置酒饮食。昆莫年老,言语不通,公主悲愁思归,天子闻而怜之,间岁遣使者以帷帐锦绣给遗焉。昆莫曰"我老",欲使其孙岑娶尚公主②。公主不听,上书言状。天子报曰:"从其国俗,欲与乌孙共灭胡。"岑娶遂妻公主。昆莫死,岑娶代立,为昆弥③。

是时,汉使西逾葱岭,抵安息。安息发使,以大鸟卵及黎轩善眩人献于汉④,及诸小国欢潜、大益、车〔姑〕师、扜罙、苏薤之属皆随汉使献见天子⑤,天子大悦。西国使更来更去。天子每巡狩海上,悉从外国客,大都、多人则过之,散财帛以赏赐,厚具以饶给之,以览示汉富厚焉。大角抵,出奇戏、诸怪物,多聚观者。行赏赐,酒池肉林,令外国客遍观名仓库府藏之积,见汉之广大,倾骇之。大宛左右多蒲萄,可以为酒;多苜蓿⑥,天马嗜之;汉使采其实以来,天子种之于离宫别观旁,极望。然西域以近匈奴,常畏匈奴使,待之过于汉使焉。

是岁,匈奴乌维单于死,子乌师庐立,年少,号"儿单于"。自此之后,单于益西北徙,左方兵直云中,右方兵直酒泉、敦煌郡。

【注释】

①尚:娶帝王之女称"尚",帝王之女嫁人称"降"。　②岑娶:颜师古据《汉书》认为是岑陬,岑陬应为乌孙国的官称,此王孙本名为军须靡。　③昆弥:即昆莫,是乌孙国建国的王号。　④大鸟卵:即今之驼鸟卵。黎轩:即大秦国,亦即罗马帝国。善眩人:指善于吞刀吐火等幻术的人。　⑤欢潜、大益、扜罙、苏薤:均西域小国。据《史记》记载,都在大

宛之西,今中亚细亚一带。车师:又作姑师,在今新疆吐鲁番市一带。⑥苜蓿(xù 絮):俗称“金花菜”,也叫紫花苜蓿。为汉代从西域引进,属豆科多年生草本植物,是优质饲料。

太初元年 冬,十月,上行幸泰山。十一月,甲子朔旦,冬至,祠上帝于明堂。东至海上,考入海及方士求神者莫验;然益遣,冀遇之。

乙酉,柏梁台灾。

十二月,甲午朔,上亲禅高里①,祠后土,临勃海,将以望祀蓬莱之属,冀至殊廷焉。春,上还,以柏梁灾,故朝诸侯,受计于甘泉。甘泉作诸侯邸。

越人勇之曰:“越俗,有火灾复起屋,必以大,用胜服之。”于是作建章宫②,度为千门万户。其东则凤阙③,高二十余丈。其西则唐中,数十里虎圈。其北治大池,渐台高二十余丈,命曰太液池,中有蓬莱、方丈、瀛洲、壶梁,象海中神山、龟鱼之属。其南有玉堂、璧门、大鸟之属。立神明台、井干楼④,度五十丈,辇道相属焉。

大中大夫公孙卿、壶遂、太史令司马迁等言⑤:“历纪坏废,宜改正朔。”上诏兒宽与博士赐等共议,以为宜用夏正。夏,五月,诏卿、遂、迁等共造汉《太初历》,以正月为岁首,色上黄,数用五,定官名,协音律,定宗庙百官之仪,以为典常,垂之后世云。

匈奴儿单于好杀伐,国人不安;又有天灾,畜多死。左大都尉使人间告汉曰:“我欲杀单于降汉,汉远,即兵来迎我,我即发。”上乃遣因杅将军公孙敖筑塞外受降城以应之。

秋,八月,上行幸安定。

【注释】

①高里:山名,在泰山下。 ②建章宫:在汉代长安城西,周回二十里,上林之地。 ③凤阙:建章宫东门阁楼,上面有铜凤凰,故称“凤阙”。 ④神明台、井干楼:据《汉宫阁疏》说,神明台高五十丈,上面有九个巨大房间,住九天道士一百人。井干楼全是木质,高五十丈,像井周围的木栏,或四角,或八角。 ⑤司马迁(约前145—?):西汉史学家、文学家。夏阳(今陕西韩城市)人。太史令司马谈之子。元封三年(前

108)继父任太史令,尽阅史官所藏旧史,又遍游全国各地名都大邑,探访古迹,考察风俗传说。太初元年(前104),开始编撰史书。同年,与唐都、落下闳等共订《太初历》,进行历法改革。天汉二年(前99),因替李陵败降匈奴事辩解,触怒汉武帝而下狱,受宫刑。出狱后,任中书令,仍发愤著书,历十二年,于征和二年(前91)撰成我国第一部纪传体通史,时称《太史公书》,三国后通称为《史记》。

汉使入西域者言:“宛有善马,在贰师城[①],匿不肯与汉使。”天子使壮士车令等持千金及金马以请之。宛王与其群臣谋曰:“汉去我远,而盐水中数败[②],出其北有胡寇,出其南乏水草,又且往往而绝邑,乏食者多,汉使数百人为辈来,而常乏食,死者过半,是安能致大军乎!无奈我何。贰师马,宛宝马也。”遂不肯予汉使。汉使怒,妄言,椎金马而去。宛贵人怒曰:“汉使至轻我!”遣汉使去,令其东边郁成王遮攻,杀汉使,取其财物。

于是天子大怒。诸尝使宛姚定汉等言:“宛兵弱,诚以汉兵不过三千人,强弩射之,可尽虏矣。”天子尝使浞野侯以七百骑虏楼兰王,以定汉等言为然;而欲侯宠姬李氏,乃拜李夫人兄广利为贰师将军[③],发属国六千骑及郡国恶少年数万人,以往伐宛。期至贰师城取善马,故号贰师将军。赵始成为军正,故浩侯王恢使导军,而李哆为校尉,制军事。

臣光曰:武帝欲侯宠姬李氏,而使广利将兵伐宛,其意以为非有功不侯,不欲负高帝之约也。夫军旅大事,国之安危、民之死生系焉。苟为不择贤愚而授之,欲徼幸咫尺之功,藉以为名而私其所爱,不若无功而侯之为愈也。然则武帝有见于封国,无见于置将;谓之能守先帝之约,臣曰过矣。

中尉王温舒坐为奸利,罪当族,自杀;时两弟及两婚家亦各自坐他罪则族。光禄勋徐自为曰:“悲夫!古有三族,而王温舒罪至同时而五族乎!”

关东蝗大起,飞西至敦煌。

【注释】

①贰师城:大宛国的一个城名。 ②盐水:即盐泽。在西北沙漠地

区。 ③李广利(? —前88):西汉将领。汉武帝宠妃李夫人之兄。中山(今河北定州市)人。太初元年(前104),武帝封他为贰师将军,率数万人攻大宛贰师城,因路远无粮,不能攻入大宛,回到敦煌,途中来去两年,士卒伤亡十之七八。三年,武帝命他复攻大宛,并派精兵六万余人,牛马骆驼十五万匹运送粮食武器,又征调甲卒十八万人为后援,始得攻入大宛。征和三年(前90),带领七万骑出五原,击匈奴,兵败投降,不久被杀。

二年 春,正月,戊申[①],牧丘恬侯石庆薨。

闰月,丁丑[②],以太仆公孙贺为丞相,封葛绎侯。时朝廷多事,督责大臣,自公孙弘后,丞相比坐事死。石庆虽以谨得终,然数被谴。贺引拜为丞相,不受印绶,顿首涕泣不肯起。上乃起去,贺不得已拜,出曰:"我从是殆矣!"

三月,上行幸河东,祠后土。

夏,五月,籍吏民马补车骑马。

秋,蝗。

贰师将军之西也,既过盐水,当道小国各城守,不肯给食,攻之不能下;下者得食,不下者数日而去。比至郁成[③],士至者不过数千,皆饥罢。攻郁成,郁成大破之,所杀伤甚众。贰师将军与李哆、赵始成等计:"至郁成尚不能举,况至其王都乎!"引兵而还。至敦煌,士不过什一二。使使上书言:"道远乏食,且士卒不患战而患饥,人少,不足以拔宛,愿且罢兵,益发而复往。"天子闻之,大怒,使使遮玉门曰:"军有敢入者辄斩之!"贰师恐,因留敦煌。

上犹以受降城去匈奴远,遣浚稽将军赵破奴将二万余骑出朔方西北二千余里,期至浚稽山而还[④]。浞野侯既至期,左大都尉欲发而觉,单于诛之,发左方兵击浞野侯。浞野侯行捕首虏,得数千人,还,未至受降城四百里,匈奴兵八万骑围之。浞野侯夜自出求水,匈奴间捕生得浞野侯,因急击其军,军吏畏亡将而诛,莫相劝归者,军遂没于匈奴。儿单于大喜,因遣奇兵攻受降城,不能下,乃寇入边而去。

冬,十二月,兒宽卒。

【注释】

①戊申:据正月“丁巳”朔,该月无“戊申”日。 ②闰月,丁丑:据陈垣《二十史朔闰表》,该年没有闰月,丁丑不知为何日。 ③郁成:据传在今帕米尔高原与喀喇昆仑山脉的两侧。 ④浚稽山:山名,约在今蒙古国境内戈壁阿尔泰山脉中段。

三年 春,正月,胶东太守延广为御史大夫。

上东巡海上,考神仙之属皆无验,令祠官礼东泰山。夏,四月,还,修封泰山,禅石闾[①]。

匈奴儿单于死,子年少,匈奴立其季父右贤王呴犁湖为单于。

上遣光禄勋徐自为出五原塞数百里,远者千余里,筑城、障、列亭,西北至庐朐[②],而使游击将军韩说、长平侯卫伉屯其旁;使强弩都尉路博德筑居延泽上。秋,匈奴大入定襄、云中,杀略数千人,败数二千石而去,行破坏光禄所筑城、列亭、障;又使右贤王入酒泉、张掖,略数千人。会军正任文击救,尽复失所得而去。

是岁,睢阳侯张昌坐为太常乏祠,国除。

初,高祖封功臣为列侯百四十有三人。时兵革之余,大城、名都民人散亡,户口可得而数,裁什二三。大侯不过万家,小者五六百户。其封爵之誓曰:“使黄河如带,泰山若厉,国以永存,爰及苗裔。”申以丹书之信,重以白马之盟。及高后时,尽差第列侯位次,藏诸宗庙,副在有司。逮文、景,四五世间,流民既归,户口亦息,列侯大者至三四万户,小国自倍,富厚如之。子孙骄逸,多抵法禁,陨身失国,至是见侯裁四人,罔亦少密焉。

汉既亡浞野之兵,公卿议者皆愿罢宛军,专力攻胡。天子业出兵诛宛,宛小国而不能下,则大夏之属渐轻汉,而宛善马绝不来,乌孙、轮台易苦汉使[③],为外国笑,乃案言伐宛尤不便者邓光等。赦囚徒,发恶少年及边骑,岁余而出敦煌者六万人,负私从者不与,牛十万,马三万匹,驴、橐驼以万数,赍粮、兵弩甚设。天下骚动,转相奉伐宛五十余校尉。宛城中无井,汲城外流水,于是遣水工徙其城下水,空以穴其城。益发戍甲卒十八万酒泉、张掖北,置居延、休屠屯兵以卫酒泉,而发天下吏有罪者、亡命者及赘婿、贾人、故有市籍、父母大父母有市籍者凡七科[④]，適为兵；及载糒给贰师[⑤]，转车人徒相连属；而拜习马者二人为执、驱马校尉，备破宛择取其善马云。

于是贰师后复行，兵多，所至小国莫不迎，出食给军。至轮台，轮台不下，攻数日，屠之。自此而西，平行至宛城，兵到者三万。宛兵迎击汉兵，汉兵射败之，宛兵走入，保其城。贰师欲攻郁成城，恐留行而令宛益生诈，乃先至宛，决其水原移之，则宛固已忧困，围其城，攻之四十余日。宛贵人谋曰："王毋寡匿善马，杀汉使，今杀王而出善马，汉兵宜解；即不解，乃力战而死，未晚也。"宛贵人皆以为然，共杀王。其外城坏，虏宛贵人勇将煎靡。宛大恐，走入城中，持王毋寡头，遣人使贰师约曰："汉无攻我，我尽出善马恣所取，而给汉军食。即不听，我尽杀善马，康居之救又且至，至，我居内，康居居外，与汉军战，孰计之，何从？"是时，康居候视汉兵尚盛，不敢进。贰师闻宛城中新得汉人，知穿井，而其内食尚多，计以为"来诛首恶者毋寡，毋寡头已至，如此不许则坚守，而康居候汉兵罢来救宛，破汉兵必矣"；乃许宛之约。宛乃出其马，令汉自择之，而多出食食汉军。汉军取其善马数十匹，中马以下牝牡三千余匹，而立宛贵人之故时遇汉善者名昧蔡为宛王，与盟而罢兵。

初，贰师起敦煌西，分为数军，从南、北道。校尉王申生将千余人别至郁成，郁成王击灭之，数人脱亡，走贰师。贰师令搜粟都尉上官桀往攻破郁成，郁成王亡走康居，桀追至康居。康居闻汉已破宛，出郁成王与桀，桀令四骑士缚守诣贰师。上邽骑士赵弟恐失郁成王，拔剑击斩其首，追及贰师。

【注释】

①石闾：泰山南麓，方士认为是神仙居住的地方。 ②庐朐：颜师古认为是山名，即今蒙古国肯特山。 ③轮台：西域国名。在今新疆轮台县。 ④七科：指七种有首先被征发服兵役义务的人，即犯法的官吏、逃亡的人、入赘做人家女婿的人、商人、曾经经过商的人、祖父母经过商的人。 ⑤糒（bèi 备）：干粮。

四年　春，贰师将军来至京师。贰师所过小国闻宛破，皆使其子弟从入贡献，见天子，因为质焉。军还，入马千余匹。后行，军非乏食，战死不甚多，而将吏贪，不爱卒，侵牟之，以此物故者众。天子为万里而伐，不录其过，乃下诏封李广利为海西侯，封赵弟为新畤侯，以上官桀为少府，军官吏为九卿者三人，诸侯相、郡守、二千石百余人，千石以下千余人，奋行者官过其望，以谪过行，皆黜其劳，士卒赐直四万钱。

匈奴闻贰师征大宛，欲遮之，贰师兵盛，不敢当，即遣骑因楼兰候汉使后过者，欲绝勿通。时汉军正任文将兵屯玉门关，捕得生口，知状以闻。上诏文便道引兵捕楼兰王，将诣阙簿责。王对曰："小国在大国间，不两属无以自安，愿徙国入居汉地。"上直其言，遣归国，亦因使候司匈奴，匈奴自是不甚亲信楼兰。

自大宛破后，西域震惧，汉使入西域者益得职。于是自敦煌西至盐泽往往起亭，而轮台、渠犁皆有田卒数百人①，置使者、校尉领护，以给使外国者。

后岁余，宛贵人以为昧蔡善谀，使我国遇屠，乃相与杀昧蔡，立毋寡昆弟蝉封为宛王，而遣其子入侍于汉。汉因使使赂赐，以镇抚之。蝉封与汉约，岁献天马二匹。

秋，起明光宫②。

冬，上行幸回中。

匈奴呴犁湖单于死，匈奴立其弟左大都尉且鞮侯为单于。天子欲因伐宛之威遂困胡，乃下诏曰："高皇帝遗朕平城之忧，高后时，单于书绝悖逆。昔齐襄公复九世之仇③，《春秋》大之。"且鞮侯单于初立，恐汉袭之，乃曰："我儿子，安敢望汉天子，汉天子，我丈人行也。"因尽归汉使之不降者路充国等，使使来献。

【注释】

①渠犁：西域国名。在轮台国以东。即今新疆库尔勒市。　②明光宫：据《三辅黄图》说，明光宫在长安城长乐宫后面，南与长乐宫相邻。③九世之仇：据《春秋公羊传》记载，前913年，周朝君王姬坚，听信纪国国君的诬陷，烹杀齐国第五任国君哀公。前690年，齐国第十四任国君，为此灭了纪国，报了事隔九世之仇。

天汉元年 春，正月，上行幸甘泉，郊泰畤。三月，行幸河东，祠后土。

上嘉匈奴单于之义，遣中郎将苏武送匈奴使留在汉者[①]，因厚赂单于，答其善意。武与副中郎将张胜及假吏常惠等俱，既至匈奴，置币遗单于。单于益骄，非汉所望也。

会缑王与长水虞常等及卫律所将降者，阴相与谋劫单于母阏氏归汉。卫律者，父故长水胡人，律善协律都尉李延年[②]，延年荐言律使于匈奴，使还，闻延年家收，遂亡降匈奴。单于爱之，与谋国事，立为丁灵王。虞常在汉时素与副张胜相知，私候胜曰："闻汉天子甚怨卫律，常能为汉伏弩射杀之。吾母、弟在汉，幸蒙其赏赐。"张胜许之，以货物与常。后月余，单于出猎，独阏氏、子弟在，虞常等七十余人欲发，其一人夜亡告之。单于子弟发兵与战，缑王等皆死，虞常生得。

单于使卫律治其事。张胜闻之，恐前语发，以状与武。武曰："事如此，此必及我，见犯乃死，重负国。"欲自杀，胜、惠共止之。虞常果引张胜。单于怒，召诸贵人议，欲杀汉使者。左伊秩訾曰[③]："即谋单于，何以复加！宜皆降之。"单于使卫律召武受辞。武谓惠等："屈节辱命，虽生，何面目以归汉！"引佩刀自刺。卫律惊，自抱持武，驰召医，凿地为坎，置煴火，覆武其上，蹈其背以出血。武气绝，半日复息。惠等哭，舆归营。单于壮其节，朝夕遣人候问武，而收系张胜。

武益愈，单于使使晓武，欲降之，会论虞常，欲因此时降武；剑斩虞常已，律曰："汉使张胜谋杀单于近臣，当死，单于募降者赦罪。"举剑欲击之，胜请降。律谓武曰："副有罪，当相坐。"武曰："本无谋，又非亲属，何谓相坐！"复举剑拟之，武不动。律曰："苏君！律前负汉归匈奴，幸蒙大恩赐号称王，拥众数万，马畜弥山，富贵如此！苏君今日降，明日复然；空以身膏草野，谁复知之！"武不应。律曰："君因我降，与君为兄弟；今不听吾计，后虽欲复见我，尚可得乎！"武骂律曰："汝为人臣子，不顾恩义，畔主背亲，为降虏于蛮夷，何以汝为见！且单于信汝，使决人死生，不平心持正，反欲斗两主，观祸败。南越杀汉使者，屠为九郡；宛王杀汉使者，头县北阙；朝鲜杀汉使者，即时诛灭；独匈奴未耳。若知我不降明，欲令两国相攻，匈奴之祸从我始矣。”律知武终不可胁，白单于，单于愈益欲降之。乃幽武置大窖中，绝不饮食；天雨雪，武卧，啮雪与旃毛并咽之，数日不死。匈奴以为神，乃徙武北海上无人处，使牧羝[4]，曰：“羝乳乃得归[5]。”别其官属常惠等，各置他所。

【注释】

①苏武（？—前60）：西汉大臣，杜陵（今陕西西安市东南）人。武帝时为郎。天汉元年（前100），奉命出使匈奴，被扣。匈奴贵族多方威胁利诱，欲使投降。他历尽艰辛，留居匈奴十九年持节不屈。昭帝时，匈奴与汉和亲，至始元六年（前81），方获释归朝，官至典属国。　②李延年（？—约前87）：西汉音乐家。中山（今河北定州市）人。家人皆善歌舞。初因犯法受腐刑。后其妹得幸于武帝，号李夫人，生昌邑王，他亦因之贵幸，官至协律都尉。其弟与中人乱，出入骄恣，及李夫人死，武帝令诛其兄弟宗族，他亦被杀。　③左伊秩訾：匈奴王号。　④羝：公羊。　⑤乳：生子，即生小羊。

天雨白牦[1]。

夏，大旱。

五月，赦天下。

发谪戍屯五原[2]。

浞野侯赵破奴自匈奴亡归。

是岁，济南太守王卿为御史大夫。

二年　春，上行幸东海。还幸回中。

夏，五月，遣贰师将军广利以三万骑出酒泉，击右贤王于天山，得胡首虏万余级而还。匈奴大围贰师将军，汉军乏食数日，死伤者多。假司马陇西赵充国与壮士百余人溃围陷陈[3]，贰师引兵随之，遂得解。汉兵物故什六七，充国身被二十余创。贰师奏状，诏征充国诣行在所，帝亲见，视其创，嗟叹之，拜为中郎。

汉复使因杅将军敖出西河，强弩都尉路博德会涿涂山，无所得。

初，李广有孙陵[4]，为侍中，善骑射，爱人下士。帝以为有广之风，拜骑都尉，使将丹阳、楚人五千人，教射酒泉、张掖以备胡。及贰师击匈奴，上诏陵，欲使为贰师将辎重。陵叩头自请曰："臣所将屯边者，皆荆楚勇士奇材剑客也，力扼虎，射命中，愿得自当一队，到兰于山南以分单于兵，毋令专乡贰师军。"上曰："将恶相属邪！吾发军多，无骑予女。"陵对："无所事骑，臣愿以少击众，步兵五千人涉单于庭。"上壮而许之。因诏路博德将兵半道迎陵军。博德亦羞为陵后距，奏言："方秋，匈奴马肥，未可与战，愿留陵至春俱出。"上怒，疑陵悔不欲出而教博德上书，乃诏博德引兵击匈奴于西河。诏陵以九月发，出遮虏障，至东浚稽山南龙勒水上，徘徊观虏，即无所见，还，抵受降城休士。陵于是将其步卒五千人，出居延，北行三十日，至浚稽山止营，举图所过山川地形，使麾下骑陈步乐还以闻。步乐召见，道陵将率得士死力，上甚悦，拜步乐为郎。

陵至浚稽山，与单于相值，骑可三万围陵军，军居两山间，以大车为营。陵引士出营外为陈，前行持戟、盾，后行持弓、弩。虏见汉军少，直前就营。陵搏战攻之，千弩俱发，应弦而倒，虏还走上山，汉军追击杀数千人。单于大惊，召左、右地兵八万余骑攻陵。陵且战且引南行，数日，抵山谷中，连战，士卒中矢伤，三创者载辇，两创者将车，一创者持兵战，复斩首三千余级。引兵东南，循故龙城道行，四五日，抵大泽葭苇中，虏从上风纵火，陵亦令军中纵火以自救。南行至山下，单于在南山上，使其子将骑击陵。陵军步斗树木间，复杀数千人，因发连弩射单于，单于下走。是日捕得虏，言："单于曰：'此汉精兵，击之不能下，日夜引吾南近塞，得无有伏兵乎？'诸当户君长皆言[5]：'单于自将数万骑击汉数千人不能灭，后无以复使边臣，令汉益轻匈奴。复力战山谷间，尚四五十里，得平地，不能破，乃还。'"

是时陵军益急，匈奴骑多，战一日数十合，复伤杀虏二千余人。虏不利，欲去，会陵军候管敢为校尉所辱，亡降匈奴，具言："陵军无后救，射矢且尽，独将军麾下及校尉成安侯韩延年各八百人为前行，以黄与白为帜，当使精骑射之，即破矣。"单于得敢大喜，使骑并攻汉军，疾呼曰："李陵、韩延年趣降！"遂遮道急攻陵。陵居谷中，虏在山上，四面射，矢如雨下。汉军南行，未至鞮汗山，一日五十万矢皆尽，即弃车去。士尚三千余人，徒斩车辐而持之，军吏持尺刀入狭谷，单于遮其后，乘隅下垒石，士卒多死，不得行。昏后，陵便衣独步出营，止左右："毋随我，丈夫一取单于耳！"良久，陵还，太息曰："兵败，死矣！"于是尽斩旌旗，及珍宝埋地中，陵叹曰："复得数十矢，足以脱矣。今无兵复战，天明，坐受缚矣，各鸟兽散，犹有得脱归报天子者。"令军士人持二升糒，一片冰，期至遮虏障者相待。夜半时，击鼓起士，鼓不鸣。陵与韩延年俱上马，壮士从者十余人，虏骑数千追之，韩延年战死。陵曰："无面目报陛下！"遂降。军人分散，脱至塞者四百余人。

陵败处去塞百余里，边塞以闻。上欲陵死战，后闻陵降，上怒甚，责问陈步乐，步乐自杀。群臣皆罪陵，上以问太史令司马迁，迁盛言："陵事亲孝，与士信，常奋不顾身以徇国家之急，其素所畜积也，有国士之风。今举事一不幸，全躯保妻子之臣随而媒蘖其短，诚可痛也！且陵提步卒不满五千，深蹂戎马之地，抑数万之师，虏救死扶伤不暇，悉举引弓之民共攻围之，转斗千里，矢尽道穷，士张空拳，冒白刃，北首争死敌，得人之死力，虽古名将不过也。身虽陷败，然其所摧败亦足暴于天下。彼之不死，宜欲得当以报汉也。"上以迁为诬罔，欲沮贰师，为陵游说，下迁腐刑⑥。

司马迁像

久之，上悔陵无救，曰："陵当发出塞，乃诏强弩都尉令迎军；坐预诏之，得令老将生奸诈。"乃遣使劳赐陵余军得脱者。

【注释】

①白牦（máo 矛）：牦牛身

上的白毛。 ②五原：郡名，汉元朔二年（前127）置。治所在九原（今内蒙古包头市西）。 ③赵充国（前137—前52）：西汉大臣，陇西上邽（今甘肃天水市）人。善骑射，有谋略。武帝时，以假司马身份随李广利击匈奴，作战勇敢，升为车骑将军长史。昭帝时，武都氐人反，他以大将军护军都尉率兵平定，任中郎将、水衡都尉，复击匈奴，获西祁王，擢升为后将军。后与霍光尊立宣帝，封营平侯。他还屯田于西北，促进了西北地区的开发。 ④李陵（？—前74）：西汉将领。陇西成纪（今甘肃秦安县西北）人。名将李广之孙。少为侍中建章监，善骑射。武帝时，为骑都尉。天汉二年（前99），率五千步兵出居延千余里击匈奴，遇敌骑十万，陷入重围，他奋勇突击，连战九天，终因粮尽矢绝，被迫投降，后病死于匈奴。 ⑤当户：匈奴官名。 ⑥腐刑：即宫刑，割掉生殖器。

上以法制御下，好尊用酷吏，而郡、国二千石为治者大抵多酷暴，吏民益轻犯法；东方盗贼滋起，大群至数千人，攻城邑，取库兵，释死罪，缚辱郡太守、都尉，杀二千石，小群以百数掠卤乡里者，不可胜数，道路不通。上始使御史中丞、丞相长史督之，弗能禁；乃使光禄大夫范昆及故九卿张德等衣绣衣[①]，持节，虎符，发兵以兴击。斩首大郡或至万余级，及以法诛通行、饮食当连坐者，诸郡甚者数千人。数岁，乃颇得其渠率，散卒失亡复聚党阻山川者往往而群居，无可奈何。于是作《沉命法》[②]，曰："群盗起，不发觉，发觉而捕弗满品者，二千石以下至小吏，主者皆死。"其后小吏畏诛，虽有盗不敢发，恐不能得，坐课累府，府亦使其不言。故盗贼寖多，上下相为匿，以文辞避法焉。

是时，暴胜之为直指使者，所诛杀二千石以下尤多，威震州郡。至勃海，闻郡人隽不疑贤，请与相见。不疑容貌尊严，衣冠甚伟，胜之蹶履起迎[③]，登堂坐定，不疑据地曰："窃伏海濒，闻暴公子旧矣，今乃承颜接辞。凡为吏，太刚则折，太柔则废，威行，施之以恩，然后树功扬名，永终天禄。"胜之深纳其戒；及还，表荐不疑，上召拜不疑为青州刺史。济南王贺亦为绣衣御史，逐捕魏郡群盗，多所纵舍，以奉使不称免，叹曰："吾闻活千人，子孙有封，吾所活者万余人，后世其兴乎！"

是岁，以匈奴降者介和王成娩为开陵侯，将楼兰国兵击车师；匈奴遣右贤王将数万骑救之，汉兵不利，引去。

【注释】

①绣衣：武帝时，设“绣衣直指”，穿特制的绣花官服，临时任命指派，负责捕治盗贼，主持大的讼狱，事毕即行撤销。穿绣花官服，表示特别尊荣，具有特别权力。 ②《沉命法》：武帝时制定的一部关于藏匿盗贼者一定要处以斩杀的法律。 ③蹝（xǐ 徙）履：靸着鞋走。鞋未穿好，曳之而行。

资治通鉴卷第二十二

汉纪十四 起昭阳协洽，尽阏逢敦牂，凡十二年。

世宗孝武皇帝下之下

天汉三年 春，二月，王卿有罪自杀，以执金吾杜周为御史大夫[①]。

初榷酒酤。

三月，上行幸泰山，修封，祀明堂，因受计。还，祠常山，瘗玄玉[②]。方士之候祠神人、入海求蓬莱者终无有验，而公孙卿犹以大人迹为解，天子益怠厌方士之怪迂语矣；然犹羁縻不绝[③]，冀遇其真。自此之后，方士言神祠者弥众，然其效可睹矣。

夏，四月，大旱。赦天下。

秋，匈奴入雁门。太守坐畏愞弃市。

四年 春，正月，朝诸侯王于甘泉宫。

发天下七科谪及勇敢士，遣贰师将军李广利将骑六万、步兵七万出朔方；强弩都尉路博德将万余人与贰师会；游击将军韩说将步兵三万人出五原；因杅将军公孙敖将骑万、步兵三万人出雁门。匈奴闻之，悉远其累重于余吾水北；而单于以兵十万待水南，与贰师接战。贰师解而引归，与单于连斗十余日。游击无所得。因杅与左贤王战，不利，引归。

时上遣敖深入匈奴迎李陵，敖军无功还，因曰："捕得生口，言李陵教单于为兵以备汉军，故臣无所得。"上于是族陵家。既而闻之，乃汉将降匈奴者李绪，非陵也。陵使人刺杀绪。大阏氏欲杀陵，单于匿之北方；大阏氏死，乃还。单于以女妻陵，立为右校王，与卫律皆贵用事。卫律常在单于左右；陵居外，有大事乃入议。

夏，四月，立皇子髆为昌邑王。

【注释】

①执金吾：古代官名。前104年，汉朝改“中尉”为“执金吾”，金吾是一种鸟名，据说此鸟避凶趋吉，象征祥瑞，皇帝出游时，“执金吾”高举此鸟雕像，作为庞大卫队前导。 ②瘗（yì 亿）：埋藏。 ③羁縻：牵连；联系。

太始元年 春，正月，公孙敖坐妻为巫蛊要斩[①]。

徙郡国豪桀于茂陵。

夏，六月，赦天下。

是岁，匈奴且鞮侯单于死；有两子，长为左贤王，次为左大将。左贤王未至，贵人以为有病，更立左大将为单于。左贤王闻之，不敢进；左大将使人召左贤王而让位焉。左贤王辞以病，左大将不听，谓曰：“即不幸死，传之于我。”左贤王许之，遂立，为狐鹿姑单于；以左大将为左贤王。数年，病死；其子先贤掸不得代，更以为日逐王。单于自以其子为左贤王。

二年 春，正月，上行幸回中。

杜周卒，光禄大夫暴胜之为御史大夫。

秋，旱。

赵中大夫白公奏穿渠引泾水，首起谷口[②]，尾入栎阳[③]，注渭中，袤二百里，溉田四千五百余顷，因名曰白渠；民得其饶。

三年 春，正月，上行幸甘泉宫。二月，幸东海，获赤雁。幸琅邪，礼日成山，登之罘，浮大海而还。

是岁，皇子弗陵生[④]。弗陵母曰河间赵倢伃，居钩弋宫，任身十四月而生。上曰“闻昔尧十四月而生，今钩弋亦然”，乃命其所生门曰尧母门。

臣光曰：为人君者，动静举措不可不慎，发于中必形于外，天下无不知之。当是时也，皇后、太子皆无恙，而命钩弋之门曰尧母，非名也。是以奸人逆探上意，知其奇爱少子，欲以为嗣，遂有危皇后、太子之心，卒成巫蛊之祸，悲夫！

【注释】

①巫蛊（gǔ 骨）：即巫术。巫是一种用祭祀或咒语驱使鬼神降祸于人的法术。蛊为传说中可以害人的毒虫。 ②谷口：县名。在今陕西礼泉县东北。因地当泾水出山谷处得名。 ③栎阳：县名。秦置，治所在今陕西西安市北渭水北岸。 ④刘弗陵（前 94—前 74）：西汉皇帝。前 87 年至前 74 年在位。武帝少子，年幼即位。在位期间，移民屯田，多次派兵击败匈奴和乌桓。谥昭帝。

赵人江充为水衡都尉。初，充为赵敬肃王客，得罪于太子丹，亡逃；诣阙告赵太子阴事，太子坐废。上召充入见。充容貌魁岸，被服轻靡，上奇之；与语政事，大悦，由是有宠，拜为直指绣衣使者，使督察贵戚、近臣逾侈者。充举劾无所避，上以为忠直，所言皆中意。尝从上甘泉，逢太子家使乘车马行驰道中，充以属吏。太子闻之，使人谢充曰："非爱车马，诚不欲令上闻之，以教敕亡素者；唯江君宽之！"充不听，遂白奏。上曰："人臣当如是矣！"大见信用，威震京师。

四年 春，三月，上行幸泰山。壬午，祀高祖于明堂以配上帝，因受计。癸未，祀孝景皇帝于明堂。甲申，修封。丙戌，禅石闾。夏，四月，幸不其[①]。五月，还，幸建章宫，赦天下。

冬，十月，甲寅晦，日有食之。

十二月，上行幸雍，祠五畤；西至安定、北地。

征和元年 春，正月，上还，幸建章宫。

三月，赵敬肃王彭祖薨。彭祖取江都易王所幸淖姬，生男，号淖子。时淖姬兄为汉宦者，上召问："淖子何如？"对曰："为人多欲。"上曰："多欲不宜君国子民。"问武始侯昌，曰："无咎无誉。"上曰："如是可矣。"遣使者立昌为赵王。

夏，大旱。

【注释】

①不其：县名，因山名而名县。西汉置，治所在今山东青岛市崂山区

西北。

上居建章宫，见一男子带剑入中龙华门，疑其异人，命收之。男子捐剑走，逐之弗获。上怒，斩门候[①]。冬，十一月，发三辅骑士大搜上林，闭长安城门索；十一日乃解。巫蛊始起。

丞相公孙贺夫人君孺，卫皇后姊也，贺由是有宠。贺子敬声代父为太仆，骄奢不奉法，擅用北军钱千九百万；发觉，下狱。是时诏捕阳陵大侠朱安世甚急，贺自请逐捕安世以赎敬声罪，上许之。后果得安世。安世笑曰："丞相祸及宗矣！"遂从狱中上书，告"敬声与阳石公主私通；上且上甘泉，使巫当驰道埋偶人，祝诅上，有恶言"。

二年 春，正月，下贺狱，案验；父子死狱中，家族。以涿郡太守刘屈氂为左丞相，封澎侯。屈氂，中山靖王子也。

夏，四月，大风，发屋折木。

闰月，诸邑公主、阳石公主及皇后弟子长平侯伉皆坐巫蛊诛。

上行幸甘泉。

【注释】

①门候：掌宫门出入的官员。

初，上年二十九乃生戾太子[①]，甚爱之。及长，性仁恕温谨，上嫌其材能少，不类己；而所幸王夫人生子闳，李姬生子旦、胥，李夫人生子髆，皇后、太子宠浸衰，常有不自安之意。上觉之，谓大将军青曰："汉家庶事草创，加四夷侵陵中国，朕不变更制度，后世无法；不出师征伐，天下不安；为此者不得不劳民。若后世又如朕所为，是袭亡秦之迹也。太子敦重好静，必能安天下，不使朕忧。欲求守文之主，安有贤于太子者乎！闻皇后与太子有不安之意，岂有之邪？可以意晓之。"大将军顿首谢。皇后闻之，脱簪请罪[②]。太子每谏征伐四夷，上笑曰："吾当其劳，以逸遗汝，不亦可乎！"

上每行幸，常以后事付太子，宫内付皇后；有所平决，还，白其最，上亦无异，有时不省也。上用法严，多任深刻吏；太子宽厚，多所平反，虽得百姓心，而用法大臣皆不悦。皇后恐久获罪，每戒太子，宜留取上意，不应擅有所纵舍。上闻之，是太子而非皇后。群臣宽厚长者皆附太子，而深酷用法者皆毁之；邪臣多党与，故太子誉少而毁多。卫青薨，臣下无复外家为据，竞欲构太子。

上与诸子疏，皇后希得见。太子尝谒皇后，移日乃出。黄门苏文告上曰："太子与宫人戏。"上益太子宫人满二百人。太子后知之，心衔文。文与小黄门常融、王弼等常微伺太子过，辄增加白之。皇后切齿，使太子白诛文等。太子曰："第勿为过，何畏文等！上聪明，不信邪佞，不足忧也！"上尝小不平，使常融召太子，融言"太子有喜色"，上嘿然。及太子至，上察其貌，有涕泣处，而佯语笑，上怪之；更微问，知其情，乃诛融。皇后亦善自防闲，避嫌疑，虽久无宠，尚被礼遇。

是时，方士及诸神巫多聚京师，率皆左道惑众[③]，变幻无所不为。女巫往来宫中，教美人度厄，每屋辄埋木人祭祀之；因妒忌恚詈[④]，更相告讦，以为祝诅上，无道。上怒，所杀后宫延及大臣，死者数百人。上心既以为疑，尝昼寝，梦木人数千持杖欲击上，上惊寤，因是体不平，遂苦忽忽善忘。江充自以与太子及卫氏有隙，见上年老，恐晏驾后为太子所诛，因是为奸，言上疾祟在巫蛊。于是上以充为使者，治巫蛊狱。充将胡巫掘地求偶人，捕蛊及夜祠、视鬼，染污令有处，辄收捕验治，烧铁钳灼，强服之。民转相诬以巫蛊，吏辄劾以为大逆无道；自京师、三辅连及郡、国，坐而死者前后数万人。

是时，上春秋高，疑左右皆为蛊祝诅；有与无，莫敢讼其冤者。充既知上意，因胡巫檀何言："宫中有蛊气；不除之，上终不差。"上乃使充入宫，至省中，坏御座，掘地求蛊；又使按道侯韩说、御史章赣、黄门苏文等助充。充先治后宫希幸夫人，以次及皇后、太子宫，掘地纵横，太子、皇后无复施床处。充云："于太子宫得木人尤多，又有帛书，所言不道；当奏闻。"太子惧，问少傅石德。德惧为师傅并诛，因谓太子曰："前丞相父子、两公主及卫氏皆坐此，今巫与使者掘地得征验，不知巫置之邪，将实有也，无以自明。可矫以节收捕充等系狱，穷治其奸诈。且上疾在甘泉，皇后及家吏请问皆不报；上存亡未可知，而奸臣如此，太子将不念秦扶苏事邪！"太子曰："吾人子，安得擅诛！不如归谢，幸得无罪。"太子将往之甘泉，而江充持太子甚急；太子计不知所出，遂从石德计。秋，七月，壬午，太子使客诈为使者，收捕充等；按道侯说疑使者有诈，不肯受诏，客格杀说。太子自临斩充，骂曰："赵虏！前乱乃国王父子不足邪！乃复乱吾父子也！"又炙胡巫上林中。

太子使舍人无且持节夜入未央宫殿长秋门，因长御倚华具白皇后，发中厩车载射士，出武库兵，发长乐宫卫卒。长安扰乱，言太子反。苏文迸走，得亡归甘泉，说太子无状。上曰："太子必惧，又忿充等，故有此变。"乃使使召太子。使者不敢进，归报云："太子反已成，欲斩臣，臣逃归。"上大怒。丞相屈氂闻变，挺身逃，亡其印绶，使长史乘疾置以闻。上问："丞相何为？"对曰："丞相秘之，未敢发兵。"上怒曰："事籍籍如此，何谓秘也！丞相无周公之风矣，周公不诛管、蔡乎！"乃赐丞相玺书曰："捕斩反者，自有赏罚。以牛车为橹，毋接短兵，多杀伤士众！坚闭城门，毋令反者得出！"太子宣言告令百官云："帝在甘泉病困，疑有变；奸臣欲作乱。"上于是从甘泉来，幸城西建章宫，诏发三辅近县兵，部中二千石以下，丞相兼将之。太子亦遣使者矫制赦长安中都官囚徒，命少傅石德及宾客张光等分将；使长安囚如侯持节发长水及宣曲胡骑，皆以装会。侍郎马通使长安，因追捕如侯，告胡人曰："节有诈，勿听也！"遂斩如侯，引骑入长安；又发楫棹士以予大鸿胪商丘成。初，汉节纯赤；以太子持赤节，故更为黄旄加上以相别。

太子立车北军南门外，召护北军使者任安，与节，令发兵。安拜受节；入，闭门不出。太子引兵去，驱四市人凡数万众，至长乐西阙下，逢丞相军，合战五日，死者数万人，血流入沟中。民间皆云"太子反"，以故众不附太子，丞相附兵寖多。

庚寅，太子兵败，南奔覆盎城门。司直田仁部闭城门，以为太子父子之亲，不欲急之；太子由是得出亡。丞相欲斩仁，御史大夫暴胜之谓丞相曰："司直，吏二千石，当先请，奈何擅斩之！"丞相释仁。上闻而大怒，下吏责问御史大夫曰："司直纵反者，丞相斩之，法也；大夫何以擅止之？"胜之惶恐，自杀。诏遣宗正刘长、执金吾刘敢奉策收皇后玺绶，后自杀。上以为任安老吏，见兵事起，欲坐观成败,见胜者合从之,有两心,与田仁皆要斩。上以马通获如侯,长安男子景建从通获石德,商丘成力战获张光,封通为重合侯,建为德侯,成为秺侯。诸太子宾客尝出入宫门,皆坐诛;其随太子发兵,以反法族;吏士劫略者皆徙敦煌郡。以太子在外,始置屯兵长安诸城门。

上怒甚,群下忧惧,不知所出。壶关三老茂上书曰:"臣闻父者犹天,母者犹地,子犹万物也,故天平,地安,物乃茂成;父慈,母爱,子乃孝顺。今皇太子为汉適嗣,承万世之业,体祖宗之重,亲则皇帝之宗子也。江充,布衣之人,闾阎之隶臣耳;陛下显而用之,衔至尊之命以迫蹴皇太子,造饰奸诈,群邪错缪,是以亲戚之路鬲塞而不通。太子进则不得见上,退则困于乱臣,独冤结而无告,不忍忿忿之心,起而杀充,恐惧逋逃,子盗父兵,以救难自免耳;臣窃以为无邪心。《诗》曰:'营营青蝇,止于藩。恺悌君子,无信谗言。谗言罔极,交乱四国。'往者江充谗杀赵太子,天下莫不闻。陛下不省察,深过太子,发盛怒,举大兵而求之,三公自将,智者不敢言,辩士不敢说,臣窃痛之!唯陛下宽心慰意,少察所亲,毋患太子之非,亟罢甲兵,无令太子久亡!臣不胜惓惓,出一旦之命,待罪建章宫下。"书奏,天子感寤,然尚未敢显言赦之也。

太子亡,东至湖,藏匿泉鸠里;主人家贫,常卖屦以给太子。太子有故人在湖,闻其富赡,使人呼之而发觉。八月,辛亥,吏围捕太子。太子自度不得脱,即入室距户自经。山阳男子张富昌为卒,足蹋开户,新安令史李寿趋抱解太子,主人公遂格斗死,皇孙二人并皆遇害。上既伤太子,乃封李寿为邘侯,张富昌为题侯。

初,上为太子立博望苑,使通宾客,从其所好,故宾客多以异端进者。

> 臣光曰:古之明王教养太子,为之择方正敦良之士以为保傅、师友,使朝夕与之游处。左右前后无非正人,出入起居无非正道,然犹有淫放邪僻而陷于祸败者焉。今乃使太子自通宾客,从其所好。夫正直难亲,谄谀易合,此固中人之常情,宜太子之不终也!

【注释】

①戾太子（前128—前91）：即刘据，汉武帝太子。武帝晚年，宫中迷信盛行，以为用巫术诅咒及用木偶人埋地下，可以害人，称为“巫蛊”。值武帝患病，疑其左右人“巫蛊”所致。江充乘机诬告他在宫中埋有木偶，他惧祸起兵讨江充，后为朝廷追捕，自杀。其孙刘询后来继昭帝即位，即汉宣帝。 ②簪（zān 糌）：用来别住头发的一种饰物。 ③左道：邪道。古人以正道为右，不正道为左。 ④恚（huì 惠）：恼恨、发怒。詈（lì 利）：骂。

癸亥，地震。

九月，商丘成为御史大夫。

立赵敬肃王小子偃为平干王。

匈奴入上谷、五原，杀掠吏民。

三年 春，正月，上行幸雍，至安定、北地。

匈奴入五原、酒泉，杀两都尉。三月，遣李广利将七万人出五原，商丘成将二万人出西河，马通将四万骑出酒泉，击匈奴。

夏，五月，赦天下。

匈奴单于闻汉兵大出，悉徙其辎重北邸郅居水[①]；左贤王驱其人民度余吾水六七百里，居兜衔山；单于自将精兵渡姑且水。商丘成军至，追邪径，无所见，还。匈奴使大将与李陵将三万余骑追汉军，转战九日，至蒲奴水；虏不利，还去。马通军至天山，匈奴使大将偃渠将二万余骑要汉兵，见汉兵强，引去；通无所得失。是时，汉恐车师兵遮马通军，遣开陵侯成娩将楼兰、尉犁、危须等六国兵共围车师，尽得其王民众而还。贰师将军出塞，匈奴使右大都尉与卫律将五千骑要击汉军于夫羊句山狭，贰师击破之，乘

西汉漆木博具

胜追北至范夫人城[2]；匈奴奔走，莫敢距敌。

初，贰师之出也，丞相刘屈氂为祖道[3]，送至渭桥。广利曰："愿君侯早请昌邑王为太子；如立为帝，君侯长何忧乎！"屈氂许诺。昌邑王者，贰师将军女弟李夫人子也；贰师女为屈氂子妻，故共欲立焉。会内者令郭穰告"丞相夫人祝诅上及与贰师共祷祠，欲令昌邑王为帝"，按验，罪至大逆不道。六月，诏载屈氂厨车以徇，要斩东市，妻子枭首华阳街；贰师妻子亦收。贰师闻之，忧惧，其掾胡亚夫亦避罪从军，说贰师曰："夫人、室家皆在吏，若还，不称意适与狱会，郅居以北，可复得见乎！"贰师由是狐疑，深入要功，遂北至郅居水上。虏已去，贰师遣护军将二万骑度郅居之水，逢左贤王、左大将将二万骑，与汉兵合战一日，汉军杀左大将，虏死伤甚众。军长史与决眭都尉辉渠侯谋曰："将军怀异心，欲危众求功，恐必败。"谋共执贰师。贰师闻之，斩长史，引兵还至燕然山。单于知汉军劳倦，自将五万骑遮击贰师，相杀伤甚众；夜，堑汉军前，深数尺，从后急击之，军大乱，贰师遂降。单于素知其汉大将，以女妻之，尊宠在卫律上。宗族遂灭。

【注释】

①郅(zhì 治)居水：在今蒙古国乌兰巴托市以北地区。 ②范夫人城：范夫人的丈夫本为汉将，筑城中不幸去世，范夫人率余众继续不辍，终于完工。此城今地不详，大概在今蒙古国乌兰巴托市以南。 ③祖道：祖为送行之祭，设以宴饮。后祖道即意为饯行。

秋，蝗。

九月，故城父令公孙勇与客胡倩等谋反，倩诈称光禄大夫，言使督盗贼；淮阳太守田广明觉知，发兵捕斩焉。公孙勇衣绣衣、乘驷马车至圉；圉守尉魏不害等诛之。封不害等四人为侯。

吏民以巫蛊相告言者，案验多不实。上颇知太子惶恐无他意，会高寝郎田千秋上急变[1]，讼太子冤曰："子弄父兵，罪当笞。天子之子过误杀人，当何罪哉！臣尝梦一白头翁教臣言。"上乃大感寤，召见千秋，谓曰："父子之间，人所难言也，公独明其不然。此高庙神灵使公教我，公当遂为吾辅佐。"立拜千秋为大鸿胪，而族灭江充家，焚苏文于横桥上；及泉鸠里加兵刃于太子者，初为北地太守，后族。上怜太子无辜，乃作思子宫，为归来望思之台于湖②，天下闻而悲之。

四年 春，正月，上行幸东莱，临大海，欲浮海求神山。群臣谏，上弗听；而大风晦冥，海水沸涌。上留十余日，不得御楼船，乃还。

二月，丁酉，雍县无云如雷者三，陨石二，黑如鷖。

三月，上耕于巨定。还，幸泰山，修封。庚寅，祀于明堂。癸巳，禅石闾，见群臣，上乃言曰："朕即位以来，所为狂悖，使天下愁苦，不可追悔。自今事有伤害百姓，糜费天下者，悉罢之！"田千秋曰："方士言神仙者甚众，而无显功，臣请皆罢斥遣之！"上曰："大鸿胪言是也。"于是悉罢诸方士候神人者。是后上每对群臣自叹："向时愚惑，为方士所欺。天下岂有仙人，尽妖妄耳！节食服药，差可少病而已。"夏，六月，还，幸甘泉。

【注释】

①田千秋：西汉大臣。初为高寝郎。"巫蛊之祸"中，戾太子被江充诬陷，他上书为太子申冤，武帝感悟，拜大鸿胪。数月，任丞相，封富民侯。后与霍光、桑弘羊等同受遗诏辅昭帝，年老时特许他乘小车入宫殿中，故又号"车丞相"。 ②湖：县名，西汉置。治所在今河南灵宝市西北。武帝为太子所建的归来望思之台在湖县以西。

丁巳，以大鸿胪田千秋为丞相，封富民侯。千秋无他材能，又无伐阅功劳，特以一言寤意，数月取宰相，封侯，世未尝有也。然为人敦厚有智，居位自称，逾于前后数公。

先是搜粟都尉桑弘羊与丞相、御史奏言："轮台东有溉田五千顷以上，可遣屯田卒，置校尉三人分护，益种五谷；张掖、酒泉遣骑假司马为斥候；募民壮健敢徙者诣田所，益垦溉田，稍筑列亭，连城而西，以威西国，辅乌孙。"上乃下诏，深陈既往之悔曰："前有司奏欲益民赋三十，助边用，是重困老弱孤独也。而今又请遣卒田轮台。轮台西于车师千余里，前开陵侯击车师时，虽胜，降其王，以辽远乏食，道死者尚数千人，况益西乎！曩者朕之不明，以军候弘上书，言‘匈奴缚马前后足置城下，驰言“秦人，我匄若马”’。又，汉使者久留不还，故兴遣贰师将军，欲以为使者威重也。古者卿、大夫与谋，参以蓍、龟，不吉不行。乃者以缚马书遍视丞相、御史、二千石、诸大夫、郎、为文学者，乃至郡、属国都尉等，皆以‘虏自缚其马，不祥甚哉’！或以为‘欲以见强，夫不足者视人有余’。公车方士[①]、太史、治星、望气及太卜龟蓍皆以为‘吉，匈奴必破，时不可再得也’[②]。又曰：‘北伐行将，于鬴山必克。卦，诸将贰师最吉。’故朕亲发贰师下鬴山，诏之必毋深入。今计谋、卦兆皆反缪。重合侯得虏候者，乃言‘缚马者匈奴诅军事也’。匈奴常言‘汉极大，然不耐饥渴，失一狼，走千羊’。乃者贰师败，军士死略离散，悲痛常在朕心。今又请远田轮台，欲起亭隧，是扰劳天下，非所以优民也，朕不忍闻！大鸿胪等又议欲募囚徒送匈奴使者，明封侯之赏以报忿，此五伯所弗为也[③]。且匈奴得汉降者常提掖搜索，问以所闻，岂得行其计乎！当今务在禁苛暴，止擅赋，力本农，修马复令，以补缺、毋乏武备而已。郡国二千石各上进畜马方略补边状，与计对。”

由是不复出军，而封田千秋为富民侯，以明休息，思富养民也。又以赵过为搜粟都尉。过能为代田，其耕耘田器皆有便巧，以教民，用力少而得谷多，民皆便之。

臣光曰：天下信未尝无士也！武帝好四夷之功，而勇锐轻死之士充满朝廷，辟土广地，无不如意。及后息民重农，而赵过之俦教民耕耘，民亦被其利。此一君之身趣好殊别，而士辄应之，诚使武帝兼三王之量以兴商、周之治，其无三代之臣乎！

【注释】

①公车方士：等待公车颁诏的方士。 ②望气：根据气象来判断吉凶为望气。 ③五伯：即五霸，指春秋时的齐桓公、晋文公、楚庄王、吴王阖闾、越王勾践。

秋，八月，辛酉晦，日有食之。

卫律害贰师之宠，会匈奴单于母阏氏病，律饬胡巫言：“先单于怒曰:‘胡故时祠兵,常言得贰师以社,何故不用?’”于是收贰师。贰师骂曰:“我死必灭匈奴!”遂屠贰师以祠。

后元元年 春,正月,上行幸甘泉,郊泰畤;遂幸安定。

昌邑哀王髆薨。

二月,赦天下。

夏,六月,商丘成坐祝诅自杀。

初,侍中仆射马何罗与江充相善。及卫太子起兵,何罗弟通以力战封重合侯。后上夷灭充宗族、党与,何罗兄弟惧及,遂谋为逆。侍中驸马都尉金日磾视其志意有非常,心疑之,阴独察其动静,与俱上下。何罗亦觉日磾意,以故久不得发。是时上行幸林光宫[①],日磾小疾卧庐,何罗与通及小弟安成矫制夜出,共杀使者,发兵。明旦,上未起,何罗无何从外入。日磾奏厕,心动,立入,坐内户下。须臾,何罗袖白刃从东厢上,见日磾,色变;走趋卧内,欲入,行触宝瑟,僵。日磾得抱何罗,因传曰:“马何罗反!”上惊起。左右拔刃欲格之,上恐并中日磾,止勿格。日磾投何罗殿下,得禽缚之。穷治,皆伏辜。

秋,七月,地震。

【注释】

①林光宫:原为秦代胡亥所建,汉时又在此宫旁建起甘泉宫。

燕王旦自以次第当为太子,上书求入宿卫。上怒,斩其使于北阙;又坐藏匿亡命,削良乡、安次、文安三县。上由是恶旦。旦辩慧博学,其弟广陵王胥,有勇力,而皆动作无法度,多过失,故上皆不立。

时钩弋夫人之子弗陵,年数岁,形体壮大,多知,上奇爱之,心欲立焉;以其年稚,母少,犹与久之。欲以大臣辅之,察群臣,唯奉车都尉、光禄大夫霍光,忠厚可任大事,上乃使黄门画周公负成王朝诸侯以赐光。后数日,帝谴责钩弋夫人;夫人脱簪珥,叩头。帝曰:“引持去,送掖庭狱!”夫人还顾,帝曰:“趣行,汝不得活!”卒赐死。顷之,帝闲居,问左右曰:“外人言云何?”左右对曰:“人言‘且立其子,何去其母乎’?”帝曰:“然,是非儿曹愚人之所知也。往古国家所以乱，由主少、母壮也。女主独居骄蹇，淫乱自恣，莫能禁也。汝不闻吕后邪！故不得不先去之也。”

二年 春，正月，上朝诸侯王于甘泉宫。二月，行幸盩厔五柞宫①。

【注释】

①盩(zhōu 州)厔：县名，在陕西省中部。1964 年改名为周至县。五柞宫：五柞宫有五柞树，因此为名。该宫在长杨宫东北八里。

上病笃，霍光涕泣问曰：“如有不讳，谁当嗣者？”上曰：“君未谕前画意邪？立少子，君行周公之事！”光顿首让曰：“臣不如金日磾！”日磾亦曰：“臣，外国人，不如光；且使匈奴轻汉矣！”乙丑，诏立弗陵为皇太子，时年八岁。丙寅，以光为大司马、大将军，日磾为车骑将军，太仆上官桀为左将军，受遗诏辅少主，又以搜粟都尉桑弘羊为御史大夫，皆拜卧内床下。光出入禁闼二十余年，出则奉车，入侍左右，小心谨慎，未尝有过。为人沉静详审，每出入、下殿门，止进有常处，郎、仆射窃识视之，不失尺寸。日磾在上左右，目不忤视者数十年；赐出宫女，不敢近；上欲内其女后宫，不肯；其

汉武帝茂陵

笃慎如此，上尤奇异之。日磾长子为帝弄儿[①]，帝甚爱之。其后弄儿壮大，不谨，在殿下与宫人戏；日磾适见之，恶其淫乱，遂杀弄儿。上闻之，大怒。日磾顿首谢，具言所以杀弄儿状。上甚哀，为之泣；已而心敬日磾。上官桀始以材力得幸，为未央厩令；上尝体不安，及愈，见马，马多瘦，上大怒曰："令以我不复见马邪！"欲下吏。桀顿首曰："臣闻圣体不安，日夜忧惧，意诚不在马。"言未卒，泣数行下。上以为爱己，由是亲近，为侍中，稍迁至太仆。三人皆上素所爱信者，故特举之，授以后事。丁卯，帝崩于五柞宫；入殡未央宫前殿。

帝聪明能断，善用人，行法无所假贷。隆虑公主子昭平君尚帝女夷安公主[②]。隆虑主病困，以金千斤、钱千万为昭平君豫赎死罪，上许之。隆虑主卒，昭平君日骄，醉杀主傅，系狱；廷尉以公主子上请。左右人人为言："前又入赎，陛下许之。"上曰："吾弟老有是一子，死，以属我。"于是为之垂涕，叹息良久，曰："法令者，先帝所造也，用弟故而诬先帝之法，吾何面目入高庙乎[③]！又下负万民。"乃可其奏，哀不能自止，左右尽悲。待诏东方朔前上寿，曰："臣闻圣王为政，赏不避仇雠，诛不择骨肉。《书》曰：'不偏不党，王道荡荡。'此二者，五帝所重，三王所难也，陛下行之，天下幸甚！臣朔奉觞昧死再拜上万寿！"上初怒朔，既而善之，以朔为中郎[④]。

班固赞曰：汉承百王之弊，高祖拨乱反正，文、景务在养民，至于稽古礼文之事，犹多阙焉。孝武初立，卓然罢黜百家，表章《六经》，遂畴咨海内，举其俊茂，与之立功；兴太学，修郊祀，改正朔，定历数，协音律，作诗乐，建封禅，礼百神，绍周后，号令文章，焕然可述，后嗣得遵洪业而有三代之风。如武帝之雄材大略，不改文、景之恭俭以济斯民，虽《诗》《书》所称何有加焉！

臣光曰：孝武穷奢极欲，繁刑重敛，内侈宫室，外事四夷，信惑神怪，巡游无度，使百姓疲敝，起为盗贼，其所以异于秦始皇者无几矣。然秦以之亡，汉以之兴者，孝武能尊先王之道，知所统守，受忠直之言，恶人欺蔽，好贤不倦，诛赏严明，晚而改过，顾托得人，此其所以有亡秦之失而免亡秦之祸乎！

戊辰，太子即皇帝位。帝姊鄂邑公主共养省中，霍光、金日磾、上官桀共领尚书事。光辅幼主，政自己出，天下想闻其风采。殿中尝有怪，一夜，群臣相惊，光召尚符玺郎，欲收取玺。郎不肯授，光欲夺之。郎按剑曰："臣头可得，玺不可得也！"光甚谊之。明日，诏增此郎秩二等。众庶莫不多光。

三月，甲辰，葬孝武皇帝于茂陵。

夏，六月，赦天下。

秋，七月，有星孛于东方。

济北王宽坐禽兽行自杀⑤。

冬，匈奴入朔方，杀略吏民；发军屯西河，左将军桀行北边。

【注释】

①弄儿：相与嬉狎的儿童。　②隆虑公主：汉景帝的女儿。　③高庙：汉高祖刘邦的庙。　④中郎：汉代官名，皇帝身边近侍之官。　⑤禽兽行：汉朝法律规令：内乱者为禽兽行。刘宽与他父亲的王后、姬妾淫乱，又祭祀鬼神，诅咒皇帝，所以判他犯有"禽兽行"罪。

资治通鉴卷第二十三

汉纪十五　起旃蒙协洽，尽柔兆敦牂，凡十二年。

孝昭皇帝上

始元元年　夏，益州夷二十四邑、三万余人皆反。遣水衡都尉吕破胡募吏民及发犍为、蜀郡奔命往击，大破之。

汉昭帝像（唐阎立本绘）

秋，七月，赦天下。

大雨，至于十月，渭桥绝。

武帝初崩，赐诸侯王玺书。燕王旦得书不肯哭，曰："玺书封小，京师疑有变。"遣幸臣寿西长、孙纵之、王孺等之长安，以问礼仪为名，阴刺候朝廷事。及有诏褒赐旦钱三十万，益封万三千户，旦怒曰："我当为帝，何赐也！"遂与宗室中山哀王子长、齐孝王孙泽等结谋，诈言以武帝时受诏，得职吏事，修武备，备非常。郎中成轸谓旦曰："大王失职，独可起而索，不可坐而得也。大王壹起,国中虽女子皆奋臂随大王。”旦即与泽谋,为奸书,言:“少帝非武帝子,大臣所共立;天下宜共伐之!”使人传行郡国以摇动百姓。泽谋归发兵临菑,杀青州刺史隽不疑。旦招来郡国奸人,赋敛铜铁作甲兵,数阅其车骑、材官卒,发民大猎以讲士马,须期日。郎中韩义等数谏旦,旦杀义等凡十五人。会瓶侯成知泽等谋,以告隽不疑。八月,不疑收捕泽等以闻。天子遣大鸿胪丞治,连引燕王。有诏,以燕王至亲,勿治;而泽等皆伏诛。迁隽不疑为京兆尹①。

不疑为京兆尹,吏民敬其威信。每行县、录囚徒还,其母辄问不疑:“有所平反?活几何人?”即不疑多有所平反,母喜笑异于他时;或无所出,母怒,为不食。故不疑为吏,严而不残。

【注释】

①京兆尹:官名,在汉代亦为政区名。汉太初元年(前104)改右内史置,分原右内史东半部为其辖区,职掌相当于郡太守。因地属畿辅,故不称郡,为三辅之一。治所在长安(今陕西西安市西北)。

九月,丙子,秺侯金日磾薨。初,武帝病,有遗诏,封金日磾为秺侯,上官桀为安阳侯,霍光为博陆侯;皆以前捕反者马何罗等功封。日磾以帝少,不受封,光等亦不敢受。及日磾病困,光白封,日磾卧受印绶;一日薨。日磾两子赏、建俱侍中,与帝略同年,共卧起。赏为奉车,建驸马都尉。及赏嗣侯,佩两绶,上谓霍将军曰:“金氏兄弟两人,不可使俱两绶邪?”对曰:“赏自嗣父为侯耳。”上笑曰:“侯不在我与将军乎?”对曰:“先帝之约,有功乃得封侯。”遂止。

闰月,遣故廷尉王平等五人持节行郡国,举贤良,问民疾苦、冤、失职者。

冬,无冰。

二年　春,正月,封大将军光为博陆侯,左将军桀为安阳侯。

或说霍光曰:“将军不见诸吕之事乎?处伊尹、周公之位,摄政擅权,而背宗室,不与共职,是以天下不信,卒至于灭亡。今将军当盛位,帝春秋富,宜纳宗室,又多与大臣共事,反诸吕道。如是,则可以免患。”光然之,乃择宗室可用者,遂拜楚元王孙辟疆及宗室刘长乐皆为光禄大夫,辟疆守长乐卫尉。

三月,遣使者振贷贫民无种、食者。

秋,八月,诏曰:“往年灾害多,今年蚕、麦伤,所振贷种、食勿收责,毋令民出今年田租!”

初,武帝征伐匈奴,深入穷追,二十余年,匈奴马畜孕重堕殰[①],罢极,苦之,常有欲和亲意,未能得。狐鹿孤单于有异母弟为左大都尉,贤,国人乡之。母阏氏恐单于不立子而立左大都尉也,乃私使杀之。左大都尉同母兄怨,遂不肯复会单于庭。是岁,单于病且死,谓诸贵人:“我子少,不能治国,立弟右谷蠡王。”及单于死,卫律等与颛渠阏氏谋,匿其丧,矫单于令,更立子左谷蠡王为壶衍鞮单于。左贤王、右谷蠡王怨望,率其众欲南归汉,恐不能自致,即胁卢屠王,欲与西降乌孙。卢屠王告之单于,使人验问,右谷蠡王不服,反以其罪罪卢屠王,国人皆冤之。于是二王去居其所,不复肯会龙城[②],匈奴始衰。

【注释】

①殰(dú 读):胎生动物未出生而死。　②会龙城:匈奴传统规定每年正月无论何人都要到王庭朝见单于。每年五月,再到龙城祭祀祖先和天地诸神。

三年　春,二月,有星孛于西北。

冬,十一月,壬辰朔,日有食之。

初,霍光与上官桀相亲善。光每休沐出,桀常代光入决事。光女为桀子安妻,生女,年甫五岁,安欲因光内之宫中;光以为尚幼,不听。盖长公主私近子客河间丁外人,安素与外人善,说外人曰:“安子容貌端正,诚因长主时得入为后,以臣父子在朝而有椒房之重,成之在于足下。汉家故事,常以列侯尚主,足下何忧不封侯乎!”外人喜,言于长主。长主以为然,诏召安女为倢伃[①],安为骑都尉。

四年　春,三月,甲寅,立皇后上官氏,赦天下。

西南夷姑缯、叶榆复反[②],遣水衡都尉吕辟胡将益州兵击之。

辟胡不进，蛮夷遂杀益州太守，乘胜与辟胡战，士战及溺死者四千余人。冬，遣大鸿胪田广明击之。

廷尉李种坐故纵死罪，弃市。

是岁，上官安为车骑将军。

五年 春，正月，追尊帝外祖赵父为顺成侯。顺成侯有姊君姁，赐钱二百万、奴婢、第宅以充实焉。诸昆弟各以亲疏受赏赐，无在位者。

有男子乘黄犊车诣北阙，自谓卫太子；公车以闻。诏使公、卿、将军、中二千石杂识视。长安中吏民聚观者数万人。右将军勒兵阙下以备非常。丞相、御史、中二千石至者并莫敢发言。京兆尹不疑后到，叱从吏收缚。或曰："是非未可知，且安之！"不疑曰："诸君何患于卫太子！昔蒯聩违命出奔，辄距而不纳，《春秋》是之。卫太子得罪先帝，亡不即死，今来自诣，此罪人也！"遂送诏狱。天子与大将军霍光闻而嘉之曰："公卿大臣当用有经术、明于大谊者！"由是不疑名声重于朝廷，在位者皆自以不及也。廷尉验治何人，竟得奸诈，本夏阳人[3]，姓成，名方遂，居湖，以卜筮为事。有故太子舍人尝从方遂卜，谓曰："子状貌甚似卫太子。"方遂心利其言，冀得以富贵。坐诬罔不道，要斩。

【注释】

①倢（jié 捷）伃：一作"婕妤"，妃嫔中的第一级。汉武帝时始置，自魏至明多沿置。 ②叶榆：县名。西汉元封二年（前109）置县，治所在今云南大理市北。 ③夏阳：县名。治所即今陕西韩城市南。

夏，六月，封上官安为桑乐侯。安日以骄淫，受赐殿中，对宾客言："与我婿饮，大乐！"见其服饰，使人归，欲自烧物。子病死，仰而骂天。其顽悖如此。

罢儋耳、真番郡。

秋，大鸿胪广明、军正王平击益州，斩首、捕虏三万余人，获畜产五万余头。

谏大夫杜延年见国家承武帝奢侈、师旅之后，数为大将军光言："年岁比不登，流民未尽还，宜修孝文时政，示以俭约、宽和，顺天心,说民意,年岁宜应。”光纳其言。延年,故御史大夫周之子也。

六年 春,二月,诏有司问郡国所举贤良、文学,民所疾苦、教化之要,皆对:“愿罢盐、铁、酒榷[①]、均输官,毋与天下争利,示以俭节,然后教化可兴。”桑弘羊难,以为:“此国家大业,所以制四夷,安边足用之本,不可废也。”于是盐铁之议起焉。

【注释】

①榷(què 却):旧时指某些商品的专卖。

初,苏武既徙北海上,禀食不至,掘野鼠、去草实而食之。杖汉节牧羊,卧起操持,节旄尽落。武在汉,与李陵俱为侍中;陵降匈奴,不敢求武。久之,单于使陵至海上,为武置酒设乐,因谓武曰:“单于闻陵与子卿素厚,故使来说足下,虚心欲相待。终不得归汉,空自苦;亡人之地,信义安所见乎!足下兄弟二人,前皆坐事自杀;来时,太夫人已不幸;子卿妇年少,闻已更嫁矣;独有女弟二人、两女、一男,今复十余年,存亡不可知。人生如朝露,何久自苦如此!陵始降时,忽忽如狂,自痛负汉,加以老母系保宫。子卿不欲降,何以过陵!且陛下春秋高,法令无常,大臣无罪夷灭者数十家。安危不可知,子卿尚复谁为乎!”武曰:“武父子无功德,皆为陛下所成就,位列将,爵通侯,兄弟亲近,常愿肝脑涂地。今得杀身自效,虽斧钺、汤镬[①],诚甘乐之!臣事君,犹子事父也;子为父死,无所恨。愿勿复再言!”陵与武饮数日,复曰:“子卿壹听陵言!”武曰:“自分已死久矣,王必欲降武,请毕今日之欢,效死于前!”陵见其至诚,喟然叹曰:“嗟乎,义士!陵与卫律之罪上通于天!”因泣下沾衿,与武决去。赐武牛羊数十头。

后陵复至北海上,语武以武帝崩。武南乡号哭欧血,旦夕临,数月。及壶衍鞮单于立,母阏氏不正,国内乖离,常恐汉兵袭之,于是卫律为单于谋,与汉和亲。汉使至,求苏武等,匈奴诡言武死。后汉使复至匈奴,常惠私见汉使,教使者谓单于,言:“天子射上林中,得雁,足有系帛书,言武等在某泽中。”使者大喜,如惠语以让单于。单于视左右而惊,谢汉使曰:“武等实在。”乃归武及马宏等。马宏者，前副光禄大夫王忠使西国，为匈奴所遮；忠战死，马宏生得，亦不肯降。故匈奴归此二人，欲以通善意。于是李陵置酒贺武曰："今足下还归，扬名于匈奴，功显于汉室，虽古竹帛所载，丹青所画，何以过子卿！陵虽驽怯，令汉贳陵罪[②]，全其老母，使得奋大辱之积志，庶几乎曹柯之盟，此陵宿昔之所不忘也。收族陵家，为世大戮，陵尚复何顾乎！已矣，令子卿知吾心耳！"陵泣下数行，因与武决。

单于召会武官属，前已降及物故，凡随武还者九人。既至京师，诏武奉一太牢谒武帝园庙[③]，拜为典属国，秩中二千石，赐钱二百万，公田二顷，宅一区。武留匈奴凡十九岁，始以强壮出，及还，须发尽白。霍光、上官桀与李陵素善，遣陵故人陇西任立政等三人俱至匈奴招之。陵曰："归易耳，丈夫不能再辱！"遂死于匈奴。

【注释】

①汤镬（huò 货）：古代的一种大锅。　②贳：赦免。　③太牢：古代帝王、诸侯祭祀时，牛、羊、豕三牲全备为"太牢"。

夏，旱。

秋，七月，罢榷酤官，从贤良、文学之议也[①]。武帝之末，海内虚耗，户口减半，霍光知时务之要，轻徭薄赋，与民休息。至是匈奴和亲，百姓充实，稍复文、景之业焉。

诏以钩町侯毋波率其邑君长、人民击反者有功，立以为钩町王。赐田广明爵关内侯。

元凤元年　春，武都氐人反，遣执金吾马适建、龙頟侯韩增、大鸿胪田广明将三辅、太常徒，皆免刑，击之。

夏，六月，赦天下。

秋，七月，乙亥晦，日有食之，既。

八月，改元。

上官桀父子既尊，盛德长公主，欲为丁外人求封侯，霍光不许。又为外人求光禄大夫，欲令得召见，又不许。长主大以是怨光，而桀、安数为外人求官爵弗能得，亦惭。又桀妻父所幸充国为太医监，阑入殿中，下狱当死；冬月且尽，盖主为充国入马二十匹赎罪，乃得减死论。于是桀、安父子深怨光而重德盖主。自先帝时，桀已为九卿，位在光右，及父子并为将军，皇后亲安女，光乃其外祖，而顾专制朝事，由是与光争权。燕王旦自以帝兄不得立，常怀怨望。及御史大夫桑弘羊建造酒榷、盐、铁，为国兴利，伐其功，欲为子弟得官，亦怨恨光。于是盖主、桀、安、弘羊皆与旦通谋。

旦遣孙纵之等前后十余辈，多赍金宝、走马赂遗盖主、桀、弘羊等。桀等又诈令人为燕王上书，言："光出都肄郎、羽林，道上称趩②，太官先置。"又引"苏武使匈奴二十年不降，乃为典属国；大将军长史敞无功，为搜粟都尉；又擅调益莫府校尉。光专权自恣，疑有非常。臣旦愿归符玺，入宿卫，察奸臣变"。候司光出沐日奏之。桀欲从中下其事，弘羊当与诸大臣共执退光。书奏，帝不肯下。明旦，光闻之，止画室中不入。上问："大将军安在？"左将军桀对曰："以燕王告其罪，故不敢入。"有诏："召大将军。"光入，免冠、顿首谢。上曰："将军冠！朕知是书诈也，将军无罪。"光曰："陛下何以知之？"上曰："将军之广明都郎，近耳；调校尉以来，未能十日，燕王何以得知之！且将军为非，不须校尉。"是时帝年十四，尚书、左右皆惊。而上书者果亡，捕之甚急。桀等惧，白上："小事不足遂。"上不听。后桀党与有谮光者，上辄怒曰："大将军忠臣，先帝所属以辅朕身，敢有毁者坐之！"自是桀等不敢复言。

李德裕论曰：人君之德，莫大于至明，明以照奸，则百邪不能蔽矣，汉昭帝是也。周成王有惭德矣；高祖、文、景俱不如也。成王闻管、蔡流言，遂使周公狼跋而东。汉高闻陈平去魏背楚，欲舍腹心臣。汉文惑季布使酒难近，罢归股肱郡；疑贾生擅权纷乱，复疏贤士。景帝信诛晁错兵解，遂戮三公。所谓"执狐疑之心，来谗贼之口"。使昭帝得伊、吕之佐，则成、康不足侔矣。

【注释】

①从贤良、文学之议：前 81 年，汉昭帝召集各地推举的贤良、文学等六十多人到京城举行会议，贤良、文学从反对盐铁官营、均输、平准开始，对政府的政策进行了全面的批评，并和御史大夫桑弘羊等人反复辩论，史称"盐铁会议"。　②趩（bì 毕）：同"蹕"，古代帝王或贵族出行时路上

禁止行人通过。

桀等谋令长公主置酒请光，伏兵格杀之，因废帝，迎立燕王为天子。旦置驿书往来相报，许立桀为王，外连郡国豪桀以千数。旦以语相平，平曰："大王前与刘泽结谋，事未成而发觉者，以刘泽素夸，好侵陵也。平闻左将军素轻易，车骑将军少而骄，臣恐其如刘泽时不能成，又恐既成反大王也。"旦曰："前日一男子诣阙，自谓故太子，长安中民趣乡之，正欢不可止。大将军恐，出兵陈之，以自备耳。我，帝长子，天下所信，何忧见反！"后谓群臣："盖主报言，独患大将军与右将军王莽。今右将军物故，丞相病，幸事必成，征不久。"令群臣皆装。

安又谋诱燕王至而诛之，因废帝而立桀。或曰："当如皇后何？"安曰："逐麋之狗，当顾兔邪！且用皇后为尊，一旦人主意有所移，虽欲为家人亦不可得。此百世之一时也！"会盖主舍人父稻田使者燕仓知其谋，以告大司农杨敞。敞素谨，畏事，不敢言，乃移病卧，以告谏大夫杜延年；延年以闻。九月，诏丞相部中二千石逐捕孙纵之及桀、安、弘羊、外人等，并宗族悉诛之；盖主自杀。燕王旦闻之，召相平曰："事败，遂发兵乎？"平曰："左将军已死，百姓皆知之，不可发也！"王忧懑，置酒与群臣、妃妾别。会天子以玺书让旦，旦以绶自绞死，后、夫人随旦自杀者二十余人。天子加恩，赦王太子建为庶人，赐旦谥曰剌王①。皇后以年少，不与谋，亦霍光外孙，故得不废。

庚午，右扶风王䜣为御史大夫。

冬，十月，封杜延年为建平侯，燕仓为宜城侯，故丞相征事任宫捕得桀，为弋阳侯，丞相少史王山寿诱安入府，为商利侯。久之，文学济阴魏相对策，以为："日者燕王为无道，韩义出身强谏，为王所杀。义无比干之亲而蹈比干之节，宜显赏其子以示天下，明为人臣之义。"乃擢义子延寿为谏大夫。

【注释】

①剌（là 辣）：乖戾。《谥法》上说："暴戾无亲曰剌。"

大将军光以朝无旧臣，光禄勋张安世自先帝时为尚书令[①]，志行纯笃，乃白用安世为右将军兼光禄勋以自副焉。安世，故御史大夫汤之子也。光又以杜延年有忠节，擢为太仆、右曹、给事中。光持刑罚严，延年常辅之以宽。吏民上书言便宜，辄下延年平处复奏。可官试者，至为县令；或丞相、御史除用，满岁，以状闻；或抵其罪法。

是岁匈奴发左、右部二万骑为四队，并入边为寇。汉兵追之，斩首、获虏九千人，生得瓯脱王；汉无所失亡。匈奴见瓯脱王在汉，恐，以为道击之，即西北远去，不敢南逐水草；发人民屯瓯脱。

二年 夏，四月，上自建章宫徙未央宫。

六月，赦天下。

是岁，匈奴复遣九千骑屯受降城以备汉，北桥余吾水，令可度，以备奔走；欲求和亲，而恐汉不听，故不肯先言，常使左右风汉使者。然其侵盗益希，遇汉使愈厚，欲以渐致和亲。汉亦羁縻之。

三年 春，正月，泰山有大石自起立；上林有柳树枯僵自起生，有虫食其叶成文，曰“公孙病已立”。符节令鲁国眭弘上书，言：“大石自立，僵柳复起，当有匹庶为天子者。枯树复生，故废之家公孙氏当复兴乎？汉家承尧之后，有传国之运，当求贤人禅帝位，退自封百里，以顺天命。”弘坐设妖言惑众伏诛。

【注释】

①张安世（？—前60）：西汉大臣。杜陵（今陕西西安市东南）人。张汤之子。性谨慎周密，以父任为郎。武帝时，累官尚书令，迁光禄大夫。昭帝即位，拜右将军，封富平侯。昭帝死，与大将军霍光共定策，立宣帝，因功拜大司马。

匈奴单于使犁污王窥边，言酒泉、张掖兵益弱，出兵试击，冀可复得其地。时汉先得降者，闻其计，天子诏边警备。后无几，右贤王、犁污王四千骑分三队，入日勒、屋兰、番和[①]。张掖太守、属国都尉发兵击，大破之，得脱者数百人。属国义渠王射杀犁污王，赐黄金二百斤，马二百匹，因封为犁污王。自是后，匈奴不敢入张掖。

燕、盖之乱，桑弘羊子迁亡，过父故吏侯史吴；后迁捕得，伏法。会赦，侯史吴自出系狱。廷尉王平、少府徐仁杂治反事，皆以为"桑迁坐父谋反而侯史吴臧之，非匿反者，乃匿为随者也"，即以赦令除吴罪。后侍御史治实，以"桑迁通经术，知父谋反而不谏争，与反者身无异。侯史吴故三百石吏，首匿迁，不与庶人匿随从者等，吴不得赦"。奏请覆治，劾廷尉、少府纵反者。少府徐仁，即丞相车千秋女婿也，故千秋数为侯史吴言；恐大将军光不听，千秋即召中二千石、博士会公车门，议问吴法。议者知大将军指，皆执吴为不道。明日，千秋封上众议。光于是以千秋擅召中二千石以下，外内异言，遂下廷尉平、少府仁狱。朝廷皆恐丞相坐之。太仆杜延年奏记光曰："吏纵罪人，有常法。今更诋吴为不道，恐于法深。又，丞相素无所守持而为好言于下，尽其素行也。至擅召中二千石，甚无状。延年愚以为丞相久故及先帝用事，非有大故，不可弃也。间者民颇言狱深，吏为峻诋；今丞相所议，又狱事也，如是以及丞相；恐不合众心，群下喧哗，庶人私议，流言四布。延年窃重将军失此名于天下也。"光以廷尉、少府弄法轻重，卒下之狱。夏，四月，仁自杀，平与左冯翊贾胜胡皆要斩[②]。而不以及丞相，终与相竟。延年论议持平，合和朝廷，皆此类也。

【注释】

①日勒：县名。治所在今甘肃山丹县东南。屋兰：县名。治所在今甘肃山丹县西北。番和：县名。治所在今甘肃永昌县。 ②左冯（píng平）翊：官名、政区名。汉太初元年（前104）改左内史置。职掌相当于郡太守，辖区相当于一郡，因地属畿辅，故不称郡，为三辅之一。治所在长安（今陕西西安市西北）。

冬，辽东乌桓反。初，冒顿破东胡，东胡余众散保乌桓与鲜卑山为二族，世役属匈奴。武帝击破匈奴左地，因徙乌桓于上谷、渔阳、右北平、辽东塞外，为汉侦察匈奴动静。置护乌桓校尉监领之，使不得与匈奴交通。至是，部众渐强，遂反。

先是，匈奴三千余骑入五原，杀略数千人；后数万骑南旁塞猎，行攻塞外亭障，略取吏民去。是时汉边郡烽火候望精明，匈奴为边寇者少利，希复犯塞。汉复得匈奴降者，言乌桓尝发先单于冢，匈奴怨之，方发二万骑击乌桓。霍光欲发兵邀击之，以问护军都尉赵充国，充国以为："乌桓间数犯塞，今匈奴击之，于汉便。又匈奴希寇盗，北边幸无事，蛮夷自相攻击而发兵要之，招寇生事，非计也！"光更问中郎将范明友，明友言可击，于是拜明友为度辽将军，将二万骑出辽东。匈奴闻汉兵至，引去。初，光诫明友："兵不空出；即后匈奴，遂击乌桓。"乌桓时新中匈奴兵，明友既后匈奴，因乘乌桓敝，击之，斩首六千余级，获三王首。匈奴由是恐，不能复出兵。

四年 春，正月，丁亥，帝加元服[①]。

甲戌[②]，富民定侯田千秋薨。时政事壹决大将军光；千秋居丞相位，谨厚自守而已。

夏，五月，丁丑[③]，孝文庙正殿火。上及群臣皆素服，发中二千石将五校作治，六日，成。太常及庙令丞、郎、吏，皆劾大不敬；会赦，太常轑阳侯德免为庶人。

【注释】

①加元服：加冠典礼。颜师古说："元，首也。冠者，首之所著，故曰元服。" ②甲戌：据正月"丙戌"朔，正月无此日。二月有此日，为二十日。 ③丁丑：据五月"甲申"朔，五月无此日。

六月，赦天下。

初，杅罙遣太子赖丹为质于龟兹[①]；贰师击大宛还，将赖丹入至京师。霍光用桑弘羊前议，以赖丹为校尉，将军田轮台。龟兹贵人姑翼谓其王曰："赖丹本臣属吾国，今佩汉印绶来，迫吾国而田，必为害。"王即杀赖丹而上书谢汉。

楼兰王死，匈奴先闻之，遣其质子安归归，得立为王。汉遣使诏新王令入朝，王辞不至。楼兰国最在东垂，近汉，当白龙堆，乏水草，常主发导，负水担粮，送迎汉使；又数为吏卒所寇，惩艾，不便与汉通。后复为匈奴反间，数遮杀汉使。其弟尉屠耆降汉，具言状。骏马监北地傅介子使大宛，诏因令责楼兰、龟兹。介子至楼兰、龟兹，责其王，皆谢服。介子从大宛还，到龟兹，会匈奴使从乌孙还，在龟兹，介子因率其吏士共诛斩匈奴使者。还，奏事，诏拜介子为中郎，迁平乐监。

介子谓大将军霍光曰："楼兰、龟兹数反复，而不诛，无所惩艾。介子过龟兹时，其王近就人，易得也；愿往刺之以威示诸国！"大将军曰："龟兹道远，且验之于楼兰。"于是白遣之。介子与士卒俱赍金币，扬言以赐外国为名，至楼兰。楼兰王意不亲介子，介子阳引去，至其西界，使译谓曰："汉使者持黄金、锦绣行赐诸国。王不来受，我去之西国矣。"即出金、币以示译。译还报王，王贪汉物，来见使者。介子与坐饮，陈物示之，饮酒皆醉。介子谓王曰："天子使我私报王。"王起，随介子入帐中屏语，壮士二人从后刺之，刃交匈，立死；其贵臣、左右皆散走。介子告谕以王负汉罪，"天子遣我诛王，当更立王弟尉屠耆在汉者。汉兵方至，毋敢动，自令灭国矣！"介子遂斩王安归首，驰传诣阙，县首北阙下。

乃立尉屠耆为王，更名其国为鄯善，为刻印章；赐以宫女为夫人，备车骑、辎重。丞相率百官送至横门外，祖而遣之。王自请天子曰："身在汉久，今归单弱，而前王有子在，恐为所杀。国中有伊循城，其地肥美，愿汉遣一将屯田积谷，令臣得依其威重。"于是汉遣司马一人、吏士四十人田伊循以填抚之。

秋，七月，乙巳，封范明友为平陵侯，傅介子为义阳侯。

臣光曰：王者之于戎狄，叛则讨之，服则舍之。今楼兰王既服其罪，又从而诛之，后有叛者，不可得而怀矣。必以为有罪而讨之，则宜陈师鞠旅，明致其罚。今乃遣使者诱以金币而杀之，后有奉使诸国者，复可信乎！且以大汉之强而为盗贼之谋于蛮夷，不亦可羞哉！论者或美介子以为奇功，过矣！

五年　夏，大旱。

秋，罢象郡，分属郁林、牂柯。

冬，十一月，大雷。

十二月，庚戌，宜春敬侯王䜣薨。

六年　春，正月，募郡国徒筑辽东、玄菟城。

夏，赦天下。

乌桓复犯塞，遣度辽将军范明友击之。

冬，十一月，乙丑，以杨敞为丞相，少府河内蔡义为御史大夫。

【注释】

①扜罙（wū mí 乌迷）：古西域国名，都城在今新疆于田县。龟兹（qiū cí 丘词）：古西域国名，都城在今新疆库车市。

资治通鉴卷第二十四

汉纪十六　起强圉协洽，尽昭阳赤奋若，凡七年。

孝昭皇帝下

元平元年　春，二月，诏减口赋钱什三[①]。

夏，四月，癸未，帝崩于未央宫；无嗣。时武帝子独有广陵王胥[②]，大将军光与群臣议所立，咸持广陵王。王本以行失道，先帝所不用；光内不自安。郎有上书言："周太王废太伯立王季，文王舍伯邑考立武王，唯在所宜，虽废长立少可也。广陵王不可以承宗庙。"言合光意。光以其书示丞相敞等，擢郎为九江太守。即日承皇后诏，遣行大鸿胪事少府乐成、宗正德、光禄大夫吉、中郎将利汉迎昌邑王贺，乘七乘传诣长安邸[③]。光又白皇后，徙右将军安世为车骑将军。

贺，昌邑哀王之子也，在国素狂纵，动作无节。武帝之丧，贺游猎不止。尝游方与，不半日驰二百里。中尉琅邪王吉上疏谏曰："大王不好书术而乐逸游，冯式撙衔，驰骋不止，口倦虖叱咤，手苦于棰辔，身劳虖车舆，朝则冒雾露，昼则被尘埃，夏则为大暑之所暴炙，冬则为风寒之所匽薄，数以耎脆之玉体犯勤劳之烦毒，非所以全寿命之宗也，又非所以进仁义之隆也。夫广厦之下，细旃之上，明师居前，劝诵在后，上论唐、虞之际，下及殷、周之盛，考仁圣之风，习治国之道，䜣䜣焉发愤忘食，日新厥德，其乐岂衔橛之间哉！休则俯仰屈伸以利形，进退步趋以实下，吸新吐故以练臧，专意积精以适神，于以养生，岂不长哉！大王诚留意如此，则心有尧、舜之志，体有乔、松之寿，美声广誉，登而上闻，则福禄其臻而社稷安矣。皇帝仁圣，至今思慕未怠，于宫馆、囿池、弋猎之乐未有所幸，大王宜夙夜念此以承圣意。诸侯骨肉，莫亲大王，大王于属则子也，于位则臣也，一身而二任之责加焉。恩爱行义，纤介有不具者，于以上闻，非飨国之福也。”王乃下令曰：“寡人造行不能无惰，中尉甚忠，数辅吾过。”使谒者千秋赐中尉牛肉五百斤，酒五石，脯五束。其后复放纵自若。

郎中令山阳龚遂，忠厚刚毅，有大节，内谏争于王，外责傅相，引经义，陈祸福，至于涕泣，蹇蹇亡已，面刺王过。王至掩耳起走，曰：“郎中令善愧人[4]！”王尝久与驺奴、宰人游戏饮食，赏赐无度，遂入见王，涕泣膝行，左右侍御皆出涕。王曰：“郎中令何为哭？”遂曰：“臣痛社稷危也！愿赐清闲，竭愚！”王辟左右。遂曰：“大王知胶西王所以为无道亡乎？”王曰：“不知也。”曰：“臣闻胶西王有谀臣侯得，王所为拟于桀、纣也，得以为尧、舜也。王说其谄谀，常与寝处，唯得所言，以至于是。今大王亲近群小，渐渍邪恶所习，存亡之机，不可不慎也！臣请选郎通经有行义者与王起居，坐则诵《诗》《书》，立则习礼容，宜有益。”王许之。遂乃选郎中张安等十人侍王。居数日，王皆逐去安等。

王尝见大白犬，颈以下似人，冠方山冠而无尾，以问龚遂；遂曰：“此天戒，言在侧者尽冠狗也，去之则存，不去则亡矣。”后又闻人声曰：“熊！”视而见大熊，左右莫见，以问遂；遂曰：“熊，山野之兽，而来入宫室，王独见之，此天戒大王，恐宫室将空，危亡象也。”王仰天而叹曰：“不祥何为数来！”遂叩头曰：“臣不敢隐忠，数言危亡之戒；大王不说。夫国之存亡，岂在臣言哉！愿王内自揆度。大王诵《诗》三百五篇，人事浃，王道备。王之所行，中《诗》一篇何等也？大王位为诸侯王，行污于庶人，以存难，以亡易，宜深察之！”后又血污王坐席，王问遂；遂叫然号曰：“宫空不久，妖祥数至。血者，阴忧象也，宜畏慎自省！”王终不改节。

及征书至，夜漏未尽一刻，以火发书。其日中，王发；晡时[5]，至定陶[6]，行百三十五里，侍从者马死相望于道。王吉奏书戒王曰:“臣闻高宗谅暗,三年不言。今大王以丧事征,宜日夜哭泣悲哀而已,慎毋有所发!大将军仁爱、勇智、忠信之德,天下莫不闻;事孝武皇帝二十余年,未尝有过。先帝弃群臣,属以天下,寄幼孤焉。大将军抱持幼君襁褓之中,布政施教,海内晏然,虽周公、伊尹无以加也。今帝崩无嗣,大将军惟思可以奉宗庙者,攀援而立大王,其仁厚岂有量哉!臣愿大王事之,敬之,政事壹听之,大王垂拱南面而已。愿留意,常以为念!”

王至济阳,求长鸣鸡,道买积竹杖。过弘农,使大奴善以衣车载女子。至湖,使者以让相安乐。安乐告龚遂,遂入问王,王曰:“无有。”遂曰:“即无有,何爱一善以毁行义!请收属吏,以湔洒大王。”即捽善属卫士长行法。

王到霸上,大鸿胪郊迎,驺奉乘舆车。王使寿成御,郎中令遂参乘。且至广明、东都门,遂曰:“礼,奔丧望见国都哭。此长安东郭门也。”王曰:“我嗌痛,不能哭。”至城门,遂复言;王曰:“城门与郭门等耳。”且至未央宫东阙,遂曰:“昌邑帐在是阙外驰道北,未至帐所,有南北行道,马足未至数步;大王宜下车,乡阙西面伏哭,尽哀止。”王曰:“诺。”到,哭如仪。六月,丙寅,王受皇帝玺绶,袭尊号;尊皇后曰皇太后。

【注释】

⑴口赋钱:汉初规定,凡年满七岁至十四岁的少年,每人每年向皇帝缴纳人头税二十钱,武帝时,又增加三钱,以补车骑马的费用。本年起减收百分之三十。 ②广陵:今江苏扬州市。 ③传:驿马车。分为三等,高等四匹健马称“置传”,中等四匹中马称“驰传”,末等四匹普通马称“乘传”。 ④愧人:羞辱人。 ⑤晡时:申时,即午后三时至五时。⑥定陶:西汉县名。秦置,治所在今山东菏泽市定陶区西北。

壬申,葬孝昭皇帝于平陵。

昌邑王既立,淫戏无度。昌邑官属皆征至长安,往往超擢拜官。相安乐迁长乐卫尉。龚遂见安乐,流涕谓曰:“王立为天子,日益骄溢,谏之不复听。今哀痛未尽,日与近臣饮酒作乐,斗虎豹,召皮轩车九旒[1],驱驰东西,所为悖道。古制宽,大臣有隐退;

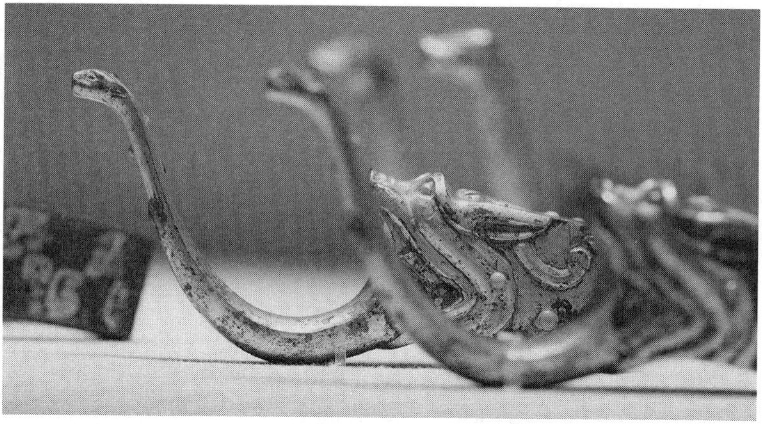

西汉鎏金铜承弓器

今去不得，阳狂恐知，身死为世戮，奈何？君，陛下故相，宜极谏争！”

王梦青蝇之矢积西阶东，可五六石，以屋版瓦覆之，以问遂，遂曰：“陛下之《诗》不云乎：‘营营青蝇，止于藩。恺悌君子，毋信谗言。’陛下左侧谗人众多，如是青蝇恶矣。宜进先帝大臣子孙，亲近以为左右。如不忍昌邑故人，信用谗谀，必有凶咎。愿诡祸为福，皆放逐之！臣当先逐矣。”王不听。

太仆丞河东张敞上书谏，曰：“孝昭皇帝蚤崩无嗣，大臣忧惧，选贤圣承宗庙，东迎之日，唯恐属车之行迟。今天子以盛年初即位，天下莫不拭目倾耳，观化听风。国辅大臣未褒，而昌邑小辇先迁，此过之大者也。”王不听。

大将军光忧懑，独以问所亲故吏大司农田延年；延年曰：“将军为国柱石，审此人不可，何不建白太后，更选贤而立之？”光曰：“今欲如是，于古尝有此不？”延年曰：“伊尹相殷，废太甲以安宗庙，后世称其忠。将军若能行此，亦汉之伊尹也。”光乃引延年给事中，阴与车骑将军张安世图计。

王出游，光禄大夫鲁国夏侯胜当乘舆前谏曰：“天久阴而不雨，臣下有谋上者。陛下出，欲何之？”王怒，谓胜为妖言，缚以属吏。吏白霍光，光不举法。光让安世，以为泄语。安世实不言；乃召问胜。胜对言："在《鸿范传》曰：'皇之不极，厥罚常阴，时则有下人伐上者。'恶察察言，故云'臣下有谋'。"光、安世大惊，以此益重经术士。侍中傅嘉数进谏，王亦缚嘉系狱。

光、安世既定议，乃使田延年报丞相杨敞。敞惊惧，不知所言，汗出洽背，徒唯唯而已。延年起，至更衣。敞夫人遽从东厢谓敞曰："此国大事，今大将军议已定，使九卿来报君侯，君侯不疾应，与大将军同心，犹与无决，先事诛矣！"延年从更衣还，敞夫人与延年参语许诺："请奉大将军教令！"

癸巳，光召丞相、御史、将军、列侯、中二千石、大夫、博士会议未央宫。光曰："昌邑王行昏乱，恐危社稷，如何？"群臣皆惊鄂失色，莫敢发言，但唯唯而已。田延年前，离席按剑曰："先帝属将军以幼孤，寄将军以天下，以将军忠贤，能安刘氏也。今群下鼎沸，社稷将倾；且汉之传谥常为'孝'者，以长有天下，令宗庙血食也。如汉家绝祀，将军虽死，何面目见先帝于地下乎？今日之议，不得旋踵，群臣后应者，臣请剑斩之！"光谢曰："九卿责光是也！天下匈匈不安，光当受难。"于是议者皆叩头曰："万姓之命，在于将军，唯大将军令！"

光即与群臣俱见，白太后，具陈昌邑王不可以承宗庙状。皇太后乃车驾幸未央承明殿，诏诸禁门毋内昌邑群臣。王入朝太后还，乘辇欲归温室，中黄门宦者各持门扇，王入，门闭，昌邑群臣不得入。王曰："何为？"大将军跪曰："有皇太后诏，毋内昌邑群臣！"王曰："徐之，何乃惊人如是！"光使尽驱出昌邑群臣，置金马门外。车骑将军安世将羽林骑收缚二百余人，皆送廷尉诏狱。令故昭帝侍中中臣侍守王。光敕左右："谨宿卫！卒有物故自裁，令我负天下，有杀主名。"王尚未自知当废，谓左右："我故群臣从官安得罪，而大将军尽系之乎？"

顷之，有太后诏召王。王闻召，意恐，乃曰："我安得罪而召我哉？"太后被珠襦，盛服坐武帐中，侍御数百人皆持兵，期门武士陛戟陈列殿下，群臣以次上殿，召昌邑王伏前听诏。光与群臣连名奏王，尚书令读奏曰："丞相臣敞等昧死言皇太后陛下：孝昭皇帝早弃天下，遣使征昌邑王典丧，服斩衰，无悲哀之心，废礼谊，居道上不素食[②]，使从官略女子载衣车，内所居传舍。始至谒见，立为皇太子，常私买鸡豚以食。受皇帝信玺、行玺大行前，就次，发玺不封[③]。从官更持节引内昌邑从官、驺宰、官奴二百余人，常与居禁闼内敖戏。为书曰：'皇帝问侍中君卿：使中御府令高昌奉黄金千斤，赐君卿取十妻。'大行在前殿，发乐府乐器，引内昌邑乐人击鼓，歌吹，作俳倡；召内泰壹、宗庙乐人，悉奏众乐。驾法驾驱驰北宫、桂宫[④]，弄彘，斗虎。召皇太后御小马车，使官奴骑乘，游戏掖庭中。与孝昭皇帝宫人蒙等淫乱，诏掖庭令：'敢泄言，要斩！'——"太后曰："止！为人臣子，当悖乱如是邪！"王离席伏。尚书令复读曰："——取诸侯王、列侯、二千石绶及墨绶、黄绶以并佩昌邑郎官者免奴[⑤]。发御府金钱、刀剑、玉器、采缯，赏赐所与游戏者。与从官、官奴夜饮，湛沔于酒。独夜设九宾温室，延见姊夫昌邑关内侯。祖宗庙祠未举，为玺书，使使者持节以三太牢祠昌邑哀王园庙，称'嗣子皇帝'。受玺以来二十七日，使者旁午，持节诏诸官署征发凡一千一百二十七事。荒淫迷惑，失帝王礼谊，乱汉制度。臣敞等数进谏，不变更，日以益甚；恐危社稷，天下不安。臣敞等谨与博士议，皆曰：'今陛下嗣孝昭皇帝后，行淫辟不轨。五辟之属[⑥]，莫大不孝。周襄王不能事母，《春秋》曰天王出居于郑，由不孝出之，绝之于天下也。宗庙重于君，陛下不可以承天序，奉祖宗庙，子万姓，当废！'臣请有司以一太牢具告祠高庙。"皇太后诏曰："可。"光令王起，拜受诏，王曰："闻'天子有争臣七人，虽亡道不失天下'。"光曰："皇太后诏废，安得称天子！"乃即持其手，解脱其玺组，奉上太后；扶王下殿，出金马门，群臣随送。王西面拜曰："愚戆，不任汉事！"起，就乘舆副车；大将军光送至昌邑邸。光谢曰："王行自绝于天，臣宁负王，不敢负社稷！愿王自爱，臣长不复左右。"光涕泣而去。

群臣奏言："古者废放之人，屏于远方，不及以政。请徙王贺汉中房陵县。"太后诏归贺昌邑，赐汤沐邑二千户，故王家财物皆与贺；及哀王女四人，各赐汤沐邑千户；国除，为山阳郡。

昌邑群臣坐在国时不举奏王罪过，令汉朝不闻知，又不能辅道，陷王大恶，皆下狱，诛杀二百余人；唯中尉吉、郎中令遂以忠直数谏正，得减死，髡为城旦。师王式系狱当死，治事使者责问曰：“师何以无谏书？”式对曰：“臣以《诗》三百五篇朝夕授王，至于忠臣、孝子之篇，未尝不为王反复诵之也；至于危亡失道之君，未尝不流涕为王深陈之也。臣以三百五篇谏，是以无谏书。”使者以闻，亦得减死论。

霍光以群臣奏事东宫，太后省政，宜知经术，白令夏侯胜用《尚书》授太后，迁胜长信少府，赐爵关内侯。

【注释】

①皮轩车九斿（liú 留）：皇帝出行时，其车队的最前端，有一辆“皮轩车”，用虎皮作为顶盖。而在这辆蒙着虎皮的前导车之前，又有被称为“九斿”的大旗，表示皇帝就在后面。 ②“不素食”句：此指古代礼制规定，守丧期间，不得吃荤和接近女色。 ③发玺不封：玉玺是国家最高符信，用完之后，一定要包封典藏。刘贺“发玺不封”，表示他不谨慎、不敬业。 ④北宫、桂宫：两宫都在未央宫之北。 ⑤“墨绶、黄绶”句：古时印信，都系有绶带，即绣带，把印信佩在身旁，用以显示官位。汉朝亲王印信为赤绶、侯爵印信为紫绶，二千石印信为青绶，千石印信为墨绶，低级官员的印信为黄绶。 ⑥五辟：古代的五种刑罚，即：墨刑（脸上刺字）、劓刑（割掉鼻子）、刖刑（砍去双脚）、宫刑（割掉生殖器）、大辟（处死）。

初，卫太子纳鲁国史良娣[1]，生子进，号史皇孙。皇孙纳涿郡王夫人，生子病已，号皇曾孙。皇曾孙生数月，遭巫蛊事，太子三男、一女及诸妻、妾皆遇害，独皇曾孙在，亦坐收系郡邸狱。故廷尉监鲁国丙吉受诏治巫蛊狱[2]，吉心知太子无事实，重哀皇曾孙无辜，择谨厚女徒渭城胡组、淮阳郭征卿，令乳养曾孙，置闲燥处。吉日再省视。

巫蛊事连岁不决，武帝疾，来往长杨、五柞宫，望气者言长安狱中有天子气，于是武帝遣使者分条中都官，诏狱系者无轻重，一切皆杀之。内谒者令郭穰夜到郡邸狱，吉闭门拒使者不纳，曰：“皇曾孙在。他人无辜死者犹不可，况亲曾孙乎！”相守至天明，不得入。穰还，以闻，因劾奏吉。武帝亦寤，曰：“天使之也。”因赦天下。郡邸狱系者，独赖吉得生。

既而吉谓守丞谁如"皇孙不当在官"，使谁如移书京兆尹，遣与胡组俱送；京兆尹不受，复还。及组日满当去，皇孙思慕，吉以私钱雇组令留，与郭征卿并养，数月，乃遣组去。后少内啬夫白吉曰："食皇孙无诏令。"时吉得食米、肉，月月以给皇曾孙。曾孙病，几不全者数焉，吉数敕保养乳母加致医药，视遇甚有恩惠。吉闻史良娣有母贞君及兄恭，乃载皇曾孙以付之。贞君年老，见孙孤，甚哀之，自养视焉。

后有诏掖庭养视，上属籍宗正。时掖庭令张贺，尝事戾太子，思顾旧恩，哀曾孙，奉养甚谨，以私钱供给，教书。既壮，贺欲以女孙妻之。是时昭帝始冠，长八尺二寸。贺弟安世为右将军，辅政，闻贺称誉皇曾孙，欲妻以女，怒曰："曾孙乃卫太子后也，幸得以庶人衣食县官足矣，勿复言予女事！"于是贺止。时暴室啬夫许广汉有女，贺乃置酒请广汉，酒酣，为言"曾孙体近，下乃关内侯，可妻也"。广汉许诺。明日，妪闻之，怒。广汉重令人为介，遂与曾孙；贺以家财聘之。曾孙因依倚广汉兄弟及祖母家史氏，受《诗》于东海澓中翁[3]，高材好学；然亦喜游侠，斗鸡走狗，以是具知闾里奸邪，吏治得失。数上下诸陵，周遍三辅，尝困于莲勺卤中。尤乐杜、鄠之间，率常在下杜。时会朝请，舍长安尚冠里。

及昌邑王废，霍光与张安世诸大臣议所立[4]，未定。丙吉奏记光曰："将军事孝武皇帝，受襁褓之属，任天下之寄。孝昭皇帝早崩亡嗣，海内忧惧，欲亟闻嗣主。发丧之日，以大谊立后；所立非其人，复以大谊废之；天下莫不服焉。方今社稷、宗庙、群生之命在将军之壹举，窃伏听于众庶，察其所言诸侯、宗室在列位者，未有所闻于民间也。而遗诏所养武帝曾孙名病已在掖庭、外家者，吉前使居郡邸时，见其幼少；至今十八九矣，通经术，有美材，行安而节和。愿将军详大义，参以蓍龟岂宜，褒显先使入侍，令天下昭然知之，然后决定大策，天下幸甚！"杜延年亦知曾孙德美，劝光、安世立焉。

秋，七月，光坐庭中，会丞相以下议定所立，遂复与丞相敞等上奏曰："孝武皇帝曾孙病已[5]，年十八，师受《诗》《论语》《孝经》，躬行节俭，慈仁爱人，可以嗣孝昭皇帝后，奉承祖宗庙，子万姓。臣昧死以闻！”皇太后诏曰：“可。”光遣宗正德至曾孙家尚冠里，洗沐，赐御衣；太仆以軨猎车迎曾孙，就斋宗正府。庚申，入未央宫，见皇太后，封为阳武侯。已而群臣奏上玺绶，即皇帝位，谒高庙；尊皇太后为太皇太后。

侍御史严延年劾奏“大将军光擅废立主，无人臣礼，不道”。奏虽寝，然朝廷肃然敬惮之。

八月，己巳，安平敬侯杨敞薨。

九月，大赦天下。

戊寅，蔡义为丞相。

初，许广汉女适皇曾孙，一岁，生子奭。数月，曾孙立为帝，许氏为倢伃。是时霍将军有小女与皇太后亲，公卿议更立皇后，皆心拟霍将军女，亦未有言。上乃诏求微时故剑。大臣知指，白立许倢伃为皇后。十一月，壬子，立皇后许氏。霍光以后父广汉刑人，不宜君国；岁余，乃封为昌成君。

太皇太后归长乐宫。长乐宫初置屯卫。

【注释】

①良娣：古时，皇太子的正妻称为“太子妃”，姬妾分为二级，一级称为“良娣”，二级称为“孺子”。 ②丙吉（？—前55）：西汉大臣，鲁国（今山东曲阜市）人。治律令，为鲁狱史，后升为廷尉右监。宣帝出生数月，以卫太子事系狱，经他救护得全。后任大将军长史，霍光甚重之，入为光禄大夫给事中。曾建议迎立宣帝。宣帝即位，赐爵关内侯。后为太子太傅。迁御史大夫，封博阳侯。 ③澓中（fù zhōng 付仲）翁：人名。澓，姓；中翁，名。 ④张安世（？—前60）：西汉大臣，杜陵（今陕西西安市东南）人。张汤子。性谨慎周密，以父任为郎。武帝时，累官尚书令，迁光禄大夫。昭帝死后，与霍光共定策，立宣帝，因功拜大司马。 ⑤刘病已（前90—前49）：即刘询，西汉皇帝。前74至前49年在位。武帝曾孙。幼育于祖母史氏家，居民间，少时出入三辅，俱知闾里奸邪。通达黄老刑名之学。昭帝死后，霍光迎立为帝。在位期间，励精图治，任贤用能，贤相循吏辈出。亲政十八年，平狱缓刑，轻徭薄赋，发展生产，广开言路，使吏称其职，民安其业。甘露二年（前52），匈奴呼韩邪单于称臣降

服，威震域外。谥宣帝。

中宗孝宣皇帝上之上

本始元年　春，诏有司论定策安宗庙功。大将军光益封万七千户，与故所食凡二万户。车骑将军富平侯安世以下益封者十人，封侯者五人，赐爵关内侯者八人。

大将军光稽首归政，上谦让不受；诸事皆先关白光，然后奏御。自昭帝时，光子禹及兄孙云皆为中郎将，云弟山奉车都尉、侍中，领胡、越兵，光两女婿为东、西宫卫尉，昆弟、诸婿、外孙皆奉朝请，为诸曹、大夫、骑都尉、给事中，党亲连体，根据于朝廷。及昌邑王废，光权益重，每朝见，上虚己敛容，礼下之已甚。

夏，四月，庚午，地震。

五月，凤皇集胶东、千乘。赦天下，勿收田租赋。

六月，诏曰："故皇太子在湖，未有号谥，岁时祠；其议谥，置园邑。"有司奏请："礼，为人后者，为之子也；故降其父母，不得祭，尊祖之义也。陛下为孝昭帝后，承祖宗之祀，愚以为亲谥宜曰悼，母曰悼后；故皇太子谥曰戾[①]，史良娣曰戾夫人。"皆改葬焉。

汉宣帝刘询像

秋，七月，诏立燕剌王太子建为广阳王；立广陵王胥少子弘为高密王。

初，上官桀与霍光争权，光既诛桀，遂遵武帝法度，以刑罚痛绳群下，由是俗吏皆尚严酷以为能；而河南太守丞淮阳黄霸独用宽和为名[②]。上在民间时，知百姓苦吏急也，闻霸持法平，乃召为廷尉正；数决疑狱，庭中称平。

【注释】

①戾（lì利）：《谥法》中"戾"的意思是"不悔前过"，或"不思念"。②黄霸（？—前51）：西汉大臣，淮阳阳夏（今河南太康县）人。宣帝时，历任扬州刺史、颍川太守、御史大夫、丞相等职，封建成侯。任职期间，外宽内明，重视农桑，后世把他与龚遂视作封建"循吏"之代表。

二年 春，大司农田延年有罪自杀。昭帝之丧，大司农僦民车[①]，延年诈增僦直，盗取钱三千万，为怨家所告。霍将军召问延年，欲为道地。延年抵曰："无有是事！"光曰："即无事，当穷竟！"御史大夫田广明谓太仆杜延年曰："《春秋》之义，以功覆过。当废昌邑王时，非田子宾之言，大事不成。今县官出三千万自乞之，何哉？愿以愚言白大将军！"延年言之大将军，大将军曰："诚然，实勇士也！当发大议时，震动朝廷。"光因举手自抚心曰："使我至今病悸。谢田大夫晓大司农，通往就狱，得公议之。"田大夫使人语延年。延年曰："幸县官宽我耳，何面目入牢狱，使众人指笑我，卒徒唾吾背乎！"即闭阁独居斋舍。偏袒，持刀东西步。数日，使者召延年诣廷尉。闻鼓声，自刎死。

夏，五月，诏曰："孝武皇帝躬仁谊，厉威武，功德茂盛，而庙乐未称[②]，朕甚悼焉。其与列侯、二千石、博士议。"于是群臣大议庭中，皆曰："宜如诏书。"长信少府夏侯胜独曰："武帝虽有攘四夷、广土境之功，然多杀士众，竭民财力，奢泰无度，天下虚耗，百姓流离，物故者半[③]，蝗虫大起，赤地数千里，或人民相食，畜积至今未复；无德泽于民，不宜为立庙乐。"公卿共难胜曰："此诏书也。"胜曰："诏书不可用也。人臣之谊，宜直言正论，非苟阿意顺指。议已出口，虽死不悔！"于是丞相、御史劾奏胜非议诏书，毁先帝，不道；及丞相长史黄霸阿纵胜[④]，不举劾；俱下狱。有司遂请尊孝武帝庙为世宗庙，奏《盛德》《文始五行之舞》。武帝巡狩所幸郡国皆立庙，如高祖、太宗焉[⑤]。夏侯胜、黄霸既久系，霸欲从胜受《尚书》，胜辞以罪死。霸曰："朝闻道，夕死可矣。"胜贤其言，遂授之。系再更冬，讲论不怠。

【注释】

①僦(jiù 就):租赁。 ②庙乐:宗庙中奏用的舞乐。 ③物故:死亡。 ④丞相长史:辅佐丞相处理政务的官。阿纵:阿谀纵容。 ⑤太宗:汉文帝刘恒的庙号。

初,乌孙公主死,汉复以楚王戊之孙解忧为公主,妻岑娶。岑娶胡妇子泥靡尚小,岑娶且死,以国与季父大禄子翁归靡,曰:“泥靡大,以国归之。”翁归靡既立,号肥王,复尚楚主,生三男、两女。长男曰元贵靡,次曰万年,次曰大乐。昭帝时,公主上书言:“匈奴与车师共侵乌孙,唯天子幸救之!”汉养士马,议击匈奴。会昭帝崩,上遣光禄大夫常惠使乌孙。乌孙公主及昆弥皆遣使上书,言:“匈奴复连发大兵,侵击乌孙。使使谓乌孙,‘趣持公主来!’欲隔绝汉。昆弥愿发国精兵五万骑,尽力击匈奴。唯天子出兵以救公主、昆弥!”先是匈奴数侵汉边,汉亦欲讨之。秋,大发兵,遣御史大夫田广明为祁连将军,四万余骑,出西河[①];度辽将军范明友三万余骑,出张掖;前将军韩增三万余骑,出云中;后将军赵充国为蒲类将军,三万余骑,出酒泉;云中太守田顺为虎牙将军,三万余骑,出五原;期以出塞各二千余里。以常惠为校尉,持节护乌孙兵击共匈奴。

三年 春,正月,癸亥,恭哀许皇后崩。时霍光夫人显欲贵其小女成君,道无从。会许后当娠,病,女医淳于衍者,霍氏所爱,尝入宫侍皇后疾。衍夫赏为掖庭户卫,谓衍:“可过辞霍夫人,行为我求安池监。”衍如言报显,显因生心,辟左右,字谓衍曰:“少夫幸报我以事,我亦欲报少夫,可乎?”衍曰:“夫人所言,何等不可者!”显曰:“将军素爱小女成君,欲奇贵之,愿以累少夫!”衍曰:“何谓邪?”显曰:“妇人免乳,大故,十死一生。今皇后当免身,可因投毒药去也,成君即为皇后矣。如蒙力,事成,富贵与少夫共之。”衍曰:“药杂治,常先尝,安可?”显曰:“在少夫为之耳。将军领天下,谁敢言者!缓急相护,但恐少夫无意耳。”衍良久曰:“愿尽力!”即捣附子[②],赍入长定宫。皇后免身后,衍取附子并合大医大丸以饮皇后,有顷,曰:“我头岑岑也,药中得无有毒?”对曰:“无有。”遂加烦懑，崩。衍出，过见显，相劳问，亦未敢重谢衍。后人有上书告诸医侍疾无状者，皆收系诏狱，劾不道。显恐急，即以状具语光，因曰："既失计为之，无令吏急衍！"光大惊，欲自发举，不忍，犹与。会奏上，光署衍勿论。显因劝光内其女入宫。

【注释】

①西河：郡名。汉元朔四年（前125）置，治所在平定（今内蒙古鄂尔多斯市东胜区境）。 ②附子：多年生草本植物，茎叶有毒，根部粗肥，毒性更剧。

戊辰，五将军发长安。匈奴闻汉兵大出，老弱奔走，驱畜产远遁逃，是以五将少所得。夏，五月，军罢。度辽将军出塞千二百余里，至蒲离候水，斩首、捕虏七百余级。前将军出塞千二百余里，至乌员[①]，斩首、捕虏百余级。蒲类将军出塞千八百余里，西至候山，斩首、捕虏，得单于使者蒲阴王以下三百余级。闻虏已引去，皆不至期还。天子薄其过，宽而不罪。祁连将军出塞千六百里，至鸡秩山，斩首、捕虏十九级。逢汉使匈奴还者冉弘等，言鸡秩山西有虏众，祁连即戒弘，使言无虏，欲还兵。御史属公孙益寿谏，以为不可。祁连不听，遂引兵还。虎牙将军出塞八百余里，至丹余吾水上，即止兵不进，斩首、捕虏千九百余级，引兵还。上以虎牙将军不至期，诈增卤获，而祁连知虏在前，逗遛不进，皆下吏，自杀。擢公孙益寿为侍御史。

乌孙昆弥自将五万骑与校尉常惠从西方入，至右谷蠡王庭，获单于父行及嫂、居次、名王、犁污都尉、千长、骑将以下四万级，马、牛、羊、驴、橐佗七十余万头。乌孙皆自取所虏获。上以五将皆无功，独惠奉使克获，封惠为长罗侯。然匈奴民众伤而去者及畜产远移死亡，不可胜数，于是匈奴遂衰耗，怨乌孙。

上复遣常惠持金币还赐乌孙贵人有功者。惠因奏请龟兹国尝杀校尉赖丹，未伏诛，请便道击之。帝不许。大将军霍光风惠以便宜从事。惠与吏士五百人俱至乌孙，还，过，发西国兵二万人，令副使发龟兹东国二万人，乌孙兵七千人，从三面攻龟兹。兵未合，先遣人责其王以前杀汉使状。王谢曰："乃我先王时为贵人姑翼所误耳，我无罪。”惠曰：“即如此，缚姑翼来，吾置王。”王执姑翼诣惠，惠斩之而还。

【注释】

①乌员（yún 云）：地名，今地不详。

大旱。

六月，己丑，阳平节侯蔡义薨。

甲辰，长信少府韦贤为丞相。

大司农魏相为御史大夫。

冬，匈奴单于自将数万骑击乌孙，颇得老弱。欲还，会天大雨雪，一日深丈余，人民、畜产冻死，还者不能什一。于是丁令乘弱攻其北，乌桓入其东，乌孙击其西，凡三国所杀数万级，马数万匹，牛羊甚众；又重以饿死，人民死者什三，畜产什五。匈奴大虚弱，诸国羁属者皆瓦解，攻盗不能理。其后汉出三千余骑为三道，并入匈奴，捕虏得数千人还；匈奴终不敢取当，滋欲乡和亲，而边境少事矣。

是岁，颍川太守赵广汉为京兆尹①。颍川俗，豪桀相朋党。广汉为缿筒②，受吏民投书，使相告讦，于是更相怨咎，奸党散落，盗贼不敢发。匈奴降者言匈奴中皆闻广汉名，由是入为京兆尹。广汉遇吏，殷勤甚备，事推功善，归之于下，行之发于至诚，吏咸愿为用，僵仆无所避。广汉聪明，皆知其能之所宜，尽力与否；其或负者，辄收捕之，无所逃；案之，罪立具，即时伏辜。尤善为钩距以得事情③，闾里铢两之奸皆知之④。长安少年数人会穷里空舍，谋共劫人；坐语未讫，广汉使吏捕治，具服。其发奸擿伏如神⑤。京兆政清，吏民称之不容口。长老传以为自汉兴，治京兆者莫能及。

【注释】

①颍川：郡名。治所在今河南省禹州市。 ②缿（xiàng 项）筒：检举箱之类。缿为瓦器，筒为竹筒。 ③钩距：盘问人的一种方法，辗转推问，追查真相。 ④铢两：二十四铢为一小两，比喻轻微。 ⑤擿（tì 替）伏：揭发隐秘坏事。

四年 春,三月,乙卯,立霍光女为皇后;赦天下。初,许后起微贱,登至尊日浅,从官车服甚节俭。及霍后立,舆驾、侍从益盛,赏赐官属以千万计,与许后时县绝矣。

夏,四月,壬寅,郡国四十九同日地震,或山崩,坏城郭、室屋,杀六千余人。北海、琅邪坏祖宗庙。诏丞相、御史与列侯、中二千石博问经学之士,有以应变,毋有所讳。令三辅、太常、内郡国举贤良方正各一人。大赦天下。上素服,避正殿五日,释夏侯胜、黄霸;以胜为谏大夫、给事中,霸为扬州刺史。

胜为人,质朴守正,简易无威仪,或时谓上为君,误相字于前;上亦以是亲信之。尝见,出道上语,上闻而让胜,胜曰:"陛下所言善,臣故扬之。尧言布于天下,至今见诵。臣以为可传,故传耳。"朝廷每有大议,上知胜素直,谓曰:"先生建正言,无惩前事!"胜复为长信少府,后迁太子太傅。年九十卒,太后赐钱二百万,为胜素服五日,以报师傅之恩。儒者以为荣。

五月,凤皇集北海安丘、淳于[①]。

广川王去坐杀其师及姬妾十余人,或销铅锡灌口中,或支解,并毒药煮之,令糜尽,废徙上庸;自杀。

【注释】

①北海:郡名。汉景帝中元二年(前148)分齐郡置。治所在营陵(今山东昌乐县东南)。辖境相当于今山东潍坊市及安丘市等地。

地节元年 春,正月,有星孛于西方。

楚王延寿以广陵王胥,武帝子,天下有变,必得立,阴附助之,为其后母弟赵何齐取广陵王女为妻,因使何齐奉书遗广陵王曰:"愿长耳目,毋后人有天下!"何齐父长年上书告之,事下有司考验,辞服。冬,十一月,延寿自杀。胥勿治。

十二月,癸亥晦,日有食之。

是岁,于定国为廷尉。定国决疑平法,务在哀鳏寡,罪疑从轻,加审慎之心。朝廷称之曰:"张释之为廷尉,天下无冤民。于定国为廷尉,民自以不冤。"

二年 春,霍光病笃。车驾自临问,上为之涕泣。光上书谢恩，愿分国邑三千户以封兄孙奉车都尉山为列侯，奉兄去病祀。即日，拜光子禹为右将军。三月，庚午，光薨。上及皇太后亲临光丧，中二千石治冢，赐梓宫、葬具皆如乘舆制度，谥曰宣成侯。发三河卒穿复土，置园邑三百家，长、丞奉守；下诏复其后世，畴其爵邑，世世无有所与。

御史大夫魏相上封事曰[①]："国家新失大将军，宜显明功臣以填藩国，毋空大位，以塞争权。宜以车骑将军安世为大将军，毋令领光禄勋事；以其子延寿为光禄勋。"上亦欲用之。夏，四月，戊申，以安世为大司马、车骑将军，领尚书事。

凤皇集鲁，群鸟从之。大赦天下。

【注释】

①上封事：古时臣属呈送的奏章报告，都用开口封套。如果事涉机密，预防泄露，则加密封，所以称"封事"。

上思报大将军德，乃封光兄孙山为乐平侯，使以奉车都尉领尚书事。魏相因昌成君许广汉奏封事，言"《春秋》讥世卿，恶宋三世为大夫及鲁季孙之专权[①]，皆危乱国家。自后元以来，禄去王室，政由冢宰。今光死，子复为右将军，兄子秉枢机，昆弟、诸婿据权势，在兵官，光夫人显及诸女皆通籍长信宫，或夜诏门出入，骄奢放纵，恐寖不制，宜有以损夺其权，破散阴谋，以固万世之基，全功臣之世"。又故事：诸上书者皆为二封，署其一曰"副"，领尚书者先发副封，所言不善，屏去不奏。相复因许伯白去副封以防壅蔽。帝善之，诏相给事，皆从其议。

帝兴于闾阎，知民事之艰难。霍光既薨，始亲政事，厉精为治，五日一听事。自丞相以下各奉职奏事，敷奏其言，考试功能。侍中、尚书功劳当迁及有异善，厚加赏赐，至于子孙，终不改易。枢机周密，品式备具，上下相安，莫有苟且之意。及拜刺史、守、相，辄亲见问，观其所由，退而考察所行以质其言，有名实不相应，必知其所以然。常称曰："庶民所以安其田里而亡叹息愁恨之心者，政平讼理也。与我共此者，其唯良二千石乎！"以为太守，吏民之本，数变易则下不安；民知其将久，不可欺罔，乃服从其教化。

故二千石有治理效，辄以玺书勉厉，增秩、赐金，或爵至关内侯；公卿缺，则选诸所表，以次用之。是以汉世良吏，于是为盛，称中兴焉。

匈奴壶衍鞮单于死，弟左贤王立为虚闾权渠单于，以右大将女为大阏氏[②]，而黜前单于所幸颛渠阏氏。颛渠阏氏父左大且渠怨望[③]。是时汉以匈奴不能为边寇，罢塞外诸城以休百姓。单于闻之，喜，召贵人谋，欲与汉和亲。左大且渠心害其事，曰："前汉使来，兵随其后。今亦效汉发兵，先使使者入。"乃自请与呼卢訾王各将万骑，南旁塞猎，相逢俱入。行未到，会三骑亡降汉，言匈奴欲为寇。于是天子诏发边骑屯要害处，使大将军军监治众等四人将五千骑，分三队，出塞各数百里，捕得虏各数十人而还。时匈奴亡其三骑，不敢入，即引去。是岁，匈奴饥，人民、畜产死什六七，又发两屯各万骑以备汉。其秋，匈奴前所得西嗕居左地者，其君长以下数千人皆驱畜产行，与瓯脱战，所杀伤甚众，遂南降汉。

【注释】

①"恶宋三世为大夫"句：此处春秋时宋国三位国君是襄公、成公、昭公。在传统上，国君应娶外国国君的女儿，而以上三公却都娶了本国大夫的女儿，这样，尊卑内外就无区别了。　②大阏氏：匈奴单于的正室，相当于汉朝的皇后。　③"颛渠阏氏"句：匈奴风俗，兄死，弟要娶嫂；父死，子要娶父妾。所以，颛渠阏氏受到冷落，其父十分怨恨。

资治通鉴卷第二十五

汉纪十七　起阏逢摄提格，尽屠维协洽，凡六年。

中宗孝宣皇帝上之下

地节三年　春，三月，诏曰："盖闻有功不赏，有罪不诛，虽唐、虞不能以化天下。今胶东相王成，劳来不怠，流民自占八万余口，治有异等之效。其赐成爵关内侯，秩中二千石。"未及征用，会病卒官。后诏使丞相、御史问郡、国上计长史、守丞以政令得失。或对言："前胶东相成伪自增加以蒙显赏。"是后俗吏多为虚名云。

夏，四月，戊申，立子奭为皇太子[①]，以丙吉为太傅，太中大夫疏广为少傅。封太子外祖父许广汉为平恩侯。又封霍光兄孙中郎将云为冠阳侯。

霍显闻立太子，怒恚不食，欧血，曰："此乃民间时子，安得立！即后有子，反为王邪？"复教皇后令毒太子。皇后数召太子赐食，保、阿辄先尝之；后挟毒不得行。

五月，甲申，丞相贤以老病乞骸骨；赐黄金百斤、安车、驷马，罢就第。丞相致仕自贤始。

六月，壬辰，以魏相为丞相[②]。辛丑，丙吉为御史大夫，疏广为太子太傅，广兄子受为少傅。

太子外祖父平恩侯许伯，以为太子少，白使其弟中郎将舜监护太子家。上以问广，广对曰："太子，国储副君，师友必于天下英俊，不宜独亲外家许氏。且太子自有太傅、少傅，官属已备，今复使舜护太子家，示陋，非所以广太子德于天下也。”上善其言，以语魏相，相免冠谢曰：“此非臣等所能及。”广由是见器重。

京师大雨雹，大行丞东海萧望之上疏，言大臣任政，一姓专权之所致。上素闻望之名，拜为谒者。时上博延贤俊，民多上书言便宜，辄下望之问状；高者请丞相、御史，次者中二千石试事，满岁以状闻；下者报闻，罢。所白处奏皆可。

魏相像

【注释】

①刘奭（shì 式）（前 76—前 33）：西汉皇帝。前 49 年至前 33 年在位，宣帝子。柔仁好儒。统治期间，中央集权削弱，社会危机日深。西汉王朝日趋衰落。谥元帝。

②魏相（？—前 59）：西汉大臣。济阴定陶（今山东菏泽市定陶区西北）人。少学《易》，为郡卒史。举贤良，以对策高第，为茂陵令，后迁河南太守。任职期间，主张整顿吏治，豪强畏服。宣帝即位，征为大司农，迁御史大夫，后为丞相，封高平侯。

冬，十月，诏曰：“乃者九月壬申地震，朕甚惧焉。有能箴朕过失，及贤良方正直言极谏之士，以匡朕之不逮，毋讳有司！朕既不德，不能附远，是以边境屯戍未息。今复饬兵重屯，久劳百姓，非所以绥天下也。其罢车骑将军、右将军屯兵！”又诏：“池籞未御幸者，假与贫民。郡国宫馆勿复修治。流民还归者，假公田，贷种食，且勿算事。”

霍氏骄侈纵横。太夫人显，广治第室，作乘舆辇，加画、绣絪冯，黄金涂；韦絮荐轮，侍婢以五采丝挽显游戏第中；与监奴冯子都乱。而禹、山亦并缮治第宅，走马驰逐平乐馆。云当朝请，数称病私出，多从宾客，张围猎黄山苑中，使仓头奴上朝谒[1]，莫敢谴者。显及诸女昼夜出入长信宫殿中，亡期度。

帝自在民间，闻知霍氏尊盛日久，内不能善。既躬亲朝政，御史大夫魏相给事中。显谓禹、云、山："女曹不务奉大将军余业，今大夫给事中，他人壹间女，能复自救邪！"后两家奴争道，霍氏奴入御史府，欲蹋大夫门；御史为叩头谢，乃去。人以谓霍氏，显等始知忧。

会魏大夫为丞相，数燕见言事；平恩侯与侍中金安上等径出入省中。时霍山领尚书，上令吏民得奏封事，不关尚书，群臣进见独往来，于是霍氏甚恶之。上颇闻霍氏毒杀许后而未察，乃徙光女婿度辽将军、未央卫尉、平陵侯范明友为光禄勋，出次婿诸吏、中郎将、羽林监任胜为安定太守。数月，复出光姊婿给事中、光禄大夫张朔为蜀郡太守，群孙婿中郎将王汉为武威太守。顷之，复徙光长女婿长乐卫尉邓广汉为少府。戊戌，更以张安世为卫将军，两宫卫尉、城门、北军兵属焉。以霍禹为大司马，冠小冠，亡印绶；罢其屯兵官属，特使禹官名与光俱大司马者。又收范明友度辽将军印绶，但为光禄勋；及光中女婿赵平为散骑、骑都尉、光禄大夫，将屯兵，又收平骑都尉印绶。诸领胡、越骑、羽林及两宫卫将屯兵，悉易以所亲信许、史子弟代之。

【注释】

①仓头：汉朝仆隶谓之仓头，因他们头戴苍巾，以区别于平民。

初，孝武之世，征发烦数，百姓贫耗，穷民犯法，奸轨不胜，于是使张汤、赵禹之属，条定法令，作见知故纵、监临部主之法，缓深、故之罪，急纵、出之诛。其后奸猾巧法转相比况，禁罔寖密，律令烦苛，文书盈于几阁，典者不能遍睹。是以郡国承用者驳，或罪同而论异，奸吏因缘为市，所欲活则傅生议，所欲陷则予死比，议者咸冤伤之。

廷尉史巨鹿路温舒上书曰[1]："臣闻齐有无知之祸而桓公以兴，晋有骊姬之难而文公用伯；近世赵王不终，诸吕作乱，而孝文为太宗。由是观之，祸乱之作，将以开圣人也。夫继变乱之后，必有异旧之恩，此贤圣所以昭天命也。往者昭帝即世无嗣，昌邑淫乱，乃皇天所以开至圣也。臣闻《春秋》正即位，大一统而慎始也。陛下初登至尊，与天合符，宜改前世之失，正始受命之统，涤烦文，除民疾，以应天意。臣闻秦有十失，其一尚存，治狱之吏是也。夫狱者，天下之大命也，死者不可复生，绝者不可复属。《书》曰：'与其杀不辜，宁失不经。'今治狱吏则不然，上下相驱，以刻为明，深者获公名，平者多后患。故治狱之吏皆欲人死，非憎人也，自安之道在人之死。是以死人之血，流离于市，被刑之徒，比肩而立，大辟之计，岁以万数。此仁圣之所以伤也，太平之未洽，凡以此也。夫人情，安则乐生，痛则思死，棰楚之下，何求而不得！故囚人不胜痛，则饰辞以示之；吏治者利其然，则指导以明之；上奏畏却，则锻练而周内之。盖奏当之成，虽皋陶听之，犹以为死有余辜。何则？成练者众，文致之罪明也。故俗语曰：'画地为狱，议不入；刻木为吏，期不对。'此皆疾吏之风，悲痛之辞也。唯陛下省法制，宽刑罚，则太平之风可兴于世。"上善其言。

【注释】

①路温舒：西汉文士。巨鹿东里（今河北平乡县西南）人，曾为狱小吏时，学律令，转为县狱史。后习《春秋》，学识渐博，举孝廉，为山邑丞。元凤中，任廷尉奏曹椽。宣帝即位（前74），他上书反对酷刑，主张尚德缓刑，官至临淮太守。

十二月，诏曰："间者吏用法巧文寖深，是朕之不德也。夫决狱不当，使有罪兴邪，不辜蒙戮，父子悲恨，朕甚伤之！今遣廷史与郡鞠狱，任轻禄薄，其为置廷尉平，秩六百石，员四人。其务平之，以称朕意！"于是每季秋后请谳时，上常幸宣室，斋居而决事，狱刑号为平矣。

涿郡太守郑昌上疏言："今明主躬垂明听，虽不置廷平，狱将自正；若开后嗣，不若删定律令。律令一定，愚民知所避，奸吏无所弄矣。今不正其本，而置廷平以理其末，政衰听怠，则廷平将召权而为乱首矣。"

昭帝时，匈奴使四千骑田车师。及五将军击匈奴，车师田者惊去，车师复通于汉；匈奴怒，召其太子军宿，欲以为质。军宿，焉耆外孙，不欲质匈奴，亡走焉耆，车师王更立子乌贵为太子。及乌贵立为王，与匈奴结婚姻，教匈奴遮汉道通乌孙者。

是岁，侍郎会稽郑吉与校尉司马憙[①]，将免刑罪人田渠犁，积谷，发城郭诸国兵万余人与所将田士千五百人共击车师，破之；车师王请降。匈奴发兵攻车师；吉、憙引兵北逢之，匈奴不敢前。吉、憙即留一候与卒二十人留守王，吉等引兵归渠犁。车师王恐匈奴兵复至而见杀也，乃轻骑奔乌孙。吉即迎其妻子，传送长安。匈奴更以车师王昆弟兜莫为车师王，收其余民东徙，不敢居故地；而郑吉始使吏卒三百人往田车师地以实之。

上自初即位，数遣使者求外家；久远，多似类而非是。是岁，求得外祖母王媪及媪男无故、武。上赐无故、武爵关内侯。旬月间，赏赐以巨万计。

【注释】

①郑吉（？—前49）：西汉会稽（今浙江绍兴市）人。以卒伍从军，数出西域，习外国事。宣帝时，他以侍郎屯田渠犁，发诸国兵攻破车师，迁卫司马。神爵三年（前59），他迎匈奴日逐王归汉，威震西域。宣帝嘉其功，任西域都护，封安远侯。

四年　春，二月，赐外祖母号为博平君；封舅无故为平昌侯，武为乐昌侯。

夏，五月，山阳、济阴雹如鸡子，深二尺五寸，杀二十余人，飞鸟皆死。

诏："自今子有匿父母、妻匿夫、孙匿大父母，皆勿治。"

立广川惠王孙文为广川王。

霍显及禹、山、云自见日侵削，数相对啼泣自怨。山曰："今丞相用事，县官信之，尽变易大将军时法令，发扬大将军过失。又，诸儒生多窭人子，远客饥寒，喜妄说狂言，不避忌讳，大将军常仇之。今陛下好与诸儒生语，人人自书对事，多言我家者。尝有上书言我家昆弟骄恣，其言绝痛；山屏不奏。后上书者益黠，尽奏封事，辄使中书令出取之，不关尚书，益不信人。又闻民间讙言'霍氏毒杀许皇后'，宁有是邪?"显恐急，即具以实告禹、山、云。禹、山、云惊曰："如是，何不早告禹等！县官离散、斥逐诸婿，用是故也。此大事，诛罚不小，奈何?"于是始有邪谋矣。

云舅李竟所善张赦，见云家卒卒，谓竟曰："今丞相与平恩侯用事，可令太夫人言太后，先诛此两人；移徙陛下，在太后耳。"长安男子张章告之，事下廷尉、执金吾，捕张赦等。后有诏，止勿捕。山等愈恐，相谓曰："此县官重太后，故不竟也。然恶端已见，久之犹发，发即族矣，不如先也。"遂令诸女各归报其夫，皆曰："安所相避！"

会李竟坐与诸侯王交通，辞语及霍氏，有诏："云、山不宜宿卫，免就第。"山阳太守张敞上封事曰："臣闻公子季友有功于鲁，赵衰有功于晋，田完有功于齐，皆畴其庸，延及子孙。终后田氏篡齐，赵氏分晋，季氏颛鲁。故仲尼作《春秋》，迹盛衰，讥世卿最甚。乃者大将军决大计，安宗庙，定天下，功亦不细矣。夫周公七年耳，而大将军二十岁，海内之命断于掌握。方其隆盛时，感动天地，侵迫阴阳。朝臣宜有明言曰：'陛下褒宠故大将军以报功德足矣。间者辅臣颛政，贵戚太盛，君臣之分不明，请罢霍氏三侯皆就第；及卫将军张安世，宜赐几杖归休，时存问召见，以列侯为天子师。'明诏以恩不听，群臣以义固争而后许之，天下必以陛下为不忘功德而朝臣为知礼，霍氏世世无所患苦。今朝廷不闻直声，而令明诏自亲其文，非策之得者也。今两侯已出，人情不相远，以臣心度之，大司马及其枝属必有畏惧之心。夫近臣自危，非完计也。臣敞愿于广朝白发其端，直守远郡，其路无由。唯陛下省察！"上甚善其计，然不召也。

禹、山等家数有妖怪，举家忧愁。山曰："丞相擅减宗庙羔、菟、蛙，可以此罪也！"谋令太后为博平君置酒，召丞相、平恩侯以下，使范明友、邓广汉承太后制引斩之，因废天子而立禹。约定，未发，云拜为玄菟太守，太中大夫任宣为代郡太守。会事发觉，秋，七月，云、山、明友自杀。显、禹、广汉等捕得；禹要斩，显及诸女昆弟皆弃市；与霍氏相连坐诛灭者数十家。太仆杜延年以霍氏旧人，亦坐免官。八月，己酉，皇后霍氏废，处昭台宫。乙丑，诏封告霍氏反谋者男子张章、期门董忠、左曹杨恽[1]、侍中金安上、史高皆为列侯。恽，丞相敞子；安上，车骑将军日磾弟子；高，史良娣兄子也。

初，霍氏奢侈，茂陵徐生曰："霍氏必亡。夫奢则不逊，不逊必侮上。侮上者，逆道也，在人之右，众必害之。霍氏秉权日久，害之者多矣；天下害之，而又行以逆道，不亡何待！"乃上疏言："霍氏泰盛，陛下即爱厚之，宜以时抑制，无使至亡！"书三上，辄报闻[2]。其后霍氏诛灭，而告霍氏者皆封，人为徐生上书曰："臣闻客有过主人者，见其灶直突[3]，傍有积薪，客谓主人：'更为曲突，远徙其薪，不者且有火患！'主人嘿然不应。俄而家果失火，邻里共救之，幸而得息，于是杀牛置酒，谢其邻人，灼烂者在于上行，余各以功次坐，而不录言曲突者。人谓主人曰：'乡使听客之言，不费牛酒，终亡火患。今论功而请宾，曲突徙薪无恩泽，焦头烂额为上客邪？'主人乃寤而请之[4]。今茂陵徐福，数上书言霍氏且有变，宜防绝之。乡使福说得行，则国无裂土出爵之费，臣无逆乱诛灭之败。往事既已，而福独不蒙其功，唯陛下察之，贵徙薪曲突之策，使居焦发灼烂之右！"上乃赐福帛十匹，后以为郎。

帝初立，谒见高庙，大将军光骖乘[5]，上内严惮之，若有芒刺在背。后车骑将军张安世代光骖乘，天子从容肆体，甚安近焉。及光身死而宗族竟诛，故俗传霍氏之祸萌于骖乘。后十二岁，霍后复徙云林馆，乃自杀。

班固赞曰：霍光受襁褓之托，任汉室之寄，匡国家，安社稷，拥昭，立宣，虽周公、阿衡何以加此！然光不学亡术，暗于大理；阴妻邪谋，立女为后，湛溺盈溢之欲，以增颠覆之祸，死财三年，宗族诛夷，哀哉！

臣光曰：霍光之辅汉室，可谓忠矣；然卒不能庇其宗，何也？夫威福者，人君之器也；人臣执之，久而不归，鲜不及矣。以孝昭之明，十四而知上官桀之诈，固可以亲政矣。况孝宣十九即位，聪明刚毅，知民疾苦，而光久专大柄，不知避去，多置私党，充塞朝廷，使人主蓄愤于上，吏民积怨于下，切齿侧目，待时而发，其得免于身幸矣，况子孙以骄侈趣之哉！虽然，向使孝宣专以禄秩赏赐富其子孙，使之食大县，奉朝请，亦足以报盛德矣；乃复任之以政，授之以兵，及事丛衅积，更加裁夺，遂至怨惧以生邪谋，岂徒霍氏之自祸哉？亦孝宣酝酿以成之也。昔斗椒作乱于楚，庄王灭其族而赦箴尹克黄，以为子文无后，何以劝善。夫以显、禹、云、山之罪，虽应夷灭，而光之忠勋不可不祀；遂使家无噍类，孝宣亦少恩哉！

【注释】

①杨恽（？—前54）：西汉文学家。华阴（今陕西华阴市东）人，司马迁外孙。宣帝时为郎，擢升左曹。霍氏谋反，他先获消息，上报宣帝。封平通侯，升中郎将，后官至诸吏光禄勋。为人自负，轻财好义，被人诬告，免为庶民。在与友人孙会宗书中，多牢骚不平，被人告发，腰斩处死。②报闻：汉代上书言事的制度。皇帝不采用，知道此事，表示作罢。③突：烟囱。 ④寤：醒悟，对事理的忽然理解。 ⑤骖乘（shèng 剩）：古时指陪乘在车右的人。

九月，诏减天下盐贾。又令郡国岁上系囚以掠笞若瘐死者[1]，所坐县、名、爵、里，丞相、御史课殿最以闻。

十二月，清河王年坐内乱废[2]，迁房陵。

是岁，北海太守庐江朱邑以治行第一入为大司农，勃海太守龚遂入为水衡都尉。先是，勃海左右郡岁饥，盗贼并起，二千石不能禽制。上选能治者，丞相、御史举故昌邑郎中令龚遂，上拜为勃海太守。召见，问："何以治勃海，息其盗贼？"对曰："海濒遐远，不沾圣化，其民困于饥寒而吏不恤，故使陛下赤子盗弄陛下之兵于潢池中耳。今欲使臣胜之邪，将安之也？"上曰："选用贤良，固欲安之也。"遂曰："臣闻治乱民犹治乱绳，不可急也；唯缓之，然后可治。臣愿丞相、御史且无拘臣以文法，得一切便宜从事。"上许焉，加赐黄金赠遣。乘传至勃海界，郡闻新太守至，发兵以迎。遂皆遣还。移书敕属县："悉罢逐捕盗贼吏，诸持锄、钩、田器者皆为良民，吏毋得问；持兵者乃为贼。"遂单车独行至府。盗贼闻遂教令，即时解散，弃其兵弩而持钩、锄，于是悉平，民安土乐业。遂乃开仓廪假贫民，选用良吏尉安牧养焉。遂见齐俗奢侈，好末技，不田作，乃躬率以俭约，劝民务农桑，各以口率种树畜养。民有带持刀剑者，使卖剑买牛，卖刀买犊，曰："何为带牛佩犊！"劳来循行，郡中皆有畜积，狱讼止息。

乌孙公主女为龟兹王绛宾夫人。绛宾上书言："得尚汉外孙，愿与公主女俱入朝。"

【注释】

①瘐（yǔ 禹）：指因囚犯冻饿、生病、受刑死在监狱里。 ②清河：郡国名，汉高帝置郡，后屡改为国，元帝永光后又为郡。治所在清阳（今河北清河县东南）。

元康元年 春，正月，龟兹王及其夫人来朝；皆赐印绶，夫人号称公主，赏赐甚厚。

初作杜陵。徙丞相、将军、列侯、吏二千石、訾百万者杜陵。

三月，诏以凤皇集泰山、陈留，甘露降未央宫，赦天下。

有司复言悼园宜称尊号曰皇考；夏，五月，立皇考庙。

冬，置建章卫尉。

赵广汉好用世吏子孙新进年少者，专厉强壮锋气，见事风生，无所回避，率多果敢之计，莫为持难，终以此败。广汉以私怨论杀男子荣畜，人上书言之，事下丞相、御史按验。广汉疑丞相夫人杀侍婢，欲以此胁丞相，丞相按之愈急。广汉乃将吏卒入丞相府，召其夫子跪庭下受辞，收奴婢十余人去。丞相上书自陈，事下廷尉治，实丞相自以过谴笞傅婢，出至外第乃死，不如广汉言。帝恶之[①]，下广汉廷尉狱。吏民守阙号泣者数万人[②]："臣生无益县官，愿代赵京兆死，使牧养小民！"广汉竟坐要斩。广汉为京兆尹，廉明，威制豪强，小民得职，百姓追思歌之。

是岁，少府宋畸坐议"凤皇下彭城，未至京师，不足美"，贬为泗水太傅。

上选博士、谏大夫通政事者补郡国守相，以萧望之为平原太守[③]。望之上疏曰："陛下哀愍百姓，恐德之不究，悉出谏官以补郡吏。朝无争臣，则不知过，所谓忧其末而忘其本者也。"上乃征望之入守少府。

东海太守河东尹翁归，以治郡高第入为右扶风。翁归为人，公廉明察，郡中吏民贤、不肖及奸邪罪名尽知之。县县各有记籍，自听其政；有急名则少缓之。吏民小解，辄披籍。取人必于秋冬课吏大会中及出行县，不以无事时。其有所取也，以一警百。吏民皆服，恐惧，改行自新。其为扶风，选用廉平疾奸吏以为右职，接待以礼，好恶与同之；其负翁归，罚亦必行。然温良谦退，不以行能骄人，故尤得名誉于朝廷。

初，乌孙公主少子万年有宠于莎车王④。莎车王死而无子，时万年在汉，莎车国人计，欲自托于汉，又欲得乌孙心，上书请万年为莎车王。汉许之，遣使者奚充国送万年。万年初立，暴恶，国人不说。

上令群臣举可使西域者，前将军韩增举上党冯奉世以卫候使持节送大宛诸国客至伊循城。会故莎车王弟呼屠征与旁国共杀其王万年及汉使者奚充国，自立为王。时匈奴又发兵攻车师城，不能下而去。莎车遣使扬言"北道诸国已属匈奴矣"，于是攻劫南道，与歃盟畔汉，从鄯善以西皆绝不通。都护郑吉、校尉司马憙皆在北道诸国间，奉世与其副严昌计，以为不亟击之，则莎车日强，其势难制，必危西域，遂以节谕告诸国王，因发其兵，南北道合万五千人，进击莎车，攻拔其城。莎车王自杀，传其首诣长安，更立他昆弟子为莎车王。诸国悉平，威振西域，奉世乃罢兵以闻。帝召见韩增曰："贺将军所举得其人。"

奉世遂西至大宛；大宛闻其斩莎车王，敬之异于他使，得其名马象龙而还。上甚说，议封奉世。丞相、将军皆以为可，独少府萧望之以为："奉世奉使有指，而擅矫制违命，发诸国兵，虽有功效，不可以为后法。即封奉世，开后奉使者利以奉世为比，争逐发兵，要功万里之外，为国家生事于夷狄，渐不可长。奉世不宜受封。"上善望之议，以奉世为光禄大夫。

【注释】

①恶（wù 务）：讨厌。 ②号泣（qì 气）：号为大声哭，泣为小声哭。③萧望之（？—前47）：西汉大臣，东海兰陵（今山东兰陵县西南）人。宣帝时，曾以儒家经典教授太子（即元帝），历任大鸿胪、太傅等官。元帝

即位后，甚受尊重，后遭宦官弘恭、石显等人排挤，被迫自杀。 ④莎车：西域国名，位于今新疆莎车县。

二年 春，正月，赦天下。

上欲立皇后，时馆陶主母华倢伃及淮阳宪王母张倢伃、楚孝王母卫倢伃皆爱幸。上欲立张倢伃为后；久之，惩艾霍氏欲害皇太子，乃更选后宫无子而谨慎者；二月，乙丑，立长陵王倢伃为皇后，令母养太子；封其父奉光为邛成侯。后无宠，希得进见。

五月，诏曰："狱者，万民之命。能使生者不怨，死者不恨，则可谓文吏矣。今则不然。用法或持巧心，析律贰端，深浅不平，奏不如实，上亦亡由知，四方黎民将何仰哉！二千石各察官属，勿用此人。吏或擅兴徭役，饰厨传，称过使客，越职逾法以取名誉，譬如践薄冰以待白日，岂不殆哉！今天下颇被疾疫之灾，朕甚愍之，其令郡国被灾甚者，毋出今年租赋。"

又曰："闻古天子之名，难知而易讳也；其更讳询。"

匈奴大臣皆以为"车师地肥美，近匈奴，使汉得之，多田积谷，必害人国，不可不争"，由是数遣兵击车师田者。郑吉将渠犁田卒七千余人救之，为匈奴所围。吉上言："车师去渠犁千余里，汉兵在渠犁者少，势不能相救，愿益田卒。"上与后将军赵充国等议，欲因匈奴衰弱，出兵击其右地，使不得复扰西域。

魏相上书谏曰："臣闻之：救乱诛暴，谓之义兵，兵义者王。敌加于己，不得已而起者，谓之应兵，兵应者胜；争恨小故，不忍愤怒者，谓之忿兵，兵忿者败；利人土地、货宝者，谓之贪兵，兵贪者破；恃国家之大，务民人之众，欲见威于敌者，谓之骄兵，兵骄者灭。此五者，非但人事，乃天道也。间者匈奴尝有善意，所得汉民，辄奉归之，未有犯于边境；虽争屯田车师，不足致意中。今闻诸将军欲兴兵入其地，臣愚不知此兵何名者也！今边郡困乏，父子共犬羊之裘，食草莱之实，常恐不能自存，难以动兵。'军旅之后，必有凶年'，言民以其愁苦之气伤阴阳之和也。出兵虽胜，犹有后忧，恐灾害之变因此以生。今郡国守相多不实选，风俗尤薄，水旱不时。按今年子弟杀父兄、妻杀夫者凡二百二十二人，臣愚以为此非小变也。今左右不忧此，乃欲发兵报纤介之忿于远夷，殆孔子所谓‘吾恐季孙之忧不在颛臾而在萧墙之内也’①。”上从相言，止遣长罗侯常惠将张掖、酒泉骑往车师，迎郑吉及其吏士还渠犁。召故车师太子军宿在焉耆者，立以为王；尽徙车师国民令居渠犁，遂以车师故地与匈奴。以郑吉为卫司马，使护鄯善以西南道。

【注释】

①颛臾（zhuān yú 专于）：春秋时的一个小国，在今山东费县一带。

魏相好观汉故事及便宜章奏，数条汉兴已来国家便宜行事及贤臣贾谊、晁错、董仲舒等所言，奏请施行之。相敕掾史按事郡国，及休告，从家还至府，辄白四方异闻。或有逆贼、风雨灾变，郡不上，相辄奏言之。与御史大夫丙吉同心辅政，上皆重之。

丙吉为人深厚，不伐善。自曾孙遭遇，吉绝口不道前恩，故朝廷莫能明其功也。会掖庭宫婢则令民夫上书，自陈尝有阿保之功，章下掖庭令考问，则辞引使者丙吉知状。掖庭令将则诣御史府以视吉，吉识，谓则曰：“汝尝坐养皇曾孙不谨，督笞汝，汝安得有功！独渭城胡组、淮阳郭征卿有恩耳。”分别奏组等共养劳苦状。诏吉求组、征卿；已死，有子孙，皆受厚赏。诏免则为庶人，赐钱十万。上亲见问，然后知吉有旧恩而终不言，上大贤之。

帝以萧望之经明持重，议论有余，材任宰相，欲详试其政事，复以为左冯翊。望之从少府出为左迁，恐有不合意，即移病。上闻之，使侍中成都侯金安上谕意曰：“所用皆更治民以考功。君前为平原太守日浅①，故复试之于三辅，非有所闻也。”望之即起视事。

初，掖庭令张贺数为弟车骑将军安世称皇曾孙之材美及征怪；安世辄绝止，以为少主在上，不宜称述曾孙。及帝即位而贺已死，上谓安世曰：“掖庭令平生称我，将军止之，是也。”上追思贺恩，欲封其冢为恩德侯，置守冢二百家。贺有子蚤死，子安世小男彭祖。彭祖又小与上同席研书指，欲封之，先赐爵关内侯。安世深辞贺封；又求损守冢户数，稍减至三十户。上曰：“吾自为掖庭令，非为将军也！”安世乃止，不敢复言。

【注释】

①平原:郡名,西汉时置,治所在今山东平原县西南。

上心忌故昌邑王贺,赐山阳太守张敞玺书[1],令谨备盗贼,察往来过客;毋下所赐书。敞于是条奏贺居处,著其废亡之效曰:“故昌邑王为人,青黑色,小目,鼻末锐卑,少须眉,身体长大,疾痿,行步不便。臣敞尝与之言,欲动观其意,即以恶鸟感之曰:‘昌邑多枭。’故王应曰:‘然。前贺西至长安,殊无枭;复来,东至济阳,乃复闻枭声。’察故王衣服、言语、跪起,清狂不惠。臣敞前言:‘哀王歌舞者张修等十人无子,留守哀王园,请罢归。’故王闻之曰:‘中人守园,疾者当勿治,相杀伤者当勿法,欲令亟死。太守奈何而欲罢之?’其天资喜由乱亡,终不见仁义如此。”上乃知贺不足忌也。

三年 春,三月,诏封故昌邑王贺为海昏侯。

乙未,诏曰:“朕微眇时,御史大夫丙吉,中郎将史曾、史玄,长乐卫尉许舜,侍中、光禄大夫许延寿,皆与朕有旧恩,及故掖庭令张贺,辅导朕躬,修文学经术,恩惠卓异,厥功茂焉。《诗》不云乎‘无德不报’,封贺所子弟子侍中、中郎将彭祖为阳都侯,追赐贺谥曰阳都哀侯,吉为博阳侯,曾为将陵侯,玄为平台侯,舜为博望侯,延寿为乐成侯。”贺有孤孙霸,年七岁,拜为散骑、中郎将,赐爵关内侯。故人下至郡邸狱复作尝有阿保之功者,皆受官禄、田宅、财物,各以恩深浅报之。

吉临当封,病;上忧其不起,将使人就加印绋而封之,及其生存也。太子太傅夏侯胜曰:“此未死也!臣闻有阴德者必飨其乐,以及子孙。今吉未获报而疾甚,非其死疾也。”后病果愈。

张安世自以父子封侯,在位太盛,乃辞禄,诏都内别藏张氏无名钱以百万数。安世谨慎周密,每定大政,已决,辄移病出。闻有诏令,乃惊,使吏之丞相府问焉。自朝廷大臣,莫知其与议也。尝有所荐,其人来谢,安世大恨,以为“举贤达能,岂有私谢邪”!绝弗复为通。有郎功高不调,自言安世,安世应曰:“君之功高,明主所知,人臣执事何长短,而自言乎!”绝不许。已而郎果迁。安世自见父子尊显，怀不自安，为子延寿求出补吏，上以为北地太守；岁余，上闵安世年老，复征延寿为左曹、太仆。

【注释】

①山阳：郡名，西汉时置。原为昌邑王刘贺的封国，刘贺废王后，国除，为山阳郡，治所在昌邑（今山东金乡县西北）。

夏，四月，丙子，立皇子钦为淮阳王。皇太子年十二，通《论语》《孝经》。太傅疏广谓少傅受曰："吾闻'知足不辱，知止不殆'。今仕宦至二千石，官成名立，如此不去，惧有后悔。"即日，父子俱移病，上疏乞骸骨[①]。上皆许之，加赐黄金二十斤，皇太子赠以五十斤。公卿故人设祖道供张东都门外，送者车数百两。道路观者皆曰："贤哉二大夫！"或叹息为之下泣。

广、受归乡里，日令其家卖金共具[②]，请族人、故旧、宾客，与相娱乐。或劝广以其金为子孙颇立产业者，广曰："吾岂老悖不念子孙哉[③]！顾自有旧田庐，令子孙勤力其中，足以共衣食，与凡人齐。今复增益之以为赢余[④]，但教子孙怠堕耳。贤而多财，则损其志；愚而多财，则益其过。且夫富者众之怨也，吾既无以教化子孙，不欲益其过而生怨。又此金者，圣主所以惠养老臣也，故乐与乡党、宗族共飨其赐，以尽吾余日，不亦可乎！"于是族人悦服。

颍川太守黄霸使邮亭[⑤]、乡官皆畜鸡、豚，以赡鳏、寡、贫、穷者；然后为条教，置父老、师帅、伍长，班行之于民间，劝以为善防奸之意，及务耕桑、节用、殖财、种树、畜养，去浮淫之费。其治，米盐靡密，初若烦碎，然霸精力能推行之。吏民见者，语次寻绎，问他阴伏以相参考，聪明识事，吏民不知所出，咸称神明，豪厘不敢有所欺。奸人去入他郡，盗贼日少。霸力行教化而后诛罚，务在成就全安长吏。许丞老，病聋，督邮白欲逐之。霸曰："许丞廉吏，虽老，尚能拜起送迎，正颇重听何伤！且善助之，毋失贤者意！"或问其故，霸曰："数易长吏，送故迎新之费，及奸吏因缘，绝簿书，盗财物，公私费耗甚多，皆当出于民。所易新吏又未必贤，或不如其故，徒相益为乱。凡治道，去其泰甚者耳。"霸以外宽内明，得吏民心，户口岁增，治为天下第一，征守京兆尹。顷之，坐法，连贬秩；

有诏复归颍川为太守，以八百石居。

【注释】

①乞骸骨：古代给国君当臣，身子就不属于自己了。如不愿干，就要向皇上乞身。乞骸骨是乞身的谦卑说法，意即请求退休。　②共具：共，同“供”。准备酒食。　③老悖：年老糊涂。　④赢余：宽余。　⑤黄霸（？—前51）：西汉大臣。淮阳阳夏（今河南太康县）人。宣帝时，历任扬州刺史、颍川太守、御史大夫、丞相等职，封建成侯。任职期间，外宽内明，重视农桑，后世把他作为封建“循吏”之代表。

四年　春，正月，诏：“年八十以上，非诬告、杀伤人，他皆勿坐。”

右扶风尹翁归卒，家无余财。秋，八月，诏曰：“翁归廉平乡正，治民异等。其赐翁归子黄金百斤，以奉祭祀。”

上令有司求高祖功臣子孙失侯者，得槐里公乘周广汉等百三十六人[①]，皆赐黄金二十斤，复其家，令奉祭祀，世世勿绝。

丙寅，富平敬侯张安世薨。

初，扶阳节侯韦贤薨，长子弘有罪系狱，家人矫贤令，以次子大河都尉玄成为后。玄成深知其非贤雅意，即阳为病狂，卧便利，妄笑语，昏乱。既葬，当袭爵，以狂不应召。大鸿胪奏状，章下丞相、御史案验。案事丞相史乃与玄成书曰：“古之辞让，必有文义可观，故能垂荣于后。今子独坏容貌，蒙耻辱为狂痴，光曜晻而不宣，微哉子之所托名也！仆素愚陋，过为丞相执事，愿少闻风声；不然，恐子伤高而仆为小人也。”玄成友人侍郎章亦上疏言：“圣王贵以礼让为国，宜优养玄成，勿枉其志，使得自安衡门之下。”而丞相、御史遂以玄成实不病，劾奏之，有诏勿劾，引拜；玄成不得已，受爵。帝高其节，以玄成为河南太守。

车师王乌贵之走乌孙也，乌孙留不遣。汉遣使责乌孙，乌孙送乌贵诣阙。

【注释】

①公乘：第八级爵位名，意谓得乘公家的车子。

初，武帝开河西四郡①，隔绝羌与匈奴相通之路，斥逐诸羌②，不使居湟中地③。及帝即位，光禄大夫义渠安国使行诸羌；先零豪言④："愿时渡湟水北，逐民所不田处畜牧。"安国以闻。后将军赵充国劾安国奉使不敬。是后羌人旁缘前言，抵冒渡湟水，郡县不能禁。

既而先零与诸羌种豪二百余人解仇、交质、盟诅，上闻之，以问赵充国，对曰："羌人所以易制者，以其种自有豪，数相攻击，势不壹也。往三十余岁西羌反时，亦先解仇合约攻令居⑤，与汉相距，五六年乃定。匈奴数诱羌人，欲与之共击张掖、酒泉地，使羌居之。间者匈奴困于西方，疑其更遣使至羌中与相结。臣恐羌变未止此，且复结联他种，宜及未然为之备。"后月余，羌侯狼何果遣使至匈奴藉兵，欲击鄯善、敦煌以绝汉道。充国以为"狼何势不能独造此计，疑匈奴使已至羌中，先零、罕、幵乃解仇作约⑥。到秋马肥，变必起矣。宜遣使者行边兵，豫为备敕，视诸羌毋令解仇，以发觉其谋"。于是两府复白遣义渠安国行视诸羌⑦，分别善恶。

是时，比年丰稔，谷石五钱。

【注释】

①河西四郡：指武威、张掖、酒泉、敦煌四郡。 ②诸羌：指分布于甘肃、青海等地的羌族部落。 ③湟中：指湟水左右的地方，湟即今西宁河，发源于青海，流入黄河。 ④先零豪：先零是羌的一种，豪是部落的首领。 ⑤令居：令居是汉代护羌都尉治所，在今甘肃境。 ⑥罕、幵：羌的别种。 ⑦两府：指丞相府及御史大夫府，西汉时大政是由两府联合决定的。

资治通鉴卷第二十六

汉纪十八　起上章涒滩，尽玄默阉茂，凡三年。

中宗孝宣皇帝中

神爵元年　春，正月，上始行幸甘泉，郊泰畤；三月，行幸河东，祠后土。上颇修武帝故事，谨斋祀之礼，以方士言增置神祠；闻益州有金马、碧鸡之神，可醮祭而致，于是遣谏大夫蜀郡王褒使持节而求之。

初，上闻褒有俊才，召见，使为《圣主得贤臣颂》。其辞曰："夫贤者，国家之器用也。所任贤，则趋舍省而功施普；器用利，则用力少而就效众。故工人之用钝器也，劳筋苦骨，终日矻矻；及至巧冶铸干将[①]，使离娄督绳[②]，公输削墨，虽崇台五层、延袤百丈而不溷者，工用相得也。庸人之御驽马，亦伤吻、敝策而不进于行；及至驾啮膝、骖乘旦，王良执靶，韩哀附舆，周流八极，万里一息，何其辽哉？人马相得也。故服絺绤之凉者，不苦盛暑之郁燠；袭貂狐之暖者，不忧至寒之凄怆。何则？有其具者易其备。贤人、君子，亦圣王之所以易海内也。昔周公躬吐捉之劳，故有圄空之隆；齐桓设庭燎之礼，故有匡合之功。由此观之，君人者勤于求贤而逸于得人。人臣亦然。昔贤者之未遭遇也，图事揆策，则君不用其谋；陈见悃诚，则上不然其信；进仕不得施效，斥逐又非其愆。是故伊尹勤于鼎俎，太公困于鼓刀，百里自鬻，宁子饭牛，离此患也。及其遇明君、遭圣主也，运筹合上意，谏诤即见听，进退得关其忠，任职得行其术，剖符锡壤而光祖考。故世必有圣知之君，而后有贤明之臣。故虎啸而风冽，龙兴而致云，蟋蟀俟秋吟，蜉蝣出以阴。《易》曰：'飞龙在天，利见大人。'《诗》曰：'思皇多士，生此王国。'故世平主圣，俊艾将自至；明明在朝，穆穆列布，聚精会神，相得益章，虽伯牙操递钟，逢门子弯乌号，犹未足以喻其意也。故圣主必待贤臣而弘功业，俊士亦俟明主以显其德。上下俱欲，欢然交欣，千载壹合，论说无疑，翼乎如鸿毛遇顺风，沛乎如巨鱼纵大壑；其得意若此，则胡禁不止，曷令不行，化溢四表，横被无穷。是以圣主不遍窥望而视已明，不殚倾耳而听已聪，太平之责塞，优游之望得，休征自至，寿考无疆，何必偃仰屈伸若彭祖，呴嘘呼吸如侨、松，眇然绝俗离世哉！"是时上颇好神仙，故褒对及之。

京兆尹张敞亦上疏谏曰："愿明主时忘车马之好，斥远方士之虚语，游心帝王之术，太平庶几可兴也。"上由是悉罢尚方待诏。初，赵广汉死后，为京兆尹者皆不称职，唯敞能继其迹；其方略、耳目不及广汉，然颇以经术儒雅文之。

【注释】

①干将：春秋时吴国宝剑名。相传为阖庐所铸，其剑锋利无比。②离娄：传说中黄帝时的一位目光最锐利的人。

上颇修饰，宫室、车服盛于昭帝时，外戚许、史、王氏贵宠。谏大夫王吉上疏曰："陛下躬圣质，总万方，惟思世务，将兴太平，诏书每下，民欣然若更生。臣伏而思之，可谓至恩，未可谓本务也。欲治之主不世出，公卿幸得遭遇其时，言听谏从，然未有建万世之长策，举明主于三代之隆也。其务在于期会、簿书、断狱、听讼而已，此非太平之基也。臣闻民者，弱而不可胜，愚而不可欺也。圣主独行于深宫，得则天下称诵之，失则天下咸言之，故宜谨选左右，审择所使。左右所以正身，所使所以宣德，此其本也。孔子曰'安上治民，莫善于礼'，非空言也。王者未制礼之时，引先王礼宜于今者而用之。臣愿陛下承天心，发大业，与公卿大臣延及儒生，述旧礼，明王制，驱一世之民跻之仁寿之域，则俗何以不若成、康，寿何以不若高宗！窃见当世趋务不合于道者，谨条奏，唯陛下财择焉。"吉意以为:"世俗聘妻、送女无节,则贫人不及,故不举子。又,汉家列侯尚公主,诸侯则国人承翁主[①],使男事女,夫屈于妇,逆阴阳之位,故多女乱。古者衣服、车马,贵贱有章;今上下僭差,人人自制,是以贪财诛利,不畏死亡。周之所以能致治刑措而不用者,以其禁邪于冥冥,绝恶于未萌也。"又言:"舜、汤不用三公、九卿之世而举皋陶、伊尹,不仁者远。今使俗吏得任子弟,率多骄骜,不通古今,无益于民,宜明选求贤,除任子之令;外家及故人,可厚以财,不宜居位。去角抵,减乐府,省尚方,明示天下以俭。古者工不造雕瑑[②],商不通侈靡,非工、商之独贤,政教使之然也。"上以其言为迂阔,不甚宠异也。吉遂谢病归。

义渠安国至羌中,召先零诸豪三十余人,以尤桀黠者皆斩之;纵兵击其种人,斩首千余级。于是诸降羌及归义羌侯杨玉等怨怒,无所信乡,遂劫略小种,背畔犯塞,攻城邑,杀长吏。安国以骑都尉将骑二千屯备羌;至浩亹[③],为虏所击,失亡车重、兵器甚众。安国引还,至令居,以闻。

时赵充国年七十余,上老之,使丙吉问谁可将者。充国对曰:"无逾于老臣者矣!"上遣问焉,曰:"将军度羌虏何如?当用几人?"充国曰:"百闻不如一见。兵难遥度,臣愿驰至金城,图上方略。羌戎小夷,逆天背畔,灭亡不久,愿陛下以属老臣,勿以为忧!"上笑曰:"诺。"乃大发兵诣金城。夏,四月,遣充国将之,以击西羌。

六月,有星孛于东方。

【注释】

①尚、承:娶皇帝女儿,称为尚公主,国人娶诸侯女,称为承翁主。对出身高贵的妻子,不敢说娶,"尚""承"是表示男方卑贱。 ②瑑(zhuàn 赚):玉器上隆起的雕刻花纹。 ③浩亹(mén 门):县名,西汉置,治所在今甘肃永登县西南大通河东岸。

赵充国至金城[①],须兵满万骑,欲渡河,恐为虏所遮,即夜遣三校衔枚先渡,渡,辄营陈;会明毕,遂以次尽渡。虏数十百骑来,出入军傍,充国曰:"吾士马新倦,不可驰逐,此皆骁骑难制,又恐其为诱兵也。击虏以殄灭为期，小利不足贪！”令军勿击。遣骑候四望狭中无虏，夜，引兵上至落都，召诸校司马谓曰：“吾知羌虏不能为兵矣！使虏发数千人守杜四望狭中，兵岂得入哉！”

充国常以远斥候为务，行必为战备，止必坚营壁，尤能持重，爱士卒，先计而后战。遂西至西部都尉府，日飨军士，士皆欲为用。虏数挑战，充国坚守。捕得生口，言羌豪相数责曰：“语汝无反，今天子遣赵将军来，年八九十矣，善为兵；今请欲壹斗而死，可得邪！”初，罕、开豪靡当儿使弟雕库来告都尉曰：“先零欲反。”后数日，果反。雕库种人颇在先零中，都尉即留雕库为质。充国以为无罪，乃遣归告种豪：“大兵诛有罪者，明白自别，毋取并灭。天子告诸羌人：犯法者能相捕斩，除罪，仍以功大小赐钱有差[②]；又以其所捕妻子、财物尽与之。”充国计欲以威信招降罕、开及劫略者，解散虏谋，徼其疲剧，乃击之。

时上已发内郡兵屯边者合六万人矣。酒泉太守辛武贤奏言：“郡兵皆屯备南山，北边空虚，势不可久。若至秋冬乃进兵，此虏在境外之册。今虏朝夕为寇，土地寒苦，汉马不耐冬，不如以七月上旬赍三十日粮，分兵出张掖、酒泉，合击罕、开在鲜水上者。虽不能尽诛，但夺其畜产，虏其妻子，复引兵还，冬复击之，大兵仍出，虏必震坏。”天子下其书充国，令议之。充国以为：“一马自负三十日食，为米二斛四斗，麦八斛，又有衣装、兵器，难以追逐。虏必商军进退，稍引去，逐水草，入山林。随而深入，虏即据前险，守后厄，以绝粮道，必有伤危之忧，为夷狄笑，千载不可复。而武贤以为可夺其畜产，虏其妻子，此殆空言，非至计也。先零首为畔逆，他种劫略，故臣愚册，欲捐罕、开暗昧之过，隐而勿章，先行先零之诛以震动之，宜悔过反善，因赦其罪，选择良吏知其俗者，拊循和辑。此全师保胜安边之册。”

天子下其书，公卿议者咸以为“先零兵盛而负罕、开之助，不先破罕、开，则先零未可图也”。上乃拜侍中许延寿为强弩将军，即拜酒泉太守武贤为破羌将军，赐玺书嘉纳其册。以书敕让充国曰：“今转输并起，百姓烦扰，将军将万余之众，不早及秋共水草之利，争其畜食，欲至冬，虏皆当畜食，多臧匿山中，依险阻，将军士寒，手足皲瘃，宁有利哉！将军不念中国之费，欲以岁数而胜敌，将军谁不乐此者！今诏破羌将军武贤等将兵，以七月击罕羌，将军其引兵并进，勿复有疑！”

充国上书曰：“陛下前幸赐书，欲使人谕罕，以大军当至，汉不诛罕，以解其谋。臣故遣开豪雕库宣天子至德；罕、开之属皆闻知明诏。今先零羌杨玉阻石山木，候便为寇，罕羌未有所犯，乃置先零，先击罕，释有罪，诛无辜，起壹难，就两害，诚非陛下本计也！臣闻兵法：‘攻不足者守有余。’又曰：‘善战者致人，不致于人。’今罕羌欲为敦煌、酒泉寇，宜饬兵马，练战士，以须其至。坐得致敌之术，以逸击劳，取胜之道也。今恐二郡兵少，不足以守，而发之行攻，释致虏之术而从为虏所致之道，臣愚以为不便。先零羌虏欲为背畔，故与罕、开解仇结约，然其私心不能无恐汉兵至而罕、开背之也。臣愚以为其计常欲先赴罕、开之急以坚其约。先击罕羌，先零必助之。今虏马肥、粮食方饶，击之恐不能伤害，适使先零得施德于罕羌，坚其约，合其党，虏交坚党，合精兵二万余人，迫胁诸小种，附著者稍众，莫须之属不轻得离也。如是，虏兵寖多，诛之用力数倍。臣恐国家忧累，由十年数，不二三岁而已。于臣之计，先诛先零已，则罕、开之属不烦兵而服矣。先零已诛而罕、开不服，涉正月击之，得计之理，又其时也。以今进兵，诚不见其利！”戊申，充国上奏。秋，七月，甲寅，玺书报，从充国计焉。

充国乃引兵至先零在所。虏久屯聚，懈弛，望见大军，弃车重，欲渡湟水，道厄狭；充国徐行驱之。或曰：“逐利行迟。”充国曰：“此穷寇，不可迫也。缓之则走不顾，急之则还致死。”诸校皆曰：“善。”虏赴水溺死者数百，降及斩首五百余人。虏马、牛、羊十万余头，车四千余两。兵至罕地，令军毋燔聚落、刍牧田中。罕羌闻之，喜曰：“汉果不击我矣！”豪靡忘使人来言：“愿得还复故地。”充国以闻，未报。靡忘来自归，充国赐饮食，遣还谕种人，护军以下皆争之曰：“此反虏，不可擅遣！”充国曰：“诸君但欲便文自营，非为公家忠计也！”语未卒，玺书报，令靡忘以赎论。后罕竟不烦兵而下。

上诏破羌、强弩将军诣屯所，以十二月与充国合，进击先零。时羌降者万余人矣，充国度其必坏，欲罢骑兵，屯田以待其敝。作奏未上，会得进兵玺书，充国子中郎将卬惧，使客谏充国曰："诚令兵出，破军杀将，以倾国家，将军守之可也。即利与病，又何足争！一旦不合上意，遣绣衣来责将军，将军之身不能自保，何国家之安！"充国叹曰："是何言之不忠也！本用吾言，羌虏得至是邪！往者举可先行羌者，吾举辛武贤；丞相御史复白遣义渠安国，竟沮败羌。金城、湟中谷斛八钱，吾谓耿中丞：'籴三百万斛谷，羌人不敢动矣！'耿中丞请籴百万斛，乃得四十万斛耳；义渠再使，且费其半。失此二册，羌人致敢为逆。失之豪厘，差以千里，是既然矣。今兵久不决，四夷卒有动摇，相因而起，虽有知者不能善其后，羌独足忧邪！吾固以死守之，明主可为忠言。"

遂上屯田奏曰："臣所将吏士、马牛食所用粮谷、茭稿，调度甚广，难久不解，徭役不息，恐生他变，为明主忧，诚非素定庙胜之册。且羌易以计破，难用兵碎也，故臣愚心以为击之不便！计度临羌东至浩亹，羌虏故田及公田，民所未垦，可二千顷以上，其间邮亭多坏败者。臣前部士入山，伐林木六万余枚，在水次。臣愿罢骑兵，留步兵万二百八十一人，分屯要害处，冰解漕下，缮乡亭，浚沟渠，治湟狭以西道桥七十所，令可至鲜水左右。田事出，赋人三十亩；至四月草生，发郡骑及属国胡骑各千，就草为田者游兵，以充入金城郡，益积畜，省大费。今大司农所转谷至者，足支万人一岁食，谨上田处及器用簿。"

上报曰："即如将军之计，虏当何时伏诛？兵当何时得决？孰计其便，复奏！"

充国上状曰："臣闻帝王之兵，以全取胜，是以贵谋而贱战。'百战而百胜，非善之善者也，故先为不可胜以待敌之可胜。'蛮夷习俗虽殊于礼义之国，然其欲避害就利，爱亲戚，畏死亡，一也。今虏亡其美地荐草，愁于寄托，远遁，骨肉心离，人有畔志。而明主班师罢兵，万人留田，顺天时，因地利，以待可胜之虏，虽未即伏辜，兵决可期月而望。羌虏瓦解，前后降者万七百余人，及受言去者凡七十辈，此坐支解羌虏之具也。臣谨条不出兵留田便宜十二事：步兵九校、吏士万人留屯，以为武备，因田致谷，威德并行，一也。又因排折羌虏，令不得归肥饶之地，贫破其众，以成羌虏相畔之渐，二也。居民得并田作，不失农业，三也。军马一月之食，度支田士一岁，罢骑兵以省大费，四也。至春，省甲士卒，循河、湟漕谷至临羌，以示羌虏，扬威武，传世折冲之具，五也。以闲暇时，下先所伐材，缮治邮亭，充入金城，六也。兵出，乘危徼幸；不出，令反畔之虏窜于风寒之地，离霜露、疾疫、瘃堕之患，坐得必胜之道，七也。无经阻、远追、死伤之害，八也。内不损威武之重，外不令虏得乘间之势，九也。又亡惊动河南大开使生他变之忧，十也。治隍狭中道桥，令可至鲜水以制西域，伸威千里，从枕席上过师，十一也。大费既省，繇役豫息，以戒不虞，十二也。留屯田得十二便，出兵失十二利，唯明诏采择！”

上复赐报曰："兵决可期月而望者，谓今冬邪，谓何时也？将军独不计虏闻兵颇罢，且丁壮相聚，攻扰田者及道上屯兵，复杀略人民，将何以止之？将军孰计复奏！”

充国复奏曰："臣闻兵以计为本，故多算胜少算。先零羌精兵，今余不过七八千人，失地远客分散，饥冻畔还者不绝。臣愚以为虏破坏可日月冀，远在来春，故曰兵决可期月而望。窃见北边自敦煌至辽东万一千五百余里，乘塞列地有吏卒数千人，虏数以大众攻之而不能害。今骑兵虽罢，虏见屯田之士精兵万人，从今尽三月，虏马羸瘦，必不敢捐其妻子于他种中，远涉河山而来为寇；亦不敢将其累重，还归故地。是臣之愚计所以度虏且必瓦解其处，不战而自破之册也。至于虏小寇盗，时杀人民，其原未可卒禁。臣闻战不必胜，不苟接刃；攻不必取，不苟劳众。诚令兵出，虽不能灭先零，但能令虏绝不为小寇，则出兵可也。即今同是，而释坐胜之道，从乘危之势，往终不见利，空内自罢敝，贬重以自损，非所以示蛮夷也。又大兵一出，还不可复留，湟中亦未可空，如是，徭役复更发也。臣愚以为不便。臣窃自惟念：奉诏出塞，引军远击，穷天子之精兵，散车甲于山野，虽亡尺寸之功，偷得避嫌之便，而亡后咎余责，此人臣不忠之利，非明主社稷之福也！”

充国奏每上，辄下公卿议臣。初是充国计者什三；中什五；最后什八。有诏诘前言不便者，皆顿首服。魏相曰："臣愚不习兵事利害。后将军数画军册，其言常是，臣任其计必可用也。"上于是报充国，嘉纳之；亦以破羌、强弩将军数言当击，以是两从其计，诏两将军与中郎将卬出击。强弩出，降四千余人；破羌斩首二千级；中郎将卬斩首降者亦二千余级；而充国所降复得五千余人。诏罢兵，独充国留屯田。

【注释】

①金城：郡名。西汉始元六年（前81）置，治所在允吾县（今甘肃永靖县西北湟水南岸）。 ②赐钱有差：汉朝政府当时规定，斩谋反的最高首领，赐钱四十万。斩中级头领，赐钱十五万，斩下级小官，赐钱二万。斩女人和老弱之人，赐钱一千。

大司农朱邑卒。上以其循吏，闵惜之，诏赐其子黄金百斤，以奉其祭祀。

是岁，前将军、龙頟侯朝增为大司马、车骑将军。

丁令比三岁钞盗匈奴，杀略数千人。匈奴遣万余骑往击之，无所得。

二年 春，正月，以凤皇、甘露降集京师，赦天下。

夏，五月，赵充国奏言："羌本可五万人军，凡斩首七千六百级，降者三万一千二百人，溺河湟、饿死者五六千人，定计遗脱与煎巩、黄羝俱亡者不过四千人。羌靡忘等自诡必得，请罢屯兵！"奏可。充国振旅而还。

所善浩星赐迎说充国曰："众人皆以破羌、强弩出击，多斩首、生降，虏以破坏。然有识者以为虏势穷困，兵虽不出，即自服矣。将军即见，宜归功于二将军出击，非愚臣所及。如此，将军计未失也。"充国曰："吾年老矣，爵位已极，岂嫌伐一时事以欺明主哉！兵势，国之大事，当为后法。老臣不以余命壹为陛下明言兵之利害，卒死，谁当复言之者！"卒以其意对。上然其计，罢遣辛武贤归酒泉太守，官充国复为后将军。

秋，羌若零、离留、且种、儿库共斩先零大豪犹非、杨玉首，及诸豪弟泽、阳雕、良儿、靡忘皆帅煎巩、黄羝之属四千余人降。汉封若零、弟泽二人为帅众王，余皆为侯、为君。初置金城属国以处降羌。

诏举可护羌校尉者。时充国病，四府举辛武贤小弟汤[①]。充国遽起，奏："汤使酒，不可典蛮夷。不如汤兄临众。"时汤已拜受节，有诏更用临众。后临众病免，五府复举汤。汤数醉酗羌人，羌人反畔，卒如充国之言。辛武贤深恨充国，上书告中郎将卬泄省中语，下吏，自杀。

【注释】

①四府：指丞相府、御史府、车骑将军府、前将军府。如果加上后将军府，就称五府。

司隶校尉魏郡盖宽饶，刚直公清，数干犯上意。时上方用刑法，任中书官，宽饶奏封事曰："方今圣道浸微，儒术不行，以刑余为周、召，以法律为《诗》《书》。"又引《易传》言："五帝官天下，三王家天下。家以传子孙，官以传贤圣。"书奏，上以为宽饶怨谤，下其书中二千石。时执金吾议，以为"宽饶旨意欲求禅，大逆不道"！谏大夫郑昌愍伤宽饶忠直忧国，以言事不当意而为文吏所诋挫，上书讼宽饶曰："臣闻山有猛兽，藜藿为之不采；国有忠臣，奸邪为之不起。司隶校尉宽饶，居不求安，食不求饱；进有忧国之心，退有死节之义；上无许、史之属，下无金、张之托；职在司察，直道而行，多仇少与。上书陈国事，有司劾以大辟。臣幸得从大夫之后，官以谏为名，不敢不言！"上不听。九月，下宽饶吏；宽饶引佩刀自刭北阙下，众莫不怜之。

匈奴虚闾权渠单于将十余万骑旁塞猎，欲入边为寇。未至，会其民题除渠堂亡降汉言状，汉以为言兵鹿奚卢侯，而遣后将军赵充国将兵四万余骑屯缘边九郡备虏。月余，单于病欧血，因不敢入，还去，即罢兵。乃使题王都犁胡次等入汉请和亲，未报，会单于死。虚闾权渠单于始立，而黜颛渠阏氏。颛渠阏氏即与右贤王屠耆堂私通，右贤王会龙城而去。颛渠阏氏语以单于病甚，且勿远。后数日，单于死，用事贵人郝宿王刑未央使人召诸王，未至，颛渠阏氏与其弟左大将且渠都隆奇谋，立右贤王为握衍朐鞮单于。握衍朐鞮单于者，乌维单于耳孙也[1]。

握衍朐鞮单于立，凶恶，杀刑未央等而任用都隆奇，又尽免虚闾权渠子弟近亲而自以其子弟代之。虚闾权渠单于子稽侯狦既不得立，亡归妻父乌禅幕。乌禅幕者，本康居、乌孙间小国，数见侵暴，率其众数千人降匈奴，狐鹿姑单于以其弟子日逐王姊妻之，使长其众，居右地。日逐王先贤掸，其父左贤王当为单于，让狐鹿姑单于，狐鹿姑单于许立之。国人以故颇言日逐王当为单于。日逐王素与握衍朐鞮单于有隙，即帅其众欲降汉，使人至渠犁，与骑都尉郑吉相闻。吉发渠犁、龟兹诸国五万人迎日逐王口万二千人、小王将十二人，随吉至河曲，颇有亡者，吉追斩之，遂将诣京师。汉封日逐王为归德侯。

吉既破车师，降日逐，威震西域，遂并护车师以西北道，故号都护。都护之置，自吉始焉。上封吉为安远侯。吉于是中西域而立莫府，治乌垒城，去阳关二千七百余里。匈奴益弱，不敢争西域，僮仆都尉由此罢。都护督察乌孙、康居等三十六国动静，有变以闻，可安辑，安辑之，不可者诛伐之，汉之号令班西域矣。

握衍朐鞮单于更立其从兄薄胥堂为日逐王。

【注释】

①耳孙：曾孙子。

乌孙昆弥翁归靡因长罗侯常惠上书："愿以汉外孙元贵靡为嗣，得令复尚汉公主，结婚重亲，畔绝匈奴。"诏下公卿议。大鸿胪萧望之以为："乌孙绝域，变故难保，不可许。"上美乌孙新立大功，又重绝故业，乃以乌孙主解忧弟相夫为公主，盛为资送而遣之，使常惠送之至敦煌。未出塞，闻翁归靡死，乌孙贵人共从本约立岑娶子泥靡为昆弥，号狂王。常惠上书："愿留少主敦煌。"惠驰至乌孙，责让不立元贵靡为昆弥，还迎少主。事下公卿，望之复以"乌孙持两端，难约结。今少主以元贵靡不立而还，信无负于夷狄，中国之福也。少主不止，徭役将兴"。天子从之，征还少主。

三年　春，三月，丙辰，高平宪侯魏相薨。夏，四月，戊辰[1]，丙吉为丞相。吉上宽大，好礼让，不亲小事；时人以为知大体。

秋，七月，甲子，大鸿胪萧望之为御史大夫。

八月，诏曰："吏不廉平，则治道衰。今小吏皆勤事而俸禄薄，欲无侵渔百姓，难矣！其益吏百石已下俸十五[2]。"

【注释】

①戊辰：据四月"庚午"朔，四月无此日。　②俸十五：韦昭说："若食一石，则益五斗。"即俸禄一石，增加五斗，成为一石五斗。

是岁，东郡太守韩延寿为左冯翊。始，延寿为颍川太守，颍川承赵广汉构会吏民之后，俗多怨仇。延寿改更，教以礼让；召故老，与议定嫁娶、丧祭仪品，略依古礼，不得过法。百姓遵用其教。卖偶车马、下里伪物者，弃之市道。黄霸代延寿居颍川，霸因其迹而大治。延寿为吏，上礼义，好古教化，所至必聘其贤士，以礼待，用广谋议，纳谏争；表孝弟有行，修治学官，春秋乡射，陈钟鼓、管弦，盛升降、揖让；及都试讲武，设斧钺、旌旗，习射、御之事；治城郭，收赋租，先明布告其日，以期会为大事。吏民敬畏，趋乡之。又置正、五长，相率以孝弟；不得舍奸人，闾里阡陌有非常，吏辄闻知，奸人不敢入界。其始若烦，后吏无追捕之苦，民无棰楚之忧，皆便安之。接待下吏，恩施甚厚而约誓明。或欺负之者，延寿痛自刻责："岂其负之，何以至此！"吏闻者自伤悔，其县尉至自刺死。及门下掾自刭，人救不殊，延寿涕泣，遣吏医治视，厚复其家。在东郡三岁，令行禁止，断狱大减，由是入为冯翊。

延寿出行县至高陵，民有昆弟相与讼田，自言。延寿大伤之，曰："幸得备位，为郡表率，不能宣明教化，至令民有骨肉争讼，既伤风化，重使贤长吏、啬夫、三老、孝弟受其耻，咎在冯翊，当先退！"是日，移病不听事，因入卧传舍，闭阁思过。一县莫知所为，令、丞、啬夫、三老亦皆自系待罪[1]。于是讼者宗族传相责让；此两昆弟深自悔，皆自髡，肉袒谢，愿以田相移，终死不敢复争。郡中歙然，莫不传相敕厉，不敢犯。延寿恩信周遍二十四县，莫敢以辞讼自言者。推其至诚，吏民不忍欺绐。

匈奴单于又杀先贤掸两弟；乌禅幕请之，不听，心恚。其后左奥鞬王死，单于自立其小子为奥鞬王，留庭。奥鞬贵人共立故奥鞬王子为王,与俱东徙。单于右丞相将万骑往击之。失亡数千人,不胜。

【注释】

①三老:汉代乡中主掌教化的官员。

资治通鉴卷第二十七

汉纪十九　起昭阳大渊献，尽玄黓涒滩，凡十年。

中宗孝宣皇帝下

神爵四年　春，二月，以凤皇、甘露降集京师，赦天下。

颍川太守黄霸在郡前后八年，政事愈治；是时凤皇、神爵数集郡国，颍川尤多。夏，四月，诏曰："颍川太守霸，宣布诏令，百姓乡化，孝子、弟弟、贞妇、顺孙日以众多，田者让畔，道不拾遗，养视鳏寡，赡助贫穷，狱或八年无重罪囚；其赐爵关内侯、黄金百斤、秩中二千石。"而颍川孝、弟、有行义民，三老、力田皆以差赐爵及帛。后数月，征霸为太子太傅。

五月，匈奴单于遣弟呼留若王胜之来朝。

冬，十月，凤皇十一集杜陵。

河南太守严延年为治阴鸷酷烈[①]，众人所谓当死者一朝出之，所谓当生者诡杀之，吏民莫能测其意深浅，战栗不敢犯禁。冬月，传属县囚会论府上，流血数里，河南号曰"屠伯"。延年素轻黄霸为人，及比郡为守，褒赏反在己前，心内不服。河南界中又有蝗虫，府丞义出行蝗，还，见延年。延年曰："此蝗岂凤皇食邪？"义年老，颇悖，素畏延年，恐见中伤。延年本尝与义俱为丞相史，实亲厚之，馈遗之甚厚。义愈益恐，自筮，得死卦，忽忽不乐，取告至长安，上书言延年罪名十事；已拜奏，因饮药自杀，以明不欺。事下御史丞按验，得其语言怨望、诽谤政治数事。十一月，延年坐不道，弃市。

初，延年母从东海来，欲从延年腊[②]；到洛阳，适见报囚，母大惊，使止都亭，不肯入府。延年出至都亭谒母，母闭阁不见。延年免冠顿首阁下，良久，母乃见之，因数责延年："幸得备郡守，专治千里，不闻仁爱教化，有以全安愚民；顾乘刑罚，多刑杀人，欲以立威，岂为民父母意哉！"延年服罪，重顿首谢，因自为母御归府舍。母毕正腊，谓延年曰："天道神明，人不可独杀。我不意当老见壮子被刑戮也！行矣，去汝东归，扫除墓地耳！"遂去，归郡，见昆弟、宗人，复为言之。后岁余，果败，东海莫不贤智其母。

【注释】

①阴鸷(zhì 智)：阴险凶恶。 ②腊：古代十二月祭祀众神叫"腊"，因此农历十二月叫腊月。

匈奴握衍朐鞮单于暴虐，好杀伐，国中不附。及太子、左贤王数谗左地贵人，左地贵人皆怨。会乌桓击匈奴东边姑夕王，颇得人民，单于怒。姑夕王恐，即与乌禅幕及左地贵人共立稽侯𤣥为呼韩邪单于[①]，发左地兵四五万人，西击握衍朐鞮单于，至姑且水北。未战，握衍朐鞮单于兵败走，使人报其弟右贤王曰："匈奴共攻我，若肯发兵助我乎？"右贤王曰："若不爱人，杀昆弟、诸贵人。各自死若处，无来污我！"握衍朐鞮单于恚，自杀。左大且渠都隆奇亡之右贤王所，其民尽降呼韩邪单于。呼韩邪单于归庭；数月，罢兵，使各归故地，乃收其兄呼屠吾斯在民间者，立为左谷蠡王，使人告右贤贵人，欲令杀右贤王。其冬，都隆奇与右贤王共立日逐王薄胥堂为屠耆单于，发兵数万人东袭呼韩邪单于，呼韩邪单于兵败走。屠耆单于还，以其长子都涂吾西为左谷蠡王，少子姑瞀楼头为右谷蠡王，留居单于庭。

五凤元年 春，正月，上幸甘泉，郊泰畤。

皇太子冠。

秋，七月，匈奴屠耆单于使先贤掸兄右奥鞬王与乌藉都尉各二万骑屯东方，以备呼韩邪单于。是时西方呼揭王来与唯犁当户谋，共谗右贤王，言欲自立为单于。屠耆单于杀右贤王父子；后知其冤，复杀唯犁当户，于是呼揭王恐，遂畔去，自立为呼揭单于。右奥鞬王闻之，即自立为车犁单于[2]。乌藉都尉亦自立为乌藉单于。凡五单于。屠耆单于自将兵东击车犁单于，使都隆奇击乌藉。乌藉、车犁皆败，西北走，与呼揭单于兵合为四万人。乌藉、呼揭皆去单于号，共并力尊辅车犁单于。屠耆单于闻之，使左大将、都尉将四万骑分屯东方，以备呼韩邪单于，自将四万骑西击车犁单于。车犁单于败，西北走。屠耆单于即引兵西南留阘敦地。

汉议者多曰："匈奴为害日久，可因其坏乱，举兵灭之。"诏问御史大夫萧望之，对曰："《春秋》，晋士匄帅师侵齐，闻齐侯卒，引师而还，君子大其不伐丧，以为恩足以服孝子，谊足以动诸侯。前单于慕化乡善，称弟，遣使请求和亲，海内欣然，夷狄莫不闻。未终奉约，不幸为贼臣所杀；今而伐之，是乘乱而幸灾也，彼必奔走远遁。不以义动兵，恐劳而无功。宜遣使者吊问，辅其微弱，救其灾患；四夷闻之，咸贵中国之仁义。如遂蒙恩得复其位，必称臣服从，此德之盛也。"上从其议。

【注释】

①呼韩邪单于（？—前31）：匈奴单于。名稽侯狦。汉宣帝神爵四年（前58）立为单于。后遭其兄郅支单于所败，于宣帝甘露二年（前52），归附汉朝。三年，率余部南迁，至汉光禄塞下（今内蒙古固阳县西南）。在汉政权的支持下，恢复了对匈奴的统治权，彼此修好，汉以宫人王昭君嫁之。此后，匈奴与汉保持和好关系长达六十余年。 ②车犁单于：匈奴单于。原为右奥鞬王。日逐王先贤掸之兄。汉宣帝五凤元年（前57）奉屠耆单于之命，与乌藉都尉各率兵防御呼韩邪单于。后屠耆杀右贤王父子，发生内乱，他乘机自立为车犁单于。不久被屠耆单于击败，率余部退至西北。又受乌藉等部拥戴，兵势增强，但终究没有取胜。五凤二年（前56），呼韩邪单于击败屠耆单于，他降于呼韩邪单于。

冬，十有二月，乙酉朔，日有食之。

韩延寿代萧望之为左冯翊。望之闻延寿在东郡时放散官钱千余万，使御史案之。延寿闻知，即部吏案校望之在冯翊时廪牺官钱放散百余万[1]。望之自奏："职在总领天下，闻事不敢不问，而为延寿所拘持。”上由是不直延寿，各令穷竟所考。望之卒无事实。而望之遣御史案东郡者，得其试骑士日奢僭逾制；又取官铜物，候月食铸刀剑，效尚方事；及取官钱帛私假徭使吏；及治饰车甲三百万以上。延寿竟坐狡猾不道，弃市。吏民数千人送至渭城，老小扶持车毂，争奏酒炙。延寿不忍距逆，人人为饮，计饮酒石余。使掾、史分谢送者[②]：“远苦吏民，延寿死无所恨！”百姓莫不流涕。

二年　春，正月，上幸甘泉，郊泰畤。

车骑将军韩增薨。五月，将军许延寿为大司马、车骑大将军。

丞相丙吉年老，上重之。萧望之意常轻吉，上由是不悦。丞相司直奏望之遇丞相礼节倨慢，又使吏买卖，私所附益凡十万三千，请逮捕系治。秋，八月，壬午，诏左迁望之为太子太傅；以太子太傅黄霸为御史大夫。

【注释】

①廪牺：廪为藏谷之官，牺为养牲畜之官，他们所掌管的谷和牲畜都是用来供祭祀之用的。　②掾（yuàn 愿）：古代官署属员的通称。

匈奴呼韩邪单于遣其弟右谷蠡王等西袭屠耆单于屯兵，杀略万余人。屠耆单于闻之，即自将六万骑击呼韩邪单于。屠耆单于兵败，自杀。都隆奇乃与屠耆少子右谷蠡王姑瞀楼头亡归汉。车犁单于东降呼韩邪单于。冬，十一月，呼韩邪单于左大将乌厉屈与父呼遬累乌厉温敦皆见匈奴乱，率其众数万人降汉；封乌厉屈为新城侯，乌厉温敦为义阳侯。是时李陵子复立乌藉都尉为单于，呼韩邪单于捕斩之；遂复都单于庭，然众裁数万人。屠耆单于从弟休旬王自立为闰振单于，在西边；呼韩邪单于兄左贤王呼屠吾斯亦自立为郅支骨都侯单于[①]，在东边。

光禄勋平通侯杨恽，廉洁无私；然伐其行能，又性刻害，好发人阴伏，由是多怨于朝廷。与太仆戴长乐相失；人有上书告长乐罪，长乐疑恽教人告之，亦上书告恽罪曰：“恽上书讼韩延寿，郎中丘常谓恽曰：‘闻君侯讼韩冯翊，当得活乎？’恽曰：‘事何容易，胫胫者未必全也！我不能自保，真人所谓“鼠不容穴，衔窭数”者也[②]。’又语长乐曰：‘正月以来，天阴不雨，此《春秋》所记，夏侯君所言。'"事下廷尉。廷尉定国奏恽怨望,为订恶言,大逆不道。上不忍加诛,有诏皆免恽、长乐为庶人。

三年 春,正月,癸卯,博阳定侯丙吉薨。

班固赞曰:古之制名,必由象类,远取诸物,近取诸身。故《经》谓君为元首,臣为股肱,明其一体相待而成也。是故君臣相配,古今常道,自然之势也。近观汉相,高祖开基,萧、曹为冠;孝宣中兴,丙、魏有声。是时黜陟有序,众职修理,公卿多称其位,海内兴于礼让。览其行事,岂虚虖哉!

【注释】

①郅(zhì 志)支骨都侯单于(?—前36):匈奴单于。本名呼屠吾斯。宣帝五凤二年(前56)自立为单于。曾击败呼韩邪单于,因怨汉庇护呼韩邪,遂杀汉使,率余部西走,征服乌揭、坚昆、丁零。并与康居结盟,给汉在西域的统治造成严重威胁。汉元帝建昭三年(前36),被汉西域副校尉陈汤攻杀于康居(约今巴尔喀什湖和咸海之间)。 ②窭(jù 据)数:戴在头上用来顶物的环形草垫。此处用来比喻老鼠嘴衔的东西过大。

二月,壬辰[①],黄霸为丞相。霸材长于治民,及为丞相,功名损于治郡。时京兆尹张敞舍鹖雀飞集丞相府[②],霸以为神雀,议欲以闻。敞奏霸曰:"窃见丞相请与中二千石、博士杂问郡、国上计长史、守丞为民兴利除害,成大化,条其对。有耕者让畔,男女异路,道不拾遗。及举孝子、贞妇者为一辈,先上殿;举而不知其人数者,次之;不为条教者在后。叩头谢丞相,口虽不言,而心欲其为之也。长史、守丞对时,臣敞舍有鹖雀飞止丞相府屋上,丞相以下见者数百人。边吏多知鹖雀者,问之,皆阳不知。丞相图议上奏曰:'臣问上计长史、守丞以兴化条,皇天报下神爵。'后知从臣敞舍来,乃止。郡国吏窃笑丞相仁厚有知略,微信奇怪也。臣敞非敢毁丞相也,诚恐群臣莫白,而长史、守丞畏丞相指,归舍法令,各为私教,务相增加,浇淳散朴,并行伪貌,有名亡实,倾摇解怠,甚者为妖。假令京师先行让畔、异路、道不拾遗,其实亡益廉贪、贞淫之行,而以伪先天下,固未可知也。即诸侯先行之,伪声轶于京师，非细事也。汉家承敞通变，造起律令，所以劝善禁奸，条贯详备，不可复加。宜令贵臣明饬长史、守丞，归告二千石，举三老、孝弟、力田、孝廉、廉吏[3]，务得其人，郡事皆以法令为检式，毋得擅为条教；敢挟诈伪以奸名誉者，必先受戮，以正明好恶。”天子嘉纳敞言，召上计吏，使侍中临饬，如敞指意。霸甚惭。

又，乐陵侯史高以外属旧恩侍中，贵重，霸荐高可太尉。天子使尚书召问霸：“太尉官罢久矣。夫宣明教化，通达幽隐，使狱无冤刑，邑无盗贼，君之职也。将相之官，朕之任焉。侍中、乐陵侯高，帷幄近臣，朕之所自亲，君何越职而举之？”尚书令受丞相对，霸免冠谢罪，数日，乃决，自是后不敢复有所请。然自汉兴，言治民吏，以霸为首。

三月，上幸河东，祠后土。减天下口钱；赦天下殊死以下。

六月，辛酉，以西河太守杜延年为御史大夫。

置西河、北地属国以处匈奴降者。

广陵厉王胥使巫李女须祝诅上，求为天子。事觉，药杀巫及宫人二十余人以绝口。公卿请诛胥。

【注释】

①壬辰：二月戊申朔，无壬辰日。 ②鹖（hé 和）雀：古书上说的雉一类的鸟。 ③孝弟：地方上主掌伦理道德的小官。力田：地方上主掌农业生产的小官。

四年 春，胥自杀。

匈奴单于称臣，遣弟谷蠡王入侍。以边塞亡寇，减戍卒什二。

大司农中丞耿寿昌奏言：“岁数丰穰，谷贱，农人少利。故事：岁漕关东谷四百万斛以给京师，用卒六万人。宜籴三辅、弘农、河东、上党、太原郡谷，足供京师，可以省关东漕卒过半。”上从其计。寿昌又白：“令边郡皆筑仓，以谷贱增其贾而籴[1]，谷贵时减贾而粜[2]，名曰常平仓。”民便之。上乃下诏赐寿昌爵关内侯。

夏，四月，辛丑朔，日有食之。

杨恽既失爵位，家居治产业，以财自娱。其友人安定太守西河孙会宗与恽书，谏戒之，为言：“大臣废退，当阖门惶惧，为可怜之意；不当治产业，通宾客，有称誉。”恽，宰相子，有材能，少显朝廷，一朝以晻昧语言见废，内怀不服，报会宗书曰：“窃自思念，过已大矣，行已亏矣，常为农夫以没世矣，是故身率妻子，戮力耕桑，不意当复用此为讥议也！夫人情所不能止者，圣人弗禁；故君、父至尊、亲，送其终也，有时而既。臣之得罪，已三年矣，田家作苦，岁时伏腊，烹羊，炰羔，斗酒自劳，酒后耳热，仰天拊缶而呼乌乌，其《诗》曰：‘田彼南山，芜秽不治；种一顷豆，落而为萁。人生行乐耳，须富贵何时！’诚荒淫无度，不知其不可也。”又恽兄子安平侯谭谓恽曰：“侯罪薄，又有功，且复用！”恽曰：“有功何益！县官不足为尽力。”谭曰：“县官实然。盖司隶、韩冯翊皆尽力吏也，俱坐事诛。”会有日食之变，驺马猥佐成上书告“恽骄奢，不悔过。日食之咎，此人所致”。章下廷尉，按验，得所予会宗书，帝见而恶之。廷尉当恽大逆无道，要斩；妻子徙酒泉郡；谭坐免为庶人，诸在位与恽厚善者，未央卫尉韦玄成及孙会宗等，皆免官。

臣光曰：以孝宣之明，魏相、丙吉为丞相，于定国为廷尉，而赵、盖、韩、杨之死皆不厌众心，其为善政之累大矣！《周官》司寇之法，有议贤、议能，若广汉、延寿之治民，可不谓能乎！宽饶、恽之刚直，可不谓贤乎！然则虽有死罪，犹将宥之，况罪不足以死乎！扬子以韩冯翊之诉萧为臣之自失。夫所以使延寿犯上者，望之激之也。上不之察，而延寿独蒙其辜，不亦甚哉！

匈奴闰振单于率其众东击郅支单于。郅支与战，杀之，并其兵；遂进攻呼韩邪。呼韩邪兵败走，郅支都单于庭。

【注释】

①籴（dí 敌）：买粮食。　②粜（tiào 跳）：卖粮食。

甘露元年　春，正月，行幸甘泉，郊泰畤。

杨恽之诛也，公卿奏京兆尹张敞，恽之党友，不宜处位。上惜敞材，独寝其奏，不下。敞使掾絮舜有所案验，舜私归其家曰：“五日京兆耳，安能复案事！”敞闻舜语，即部吏收舜系狱，昼夜验治，竟致其死事。舜当出死，敞使主簿持教告舜曰：“五日京兆竟何如？冬月已尽，延命乎？”乃弃舜市。会立春，行冤狱使者出，舜家载尸并编敞教，自言使者。使者奏敞贼杀不辜。上欲令敞得自便，即先下敞前坐杨恽奏，免为庶人。敞诣阙上印绶，便从阙下亡命[①]。数月，京师吏民解弛，枹鼓数起[②]，而冀州部中有大贼，天子思敞功效，使使者即家在所召敞。敞身被重劾，及使者至，妻子家室皆泣，而敞独笑曰：“吾身亡命为民，郡吏当就捕。今使者来，此天子欲用我也。”装随使者，诣公车上书曰：“臣前幸得备位列卿，待罪京兆，坐杀掾絮舜。舜本臣敞素所厚吏，数蒙恩贷；以臣有章劾当免，受记考事，便归卧家，谓臣五日京兆。背恩忘义，伤薄俗化。臣窃以舜无状，枉法以诛之。臣敞贼杀不辜，鞠狱故不直，虽伏明法，死无所恨！”天子引见敞，拜为冀州刺史。敞到部，盗贼屏迹。

【注释】

①亡命：逃离本地，脱其名籍。　②枹鼓：擂鼓。汉朝时，发现盗匪，要擂鼓追缉。

皇太子柔仁好儒，见上所用多文法吏，以刑绳下，常侍燕从容言[①]：“陛下持刑太深，宜用儒生。”帝作色曰：“汉家自有制度，本以霸王道杂之[②]；奈何纯任德教，用周政乎！且俗儒不达时宜，好是古非今，使人眩于名实，不知所守，何足委任！”乃叹曰：“乱我家者太子也！”

臣光曰：王霸无异道。昔三代之隆，礼乐、征伐自天子出，则谓之王。天子微弱不能治诸侯，诸侯有能率其与国同讨不庭以尊王室者，则谓之霸。其所以行之也，皆本仁祖义，任贤使能，赏善罚恶，禁暴诛乱；顾名位有尊卑，德泽有深浅，功业有巨细，政令有广狭耳，非若白黑、甘苦之相反也。汉之所以不能复三代之治者，由人主之不为，非先王之道不可复行于后世也。夫儒有君子，有小人。彼俗儒者，诚不足与为治也，独不可求真儒而用之乎！稷、契、皋陶、伯益、伊尹、周公、孔子[③]，皆大儒也，使汉得而用之，功烈岂若是而止邪！孝宣谓太子懦而不立，暗于治体，必乱我家，则可矣；乃曰王道不可行，儒者不可用，岂不过甚矣哉！殆非所以训示子孙，垂法将来者也。

淮阳宪王好法律，聪达有材；王母张倢伃尤幸。上由是疏太子而爱淮阳宪王，数嗟叹宪王曰："真我子也！"常有意欲立宪王，然用太子起于微细，上少依倚许氏，及即位而许后以杀死，故弗忍之。久之，上拜韦玄成为淮阳中尉，以玄成尝让爵于兄，欲以感谕宪王；由是太子遂安。

【注释】

①燕：古通"宴"。　②霸王道杂之：即王道与霸道，指儒术与刑名并用。　③稷：又名"后稷"。周部族始祖，姜嫄所生。后人把他祀为稷神。契（xiè 谢）：商部族始祖。母为简狄氏。皋陶：传说中少皞氏支裔，东夷部族首领之一。

匈奴呼韩邪单于之败也，左伊秩訾王为呼韩邪计，劝令称臣入朝事汉，从汉求助，如此，匈奴乃定。呼韩邪问诸大臣，皆曰："不可。匈奴之俗，本上气力而下服役，以马上战斗为国，故有威名于百蛮。战死，壮士所有也。今兄弟争国，不在兄则在弟，虽死犹有威名，子孙常长诸国。汉虽强，犹不能兼并匈奴；奈何乱先古之制，臣事于汉，卑辱先单于，为诸国所笑！虽如是而安，何以复长百蛮！"左伊秩訾曰："不然，强弱有时。今汉方盛，乌孙城郭诸国皆为臣妾。自且鞮侯单于以来，匈奴日削，不能取复，虽屈强于此，未尝一日安也。今事汉则安存，不事则危亡，计何以过此！"诸大人相难久之。呼韩邪从其计，引众南近塞，遣子右贤王铢娄渠堂入侍。郅支单于亦遣子右大将驹于利受入侍。

二月，丁巳，乐成敬侯许延寿薨。

夏，四月，黄龙见新丰。

丙申，太上皇庙火；甲辰，孝文庙火；上素服五日。

乌孙狂王复尚楚主解忧，生一男鸱靡，不与主和；又暴恶失众。汉使卫司马魏和意、副侯任昌至乌孙。公主言："狂王为乌孙所患苦，易诛也。"遂谋置酒，使士拔剑击之。剑旁下，狂王伤，上马驰去。其子细沈瘦会兵围和意、昌及公主于赤谷城[1]；数月，都护郑吉发诸国兵救之，乃解去。汉遣中郎将张遵持医药治狂王，赐金帛;因收和意、昌系琐,从尉槛车至长安,斩之。

初,肥王翁归靡胡妇子乌就屠,狂王伤时,惊,与诸翎侯俱去,居北山中,扬言母家匈奴兵来,故众归之;后遂袭杀狂王,自立为昆弥。是岁,汉遣破羌将军辛武贤将兵万五千人至敦煌,通渠积谷,欲以讨之。

初,楚主侍者冯嫽,能史书,习事,尝持汉节为公主使,城郭诸国敬信之,号曰冯夫人,为乌孙右大将妻[2]。右大将与乌就屠相爱,都护郑吉使冯夫人说乌就屠,以汉兵方出,必见灭,不如降。乌就屠恐,曰:"愿得小号以自处!"帝征冯夫人,自问状;遣谒者竺次、期门甘延寿为副,送冯夫人。冯夫人锦车持节,诏乌就屠诣长乐侯赤谷城,立元贵靡为大昆弥,乌就屠为小昆弥,皆赐印绶。破羌将军不出塞,还。后乌就屠不尽归诸翎侯人众,汉复遣长罗侯将三校屯赤谷,因为分别其人民地界,大昆弥户六万余[3],小昆弥户四万余,然众心皆附小昆弥。

【注释】

①赤谷城:乌孙国都城,离汉长安八千九百里,今为新疆伊宁市。②右大将:乌孙国官名,由乌孙贵族担任。 ③昆弥:乌孙国的王号。

二年 春,正月,立皇子嚣为定陶王。

诏赦天下,减民算三十。

珠厓郡反[1]。夏,四月,遣护军都尉张禄将兵击之。

杜延年以老病免。五月,己丑,廷尉于定国为御史大夫[2]。

秋,九月,立皇子宇为东平王。

冬,十二月,上行幸萯阳宫、属玉观。

是岁,营平壮武侯赵充国薨。先是,充国以老乞骸骨,赐安车、驷马、黄金,罢就第。朝廷每有四夷大议,常与参兵谋、问筹策焉。

匈奴呼韩邪单于款五原塞,愿奉国珍,朝三年正月。诏有司议其仪。丞相、御史曰:"圣王之制,先京师而后诸夏,先诸夏而后夷狄。匈奴单于朝贺,其礼仪宜如诸侯王,位次在下。"太子太傅萧望之以为:"单于非正朔所加,故称敌国,宜待以不臣之礼,位在诸侯王上。外夷稽首称藩，中国让而不臣，此则羁縻之谊，谦亨之福也。《书》曰'戎狄荒服'，言其来服荒忽亡常。如使匈奴后嗣卒有鸟窜鼠伏，阙于朝享，不为畔臣，万世之长策也。"天子采之，下诏曰："匈奴单于称北蕃，朝正朔。朕之不德，不能弘覆。其以客礼待之，令单于位在诸侯王上，赞谒称臣而不名。"

荀悦论曰[③]：《春秋》之义，王者无外，欲一于天下也。戎狄道里辽远，人迹介绝，故正朔不及，礼教不加，非尊之也，其势然也。《诗》云："自彼氐、羌，莫敢不来王。"故要、荒之君必奉王贡；若不供职，则有辞让号令加焉，非敌国之谓也。望之欲待以不臣之礼，加之王公之上，僭度失序，以乱天常，非礼也！若以权时之宜，则异论矣。

诏遣车骑都尉韩昌迎单于，发所过七郡二千骑为陈道上。

【注释】

①珠厓郡：汉元封元年（前110）置，因崖边出真珠得名，辖境相当于今海南岛东北部。　②于定国（？—前40）：西汉大臣。东海郯县（今山东郯城县西）人。少学法于父。宣帝时为光禄大夫、平尚书事。数年，升水衡都尉，又升任廷尉。为人谦恭，治狱平恕。任廷尉十八年，迁御史大夫。甘露中，代黄霸为丞相，封西平侯。　③荀悦（148—209）：东汉末史学家。撰有《汉纪》三十篇，辞约事详，为时人所称。

三年　春，正月，上行幸甘泉，郊泰畤。

匈奴呼韩邪单于来朝，赞谒称藩臣而不名；赐以冠带、衣裳，黄金玺、盭绶[①]，玉具剑、佩刀，弓一张，矢四发，棨戟十，安车一乘，鞍勒一具，马十五匹，黄金二十斤，钱二十万，衣被七十七袭，锦绣、绮縠、杂帛八千匹，絮六千斤。礼毕，使使者道单于先行宿长平。上自甘泉宿池阳宫。上登长平阪，诏单于毋谒，其左右当户群臣皆得列观，及诸蛮夷君长、王、侯数万，咸迎于渭桥下，夹道陈。上登渭桥，咸称万岁。单于就邸长安。置酒建章宫，飨赐单于，观以珍宝。二月，遣单于归国。单于自请"愿留居幕南光禄塞下；有急，保汉受降城"。汉遣长乐卫尉、高昌侯董忠、车骑都尉韩昌将骑万六千，又发边郡士马以千数，送单于出朔方鸡鹿塞。诏忠等留卫单于，助诛不服，又转边谷米糒[2]，前后三万四千斛，给赡其食。先是，自乌孙以西至安息诸国近匈奴者，皆畏匈奴而轻汉；及呼韩邪朝汉后，咸尊汉矣。

上以戎狄宾服，思股肱之美，乃图画其人于麒麟阁，法其容貌，署其官爵、姓名；唯霍光不名，曰“大司马、大将军、博陆侯，姓霍氏”，其次张安世、韩增、赵充国、魏相、丙吉、杜延年、刘德、梁丘贺、萧望之、苏武，凡十一人，皆有功德，知名当世，是以表而扬之，明著中兴辅佐，列于方叔、召虎、仲山甫焉。

【注释】

①盭（lì 丽）：绿色。　②糒（bèi 备）：干饭。

凤皇集新蔡[1]。

三月，己巳[2]，建成安侯黄霸薨。五月，甲午，于定国为丞相，封西平侯。太仆沛郡陈万年为御史大夫。

诏诸儒讲五经同异，萧望之等平奏其议，上亲称制临决焉。乃立梁丘《易》、大、小夏侯《尚书》、谷梁《春秋》博士。

乌孙大昆弥元贵靡及鸱靡皆病死。公主上书言：“年老土思，愿得归骸骨，葬汉地！”天子闵而迎之。冬，至京师，待之一如公主之制。后二岁卒。

元贵靡子星靡代为大昆弥，弱。冯夫人上书：“愿使乌孙，镇抚星靡。”汉遣之。都护奏乌孙大吏大禄、大监皆可赐以金印紫绶，以尊辅大昆弥。汉许之。其后段会宗为都护，乃招还亡叛，安定之。星靡死，子雌栗靡代立。

皇太子所幸司马良娣，病，且死，谓太子曰：“妾死非天命，乃诸娣妾、良人更祝诅杀我。”太子以为然。及死，太子悲恚发病，忽忽不乐。帝乃令皇后择后宫家人子可以娱侍太子者，得元城王政君，送太子宫。政君，故绣衣御史贺之孙女也，见于丙殿；壹幸，有身。是岁，生成帝于甲馆画堂，为世嫡皇孙。帝爱之，自名曰骜，字大孙，常置左右。

【注释】

①新蔡：县名，在今河南新蔡县。　②己巳：三月甲申朔，无己巳日。

四年　夏，广川王海阳坐禽兽行，贼杀不辜废，徙房陵。

冬，十月，丁卯，未央宫宣室阁火。

是岁，徙定陶王嚣为楚王。

匈奴呼韩邪、郅支两单于俱遣使朝献。汉待呼韩邪使有加焉。

黄龙元年　春，正月，上行幸甘泉，郊泰畤。

匈奴呼韩邪单于来朝；二月，归国。始，郅支单于以为呼韩邪兵弱，降汉，不能复自还，即引其众西，欲攻定右地。又屠耆单于小弟本侍呼韩邪，亦亡之右地，收两兄余兵，得数千人，自立为伊利目单于；道逢郅支，合战，郅支杀之，并其兵五万余人。郅支闻汉出兵谷助呼韩邪，即遂留居右地；自度力不能定匈奴，乃益西，近乌孙，欲其并力，遣使见小昆弥乌就屠。乌就屠杀其使，发八千骑迎郅支。郅支觉其谋，勒兵逢击乌孙，破之；因北击乌揭、坚昆①、丁令，并三国。数遣兵击乌孙，常胜之。坚昆东去单于庭七千里，南去车师五千里，郅支留都之。

三月，有星孛于王良、阁道，入紫微宫。

帝寝疾，选大臣可属者，引外属侍中乐陵侯史高、太子太傅萧望之、少傅周堪至禁中，拜高为大司马、车骑将军，望之为前将军、光禄勋，堪为光禄大夫，皆受遗诏辅政，领尚书事。冬，十二月，甲戌，帝崩于未央宫。

班固赞曰：孝宣之治，信赏必罚，综核名实。政事、文学、法理之士，咸精其能。至于技巧、工匠、器械，自元、成间鲜能及之。亦足以知吏称其职，民安其业也。遭值匈奴乖乱，推亡固存，信威北夷，单于慕义，稽首称藩。功光祖宗，业垂后嗣，可谓中兴，侔德殷宗、周宣矣！

癸巳，太子即皇帝位，谒高庙，尊皇太后曰太皇太后，皇后曰皇太后。

【注释】

①坚昆：西域国名。故地在原苏联境内叶尼塞河上游一带。

资治通鉴卷第二十八

汉纪二十　起昭阳作噩，尽屠维单阏，凡七年。

孝元皇帝上①

初元元年　春，正月，辛丑，葬孝宣皇帝于杜陵；赦天下。

三月，丙午，立皇后王氏，封后父禁为阳平侯。

以三辅、太常、郡国公田及苑可省者振业贫民；赀不满千钱者，赋贷种、食。

封外祖平恩戴侯同产弟子中常侍许嘉为平恩侯。

夏，六月，以民疾疫，令太官损膳，减乐府员，省苑马，以振困乏。

关东郡、国十一大水，饥，或人相食；转旁郡钱谷以相救。

上素闻琅邪王吉、贡禹皆明经洁行，遣使者征之。吉道病卒。禹至，拜为谏大夫。上数虚己问以政，禹奏言："古者人君节俭，什一而税，无他赋役，故家给人足。高祖、孝文、孝景皇帝，宫女不过十余人，厩马百余匹。后世争为奢侈，转转益甚；臣下亦稍放效。臣愚以为如太古难，宜少放古以自节焉。方今宫室已定，无可奈何矣；其余尽可减损。故时齐三服官②，输物不过十笥③；方今齐三服官，作工各数千人，一岁费数巨万。厩马食粟将万匹。武帝时，又多取好女至数千人，以填后宫。及弃天下，多藏金钱、财物，鸟兽、鱼鳖凡百九十物；又皆以后宫女置于园陵。至孝宣皇帝时，陛下恶有所言，群臣亦随故事，甚可痛也！故使天下承化，取女皆大过度:诸侯妻妾或至数百人,豪富吏民畜歌者至数十人,是以内多怨女,外多旷夫。及众庶葬埋,皆虚地上以实地下。其过自上生,皆在大臣循故事之罪也。唯陛下深察古道,从其俭者:大减损乘舆服御器物,三分去二;择后宫贤者,留二十人,余悉归之,及诸陵园女无子者,宜悉遣;厩马可无过数十匹,独舍长安城南苑地,以为田猎之囿。以方今天下饥馑,可无大自损减以救之称天意乎!天生圣人,盖为万民,非独使自娱乐而已也。”天子纳善其言,下诏,令诸宫馆希御幸者勿缮治;太仆减谷食马;水衡减肉食兽。

臣光曰:忠臣之事君也,责其所难,则其易者不劳而正;补其所短,则其长者不劝而遂。孝元践位之初,虚心以问禹,禹宜先其所急,后其所缓。然则优游不断,谗佞用权,当时之大患也,而禹不以为言;恭谨节俭,孝元之素志也,而禹孜孜言之;何哉!使禹之智不足以知,乌得为贤!知而不言,为罪愈大矣。

匈奴呼韩邪单于复上书,言民众困乏。诏云中、五原郡转谷二万斛以给之。

是岁,初置戊己校尉[4],使屯田车师故地[5]。

【注释】

①孝元皇帝:刘奭(前76—前33),前49至前33年在位。汉宣帝长子。好儒家学说。即位后,征用儒生,委之以政。先后任用贡禹、薛广德、韦玄成、匡衡等为丞相。西汉开始由盛渐衰。 ②齐三服官:指齐国旧有的三服官。三服官所供献的:春为首服,即用缍(布帛)为冠戴服饰;冬服纨素(魄细绢);夏服轻绡(轻纱)。 ③笥(sì 似):用竹、苇编制的盛衣物的箱子。 ④戊己校尉:镇安西域的官名。 ⑤车师:西域国名。分为车师前国、车师后国。前国一名前部,治交河城;后国治务涂谷,分别在今新疆吐鲁番市及吉木萨尔县一带。

二年 春,正月,上行幸甘泉,郊泰畤。乐陵侯史高以外属领尚书事,前将军萧望之、光禄大夫周堪为之副。望之名儒,与堪皆以师傅旧恩,天子任之,数宴见,言治乱,陈王事。望之选白宗室明经有行散骑、谏大夫刘更生给事中,与侍中金敞并拾遗左右。

四人同心谋议，劝导上以古制，多所欲匡正；上甚乡纳之。史高充位而已，由此与望之有隙。

中书令弘恭、仆射石显，自宣帝时久典枢机，明习文法；帝即位多疾，以显久典事，中人无外党，精专可信任，遂委以政，事无小大，因显白决，贵幸倾朝，百僚皆敬事显。显为人巧慧习事，能深得人主微指，内深贼，持诡辩，以中伤人，忤恨睚眦[①]，辄被以危法；亦与车骑将军高为表里，议论常独持故事，不从望之等。

望之等患苦许、史放纵，又疾恭、显擅权，建白以为："中书政本，国家枢机，宜以通明公正处之。武帝游宴后庭，故用宦者，非古制也。宜罢中书宦官，应古不近刑人之义。"由是大与高、恭、显忤。上初即位，谦让，重改作，议久不定，出刘更生为宗正。

望之、堪数荐名儒、茂材以备谏官，会稽郑朋阴欲附望之，上书言车骑将军高遣客为奸利郡国，及言许、史子弟罪过。章视周堪，堪白："令朋待诏金马门。"朋奏记望之曰："今将军规橅[②]，云若管、晏而休，遂行日昃[③]，至周、召乃留乎？若管、晏而休，则下走将归延陵之皋[④]，没齿而已矣。如将军兴周、召之遗业，亲日昃之兼听，则下走其庶几愿竭区区奉万分之一！"望之始见朋，接待以意；后知其倾邪，绝不与通。朋，楚士，怨恨，更求入许、史，推所言许、史事，曰："皆周堪、刘更生教我；我关东人，何以知此！"于是侍中许章白见朋。朋出，扬言曰："我见言前将军小过五，大罪一。"待诏华龙行污秽，欲入堪等，堪等不纳，亦与朋相结。

恭、显令二人告望之等谋欲罢车骑将军，疏退许、史状，候望之出休日，令朋、龙上之。事下弘恭问状，望之对曰："外戚在位多奢淫，欲以匡正国家，非为邪也。"恭、显奏："望之、堪、更生朋党相称举，数谮诉大臣，毁离亲戚，欲以专擅权势。为臣不忠，诬上不道，请谒者召致廷尉[⑤]。"时上初即位，不省召致廷尉为下狱也，可其奏。后上召堪、更生，曰："系狱。"上大惊曰："非但廷尉问邪！"以责恭、显，皆叩头谢。上曰："令出视事。"恭、显因使史高言："上新即位，未以德化闻于天下，而先验师傅。既下九卿[⑥]、大夫狱，宜因决免。"于是制诏丞相、御史："前将军望之，傅朕八年[⑦]，无他罪过，今事久远，识忘难明，其赦望之罪，收前将军、光禄勋印绶；及堪、更生皆免为庶人。”

【注释】

①睚眦(yá zì 牙字):发怒时瞪眼睛,借指极小的仇恨。 ②橅(mó 魔):同“模”。 ③昃(zè 仄):太阳偏西。 ④延陵:地名。今为江苏常州市武进区。 ⑤谒者:官名。秦置,汉因之,掌宾赞。 ⑥九卿:汉时以太常、光禄勋、大鸿胪、大司农、卫尉、太仆、廷尉、宗正、少府为九卿。⑦傅朕八年:汉宣帝五凤二年,萧望之为太子太傅,至黄龙元年共八年。

二月,丁巳,立弟竟为清河王。

戊午,陇西地震,败城郭、屋室,压杀人众。

三月,立广陵厉王子霸为王[①]。

诏罢黄门乘舆狗马,水衡禁囿、宜春下苑、少府佽飞外池、严籞池田假与贫民[②]。又诏赦天下,举茂材异等、直言极谏之士。

夏,四月,立子骜为皇太子。待诏郑朋荐太原太守张敞[③],先帝名臣,宜傅辅皇太子。上以问萧望之,望之以为敞能吏,任治烦乱,材轻,非师傅之器。天子使使者征敞,欲以为左冯翊,会病卒。

诏赐萧望之爵关内侯,给事中,朝朔望。

关东饥,齐地人相食。

秋,七月,己酉[④],地复震。

上复征周堪、刘更生[⑤],欲以为谏大夫;弘恭、石显白,皆以为中郎。

上器重萧望之不已,欲倚以为相;恭、显及许、史兄弟、侍中、诸曹皆侧目于望之等。更生乃使其外亲上变事,言:“地震殆为恭等,不为三独夫动。臣愚以为宜退恭、显以章蔽善之罚,进望之等以通贤者之路,如此,则太平之门开,灾异之原塞矣。”书奏,恭、显疑其更生所为,白请考奸诈,辞果服;遂逮更生系狱,免为庶人。

会望之子散骑、中郎伋亦上书讼望之前事,事下有司,复奏:“望之前所坐明白,无谮诉者,而教子上书,称引亡辜之诗,失大臣体,不敬;请逮捕。”弘恭、石显等知望之素高节,不诎辱,建白:“望之前幸得不坐,复赐爵邑,不悔过服罪,深怀怨望,教子上书,归非于上,自以托师傅,终必不坐,非颇屈望之于牢狱,塞其怏怏心,则圣朝无以施恩厚!”上曰:“萧太傅素刚,安肯就吏!”显等曰:“人命至重,望之所坐,语言薄罪,必无所忧。”上乃可其奏。冬,十二月,显等封诏以付谒者,敕令召望之手付。因令太常急发执金吾车骑驰围其第。使者至,召望之。望之以问门下生鲁国朱云,云者,好节士,劝望之自裁。于是望之仰天叹曰⑥:“吾尝备位将相,年逾六十矣,老入牢狱,苟求生活,不亦鄙乎!”字谓云曰:“游,趣和药来,无久留我死!”遂饮鸩自杀。天子闻之惊,拊手曰:“曩固疑其不就牢狱,果然杀吾贤傅!”是时,太官方上昼食,上乃却食,为之涕泣,哀动左右。于是召显等责问;以议不详,皆免冠谢,良久然后已。上追念望之不忘,每岁时遣使者祠祭望之家,终帝之世。

兰陵萧望之墓

臣光曰:甚矣孝元之为君,易欺而难悟也!夫恭、显之谮诉望之,其邪说诡计,诚有所不能辨也。至于始疑望之不肯就狱,恭、显以为必无忧,已而果自杀,则恭、显之欺亦明矣。在中智之君,孰不感动奋发以底邪臣之罚⑦!孝元则不然。虽涕泣不食以伤望之,而终不能诛恭、显,才得其免冠谢而已。如此,则奸臣安所惩乎!是使恭、显得肆其邪心而无复忌惮者也。

【注释】

①立广陵厉王子霸为王:汉宣帝五凤四年,广陵厉王胥因罪自杀,国除。到这时再立其子。 ②宜春:宫名,今陕西西安市长安区西。佽飞:官名。严籞(yù 寓):帝王射鸟的园林。 ③张敞(? —前 47):字子高。河东平阳(今山西临汾市西南)人。初为太仆丞。宣帝时,任太中大夫,得罪大将军霍光,出为函谷关都尉。后任京兆尹、冀州刺史等。他曾为

妻画眉，长安城中传为笑谈。　④己酉：本月无此日。　⑤周堪：齐人，字少卿。宣帝时，为太子少傅。元帝时，领尚书事，与太傅萧望之等同心辅政，为石显等所诬陷，被免官。刘更生（约前77—前6）：当时经学家、目录学家、文学家。字子政。沛（今属江苏）人。汉皇族楚元王刘交四世孙。曾任谏大夫，敢于直言，屡次上书劾奏外戚专权。元帝时为中垒校尉，成帝时任光禄大夫。　⑥萧望之（？—前47）：西汉大臣。字长倩。东海兰陵（今山东枣庄市东南）人。宣帝时，历任大鸿胪、太傅等官。元帝时，因曾为师傅，倍受尊敬。后因得罪宦官弘恭、石显等，被迫自杀。　⑦厎（dǐ抵，旧读 zhǐ旨）：致。

是岁，弘恭病死[①]，石显为中书令。

初，武帝灭南越，开置珠厓、儋耳郡，在海中洲上；吏卒皆中国人，多侵陵之。其民亦暴恶，自以阻绝，数犯吏禁，率数年壹反，杀吏；汉辄发兵击定之。二十余年间，凡六反[②]。至宣帝时，又再反[③]。上即位之明年，珠厓山南县反，发兵击之。诸县更叛，连年不定。上博谋于群臣，欲大发军。待诏贾捐之曰："臣闻尧、舜、禹之圣德，地方不过数千里，西被流沙，东渐于海，朔南暨声教，言欲与声教则治之，不欲与者不强治也。故君臣歌德，含气之物各得其宜。武丁、成王，殷、周之大仁也，然地东不过江、黄[④]，西不过氐、羌，南不过蛮荆，北不过朔方，是以颂声并作，视听之物咸乐其生，越裳氏重九译而献[⑤]，此非兵革之所能致也。以至于秦，兴兵远攻，贪外虚内而天下溃畔。孝文皇帝偃武行文，当此之时，断狱数百，赋役轻简。孝武皇帝厉兵马以攘四夷，天下断狱万数，赋烦役重，寇贼并起，军旅数发，父战死于前，子斗伤于后，女子乘亭障，孤儿号于道，老母、寡妇饮泣巷哭，是皆廓地泰大，征伐不休之故也。今关东民众久困，流离道路。人情莫亲父母，莫乐夫妇；至嫁妻、卖子，法不能禁，义不能止，此社稷之忧也。今陛下不忍悁悁之忿，欲驱士众挤之大海之中，快心幽冥之地，非所以救助饥馑，保全元元也。《诗》云：'蠢尔蛮荆，大邦为仇。'言圣人起则后服，中国衰则先畔，自古而患之，何况乃复其南方万里之蛮乎！骆越之人，父子同川而浴，相习以鼻饮，与禽兽无异，本不足郡县置也。颛颛独居一海之中，雾露气湿，多毒草、虫蛇、水土之害；人未见虏，战士自死。又非独珠厓有珠、犀、玳瑁也[⑥]。弃之不足惜，不击不损威。其民譬犹鱼鳖，何足贪也！臣窃以往者羌军言之，暴师曾未一年，兵出不逾千里，费四十余万万；大司农钱尽，乃以少府禁钱续之。夫一隅为不善，费尚如此，况于劳师远攻，亡士毋功乎！求之往古则不合，施之当今又不便，臣愚以为非冠带之国，《禹贡》所及，《春秋》所治，皆可且无以为。愿遂弃珠厓，专用恤关东为忧！”上以问丞相、御史。御史大夫陈万年以为当击；丞相于定国以为：“前日兴兵击之连年，护军都尉、校尉及丞凡十一人，还者二人，卒士及转输死者万人以上，费用三万万余，尚未能尽降。今关东困乏，民难摇动，捐之议是。”上从之。捐之，贾谊曾孙也。

【注释】

①弘恭（？—前47）：江苏沛县人。少年坐法处腐刑，为中黄门，以选为中尚书。宣帝时，任中书令。元帝时，与石显并得信任，委以政事。遂诬陷杀萧望之等，权倾一时，公卿们都害怕他。　②“二十余年间”二句：指自建郡到昭帝始元元年（前86），共二十二年，就有六次反叛。③又再反：指宣帝神爵三年（前59），三县反，甘露元年，九县反。　④江、黄：江国，今河南正阳县西南；黄国，今河南潢川县西北。　⑤越裳氏：部落名称，今越南河静省。　⑥玳瑁（dài mào 代帽）：动物名。像龟，背面呈褐色和淡黄色相间的花纹，四肢具鳍足状。甲片可作装饰品，也可入药。

三年　春，诏曰：“珠厓虏杀吏民[①]，背畔为逆。今廷议者或言可击，或言可守，或欲弃之，其指各殊。朕日夜惟思议者之言，羞威不行，则欲诛之；狐疑辟难，则守屯田；通乎时变，则忧万民。夫万民之饥饿与远蛮之不讨，危孰大焉？且宗庙之祭，凶年不备，况乎辟不嫌之辱哉！今关东大困，仓库空虚，无以相赡，又以动兵，非特劳民，凶年随之。其罢珠崖郡，民有慕义欲内属，便处之；不欲，勿强。”

夏，四月，乙未晦，茂陵白鹤馆灾；赦天下。

夏，旱。

立长沙炀王弟宗为王[②]。

长信少府贡禹上言:“诸离宫及长乐宫卫,可减其太半以宽徭役。”六月,诏曰:“朕惟烝庶之饥寒[3],远离父母妻子,劳于非业之作,卫于不居之宫,恐非所以佐阴阳之道也。其罢甘泉、建章宫卫,令就农。百官各省费。条奏,毋有所讳。”

是岁,上复擢周堪为光禄勋,堪弟子张猛为光禄大夫、给事中,大见信任。

四年 春,正月,上行幸甘泉,郊泰畤。三月,行幸河东,祠后土;赦汾阴徒。

五年 春,正月,以周子南君为周承休侯。

上行幸雍,祠五畤。

夏,四月,有星孛于参。

上用诸儒贡禹等之言,诏太官毋日杀,所具各减半;乘舆秣马,无乏正事而已。罢角抵、上林宫馆希御幸者、齐三服官、北假田官、盐铁官、常平仓。博士弟子毋置员,以广学者;令民有能通一经者,皆复。省刑罚七十余事。

陈万年卒。六月,辛酉,长信少府贡禹为御史大夫。禹前后言得失书数十上,上嘉其质直,多采用之。

匈奴郅支单于自以道远,又怨汉拥护呼韩邪而不助己,困辱汉使者江乃始等;遣使奉献,因求侍子。汉议遣卫司马谷吉送之,御史大夫贡禹、博士东海匡衡以为:“郅支单于乡化未醇,所在绝远,宜令使者送其子,至塞而还。”吉上书言:“中国与夷狄有羁縻不绝之义,今既养全其子十年,德泽甚厚,空绝而不送,近从塞还,示弃捐不畜,使无乡从之心,弃前恩,立后怨,不便!议者见前江乃始无应敌之数,智勇俱困,以致耻辱,即豫为臣忧。臣幸得建强汉之节,承明圣之诏,宣谕厚恩,不宜敢桀。若怀禽兽心,加无道于臣,则单于长婴大罪,必遁逃远舍,不敢近边。没一使以安百姓,国之计,臣之愿也。愿送至庭。”上许焉。既至,郅支单于怒,竟杀吉等;自知负汉,又闻呼韩邪益强,恐见袭击,欲远去。会康居王数为乌孙所困,与诸翕侯计,以为:“匈奴大国,乌孙素服属之。今郅支单于困厄在外,可迎置东边,使合兵取乌孙而立之,长无匈奴忧矣。”即使使至坚昆,通语郅支。郅支素恐,又怨乌孙,闻康居计，大说，遂与相结，引兵而西。郅支人众中寒道死，余财三千人。到康居，康居王以女妻郅支；郅支亦以女予康居王。康居甚尊敬郅支，欲倚其威以胁诸国。郅支数借兵击乌孙，深入至赤谷城[4]，杀略民人，驱畜产去。乌孙不敢追，西边空虚不居者五千里。

冬，十二月，丁未，贡禹卒[5]。丁巳，长信少府薛广德为御史大夫。

【注释】

①珠厓：西汉元封元年（前110）置郡，治所在瞫都县（今海南海口市琼山区东南）。 ②长沙炀王：刘旦，初元元年死，无后；封国撤销，本年恢复封国。 ③烝：众多之意。 ④赤谷城：西域乌孙国都。在今新疆阿克苏河上游、中亚伊什提克一带。 ⑤贡禹（前123—前44）：琅邪（今山东诸城）人。以通儒家经学，被征为博士。历任谏大夫、御史大夫。元帝时，曾多次上书，抨击朝廷奢侈，官乱民贫，要求元帝选贤能、诛奸臣、罢倡乐、修节俭、减轻赋税徭役。他与王吉深交，时称“王吉在位，贡公弹冠”。

永光元年　春，正月，上行幸甘泉，郊泰畤。礼毕，因留射猎。薛广德上书曰：“窃见关东困极，人民流离；陛下日撞亡秦之钟，听郑、卫之乐，臣诚悼之。今士卒暴露，从官劳倦[1]，愿陛下亟反宫，思与百姓同忧乐，天下幸甚！”上即日还。

二月，诏：“丞相、御史举质朴、敦厚、逊让、有行者，光禄岁以此科第郎、从官。”

三月，赦天下。

雨雪、陨霜，杀桑。

秋，上酎祭宗庙[2]，出便门，欲御楼船。薛广德当乘舆车，免冠顿首曰：“宜从桥。”诏曰：“大夫冠。”广德曰：“陛下不听臣，臣自刎，以血污车轮，陛下不得入庙矣！”上不说。先驱光禄大夫张猛进曰：“臣闻主圣臣直。乘船危，就桥安；圣主不乘危。御史大夫言可听！”上曰：“晓人不当如是邪！”乃从桥。

九月，陨霜杀稼，天下大饥。丞相于定国，大司马、车骑将军史高，御史大夫薛广德俱以灾异乞骸骨[③]；赐安车、驷马、黄金六十斤，罢。太子太傅韦玄成为御史大夫。广德归，县其安车，以传示子孙为荣。

帝之为太子也，从太中大夫孔霸受《尚书》[④]；及即位，赐霸爵关内侯，号褒成君，给事中。上欲致霸相位，霸为人谦退，不好权势，常称"爵位泰过，何德以堪之"！御史大夫屡缺，上辄欲用霸；霸让位，自陈至于再三。上深知其至诚，乃弗用。以是敬之，赏赐甚厚。

戊子，侍中、卫尉王接为大司马、车骑将军。

【注释】

①从官：指随从皇帝的侍从。 ②酎：经过多次反复酿成的醇酒，味厚，所以用以祭宗庙。 ③乞骸骨：古时称一身为朝廷尽事，故辞官称乞骸骨。 ④孔霸：字次儒，经学家。治《尚书》。事太傅夏侯胜，昭帝时为博士。宣帝时拜中大夫，授皇太子经。迁詹事，为高密丞。元帝即位，拜太师，赐爵关内侯，号褒成君。

石显惮周堪、张猛等[①]，数谮毁之[②]。刘更生惧其倾危，上书曰："臣闻舜命九官[③]，济济相让，和之至也。众臣和于朝则万物和于野，故箫《韶》九成，凤皇来仪。至周幽、厉之际，朝廷不和，转相非怨，则日月薄食，水泉沸腾，山谷易处，霜降失节。由此观之，和气致祥，乖气致异，祥多者其国安，异众者其国危，天地之常经，古今之通义也。今陛下开三代之业，招文学之士，优游宽容，使得并进。今贤不肖浑淆，白黑不分，邪正杂糅[④]，忠谗并进；章交公车，人满北军，朝臣舛午[⑤]，胶戾乖剌，更相谗愬，转相是非；所以营惑耳目，感移心意，不可胜载，分曹为党，往往群朋将同心以陷正臣。正臣进者，治之表也；正臣陷者，乱之机也；乘治乱之机，未知孰任，而灾异数见，此臣所以寒心者也。初元以来六年矣，按《春秋》六年之中，灾异未有稠如今者也。原其所以然者，由谗邪并进也；谗邪之所以并进者，由上多疑心，既已用贤人而行善政，如或谮之，则贤人退而善政还矣。夫执狐疑之心者，来谗贼之口；持不断之意者，开群枉之门；谗邪进则众贤退，群枉盛则正士消。故《易》

有《否》《泰》，小人道长，君子道消，则政日乱；君子道长，小人道消，则政日治。昔者鲧、共工、驩兜与舜、禹杂处尧朝，周公与管、蔡并居周位，当是时，迭进相毁，流言相谤，岂可胜道哉！帝尧、成王能贤舜、禹、周公而消共工、管、蔡，故以大治，荣华至今。孔子与季、孟偕仕于鲁，李斯与叔孙俱宦于秦，定公、始皇贤季、孟、李斯而消孔子、叔孙，故以大乱，污辱至今。故治乱荣辱之端，在所信任；信任既贤，在于坚固而不移。《诗》云'我心匪石，不可转也'，言守善笃也。《易》曰'涣汗其大号'，言号令如汗，汗出而不反者也。今出善令未能逾时而反，是反汗也；用贤未能三旬而退，是转石也。《论语》曰：'见不善如探汤。'今二府奏佞谄不当在位，历年而不去。故出令则如反汗，用贤则如转石，去佞则如拔山，如此，望阴阳之调，不亦难乎！是以群小窥见间隙，缘饰文字，巧言丑诋，流言、飞文哗于民间。故《诗》云'忧心悄悄，愠于群小'，小人成群，诚足愠也。昔孔子与颜渊、子贡更相称誉，不为朋党；禹、稷与皋陶传相汲引，不为比周；何则？忠于为国，无邪心也。今佞邪与贤臣并交戟之内，合党共谋，违善依恶，歙歙訿訿⑥，数设危险之言，欲以倾移主上，如忽然用之，此天地之所以先戒，灾异之所以重至者也。自古明圣未有无诛而治者也，故舜有四放之罚，孔子有两观之诛，然后圣化可得而行也。今以陛下明知，诚深思天地之心，览《否》《泰》之卦，历周、唐之所进以为法，原秦、鲁之所消以为戒，考祥应之福，省灾异之祸，以揆当世之变，放远佞邪之党，坏散险诐之聚，杜闭群枉之门，广开众正之路，决断狐疑，分别犹豫，使是非炳然可知，则百异消灭而众祥并至，太平之基，万世之利也。"显见其书，愈与许、史比而怨更生等。

是岁，夏寒，日青无光，显及许、史皆言堪、猛用事之咎。上内重堪，又患众口之浸润，无所取信。时长安令杨兴以材能幸，常称誉堪，上欲以为助，乃见问兴："朝臣龂龂不可光禄勋，何邪？"兴者，倾巧士，谓上疑堪，因顺指曰："堪非独不可于朝廷，自州里亦不可也！臣见众人闻堪与刘更生等谋毁骨肉，以为当诛；故臣前书言堪不可诛伤，为国养恩也。"上曰："然此何罪当诛？今宜奈何？"兴曰："臣愚以为可赐爵关内侯，食邑三百户，勿令典事。明主不失师傅之恩，此最策之得者也。”上于是疑之。

司隶校尉琅邪诸葛丰始以刚直特立著名于朝[⑦]，数侵犯贵戚，在位多言其短；后坐春夏系治人[⑧]，徙城门校尉。丰于是上书告堪、猛罪。上不直丰，乃制诏御史：“城门校尉丰，前与光禄勋堪、光禄大夫猛在朝之时，数称言堪、猛之美。丰前为司隶校尉，不顺四时，修法度，专作苛暴以获虚威；朕不忍下吏，以为城门校尉。不内省诸己，而反怨堪、猛以求报举，告按无证之辞，暴扬难验之罪，毁誉恣意，不顾前言，不信之大也。朕怜丰之耆老，不忍加刑，其免为庶人！”又曰：“丰言堪、猛贞信不立，朕闵而不治，又惜其材能未有所效，其左迁堪为河东太守，猛槐里令。”

臣光曰：诸葛丰之于堪、猛，前誉而后毁，其志非为朝廷进善而去奸也，欲比周求进而已矣；斯亦郑朋、杨兴之流，乌在其为刚直哉！人君者，察美恶，辨是非，赏以劝善，罚以惩奸，所以为治也。使丰言得实，则丰不当黜；若其诬罔，则堪、猛何辜焉！今两责而俱弃之，则美恶、是非果何在哉！

贾捐之与杨兴善。捐之数短石显，以故不得官，稀复进见；兴新以材能得幸。捐之谓兴曰：“京兆尹缺，使我得见，言君兰[⑨]，京兆尹可立得。”兴曰：“君房下笔[⑩]，言语妙天下；使君房为尚书令，胜五鹿充宗远甚。”捐之曰：“令我得代充宗，君兰为京兆。京兆，郡国首；尚书，百官本，天下真大治，士则不隔矣！”捐之复短石显，兴曰：“显方贵，上信用之；今欲进，第从我计，且与合意，即得入矣！”捐之即与兴共为荐显奏，称誉其美，以为宜赐爵关内侯，引其兄弟以为诸曹；又共为荐兴奏，以为可试守京兆尹。石显闻知，白之上，乃下兴、捐之狱，令显治之，奏“兴、捐之怀诈伪，更相荐誉，欲得大位，罔上不道”！捐之竟坐弃市；兴髡钳为城旦。

臣光曰：君子以正攻邪，犹惧不克；况捐之以邪攻邪，其能免乎！

徙清河王竟为中山王。

匈奴呼韩邪单于民众益盛，塞下禽兽尽，单于足以自卫，不畏郅支，其大臣多劝单于北归者。久之，单于竟北归庭[⑪]，民众稍稍归之，其国遂定。

【注释】

①惮:畏惧。 ②谮:说坏话,诬谄别人。 ③九官:传说虞舜置九官,即禹作司空,弃为后稷,契作司徒,皋陶作士,垂为共工,益作朕虞,伯夷作秩宗,夔为典乐,龙为纳言。见《尚书·舜典》。 ④杂糅(róu 柔):比喻不同的事物混杂在一起。 ⑤舛(chuǎn 喘)午:朝臣之间不和,相互违背。 ⑥歙歙訾訾(xī zī 锡资):朋比为奸,相互诋毁。 ⑦诸葛丰:《姓谱》记载:葛氏,先本居琅邪诸县(今山东诸城市西南),后迁阳都县(治所在今山东沂南县南)。当时人以他先居诸县,所以称为诸葛氏。 ⑧春夏系治人:谓春、夏是生长的季节,所以仲春省囹圄,去桎梏,毋肆掠,止狱讼;仲夏挺重囚,益其食。春夏而系治人,为不顺天时。 ⑨君兰:杨兴,字君兰。 ⑩君房:贾捐之,字君房。 ⑪庭:北方匈奴居住的地方。

二年 春,二月,赦天下。

丁酉,御史大夫韦玄成为丞相;右扶风郑弘为御史大夫。

三月,壬戌朔,日有食之。

夏,六月,赦天下。

上问给事中匡衡以地震日食之变,衡上疏曰:"陛下躬圣德,开太平之路,闵愚吏民触法抵禁,比年大赦,使百姓得改行自新,天下幸甚!臣窃见大赦之后,奸邪不为衰止,今日大赦,明日犯法,相随入狱,此殆导之未得其务也。今天下俗,贪财贱义,好声色,上侈靡,亲戚之恩薄,婚姻之党隆,苟合徼幸,以身设利;不改其原,虽岁赦之,刑犹难使错而不用也,臣愚以为宜壹旷然大变其俗。夫朝廷者,天下之桢干也[①]。朝有变色之言,则下有争斗之患;上有自专之士[②],则下有不让之人;上有克胜之佐,则下有伤

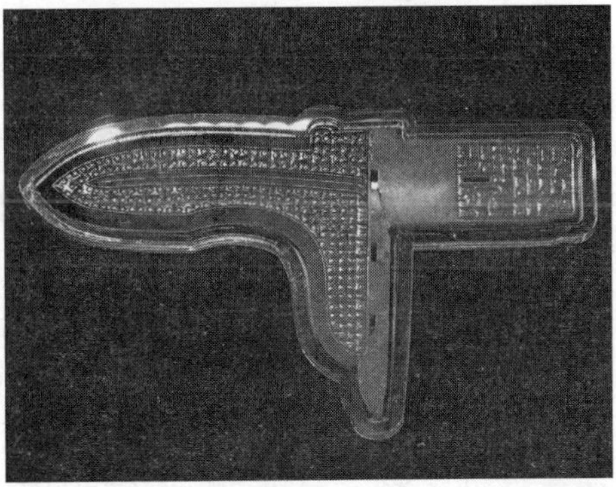

西汉玉戈

害之心；上有好利之臣，则下有盗窃之民；此其本也。治天下者，审所上而已[3]。教化之流，非家至而人说之也；贤者在位，能者布职，朝廷崇礼，百僚敬让，道德之行，由内及外，自近者始，然后民知所法，迁善日进而不自知也。《诗》曰：'商邑翼翼，四方之极[4]。'今长安，天子之都，亲承圣化，然其习俗无以异于远方，郡国来者无所法则，或见侈靡而放效之；此教化之原本，风俗之枢机[5]，宜先正者也。臣闻天人之际，精祲有以相荡[6]，善恶有以相推，事作乎下者象动乎上，阴变则静者动，阳蔽则明者晻，水旱之灾随类而至。陛下祇畏天戒，哀闵元元[7]，宜省靡丽[8]，考制度，近忠正，远巧佞，以崇至仁，匡失俗，道德弘于京师，淑问扬乎疆外[9]，然后大化可成、礼让可兴也。"上说其言，迁衡为光禄大夫。

荀悦论曰：夫赦者，权时之宜，非常典也。汉兴，承秦兵革之后，大愚之世，比屋可刑，故设三章之法，大赦之令，荡涤秽流，与民更始，时势然也。后世承业，袭而不革，失时宜矣。若惠、文之世，无所赦之。若孝景之时，七国皆乱，异心并起，奸诈非一；及武帝末年，赋役繁兴，群盗并起，加以太子之事，巫蛊之祸，天下纷然，百姓无聊；及光武之际，拨乱之后：如此之比，宜为赦矣。

秋，七月，陇西羌彡姐旁种反[10]，诏召丞相韦玄成等入议。是时，岁比不登[11]，朝廷方以为忧，而遭羌变，玄成等漠然，莫有对者。右将军冯奉世曰："羌虏近在竟内背畔，不以时诛，无以威制远蛮，臣愿帅师讨之！"上问用兵之数，对曰："臣闻善用兵者，役不再兴，粮不三载，故师不久暴而天诛亟决。往者数不料敌，而师至于折伤，再三发调，则旷日烦费，威武亏矣。今反虏无虑三万人，法当倍，用六万人；然羌戎，弓矛之兵耳，器不犀利，可用四万人。一月足以决。"丞相、御史、两将军皆以为："民方收敛时未可多发；发万人屯守之，且足。"奉世曰："不可。天下被饥馑，士马羸耗，守战之备久废不简，夷狄皆有轻边吏之心，而羌首难。今以万人分屯数处，虏见兵少，必不畏惧；战则挫兵病师，守则百姓不救，如此，怯弱之形见。羌人乘利，诸种并和，相扇而起，臣恐中国之役不得止于四万，非财币所能解也。故少发师而旷日，与一举而疾决，利害相万也。"固争之，不能得。有诏，益二千人。于是遣奉世将万二千人骑，以将屯为名，典属国任立、护军都尉韩昌为偏裨，到陇西⑫，分屯三处⑬。昌先遣两校尉与羌战，羌虏盛多，皆为所破，杀两校尉。奉世具上地形部众多少之计，愿益三万六千人，乃足以决事。书奏，天子大为发兵六万余人。八月，拜太常弋阳侯任千秋为奋武将军以助之。冬，十月，兵毕至陇西，十一月，并进，羌虏大破，斩首数千级，余皆走出塞。兵未决间，汉复发募士万人，拜定襄太守韩安国为建威将军；未进，闻羌破而还。诏罢吏士，颇留屯田，备要害处。

【注释】

①桢干：筑墙时所用的木柱，竖于两端的叫桢，竖于两旁的叫干。引申为根本、骨干及能胜重任的人才。 ②自专：只凭己见独断专任。 ③上：指崇尚之意。 ④极：中正的准则。 ⑤枢机：枢为户枢，机为门闸；枢主开，机主关，所以枢机并言。比喻事物的关键部分。 ⑥精祲：阴阳灾害之气，指气的侵入之意。 ⑦元元：指平民百姓。 ⑧靡丽：谓奢华。 ⑨淑问：美好的名声。 ⑩彡姐（xiǎn zǐ 鲜姊）：古羌族复姓。 ⑪不登：歉收的意思。 ⑫陇西：今甘肃临洮县。 ⑬分屯三处：右路军任立，驻防白石（今甘肃临洮县东）。前路军韩昌，驻防临洮。中路军冯奉世，驻防首阳（今甘肃渭源县）。

资治通鉴卷第二十九

汉纪二十一　起上章执徐，尽著雍困敦，凡九年。

孝元皇帝下

永光三年　春，二月，冯奉世还京师，更为左将军，赐爵关内侯。

三月，立皇子康为济阳王。

夏，四月，平昌考侯王接薨。秋，七月，壬戌[①]，以平恩侯许嘉为大司马、车骑将军。

冬，十一月，己丑，地震，雨水。

复盐铁官[②]，置博士弟子员千人。以用度不足，民多复除，无以给中外徭役故也。

四年　春，二月，赦天下。

三月，上行幸雍，祠五畤。

夏，六月，甲戌，孝宣园东阙灾。

戊寅晦，日有食之。上于是召诸前言日变在周堪、张猛者责问[③]，皆稽首谢；因下诏称堪、猛之美，征诣行在所，拜为光禄大夫，秩中二千石，领尚书事；猛复为太中大夫、给事中。中书令石显管尚书，尚书五人皆其党也；堪希得见，常因显白事，事决显口。会堪疾瘖[④]，不能言而卒。显诬谮猛，令自杀于公车。

初，贡禹奏言："孝惠、孝景庙皆亲尽宜毁，及郡国庙不应古礼，宜正定。"天子是其议。秋，七月，戊子，罢昭灵后、武哀王、昭哀后、卫思后、戾太子、戾后园，皆不奉祠，裁置吏卒守焉。冬，十月，乙丑，罢祖宗庙在郡国者。

诸陵分属三辅[5]。以渭城寿陵亭部原上为初陵[6]；诏勿置县邑及徙郡国民。

五年 春，正月，上行幸甘泉[7]，郊泰畤。三月，幸河东[8]，祠后土。

秋，颍川水流杀人民[9]。

冬，上幸长杨射熊馆，大猎。

十二月，乙酉，毁太上皇、孝惠皇帝寝庙园，用韦玄成等之议也。

上好儒术、文辞，颇改宣帝之政；言事者多进见，人人以为得上意。又傅昭仪及子济阳王康爱幸[10]，逾于皇后、太子。太子少傅匡衡上疏曰："臣闻治乱安危之机，在乎审所用心。盖受命之王，务在创业垂统，传之无穷；继体之君，心存于承宣先王之德而褒大其功。昔者成王之嗣位，思述文、武之道以养其心，休烈盛美归之二后，而不敢专其名，是以上天歆享[11]，鬼神佑焉。陛下圣德天覆[12]，子爱海内，然而阴阳未和、奸邪未禁者，殆议者未丕扬先帝之盛功，争言制度不可用也，务变更之，所更或不可行而复复之，是以群下更相是非，吏民无所信。臣窃恨国家释乐成之业而虚为此纷纷也！愿陛下详览统业之事，留神于遵制扬功，以定群下之心。《诗·大雅》曰：'无念尔祖，聿修厥德，'盖至德之本也。传曰：'审好恶，理情性，而王道毕矣。'治性之道，必审己之所有余而强其所不足，盖聪明疏通者戒于太察，寡闻少见者戒于壅蔽，勇猛刚强者戒于太暴，仁爱温良者戒于无断，湛静安舒者戒于后时，广心浩大者戒于遗忘。必审己之所当戒而齐之以义，然后中和之化应，而巧伪之徒不敢比周而望进[13]。唯陛下戒之，所以崇圣德也！

"臣又闻室家之道修，则天下之理得，故《诗》始《国风》，《礼》本冠、婚。始乎《国风》，原情性以明人伦也；本乎冠、婚，正基兆以防未然也；故圣王必慎妃后之际，别適长之位，礼之于内也。卑不逾尊，新不先故，所以统人情而理阴气也；其尊適而卑庶也，適子冠乎阼[14]，礼之用醴[15]，众子不得与列，所以贵正体而明嫌疑也。非虚加其礼文而已，乃中心与之殊异，故礼探其情而见之外也。圣人动静游燕所亲，物得其序，则海内自修，百姓从化。如当亲者疏，当尊者卑，则佞巧之奸因时而动，以乱国家。故圣人慎防其端，禁于未然，不以私恩害公义。《传》曰：‘正家而天下定矣！’”

初，武帝既塞宣房，后河复北决于馆陶，分为屯氏河，东北入海，广深与大河等，故因其自然，不堤塞也。是岁，河决于清河灵鸣犊口[16]，而屯氏河绝。

【注释】

①壬戌：七月无此日。 ②复盐铁官：初元五年罢盐铁官，今恢复之。 ③周堪：文安县人，字少卿。与孔霸同事夏侯胜，受《尚书》。元帝时官光禄大夫，与萧望之同领尚书事。为弘恭、石显所谮。被免官。后又复职，病瘖死。 ④瘖(yīn 因)：失音病。 ⑤诸陵分属三辅：先是诸陵总属太常，现改各依其地界属三辅。三辅，首都长安、右扶风(西长安)、左冯翊(东长安)。 ⑥初陵：元帝所置陵墓，未有名，所以叫初陵。⑦甘泉：今陕西淳化县。 ⑧河东：今山西夏县西北禹王城。 ⑨颍川：今河南禹州市。 ⑩昭仪：汉朝宫廷嫔妃编制，元帝又作第二次扩充，昭仪，位比丞相，爵比诸侯王。 ⑪歆(xīn 新)享：指鬼神享受祭品。⑫覆：覆盖。 ⑬比周：结党营私。 ⑭阼(zuò 做)：天子、诸侯、大夫、士皆以阼为主人之位，临朝觐，揖宾客，承祭祀，升降皆由此。 ⑮醴：甜酒，比其他酒都贵重。 ⑯清河：今河北清河县。灵：灵县(今山东高唐县南镇)。鸣犊口：在灵县西。

建昭元年 春，正月，戊辰，陨石于梁[1]。

三月，上行幸雍[2]，祠五畤。

冬，河间王元坐贼杀不辜废，迁房陵[3]。

罢孝文太后寝祠园。

上幸虎圈斗兽，后宫皆坐；熊逸出圈，攀槛欲上殿，左右、贵人、傅倢伃等皆惊走[4]；冯倢伃直前，当熊而立。左右格杀熊。上问：“人情惊惧，何故前当熊？”倢伃对曰：“猛兽得人而止；妾恐熊至御坐，故以身当之。”帝嗟叹，倍敬重焉。傅倢伃惭，由是与冯倢伃有隙。冯倢伃，左将军奉世之女也。

二年 春，正月，上行幸甘泉，郊泰畤。三月，行幸河东，祠后土。

夏，四月，赦天下。

六月，立皇子兴为信都王。

东郡京房学《易》于梁人焦延寿[5]。延寿常曰："得我道以亡身者，京生也。"其说长于灾变，分六十卦，更直日用事，以风雨寒温为候，各有占验。房用之尤精，以孝廉为郎，上疏屡言灾异，有验。天子说之，数召见问。房对曰："古帝王以功举贤，则万化成，瑞应著[6]；末世以毁誉取人，故功业废而致灾异。宜令百官各试其功，灾异可息。"诏使房作其事，房奏考功课吏法。上令公卿朝臣与房会议温室，皆以房言烦碎，令上下相司，不可许；上意乡之。时部刺史奏事京师，上召见诸刺史，令房晓以课事；刺史复以为不可行。唯御史大夫郑弘、光禄大夫周堪初言不可，后善之。

是时，中书令石显颛权，显友人五鹿充宗为尚书令，二人用事。房尝宴见[7]，问上曰："幽、厉之君何以危？所任者何人也？"上曰："君不明而所任者巧佞。"房曰："知其巧佞而用之邪，将以为贤也？"上曰："贤之。"房曰："然则今何以知其不贤也？"上曰："以其时乱而君危知之。"房曰："若是，任贤必治，任不肖必乱，必然之道也。幽、厉何不觉悟而更求贤，曷为卒任不肖以至于是？"上曰："临乱之君，各贤其臣；令皆觉寤，天下安得危亡之君？"房曰："齐桓公、秦二世亦尝闻此君而非笑之；然则任竖刁、赵高，政治日乱，盗贼满山，何不以幽、厉卜之而觉寤乎？"上曰："唯有道者能以往知来耳。"房因免冠顿首曰："《春秋》纪二百四十二年灾异，以示万世之君。今陛下即位以来，日月失明，星辰逆行，山崩，泉涌，地震，石陨，夏霜，冬雷，春凋，秋荣，陨霜不杀，水、旱、螟虫，民人饥、疫，盗贼不禁，刑人满市，《春秋》所记灾异尽备。陛下视今为治邪，乱邪？"上曰："亦极乱耳，尚何道！"房曰："今所任用者谁与？"上曰："然，幸其愈于彼，又以为不在此人也。"房曰："夫前世之君，亦皆然矣。臣恐后之视今，犹今之视前也！"上良久，乃曰："今为乱者谁哉？"房曰："明主宜自知之。"上曰："不知也；如知，何故用之！"房曰："上最所信任，与图事帷幄之中，进退天下之士者是矣。"房指谓石显,上亦知之,谓房曰:"已谕。"房罢出,后上亦不能退显也。

臣光曰:人君之德不明,则臣下虽欲竭忠,何自而入乎!观京房之所以晓孝元,可谓明白切至矣,而终不能寤,悲夫!《诗》曰:"匪面命之,言提其耳。匪手携之,言示之事。"又曰:"诲尔谆谆,听我藐藐。"孝元之谓矣!

【注释】

①梁:今河南商丘市。 ②雍:今陕西凤翔县。 ③房陵:今湖北房县。 ④倢伃:位比太常,爵比侯爵。 ⑤京房(前77—前37):西汉今文《易》学京氏学的创始人。东郡顿丘(今河南浚县)人,字君明。本姓李,好音律,推律自定为京氏。元帝时立为博士,官至魏郡(今河北大名县)太守。他学《易》于焦延寿,宣扬"天人感应"说,借自然界的灾异来附会朝政。后因与中书令石显争权,为石显忌恨,被捕下狱处死。今存《京氏易传》三卷。焦延寿:梁(今河南商丘市)人,字赣。为小黄令,有政绩。专治《易》学,自言得孟喜之传,曾授与京房,专言灾异,于是汉《易》有京氏之学。著有《焦氏易林》。 ⑥瑞应:古代迷信认为天降祥瑞以应人君之德。 ⑦宴见:皇帝设宴召见臣下。

上令房上弟子晓知考功、课吏事者,欲试用之。房上"中郎任良、姚平,愿以为刺史,试考功法;臣得通籍殿中,为奏事,以防壅塞"。石显、五鹿充宗皆疾房①,欲远之,建言,宜试以房为郡守。帝于是以房为魏郡太守,得以考功法治郡。

房自请:"岁竟,乘传奏事②。"天子许焉。房自知数以论议为大臣所非,与石显等有隙,不欲远离左右,乃上封事曰:"臣出之后,恐为用事所蔽,身死而功不成,故愿岁尽乘传奏事,蒙哀见许。乃辛巳,蒙气复乘卦,太阳侵色,此上大夫覆阳而上意疑也。己卯、庚辰之间,必有欲隔绝臣,令不得乘传奏事者。"

房未发,上令阳平侯王凤承制诏房止无乘传奏事。房意愈恐。秋,房去至新丰③,因邮上封事曰:"臣前以六月中言《遁卦》不效,法曰:'道人始去,寒涌水为灾。'至其七月,涌水出。臣弟子姚平谓臣曰:'房可谓知道,未可谓信道也。房言灾异,未尝不中。

涌水已出，道人当逐死，尚复何言！'臣曰：'陛下至仁，于臣尤厚，虽言而死，臣犹言也。'平又曰：'房可谓小忠[④]，未可谓大忠也[⑤]。昔秦时赵高用事，有正先者，非刺高而死，高威自此成，故秦之乱，正先趣之。'今臣得出守郡，自诡效功，恐未效而死，惟陛下毋使臣塞涌水之异，当正先之死，为姚平所笑。"

房至陕[⑥]，复上封事曰："臣前自愿出任良试考功，臣得居内。议者知如此于身不利，臣不可蔽，故云'使弟子不若试师'。臣为刺史，又当奏事，故复云'为刺史，恐太守不与同心，不若以为太守'。此其所以隔绝臣也。陛下不违其言而遂听之，此乃蒙气所以不解、太阳无色者也。臣去稍远，太阳侵色益甚，唯陛下毋难还臣而易逆天意！邪说虽安于人，天气必变，故人可欺，天不可欺也，愿陛下察焉！"

房去月余，竟征下狱。初，淮阳宪王舅张博，倾巧无行，多从王求金钱，欲为王求入朝。博从京房学，以女妻房。房每朝见，退辄为博道其语。博因记房所说密语，令房为王作求朝奏草，皆持柬与王，以为信验。石显知之，告"房与张博通谋，非谤政治，归恶天子，诖误诸侯王"。皆下狱，弃市[⑦]，妻子徙边。郑弘坐与房善，免为庶人。

御史中丞陈咸数毁石显，久之，坐与槐里令朱云善，漏泄省中语，石显微伺知之，与云皆下狱，髡为城旦[⑧]。

石显威权日盛，公卿以下畏显，重足一迹[⑨]。显与中书仆射牢梁、少府五鹿充宗结为党友，诸附倚者皆得宠位。民歌之曰："牢邪！石邪！五鹿客邪！印何累累，绶若若邪！"

显内自知擅权，事柄在掌握，恐天子一旦纳用左右耳目以间己，乃时归诚，取一信以为验。显尝使至诸官，有所征发，显先自白："恐后漏尽宫门闭，请使诏吏开门。"上许之。显故投夜还，称诏开门入。后果有上书告"显颛命，矫诏开宫门"，天子闻之，笑以其书示显。显因泣曰："陛下过私小臣，属任以事，群下无不嫉妒，欲陷害臣者，事类如此非一，唯独明主知之。愚臣微贱，诚不能以一躯称快万众，任天下之怨；臣愿归枢机职，受后宫扫除之役，死无所恨。唯陛下哀怜财幸，以此全活小臣！"天子以为然而怜之，数劳勉显，加厚赏赐，赏赐及赂遗訾一万万[10]。初，显闻众人匈匈[11]，言己杀前将军萧望之，恐天下学士讪己[12]，以谏大夫贡禹明经著节，乃使人致意，深自结纳，因荐禹天子，历位九卿，礼事之甚备。议者于是或称显，以为不妒谮望之矣。显之设变诈以自解免，取信人主者，皆此类也。

荀悦曰：夫佞臣之惑君主也甚矣，故孔子曰："远佞人。"非但不用而已，乃远而绝之，隔塞其源，戒之极也。孔子曰："政者，正也。"夫要道之本，正己而已矣。平直真实者，正之主也。故德必核其真，然后授其位；能必核其真，然后授其事；功必核其真，然后授其赏；罪必核其真，然后授其刑；行必核其真，然后贵之；言必核其真，然后信之；物必核其真，然后用之；事必核其真，然后修之。故众正积于上，万事实于下，先王之道，如斯而已矣！

八月，癸亥，以光禄勋匡衡为御史大夫。

闰月，丁酉，太皇太后上官氏崩[13]。

冬，十一月，齐、楚地震，大雨雪，树折，屋坏。

【注释】

①疾：憎恨。　②乘传：古代驿站用四匹下等马拉的车。　③新丰：西汉高祖十年（前197）以骊邑县改名，治所即今陕西安市临潼区东北阴盘城。　④小忠：认为以谏劝杀身而无益于国。　⑤大忠：认为谏行言听而身与国都好。　⑥陕：陕县，治所即今河南三门峡市西陕州区。⑦弃市：古代在闹市执行死刑，陈尸街头示众，称弃市。　⑧髡（kūn 昆）为城旦：髡，古代剃发之刑。城旦，秦、汉时刑名。　⑨重足：叠足而立，是说害怕得不敢动。　⑩赂遗：以财物送人之意。　⑪匈匈：吵嚷声。⑫讪（shàn 汕）：讥讽。　⑬上官氏：汉昭帝后，六岁当皇后，丈夫早死，所有亲人，在两次屠杀中全部被杀，一人独处深宫四十七年，死时五十二岁。

三年　夏，六月，甲辰，扶阳共侯韦玄成薨[1]。

秋，七月，匡衡为丞相。戊辰，卫尉李延寿为御史大夫。

冬，使西域都护、骑都尉北地甘延寿、副校尉山阳陈汤共诛斩郅支单于于康居[2]。

始，郅支单于自以大国，威名尊重，又乘胜骄，不为康居王礼，怒杀康居王女及贵人、人民数百，或支解投都赖水中[3]；发民作城，日作五百人，二岁乃已。又遣使责阖苏、大宛诸国岁遗，不敢不予。汉遣使三辈至康居，求谷吉等死，郅支困辱使者，不肯奉诏；而因都护上书，言“居困厄[4]，愿归计强汉[5]，遣子入侍”。其骄嫚如此[6]。

汤为人沉勇，有大虑，多策略，喜奇功，与延寿谋曰：“夷狄畏服大种，其天性也。西域本属匈奴，今郅支单于威名远闻，侵陵乌孙、大宛[7]，常为康居画计，欲降服之；如得此二国，数年之间，城郭诸国危矣。且其人剽悍[8]，好战伐，数取胜；久畜之，必为西域患。虽所在绝远，蛮夷无金城、强弩之守[9]。如发屯田吏士，驱从乌孙众兵，直指其城下，彼亡则无所之，守则不足自保，千载之功可一朝而成也！”延寿亦以为然，欲奏请之。汤曰：“国家与公卿议，大策非凡所见，事必不从。”延寿犹与不听。会其久病，汤独矫制发城郭诸国兵、车师[10]，戊己校尉屯田吏士。延寿闻之，惊起，欲止焉。汤怒，按剑叱延寿曰：“大众已集会，竖子欲沮众邪[11]！”延寿遂从之。部勒行陈，汉兵、胡兵合四万余人。延寿、汤上疏自劾奏矫制，陈言兵状，即日引军分行，别为六校：其三校从南道逾葱领、径大宛；其三校都护自将，发温宿国，从北道入赤谷，过乌孙，涉康居界，至阗池西。而康居副王抱阗将数千骑寇赤谷城东，杀略大昆弥千余人，驱畜产甚多，从后与汉军相及，颇寇盗后重。汤纵胡兵击之，杀四百六十人，得其所略民四百七十人，还付大昆弥，其马、牛、羊以给军食。又捕得抱阗贵人伊奴毒。入康居东界，令军不得为寇。间呼其贵人屠墨见之，谕以威信，与饮、盟，遣去。径引行，未至单于城可六十里，止营。复捕得康居贵人具色子男开牟以为导。具色子，即屠墨母之弟，皆怨单于，由是具知郅支情。明日，引行，未至城三十里，止营。

单于遣使问：“汉兵何以来？”应曰：“单于上书言：‘居困厄，愿归计强汉，身入朝见。’天子哀闵单于，弃大国，屈意康居，故使都护将军来迎单于妻子。恐左右惊动，故未敢至城下。”使数往来相答报，延寿、汤因让之："我为单于远来，而至今无名王、大人见将军受事者，何单于忽大计，失客主之礼也！兵来道远，人畜罢极，食度且尽，恐无以自还，愿单于与大臣审计策！"

明日，前至郅支城都赖水上，离城三里，止营傅陈⑫。望见单于城上立五采幡帜，数百人被甲乘城；又出百余骑往来驰城下，步兵百余人夹门鱼鳞陈，讲习用兵。城上人更招汉军曰："斗来！"百余骑驰赴营，营皆张弩持满指之，骑引却。颇遣吏士射城门骑、步兵，骑、步兵皆入。延寿、汤令军："闻鼓音，皆薄城下，四面围城，各有所守，穿堑，塞门户，卤楯为前⑬，戟弩为后，仰射城楼上人。"楼上人下走；土城外有重木城，从木城中射，颇杀伤外人。外人发薪烧木城，夜，数百骑出，外迎射，杀之。

初，单于闻汉兵至，欲去，疑康居怨己，为汉内应，又闻乌孙诸国兵皆发，自以无所之。郅支已出，复还，曰："不如坚守。汉兵远来，不能久攻。"单于乃被甲在楼上，诸阏氏、夫人数十皆以弓射外人。外人射中单于鼻，诸夫人颇死；单于乃下。夜过半，木城穿；中人却入土城，乘城呼。时康居兵万余骑，分为十余处，四面环城，亦与相应和。夜，数奔营，不利，辄却。平明，四面火起，吏士喜，大呼乘之，钲、鼓声动地。康居兵引却；汉兵四面推卤楯，并入土城中。单于男女百余人走入大内。汉兵纵火，吏士争入，单于被创死。军候假丞杜勋斩单于首⑭。得汉使节二及谷吉等所赍帛书；诸卤获以畀得者⑮。凡斩阏氏、太子、名王以下千五百一十八级；生虏百四十五人，降虏千余人，赋予城郭诸国所发十五王。

【注释】

①韦玄成（前？—前38）：邹（今山东邹城市）人，字少翁。明经好学。元帝时，官至丞相。父子皆以明经至丞相，故邹、鲁间谚云："遗子黄金满籯，不如一经。"《汉书》有传。 ②北地：郡名。在今甘肃东南部。康居：西域国名。东临乌孙、大宛，南接大月氏、安息，西南与奄蔡（一名阖苏）交界。 ③支解：古代酷刑之一，分解四肢。 ④困厄：艰难窘迫的处境。 ⑤归计：听从策划。 ⑥骄嫚（màn 曼）：骄横怠慢。 ⑦侵陵：侵犯欺凌。 ⑧剽悍（piāo hàn 飘旱）：轻捷而勇猛。 ⑨金城：说明城的坚固，像用金铸一样。 ⑩矫制：假托朝命以行事。 ⑪竖（shù

庶)子：对人的鄙称，犹谓“小子”。 ⑫傅陈：布阵。 ⑬卤楯(lǔ dùn 鲁盾)：古代兵器，即大盾、盾牌。 ⑭军候假丞：汉制，军行有各部校尉；部下有曲，曲有军候一人。都护有副校尉，秩比二千石；丞一人，司马、候、千人各二人。杜勋本为军候而假称丞。 ⑮畀(bì 闭)：给予。

四年 春，正月，郅支首至京师。延寿、汤上疏曰：“臣闻天下之大义当混为一[①]，昔有唐、虞，今有强汉。匈奴呼韩邪单于已称北藩，唯郅支单于叛逆，未伏其辜，大夏之西，以为强汉不能臣也。郅支单于惨毒行于民，大恶通于天；臣延寿，臣汤，将义兵，行天诛，赖陛下神灵，阴阳并应，天气精明，陷陈克敌，斩郅支首及名王以下，宜县头槁街蛮夷邸间[②]，以示万里，明犯强汉者，虽远必诛！”丞相匡衡等以为：“方春掩骼、埋胔之时[③]，宜勿县。”诏县十日，乃埋之；仍告祠郊庙，赦天下。群臣上寿，置酒。

六月，甲申，中山哀王竟薨。哀王者，帝之少弟，与太子游学相长大。及薨，太子前吊。上望见太子，感念哀王，悲不能自止。太子既至前，不哀，上大恨曰：“安有人不慈仁，而可以奉宗庙，为民父母者乎！”是时驸马都尉、侍中史丹护太子家，上以责谓丹，丹免冠谢曰：“臣诚见陛下哀痛中山王，至以感损。向者太子当进见，臣窃戒属，毋涕泣，感伤陛下；罪乃在臣，当死！”上以为然，意乃解。

蓝田地震[④]，山崩，壅霸水[⑤]；安陵岸崩[⑥]，壅泾水，泾水逆流。

五年 春，三月，赦天下。

夏，六月，庚申，复戾园。

壬申晦，日有食之。

秋，七月，庚子，复太上皇寝庙园、原庙、昭灵后、武哀王、昭哀后、卫思后园。时上寝疾，久不平，以为祖宗谴怒，故尽复之；唯郡国庙遂废云。

是岁，徙济阳王康为山阳王。

匈奴呼韩邪单于闻郅支既诛，且喜且惧；上书，愿入朝见。

【注释】

①混为一：混合为一。 ②槁街：当时长安街名。蛮夷邸在此街，

邸，像以后鸿胪客馆。 ③掩骼（gé 格）、埋胔（zì 自）：收葬暴露在外的尸骨。骼，枯骨；胔，腐烂的肉，通常指死尸。 ④蓝田：在今陕西蓝田县西灞河西岸。 ⑤霸水：一作“灞水”，即今陕西渭河支流灞河。 ⑥安陵：汉景帝陵墓。

竟宁元年 春，正月，匈奴呼韩邪单于来朝，自言愿婿汉氏以自亲。帝以后宫良家子王嫱字昭君赐单于。单于填以防漏驩喜[①]，上书“愿保塞上谷以西至敦煌[②]，传之无穷。请罢边备塞吏卒，以休天子人民”。天子下有司议，议者皆以为便。郎中侯应习边事[③]，以为不可许。上问状，应曰：“周、秦以来，匈奴暴桀[④]，寇侵边境；汉兴，尤被其害。臣闻北边塞至辽东[⑤]，外有阴山[⑥]，东西千余里，草木茂盛，多禽兽，本冒顿单于依阻其中，治作弓矢，来出为寇，是其苑囿也[⑦]。至孝武世，出师征伐，斥夺此地，攘之于幕北[⑧]，建塞徼，起亭隧，筑外城，设屯戍以守之，然后边境用得少安。幕北地平，少草木，多大沙，匈奴来寇，少所蔽隐；从塞以南，径深山谷，往来差难。边长老言：‘匈奴失阴山之后，过之未尝不哭也！’如罢备塞吏卒，示夷狄之大利，不可一也。今圣德广被，天覆匈奴，匈奴得蒙全活之恩，稽首来臣。夫夷狄之情，困则卑顺，强则骄逆，天性然也。前已罢外城，省亭隧，才足以候望，通烽火而已。古者安不忘危，不可复罢，二也。中国有礼义之教，刑罚之诛，愚民犹尚犯禁；又况单于，能必其众不犯约哉！三也。自中国尚建关梁以制诸侯[⑨]，所以绝臣下之觊欲也[⑩]。设塞徼，置屯戍，非独为匈奴而已，亦为诸属国降民本故匈奴之人，恐其思旧逃亡，四也。近西羌保塞[⑪]，与汉人交通，吏民贪利，侵盗其畜产、妻子，以此怨恨，起而背畔。

西汉鎏金铜器足

今罢乘塞[12]，则生嫚易分争之渐[13]，五也。往者从军多没不还者，子孙贫困，一旦亡出，从其亲戚，六也。又边人奴婢愁苦，欲亡者多，曰：'闻匈奴中乐，无奈候望急何！'然时有亡出塞者，七也。盗贼桀黠[14]，群辈犯法，如其窘急，亡走北出，则不可制，八也。起塞以来百有余年，非皆以土垣也[15]，或因山岩、石、木、溪谷、水门，稍稍平之，卒徒筑治，功费久远，不可胜计。臣恐议者不深虑其终始，欲以壹切省繇戍[16]，十年之外，百岁之内，卒有他变，障塞破坏，亭隧灭绝，当更发屯缮治[17]，累世之功不可卒复，九也。如罢戍卒，省候望，单于自以保塞守御，必深德汉，请求无已；小失其意，则不可测。开夷狄之隙，亏中国之固，十也。非所以永持至安，威制百蛮之长策也！"对奏，天子有诏："勿议罢边塞事。"使车骑将军嘉口谕单于曰："单于上书愿罢北塞吏士屯戍，子孙世世保塞。单于乡慕礼义，所以为民计者甚厚，此长久之策也。朕甚嘉之！中国四方皆有关梁障塞，非独以备塞外也，亦以防中国奸邪放纵，出为寇害，故明法度以专众心也。敬谕单于之意，朕无疑焉。为单于怪其不罢，故使嘉晓单于。"单于谢曰："愚不知大计，天子幸使大臣告语，甚厚！"

初，左伊秩訾为呼韩邪画计归汉，竟以安定。其后或谗伊秩訾自伐其功，常鞅鞅，呼韩邪疑之；伊秩訾惧诛，将其众千余人降汉，汉以为关内侯，食邑三百户，令佩其王印绶。及呼韩邪来朝，与伊秩訾相见，谢曰："王为我计甚厚，令匈奴至今安宁，王之力也，德岂可忘！我失王意，使王去，不复顾留，皆我过也。今欲白天子，请王归庭。"伊秩訾曰："单于赖天命，自归于汉，得以安宁，单于神灵，天子之佑也，我安得力！既已降汉，又复归匈奴，是两心也。愿为单于侍使于汉，不敢听命！"单于固请，不能得而归。

单于号王昭君为宁胡阏氏[18]；生一男伊屠智牙师，为右日逐王。

【注释】

①驩：通"欢"，欢心。 ②上谷：郡名。汉至晋，郡治在沮阳，即今河北怀来县东南。 ③习：熟悉。 ④暴桀：凶暴不顺。 ⑤辽东：今辽宁辽阳市老城区。 ⑥阴山：今内蒙古阴山山脉。 ⑦苑囿：畜养禽兽

的园地。 ⑧幕北：即漠北。 ⑨关梁：关，关门；梁，津梁，指水陆要会的地方。 ⑩觊（jì 冀）：非分地希望。 ⑪西羌：羌族，居地在我国的西部，汉代泛称为西羌。 ⑫乘塞：登之而守。 ⑬嫚（màn 慢）易：轻慢，戏侮。 ⑭桀黠（xiá 辖）：凶暴狡诈。 ⑮土垣：土筑的城墙。 ⑯壹切：即一切。 ⑰缮治：整治。 ⑱阏氏（yān zhī 淹支）：汉代匈奴王的正妻的称号。

皇太子冠[①]。

二月，御史大夫李延寿卒。

初，石显见冯奉世父子为公卿著名，女又为昭仪在内，显心欲附之，荐言："昭仪兄谒者逡修敕，宜侍帷幄[②]。"天子召见，欲以为侍中。逡请间言事。上闻逡言显专权，大怒，罢逡归郎官。及御史大夫缺，在位多举逡兄大鸿胪野王；上使尚书选第中二千石，而野王行能第一。上以问显，显曰："九卿无出野王者；然野王，亲昭仪兄，臣恐后世必以陛下度越众贤，私后宫亲以为三公。"上曰："善，吾不见是！"因谓群臣曰："吾用野王为三公，后世必谓我私后宫亲属，以野王为比。"三月，丙寅[③]，诏曰："刚强坚固，确然亡欲，大鸿胪野王是也。心辨善辞，可使四方，少府五鹿充宗是也。廉洁节俭，太子少傅张谭是也。其以少傅为御史大夫。"

河南太守九江召信臣为少府[④]。信臣先为南阳太守，后迁河南，治行常第一。视民如子，好为民兴利，躬劝耕稼，开通沟渎，户口增倍。吏民亲爱，号曰"召父"。

癸卯[⑤]，复孝惠皇帝寝庙园、孝文太后、孝昭太后寝园。

初，中书令石显尝欲以姊妻甘延寿，延寿不取[⑥]。及破郅支还，丞相、御史亦恶其矫制，皆不与延寿等。陈汤素贪，所卤获财物入塞[⑦]，多不法。司隶校尉移书道上，系吏士，按验之。汤上疏言："臣与吏士共诛郅支单于，幸得禽灭，万里振旅[⑧]，宜有使者迎劳道路。今司隶反逆收系按验，是为郅支报仇也！"上立出吏士，令县、道出酒食以过军。既至，论功，石显、匡衡以为："延寿、汤擅兴师矫制，幸得不诛；如复加爵土，则后奉使者争欲乘危徼幸，生事于蛮夷，为国招难。"帝内嘉延寿、汤功而重违衡、显之议，久之不决。

故宗正刘向上疏曰："郅支单于囚杀使者、吏士以百数，事暴扬外国，伤威毁重，群臣皆闵焉。陛下赫然欲诛之，意未尝有忘。西域都护延寿、副校尉汤，承圣指，倚神灵，总百蛮之君，揽城郭之兵，出百死，入绝域[9]，遂蹈康居，屠三重城[10]，搴歙侯之旗[11]，斩郅支之首，县旌万里之外，扬威昆山之西[12]，扫谷吉之耻，立昭明之功[13]，万夷慑伏，莫不惧震。呼韩邪单于见郅支已诛，且喜且惧，乡风驰义，稽首来宾，愿守北藩，累世称臣。立千载之功，建万世之安，群臣之勋莫大焉。昔周大夫方叔、吉甫为宣王诛猃狁而百蛮从，其诗曰：'啴啴焞焞[14]，如霆如雷。显允方叔，征伐猃狁，蛮荆来威。'《易》曰：'有嘉折首，获匪其丑。'言美诛首恶之人，而诸不顺者皆来从也。今延寿、汤所诛震，虽《易》之折首，《诗》之雷霆，不能及也。论大功者不录小过，举大美者不疵细瑕[15]。《司马法》曰：'军赏不逾月。'欲民速得为善之利也。盖急武功，重用人也。吉甫之归，周厚赐之，其诗曰：'吉甫燕喜，既多受祉。来归自镐[16]，我行永久。'千里之镐犹以为远，况万里之外，其勤至矣。延寿、汤既未获受祉之报，反屈捐命之功，久挫于刀笔之前，非所以厉有功，劝戎士也。昔齐桓前有尊周之功，后有灭项之罪，君子以功覆过而为之讳。贰师将军李广利，捐五万之师，靡亿万之费，经四年之劳，而仅获骏马三十匹，虽斩宛王母寡之首，犹不足以复费，其私罪恶甚多；孝武以为万里征伐，不录其过，遂封拜两侯、三卿、二千石百有余人。今康居之国，强于大宛，郅支之号，重于宛王，杀使者罪，甚于留马，而延寿、汤不烦汉士，不费斗粮；比于贰师，功德百之。且常惠随欲击之乌孙，郑吉迎自来之日逐，犹皆裂土受爵。故言威武勤劳，则大于方叔、吉甫；列功覆过，则优于齐桓、贰师；近事之功，则高于安远、长罗；而大功未著，小恶数布，臣窃痛之！宜以时解县，通籍，除过勿治，尊宠爵位，以劝有功。"于是天子下诏赦延寿、汤罪勿治，令公卿议封焉。议者以为宜如军法捕斩单于令。匡衡、石显以为"郅支本亡逃失国，窃号绝域，非真单于"。帝取安远侯郑吉故事，封千户；衡、显复争。夏，四月，戊辰，封延寿为义成侯，赐汤爵关内侯，食邑各三百户，加赐黄金百斤。拜延寿为长水校尉，汤为射声校尉。

于是杜钦上疏追讼冯奉世前破莎车功。上以先帝时事，不复录。钦，故御史大夫延年子也。

荀悦论曰：诚其功义足封，追录前事可也。《春秋》之义，毁泉台则恶之，舍中军则善之，各由其宜也。夫矫制之事，先王之所慎也，不得已而行之。若矫大而功小者，罪之可也；矫小而功大者，赏之可也；功过相敌，如斯而已可也。权其轻重而为之制宜焉。

【注释】

①冠：古代表示男子已成年而举行的加冠礼。 ②幄帷（wò wéi 沃唯）：宫室的帷幕。 ③丙寅：三月无此日。 ④九江召信臣：九江郡寿春（今安徽寿县）人，字翁卿。元帝时，曾任南阳太守。在南阳修渠筑坝数十处，灌田三万顷，并订立灌溉用水制度，对促进当地农业生产的发展起了重要作用。几年内，户口增加一倍，人尊称他为“召父”。后迁河南太守，在郡守中，治行常为第一。竟宁中，征为少府。 ⑤癸卯：三月无此日。 ⑥取：通“娶”。 ⑦卤获：俘获，掳掠。 ⑧振旅：整顿部队。 ⑨绝域：极远的地域。 ⑩屠：毁灭。 ⑪搴（qiān 佥）：拔取。 ⑫昆山：指昆仑山。 ⑬昭明：显明。 ⑭啴焞（tān tūn 滩吞）：多而威武。 ⑮疵（cī 刺）：毛病。 ⑯镐：北方地名。

初，太子少好经书，宽博谨慎；其后幸酒[①]，乐燕乐[②]，上不以为能。而山阳王康有材艺，母傅昭仪又爱幸，上以故常有意欲以山阳王为嗣。上晚年多疾，不亲政事，留好音乐；或置鼙鼓殿下[③]，天子自临轩槛上，陨铜丸以擿鼓[④]，声中严鼓之节。后宫及左右习知音者莫能为，而山阳王亦能之，上数称其材。史丹进曰：“凡所谓材者，敏而好学，温故知新，皇太子是也。若乃器人于丝竹鼓鼙之间，则是陈惠、李微高于匡衡，可相国也！”于是上嘿然而笑。

及上寝疾[⑤]，傅昭仪、山阳王康常在左右，而皇后、太子希得进见。上疾稍侵[⑥]，意忽忽不平[⑦]，数问尚书以景帝时立胶东王故事[⑧]。是时太子长舅阳平侯王凤为卫尉、侍中，与皇后、太子皆忧，不知所出。史丹以亲密臣得侍视疾，候上间独寝时，丹直入卧内，顿首伏青蒲上[⑨]，涕泣而言曰："皇太子以適长立，积十余年，名号系于百姓，天下莫不归心臣子。见山阳王雅素爱幸，今者道路流言，为国生意，以为太子有动摇之议。审若此，公卿以下必以死争，不奉诏。臣愿先赐死以示群臣！"天子素仁，不忍见丹涕泣，言又切至，意大感寤，喟然太息曰："吾日困劣[⑩]，太子、两王幼少，意中恋恋，亦何不念乎！然无有此议。且皇后谨慎，先帝又爱太子，吾岂可违指！驸马都尉安所受此语[⑪]？"丹即却，顿首曰："愚臣妄闻，罪当死！"上因纳，谓丹曰："吾病寖加，恐不能自还[⑫]，善辅道太子，毋违我意！"丹嘘唏而起[⑬]，太子由是遂定为嗣。而右将军、光禄大夫王商、中书令石显亦拥佑太子，颇有力焉。夏，五月，壬辰，帝崩于未央宫[⑭]。

班彪赞曰：臣外祖兄弟为元帝侍中，语臣曰："元帝多材艺，善史书，鼓琴瑟，吹洞箫，自度曲，被歌声，分刌节度，穷极幼眇。少而好儒；及即位，征用儒生，委之以政，贡、薛、韦、匡迭为宰相。而上牵制文义，优游不断，孝宣之业衰焉。然宽弘尽下，出于恭俭，号令温雅，有古之风烈。"

汉元帝渭陵

匡衡奏言："前以上体不平，故复诸所罢祠；卒不蒙福。案卫思后、戾太子、戾后园，亲未尽。孝惠、孝景庙，亲尽，宜毁。及太上皇、孝文、孝昭太后、昭灵后、昭哀后、武哀王祠，请悉罢勿奉。"奏可。

六月，己未，太子即皇帝位，谒高庙。尊皇太后曰太皇太后，皇后曰皇太后。以元舅侍中、卫尉、阳平侯王凤为大司马、大将军、领尚书事。

秋，七月，丙戌[15]，葬孝元皇帝于渭陵[16]。

大赦天下。

丞相衡上疏曰："陛下秉至孝，哀伤思慕，不绝于心，未有游虞弋射之宴[17]，诚隆于慎终追远，无穷已也。窃愿陛下虽圣性得之，犹复加圣心焉！《诗》云：'茕茕在疚[18]。'言成王丧毕思慕，意气未能平也。盖所以就文、武之业，崇大化之本也。臣又闻之师曰：'妃匹之际，生民之始，万福之原。婚姻之礼正，然后品物遂而天命全。'孔子论《诗》以《关雎》为始，此纲纪之首，王教之端也。自上世以来，三代兴废，未有不由此者也。愿陛下详览得失盛衰之效，以定大基，采有德，戒声色，近严敬，远技能！臣闻《六经》者，圣人所以统天地之心，著善恶之归，明吉凶之分，通人道之正，使不悖于其本性者也。及《论语》《孝经》，圣人言行之要，宜究其意。臣又闻圣王之自为，动静周旋，奉天承亲，临朝享臣，物有节文，以章人伦。盖钦翼祗栗，事天之容也；温恭敬逊，承亲之礼也；正躬严恪，临众之仪也；嘉惠和说，飨下之颜也。举错动作，物遵其仪，故形为仁义，动为法则。今正月初，幸路寝[19]，临朝贺，置酒以飨万方。《传》曰：'君子慎始。'愿陛下留神动静之节，使群下得望盛德休光，以立基桢，天下幸甚！"上敬纳其言。

【注释】

①幸酒：好酒。 ②燕乐：宴饮宾客所用的音乐，一般指俗乐。 ③鼙（pí 枇）鼓：古代用于祀神的鼓，属六鼓中雷鼓一类。 ④擿（zhì 掷）：同"掷"。 ⑤寝（qǐn）疾：卧病。 ⑥稍侵：指病情逐渐加重。 ⑦不平：指心情不定。 ⑧胶东王故事：见卷第十六景帝前六年。 ⑨青蒲：青色的蒲团。以青规地曰青蒲，自非皇后不得至此。 ⑩困劣：

精力不济。 ⑪安:代词,怎么。 ⑫不能自还:谓不能康复。 ⑬嘘唏(xū xī需息):叹息,哽咽。 ⑭帝:汉元帝,刘奭(前76—前33)。前49年至前33年在位。宣帝长子。好儒家学说。即位后,征用儒生,委之以政。先后任用贡禹、薛广德、韦玄成、匡衡等为丞相。西汉开始由盛渐衰。宦官石显、弘恭等与朝事,开后来宦官外戚迭相为政的局面。 ⑮丙戌:本月无此日。 ⑯渭陵:在陕西咸阳市东北,西安北五十六里。 ⑰游虞弋(yì 义)射:游戏娱乐射猎。 ⑱茕茕(qióng 穷):孤零的样子。 ⑲路寝:天子居住的地方。

资治通鉴卷第三十

汉纪二十二　起屠维赤奋若，尽著雍阉茂，凡十年。

孝成皇帝上之上

建始元年　春，正月，乙丑，悼考庙灾。

石显迁长信中太仆[①]，秩中二千石。显既失倚，离权，于是丞相、御史条奏显旧恶；及其党牢梁、陈顺皆免官，显与妻子徙归故郡，忧懑不食，道死[②]。诸所交结以显为官者，皆废罢；少府五鹿充宗左迁玄菟太守[③]，御史中丞伊嘉为雁门都尉。

司隶校尉涿郡王尊劾奏："丞相衡，御史大夫谭，知显等颛权擅势，大作威福，为海内患害，不以时白奏行罚；而阿谀曲从，附下罔上，怀邪迷国，无大臣辅政之义，皆不道！在赦令前。赦后，衡、谭举奏显，不自陈不忠之罪，而反扬著先帝任用倾覆之徒，妄言'百官畏之，甚于主上'；卑君尊臣，非所宜称，失大臣体！"于是衡惭惧，免冠谢罪，上

西汉席镇

丞相、侯印绶。天子以新即位,重伤大臣,乃左迁尊为高陵令[④]。然群下多是尊者。衡嘿嘿不自安[⑤],每有水旱,连乞骸骨让位;上辄以诏书慰抚,不许。

立故河间王元弟上郡库令良为河间王。

有星孛于营室。

赦天下。

壬子[⑥],封舅诸吏、光禄大夫、关内侯王崇为安成侯;赐舅谭、商、立、根、逢时爵关内侯。夏,四月,黄雾四塞,诏博问公卿大夫,无有所讳。谏大夫杨兴、博士驷胜等皆以为"阴盛侵阳之气也。高祖之约[⑦],非功臣不侯,今太后诸弟皆以无功为侯,外戚未曾有也,故天为见异"。于是大将军凤惧,上书乞骸骨,辞职;上优诏不许。

御史中丞东海薛宣上疏曰:"陛下至德仁厚,而嘉气尚凝,阴阳不和,殆吏多苛政。部刺史或不循守条职[⑧],举错各以其意,多与郡县事,至开私门,听谗佞,以求吏民过,谴呵及细微,责义不量力;郡县相迫促[⑨],亦内相刻,流至众庶。是故乡党阙于嘉宾之欢[⑩],九族忘其亲亲之恩,饮食周急之厚弥衰,送往劳来之礼不行。夫人道不通则阴阳否隔,和气不通,未必不由此也!《诗》云:'民之失德,干糇以愆[⑪]。'鄙语曰:'苛政不亲,烦苦伤恩。'方刺史奏事时,宜明申敕,使昭然知本朝之要务。"上嘉纳之。

八月,有两月相承,晨见东方。

冬,十二月,作长安南、北郊,罢甘泉、汾阴祠,及紫坛伪饰、女乐、鸾路、骍驹、龙马、石坛之属。

【注释】

①长信:汉宫名。　②石显(前?—前32):字君房,济南郡(今山东济南市章丘区西北)人。宣帝时,以中书官为仆射。元帝时为中书令。为人外巧慧而内阴险,常持诡辩以中伤人,先后谮杀萧望之、京房、贾捐之及斥罢周堪、刘更生等。贵幸倾朝,结党营私,天子赏赐及臣下贿赂的资财达一万万。成帝时迁长信中太仆,后免官、徙归故乡,忧闷不食,途中病死。　③五鹿充宗:复姓五鹿,字君孟,学梁丘《易》。任职少府。曾同诸《易》家辩论。他凭借权势,诸儒不敢同他争论,只有朱云多次把

他驳倒。当时人称“五鹿岳岳(长角的样子),朱云折其角”。 ④高陵:汉置高陵县,治所在今陕西西安市高陵区西南。 ⑤嘿嘿(mò 莫):同“默默”。沉默。 ⑥壬子:正月乙丑朔,无此日。 ⑦约:规约。 ⑧部刺史:西汉武帝时,分全国为十三部(州),部置刺史,以六条察问郡县。本为巡察官性质,其官阶低于郡守。 ⑨迫促:催促。 ⑩阙(quē 缺):少,也作“缺”。 ⑪干糇(hóu 侯):粗薄的食品。

二年 春,正月,罢雍五畤及陈宝祠[1],皆从匡衡之请也。辛巳,上始郊祀长安南郊。赦奉郊县及中都官耐罪徒[2];减天下赋钱,算四十。

闰月,以渭城延陵亭部为初陵。

三月,辛丑,上始祠后土于北郊。

丙午,立皇后许氏。后,车骑将军嘉之女也。元帝伤母恭哀后居位日浅而遭霍氏之辜,故选嘉女以配太子。

上自为太子时,以好色闻;及即位,皇太后诏采良家女以备后宫。大将军武库令杜钦说王凤曰:“礼,一娶九女,所以广嗣重祖也;娣侄虽缺不复补[3],所以养寿塞争也。故后妃有贞淑之行,则胤嗣有贤圣之君;制度有威仪之节,则人君有寿考之福。废而不由,则女德不厌;女德不厌,则寿命不究于高年。男子五十,好色未衰;妇人四十,容貌改前;以改前之容侍于未衰之年,而不以礼为制,则其原不可救而后徕异态[4];后徕异态,则正后自疑而支庶有间適之心;是以晋献被纳谗之谤,申生蒙无罪之辜。今圣主富于春秋,未有適嗣,方乡术入学[5],未亲后妃之议。将军辅政,宜因始初之隆,建九女之制,详择有行义之家,求淑女之质,毋必有声色技能,为万世大法。夫少戒之在色,《小卞》之作[6],可为寒心。唯将军常以为忧!”凤白之太后,太后以为故事无有;凤不能自立法度,循故事而已。凤素重钦,故置之莫府,国家政谋常与钦虑之,数称达名士,裨正阙失;当世善政多出于钦者。

夏,大旱。

匈奴呼韩邪单于嬖左伊秩訾兄女二人;长女颛渠阏氏生二子,长曰且莫车,次曰囊知牙斯;少女为大阏氏,生四子,长曰雕陶莫皋，次曰且麋胥，皆长于且莫车，少子咸、乐二人，皆小于囊知牙斯。又他阏氏子十余人。颛渠阏氏贵，且莫车爱，呼韩邪病且死，欲立且莫车。颛渠阏氏曰："匈奴乱十余年，不绝如发，赖蒙汉力，故得复安。今平定未久，人民创艾战斗。且莫车年少，百姓未附，恐复危国。我与大阏氏一家共子，不如立雕陶莫皋。"大阏氏曰："且莫车虽少，大臣共持国事。今舍贵立贱，后世必乱。"单于卒从颛渠阏氏计，立雕陶莫皋，约令传国与弟。呼韩邪死，雕陶莫皋立，为复株累若鞮单于⑦。复株累若鞮单于以且麋胥为左贤王，且莫车为左谷蠡王，囊知牙斯为右贤王。复株累单于复妻王昭君，生二女，长女云为须卜居次⑧，小女为当于居次⑨。

【注释】

①陈宝：神名。《史记·封禅书》："（秦）文公获若石云，于陈仓北阪城祠之。其神或岁不至，或岁数来，来也常以夜，光辉若流星，从东南来集于祠城，则若雄鸡，其声殷云，野鸡夜雊。以一牢祠，命曰陈宝。" ②耐：毛发貌。唐颜师古注："应劭曰：轻罪不至于髡，完其耏鬓，故曰耏。古耏字从'彡'，发肤之意也。杜林以为法度之字皆从'寸'，后改如是。" ③娣侄：同嫁一夫的妹妹为娣；同嫁一夫兄弟的女为侄。 ④徕（lái来）：招来。 ⑤乡：读"向"。 ⑥《小卞》：卞读"盘"。这首诗，是讽刺周幽王废申后立褒姒，哀伤太子被放逐，悯周室的衰落。 ⑦若鞮（dī堤）：匈奴单于名号。匈奴谓孝为若鞮。自呼韩邪降汉后，与汉亲密，见汉帝谥常为孝，很羡慕。至其子复株累单于以下皆称若鞮。 ⑧须卜：匈奴贵族。 ⑨当于：匈奴贵族。

三年 春，三月，赦天下徒。

秋，关内大雨四十余日。京师民相惊，言大水至；百姓奔走相蹂躏，老弱号呼，长安中大乱。天子亲御前殿，召公卿议。大将军凤以为："太后与上及后宫可御船，令吏民上长安城以避水。"群臣皆从凤议。左将军王商独曰："自古无道之国，水犹不冒城郭；今政治和平，世无兵革，上下相安，何因当有大水一日暴至，此必讹言也！不宜令上城，重惊百姓。"上乃止。有顷，长安中稍定；问之，果讹言。上于是美壮商之固守，数称其议；而凤大惭，自恨失言。

上欲专委任王凤，八月，策免车骑将军许嘉，以特进侯就朝位[①]。

张谭坐选举不实，免。冬，十月，光禄大夫尹忠为御史大夫。

十二月，戊申朔，日有食之。其夜，地震未央宫殿中。诏举贤良方正能直言极谏之士。杜钦及太常丞谷永上对，皆以为后宫女宠太盛，嫉妒专上，将害继嗣之咎。

越嶲山崩[②]。

丁丑，匡衡坐多取封邑四百顷，监临盗所主守直十金以上，免为庶人。

四年 春，正月，癸卯，陨石于亳四，陨于肥累二[③]。

罢中书宦官；初置尚书员五人[④]。

三月，甲申，以左将军乐昌侯王商为丞相。

夏，上悉召前所举直言之士，诣白虎殿对策。是时上委政王凤，议者多归咎焉。谷永知凤方见柄用，阴欲自托，乃曰："方今四夷宾服，皆为臣妾，北无荤粥、冒顿之患，南无赵佗、吕嘉之难，三垂晏然，靡有兵革之警。诸侯大者乃食数县，汉吏制其权柄，不得有为，无吴、楚、燕、梁之势。百官盘互，亲疏相错，骨肉大臣有申伯之忠，洞洞属属，小心畏忌，无重合、安阳、博陆之乱。三者无毛发之辜，窃恐陛下舍昭昭之白过，忽天地之明戒，听暗昧之瞽说[⑤]，归咎乎无辜，倚异乎政事，重失天心，不可之大者也。陛下诚深察愚臣之言，抗湛溺之意，解偏驳之爱，奋乾刚之威，平天覆之施，使列妾得人人更进，益纳宜子妇人，毋择好丑，毋避尝字，毋论年齿。推法言之，陛下得继嗣于微贱之间，乃反为福；得继嗣而已，母非有贱也。后宫女史、使令有直意者，广求于微贱之间，以遇天所开右，慰释皇太后之忧愠，解谢上帝之谴怒，则继嗣蕃滋，灾异讫息！"杜钦亦仿此意。上皆以其书示后宫，擢永为光禄大夫。

夏，四月，雨雪。

【注释】

①特进：汉制，列侯奉朝请在长安的，位次三公；赐位特进的，则在列侯之上，位也次三公。 ②越嶲：西汉元鼎六年（前111）置，治所在今四

川西昌市东南。 ③肥累：治所在今河北石家庄市藁城区西南。 ④尚书员五人：分为五曹：常侍尚书，主丞相、御史事；二千石尚书、主刺史、二千石事；户曹尚书，主庶人上书事；主客尚书，主外国事；三公曹，主断狱事。 ⑤瞽（gǔ 鼓）：眼瞎。

秋，桃、李实。

大雨水十余日，河决东郡金堤[1]。先是清河都尉冯逡奏言："郡承河下流，土壤轻脆易伤，顷所以阔无大害者，以屯氏河通，两川分流也。今屯氏河塞，灵鸣犊口又益不利，独一川兼受数河之任，虽高增堤防，终不能泄。如有霖雨，旬日不霁，必盈溢。九河故迹[2]，今既灭难明，屯氏河新绝未久，其处易浚；又其口所居高，于以分杀水力，道里便宜，可复浚以助大河，泄暴水，备非常。不豫修治，北决病四、五郡，南决病十余郡，然后忧之，晚矣！"事下丞相、御史，白遣博士许商行视，以为"方用度不足，可且勿浚"。后三岁，河果决于馆陶及东郡金堤，泛滥兖、豫及平原、千乘、济南，凡灌四郡、三十二县，水居地十五万余顷，深者三丈；坏败官亭、室庐且四万所。

冬，十一月，御史大夫尹忠以对方略疏阔，上切责其不忧职，自杀。遣大司农非调调均钱谷河决所灌之郡，谒者二人发河南以东船五百艘，徙民避水居丘陵九万七千余口。

壬戌，以少府张忠为御史大夫。

南山群盗傰宗等数百人为吏民害[3]。诏发兵千人逐捕，岁余不能禽。或说大将军凤，以"贼数百人在毂下，讨不能得，难以示四夷；独选贤京兆尹乃可"。于是凤荐故高陵令王尊，征为谏大夫，守京辅都尉，行京兆尹事。旬月间，盗贼清；后拜为京兆尹。

上即位之初，丞相匡衡复奏："射声校尉陈汤以吏二千石奉使，颛命蛮夷中，不正身以先下，而盗所收康居财物，戒官属曰：'绝域事不覆校。'虽在赦前，不宜处位。"汤坐免。

后汤上言："康居王侍子，非王子。"按验，实王子也。汤下狱当死。太中大夫谷永上疏讼汤曰："臣闻楚有子玉得臣，文公为之仄席而坐；赵有廉颇、马服，强秦不敢窥兵井陉[4]；近汉有郅都、魏尚,匈奴不敢南乡沙幕。由是言之,战克之将,国之爪牙,不可不重也。盖君子闻鼓鼙之声,则思将帅之臣。窃见关内侯陈汤,前斩郅支,威震百蛮,武畅西海,汉元以来,征伐方外之将,未尝有也!今汤坐言事非是,幽囚久系,历时不决,执宪之吏欲致之大辟。昔白起为秦将,南拔郢都,北坑赵括,以纤介之过,赐死杜邮;秦民怜之,莫不陨涕。今汤亲秉钺,席卷、喋血万里之外,荐功祖庙,告类上帝,介胄之士靡不慕义。以言事为罪,无赫赫之恶。《周书》曰:'记人之功,忘人之过,宜为君者也。'夫犬马有劳于人,尚加帷盖之报,况国之功臣者哉!窃恐陛下忽于鼙鼓之声,不察《周书》之意,而忘帷盖之施⑤,庸臣遇汤,卒从吏议,使百姓介然有秦民之恨,非所以厉死难之臣也!"书奏,天子出汤,夺爵为士伍。

会西域都护段会宗为乌孙兵所围,驿骑上书,愿发城郭、敦煌兵以自救;丞相商、大将军凤及百僚议数日不决。凤言:"陈汤多筹策,习外国事,可问。"上召汤见宣室。汤击郅支时中寒,病两臂不屈申;汤入见,有诏毋拜,示以会宗奏。汤对曰:"臣以为此必无可忧也。"上曰:"何以言之?"汤曰:"夫胡兵五而当汉兵一,何者?兵刃朴钝,弓弩不利。今闻颇得汉巧,然犹三而当一。又《兵法》曰:'客倍而主人半,然后敌。'今围会宗者人众不足以胜会宗,唯陛下勿忧!且兵轻行五十里,重行三十里,今会宗欲发城郭、敦煌,历时乃至,所谓报仇之兵,非救急之用也。"上曰:"奈何?其解可必乎?度何时解?"汤知乌孙瓦合,不能久攻,故事不过数日,因对曰:"已解矣!"屈指计其日,曰:"不出五日,当有吉语闻。"居四日,军书到,言已解。大将军凤奏以为从事中郎,莫府事壹决于汤。

【注释】

①东郡:治所在今河南濮阳县西南。 ②九河故迹:夏禹疏九河。《尔雅》载:"一徒骇,二太史,三马颊,四覆釜,五胡苏,六简,七洁,八钩盘,九鬲津。" ③倗(péng 朋):姓。 ④井陉:井陉关。在今河北井陉县西北井陉山上。 ⑤帷盖:车的帷幔和顶盖。《礼记·檀弓下》:"敝帷不弃,为埋马也;敝盖不弃,为埋狗也。"

河平元年 春，杜钦荐犍为王延世于王凤，使塞决河。凤以延世为河堤使者。延世以竹落长四丈，大九围，盛以小石，两船夹载而下之。三十六日，河堤成。三月，诏以延世为光禄大夫，秩中二千石，赐爵关内侯、黄金百斤。

夏，四月，己亥晦，日有食之。诏公卿百僚陈过失，无有所讳；大赦天下。光禄大夫刘向对曰："四月交于五月，月同孝惠，日同孝昭，其占恐害继嗣。"是时许皇后专宠，后宫希得进见，中外皆忧上无继嗣，故杜钦、谷永及向所对皆及之。上于是减省椒房、掖庭用度[1]，服御、舆驾所发诸官署及所造作，遗赐外家、群臣妾，皆如竟宁以前故事。

皇后上疏自陈，以为："时世异制，长短相补，不出汉制而已，纤微之间未必可同。若竟宁前与黄龙前，岂相放哉？家吏不晓，今壹受诏如此，且使妾摇手不得。设妾欲作某屏风张于某所，曰：'故事无有。'或不能得，则必绳妾以诏书矣。此诚不可行，唯陛下省察！故事，以特牛祠大父母[2]，戴侯、敬侯皆得蒙恩以太牢祠[3]，今当率如故事，唯陛下哀之！今吏甫受诏读记，直豫言使后知之，非可复若私府有所取也。其萌牙所以约制妾者，恐失人理。唯陛下深察焉！"

上于是采谷永、刘向所言灾异咎验皆在后宫之意以报之，且曰："吏拘于法，亦安足过！盖矫枉者过直，古今同之。且财币之省，特牛之祠，其于皇后，所以扶助德美，为华宠也。咎根不除，灾变相袭，祖宗且不血食[4]，何戴侯也！传不云乎'以约失之者鲜'，审皇后欲从其奢与？朕亦当法孝武皇帝也，如此，则甘泉、建章可复兴矣。孝文皇帝，朕之

刘向像

师也。皇太后，皇后成法也。假使太后在彼时不如职，今见亲厚，又恶可以逾乎！皇后其刻心秉德，谦约为右，垂则列妾，使有法焉！”

给事中平陵平当上言[5]：“太上皇，汉之始祖，废其寝庙园，非是。”上亦以无继嗣，遂纳当言。秋，九月，复太上皇寝庙园。

诏曰：“今大辟之刑千有余条，律令烦多，百有余万言；奇请、他比，日以益滋。自明习者不知所由，欲以晓喻众庶，不亦难乎！于以罗元元之民，夭绝亡辜，岂不哀哉！其议减死刑及可蠲除约省者，令较然易知，条奏！”时有司不能广宣上意，徒钩摭微细[6]，毛举数事，以塞诏而已。

匈奴单于遣右皋林王伊邪莫演等奉献，朝正月。

【注释】

①椒房：汉朝皇后所居的宫殿，以椒和泥涂壁，取温、香、多子的意义。掖（yè 夜）庭：宫中旁舍，妃嫔居住的地方。　②特牛：指一头牛。③牢：指牛、羊、猪各一头。　④血食：古时杀牲取血，用以祭祀，故名。⑤平陵：西汉昭帝时置，治所在今陕西咸阳市西北。　⑥钩摭：犹钩稽、求取。

二年　春，伊邪莫演罢归，自言欲降，“即不受我，我自杀，终不敢还归”。使者以闻，下公卿议。议者或言：“宜如故事，受其降。”光禄大夫谷永、议郎杜钦以为：“汉兴，匈奴数为边害，故设金爵之赏以待降者。今单于屈体称臣，列为北藩，遣使朝贺，无有二心；汉家接之，宜异于往时。今既享单于聘贡之质，而更受其逋逃之臣，是贪一夫之得而失一国之心，拥有罪之臣而绝慕义之君也。假令单于初立，欲委身中国，未知利害，私使伊邪莫演诈降以卜吉凶，受之，亏德沮善，令单于自疏，不亲边吏；或者设为反间，欲因以生隙，受之，适合其策，使得归曲而责直；此诚边境安危之原，师旅动静之首，不可不详也。不如勿受，以昭日月之信，抑诈谖之谋，怀附亲之心，便！”对奏，天子从之。遣中郎将王舜往问降状，伊邪莫演曰：“我病狂，妄言耳。”遣去。归到，官位如故，不肯令见汉使。

夏，四月，楚国雨雹[①]，大如釜[②]。

徙山阳王康为定陶王。

六月，上悉封诸舅：王谭为平阿侯，商为成都侯，立为红阳侯，根为曲阳侯，逢时为高平侯。五人同日封，故世谓之“五侯”。太后母李氏更嫁为河内苟宾妻[③]，生子参；太后欲以田蚡为比而封之。上曰：“封田氏，非正也！”以参为侍中、水衡都尉。

御史大夫张忠奏京兆尹王尊暴虐倨慢[④]，尊坐免官；吏民多称惜之。湖三老公乘兴等上书讼[⑤]：“尊治京兆，拨剧整乱，诛暴禁邪，皆前所希有，名将所不及；虽拜为真，未有殊绝褒赏加于尊身。今御史大夫奏尊‘伤害阴阳，为国家忧，无承用诏书意，靖言庸违，象恭滔天’。原其所以，出御史丞杨辅，素与尊有私怨，外依公事建画为此议，傅致奏文，浸润加诬，臣等窃痛伤。尊修身洁己，砥节首公，刺讥不惮将相，诛恶不避豪强，诛不制之贼，解国家之忧，功著职修，威信不废，诚国家爪牙之吏，折冲之臣。今一旦无辜制于仇人之手，伤于诋欺之文，上不得以功除罪，下不得蒙棘木之听，独掩怨仇之偏奏，被共工之大恶，无所陈冤愬罪[⑥]。尊以京师废乱，群盗并兴，选贤征用，起家为卿；贼乱既除，豪猾伏辜，即以佞巧废黜。一尊之身，三期之间，乍贤乍佞，岂不甚哉！孔子曰：‘爱之欲其生，恶之欲其死，是惑也。’‘浸润之谮不行焉，可谓明矣。’愿下公卿、大夫、博士、议郎定尊素行！夫人臣而‘伤害阴阳’，死诛之罪也；‘靖言庸违’，放殛之刑也。审如御史章，尊乃当伏观阙之诛，放于无人之域，不得苟免；及任举尊者，当获选举之辜，不可但已。即不如章，饰文深诋以愬无罪，亦宜有诛，以惩谗贼之口，绝诈欺之路。唯明主参详，使白黑分别！”书奏，天子复以尊为徐州刺史。

【注释】

①楚国：西汉初置，治所在彭城县（今江苏徐州市）。地节元年（前69），改为彭城郡。黄龙元年（前49）复名楚国。　②釜（fǔ 斧）：古代的炊事工具，相当于现在的锅。　③河内：西汉高帝二年（前205）置郡，治所在怀县（今河南武陟县西南）。　④倨慢（jù màn 据曼）：骄傲自大。⑤湖：西汉设置湖县，治所在今河南灵宝市西北。　⑥愬（sù 速）：同

"诉"。

夜郎王兴、钩町王禹、漏卧侯俞更举兵相攻[①]。牂柯太守请发兵诛兴等[②]。议者以为道远不可击,乃遣太中大夫蜀郡张匡持节和解。兴等不从命,刻木象汉吏,立道旁,射之。

杜钦说大将军王凤曰:"蛮夷王侯轻易汉使,不惮国威,恐议者选耎[③],复守和解;太守察动静有变,乃以闻。如此,则复旷一时,王侯得收猎其众,申固其谋,党助众多,各不胜忿,必相殄灭。自知罪成,狂犯守尉,远臧温暑毒草之地;虽有孙、吴将,贲、育士,若入水火,往必焦没,智勇亡所施。屯田守之,费不可胜量。宜因其罪恶未成,未疑汉家加诛,阴敕旁郡守尉练士马,大司农豫调谷积要害处,选任职太守往,以秋凉时入,诛其王侯尤不轨者。即以为不毛之地,无用之民,圣王不以劳中国,宜罢郡,放弃其民,绝其王侯勿复通。如以先帝所立累世之功不可堕坏,亦宜因其萌牙,早断绝之,及已成形然后战师,则万姓被害。"于是凤荐金城司马临邛陈立为牂柯太守[④]。

立至牂柯谕告夜郎王兴,兴不从命;立请诛之,未报。乃从吏数十人出行县,至兴国且同亭,召兴。兴将数千人往至亭,从邑君数十人入见立。立数责,因断头。邑君曰:"将军诛无状,为民除害,愿出晓士众!"以兴头示之,皆释兵降。钩町王禹、漏卧侯俞震恐,入粟千斛、牛羊劳吏士。立还归郡。

兴妻父翁指,与子邪务收余兵,迫胁旁二十二邑反。至冬,立奏募诸夷,与都尉、长史分将攻翁指等。翁指据厄为垒,立使奇兵绝其饷道,纵反间以诱其众。都尉万年曰:"兵久不决,费不可共。"引兵独进;败走,趋立营。立怒,叱戏下令格之。都尉复还战,立救之。时天大旱,立攻绝其水道。蛮夷共斩翁指,持首出降,西夷遂平。

【注释】

①夜郎:县名。汉置,治所在今云南宣威市境。钩町:县名。汉置,治所在今云南通海县境。漏卧:县名。汉置,治所在今云南罗平县境。

②牂柯(zāng kē 臧苛):郡名。西汉元鼎元年(前111)置,治所在今贵

州。 ③选耎（ruǎn 软）：胆小、懦弱。 ④临邛（qióng 穷）：县名。秦置，治所在今四川邛崃市。

三年 春，正月，楚王嚣来朝。二月，乙亥，诏以嚣素行纯茂，特加显异，封其子勋为广戚侯。

丙戌，犍为地震[①]，山崩，壅江水，水逆流。

秋，八月，乙卯晦，日有食之。

上以中秘书颇散亡[②]，使谒者陈农求遗书于天下。诏光禄大夫刘向校经传、诸子、诗赋，步兵校尉任宏校兵书，太史令尹咸校数术，侍医李柱国校方技[③]。每一书已，向辄条其篇目，撮其指意，录而奏之。

刘向以王氏权位太盛，而上方向《诗》《书》古文，向乃因《尚书·洪范》，集合上古以来，历春秋、六国至秦、汉符瑞[④]、灾异之记，推迹行事，连傅祸福，著其占验，比类相从，各有条目，凡十一篇，号曰《洪范五行传论》，奏之。天子心知向忠精，故为凤兄弟起此论也；然终不能夺王氏权。

河复决平原[⑤]，流入济南、千乘[⑥]，所坏败者半建始时。复遣王延世与丞相史杨焉及将作大匠许商、谏大夫乘马延年同作治，六月乃成。复赐延世黄金百斤。治河卒非受平贾者，为著外徭六月。

四年 春，正月，匈奴单于来朝。

赦天下徒。

三月，癸丑朔，日有食之。

琅邪太守杨彤与王凤连昏[⑦]，其郡有灾害，丞相王商按问之[⑧]。凤以为请，商不听，竟奏免彤，奏果寝不下。凤以是怨商，阴求其短，使频阳耿定上书，言"商与父傅婢通；及女弟淫乱，奴杀其私夫，疑商教使"。天子以为暗昧之过，不足以伤大臣。凤固争，下其事司隶。太中大夫蜀郡张匡，素佞巧，复上书极言诋毁商。有司奏请召商诣诏狱。上素重商，知匡言多险，制曰："勿治！"凤固争之。夏，四月，壬寅，诏收商丞相印绶。商免相三日，发病，欧血薨，谥曰戾侯。而商子弟亲属为驸马都尉、侍中、中常侍、诸曹、大夫、郎吏者，皆出补吏，莫得留给事、宿卫者。有司奏请除国邑；有诏：“长子安嗣爵为乐昌侯。”

上之为太子也，受《论语》于莲勺张禹[9]，及即位，赐爵关内侯，拜为诸吏、光禄大夫，秩中二千石，给事中，领尚书事。禹与王凤并领尚书，内不自安，数病，上书乞骸骨，欲退避凤；上不许，抚待愈厚。六月，丙戌，以禹为丞相，封安昌侯。

庚戌，楚孝王嚣薨。

初，武帝通西域，罽宾自以绝远，汉兵不能至，独不服，数剽杀汉使。久之，汉使者文忠与容屈王子阴末赴合谋攻杀其王；立阴末赴为罽宾王。后军候赵德使罽宾，与阴末赴相失；阴末赴锁琅当德，杀副已下七十余人，遣使者上书谢。孝元帝以其绝域，不录，放其使者于县度[10]，绝而不通。

及帝即位，复遣使谢罪。汉欲遣使者报送其使。杜钦说王凤曰：“前罽宾王阴末赴，本汉所立，后卒畔逆。夫德莫大于有国子民，罪莫大于执杀使者，所以不报恩，不惧诛者，自知绝远；兵不至也。有求则卑辞，无欲则骄慢，终不可怀服。凡中国所以为通厚蛮夷，惬快其求者，为壤比而为寇。今县度之厄，非罽宾所能越也；其乡慕，不足以安西域；虽不附，不能危城郭。前亲逆节，恶暴西域，故绝而不通；今悔过来，而无亲属、贵人，奉献者皆行贾贱人，欲通货市买，以献为名，故烦使者送至县度，恐失实见欺。凡遣使送客者，欲为防护寇害也。起皮山[11]，南更不属汉之国四、五，斥候士百余人，五分夜击刁斗自守，尚时为所侵盗。驴畜负粮，须诸国禀食，得以自赡。国或贫小不能食，或桀黠不肯给，拥强汉之节，馁山谷之间，乞匄无所得，离一、二旬，则人畜弃捐旷野而不反。又历大头痛、小头痛之山，赤土、身热之阪，令人身热无色，头痛呕吐，驴畜尽然。又有三池盘、石阪道，狭者尺六七寸，长者径三十里，临峥嵘不测之深，行者骑步相持，绳索相引，二千余里，乃到县度。畜坠，未半坑谷尽靡碎；人坠，势不得相收视；险阻危害，不可胜言。圣王分九州，制五服，务盛内，不求外；今遣使者承至尊之命，送蛮夷之贾，劳吏士之众，涉危难之路，罢敝所恃以事无用，非久长计也。使者业已受节，可至皮山而还。”于是凤白从钦言。罽宾实利赏赐贾市,其使数年而壹至云。

【注释】

①犍为:郡名。西汉置,治所在今四川彭州市东。 ②亡:失也。 ③方技:指医药之类的书。 ④符瑞:祥瑞的征兆,犹言吉兆。 ⑤平原:指今山东平原县西南。 ⑥千乘:指今山东高青县苑城北。 ⑦连昏:联姻,姻亲。 ⑧王商(前? —前25):蠡吾(今河北博野县)人,字子威。父乐昌侯王武为宣帝舅。成帝建始四年代匡衡为丞相,有威重。在位五年,为王凤诬奏淫乱事免官,发病呕血死。 ⑨莲勺:县名。西汉置,治所在今陕西渭南市北下邽镇东北。 ⑩县(xuán 玄)度:汉时西域山名。其地在皮山国以西,罽宾国之东。 ⑪皮山:国名。又作皮亢国、蒲山国。汉西域城国。国都在皮山城(今新疆皮山县境)。前60年后属西域都护府。

阳朔元年 春,二月,丁未晦,日有食之。

三月,赦天下徒。

冬,京兆尹泰山王章下狱[①],死。

时大将军凤用事,上谦让无所颛。左右尝荐光禄大夫刘向少子歆通达有异材,上召见,歆诵读诗赋,甚悦之,欲以为中常侍;召取衣冠,临当拜,左右皆曰:"未晓大将军。"上曰:"此小事,何须关大将军!"左右叩头争之,上于是语凤,凤以为不可,乃止。

王氏子弟皆卿、大夫、侍中、诸曹,分据势官,满朝廷。杜钦见凤专政太重,戒之曰:"愿将军由周公之谦惧,损穰侯之威,放武安之欲,毋使范雎之徒得间其说!"凤不听。

时上无继嗣,体常不平。定陶共王来朝,太后与上承先帝意,遇共王甚厚,赏赐十倍于他王,不以往事为纤介[②];留之京师,不遣归国。上谓共王:"我未有子,人命不讳,一朝有他,且不复相见,尔长留侍我矣!"其后天子疾益有瘳,共王因留国邸,旦夕侍上;上甚亲重之。大将军凤心不便共王在京师,会日食,凤因言:"日食,阴盛之象。定陶王虽亲,于礼当奉藩在国;今留侍京师,诡正非常,故天见戒,宜遣王之国!"上不得已于凤而许之。共王辞去,上与相对涕泣而决。

王章像

王章素刚直敢言，虽为凤所举，非凤专权，不亲附凤，乃奏封事，言“日食之咎，皆凤专权蔽主之过”。上召见章，延问以事。章对曰：“天道聪明，佑善而灾恶，以瑞应为符效。今陛下以未有继嗣，引近定陶王，所以承宗庙，重社稷，上顺天心，下安百姓，此正议善事，当有祥瑞，何故致灾异！灾异之发，为大臣专政者也。今闻大将军猥归日食之咎于定陶王，建遣之国，苟欲使天子孤立于上，颛擅朝事以便其私，非忠臣也。且日食，阴侵阳，臣颛君之咎。今政事大小皆自凤出，天子曾不壹举手，凤不内省责，反归咎善人，推远定陶王。且凤诬罔不忠，非一事也。前丞相乐昌侯商，本以先帝外属，内行笃，有威重，位历将相，国家柱石臣也，其人守正，不肯屈节随凤委曲；卒用闺门之事为凤所罢，身以忧死，众庶愍之。又凤知其小妇弟张美人已尝适人，于礼不宜配御至尊，托以为宜子，内之后宫，苟以私其妻弟；闻张美人未尝任身就馆也。且羌、胡尚杀首子以荡肠正世，况于天子，而近已出之女也！此三者皆大事，陛下所自见，足以知其余及他所不见者。凤不可令久典事，宜退使就第，选忠贤以代之！”

自凤之白罢商，后遣定陶王也，上不能平；及闻章言，天子感寤，纳之，谓章曰：“微京兆尹直言，吾不闻社稷计。且唯贤知贤，君试为朕求可以自辅者。”于是章奏封事，荐信都王舅琅邪太守冯野王，忠信质直，智谋有余。上自为太子时，数闻野王名，方倚欲以代凤。章每召见，上辄辟左右。时太后从弟子侍中音独侧听，具知章言，以语凤，凤闻之，甚忧惧。杜钦令凤出就第，上疏乞骸骨,其辞指甚哀。太后闻之,为垂涕,不御食。上少而亲倚凤,弗忍废,乃优诏报凤,强起之;于是凤起视事。

上使尚书劾奏章:“知野王前以王舅出补吏,而私荐之,欲令在朝,阿附诸侯;又知张美人体御至尊,而妄称引羌胡杀子荡肠,非所宜言。”下章吏。廷尉致其大逆罪,以为“比上夷狄,欲绝继嗣之端;背畔天子,私为定陶王”。章竟死狱中,妻子徙合浦[③]。自是公卿见凤,侧目而视。

冯野王惧不自安,遂病;满三月,赐告,与妻子归杜陵就医药[④]。大将军凤风御史中丞劾奏“野王赐告养病而私自便[⑤],持虎符出界归家[⑥],奉诏不敬”。杜钦奏记于凤曰:“二千石病,赐告得归,有故事;不得去郡,亡著令。《传》曰‘赏疑从予’,所以广恩劝功也;‘罚疑从去’,所以慎刑,阙难知也。今释令与故事而假不敬之法,甚违‘阙疑从去’之意。即以二千石守千里之地,任兵马之重,不宜去郡,将以制刑为后法者,则野王之罪在未制令前也。刑赏大信,不可不慎!”凤不听,竟免野王官。

时众庶多冤王章讥朝廷者,钦欲救其过,复说凤曰:“京兆尹章,所坐事密,自京师不晓,况于远方!恐天下不知章实有罪,而以为坐言事。如是,塞争引之原,损宽明之德。钦愚以为宜因章事举直言极谏,并见郎从官,展尽其意,加于往前,以明示四方,使天下咸知主上圣明,不以言罪下也。若此,则流言消释,疑惑著明。”凤白行其策焉。

是岁,陈留太守薛宣为左冯翊[⑦]。宣为郡,所至有声迹。宣子惠为彭城令[⑧],宣尝过其县,心知惠不能,不问以吏事。或问宣:“何不教戒惠以吏职?”宣笑曰:“吏道以法令为师,可问而知;及能与不能,自有资材,何可学也!”众人传称,以宣言为然。

【注释】

①王章(前?—前24):巨平(今山东泰安市)人,字仲卿。少贫,卧牛衣中,与妻对泣。以文学为官。成帝征为谏议大夫、京兆尹,时帝舅王凤辅政,章上封事力言凤不可用,宜更选忠贤。遂为凤所陷害。下狱死。妻子皆徙合浦。 ②纤介:细微之意。 ③合浦:县名。西汉置,治所在今广西合浦县东北归州。 ④杜陵:县名。西汉元康元年(前65)以杜

县改名，治所在今陕西西安市东南。 ⑤风(旧读 fěng 讽)：用委婉的语言暗示。 ⑥虎符：兵符，古代调兵遣将的信物。铜铸，虎形，背有铭文，分两半，右半留中，左半授予统兵将帅或地方长官。 ⑦陈留：郡名。西汉元狩元年(前122)置，治所在陈留县(今河南开封市东南陈留城)。 ⑧彭城：县名。秦置，治所即今江苏徐州市。

二年 春，三月，大赦天下。

御史大夫张忠卒。

夏，四月，丁卯，以侍中、太仆王音为御史大夫。于是王氏愈盛，郡国守相、刺史皆出其门下。五侯群弟争为奢侈，赂遗珍宝[①]，四面而至，皆通敏人事，好士养贤，倾财施予以相高尚；宾客满门，竞为之声誉。刘向谓陈汤曰："今灾异如此，而外家日盛，其渐必危刘氏。吾幸得以同姓末属，累世蒙汉厚恩，身为宗室遗老，历事三主[②]。上以我先帝旧臣，每进见，常加优礼。吾而不言，孰当言者！"遂上封事极谏曰[③]："臣闻人君莫不欲安，然而常危；莫不欲存，然而常亡；失御臣之术也[④]。夫大臣操权柄，持国政，未有不为害者也。故《书》曰：'臣之有作威作福，害于而家，凶于而国。'孔子曰'禄去公室，政逮大夫'，危亡之兆也。今王氏一姓，乘朱轮华毂者二十三人[⑤]，青、紫、貂、蝉充盈幄内[⑥]，鱼鳞左右。大将军秉事用权，五侯骄奢僭盛[⑦]，并作威福，击断自恣[⑧]，行污而寄治，身私而托公，依东宫之尊，假甥舅之亲，以为威重。尚书、九卿、州牧、郡守皆出其门，管执枢机，朋党比周[⑨]；称誉者登进，忤恨者诛伤；游谈者助之说，执政者为之言。排摈宗室[⑩]，孤弱公族[⑪]，其有智能者，尤非毁而不进，远绝宗室之任，不令得给事朝省，恐其与己分权；数称燕王、盖主以疑上心，避讳吕、霍而弗肯称。内有管、蔡之萌，外假周公之论，兄弟据重，宗族磐互[⑫]，历上古至秦、汉，外戚僭贵未有如王氏者也。物盛必有非常之变先见，为其人微象。孝昭帝时，冠石立于泰山，仆柳起于上林，而孝宣帝即位。今王氏先祖坟墓在济南者，其梓柱生枝叶，扶疏上出屋，根臿地中，虽立石起柳，无以过此之明也。事势不两大，王氏与刘氏亦且不并立，如下有泰山之安，则上有累卵之危[⑬]。陛下为人子孙，守持宗庙，而令国祚移于外亲,降为皂隶,纵不为身,奈宗庙何!妇人内夫家而外父母家,此亦非皇太后之福也。孝宣皇帝不与舅平昌侯权,所以全安之也。夫明者起福于无形,销患于未然,宜发明诏,吐德音,援近宗室,亲而纳信,黜远外戚,毋授以政。皆罢令就弟,以则效先帝之所行,厚安外戚,全其宗族,诚东宫之意,外家之福也。王氏永存,保其爵禄,刘氏长安,不失社稷,所以褒睦外内之姓,子子孙孙无疆之计也。如不行此策,田氏复见于今,六卿必起于汉,为后嗣忧,昭昭甚明。唯陛下深留圣思!”书奏,天子召见向,叹息悲伤其意,谓曰:“君且休矣,吾将思之!”然终不能用其言。

秋,关东大水。

八月,甲申,定陶共王康薨。

是岁,徙信都王兴为中山王。

【注释】

①赂遗:贿赂的财物。　②三主:指宣帝、元帝、成帝。　③极谏:尽力规劝。古时多用于臣下对君主。　④术:办法、技术、主张、策略。　⑤朱轮华毂:红漆车轮,彩绘车毂。古代贵官所乘的车。　⑥青、紫、貂、蝉:汉制,列侯,紫绶;二千石,青绶;侍中、中常侍,皆银珰左貂、金附蝉。　⑦僭(jiàn 贱):超越本分。　⑧自恣:放任,为所欲为。　⑨朋党比周:结党营私,排斥异己。　⑩排摈(bìn 宾):排斥、摈除。　⑪孤弱:势孤力弱。　⑫磐互:交相勾连。　⑬累卵:堆积起来的蛋,极易倾倒打碎,比喻非常危险。

资治通鉴卷第三十一

汉纪二十三　起屠维大渊献，尽强圉协洽，凡九年。

孝成皇帝上之下

阳朔三年　春，三月，壬戌[①]，陨石东郡八[②]。

夏，六月，颍川铁官徒申屠圣等百八十人杀长吏[③]，盗库兵，自称将军，经历九郡。遣丞相长史、御史中丞逐捕，以军兴从事[④]，皆伏辜。

秋，王凤疾，天子数自临问，亲执其手涕泣曰："将军病，如有不可言，平阿侯谭次将军矣！"凤顿首泣曰："谭等虽与臣至亲，行皆奢僭，无以率导百姓，不如御史大夫音谨敕，臣敢以死保之！"及凤且死，上疏谢上，复固荐音自代，言谭等五人必不可用[⑤]；天子然之。初，谭倨，不肯事凤，而音敬凤，卑恭如子，故凤荐之。八月，丁巳，凤薨。九月，甲子，以王音为大司马、车骑将军，而王谭位特进，领城门兵。安定太守谷永以谭失职，劝谭辞让，不受城门职；由是谭、音相与不平[⑥]。

冬，十一月，丁卯，光禄勋于永为御史大夫。永，定国之子也。

四年　春，二月，赦天下。

夏，四月，雨雪。

秋，九月，壬申，东平思王宇薨。

少府王骏为京兆尹。骏，吉之子也。先是，京兆有赵广汉、张敞、王尊、王章，至骏，皆有能名，故京师称曰："前有赵、张，后有三王。”

闰月，壬戌，于永卒。

乌孙小昆弥乌就屠死，子拊离代立；为弟日贰所杀。汉遣使者立拊离子安日为小昆弥。日贰亡阻康居；安日使贵人姑莫匿等三人诈亡从日贰，刺杀之。于是西域诸国上书，愿复得前都护段会宗；上从之。城郭诸国闻之，皆翕然亲附⑦。

谷永奏言：“圣王不以名誉加于实效；御史大夫任重职大，少府宣达于从政，唯陛下留神考察！”上然之。

鸿嘉元年 春，正月，癸巳，以薛宣为御史大夫。

二月，壬午，上行幸初陵，赦作徒；以新丰之戏乡为昌陵县⑧，奉初陵。

上始为微行⑨，从期门郎或私奴十余人，或乘小车，或皆骑，出入市里郊野，远至旁县甘泉、长杨、五柞，斗鸡、走马，常自称富平侯家人。富平侯者，张安世四世孙放也。放父临，尚敬武公主，生放，放为侍中、中郎将，娶许皇后女弟，当时宠幸无比，故假称之。

三月，庚戌，张禹以老病罢，以列侯朝朔、望，位特进，见礼如丞相；赏赐前后数千万。

夏，四月，庚辰，薛宣为丞相，封高阳侯；京兆尹王骏为御史大夫。

王音既以从舅越亲用事，小心亲职。上以音自御史大夫入为将军，不获宰相之封，六月，乙巳⑩，封音为安阳侯。

冬，黄龙见真定⑪。

是岁，匈奴复株累单于死，弟且糜胥立，为搜谐若鞮单于；遣子左祝都韩王呴留斯侯入侍，以且莫车为左贤王。

【注释】

①壬戌：三月无此日。 ②东郡：秦置，治所在濮阳县（今河南濮阳县西南）。 ③颍川：郡名。治所在阳翟县（今河南禹州市）。 ④军兴：汉制，朝廷征集财物以供军用，谓之军兴。 ⑤五人：指王氏五侯。⑥不平：愤慨不满。 ⑦翕（xī 戏）：相合。 ⑧昌陵县：治所在今陕西西安市临潼区。 ⑨微行：不使人知其身份，便装出行。 ⑩乙巳：六月无此日。 ⑪真定：治所在今河北正定县。

二年 春，上行幸云阳、甘泉。

三月，博士行大射礼。有飞雉集于庭，历阶登堂而雊[①]；后雉又集太常、宗正、丞相、御史大夫、车骑将军之府，又集未央宫承明殿屋上。车骑将军音、待诏宠等上言："天地之气，以类相应；谴告人君，甚微而著。雉者听察，先闻雷声，故《月令》以纪气。《经》载高宗雊雉之异，以明转祸为福之验。今雉以博士行礼之日历阶登堂，万众睢睢[②]，惊怪连日，径历三公之府，太常、宗正典宗庙骨肉之官，然后入宫，其宿留告晓人[③]，具备深切；虽人道相戒，何以过是！"后帝使中常侍晁闳诏音曰："闻捕得雉，毛羽颇摧折，类拘执者，得无人为之？"音复对曰："陛下安得亡国之语！不知谁主为佞谄之计，诬乱圣德如此者！左右阿谀甚众，不待臣音复谄而足。公卿以下，保位自守，莫有正言。如令陛下觉寤，惧大祸且至身，深责臣下，绳以圣法，臣音当先诛，岂有以自解哉！今即位十五年，继嗣不立，日日驾车而出，失行流闻；海内传之，甚于京师。外有微行之害，内有疾病之忧，皇天数见灾异，欲人变更，终已不改。天尚不能感动陛下，臣子何望！独有极言待死，命在朝暮而已。如有不然，老母安得处所，尚何皇太后之有！高祖天下当以谁属乎！宜谋于贤智，克己复礼，以求天意，继嗣可立，灾变尚可销也。"

初，元帝俭约，渭陵不复徙民起邑；帝起初陵，数年后，乐霸陵曲亭南[④]，更营之。将作大匠解万年使陈汤为奏，请为初陵徙民起邑，欲自以为功，求重赏。汤因自请先徙，冀得美田宅。上从其言，果起昌陵邑。

夏，徙郡国豪桀赀五百万以上五千户于昌陵。

五月，癸未，陨石于杜邮三[⑤]。

六月，立中山宪王孙云客为广德王。

是岁，城阳哀王云薨；无子，国除。

【注释】

①历阶：登阶。雊（gòu 够）：野鸡叫。 ②睢睢（suī 虽）：仰目视貌。 ③宿留：停留、逗留。 ④乐（yáo 姚）：爱好。 ⑤杜邮：邑名。

今陕西咸阳市东北。

三年 夏，四月，赦天下。

大旱。

王氏五侯争以奢侈相尚。成都侯商尝病，欲避暑，从上借明光宫[①]。后又穿长安城，引内沣水[②]，注第中大陂以行船，立羽盖，张周帷，楫棹越歌[③]。上幸商第，见穿城引水，意恨，内衔之，未言。后微行出，过曲阳侯第，又见园中土山、渐台，象白虎殿。于是上怒，以让车骑将军音。商、根兄弟欲自黥、劓以谢太后。上闻之，大怒，乃使尚书责问司隶校尉、京兆尹，知成都侯商等奢僭不轨，藏匿奸猾[④]，皆阿纵，不举奏正法；二人顿首省户下。又赐车骑将军音策书曰："外家何甘乐祸败！而欲自黥、劓[⑤]，相戮辱于太后前，伤慈母之心，以危乱国家！外家宗族强，上一身寖弱日久，今将一施之，君其召诸侯，令待府舍！"是日，诏尚书奏文帝时诛将军薄昭故事。车骑将军音藉稿请罪[⑥]，商、立、根皆负斧质谢，良久乃已。上特欲恐之，实无意诛也。

秋，八月，乙卯，孝景庙北阙灾。

初，许皇后与班倢伃皆有宠于上。上尝游后庭，欲与倢伃同辇载[⑦]，倢伃辞曰："观古图画，贤圣之君皆有名臣在侧，三代末主乃有嬖妾；今欲同辇，得无近似之乎！"上善其言而止。太后闻之，喜曰："古有樊姬，今有班倢伃！"班倢伃进侍者李平得幸，亦为倢伃，赐姓曰卫。

其后，上微行过阳阿主家，悦歌舞者赵飞燕，召入宫，大幸；有女弟，复召入，姿性尤醲粹，左右见之，皆啧啧嗟赏。有宣帝时披香博士淖方成在帝后，唾曰："此祸水也，灭火必矣！"姊、弟俱为倢伃，贵倾后宫。许皇后、班倢伃皆失宠。于是赵飞燕谮告许皇后、班倢伃挟媚道，祝诅后宫[⑧]，詈及主上[⑨]。冬，十一月，甲寅，许后废处昭台宫，后姊谒皆诛死，亲属归故郡。考问班倢伃，倢伃对曰："妾闻'死生有命，富贵在天'。修正尚未蒙福，为邪欲以何望！使鬼神有知，不受不臣之愬；如其无知，愬之何益！故不为也。"上善其对，赦之，赐黄金百斤。赵氏姊、弟骄妒，倢伃恐久见危，乃求共养太后于长信宫。上许焉。

广汉男子郑躬等六十余人攻官寺⑩,篡囚徒,盗库兵;自称山君。

【注释】

①明光宫:宫名。汉武帝置。在长安城内南与长乐宫相连。 ②沣(fēng 丰)水:一作“丰水”。即今陕西西安市西渭水支流沣河。 ③楫(jí 级):船桨。棹(zhào 照):划船的工具。 ④奸猾:奸险狡猾的人。 ⑤劓(yì 义):古代的一种刑罚。割掉鼻子。 ⑥藉稿:坐在草席上。 ⑦辇(niǎn 碾):皇帝坐的车。 ⑧祝诅(zǔ 组):诉于鬼神,使降祸于憎恶的人。 ⑨詈(lì 立):骂。 ⑩广汉:郡名。治所在今四川金堂县东。

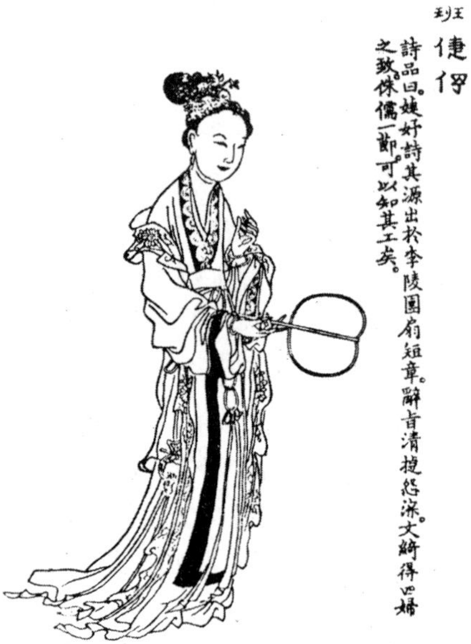

班婕妤像

四年 秋,勃海、清河、信都河水溢溢①,灌县、邑三十一,败官亭、民舍四万余所。平陵李寻等奏言②:“议者常欲求索九河故迹而穿之。今因其自决,可且勿塞,以观水势;河欲居之,当稍自成川,跳出沙土。然后顺天心而图之,必有成功,而用财力寡。”于是遂止不塞。朝臣数言百姓可哀,上遣使者处业振赡之。

广汉郑躬党与寖广,犯历四县,众且万人;州郡不能制。冬,以河东都尉赵护为广汉太守③,发郡中及蜀郡合三万人击之④,或相捕斩除罪;旬月平。迁护为执金吾,赐黄金百斤。

是岁,平阿安侯王谭薨。上悔废谭使不辅政而薨也,乃复进成都侯商,以特进领城门兵,置幕府,得举吏如将军。

魏郡杜邺时为郎⑤,素善车骑将军音,见音前与平阿侯有隙,即说音曰:“夫戚而不见殊,孰能无怨!昔秦伯有千乘之国而不能容其母弟,《春秋》讥焉。周、召则不然,忠以相辅,义以相匡,同己之亲,等己之尊,不以圣德独兼国宠,又不为长专受荣任,分职于陕,并为弼疑,故内无感恨之隙,外无侵侮之羞,俱享天祐,两荷高名者,盖以此也。窃见成都侯以特进领城门兵,复有诏得举吏如五府,此明诏所欲必宠也。将军宜承顺圣意,加异往时,每事凡议,必与及之。发于至诚,则孰不说谕!”音甚嘉其言,由是与成都侯商亲密。二人皆重邺。

【注释】

①清河:郡名。治所在清阳县(今山东临清市)。信都:郡名。治所在信都县(今河北衡水市冀州区)。 ②平陵:县名。治所在今陕西咸阳市西北。 ③河东:郡名。治所在安邑县(今山西夏县西北禹王城)。④蜀郡:治所在成都县(今四川成都市)。 ⑤魏郡:治所在邺县(今河北临漳县西南邺镇)。

永始元年 春,正月,癸丑,太官凌室火。戊午,戾后园南阙火。

上欲立赵倢伃为皇后,皇太后嫌其所出微甚,难之。太后姊子淳于长为侍中,数往来通语东宫;岁余,乃得太后指,许之。夏,四月,乙亥,上先封倢伃父临为成阳侯。谏大夫河间刘辅上书[①],言:“昔武王、周公,承顺天地以飨鱼、乌之瑞,然犹君臣祇惧,动色相戒。况于季世,不蒙继嗣之福,屡受威怒之异者乎!虽夙夜自责,改过易行,畏天命,念祖业,妙选有德之世,考卜窈窕之女,以承宗庙,顺神祇心,塞天下望,子孙之祥犹恐晚暮!今乃触情纵欲,倾于卑贱之女,欲以母天下,不畏于天,不愧于人,惑莫大焉!里语曰:‘腐木不可以为柱,人婢不可以为主。’天人之所不予,必有祸而无福,市道皆共知之,朝廷莫肯一言。臣窃伤心,不敢不尽死!”书奏,上使侍御史收缚辅,系掖庭秘狱[②],群臣莫知其故。于是左将军辛庆忌、右将军廉褒、光禄勋琅邪师丹、太中大夫谷永俱上书曰:“窃见刘辅前以县令求见[③],擢为谏大夫,此其言必有卓诡切至当圣心者,故得拔至于此;旬月之间,收下秘狱。臣等愚以为辅幸得托公族之亲，在谏臣之列，新从下土来，未知朝廷体，独触忌讳，不足深过。小罪宜隐忍而已，如有大恶，宜暴治理官，与众共之。今天心未豫，灾异屡降，水旱迭臻[4]，方当隆宽广问，褒直尽下之时也，而行惨急之诛于谏争之臣，震惊群下，失忠直心。假令辅不坐直言，所坐不著，天下不可户晓。同姓近臣，本以言显，其于治亲养忠之义，诚不宜幽囚于掖庭狱。公卿以下，见陛下进用辅亟而折伤之暴，人有惧心，精锐销耎，莫敢尽节正言，非所以昭有虞之听，广德美之风！臣等窃深伤之，惟陛下留神省察！”上乃徙辅系共工狱，减死罪一等，论为鬼薪[5]。

初，太后兄弟八人，独弟曼早死，不侯；太后怜之。曼寡妇渠供养东宫，子莽幼孤，不及等比；其群兄弟皆将军、五侯子，乘时侈靡，以舆马声色佚游相高。莽因折节为恭俭，勤身博学，被服如儒生；事母及寡嫂，养孤兄子，行甚敕备[6]；又外交英俊，内事诸父，曲有礼意。大将军凤病，莽侍疾，亲尝药，乱首垢面，不解衣带连月。凤且死，以托太后及帝，拜为黄门郎，迁射声校尉。久之，叔父成都侯商上书，愿分户邑以封莽。长乐少府戴崇、侍中金涉、中郎陈汤等皆当世名士，咸为莽言，上由是贤莽，太后又数以为言。五月，乙未，封莽为新都侯，迁骑都尉、光禄大夫、侍中。宿卫谨敕[7]，爵位益尊，节操愈谦，散舆马、衣裘振施宾客，家无所余；收赡名士，交结将、相、卿、大夫甚众。故在位者更推荐之，游者为之谈说，虚誉隆洽，倾其诸父矣。敢为激发之行，处之不惭恧[8]。尝私买侍婢，昆弟或颇闻知，莽因曰：“后将军朱子元无子，莽闻此儿种宜子[9]。”即日以婢奉朱博。其匿情求名如此！

六月，丙寅，立皇后赵氏，大赦天下。

皇后既立，宠少衰；而其女弟绝幸，为昭仪，居昭阳舍，其中庭彤朱而殿上髹漆[10]；切皆铜沓[11]，黄金涂；白玉阶；壁带往往为黄金釭，函蓝田璧、明珠、翠羽饰之[12]；自后宫未尝有焉。赵后居别馆，多通侍郎、宫奴多子者。昭仪尝谓帝曰：“妾姊性刚，有如为人构陷，则赵氏无种矣！”因泣下凄恻[13]。帝信之，有白后奸状者，帝辄杀之。由是后公为淫恣，无敢言者，然卒无子。

光禄大夫刘向以为王教由内及外，自近者始，于是采取《诗》

《书》所载贤妃、贞妇兴国显家及孽、嬖乱亡者，序次为《列女传》，凡八篇，及采传记行事，著《新序》《说苑》，凡五十篇，奏之；数上疏言得失，陈法戒。书数十上，以助观览，补遗阙。上虽不能尽用，然内嘉其言，常嗟叹之。

【注释】

①河间：国名。治所在乐城县（今河北献县东南）。 ②掖庭：师古说："《汉旧仪》：掖庭诏狱，令、丞、宦者为之，主理妇人，女官也。" ③县令：指刘辅当襄贲县（今山东兰陵县东南）县令。 ④迭臻（dié zhēn 蝶贞）：轮流到来。 ⑤鬼薪：秦汉时刑名。为宗庙采供柴薪，三岁刑。⑥敕（chì 斥）备：恭谨周密。 ⑦宿卫：在宫中值宿，担任警卫。 ⑧惭恧（cán nǔ 残努）：惭愧。 ⑨宜子：指女子宜于生育。 ⑩髹（xiū 休）：赤黑漆。 ⑪沓（tà 踏）：会合。 ⑫蓝田璧：指今陕西蓝田县蓝田山，因产美玉，又名玉名。 ⑬凄恻：悲伤。

昌陵制度奢泰，久而不成。刘向上疏曰："臣闻王者必通三统[①]，明天命所授者博，非独一姓也。自古及今，未有不亡之国。孝文皇帝尝美石椁之固，张释之曰：'使其中有可欲，虽锢南山犹有隙。'夫死者无终极而国家有废兴，故释之之言为无穷计也。孝文寤焉，遂薄葬。棺椁之作，自黄帝始。黄帝、尧、舜、禹、汤、文、武、周公，丘垅皆小[②]，葬具甚微；其贤臣孝子亦承命顺意而薄葬之，此诚奉安君父忠孝之至也。孔子葬母于防，坟四尺。延陵季子葬其子[③]，封坟掩坎，其高可隐，故仲尼孝子而延陵慈父，舜、禹忠臣，周公弟弟，其葬君、亲、骨肉皆微薄矣；非苟为俭，诚便于体也。秦始皇帝葬于骊山之阿，下锢三泉，上崇山坟，水银为江、海，黄金为凫、雁，珍宝之臧，机械之变，棺椁之丽，宫馆之盛，不可胜原；天下苦其役而反之，骊山之作未成，而周章百万之师至其下矣。项籍燔其宫室[④]，营宇，牧儿持火照求亡羊，失火烧其臧椁。自古至今，葬未有盛如始皇者也；数年之间，外被项籍之灾，内离牧竖之祸，岂不哀哉！是故德弥厚者葬弥薄，知愈深者葬愈微。无德寡知，其葬愈厚，丘陇弥高，宫阙甚丽，发掘必速。由是观之，明暗之效，葬之吉凶，昭然可见矣！陛下即位，躬亲节俭，始营初陵，其制约小，天下莫不称贤明；及徙昌陵，增庳为高[5]，积土为山，发民坟墓，积以万数，营起邑居，期日迫卒，功费大万百余，死者恨于下，生者愁于上，臣甚惽焉！以死者为有知，发人之墓，其害多矣；若其无知，又安用大！谋之贤知则不说，以示众庶则苦之，若苟以说愚夫淫侈之人，又何为哉！唯陛下上览明圣之制以为则，下观亡秦之祸以为戒，初陵之模，宜从公卿大臣之议，以息众庶！”上感其言。

初，解万年自诡昌陵三年可成，卒不能就；群臣多言其不便者。下有司议，皆曰：“昌陵因卑为高，度便房犹在平地上；客土之中[6]，不保幽冥之灵[7]，浅外不固。卒徒工庸以巨万数，至然脂夜作，取土东山，且与谷同贾，作治数年，天下遍被其劳。故陵因天性，据真土，处势高敞，旁近祖考，前又已有十年功绪，宜还复故陵，勿徙民，便！”秋，七月，诏曰：“朕执德不固，谋不尽下，过听将作大匠万年言‘昌陵三年可成’，作治五年，中陵、司马殿门内尚未加功。天下虚耗，百姓罢劳，客土疏恶，终不可成，朕惟其难，怛然伤心。夫‘过而不改，是谓过矣’[8]，其罢昌陵，及故陵勿徙吏民，令天下毋有动摇之心！”

初，酂侯萧何之子嗣为侯者，无子及有罪，凡五绝祀。高后、文帝、景帝、武帝、宣帝思何之功，辄以其支庶绍封。是岁，何七世孙酂侯获坐使奴杀人，减死，完为城旦。先是，上诏有司访求汉初功臣之后，久未省录。杜业说上曰：“唐、虞、三代皆封建诸侯，以成太平之美，是以燕、齐之祀与周并传，子继弟及，历载不堕。岂无刑辟，繇祖之竭力，故支庶赖焉。迹汉功臣，亦皆剖符世爵[9]，受山、河之誓；百余年间，而袭封者尽，朽骨孤于墓，苗裔流于道，生为愍隶，死为转尸。以往况今，甚可悲伤。圣朝怜闵，诏求其后，四方忻忻[10]，靡不归心。出入数年而不省察。恐议者不思大义，徒设虚言，则厚德掩息，吝简布章，非所以示化劝后也。虽难尽继，宜从尤功。”上纳其言。癸卯，封萧何六世孙南䜌长喜为酂侯[11]。

立城阳哀王弟俚为王。

八月，丁丑，太皇太后王氏崩。

九月，黑龙见东莱[12]。

丁巳晦，日有食之。

是岁，以南阳太守陈咸为少府[13]，侍中淳于长为水衡都尉。

【注释】

①三统：1. 古历法名。《汉书·律历志》："三统者，天施、地化、人事之纪也。"2. 汉董仲舒把夏、商、周三代的正朔称为三统。 ②丘垅：坟墓。 ③延陵：县名。治所即今山西天镇县北新平堡。 ④燔（fán 烦）：焚烧。 ⑤庳（bēi 卑）：低矮。 ⑥客土：从别处移来的泥土。 ⑦幽冥（yōu míng 优明）：指地下、阴间。 ⑧过而不改，是谓过矣：《论语》中所记孔子的话。 ⑨剖符：古时帝王授予诸侯和功臣的凭证。竹制，剖分为二，帝王与诸侯、功臣各执其一，故称剖符。 ⑩忻忻（xīn 欣）：形容高兴。 ⑪南緣（luán 峦）：县名。治所即今河北巨鹿县北。 ⑫东莱：郡名。治所在今山东莱州市。 ⑬南阳：郡名。治所在今河南南阳市。

二年 春，正月，己丑，安阳敬侯王音薨。王氏唯音为修整，数谏正，有忠直节。

二月，癸未夜，星陨如雨，绎绎[①]，未至地灭。

乙酉晦，日有食之。

三月，丁酉，以成都侯商为大司马、卫将军；红阳侯王立位特进，领城门兵。

京兆尹翟方进为御史大夫。

谷永为凉州刺史[②]，奏事京师，讫，当之部。上使尚书问永，受所欲言。永对曰："臣闻王天下、有国家者，患在上有危亡之事而危亡之言不得上闻。如使危亡之言辄上闻，则商、周不易姓而迭兴，三正不变改而更用[③]。夏、商之将亡也，行道之人皆知之；晏然自以若天有日，莫能危，是故恶日广而不自知，大命倾而不寤。《易》曰：'危者有其安者也，亡者保其存者也。'陛下诚垂宽明之听，无忌讳之诛，使刍荛之臣得尽所闻于前[④]，群臣之上愿，社稷之长福也！

"元年，九月，黑龙见；其晦，日有食之。今年二月，己未夜，星陨；乙酉，日有食之。六月之间，大异四发，二二而同月。三代之末，春秋之乱，未尝有也。臣闻三代所以陨社稷，丧宗庙者，皆由妇人与群恶沉湎于酒；秦所以二世、十六年而亡者，养生泰奢，奉终泰厚也。二者，陛下兼而有之，臣请略陈其效：

“建始、河平之际，许、班之贵，倾动前朝，熏灼四方，女宠至极，不可上矣；今之后起，什倍于前。废先帝法度，听用其言，官秩不当，纵释王诛[5]，骄其亲属，假之威权，从横乱政，刺举之吏，莫敢奉宪。又以掖庭狱大为乱阱[6]，榜棰瘠于炮烙[7]，绝灭人命，主为赵、李报德复怨。反除白罪，建治正吏，多系无辜，掠立迫恐，至为人起责，分利受谢，生入死出者，不可胜数。是以日食再既，以昭其辜。

“王者必先自绝，然后天绝之。今陛下弃万乘之至贵，乐家人之贱事，厌高美之尊号，好匹夫之卑字，崇聚僄轻无义小人以为私客[8]，数离深宫之固，挺身晨夜，与群小相随，乌集杂会，醉饱吏民之家，乱服共坐，沉湎媟嫚[9]，溷淆无别[10]，黾勉循乐[11]，昼夜在路，典门户、奉宿卫之臣执干戈而守空宫，公卿百僚不知陛下所在，积数年矣。

“王者以民为基，民以财为本，财竭则下畔，下畔则上亡。是以明王爱养基本，不敢穷极，使民如承大祭。今陛下轻夺民财，不爱民力，听邪臣之计，去高敞初陵，改作昌陵，役百乾溪[12]，费拟骊山，靡敝天下，五年不成而后反故。百姓愁恨感天，饥馑仍臻，流散冗食，馁死于道，以百万数。公家无一年之畜，百姓无旬月之储，上下俱匮，无以相救。《诗》云：‘殷监不远，在夏后之世。’愿陛下追观夏、商、周、秦所以失之，以镜考己行[13]，有不合者，臣当伏妄言之诛！

“汉兴九世，百九十余载，继体之主七，皆承天顺道，遵先祖法度，或以中兴，或以治安；至于陛下，独违道纵欲，轻身妄行，当盛壮之隆，无继嗣之福，有危亡之忧，积失君道，不合天意，亦以多矣。为人后嗣，守人功业如此，岂不负哉！方今社稷、宗庙祸福安危之机在于陛下；陛下诚能昭然远寤[14]，专心反道，旧愆毕改，新德既章，则赫赫大异庶几可销，天命去就庶几可复，社稷、宗庙庶几可保！唯陛下留神反覆，熟省臣言！”

帝性宽，好文辞，而溺于燕乐，皆皇太后与诸舅夙夜所常忧；至亲难数言，故推永等使因天变而切谏，劝上纳用之。永自知有内应，展意无所依违，每言事辄见答礼。至上此对，上大怒。卫将军商密擿永令发去[15]。上使侍御史收永，敕过交道厩者勿追；御史不及永，还。上意亦解，自悔。

【注释】

①绎绎（yì 译）：光彩貌。 ②凉州：州名。汉置，为汉武帝十三刺史部之一。辖境相当今甘肃、宁夏和青海湟水流域。 ③三正：建子、建丑、建寅，谓之三正。夏代建寅，以农历正月初一为一年之始，商代建丑，以农历十二月为正月。周代建子，以农历十一月为正月。还有一种说法：夏、商、周谓之三正。 ④刍荛（chú ráo 除饶）：割草叫刍，打柴叫荛，指割草打柴的人。引申为草野之人。 ⑤王诛：谓王法当诛。⑥乱阱（jǐng 井）：大肆乱设陷坑捕人。 ⑦榜棰：刑杖。朁（cǎn 惨）：同"憯"，悲痛。炮烙：商纣王用的酷刑。用炭烧热铜柱令人爬行柱上，即堕炭上烧死。笑以为乐。 ⑧僄（piào 票）：轻薄。 ⑨媟嫚（xiè màn 谢慢）：狎侮。 ⑩溷淆（hùn xiáo 混淆）：杂乱。 ⑪黾勉：尽力。⑫乾溪：在今安徽亳州市东南。 ⑬镜考：借鉴他事以自省。 ⑭远寤：深深清醒过来。 ⑮擿（tì 惕）：指使。

上尝与张放及赵、李诸侍中共宴饮禁中，皆引满举白，谈笑大噱[1]。时乘舆幄坐张画屏风，画纣醉踞妲己，作长夜之乐。侍中、光禄大夫班伯久疾新起，上顾指画而问伯曰："纣为无道，至于是乎？"对曰："《书》云'乃用妇人之言'，何有踞肆于朝[2]！所谓众恶归之，不如是之甚者也！"上曰："苟不若此，此图何戒？"对曰："'沉缅于酒'，微子所以告去也。'式号式謼'[3]，《大雅》所以流连也。《诗》《书》淫乱之戒，其原皆在于酒！"上乃喟然叹曰："吾久不见班生，今日复闻谠言[4]！"放等不怿[5]，稍自引起更衣，因罢出。

时长信庭林表适使来[6]，闻见之。后上朝东宫，太后泣曰："帝间颜色瘦黑。班侍中本大将军所举，宜宠异之；益求其比，以辅圣德！宜遣富平侯且就国！"上曰："诺。"上诸舅闻之，以风丞相、御史，求放过失。于是丞相宣、御史大夫方进奏"放骄蹇纵恣[7]，奢淫不制，拒闭使者，贼伤无辜，从者支属并乘权势，为暴虐，请免放就国”。上不得已，左迁放为北地都尉。其后比年数有灾变，故放久不得还。玺书劳问不绝。敬武公主有疾，诏征放归第视母疾。数月，主有瘳[⑧]，后复出放为河东都尉。上虽爱放，然上迫太后，下用大臣，故常涕泣而遣之。

邛成太后之崩也[⑨]，丧事仓卒，吏赋敛以趋办，上闻之，以过丞相、御史。冬，十一月，己丑，策免丞相宣为庶人，御史大夫方进左迁执金吾。二十余日，丞相官缺，群臣多举方进者；上亦器其能，十一月，壬子，擢方进为丞相，封高陵侯。以诸吏、散骑、光禄勋孔光为御史大夫。方进以经术进，其为吏，用法刻深，好任势立威；有所忌恶，峻文深诋，中伤甚多。有言其挟私诋欺不专平者，上以方进所举应科，不以为非也。光，褒成君霸之少子也，领尚书，典枢机十余年，守法度，修故事，上有所问，据经法，以心所安而对，不希指苟合；如或不从，不敢强谏争，以是久而安。时有所言，辄削草藁，以为章主之过以奸忠直，人臣大罪也。有所荐举，唯恐其人之闻知。沐日归休，兄弟妻子燕语，终不及朝省政事。或问光：“温室省中树，皆何木也？”光嘿不应，更答以他语，其不泄如是。

上行幸雍，祠五畤。

卫将军王商恶陈汤，奏“汤妄言昌陵且复发徙；又言黑龙冬出，微行数出之应”。廷尉奏：“汤非所宜言，大不敬。”诏以汤有功，免为庶人，徙边。

上以赵后之立也，淳于长有力焉，故德之，乃追显其前白罢昌陵之功，下公卿，议封长。光禄勋平当以为：“长虽有善言，不应封爵之科。”当坐左迁巨鹿太守。上遂下诏，以常侍闳、卫尉长首建至策，赐长、闳爵关内侯。

将作大匠万年佞邪不忠，毒流众庶，与陈汤俱徙敦煌[⑩]。

初，少府陈咸，卫尉逢信，官簿皆在翟方进之右；方进晚进，为京兆尹，与咸厚善。及御史大夫缺，三人皆名卿，俱在选中，而方进得之。会丞相薛宣得罪，与方进相连，上使五二千石杂问丞相、御史，咸诘责方进，冀得其处，方进心恨。陈汤素以材能得幸于王凤及王音，咸、信皆以汤善，汤数称之于凤、音所，以此得为九卿。

及王商黜逐汤，方进因奏“咸、信附会汤以求荐举，苟得无耻”，皆免官。

是岁，琅邪太守朱博为左冯翊[11]。博治郡，常令属县各用其豪桀以为大吏，文、武从宜。县有剧贼及他非常，博辄移书以诡责之，其尽力有效，必加厚赏；怀诈不称，诛罚辄行。以是豪强慑服，事无不集。

【注释】

①噱（jué 爵）：笑声。 ②踞肆：傲慢放肆。 ③式号式謼（hū 呼）：大声呼号。师古注：“醉酒号呼，以昼为夜。” ④谠（dǎng 党）言：正直的话。 ⑤怿（yì 毅）：喜欢。 ⑥长信：宫名。 ⑦蹇（jiǎn 检）：不顺服。 ⑧瘳（chōu 抽）：病愈。 ⑨邛（qióng 穷）成太后：宣帝的皇后，其父王奉先，封邛城侯，故称邛城太后，用以区别孝元帝的王皇后。⑩敦煌：县名。治所在今甘肃敦煌市西。 ⑪琅邪：郡名。治所在琅邪县（今山东青岛市黄岛区西南夏河城）。左冯翊（yì 邑）：原郡名。治所在长安县（今陕西西安市西北）。汉武帝太初元年更名左冯翊，为拱卫首都长安三辅之一。辖二十四县。

三年 春，正月，己卯晦，日有食之。

初，帝用匡衡议，罢甘泉泰畤，其日，大风坏甘泉竹宫，折拔畤中树木十围以上百余。帝异之，以问刘向；对曰：“家人尚不欲绝种祠，况于国之神宝旧畤！且甘泉、汾阴及雍五畤始立，皆有神祇感应，然后营之，非苟而已也。武、宣之世奉此三神，礼敬敕备，神光尤著。祖宗所立神祇旧位，诚未易动。前始纳贡禹之议，后人相因，多所动摇。《易大传》曰：‘诬神者殃及三世。’恐其咎不独止禹等！”上意恨之，又以久无继嗣，冬，十月，庚辰，上白太后，令诏有司复甘泉泰畤、汾阴后土如故，及雍五畤、陈宝祠、长安及郡国祠著明者，皆复之。

是时，上以无继嗣，颇好鬼神、方术之属，上书言祭祀方术得待诏者甚众，祠祭费用颇多。谷永说上曰：“臣闻明于天地之性，不可惑以神怪；知万物之情，不可罔以非类。诸背仁义之正道，不遵《五经》之法言，而盛称奇怪鬼神，广崇祭祀之方，求报无福之祠，及言世有仙人，服食不终之药，遥兴轻举、黄冶变化之术者，皆奸人惑众，挟左道[1]，怀诈伪，以欺罔世主，听其言，洋洋满耳，若将可遇，求之，荡荡如系风捕景，终不可得。是以明王距而不听，圣人绝而不语。昔秦始皇使徐福发男女入海求神采药，因逃不还，天下怨恨。汉兴，新垣平、齐人少翁、公孙卿、栾大等皆以术穷诈得，诛夷伏辜。唯陛下距绝此类，毋令奸人有以窥朝者！”上善其言。

十一月，尉氏男子樊并等十三人谋反，杀陈留太守，劫略吏民，自称将军；徒李谭、称忠、钟祖、訾顺共杀并，以闻，皆封为侯。

十二月，山阳铁官徒苏令等二百二十八人攻杀长吏[2]，盗库兵，自称将军；经郡国十九，杀东郡太守及汝南都尉[3]。汝南太守严䜣捕斩令等。迁䜣为大司农。

【注释】

①左道：邪门旁道。　②山阳：县名。治所在今河南焦作市东南。③东郡：治所在今河南濮阳县西南。汝南：郡名。治所在上蔡县（今河南上蔡县西南）。

故南昌尉九江梅福上书曰[1]：“昔高祖纳善若不及，从谏如转圜[2]，听言不求其能，举功不考其素，陈平起于亡命而为谋主[3]，韩信拔于行陈而建上将[4]；故天下之士云合归汉，争进奇异，知者竭其策，愚者尽其虑，勇士极其节，怯夫勉其死。合天下之知，并天下之威，是以举秦如鸿毛[5]，取楚若拾遗[6]，此高祖所以无敌于天下也。孝武皇帝好忠谏，说至言，出爵不待廉、茂，庆赐不须显功，是以天下布衣各厉志竭精以赴阙庭，自炫鬻者不可胜数[7]，汉家得贤，于此为盛。使孝武皇帝听用其计，升平可致，于是积尸暴骨，快心胡、越，故淮南王安缘间而起；所以计虑不成而谋议泄者，以众贤聚于本朝，故其大臣势陵，不敢和从也。方今布衣乃窥国家之隙，见间而起者，蜀郡是也。及山阳亡徒苏令之群，蹈藉名都、大郡，求党与，索随和，而无逃匿之意，此皆轻量大臣，无所畏忌，国家之权轻，故匹夫欲与上争衡也。

“士者，国之重器；得士则重，失士则轻。《诗》云：‘济济多士，文王以宁。'庙堂之议[8],非草茅所言也[9];臣诚恐身涂野草,尸并卒伍,故数上书求见,辄报罢。臣闻齐桓之时,有以九九见者,桓公不逆,欲以致大也。今臣所言,非特九九也;陛下距臣者三矣,此天下士所以不至也。昔秦武王好力,任鄙叩关自鬻;缪公行霸,由余归德。今欲致天下之士,民有上书求见者,辄使诣尚书问其所言,言可采取者,秩以升斗之禄,赐以一束之帛,若此,则天下之士,发愤懑,吐忠言,嘉谋日闻于上,天下条贯[10],国家表里,烂然可睹矣。

"夫以四海之广,士民之数,能言之类至众多也;然其隽桀指世陈政[11],言成文章,质之先圣而不缪,施之当世合时务,若此者亦无几人。故爵禄束帛者,天下之砥石,高祖所以厉世摩钝也。

"孔子曰:'工欲善其事,必先利其器。'至秦则不然,张诽谤之罔以为汉驱除,倒持泰阿,授楚其柄。故诚能勿失其柄,天下虽有不顺,莫敢触其锋,此孝武皇帝所以辟地建功,为汉世宗也。

"今陛下既不纳天下之言,又加戮焉。夫鸢鹊遭害,则仁鸟增逝;愚者蒙戮,则智士深退。间者愚民上疏,多触不急之法,或下廷尉而死者众。自阳朔以来,天下以言为讳,朝廷尤甚,群臣皆承顺上指,莫有执正。何以明其然也?取民所上书,陛下之所善,试下之廷尉,廷尉必曰'非所宜言,大不敬',以此卜之,一矣。故京兆尹王章,资质忠直,敢面引廷争,孝元皇帝擢之,以厉具臣而矫曲朝;及至陛下,戮及妻子;且恶恶止其身,王章非有反畔之辜而殃及室家,折直士之节,结谏臣之舌。群臣皆知其非,然不敢争,天下以言为戒,最国家之大患也!

"愿陛下循高祖之轨,杜亡秦之路,除不急之法,下无讳之诏,博览兼听,谋及疏贱,令深者不隐,远者不塞,所谓'辟四门,明四目'也。往者不可及,来者犹可追。方今君命犯而主威夺,外戚之权,日以益隆。陛下不见其形,愿察其景!建始以来,日食、地震,以率言之,三倍春秋,水灾亡与比数,阴盛阳微,金铁为飞,此何景也?汉兴以来,社稷三危:吕,霍,上官;皆母后之家也。亲亲之道,全之为右,当与之贤师良傅,教以忠孝之道;今乃尊宠其位,授以魁柄,使之骄逆,至于夷灭,此失亲亲之大者也。自霍光之贤,不能为子孙虑,故权臣易世则危。《书》曰:'毋若火,始庸庸。'势陵于君,权隆于主,然后防之,亦无及已!"上不纳。

【注释】

①九江:郡名。治所在寿春县(今安徽寿县)。 ②转圜(yuán圆):移动圆体的器物。比喻便易迅速。 ③亡命:逃亡在外。 ④行陈:军队行列。 ⑤鸿毛:鸿的羽毛。比喻极轻的事物。 ⑥拾遗:捡取他人遗失的东西为已有,这里是用以比喻容易。 ⑦炫鬻(xuàn yù渲预):比喻自炫才能,以求录用。 ⑧庙堂:宗庙明堂,古代帝王遇大事,告于宗庙,议于明堂。所以也以庙堂指朝廷。 ⑨草茅:指在野未出仕的人。 ⑩条贯:条理。 ⑪隽桀(jùn jié俊杰):才能出众的人才。

资治通鉴卷第三十二

汉纪二十四　起著雍涒滩，尽昭阳赤奋若，凡六年。

孝成皇帝中

永始四年　春，正月，上行幸甘泉，郊泰畤；大赦天下。三月，行幸河东，祠后土。

夏，大旱。

四月，癸未，长乐临华殿、未央宫东司马门皆灾。六月，甲午，霸陵园门阙灾。

秋，七月，辛未晦，日有食之。

冬，十一月，庚申，卫将军王商病免。

梁王立骄恣无度，至一日十一犯法。相禹奏“立对外家怨望，有恶言”。有司按验，因发其与姑园子奸事，奏“立禽兽行，请诛”。太中大夫谷永上书曰：“臣闻礼，天子外屏，不欲见外也；是故帝王之意，不窥人闺门之私，听闻中冓之言[①]。《春秋》为亲者讳。今梁王年少，颇有狂病，始以恶言按验，既无事实，而发闺门之私，非本章所指。王辞又不服，猥强劾立[②]，傅致难明之事，独以偏辞成罪断狱[③]，无益于治道；污蔑宗室以内乱之恶，披布宣扬于天下，非所以为公族隐讳，增朝廷之荣华，昭圣德之风化也。臣愚以为王少而父同产长，年齿不伦[④]；梁国之富足以厚聘美女，招致妖丽[⑤]；父同产亦有耻辱之心；按事者乃验问恶言，何故猥自发舒？以三者揆之[⑥]，殆非人情，疑有所迫切，过误失言，文吏蹑寻[⑦]，不得转移。

萌芽之时，加恩勿治，上也。既已按验举宪[8]，宜及王辞不服，诏廷尉选上德通理之吏更审考清问，著不然之效，定失误之法，而反命于下吏，以广公族附疏之德[9]，为宗室刷污乱之耻，甚得治亲之谊。”天子由是寝而不治。

是岁，司隶校尉蜀郡何武为京兆尹。武为吏，守法尽公，进善退恶，其所居无赫赫名，去后常见思。

【注释】

①中冓（gōu 沟）：内室。 ②猥（wěi 委）：卑贱。 ③偏辞：片面之辞。断狱：审理和判决案件。 ④年齿：年龄。不伦：无与比，不同辈。⑤妖丽：美丽妩媚。含有光彩逼人而不甚端庄的意思。 ⑥揆（kuí 奎）：推测揣度。 ⑦蹑（niè 聂）：追随。 ⑧举宪：依法处理。 ⑨附疏：疏远亲附。

元延元年 春，正月，己亥朔，日有食之。

壬戌，王商复为大司马、卫将军。

三月，上行幸雍，祠五畤。

夏，四月，丁酉，无云而雷；有流星从日下东南行，四面耀耀如雨，自晡及昏而止[1]。

赦天下。

秋，七月，有星孛于东井[2]。

上以灾变，博谋群臣。北地太守谷永对曰[3]：“王者躬行道德，承顺天地，则五征时序[4]，百姓寿考[5]，符瑞并降；失道妄行，逆天暴物，则咎征著邮[6]，妖孽并见，饥馑荐臻；终不改寤，恶洽变备，不复谴告，更命有德。此天地之常经，百王之所同也[7]。加以功德有厚薄，期质有修短，时世有中季，天道有盛衰。陛下承八世之功业，当阳数之标季[8]，涉三七之节纪[9]，遭《无妄》之卦运[10]，直百六之灾厄[11]，三难异科，杂焉同会；建始元年以来，二十载间，群灾大异，交错锋起，多于《春秋》所书。内则为深宫后庭，将有骄臣悍妾、醉酒狂悖卒起之败，北宫苑囿街巷之中、臣妾之家幽闲之处征舒、崔杼之乱；外则为诸夏下土，将有樊并、苏令、陈胜、项梁奋臂之祸。安危之分界，宗庙之至忧，臣永所以破胆寒心，预言之累年。下有其萌，然后变见于上，可不致慎！祸起细微，奸生所易。愿陛下正君臣之义，无复与群小媟黩宴饮[12]；勤三纲之严[13]，修后宫之政，抑远骄妒之宠，崇近婉顺之行；朝觐法驾而后出，陈兵清道而后行，无复轻身独出，饮食臣妾之家。三者既除，内乱之路塞矣。诸夏举兵，萌在民饥馑而吏不恤，兴于百姓困而赋敛重，发于下怨离而上不知。《传》曰：'饥而不损，兹谓泰，厥咎亡。'比年郡国伤于水灾，禾麦不收，宜损常税之时，而有司奏请加赋，甚缪经义，逆于民心，市怨趋祸之道也。臣愿陛下勿许加赋之奏，益减奢泰之费，流恩广施，振赡困乏，敕劝耕桑，以慰绥元元之心，诸夏之乱庶几可息！"

中垒校尉刘向上书曰："臣闻帝舜戒伯禹'毋若丹朱傲'，周公戒成王'毋若殷王纣'，圣帝明王常以败乱自戒，不讳废兴，故臣敢极陈其愚，唯陛下留神察焉！

"谨按《春秋》二百四十二年，日食三十六，今连三年比食，自建始以来，二十岁间而八食，率二岁六月而一发，古今罕有。异有小大希稠，占有舒疾缓急。观秦、汉之易世，览惠、昭之无后，察昌邑之不终，视孝宣之绍起，皆有变异著于汉纪。天之去就，岂不昭昭然哉！臣幸得托末属[14]，诚见陛下宽明之德，冀销大异而兴高宗、成王之声，以崇刘氏，故恳恳数奸死亡之诛！天文难以相晓，臣虽图上，犹须口说，然后可知；愿赐清燕之闲，指图陈状！"上辄入之，然终不能用也。

【注释】

①晡(bū)：申时，即午后三时至五时。　②孛(bèi 贝)：指彗星。③北地：郡名。治所在马岭县(今甘肃庆阳市西北马岭镇)。　④五征：指雨、旸(太阳)、寒、燠(热)、风五种自然现象。雨以润物，旸以干物，寒以成物，燠以长物，风以动物。古人把这五种自然现象是否正常附会为统治者施政得失的征兆。　⑤寿考：长寿。　⑥邮：与"尤"同，过失。⑦百王：历代帝王。　⑧阳数之标季：阳指"阳九"，"标季"指末世，阳九指灾难重重，参考《汉书・律历志》。　⑨三七之节纪：三七相乘二十一，二十一就是二百一十年，而二百一十年为一个劫，在劫难逃。⑩《无妄》：六十四卦之一。《易・无妄》："象曰：天下雷行，物与无妄。"《疏》："今天下雷行，震动万物，物皆惊肃，无敢虚妄。"　⑪百六：古时谓

百六、阳九为厄运。 ⑫媟黩（xiè dú 谢读）：轻慢，亵狎。 ⑬三纲：君为臣纲，父为子纲，夫为妻纲。 ⑭末属：犹支属。

红阳侯立举陈咸方正[①]；对策[②]，拜为光禄大夫、给事中。丞相方进复奏“咸前为九卿，坐为贪邪免，不当蒙方正举，备内朝臣”；并劾“红阳侯立选举故不以实”。有诏免咸，勿劾立。

十二月，乙未，王商为大将军。辛亥，商薨。其弟红阳侯立次当辅政；先是立使客因南郡太守李尚占垦草田数百顷，上书以入县官，贵取其直一亿万以上，丞相司直孙宝发之，上由是废立，而用其弟光禄勋曲阳侯根。庚申，以根为大司马、骠骑将军。

特进、安昌侯张禹请平陵肥牛亭地[③]；曲阳侯根争，以为此地当平陵寝庙，衣冠所出游道，宜更赐禹他地。上不从，卒以赐禹。根由是害禹宠，数毁恶之。天子愈益敬厚禹，每病，辄以起居闻，车驾自临问之，上亲拜禹床下，禹顿首谢恩；禹小子未有官，禹数视其小子；上即禹床下拜为黄门郎、给事中。禹虽家居，以特进为天子师，国家每有大政，必与定议。

时吏民多上书言灾异之应，讥切王氏专政所致，上意颇然之，未有以明见；乃车驾至禹弟，辟左右，亲问禹以天变，因用吏民所言王氏事示禹。禹自见年老，子孙弱，又与曲阳侯不平，恐为所怨，则谓上曰：“《春秋》日食、地震，或为诸侯相杀，夷狄侵中国。灾变之意，深远难见，故圣人罕言命，不语怪神，性与天道，自子贡之属不得闻，何况浅见鄙儒之所言[④]。陛下宜修政事，以善应之，与下同其福喜，此经义意也[⑤]。新学小生[⑥]，乱道误人[⑦]，宜无信用，以经术断之[⑧]！”上雅信爱禹，由此不疑王氏。后曲阳侯根及诸王子弟闻知禹言，皆喜说，遂亲就禹。

故槐里令朱云上书求见[⑨]，公卿在前，云曰：“今朝廷大臣，上不能匡主，下无以益民，皆尸位素餐[⑩]，孔子所谓‘鄙夫不可与事君，苟患失之，亡所不至’者也！臣愿赐尚方斩马剑[⑪]，断佞臣一人头以厉其余！”上问：“谁也？”对曰：“安昌侯张禹！”上大怒曰：“小臣居下讪上，廷辱师傅，罪死不赦！”御史将云下，云攀殿槛，槛折。云呼曰：“臣得下从龙逄、比干游于地下，足矣！未知圣朝何如耳！"御史遂将云去。于是左将军辛庆忌免冠，解印绶，叩头殿下曰："此臣素著狂直于世，使其言是，不可诛；其言非，固当容之。臣敢以死争！"庆忌叩头流血；上意解，然后得已。及后当治槛，上曰："勿易，因而辑之，以旌直臣！"

匈奴搜谐单于将入朝；未入塞，病死。弟且莫车立，为车牙若鞮单于；以囊知牙斯为左贤王。

北地都尉张放到官数月，复征入侍中。太后与上书曰："前所道尚未效，富平侯反复来，其能默乎！"上谢曰："请今奉诏！"上于是出放为天水属国都尉⑫。引少府许商、光禄勋师丹为光禄大夫，班伯为水衡都尉，并侍中，皆秩中二千石，每朝东宫，常从；及大政，俱使谕指于公卿。上亦稍厌游宴，复修经书之业；太后甚悦。

是岁，左将军辛庆忌卒⑬。庆忌为国虎臣，遭世承平，匈奴、西域亲附，敬其威信。

【注释】

①方正：汉代选举科目之一。《史记·平准书》："当是之时，招尊方正贤良文学之士，或至公卿大夫。" ②对策：自汉以来考试取士，以政事、经义等设问亦写在简策上，让应考者对答，叫做对策。 ③平陵肥牛亭：平陵县肥牛亭，在今陕西咸阳市西北。 ④鄙儒：识见褊浅的儒生。⑤经义：经书的义理。 ⑥新学：初学。 ⑦乱道：胡说。 ⑧经术：犹经学。 ⑨槐里：县名，治所在今陕西兴平市东南南佐村。 ⑩尸位素餐：像祭祀时的尸一样，居高位受祭，不做事。比喻空占职位，不做事白吃饭。 ⑪尚方斩马剑：皇帝用的剑。师古注："尚方，少府之属官也，作供御器物，故有斩马剑，剑利可以斩马也。" ⑫天水：郡名。治所在平襄县（今甘肃通渭县西）。 ⑬辛庆忌（？—前12）：字子真，狄道（今甘肃临洮县南）人。初为右校丞，屯田乌孙赤谷城。元帝时，任金城长史，迁张掖、酒泉太守。成帝初，任光禄大夫、执

西汉铜羊尊灯

金吾等职。后任左将军。

二年 春，正月，上行幸甘泉，郊泰畤。三月，行幸河东，祠后土。既祭，行游龙门[①]，登历观[②]，陟西岳而归[③]。

夏，四月，立广陵孝王子守为王。

初，乌孙小昆弥安日为降民所杀，诸翎侯大乱[④]；诏征故金城太守段会宗为左曹、中郎将、光禄大夫[⑤]，使安辑乌孙；立安日弟末振将为小昆弥，定其国而还。时大昆弥雌栗靡勇健，末振将恐为所并，使贵人乌日领诈降，刺杀雌栗靡；汉欲以兵讨之而未能，遣中郎将段会宗立公主孙伊秩靡为大昆弥。久之，大昆弥、翎侯难栖杀末振将，安日子安犁靡代为小昆弥。汉恨不自诛末振将，复遣段会宗发戊己校尉诸国兵，即诛末振将太子番丘。会宗恐大兵入乌孙，惊番丘，亡逃不可得，即留所发兵垫娄地，选精兵三十弩径至昆弥所在，召番丘，责以末振将之罪，即手剑击杀番丘。官属以下惊恐，驰归。小昆弥安犁靡勒兵数千骑围会宗，会宗为言来诛之意，“今围守杀我，如取汉牛一毛耳[⑥]。宛王、郅支头县槁街，乌孙所知也。”昆弥以下服，曰：“末振将负汉，诛其子可也，独不可告我，令饮食之邪！”会宗曰：“豫告昆弥，逃匿之，为大罪。即饮食以付我，伤骨肉恩。故不先告。”昆弥以下号泣罢去。会宗还，奏事，天子赐会宗爵关内侯、黄金百斤。会宗以难栖杀末振将，奏以为坚守都尉。责大禄、大监以雌栗靡见杀状，夺金印、紫绶，更与铜、墨云。末振将弟卑爰疐本共谋杀大昆弥，将众八万北附康居，谋欲借兵兼并两昆弥；汉复遣会宗与都护孙建并力以备之。

自乌孙分立两昆弥，汉用忧劳[⑦]，且无宁岁[⑧]。时康居复遣子侍汉，贡献，都护郭舜上言：“本匈奴盛时，非以兼有乌孙、康居故也；及其称臣妾，非以失二国也。汉虽皆受其质子，然三国内相输遗，交通如故；亦相候司，见便则发；合不能相亲信，离不能相臣役。以今言之，结配乌孙，竟未有益，反为中国生事。然乌孙既结在前，今与匈奴俱称臣，义不可距。而康居骄黠[⑨]，讫不肯拜使者；都护吏至其国，坐之乌孙诸使下，王及贵人先饮食已，乃饮啖都护吏，故为无所省以夸旁国。以此度之，何故遣子入侍？其欲贾市，为好辞之诈也。匈奴，百蛮大国，今事汉甚备；闻康居不拜，且使单于有悔自卑之意。宜归其侍子，绝不复使，以章汉家不通无礼之国！”汉为其新通，重致远人，终羁縻不绝[⑩]。

三年 春，正月，丙寅，蜀郡岷山崩[⑪]，壅江三日，江水竭。刘向大恶之。曰：“昔周岐山崩，三川竭，而幽王亡。岐山者，周所兴也。汉家本起于蜀、汉，今所起之地，山崩川竭，星孛又及摄提、大角，从参至辰，殆必亡矣！”

二月，丙午，封淳于长为定陵侯。

三月，上行幸雍，祠五畤。

上将大夸胡人以多禽兽，秋，命右扶风发民入南山[⑫]，西自褒、斜[⑬]，东至弘农[⑭]，南驱汉中，张罗罔罝罘[⑮]，捕熊罴禽兽，载以槛车，输之长杨射熊馆，以罔为周阹[⑯]，纵禽兽其中，令胡人手搏之，自取其获，上亲临观焉。

【注释】

①龙门：颜师古注：“龙门山，在今蒲州龙门县（今山西河津市）北。” ②历观：历山，山上有观。山在今山西永济市东南。 ③西岳：即陕西华阴市华山别称。 ④翖（xī 希）侯：汉代西域乌孙的官名。翖，即“翕”。⑤金城：郡名。治所在允吾县（今甘肃永靖县西北湟水南岸）。 ⑥牛一毛：司马迁《答任安书》曰：“假令仆伏法受诛，若九牛亡一毛，与蝼蚁何异！”自喻其身甚微。 ⑦忧劳：忧患劳苦。 ⑧宁岁：安宁的岁月。⑨骄黠（jiāo xiá 交侠）：傲慢狡猾。 ⑩羁縻（jī mí 基谜）：羁，马笼头；縻，纼。比喻联络。 ⑪岷山：四川岷山。 ⑫南山：又名终南山、中南山、周南山。即今陕西秦岭山脉。 ⑬褒、斜：即褒谷、斜谷。是古代秦岭南北交通要道。 ⑭弘农：县名。治所在今河南灵宝市东北函谷关城。 ⑮罝罘（jū fú 居浮）：捕兽的网。 ⑯阹（qū 蛆）：打猎时依山谷形势围住野兽。

四年 春，正月，上行幸甘泉，郊泰畤。

中山王兴、定陶王欣皆来朝[①]，中山王独从傅，定陶王尽从傅、相、中尉。上怪之，以问定陶王，对曰：“令：诸侯王朝，得从其国二千石。傅、相、中尉，皆国二千石，故尽从之。”上令诵《诗》，通习，能说。他日，问中山王：“独从傅在何法令？”不能对；令诵《尚书》，又废；及赐食于前，后饱；起下，袜系解。帝由此以为不能，而贤定陶王，数称其材。是时诸侯王唯二人于帝为至亲，定陶王祖母傅太后随王来朝，私赂遗赵皇后、昭仪及票骑将军王根。后、昭仪、根见上无子，亦欲豫自结，为长久计，皆更称定陶王，劝帝以为嗣。帝亦自美其材，为加元服而遣之②，时年十七矣。

三月，上行幸河东，祠后土。

陨石于关东二③。

王根荐谷永④，征入，为大司农。永前后所上四十余事，略相反覆，专攻上身与后宫而已；党于王氏，上亦知之，不甚亲信也。为大司农岁余，病；满三月，上不赐告，即时免。数月，卒。

绥和元年 春，正月，大赦天下。

上召丞相翟方进、御史大夫孔光、右将军廉褒、后将军朱博入禁中，议“中山、定陶王谁宜为嗣者”？方进、根、褒、博皆以为：“定陶王，帝弟之子。《礼》曰：‘昆弟之子，犹子也。为其后者，为之子也。’定陶王宜为嗣。”光独以为：“礼，立嗣以亲。以《尚书》《盘庚》殷之及王为比，兄终弟及。中山王，先帝之子，帝亲弟，宜为嗣。”上以“中山王不材；又礼，兄弟不得相入庙”，不从光议。二月，癸丑，诏立定陶王欣为皇太子，封中山王舅谏大夫冯参为宜乡侯，益中山国三万户，以慰其意；使执金吾任宏守大鸿胪，持节征定陶王。定陶王谢曰：“臣材质不足以假充太子之宫；臣愿且得留国邸，旦夕奉问起居，俟有圣嗣，归国守藩。”书奏，天子报“闻”。戊午，孔光以议不合意，左迁廷尉；何武为御史大夫。

初，诏求殷后，分散为十余姓，推求其嫡，不能得。匡衡、梅福皆以为宜封孔子世为汤后，上从之，封孔吉为殷绍嘉侯。三月，与周承休侯皆进爵为公，地各百里。

上行幸雍，祠五畤。

【注释】

①中山王兴、定陶王欣：刘兴，成帝的小弟弟；刘欣，成帝的侄儿。②元服：帽子。 ③关东：据《汉书·五行志》，关东作都关。县名，治所

在今山东郓城县西。 ④谷永(? —前9):字子云,长安(今陕西西安市西北)人。少时为长安小吏,博学经书,工于笔札。元帝时,被举为太常丞。成帝时,依附"五侯",升光禄大夫。历任太守、刺史、太中大夫、光禄大夫给事中,官至大司农。今存文二十余篇,多为奏议、对策。

初,何武之为廷尉也,建言:"末俗之敝,政事烦多,宰相之材不能及古,而丞相独兼三公之事,所以久废而不治也。宜建三公官。"上从之。夏,四月,赐曲阳侯根大司马印绶,置官属,罢票骑将军官;以御史大夫何武为大司空,封汜乡侯;皆增奉如丞相,以备三公焉。

秋,八月,庚戌,中山孝王兴薨。

匈奴车牙单于死;弟囊知牙斯立,为乌珠留若鞮单于。乌珠留单于立,以弟乐为左贤王,舆为右贤王,汉遣中郎将夏侯藩、副校尉韩容使匈奴。

或说王根曰:"匈奴有斗入汉地[1],直张掖郡[2],生奇材箭竿、鹫羽[3];如得之,于边甚饶,国家有广地之实,将军显功垂于无穷!"根为上言其利,上直欲从单于求之,为有不得,伤命损威。根即但以上指晓藩,令从藩所说而求之。藩至匈奴,以语次说单于曰:"窃见匈奴斗入汉地,直张掖郡,汉三都尉居塞上,士卒数百人,寒苦,候望久劳,单于宜上书献此地,直断割之,省两都尉士卒数百人,以复天子厚恩,其报必大!"单于曰:"此天子诏语邪,将从使者所求也?"藩曰:"诏指也,然藩亦为单于画善计耳。"单于曰:"此温偶駼王所居地也,未晓其形状、所生[4],请遣使问之。"

藩、容归汉后,复使匈奴,至则求地。单于曰:"父兄传五世,汉不求此地,至知独求,何也?已问温偶駼王,匈奴西边诸侯作穹庐及车[5],皆仰此山材木,且先父地,不敢失也。"藩还,迁太原太守。单于遣使上书,以藩求地状闻。诏报单于:"藩擅称诏,从单于求地,法当死;更大赦二,今徙藩为济南太守,不令当匈奴。"

冬,十月,甲寅,王根病免。

【注释】

①斗:谓形如斗状的地形,陡峭险峻。 ②张掖郡:治所在觻得县

（今甘肃张掖市西北）。　③鹫（jiù 就）：一种猛禽，也叫雕。　④形状：谓地形的夷险，可割与不可割的形状。所生：指山上所生长的草木、鸟兽。　⑤穹（qióng 穷）庐：毡帐。

上以太子既奉大宗后，不得顾私亲[1]，十一月，立楚孝王孙景为定陶王。太子议欲谢；少傅阎崇以为“为人后之礼，不得顾私亲，不当谢”；太傅赵玄以为当谢，太子从之。诏问所以谢状，尚书劾奏玄，左迁少府；以光禄勋师丹为太傅。

初，太子之幼也，王祖母傅太后躬自养视；及为太子，诏傅太后、丁姬自居定陶国邸，不得相见。顷之，王太后欲令傅太后、丁姬十日一至太子家，帝曰：“太子承正统，当共养陛下，不得复顾私亲。”王太后曰：“太子小而傅太后抱养之；今至太子家，以乳母恩耳，不足有所妨！”于是令傅太后得至太子家；丁姬以不养太子，独不得。

卫尉、侍中淳于长有宠于上，大见信用，贵倾公卿，外交诸侯、牧、守，赂遗、赏赐累巨万，淫于声色。许后姊孊为龙雒思侯夫人[2]，寡居；长与孊私通，因取为小妻。许后时居长定宫，因孊赂遗长，欲求复为婕妤。长受许后金钱、乘舆、服御物前后千余万，诈许为白上，立以为左皇后。孊每入长定宫，辄与孊书，戏侮许后，嫚易无不言；交通书记[3]，赂遗连年。

时曲阳侯根辅政，久病，数乞骸骨。长以外亲居九卿位，次第当代根。侍中、骑都尉、光禄大夫王莽心害长宠，私闻其事。莽侍曲阳侯病，因言：“长见将军久病意喜，自以当代辅政，至对衣冠议语署置[4]。”具言其罪过。根怒曰：“即如是，何不白也！”莽曰：“未知将军意，故未敢言！”根曰：“趣白东宫！”莽求见太后，具言长骄佚[5]，欲代曲阳侯；私与长定贵人姊通，受取其衣物。太后亦怒曰：“儿至如此！往，白之帝！”莽白上；上以太后故，免长官，勿治罪，遣就国。

初，红阳侯立不得辅政，疑为长毁谮，常怨毒长；上知之。及长当就国，立嗣子融从长请车骑，长以珍宝因融重遗立。立因上封事，为长求留曰：“陛下既托文以皇太后故，诚不可更有他计。”于是天子疑焉，下有司按验。吏捕融，立令融自杀以灭口。上愈疑其有大奸，遂逮长系洛阳诏狱，穷治。长具服戏侮长定宫，谋立左皇后，罪至大逆，死狱中[6]。妻子当坐者徙合浦；母若归故郡。上使廷尉孔光持节赐废后药，自杀。丞相方进复劾奏“红阳侯立，狡猾不道，请下狱”。上曰：“红阳侯，朕之舅，不忍致法；遣就国。”于是方进复奏立党友后将军朱博、巨鹿太守孙闳，皆免官，与故光禄大夫陈咸皆归故郡[7]。咸自知废锢，以忧死。

方进智能有余，兼通文法吏事，以儒雅缘饰[8]，号为通明相，天子器重之；又善求人主微指[9]，奏事无不当意。方淳于长用事，方进独与长交，称荐之；及长坐大逆诛，上以方进大臣，为之隐讳，方进内惭，上疏乞骸骨。上报曰：“定陵侯长已伏其辜，君虽交通，《传》不云乎‘朝过夕改，君子与之’，君何疑焉！其专心壹意，毋怠医药，以自持。”方进起视事，复条奏长所厚善京兆尹孙宝、右扶风萧育、刺史二千石以上，免二十余人。函谷都尉、建平侯杜业[10]，素与方进不平，方进奏“业受红阳侯书听请，不敬”，免，就国。

上以王莽首发大奸，称其忠直；王根因荐莽自代。丙寅，以莽为大司马。时年三十八。莽既拔出同列，继四父而辅政，欲令名誉过前人，遂克己不倦[11]。聘诸贤良以为掾、史，赏赐、邑钱悉以享士[12]，愈为俭约。母病，公卿列侯遣夫人问疾，莽妻迎之，衣不曳地，布蔽膝[13]，见之者以为僮使，问知其夫人。其饰名如此。

丞相方进、大司空武奏言：“《春秋》之义，用贵治贱，不以卑临尊。刺史位下大夫而临二千石，轻重不相准。臣请罢刺史，更置州牧以应古制！”十二月，罢刺史，更置州牧，秩二千石。

犍为郡于水滨得古磬十六枚[14]，议者以为善祥。刘向因是说上：“宜兴辟雍[15]，设庠序，陈礼乐，隆雅颂之声，盛揖让之容，以风化天下。如此而不治者，未之有也。或曰：不能具礼。礼以养人为本，如有过差，是过而养人也。刑罚之过或至死伤，今之刑非皋陶之法也，而有司请定法，削则削，笔则笔，救时务也。至于礼乐，则曰不敢，是敢于杀人、不敢于养人也。为其俎豆、管弦之间小不备[16]，因是绝而不为，是去小不备而就大不备，惑莫甚焉！夫教化之比于刑法，刑法轻，是舍所重而急所轻也。教化，所恃以为治也；刑法，所以助治也；今废所恃而独立其所助，非所以致太平也。

自京师有悖逆不顺之子孙[17]，至于陷大辟、受刑戮者不绝[18]，由不习五常之道也。夫承千岁之衰周，继暴秦之余敝，民渐渍恶俗，贪饕险诐[19]，不闲义理，不示以大化而独驱以刑罚，终已不改！”帝以向言下公卿议，丞相、大司空奏请立辟痈[20]，按行长安城南营表[21]；未作而罢。时又有言“孔子布衣，养徒三千人，今天子太学弟子少”。于是增弟子员三千人；岁余，复如故。

刘向自见得信于上[22]，故常显讼宗室，讥刺王氏及在位大臣，其言多痛切，发于至诚。上数欲用向为九卿，辄不为王氏居位者及丞相、御史所持，故终不迁，居列大夫官前后三十余年而卒。后十三岁而王氏代汉。

【注释】

①私亲：自己的亲属。 ②嬭（mí 迷）：人名用字。 ③书记：指用以记事的书写文字，如书籍书信之类。 ④衣冠：指当时士大夫及贵族子弟。 ⑤骄佚：骄横奢侈，荒淫放肆。 ⑥淳于长（？—前8）：元城县（今河北大名县）人。字子鸿。以太后姊子为黄门郎。历迁至九卿。死于狱中。 ⑦陈咸（？—前8）：相县（今安徽濉溪县）人。字子康。有异才，抗直数言事。元帝时为御史中丞，累官南阳太守，后升为少府，因与方进有隙，方进奏归咸故郡，以忧死。 ⑧缘饰：比喻衣服镶边加饰。 ⑨微指：隐微的旨意。指能识出天子的心意。 ⑩函谷：关名。在今河南新安县东。 ⑪克己：约束克制自身的言行和私欲，使之合乎某种规范。 ⑫邑钱：封邑所入的钱。 ⑬蔽膝：护膝的围裙。跪拜时用。 ⑭犍为郡：治所武阳县（今四川彭州市东）。 ⑮辟雍：郑玄曰：“辟，明也。雍，和也。”指以明和教化于天下。 ⑯俎（zǔ 组）豆：古代祭祀、设宴时陈置牲口的礼器，木制，漆饰。 ⑰悖（bèi 背）逆：指违反正道，犯上作乱。 ⑱大辟：死刑。 ⑲贪饕（tāo 涛）：贪得无厌。险诐（bì 毕）：邪谄不正。 ⑳辟痈（yōng 雍）：也作“辟雍”。 ㉑营表：度量基地，立表以定位置。 ㉒刘向（约前77—前8）：西汉经学家、目录学家、文学家。本名更生，字子政。沛县（今江苏沛县）人。汉皇族楚元王刘交四世孙。曾任谏议大夫，用阴阳灾异推论时政得失，屡次上书劾奏外戚专权，敢于直言。元帝时为中垒校尉，成帝时任光禄大夫。曾校书天禄阁，著成《别录》《九叹》等。大都亡佚。流传至今的有《洪范五行传》《列女传》《列仙传》《新序》《说苑》等书。

资治通鉴卷第三十三

汉纪二十五　起阏逢摄提格，尽旃蒙单阏，凡二年。

孝成皇帝下

绥和二年　春，正月，上行幸甘泉，郊泰畤。

二月，壬子，丞相方进薨[①]。

时荧惑守心[②]，丞相府议曹平陵李寻奏记方进[③]，言："灾变迫切，大责日加，安得保斥逐之戮[④]！阖府三百余人[⑤]，唯君侯择其中，与尽节转凶。"方进忧之，不知所出。会郎贲丽善为星，言大臣宜当之。上乃召见方进，还归，未及引决，上遂赐册，责让以政事不治，灾害并臻，百姓穷困，曰："欲退君位，尚未忍，使尚书令赐君上尊酒十石，养牛一，君审处焉！"方进即日自杀。上秘之，遣九卿册赠印绶，赐乘舆秘器、少府供张，柱槛皆衣素。天子亲临吊者数至，礼赐异于他相故事。

臣光曰：晏婴有言："天命不慆，不贰其命。"祸福之至，安可移乎！昔楚昭王、宋景公不忍移灾于卿佐，曰："移腹心之疾，寘诸股肱[⑥]，何益也！"藉其灾可移，仁君犹不忍为，况不可乎！使方进罪不至死而诛之，以当大变，是诬天也；方进有罪当刑，隐其诛而厚其葬，是诬人也；孝成欲诬天、人而卒无所益，可谓不知命矣。

三月，上行幸河东，祠后土。

丙戌，帝崩于未央宫[⑦]。

帝素强无疾病，是时，楚思王衍、梁王立来朝，明旦，当辞去，上宿供张白虎殿；又欲拜左将军孔光为丞相，已刻侯印，书赞。昏夜，平善，乡晨，傅绔袜欲起，因失衣，不能言，昼漏上十刻而崩[8]。民间喧哗，咸归罪赵昭仪。皇太后诏大司马莽杂与御史、丞相、廷尉治，问皇帝起居发病状；赵昭仪自杀。

班彪赞曰：臣姑充后宫为婕妤，父子、昆弟侍帷幄，数为臣言："成帝善修容仪，升车正立，不内顾，不疾言，不亲指，临朝渊嘿，尊严若神，可谓穆穆天子之容者矣。博览古今，容受直辞，公卿奏议可述。遭世承平，上下和睦。然湛于酒色，赵氏乱内，外家擅朝，言之可为于邑！"建始以来，王氏始执国命，哀、平短祚，莽遂篡位，盖其威福所由来者渐矣！

是日，孔光于大行前拜受丞相、博山侯印绶。

富平侯张放闻帝崩，思慕哭泣而死。

荀悦论曰：放非不爱上，忠不存焉。故爱而不忠，仁之贼也！

皇太后诏南、北郊长安如故。

夏，四月，丙午，太子即皇帝位，谒高庙；尊皇太后曰太皇太后，皇后曰皇太后。大赦天下。

哀帝初立，躬行俭约，省减诸用，政事由己出，朝廷翕然望至治焉。

西汉玉剑饰

己卯,葬孝成皇帝于延陵⑨。

太皇太后令傅太后、丁姬十日一至未央宫。

有诏问丞相、大司空:“定陶共王太后宜当何居?”丞相孔光素闻傅太后为人刚暴,长于权谋,自帝在襁褓,而养长教道至于成人,帝之立又有力;光心恐傅太后与政事,不欲与帝旦夕相近,即议以为:“定陶太后宜改筑宫。”大司空何武曰:“可居北宫。”上从武言。北宫有紫房复道通未央宫,傅太后果从复道朝夕至帝所,求欲称尊号,贵宠其亲属,使上不得由直道行。高昌侯董宏希指,上书言:“秦庄襄王,母本夏氏,而为华阳夫人所子,及即位后,俱称太后。宜立定陶共王后为帝太后。”事下有司,大司马王莽、左将军、关内侯、领尚书事师丹劾奏宏:“知皇太后至尊之号,天下一统,而称引亡秦以为比喻,诖误圣朝,非所宜言,大不道!”上新立,谦让,纳用莽、丹言,免宏为庶人。傅太后大怒,要上,欲必称尊号。上乃白太皇太后,令下诏尊定陶恭王为恭皇。

【注释】

①翟方进(？—前7):字子威,汝南上蔡(今河南上蔡县)人。成帝时,乃任朔方刺史、御史大夫,后为丞相,封高陵侯。任相十年,后因皇族内讧,以“灾异”罪名,被迫自杀。 ②荧惑:这里是指火星。因隐现不定,令人迷惑,故名荧惑。 ③平陵:县名。治所在今陕西咸阳市西北。④斥逐:驱逐。 ⑤阖(hé何):全。 ⑥股肱:大腿和胳膊。常以喻辅佐君主的人臣。 ⑦成帝:刘骜(前52—前7),在位二十六年,寿终四十五岁。 ⑧昼漏:漏,漏壶。古时滴水计时的器具。昼漏,谓白天的时间。 ⑨延陵:今陕西咸阳市境。

五月,丙戌,立皇后傅氏,傅太后从弟晏之子也。

诏曰:“《春秋》,母以子贵。宜尊定陶太后曰恭皇太后、丁姬曰恭皇后,各置左右詹事,食邑如长信宫、中宫。”追尊傅父为崇祖侯,丁父为褒德侯;封舅丁明为阳安侯,舅子满为平周侯,皇后父晏为孔乡侯,皇太后弟侍中、光禄大夫赵钦为新城侯。太皇太后诏大司马莽就第,避帝外家;莽上疏乞骸骨。帝遣尚书令诏起莽,又遣丞相孔光、大司空何武、左将军师丹、卫尉傅喜白太皇太后曰:“皇帝闻太后诏,甚悲!大司马即不起,皇帝即不敢听政!”太后乃复令莽视事。

成帝之世,郑声尤甚[1],黄门名倡丙强、景武之属富显于世[2],贵戚至与人主争女乐。帝自为定陶王时疾之,又性不好音,六月,诏曰:“孔子不云乎:‘放郑声,郑声淫。’其罢乐府官;郊祭乐及古兵法武乐在《经》,非郑、卫之乐者,别属他官。”凡所罢省过半。然百姓渐渍日久,又不制雅乐有以相变,豪富吏民湛沔自若。

王莽荐中垒校尉刘歆有材行,为侍中,稍迁光禄大夫,贵幸;更名秀。上复令秀典领《五经》,卒父前业;秀于是总群书而奏其《七略》,有《辑略》、有《六艺略》、有《诸子略》、有《诗赋略》、有《兵书略》、有《术数略》、有《方技略》[3]。凡书六略,三十八种,五百九十六家、万三千二百六十九卷。其叙诸子,分为九流:曰儒,曰道,曰阴阳,曰法,曰名,曰墨,曰从横,曰杂,曰农,以为:“九家皆起于王道既微,诸侯力政,时君世主好恶殊方,是以九家之术蜂出并作,各引一端,崇其所善,以此驰说,取合诸侯,其言虽殊,譬犹水火相灭,亦相生也;仁之与义,敬之与和,相反而皆相成也。《易》曰:‘天下同归而殊途,一致而百虑。’今异家者推所长,穷知究虑以明其指,虽有蔽短,合其要归,亦《六经》之支与流裔[4];使其人遭明王圣主,得其所折中,皆股肱之材已。仲尼有言:‘礼失而求诸野。’方今去圣久远,道术缺废,无所更索,彼九家者,不犹愈于野乎!若能修《六艺》之术而观此九家之言,舍短取长,则可以通万方之略矣。”

河间惠王良能修献王之行,母太后薨,服丧如礼;诏益封万户,以为宗室仪表。

初,董仲舒说武帝,以“秦用商鞅之法,除井田,民得卖买,富者田连阡陌[5],贫者亡立锥之地,邑有人君之尊,里有公侯之富,小民安得不困!古井田法虽难卒行[6],宜少近古,限民名田以赡不足,塞并兼之路;去奴婢,除专杀之威;薄赋敛,省徭役,以宽民力,然后可善治也”!及上即位,师丹复建言:“今累世承平,豪富吏民訾数巨万,而贫弱愈困,宜略为限。”天子下其议,丞相光、大司空武奏请:“自诸侯王、列侯、公主名田各有限;关内侯、吏、民名田皆毋过三十顷;奴婢毋过三十人。期尽三年,犯者没入官。”时田宅、奴婢贾为减贱,贵戚近习皆不便也,诏书:“且须后。”遂寝不行。又诏:“齐三服官、诸官,织绮绣难成、害女红之物,皆止,无作输。除任子令及诽谤诋欺法[⑦]。掖庭宫人年三十以下,出嫁之;官奴婢五十以上,免为庶人。益吏三百石以下俸。”

【注释】

①郑声:古代春秋时郑国的俗乐。 ②黄门:宫名。 ③《辑略》:群书摘要。《六艺略》:儒家学派的六经。《诸子略》:儒家学派之外的其他学派学说。《诗赋略》:包括屈原、荀况、扬雄等人著作。《兵书略》:有关权谋、武器、战略、战役。《术数略》:有关天文、历法、占卜、阴阳五行。《方技略》:有关医学、神仙。 ④流裔:谓末流。 ⑤阡陌:田地中间南北方向小路,也指田界。 ⑥卒:通“猝(cù促)”,突然,仓促。 ⑦任子令:指二千石以上官员,任职满三年,可以保荐同母兄弟或自己的儿子一人为郎。

上置酒未央宫,内者令为傅太后张幄,坐于太皇太后坐旁。大司马莽按行,责内者令曰:“定陶太后,藩妾,何以得与至尊并!”彻去,更设坐。傅太后闻之,大怒,不肯会,重怨恚莽[①];莽复乞骸骨。秋,七月,丁卯,上赐莽黄金五百斤,安车驷马[②],罢就第。公卿大夫多称之者,上乃加恩宠,置中黄门,为莽家给使,十日一赐餐。又下诏益封曲阳侯根、安阳侯舜、新都侯莽、丞相光、大司空武邑户各有差。以莽为特进、给事中,朝朔望,见礼如三公。又还红阳侯立于京师。

傅太后从弟右将军喜,好学问,有志行。王莽既罢退,众庶归望于喜。初,上之官爵外亲也,喜独执谦称疾;傅太后始与政事,数谏之;由是傅太后不欲令喜辅政。庚午,以左将军师丹为大司马,封高乡亭侯;赐喜黄金百斤,上右将军印绶,以光禄大夫养病;以光禄勋淮阳彭宣为右将军。大司空何武、尚书令唐林皆上书言:“喜行义修洁,忠诚忧国,内辅之臣也。今以寝病一旦遣归,众庶失望,皆曰‘傅氏贤子,以论议不合于定陶太后,故退’,百寮莫不为国恨之[③]。忠臣,社稷之卫;鲁以季友治乱,楚以子玉轻重,魏以无忌折冲，项以范增存亡。百万之众，不如一贤；故秦行千金以间廉颇，汉散黄金以疏亚父。喜立于朝，陛下之光辉，傅氏之废兴也。”上亦自重之，故寻复进用焉。

建平侯杜业上书诋曲阳侯根、高阳侯薛宣、安昌侯张禹而荐朱博。帝少而闻知王氏骄盛，心不能善，以初立，故且优之。后月余，司隶校尉解光奏：“曲阳侯，先帝山陵未成，公聘取故掖庭女乐五官殷严、王飞君等置酒歌舞，及根兄子成都侯况，亦聘取故掖庭贵人以为妻，皆无人臣礼，大不敬，不道！”于是天子曰：“先帝遇根、况父子，至厚也，今乃背恩忘义！”以根尝建社稷之策，遣就国；免况为庶人，归故郡。根及况父商所荐举为官者皆罢。

九月，庚申，地震，自京师到北边郡国三十余处，坏城郭，凡压杀四百余人。上以灾异问待诏李寻，对曰：“夫日者，众阳之长，人君之表也。君不修道，则日失其度，晻昧亡光[4]。间者日尤不精，光明侵夺失色，邪气珥、蜺数作[5]。小臣不知内事，窃以日视陛下，志操衰于始初多矣。唯陛下执乾刚之德，强志守度，毋听女谒、邪臣之态[6]。诸保阿、乳母甘言悲辞之托[7]，断而勿听。勉强大义，绝小不忍；良有不得已，可赐以货财，不可私以官位，诚皇天之禁也！

“臣闻月者，众阴之长，妃后、大臣、诸侯之象也。间者月数为变，此为母后与政乱朝，阴阳俱伤，两不相便；外臣不知朝事，窃信天文，即如此，近臣已不足杖矣。唯陛下亲求贤士，无强所恶，以崇社稷，尊强本朝！

“臣闻五行以水为本，水为准平，王道公正修明，则百川理，落脉通；偏党失纲，则涌溢为败。今汝、颍漂涌[8]，与雨水并为民害，此《诗》所谓‘百川沸腾’，咎在皇甫卿士之属[9]。唯陛下少抑外亲大臣！

“臣闻地道柔静，阴之常义也。间者关东地数震，宜务崇阳抑阴以救其咎，固志建威，闭绝私路，拔进英隽，退不任职，以强本朝！夫本强则精神折冲；本弱则招殃致凶，为邪谋所陵。闻往者淮南王作谋之时，其所难者独有汲黯，以为公孙弘等不足言也。弘，汉之名相，于今无比，而尚见轻，何况亡弘之属乎！故曰朝廷亡人，则为贼乱所轻，其道自然也。”

【注释】

①恚(huì 会):恨,怒。　②安车:用一马拉的可以坐乘的小车。古时车是立乘,此为坐乘,故称安车。　③百寮:同“百僚”。百官。　④晻昧(yǎn mèi 眼妹):昏暗。　⑤珥(ěr 耳):日月旁的光晕。蜺(ní 泥):同“霓”,虹。　⑥女谒:通过宫廷嬖宠的女子说情疏通。　⑦保阿:宫廷里管抚养子女的女妾。　⑧汝:汝水。上游即今河南汝河,经抚水(今洪河)、溵水(今沙河),而入洪河。颍:颍水。安徽颍河。　⑨皇甫卿士:周朝女宠之族。

骑都尉平当使领河堤,奏:“九河今皆寘灭[1]。按经义,治水有决河深川而无堤防壅塞之文。河从魏郡以东多溢决;水迹难以分明,四海之众不可诬。宜博求能浚川疏河者。”上从之。

待诏贾让奏言:“治河有上、中、下策。古者立国居民,疆理土地,必遗川泽之分,度水势所不及。大川无防,小水得入,陂障卑下,以为汙泽[2],使秋水多得其所休息,左右游波宽缓而不迫。夫土之有川,犹人之有口也,治土而防其川,犹止儿啼而塞其口,岂不遽止,然其死可立而待也。故曰:‘善为川者决之使道,善为民者宣之使言。’盖堤防之作,近起战国,壅防百川,各以自利。齐与赵、魏以河为竟,赵、魏濒山,齐地卑下,作堤去河二十五里,河水东抵齐堤则西泛赵、魏;赵、魏亦为堤去河二十五里,虽非其正,水尚有所游荡。时至而去,则填淤肥美,民耕田之;或久无害,稍筑宫宅,遂成聚落;大水时至,漂没,则更起堤防以自救,稍去其城郭,排水泽而居之,湛溺自其宜也。今堤防,狭者去水数百步,远者数里,于故大堤之内复有数重,民居其间,此皆前世所排也。河从河内黎阳至魏郡昭阳[3],东西互有石堤,激水使还,百余里间,河再西三东。迫厄如此,不得安息。

“今行上策,徙冀州之民当水冲者,决黎阳遮害亭,放河使北入海;河西薄大山,东薄金堤,势不能远,泛滥期月自定。难者将曰:‘若如此,败坏城郭、田庐、冢墓以万数,百姓怨恨。’昔大禹治水,山陵当路者毁之,故凿龙门[4],辟伊阙,析底柱[5],破碣石[6],堕断天地之性;此乃人功所造,何足言也!今濒河十郡[7],治堤岁费且万万；及其大决，所残无数。如出数年治河之费以业所徙之民，遵古圣之法，定山川之位，使神人各处其所而不相奸；且以大汉方制万里，岂其与水争咫尺之地哉！此功一立，河定民安，千载无患，故谓之上策。

“若乃多穿漕渠于冀州地，使民得以溉田，分杀水怒，虽非圣人法，然亦救败术也。可从淇口以东为石堤[8]，多张水门。恐议者疑河大川难禁制，荥阳漕渠足以卜之[9]。冀州渠首尽，当仰此水门，诸渠皆往往股引取之：旱则开东方下水门，溉冀州；水则开西方高门，分河流，民田适治，河堤亦成。此诚富国安民、兴利除害，支数百岁，故谓之中策。

“若乃缮完故堤，增卑倍薄，劳费无已，数逢其害，此最下策也！”

【注释】

①寘（tián 甜）：通“窴”“填”。填塞。　②汙（wū 巫）泽：蓄水的湖泊池泽。　③黎阳：县名。今河南浚县东北。　④龙门：山名，也称伊阙山；即今河南洛阳市南龙门。　⑤底柱：山名，也称三门山。在今河南陕县东北黄河中流。成语“中流砥柱”来源于此。　⑥碣石：山名。即今河北昌黎县西北仙台山。秦始皇、汉武帝皆东巡至此，刻石观海。曹操用兵乌桓过此，作有《碣石篇》。　⑦濒河十郡：河南郡，治所在雒阳县（今河南洛阳市东北）；河内郡，治所在怀县（今河南武陟县西南）；魏郡，治所在邺县（今河北临漳县西南邺镇）；平原郡，治所在平原县（今山东平原县西南）；千乘郡，治所在千乘县（今山东高青县东南）；信都郡，治所在信都县（今河北邢台市）；东郡，治所在濮阳县（今河南濮阳县西南）；清河郡，治所在清阳县（今河北清河县东南）；陈留郡，治所在陈留县（今河南开封市东）；渤海郡，今河北沧县。　⑧淇口：在今河南浚县西南淇口渡。　⑨荥阳：县名，治所在今河南荥阳市东北。

孔光何武奏：“迭毁之次当以时定，请与群臣杂议。”于是光禄勋彭宣等五十三人皆以为“孝武皇帝虽有功烈，亲尽宜毁”[1]。太仆王舜、中垒校尉刘歆议曰：“《礼》，天子七庙。七者其正法数，可常数者也。宗不在此数中[2]，宗变也。苟有功德则宗之，不可预为设数。臣愚以为孝武皇帝功烈如彼，孝宣皇帝崇立之如此，不宜毁！”上览其议，制曰：“太仆舜、中垒校尉歆议可。”

何武后母在蜀郡，遣吏归迎；会成帝崩，吏恐道路有盗贼，后母留止。左右或讥武事亲不笃，帝亦欲改易大臣，冬，十月，策免武[3]，以列侯归国。癸酉，以师丹为大司空。丹见上多匡改成帝之政，乃上书言：“古者谅暗不言[4]，听于冢宰[5]；三年无改于父之道。前大行尸柩在堂，而官爵臣等以及亲属，赫然皆贵宠，封舅为阳安侯，皇后尊号未定，豫封父为孔乡侯；出侍中王邑、射声校尉王邯等。诏书比下，变动政事，卒暴无渐。臣纵不能明陈大义，复曾不能牢让爵位，相随空受封侯，增益陛下之过。间者郡国多地动水出，流杀人民，日月不明，五星失行，此皆举错失中，号令不定，法度失理，阴阳溷浊之应也。

“臣伏惟人情无子，年虽六七十，犹博取而广求。孝成皇帝深见天命，烛知至德，以壮年克己，立陛下为嗣。先帝暴弃天下，而陛下继体，四海安宁，百姓不惧，此先帝圣德，当合天人之功也。臣闻‘天威不违颜咫尺’，愿陛下深思先帝所以建立陛下之意，且克己躬行，以观群下之从化。天下者，陛下之家也，胏附何患不富贵[6]，不宜仓卒若是，其不久长矣。”丹书数十上，多切直之言。

傅太后从弟子迁在左右，尤倾邪，上恶之，免官，遣归故郡[7]。傅太后怒；上不得已，复留迁。丞相光与大司空丹奏言：“诏书前后相反，天下疑惑，无所取信。臣请归迁故郡，以销奸党。”卒不得遣，复为侍中。其逼于傅太后，皆此类也。

议郎耿育上书冤讼陈汤曰：“甘延寿、陈汤，为圣汉扬钩深致远之威，雪国家累年之耻，讨绝域不羁之君，系万里难制之虏，岂有比哉！先帝嘉之，仍下明诏，宣著其功，改年垂历，传之无穷。应是，南郡献白虎[8]，边垂无警备。会先帝寝疾，然犹垂意不忘，数使尚书责问丞相，趣立其功；独丞相匡衡排而不予，封延寿、汤数百户，此功臣战士所以失望也。孝成皇帝承建业之基，乘征伐之威，兵革不动，国家无事，而大臣倾邪，欲专主威，排妒有功，使汤块然被见拘囚[9]，不能自明，卒以无罪老弃，敦煌正当西域通道，令威名折冲之臣，旋踵及身[10]，复为郅支遗虏所笑，诚可悲也！至今奉使外蛮者，未尝不陈郅支之诛以扬汉国之盛。夫援人之功以惧敌，弃人之身以快谗，岂不痛哉！且安不忘危，盛必虑衰，今国家素无文帝累年节俭富饶之畜，又无武帝荐延枭俊禽敌之臣[11]，独有一陈汤耳！假使异世不及陛下，尚望国家追录其功，封表其墓，以劝后进也[12]。汤幸得身当圣世，功曾未久，反听邪臣鞭逐斥远，使亡逃分窜，死无处所。远览之士，莫不计度[13]，以为汤功累世不可及，而汤过人情所有，汤尚如此，虽复破绝筋骨，暴露形骸，犹复制于唇舌，为嫉妒之臣所系虏耳。此臣所以为国家尤戚戚也[14]。”书奏，天子还汤，卒于长安[15]。

【注释】

①亲尽：古时称皇帝的高、曾、祖、父四庙为亲庙，出了四代的就为亲尽。　②宗：指汉武帝庙号世宗。　③策：古代帝王对臣下使用的一种文书。　④谅暗：《尚书·无逸》作“亮阴”，《论语·宪问》引作“谅阴”。有二说：一说为天子、诸侯居丧之称；一说为居丧之所。　⑤冢宰：周代官名。为六卿之首。一称太宰。　⑥胏附（fèi fǔ 肺腑）：同“肺腑”。比喻帝王的近亲。　⑦故郡：指河内郡温县（今河南温县）。　⑧南郡：今湖北江陵县。　⑨块然：孤独的样子。　⑩旋踵：转足之间，形容迅速。⑪枭（xiāo 消）俊：也谓枭将。勇猛的将领。　⑫后进：这里泛指后辈。⑬计度：计算度量。　⑭戚戚：忧惧。　⑮陈汤：字子公，山阳瑕丘（今山东济宁市兖州区东北）人。元帝时，为西域副校尉。他和西域都护甘延寿发兵至康居，击杀郅支单于，威镇远方。封关内侯。成帝时，以贿徙边，还长安卒。

孝哀皇帝上

建平元年　春，正月，陨石于北地十六[1]。

赦天下。

司隶校尉解光奏言：“臣闻许美人及故中宫史曹宫皆御幸孝成皇帝，产子；子隐不见。臣遣吏验问，皆得其状：元延元年，宫有身；其十月，宫乳掖庭牛官令舍。中黄门田客持诏记与掖庭狱丞籍武，令收置暴室狱。‘毋问儿男、女，谁儿也！’宫曰：‘善臧我儿胞。丞知是何等儿也！’后三日，客持诏记与武，问：‘儿死未？’武对：‘未死。’客曰：‘上与昭仪大怒，奈何不杀！’武叩头啼曰：‘不杀儿，自知当死；杀之，亦死！’即因客奏封事曰：‘陛下未有继嗣，子无贵贱，唯留意！’奏入，客复持诏记取儿，付中黄门王舜。舜受诏，内儿殿中，为择乳母，告‘善养儿，且有赏，毋令漏泄’！舜择官婢张弃为乳母。后三日，客复持诏记并药以饮宫。宫曰：‘果也欲姊弟擅天下！我儿，男也，额上有壮发[2]，类孝元皇帝。今儿安在？危杀之矣！奈何令长信得闻之？’遂饮药死。弃所养儿，十一日，宫长李南以诏书取儿去，不知所置。

“许美人元延二年怀子，十一月乳。昭仪谓帝曰：‘常绐我言从中宫来[3]。即从中宫来，许美人儿何从生中！许氏竟当复立邪！’怼[4]，以手自捣，以头击壁户柱，从床上自投地，啼泣不肯食，曰：‘今当安置我，我欲归耳！’帝曰：‘今故告之，反怒为，殊不可晓也！’帝亦不食。昭仪曰：‘陛下自知是，不食何为！陛下尝自言：“约不负女！”今美人有子，竟负约，谓何？’帝曰：‘约以赵氏故不立许氏，使天下无出赵氏上者，毋忧也！’后诏使中黄门靳严从许美人取儿去，盛以苇箧，置饰室帘南去[5]。帝与昭仪坐，使御者于客子解箧缄，未已，帝使客子及御者皆出，自闭户，独与昭仪在。须臾开户，呼客子使缄封箧，及诏记令中黄门吴恭持以与籍武曰：‘告武，箧中有死儿，埋屏处，勿令人知！’武穿狱楼垣下为坎，埋其中。

“其他饮药伤堕者无数事，皆在四月丙辰赦令前。臣谨按：永光三年，男子忠等发长陵傅夫人冢，事更大赦，孝元皇帝下诏曰：‘此朕所不当得赦也！’穷治，尽伏辜。天下以为当。赵昭仪倾乱圣朝，亲灭继嗣，家属当伏天诛。而同产亲属皆在尊贵之位，迫近帷幄，天下寒心，请事穷竟！”丞相以下议正法，帝于是免新成侯赵钦、钦兄子咸阳侯䜣皆为庶人，将家属徙辽西郡[6]。

议郎耿育上疏言：“臣闻继嗣失统，废適立庶，圣人法禁，古今至戒。然太伯见历知適，逡遁固让[7]，委身吴、粤[8]，权变所设，不计常法，致位王季，以崇圣嗣，卒有天下，子孙承业，七八百载，功冠三王，道德最备，是以尊号追及太王。故世必有非常之变，然后乃有非常之谋。孝成皇帝自知继嗣不以时立，念虽末有皇子，万岁之后未能持国，权柄之重，制于女主，女主骄盛则耆欲无极[9]，少主幼弱则大臣不使，世无周公抱负之辅，恐危社稷，倾乱天下。知陛下有贤圣通明之德，仁孝子爱之恩，怀独见之明，内断于身，故废后宫就馆之渐，绝微嗣祸乱之根，乃欲致位陛下以安宗庙。愚臣既不能深援安危[10]，定金匮之计[11]，又不知推演圣德，述先帝之志，乃反覆校省内，暴露私燕[12]，诬污先帝倾惑之过，成结宠妾妒媚之诛，甚失贤圣远见之明，逆负先帝忧国之意！夫论大德不拘俗，立大功不合众，此乃孝成皇帝至思所以万万于众臣，陛下圣德盛茂所以符合于皇天也，岂当世庸庸斗筲之臣所能及哉[13]！且褒广将顺君父之美，匡救销灭既往之过，古今通义也。事不当时固争，防祸于未然，各随指阿从以求容媚；晏驾之后[14]，尊号已定，万事已讫，乃探追不及之事，讦扬幽昧之过[15]，此臣所深痛也！愿下有司议，即如臣言，宜宣布天下，使咸晓知先帝圣意所起。不然，空使谤议上及山陵，下流后世，远闻百蛮，近布海内，甚非先帝托后之意也。盖孝者，善述父之志，善成人之事，唯陛下省察！”帝亦以为太子颇得赵太后力，遂不竟其事。傅太后恩赵太后，赵太后亦归心，故太皇太后及王氏皆怨之。

【注释】

①北地：郡名。地域在今甘肃东南部和宁夏南部一带。　②壮发：额前下生的头发。　③绐（dài 待）：欺骗。　④怼（duì 兑）：怨恨。　⑤饰室：室内用金玉装饰，指昭阳舍，赵飞燕的居室。　⑥辽西郡：治所在阳乐县（今辽宁义县）。　⑦逡遁（qūn xún 困旬）：欲行又止。　⑧委身：以身事人。　⑨耆欲：嗜好与欲望。　⑩愚臣：指解光等。　⑪金匮：谓长久之计，藏于金匮石室。　⑫私燕：即衽席之私。　⑬斗筲：是容量很小的量器，因用来比喻人的才识短浅、器量狭小。　⑭晏驾：古人讳言帝王死亡，称为晏驾。　⑮讦扬：揭发暴露。幽昧：昏暗不明。

丁酉，光禄大夫傅喜为大司马，封高武侯。

秋，九月，甲辰，陨石于虞二[1]。

郎中令泠褒、黄门郎段犹等复奏言："定陶共皇太后、共皇后皆不宜复引定陶藩国之名，以冠大号；车马、衣服宜皆称皇之意，置吏二千石以下，各供厥职；又宜为共皇立庙京师。"上复下其议，群下多顺指言："母以子贵，宜立尊号以厚孝道。"唯丞相光、大司马喜、大司空丹以为不可。丹曰："圣王制礼，取法于天地。尊卑者，所以正天地之位，不可乱也。今定陶共皇太后、共皇后以'定陶共'为号者，母从子，妻从夫之义也。欲立官置吏，车服与太皇太后并，非所以明'尊无二上'之义也。定陶共皇号谥已前定，义不得复改。礼'父为士，子为天子，祭以天子，其尸服以士服'，子无爵父之义，尊父母也。为人后者为之子，故为所后服斩衰三年[②]，而降其父母期，明尊本祖而重正统也。孝成皇帝圣恩深远，故为共王立后，奉承祭祀，令共皇长为一国太祖，万世不毁，恩义已备。陛下既继体先帝，持重大宗，承宗庙、天地、社稷之祀，义不可复奉定陶共皇，祭入其庙。今欲立庙于京师，使臣下祭之，是无主也。又，亲尽当毁，空去一国太祖不堕之祀而就无主当毁不正之礼，非所以尊厚共皇也！"丹由是浸不合上意。

会有上书言："古者以龟、贝为货，今以钱易之，民以故贫，宜可改币。"上以问丹，丹对言可改。章下有司议，皆以为行钱以来久，难卒变易。丹老人，忘其前语，复从公卿议。又丹使吏书奏，吏私写其草；丁、傅子弟闻之，使人上书告"丹上封事。行道人遍持其书"。上以问将军、中朝臣，皆对曰："忠臣不显谏。大臣奏事，不宜漏泄，宜下廷尉治。"事下廷尉，劾丹大不敬，事未决，给事中、博士申咸、炔钦上书言："丹经、行无比，自近世大臣能若丹者少。发愤懑，奏封事，不及深思远虑，使主簿书，漏泄之过不在丹，以此贬黜，恐不厌众心。"上贬咸、钦秩各二等；遂策免丹曰[③]："朕惟君位尊任重，怀谖迷国，进退违命，反覆异言，甚为君耻之！以君尝托傅位，未忍考于理，其上大司空、高乐侯印绶，罢归！"

尚书令唐林上疏曰："窃见免大司空丹策书，泰深痛切。君子作文，为贤者讳。丹，经为世儒宗，德为国黄耇[④]，亲傅圣躬，位在三公；所坐者微，海内未见其大过。事既以往，免爵太重；京师识者咸以为宜复丹爵邑，使奉朝请。唯陛下裁览众心，有以尉复师傅之臣!”上从林言,下诏,赐丹爵关内侯。

上用杜业之言,召见朱博,起家复为光禄大夫;迁京兆尹。冬,十月,壬午,以博为大司空。

中山王箕子,幼有眚病[5],祖母冯太后自养视,数祷祠解。上遣中郎谒者张由将医治之。由素有狂易病,病发,怒去,西归长安。尚书簿责由擅去状,由恐,因诬言中山太后祝诅上及傅太后[6]。傅太后与冯太后并事元帝,追怨之,因是遣御史丁玄按验;数十日,无所得。更使中谒者令史立治之[7];立受傅太后指,冀得封侯,治冯太后女弟习及弟妇君之,死者数十人,诬奏云:“祝诅,谋弑上,立中山王。”责问冯太后,无服辞。立曰:“熊之上殿何其勇,今何怯也!”太后还谓左右:“此乃中语,吏何用知之?欲陷我效也!”乃饮药自杀。宜乡侯参、君之、习及夫、子当相坐者,或自杀,或伏法,凡死者十七人。众莫不怜之。

司隶孙宝奏请覆治冯氏狱,傅太后大怒曰:“帝置司隶,主使察我!冯氏反事明白,故欲擿抉以扬我恶,我当坐之!”上乃顺指,下宝狱。尚书仆射唐林争之,上以林朋党比周,左迁敦煌鱼泽障候[8]。大司马傅喜、光禄大夫龚胜固争,上为言太后,出宝,复官。张由以先告,赐爵关内侯;史立迁中太仆。

【注释】

①虞:县名,今河南虞城县。　②斩衰:旧时五种丧服中最重的一种。用粗麻布制成的丧服,左右和下边不缝。子、未嫁女对父母,媳对公婆,都服斩衰。　③策:指策书。皇帝命令中的一种,多用于封土授爵、任免三公。　④耇(gǒu 苟):高寿。　⑤眚(shěng 省):眼球上所生障蔽视线的膜。　⑥祝诅:诉于鬼神,使降祸于憎恶的人。　⑦中谒者令:官名,是中宫宦官为之。　⑧鱼泽障:就是效谷县,今甘肃瓜州县。

资治通鉴卷第三十四

汉纪二十六　起柔兆执徐，尽著雍敦牂，凡三年。

孝哀皇帝中

建平二年　春，正月，有星孛于牵牛。

丁、傅宗族骄奢，皆嫉傅喜之恭俭。又，傅太后欲求称尊号，与成帝母齐尊；喜与孔光、师丹共执以为不可。上重违大臣正议，又内迫傅太后，依违者连岁。傅太后大怒，上不得已，先免师丹以感动喜；喜终不顺。朱博与孔乡侯傅晏连结，共谋成尊号事，数燕见[①]，奏封事，毁短喜及孔光[②]。丁丑，上遂策免喜，以侯就第。

御史大夫官既罢，议者多以为古今异制，汉自天子之号下至佐史，皆不同于古，而独改三公，职事难分明，无益于治乱。于是朱博奏言："故事：选郡国守相高第为中二千石，选中二千石为御史大夫，任职者为丞相；位次有序，所以尊圣德，重国相也。今中二千石未更御史大夫而为丞相，权轻，非所以重国政也。愚臣以为大司空官可罢，复置御史大夫，遵奉旧制。臣愿尽力以御史大夫为百僚率！"上从之。夏，四月，戊午，更拜博为御史大夫。又以丁太后兄阳安侯明为大司马、卫将军，置官属；大司马冠号如故事。

傅太后又自诏丞相、御史大夫曰："高武侯喜附下罔上，与故大司空丹同心背畔，放命圮族，不宜奉朝请，其遣就国！"

丞相孔光，自先帝时议继嗣，有持异之隙，又重忤傅太后指；

由是傅氏在位者与朱博为表里，共毁谮光。乙亥，策免光为庶人。以御史大夫朱博为丞相，封阳乡侯；少府赵玄为御史大夫。临延登受策，有大声如钟鸣，殿中郎吏陛者皆闻焉[③]。

上以问黄门侍郎蜀郡扬雄及李寻。寻对曰："此《洪范》所谓鼓妖者也。师法，以为人君不聪，为众所惑，空名得进，则有声无形，不知所从生。其《传》曰：'岁、月、日之中[④]，则正卿受之。'今以四月日加辰、巳有异，是为中焉。正卿，谓执政大臣也。宜退丞相、御史，以应天变。然虽不退，不出期年，其人自蒙其咎。"扬雄亦以为"鼓妖，听失之象也。朱博为人强毅，多权谋，宜将不宜相，恐有凶恶亟疾之怒"。上不听。

朱博既为丞相，上遂用其议，下诏曰："定陶共皇之号，不宜复称定陶，尊共皇太后曰帝太太后，称永信宫；共皇后曰帝太后，称中安宫；为共皇立寝庙于京师，比宣帝父悼皇考制度。"于是四太后各置少府、太仆，秩皆中二千石。傅太后既尊后，尤骄，与太皇太后语，至谓之"妪"。时丁、傅以一二年间暴兴尤盛，为公卿列侯者甚众；然帝不甚假以权势，不如王氏在成帝世也。

丞相博、御史大夫玄奏言："前高昌侯宏，首建尊号之议，而为关内侯师丹所劾奏，免为庶人。时天下衰粗[⑤]，委政于丹，丹不深惟褒广尊号之义，而妄称说，抑贬尊号，亏损孝道，不忠莫大焉！陛下仁圣，昭然定尊号，宏以忠孝复封高昌侯；丹恶逆暴著，虽蒙赦令，不宜有爵邑，请免为庶人。"奏可。

又奏："新都侯莽前为大司马，不广尊尊之义，抑贬尊号，亏损孝道，当伏显戮。幸蒙赦令，不宜有爵土[⑥]，请免为庶人。"上曰："以莽与太皇太后有属，勿免，遣就国。"及平阿侯仁臧匿赵昭仪亲属，皆遣就国。

天下多冤王氏者。谏大夫杨宣上封事言："孝成皇帝深惟宗庙之重，称述陛下至德以承天序，圣策深远，恩德至厚。惟念先帝之意，岂不欲以陛下自代，奉承东宫哉！太皇太后春秋七十，数更忧伤，敕令亲属引领以避丁、傅，行道之人为之陨涕，况于陛下！登高远望，独不惭于延陵乎！"帝深感其言，复封成都侯商中子邑为成都侯。

【注释】

①燕见：臣下在皇帝内廷朝见，以别于朝会。 ②毁短：揭露他人的短处，加以诽谤。 ③陛者：皇帝身边的卫士。 ④岁、月、日之中：一岁分为三分，则四月已为岁之中；将一日分为三分，则辰、巳、己为日之中。 ⑤衰粗：丧服。 ⑥爵土：爵位和封土。

朱博又奏言："汉家故事，置部刺史，秩卑而赏厚，咸劝功乐进。前罢刺史，更置州牧，秩真二千石，位次九卿；九卿缺，以高第补；其中材则苟自守而已，恐功效陵夷[1]，奸轨不禁。臣请罢州牧，置刺史如故。"上从之。

六月，庚申，帝太后丁氏崩，诏归葬定陶共皇之园[2]，发陈留、济阴近郡国五万人穿复土[3]。

初，成帝时，齐人甘忠可诈造《天宫历》《包元太平经》十二卷，言汉家逢天地之大终，当更受命于天；以教渤海夏贺良等。中垒校尉刘向奏忠可假鬼神，罔上惑众；下狱，治服；未断，病死。贺良等复私以相教。上即位，司隶校尉解光、骑都尉李寻白贺良等，皆待诏黄门[4]。数召见，陈说："汉历中衰，当更受命。成帝不应天命，故绝嗣。今陛下久疾，变异屡数，天所以谴告人也；宜急改元易号，乃得延年益寿，皇子生，灾异息矣。得道不得行，咎殃且无不有，洪水将出，灾火且起，涤荡民人。"上久寝疾，冀其有益，遂从贺良等议，诏大赦天下，以建平二年为太初元年，号曰"陈圣刘太平皇帝"，漏刻以百二十为度。

秋，七月，以渭城西北原上永陵亭部为初陵[5]，勿徙郡国民。

上既改号月余，寝疾自若。夏贺良等复欲妄变政事，大臣争以为不可许。贺良等奏言："大臣皆不知天命，宜退丞相、御史，以解光、李寻辅政。"上以其言无验，八月，诏曰："待诏贺良等建言改元易号，增益漏刻，可以永安国家；朕信道不笃，过听其言，冀为百姓获福，卒无嘉应。夫过而不改，是谓过矣！六月甲子诏书，非赦令，皆蠲除之。贺良等反道惑众，奸态当穷竟。"皆下狱，伏诛。寻及解光减死一等，徙敦煌郡。

上以寝疾，尽复前世所尝兴诸神祠凡七百余所，一岁三万七千祠云。

傅太后怨傅喜不已，使孔乡侯风丞相朱博令奏免喜侯。博与御史大夫赵玄议之，玄曰："事已前决，得无不宜？"博曰："已许孔乡侯矣。匹夫相要，尚相得死，何况至尊！博唯有死耳！"玄即许可。博恶独斥奏喜，以故大司空汜乡侯何武前亦坐过免就国，事与喜相似，即并奏："喜、武前在位，皆无益于治，虽已退免，爵土之封，非所当也；皆请免为庶人。"上知傅太后素尝怨喜，疑博、玄承指，即召玄诣尚书问状，玄辞服。有诏"左将军彭宣与中朝者杂问"⑥，宣等奏劾"博、玄、晏皆不道⑦，不敬，请召诣廷尉诏狱"。上减玄死罪三等，削晏户四分之一；假谒者节召丞相诣廷尉，博自杀⑧，国除。

九月，以光禄勋平当为御史大夫；冬，十月，甲寅，迁为丞相；以冬月故，且赐爵关内侯。以京兆尹平陵王喜为御史大夫。

上欲令丁、傅处爪牙官⑨，是岁，策免左将军淮阳彭宣⑩，以关内侯归家，而以光禄勋丁望代为左将军。

乌孙卑爰疐侵盗匈奴西界，单于遣兵击之，杀数百人，略千余人，驱牛畜去。卑爰疐恐，遣子趋逯为质匈奴，单于受，以状闻。汉遣使者责让单于，告令还归卑爰疐质子；单于受诏遣归。

【注释】

①陵夷：衰落。　②定陶：今山东菏泽市定陶区。　③陈留：郡名。治所在今河南开封市东南陈留城。济阴：郡名。治所在今山东菏泽市定陶区西北。穿复土：穿圹填塞的事，也是挖坑放棺，再把土填而成坟。④待诏：诸以材技征召，没有正官，是谓待诏。　⑤渭城：县名，在今陕西咸阳市。　⑥中朝者：汉代朝廷的官有中朝、外朝之分。大司马左右前后将军、侍中、常侍、散骑、诸吏等为中朝。　⑦不道：汉以"不道"作为刑律的名目。　⑧朱博（前？—前5）：字子元。杜陵县（今陕西西安市）人。任侠好交。御史中丞陈咸下狱，博以计救出，由是显名。成帝时，历栎阳、云阳、平陵、长安四县县令，累升冀、并二州刺史。入为左冯翊。网罗张设，敢于诛杀。每易官，常以奇谋服人。哀帝即位，拜御史大夫。代孔光为丞相，封阳乡侯。后以附傅晏下廷尉诏狱，自杀。　⑨爪牙官：保卫王室的武臣。　⑩淮阳：国名，治所在陈县（今河南淮阳县）。

三年 春,正月,立广德夷王弟广汉为广平王。

帝太太后所居桂宫正殿火。

上使使者召丞相平当,欲封之;当病笃,不应。室家或谓当:"不可强起受侯印为子孙邪?"当曰:"吾居大位,已负素餐责矣;起受侯印,还卧而死,死有余罪。今不起者,所以为子孙也!"遂上书乞骸骨,上不许。三月,己酉,当薨①。

有星孛于河鼓。

夏,四月,丁酉,王嘉为丞相,河南太守王崇为御史大夫。崇,京兆尹骏之子也。嘉以时政苛急,郡国守相数有变动,乃上疏曰:"臣闻圣王之功在于得人,孔子曰:'材难,不其然与!'故'继世立诸侯,象贤也'。虽不能尽贤,天子为择臣、立命卿以辅之。居是国也,累世尊重,然后士民之众附焉,是以教化行而治功立。今之郡守重于古诸侯②,往者致选贤材,贤材难得,拔擢可用者,或起于囚徒。昔魏尚坐事系,文帝感冯唐之言,遣使持节赦其罪,拜为云中太守;匈奴忌之。武帝擢韩安国于徒中,拜为梁内史;骨肉以安。张敞为京兆尹,有罪当免,黠吏知而犯敞,敞收杀之,其家自冤,使者覆狱,劾敞贼杀人,上逮捕不下,会免;亡命十数日,宣帝征敞拜为冀州刺史,卒获其用。前世非私此三人,贪其材器有益于公家也。孝文时,吏居官者或长子孙,仓氏、库氏则仓库吏之后也;其二千石长吏亦安官乐职,然后上下相望,莫有苟且之意。其后稍稍变易,公卿以下传相促急,又数改更政事,司隶、部刺史举劾苛细,发扬阴私,吏或居官数月而退,送故迎新,交错道路。中材苟容求全,下材怀危内顾,壹切营私者多。二千石益轻贱,吏民慢易之,或持其微过,增加成罪,言于司隶、刺史,或上书告之;众庶知其易危,小失意则有离畔之心。前山阳亡徒苏令等纵横,吏士临难,莫肯伏节死义,以守、相威权素夺也。孝成皇帝悔之,下诏书,二千石不为故纵,遣使者赐金,慰厚其意,诚以为国家有急,取办于二千石;二千石尊重难危,乃能使下。孝宣皇帝爱其善治民之吏,有章劾事留中,会赦壹解。故事:尚书希下章,为烦扰百姓,证验系治,或死狱中,章文必有'敢告之'字乃下③。唯陛下留神于择贤,记善忘过,容忍臣子,勿责以备。二千石、部刺史、三辅县令有材任职者，人情不能不有过差，宜可阔略，令尽力者有所劝。此方今急务，国家之利也。前苏令发，欲遣大夫使逐问状，时见大夫无可使者，召盩厔令尹逢[4]，拜为谏大夫遣之。今诸大夫有材能者甚少，宜豫畜养可成就者，则士赴难不爱其死；临事仓卒乃求，非所以明朝廷也。”嘉因荐儒者公孙光、满昌及能吏萧咸、薛修等，皆故二千石有名称者，天子纳而用之。

六月，立鲁顷王子部乡侯闵为王。

上以寝疾未定，冬，十一月，壬子，令太皇太后下诏复甘泉泰畤、汾阴后土祠，罢南、北郊。上亦不能亲至甘泉、河东，遣有司行事而礼祠焉。

无盐危山土自起覆草[5]，如驰道状；又，瓠山石转立。东平王云及后谒自之石所祭；治石象瓠山立石，束倍草，并祠之。河内息夫躬、长安孙宠相与谋共告之，曰：“此取封侯之计也！”乃与中郎右师谭共因中常侍宋弘上变事，告焉。是时上被疾，多所恶，事下有司，逮王后谒下狱验治；服“祠祭诅祝上，为云求为天子，以为石立，宣帝起之表也。”有司请诛王，有诏，废徙房陵[6]。云自杀，谒及舅伍宏及成帝舅安成共侯夫人放，皆弃市。事连御史大夫王崇，左迁大司农。擢宠为南阳太守，谭颍川都尉，弘、躬皆光禄大夫、左曹、给事中。

【注释】

①平当（？—前4）：平陵县（在今陕西咸阳市）人。字子思。成帝时认为他对《禹贡》《尚书》有研究，派他去整治黄河，主持河堤工程。哀帝时，官至丞相。　②郡守重于古诸侯：周朝初期，诸侯地方百里，伯七十里，子、男五十里。汉朝郡守地方千里，连城十多个，所以重于古诸侯。③敢告之：颜师古注：“所以丁宁告者之辞，绝其相诬也。”　④盩厔（zhōu zhì 周至）：县名。在今陕西周至县。　⑤无盐：县名。在今山东东平县。　⑥房陵：县名。在今湖北房县。

四年　春，正月，大旱。

关东民无故惊走，持稾或棷一枚[1]，转相付与，曰“行西王母筹”，道中相过逢，多至千数；或被发徒跣，或夜折关，或逾墙入，或乘车骑奔驰，以置驿传行，经郡国二十六至京师，不可禁止。民又聚会里巷阡陌，设博具，歌舞祠西王母，至秋乃止。

上欲封傅太后从父弟侍中、光禄大夫商，尚书仆射平陵郑崇谏曰："孝成皇帝封亲舅五侯，天为赤黄，昼昏，日中有黑气。孔乡侯，皇后父，高武侯以三公封，尚有因缘。今无故欲复封商，坏乱制度，逆天人之心，非傅氏之福也！臣愿以身命当国咎！"崇因持诏书案起。傅太后大怒曰："何有为天子乃反为一臣所颛制邪！"二月，癸卯，上遂下诏封商为汝昌侯。

驸马都尉、侍中云阳董贤得幸于上，出则参乘，入御左右，赏赐累巨万，贵震朝廷。常与上卧起；尝昼寝，偏藉上袖，上欲起，贤未觉，不欲动贤，乃断袖而起。又诏贤妻得通引籍殿中，止贤庐。又召贤女弟以为昭仪，位次皇后。昭仪及贤与妻旦夕上下，并侍左右。以贤父恭为少府，赐爵关内侯。诏将作大匠为贤起大第北阙下，重殿，洞门，土木之功，穷极技巧。赐武库禁兵、上方珍宝。其选物上弟尽在董氏，而乘舆所服乃其副也。及至东园秘器、珠襦、玉匣[②]，豫以赐贤，无不备具。又令将作为贤起冢茔义陵旁[③]，内为便房，刚柏题凑，外为徼道，周垣数里，门阙罘罳甚盛[④]。

郑崇以贤贵宠过度谏上，由是重得罪，数以职事见责；发疾颈痈，欲乞骸骨，不敢。尚书令赵昌佞谄，素害崇；知见疏，因奏"崇与宗族通，疑有奸，请治"。上责崇曰："君门如市人，何以欲禁切主上？"崇对曰："臣门如市，臣心如水。愿得考覆！"上怒，下崇狱。司隶孙宝上书曰："按尚书令昌奏仆射崇狱，覆治，榜掠将死，卒无一辞；道路称冤。疑昌与崇内有纤介[⑤]，浸润相陷。自禁门枢机近臣，蒙受冤谮，亏损国家[⑥]，为谤不小。臣请治昌以解众心。"书奏，上下诏曰："司隶宝附下罔上，以春月作诋欺，遂其奸心，盖国之贼也。免宝为庶人。"崇竟死狱中。

三月，诸吏、散骑、光禄勋贾延为御史大夫。

上欲侯董贤而未有缘，侍中傅嘉劝上定息夫躬、孙宠告东平本章，去宋弘，更言因董贤以闻，欲以其功侯之，皆先赐爵关内侯。顷之，上欲封贤等而心惮王嘉，乃先使孔乡侯晏持诏书示丞相、御史。于是嘉与御史大夫贾延上封事言："窃见董贤等三人始赐爵，众庶匈匈，咸曰贤贵，其余并蒙恩；至今流言未解。陛下仁恩于贤等不已，宜暴贤等本奏语言，延问公卿、大夫、博士、议郎，考合古今，明正其义，然后乃加爵土；不然，恐大失众心，海内引领而议。暴评其事，必有言当封者，在陛下所从；天下虽不说，咎有所分，不独在陛下。前定陵侯淳于长初封，其事亦议，大司农谷永以长当封；众人归咎于永，先帝不独蒙其讥。臣嘉，臣延，材驽不称，死有余责，知顺指不迕，可得容身须臾；所以不敢者，思报厚恩也。”上不得已，且为之止。

夏，六月，尊帝太太后为皇太太后。

【注释】

①楰（zōu 邹）：麻秆。 ②东园秘器：汉有官署称东园，掌管王公贵族墓内器物的制作，所以称棺木为东园秘器。 ③义陵：哀帝的预先作的陵园。 ④罘罳（fú sī 俘斯）：镂木为之，其中疏通，可以透明，或为方空，或为连琐，其状扶疏，故曰罘罳。宋人程大为注。是设置在门阙上交疏透孔的帘棂。 ⑤纤介：细微。 ⑥亏损：亏缺损坏。

秋，八月，辛卯，上下诏切责公卿曰：“昔楚有子玉得臣，晋文公为之侧席而坐；近事，汲黯折淮南之谋。今东平王云等至有图弑天子逆乱之谋者，是公卿股肱莫能悉心、务聪明以销厌未萌故也。赖宗庙之灵，侍中、驸马都尉贤等发觉以闻，咸伏厥辜。《书》不云乎：‘用德章厥善。’其封贤为高安侯，南阳太守宠为方阳侯，左曹、光禄大夫躬为宜陵侯，赐右师谭爵关内侯。”又封傅太后同母弟郑恽子业为阳信侯。息夫躬既亲近，数进见言事，议论无所避，上疏历诋公卿大臣。众畏其口，见之仄目①。

西汉素漆砚台

上使中黄门发武库兵，前后十辈，送董贤及上乳母王阿舍。执金吾毋将隆奏言：“武库兵器，天下公用。国家武备，缮治造作，皆度大司农钱。大司农钱，自乘舆不以给共养；

共养劳赐，一出少府。盖不以本臧给末用，不以民力共浮费，别公私，示正路也。古者诸侯、方伯得颛征伐，乃赐斧钺，汉家边吏职任距寇，亦赐武库兵，皆任事然后蒙之。《春秋》之谊，家不臧甲，所以抑臣威，损私力也。今贤等便僻弄臣，私恩微妾，而以天下公用给其私门，契国威器，共其家备，民力分于弄臣，武兵设于微妾，建立非宜，以广骄僭，非所以示四方也。孔子曰：'奚取于三家之堂[②]！'臣请收还武库。"上不说。

顷之，傅太后使谒者贱买执金吾官婢八人，隆奏言："买贱，请更平直。"上于是制诏丞相、御史："隆位九卿，既无以匡朝廷之不逮，而反奏请与永信宫争贵贱之贾，伤化失俗。以隆前有安国之言[③]，左迁为沛郡都尉。"初，成帝末，隆为谏大夫，尝奏封事言："古者选诸侯入为公卿，以褒功德，宜征定陶王使在国邸，以填万方。"故上思其言而宥之。

谏大夫渤海鲍宣上书曰："窃见孝成皇帝时，外亲持权，人人牵引所私以充塞朝廷，妨贤人路，浊乱天下，奢泰亡度，穷困百姓，是以日食且十，彗星四起。危亡之征，陛下所亲见也；今奈何反覆剧于前乎！

"今民有七亡：阴阳不和，水旱为灾，一亡也；县官重责更赋租税，二亡也；贪吏并公，受取不已，三亡也；豪强大姓，蚕食亡厌，四亡也；苛吏繇役，失农桑时，五亡也；部落鼓鸣，男女遮列，六亡也；盗贼劫略，取民财物，七亡也。七亡尚可，又有七死：酷吏殴杀，一死也；治狱深刻，二死也；冤陷亡辜，三死也；盗贼横发，四死也；怨仇相残，五死也；岁恶饥饿，六死也；时气疾疫，七死也。民有七亡而无一得，欲望国安，诚难；民有七死而无一生，欲望刑措，诚难。此非公卿、守相贪残成化之所致邪！

"群臣幸得居尊官，食重禄，岂有肯加恻隐于细民，助陛下流教化者邪！志但在营私家，称宾客，为奸利而已。以苟容曲从为贤，以拱默尸禄为智，谓如臣宣等为愚。陛下擢臣岩穴[④]，诚冀有益豪毛，岂徒使臣美食大官、重高门之地哉！

"天下，乃皇天之天下也。陛下上为皇天子，下为黎庶父母，为天牧养元元，视之当如一，合《尸鸠》之诗[⑤]。今贫民菜食不厌，衣又穿空，父子、夫妇不能相保，诚可为酸鼻。陛下不救，将安所归命乎！奈何独养外亲与幸臣董贤，多赏赐，以大万数，使奴从、宾客，浆酒藿肉[6]，苍头庐儿[7]，皆用致富，非天意也！

“及汝昌侯傅商，亡功而封。夫官爵非陛下之官爵，乃天下之官爵也。陛下取非其官，官非其人，而望天说民服，岂不难哉！方阳侯孙宠，宜陵侯息夫躬，辩足以移众，强可用独立，奸人之雄，惑世尤剧者也，宜以时罢退；及外亲幼童未通经术者，皆宜令休，就师傅。急征故大司马傅喜，使领外亲；故大司空何武、师丹，故丞相孔光，故左将军彭宣，经皆更博士，位皆历三公；龚胜为司直，郡国皆慎选举；可大委任也。陛下前以小不忍退武等，海内失望。陛下尚能容亡功德者甚众，曾不能忍武等邪！治天下者，当用天下之心为心，不得自专快意而已也。”宣语虽刻切，上以宣名儒，优容之。

【注释】

①仄目：斜着眼睛看，不敢正视，形容畏惧。　②三家：鲁国大夫孟孙氏、叔孙氏、季孙氏。　③安国之言：指当时推荐刘欣为太子的建议。④岩穴：山洞。古时隐士多居住深山，故称岩穴之士。　⑤《尸鸠》：《诗经·曹风》篇名。或作“鸤鸠”。其诗曰：“尸鸠在桑，其子七兮，淑人君子，其仪一兮。”　⑥浆酒藿肉：视酒肉如浆藿，指饮食的豪奢。　⑦苍头：指奴仆。汉时奴仆以深青色巾包头，所以称苍头。庐儿：侍从，也指奴仆。

匈奴单于上书愿朝五年。时帝被疾，或言：“匈奴从上游来厌人；自黄龙、竟宁时，单于朝中国，辄有大故[1]。”上由是难之，以问公卿，亦以为虚费府帑，可且勿许。单于使辞去，未发，黄门郎扬雄上书谏曰：“臣闻《六经》之治，贵于未乱，兵家之胜，贵于未战；二者皆微，然而大事之本，不可不察也。今单于上书求朝，国家不许而辞之，臣愚以为汉与匈奴从此隙矣。匈奴本五帝所不能臣，三王所不能制，其不可使隙明甚。臣不敢远称，请引秦以来明之：

“以秦始皇之强，蒙恬之威，然不敢窥西河[2]，乃筑长城以界之。会汉初兴，以高祖之威灵，三十万众困于平城[3]，时奇谲之士、石画之臣甚众，卒其所以脱者，世莫得而言也。又高后时，匈奴悖慢[④]，大臣权书遗之，然后得解。及孝文时，匈奴侵暴北边，候骑至雍甘泉，京师大骇，发三将军屯棘门、细柳、霸上以备之[⑤]，数月乃罢。孝武即位，设马邑之权，欲诱匈奴，徒费财劳师，一虏不可得见，况单于之面乎！其后深惟社稷之计，规恢万载之策，乃大兴师数十万，使卫青、霍去病操兵，前后十余年，于是浮西河，绝大幕，破寘颜，袭王庭，穷极其地，追奔逐北，封狼居胥山，禅于姑衍，以临翰海[⑥]，虏名王、贵人以百数；自是之后，匈奴震怖，益求和亲，然而未肯称臣也。

“且夫前世岂乐倾无量之费，役无罪之人，快心狼望之北哉[⑦]？以为不壹劳者不久逸，不暂费者不永宁，是以忍百万之师以摧饿虎之喙[⑧]，运府库之财填卢山之壑而不悔也[⑨]。至本始之初，匈奴有桀心，欲掠乌孙，侵公主，乃发五将之师十五万骑以击之，时鲜有所获，徒奋扬威武，明汉兵若雷风耳！虽空行空反，尚诛两将军，故北狄不服，中国未得高枕安寝也。逮至元康、神爵之间，大化神明[⑩]，鸿恩溥洽，而匈奴内乱，五单于争立，日逐、呼韩邪携国归死，扶伏称臣[⑪]，然尚羁縻之，计不颛制。自此之后，欲朝者不距，不欲者不强。何者？外国天性忿鸷[⑫]，形容魁健，负力怙气，难化以善，易肆以恶，其强难诎[⑬]，其和难得。故未服之时，劳师远攻，倾国殚货，伏尸流血，破坚拔敌，如彼之难也；既服之后，慰荐抚循，交接赂遗，威仪俯仰，如此之备也。往时尝屠大宛之城，蹈乌桓之垒，探姑缯之壁，藉荡姐之场，艾朝鲜之旃，拔两越之旗，近不过旬月之役，远不离二时之劳，固已犁其庭，扫其闾，郡县而置之，云彻席卷，后无余灾。唯北狄为不然，真中国之坚敌也，三垂比之悬矣；前世重之兹甚，未易可轻也。

“今单于归义，怀款诚之心，欲离其庭，陈见于前，此乃上世之遗策，神灵之所想望，国家虽费，不得已者也。奈何距以来厌之辞，疏以无日之期，消往昔之恩，开将来之隙！夫疑而隙之，使有恨心，负前言，缘往辞，归怨于汉，因以自绝，终无北面之心，威之不可，谕之不能，焉得不为大忧乎！夫明者视于无形，聪者听于无声，诚先于未然，即兵革不用而忧患不生。不然，壹有隙之后，虽智者劳心于内，辩者毂击于外，犹不若未然之时也。且往者图西域，制车师，置城郭都护三十六国，岂为康居、乌孙能逾白龙堆而寇西边哉？乃以制匈奴也。夫百年劳之，一日失之，费十而爱一，臣窃为国不安也。唯陛下少留意于未乱、未战，以遏边萌之祸！"书奏，天子寤焉，召还匈奴使者，更报单于书而许之。赐雄帛五十匹，黄金十斤。单于未发，会病，复遣使愿朝明年；上许之。

董贤贵幸日盛，丁、傅害其宠，孔乡侯晏与息夫躬谋欲求居位辅政。会单于以病未朝，躬因是而上奏，以为："单于当以十一月入塞，后以病为解，疑有他变。乌孙两昆弥弱，卑爰疐强盛，东结单于，遣子往侍，恐其合势以并乌孙；乌孙并，则匈奴盛而西域危矣。可令降胡诈为卑爰疐使者来上书，欲因天子威告单于归臣侍子，因下其章，令匈奴客闻焉；则是所谓'上兵伐谋，其次伐交'者也。"

书奏，上引见躬，召公卿、将军大议。左将军公孙禄以为："中国常以威信怀伏夷狄，躬欲逆诈，进不信之谋，不可许。且匈奴赖先帝之德，保塞称藩；今单于以疾病不任奉朝贺，遣使自陈，不失臣子之礼。臣禄自保没身不见匈奴为边竟忧也！"躬掎禄曰："臣为国家计，冀先谋将然，豫图未形，为万世虑。而禄欲以其犬马齿保目所见。臣与禄异议，未可同日语也！"上曰："善！"乃罢群臣，独与躬议。

躬因建言："灾异屡见，恐必有非常之变，可遣大将军行边兵，敕武备，斩一郡守以立威，震四夷，因以厌应变异。"上然之，以问丞相嘉，对曰："臣闻动民以行不以言，应天以实不以文，下民微细，犹不可诈，况于上天神明而可欺哉！天之见异，所以敕戒人君，欲令觉悟反正，推诚行善，民心说而天意得矣！辩士见一端，或妄以意傅著星历，虚造匈奴、西羌之难，谋动干戈，设为权变，非应天之道也。守相有罪，车驰诣阙，交臂就死，恐惧如此，而谈说者欲动安之危，辩口快耳，其实未可从。夫议政者，苦其谄谀、倾险、辩惠、深刻也。昔秦缪公不从百里奚、蹇叔之言，以败其师，其悔过自责，疾诖误之臣，思黄发之言[14]，名垂于后世。唯陛下观览古戒，反覆参考[15]，无以先入之语为主！"上不听。

【注释】

①大故:重大事情,国家的大丧。　②西河:指今宁夏、内蒙古间黄河河段。　③平城:县名。在今山西大同市东北古城。　④悖慢:违逆傲慢。　⑤棘门:在今陕西咸阳市东北。细柳:在今陕西咸阳市西南渭河北岸。霸上:在今西安市东白鹿原北首。　⑥翰海:所指因时而异。汉武帝时似指今俄罗斯贝加尔湖。　⑦狼望:地名。谓狼烟候望的地方。　⑧喙(huì 惠):借指人嘴。　⑨卢山:山名,即寘颜山。今地不详。　⑩大化:广泛深入的教化。神明:如神之明,无所不知。　⑪扶伏:扶地爬行,如匍匐。　⑫忿鸷(fèn zhì 奋稚):残忍凶狠。　⑬诎(qū):屈服。　⑭黄发之言:指秦缪公所作《秦誓》中百里奚、蹇叔二位老年人的谏言。　⑮参考:综合他事他说,加以参定。

资治通鉴卷第三十五

汉纪二十七　起屠维协洽，尽玄黓阉茂，凡四年。

孝哀皇帝下

元寿元年　春，正月，辛丑朔，诏将军、中二千石举明习兵法者各一人，因就拜孔乡侯傅晏为大司马、卫将军，阳安侯丁明为大司马、票骑将军。

是日，日有食之。上诏公卿大夫悉心陈过失；又令举贤良方正能直言者各一人[①]。大赦天下。

丞相嘉奏封事曰："孝元皇帝奉承大业，温恭少欲，都内钱四十万万。尝幸上林，后宫冯贵人从临兽圈，猛兽惊出，贵人前当之，元帝嘉美其义，赐钱五万。掖庭见亲，有加赏赐，属其人勿众谢。示平恶偏，重失人心，赏赐节约。是时外戚赀千万者少耳，故少府、水衡见钱多也。虽遭初元、永光凶年饥馑，加以西羌之变，外奉师旅，内振贫民，终无倾危之忧，以府臧内充实也。孝成皇帝时，谏臣多言燕出之害，及女宠专爱，耽于酒色，损德伤年，其言甚切，然终不怨怒也。宠臣淳于长、张放、史育，育数贬退，家赀不满千万，放斥逐就国，长榜死于狱，不以私爱害公义，故虽多内讥，朝廷安平，传业陛下。

"陛下在国之时，好《诗》《书》，上俭节，征来，所过道上称诵德美，此天下所以回心也。初即位，易帷帐，去锦绣[②]，乘舆席缘绨缯而已[③]。共皇寝庙比当作，忧闵元元，惟用度不足，以义割恩，辄且止息，今始作治。而驸马都尉董贤亦起官寺上林中，又为贤治大第，开门乡北阙，引王渠灌园池，使者护作，赏赐吏卒，甚于治宗庙。贤母病，长安厨给祠具，道中过者皆饮食。为贤治器，器成，奏御乃行，或物好，特赐其工；自贡献宗庙、三宫[4]，犹不至此。贤家有宾婚及见亲，诸官并共，赐及仓头、奴婢人十万钱。使者护视、发取市物，百贾震动，道路讙哗，群臣惶惑。诏书罢苑，而以赐贤二千余顷，均田之制从此堕坏[5]。奢僭放纵，变乱阴阳，灾异众多，百姓讹言，持筹相惊，天惑其意，不能自止。陛下素仁智慎事，今而有此大讥。

"孔子曰：'危而不持，颠而不扶，则将安用彼相矣！'臣嘉幸得备位，窃内悲伤不能通愚忠之信；身死有益于国，不敢自惜。唯陛下慎己之所独乡，察众人之所共疑！往者邓通、韩嫣，骄贵失度，逸豫无厌，小人不胜情欲，卒陷罪辜，乱国亡躯，不终其禄，所谓'爱之适足以害之'者也！宜深览前世，以节贤宠，全安其命。"上由是于嘉浸不说。

前凉州刺史杜邺以方正对策曰[6]："臣闻阳尊阴卑，天之道也。是以男虽贱，各为其家阳；女虽贵，犹为其国阴。故礼明三从之义，虽有文母之德，必系于子。昔郑伯随姜氏之欲，终有叔段篡国之祸；周襄王内迫惠后之难，而遭居郑之危。汉兴，吕太后权私亲属，几危社稷。窃见陛下约俭正身，欲与天下更始，然嘉瑞未应，而日食、地震。案《春秋》灾异，以指象为言语。日食，明阳为阴所临。坤以法地，为土，为母，以安静为德；震，不阴之效也。占象甚明，臣敢不直言其事！昔曾子问从令之义，孔子曰：'是何言与！'善闵子骞守礼不苟从亲，所行无非理者，故无可间也。今诸外家昆弟，无贤不肖，并侍帷幄，布在列位，或典兵卫，或将军屯，宠意并于一家，积贵之势，世所希见、所希闻也。至乃并置大司马、将军之官，皇甫虽盛，三桓虽隆，鲁为作三军，无以甚此！当拜之日，晻然日食。不在前后，临事而发者，明陛下谦逊无专，承指非一，所言辄听，所欲辄随，有罪恶者不坐辜罚，无功能者毕受官爵，流渐积猥，过在于是，欲令昭昭以觉圣朝。昔诗人所刺，《春秋》所讥，指象如此，殆不在他。由后视前，忿邑非之；逮身所行，不自镜见，则以为可，计之过者。愿陛下加致精诚，思承始初，事稽诸古，以厌下心，则黎庶群生无不说喜，上帝百神收还威怒，祯祥福禄，何嫌不报！”

上又征孔光诣公车[⑦]，问以日食事，拜为光禄大夫，秩中二千石，给事中，位次丞相。

初，王莽既就国，杜门自守。其中子获杀奴，莽切责获，令自杀。在国三岁，吏民上书冤讼莽者百数。至是，贤良周护、宋崇等对策，复深讼莽功德；上于是征莽及平阿侯仁还京师，侍太后。

【注释】

①贤良：贤良文学的简称。为汉代选拔官吏科目之一。方正：也是汉代选拔官吏科目之一。　②锦绣：锦，织采为文；绣，刺采为文。都是女红的精工工艺。　③绨（tí 提）：比绸子厚实、粗糙的纺织品，用蚕丝做经、绵线做纬织成。　④三宫：指太皇太后住的长信宫，傅太后住的永信宫，丁姬住的中安宫。　⑤均田之制：汉代限田制度。自公卿以下至于吏民，都有限定的顷数。　⑥对策：自汉以来考试取士，用政事、经义等设问并写在简策上，让应试人对答，叫做对策。　⑦公车：汉代官署名。卫尉的下属机构，设公车令，掌管宫殿中司马门的警卫工作。臣民上书和征召，都由公车接待。

董贤因日食之变以沮傅晏、息夫躬之策，辛卯，上收晏印绶，罢就第。

丁巳，皇太太后傅氏崩，合葬渭陵，称孝元傅皇后。

丞相、御史奏息夫躬、孙宠等罪过，上乃免躬、宠官，遣就国；又罢侍中、诸曹、黄门郎数十人。

鲍宣上书曰：“陛下父事天，母事地，子养黎民；即位已来，父亏明，母震动，子讹言相惊恐。今日食于三始[①]，诚可畏惧。小民正朔日尚恐毁败器物，何况于日亏乎！陛下深内自责，避正殿，举直言，求过失，罢退外亲及旁仄素餐之人，征拜孔光为光禄大夫，发觉孙宠、息夫躬过恶，免官遣就国，众庶歙然，莫不说喜。天人同心，人心说则天意解矣。乃二月丙戌，白虹干日，连阴不雨，此天下忧结未解，民有怨望未塞者也。侍中、驸马都尉董贤，本无葭孽之亲[2]，但以令色、谀言自进，赏赐无度，竭尽府臧，并合三第，尚以为小，复坏暴室[3]。贤父、子坐使天子使者，将作治第，行夜吏卒皆得赏赐，上冢有会，辄太官为供[4]。海内贡献，当养一君，今反尽之贤家，岂天意与民意邪！天不可久负，厚之如此，反所以害之也！诚欲哀贤，宜为谢过天地，解仇海内，免遣就国，收乘舆器物还之县官[5]，可以父子终其性命；不者，海内之所仇，未有得久安者也。孙宠、息夫躬不宜居国，可皆免，以视天下。复征何武、师丹、彭宣、傅喜，旷然使民易视，以应天心，建立大政，兴太平之端。”上感大异，纳宣言，征何武、彭宣；拜鲍宣为司隶。

西汉漆六博局盘

上托傅太后遗诏，令太皇太后下丞相、御史，益封董贤二千户，赐孔乡侯、汝昌侯、阳新侯国。王嘉封还诏书，因奏封事谏曰："臣闻爵禄、土地，天之有也。《书》云：'天命有德，五服五章哉！'王者代天爵人，尤宜慎之。裂地而封，不得其宜，则众庶不服，感动阴阳，其害疾自深。今圣体久不平，此臣嘉所内惧也。高安侯贤，佞幸之臣，陛下倾爵位以贵之，单货财以富之，损至尊以宠之，主威已黜，府臧已竭，唯恐不足。财皆民力所为，孝文欲起露台，重百金之费，克己不作。今贤散公赋以施私惠，一家至受千金，往古以来，贵臣未尝有此，流闻四方，皆同怨之。里谚曰：'千人所指，无病而死。'臣常为之寒心。今太皇太后以永信太后遗诏诏丞相、御史，益贤户，赐三侯国，臣嘉窃惑。山崩、地动、日食于三朝，皆阴侵阳之戒也。前贤已再封[6]，晏、商再易邑[7]，业缘私横求，恩已过厚，求索自恣，不知厌足，甚伤尊尊之义，不可以示天下，为害痛矣！臣骄侵罔，阴阳失节，气感相动，害及身体。陛下寝疾久不平，继嗣未立，宜思正万事，顺天人之心，以求福祐，乃何轻身肆意，不念高祖之勤苦，垂立制度，欲传之于无穷哉！臣谨封上诏书，不敢露见；非爱死而不自法，恐天下闻之，故不敢自劾。”

【注释】

①三始：指正月初一，也称三朝。因正月初一，是岁之始，月之始，日之始。　②葭莩（jiā fú 家浮）：芦苇中的薄膜。比喻关系疏远淡薄的亲戚。　③暴室：汉代官署名。属掖庭令，主织作染练，取暴晒为名。④太官：官名。掌皇帝饮食宴会，属少府。　⑤乘舆：这里是指皇帝用的器物。　⑥贤已再封：指董贤先封关内侯，继封高安侯。　⑦晏、商再易邑：指傅晏开始封三千户，后来又增加二千户，傅商先继承崇祖侯，后改封汝昌侯。

初，廷尉梁相治东平王云狱时，冬月未尽二旬，而相心疑云冤狱，有饰辞[1]，奏欲传之长安，更下公卿覆治。尚书令鞫谭，仆射宗伯凤以为可许。天子以为相等皆见上体不平，外内顾望[2]，操持两心，幸云逾冬，无讨贼疾恶主仇之意，免相等皆为庶人。后数月，大赦，嘉荐“相等皆有材行，圣王有计功除过，臣窃为朝廷惜此三人”。书奏，上不能平。后二十余日，嘉封还益董贤户事，上乃发怒，召嘉诣尚书，责问以“相等前坐不忠，罪恶著闻，君时辄已自劾；今又称誉，云‘为朝廷惜之’，何也”？嘉免冠谢罪。

事下将军中朝者，光禄大夫孔光等劾“嘉迷国罔上，不道，请谒者召嘉诣廷尉诏狱”。议郎龚等以为“嘉言事前后相违[3]，宜夺爵土，免为庶人”。永信少府猛等以为“嘉罪名虽应法[4]，大臣括发关械，裸躬就笞，非所以重国，褒宗庙也”。上不听，诏“假谒者节，召丞相诣廷尉诏狱”。

使者既到，府掾、史涕泣[5]，共和药进嘉，嘉不肯服。主簿曰：“将相不对理陈冤，相踵以为故事，君侯宜引决！”使者危坐府门上，主簿复前进药。嘉引药杯以击地，谓官属曰：“丞相幸得备位三公，奉职负国，当伏刑都市，以示万众。丞相岂儿女子邪！何谓咀药而死！”嘉遂装，出见使者，再拜受诏；乘吏小车，去盖，不冠，随使者诣廷尉。廷尉收嘉丞相、新甫侯印绶[6]，缚嘉载致都船诏狱[7]。上闻嘉生自诣吏，大怒，使将军以下与五二千石杂治。吏诘问嘉，嘉对曰：“案事者思得实。窃见相等前治东平王狱，不以云为不当死，欲关公卿，示重慎，诚不见其外内顾望、阿附为云验，复幸得蒙大赦。相等皆良善吏，臣窃为国惜贤，不私此三人。”狱吏曰：“苟如此，则君何以为罪，犹当有以负国，不空入狱矣？”吏稍侵辱嘉，嘉喟然仰天叹曰：“幸得充备宰相，不能进贤、退不肖，以是负国，死有余责。”吏问贤、不肖主名。嘉曰：“贤故丞相孔光、故大司空何武，不能进；恶高安侯董贤父、子乱朝，而不能退。罪当死，死无所恨！”嘉系狱二十余日，不食，欧血而死。

已而上览其对，思嘉言，会御史大夫贾延免。夏，五月，乙卯，以孔光为御史大夫。秋，七月，丙午，以光为丞相，复故国博山侯；又以汜乡侯何武为御史大夫。上乃知孔光前免非其罪，以过近臣毁短光者，曰：“傅嘉前为侍中，毁谮仁贤，诬愬大臣，令俊艾者久失其位，其免嘉为庶人，归故郡。”

【注释】

①饰辞：掩蔽真相的言辞。 ②顾望：观望。含有畏忌、踌躇之意。③议郎龚：龚，人名，姓不详。 ④永信少府猛：猛，人名，姓不详。⑤掾、史：分曹治事的属吏、胥吏。自此以后，中央及各州府县都置掾史，如廷掾、狱掾、佐史、令史等。 ⑥印绶：印，官印。绶，系印的丝带。⑦都船：汉代金吾属官。

八月，何武徙为前将军。辛卯，光禄大夫彭宣为御史大夫。

司隶鲍宣坐摧辱丞相，拒闭使者，无人臣礼，减死髡钳[①]。

大司马丁明素重王嘉，以其死而怜之；九月，乙卯，册免明，使就第。

冬，十一月，壬午，以故定陶太傅、光禄大夫韦赏为大司马、车骑将军。己丑，赏卒。

十二月，庚子，以侍中、驸马都尉董贤为大司马、卫将军，册曰：“建尔于公，以为汉辅！往悉尔心，匡正庶事，允执其中[②]！”是时贤年二十二，虽为三公，常给事中，领尚书事，百官因贤奏事。以父卫尉恭不宜在卿位，徙为光禄大夫、秩中二千石；弟宽信代贤为驸马都尉。董氏亲属皆侍中、诸曹、奉朝请[③]，宠在丁、傅之右矣。

初，丞相孔光为御史大夫，贤父恭为御史，事光；及贤为大司马，与光并为三公。上故令贤私过光。光雅恭谨，知上欲尊宠贤。及闻贤当来也，光警戒衣冠出门待，望见贤车乃却入，贤至中门，光入阁，既下车，乃出，拜谒、送迎甚谨，不敢以宾客钧敌之礼。上闻之，喜，立拜光两兄子为谏大夫、常侍。贤自是权与人主侔矣[④]。

是时，成帝外家王氏衰废，唯平阿侯谭子去疾为侍中，弟闳为中常侍。闳妻父中郎将萧咸，前将军望之子也，贤父恭慕之，欲为子宽信求咸女为妇，使闳言之。咸惶恐不敢当，私谓闳曰："董公为大司马，册文言'允执其中'，此乃尧禅舜之文[⑤]，非三公故事，长老见者莫不心惧。此岂家人子所能堪邪！"闳性有知略，闻咸言，亦悟；乃还报恭，深达咸自谦薄之意。恭叹曰："我家何用负天下，而为人所畏如是！"意不说。后上置酒麒麟殿，贤父子、亲属宴饮，侍中、中常侍皆在侧，上有酒所，从容视贤笑曰："吾欲法尧禅舜，何如？"王闳进曰："天下乃高皇帝天下，非陛下之有也！陛下承宗庙，当传子孙于亡穷，统业至重，天子亡戏言！"上默然不说，左右皆恐。于是遣闳出归郎署。

久之，太皇太后为闳谢，复召闳还。闳遂上书谏曰："臣闻王者立三公，法三光，居之者当得贤人。《易》曰：'鼎折足，覆公餗[⑥]。'喻三公非其人也。昔孝文皇帝幸邓通，不过中大夫，武帝幸韩嫣，赏赐而已，皆不在大位。今大司马、卫将军董贤，无功于汉朝，又无肺腑之连，复无名迹高行以矫世，升擢数年，列备鼎足，典卫禁兵，无功封爵，父子、兄弟横蒙拔擢，赏赐空竭帑藏，万民喧哗，偶言道路，诚不当天心也！昔褒神蚖变化为人，实生褒姒，乱周国，恐陛下有过失之讥，贤有小人不知进退之祸，非所以垂法后世也！"上虽不从闳言，多其年少志强，亦不罪也。

【注释】

①髡钳(kūn qián 昆前)：一种剃去头发而以铁圈束颈的刑罚。②允执其中：允，信，忠实。执，执守。中，无过无不及，恰到好处。③奉朝请：古代诸侯春季朝见天子叫朝，秋季朝见叫请。汉代对退职大臣、将军及皇室、外戚，多给以奉朝请名义，使得参加朝会。　④侔(móu 谋)：等同。　⑤尧禅舜之文：指《论语》一书中尧曰："咨！尔舜！天之

历数在尔躬,允执其中。四海困穷,天禄永终。” ⑥悚(sù 束):鼎内的食物。

二年 春,正月,匈奴单于及乌孙大昆弥伊秩靡皆来朝,汉以为荣。是时西域凡五十国,自译长至将、相、侯、王皆佩汉印绶,凡三百七十六人;而康居、大月氏、安息、罽宾、乌弋之属,皆以绝远,不在数中,其来贡献,则相与报,不督录总领也。自黄龙以来,单于每入朝,其赏赐锦绣、缯絮辄加厚于前①,以慰接之。单于宴见,群臣在前,单于怪董贤年少,以问译。上令译报曰:“大司马年少,以大贤居位。”单于乃起,拜贺汉得贤臣。是时上以太岁厌胜所在,舍单于上林苑蒲陶宫,告之以加敬于单于;单于知之,不悦。

夏,四月,壬辰晦,日有食之。

五月,甲子,正三公官分职。大司马、卫将军董贤为大司马;丞相孔光为大司徒;彭宣为大司空,封长平侯。

六月,戊午,帝崩于未央宫。

帝睹孝成之世禄去王室,及即位,屡诛大臣,欲强主威以则武、宣。然而宠信谗陷,憎疾忠直,汉业由是遂衰。

太皇太后闻帝崩,即日驾之未央宫,收取玺绶②。太后召大司马贤,引见东箱,问以丧事调度;贤内忧,不能对,免冠谢。太后曰:“新都侯莽,前以大司马奉送先帝大行,晓习故事,吾令莽佐君。”贤顿首:“幸甚!”太后遣使者驰召莽,诏尚书,诸发兵符节、百官奏事、中黄门、期门兵皆属莽。莽以太后指,使尚书劾贤,帝病不亲医药,禁止贤不得入宫殿司马中③;贤不知所为,诣阙免冠徒跣谢。己未,莽使谒者以太后诏即阙下册贤曰:“贤年少,未更事理,为大司马,不合众心,其收大司马印绶,罢归第!”即日,贤与妻皆自杀④;家惶恐,夜葬。莽疑其诈死;有司奏请发贤棺,至狱诊视,因埋狱中。太皇太后诏“公卿举可大司马者”。莽故大司马,辞位避丁、傅,众庶称以为贤,又太皇太后近亲,自大司徒孔光以下,举朝皆举莽。独前将军何武、左将军公孙禄二人相与谋,以为“往时惠、昭之世,外戚吕、霍、上官持权,几危社稷;今孝成、孝哀比世无嗣,方当选立近亲幼主,不宜令外戚大臣持权;亲疏相错,为国计便”。于是武举公孙禄可大司马，而禄亦举武。庚申，太皇太后自用莽为大司马、领尚书事。

太皇太后与莽议立嗣。安阳侯王舜，莽之从弟，其人修饬，太皇太后所信爱也，莽白以舜为车骑将军。秋，七月，遣舜与大鸿胪左咸使持节迎中山王箕子以为嗣。

莽又白太皇太后，诏有司以皇太后与女弟昭仪专宠锢寝，残灭继嗣，贬为孝成皇后，徙居北宫；又以定陶共王太后与孔乡侯晏同心合谋，背恩忘本，专恣不轨，徙孝哀皇后退就桂宫，傅氏、丁氏皆免官爵归故郡，傅晏将妻子徙合浦。独下诏褒扬傅喜曰：“高武侯喜，姿性端悫，论议忠直，虽与故定陶太后有属，终不顺指从邪，介然守节[⑤]，以故斥逐就国。《传》不云乎：‘岁寒然后知松柏之后凋也。’其还喜长安，位特进，奉朝请。”喜虽外见褒赏，孤立忧惧；后复遣就国，以寿终。莽又贬傅太后号为定陶共王母，丁太后号曰丁姬。莽又奏董贤父子骄恣奢僭，请收没入财物县官[⑥]，诸以贤为官者皆免；父恭、弟宽信与家属徙合浦，母别归故郡巨鹿。长安中小民喧哗，乡其第哭，几获盗之。县官斥卖董氏财，凡四十三万万。贤所厚吏沛朱诩自劾去大司马府，买棺衣，收贤尸葬之；莽闻

汉哀帝义陵

之，以他罪击杀诩。莽以大司徒孔光名儒，相三主，太后所敬，天下信之，于是盛尊事光，引光女婿甄邯为侍中、奉车都尉。诸素所不说者，莽皆傅致其罪[⑦]，为请奏草，令邯持与光，以太后指风光，光素畏慎，不敢不上之；莽白太后，辄可其奏。于是劾奏何武、公孙禄互相称举，皆免官，武就国。又奏董宏子高昌侯武父为佞邪[⑧]，夺爵。又奏南郡太守毋将隆前为冀州牧，治中山冯太后狱，冤陷无辜，关内侯张由诬告骨肉，中太仆史立、泰山太守丁玄陷人入大辟，河内太守赵昌谮害郑崇，幸逢赦令，皆不宜处位在中土，免为庶人，徙合浦。中山之狱，本立、玄自典考之，但与隆连名奏事；莽少时慕与隆交，隆不甚附，故因事挤之。

红阳侯立，太后亲弟，虽不居位，莽以诸父内敬惮之[⑨]，畏立从容言太后，令己不得肆意，复令光奏立罪恶："前知定陵侯长犯大逆罪，为言误朝；后白以官婢杨寄私子为皇子，众言曰：'吕氏少帝复出。'纷纷为天下所疑，难以示来世，成襁褓之功；请遣立就国。"太后不听。莽曰："今汉家衰，比世无嗣，太后独代幼主统政，诚可畏惧。力用公正先天下，尚恐不从；今以私恩逆大臣议，如此，群下倾邪，乱从此起。宜可且遣就国，安后复征召之。"太后不得已，遣立就国。莽之所以胁持上下，皆此类也。

于是附顺莽者拔擢，忤恨者诛灭，以王舜、王邑为腹心，甄丰、甄邯主击断，平晏领机事，刘秀典文章，孙建为爪牙。丰子寻、秀子棻、涿郡崔发、南阳陈崇皆以材能幸于莽。莽色厉而言方，欲有所为，微见风采，党与承其指意而显奏之；莽稽首涕泣，固推让，上以惑太后，下用示信于众庶焉。

八月，莽复白太皇太后，废孝成皇后、孝哀皇后为庶人[⑩]，就其园。是日，皆自杀。

大司空彭宣以王莽专权，乃上书言："三公鼎足承君；一足不任，则覆乱美实。臣资性浅薄，年齿老眊[⑪]，数伏疾病，昏乱遗忘，愿上大司空、长平侯印绶，乞骸骨归乡里，俟寘沟壑[⑫]。"莽白太后策免宣，使就国。莽恨宣求退，故不赐黄金、安车、驷马。宣居国数年[⑬]，薨。

班固赞曰：薛广德保县车之荣[⑭]，平当逡巡有耻，彭宣见险而止，异乎苟患失之者矣！

戊午，右将军王崇为大司空，光禄勋东海马宫为右将军，左曹、中郎将甄丰为光禄勋。

九月，辛酉，中山王即皇帝位，大赦天下。

平帝年九岁，太皇太后临朝，大司马莽秉政，百官总己以听于莽。莽权日盛，孔光忧惧，不知所出，上书乞骸骨；莽白太后，帝幼少，宜置师傅，徙光为帝太傅，位四辅，给事中，领宿卫、供养，行内署门户，省服御食物。以马宫为大司徒，甄丰为右将军。

冬，十月，壬寅，葬孝哀帝于义陵[15]。

【注释】

①缯絮（zēng xù 曾序）：以缯帛粗棉所制的衣服。　②玺绶：古代印玺上系有彩色组绶，称玺绶。用以指印玺。　③司马中：指皇宫内门，在司马门内。　④董贤（前23—前1）：字圣卿。云阳（今陕西淳化县西北）人。为汉哀帝所宠幸，常同床共枕，二十二岁官至大司马，操纵朝政。哀帝死后，罢官，自杀。　⑤介然：专一。坚定不移。　⑥县官：指朝廷、官府。　⑦傅致：罗织入罪。　⑧董宏子高昌侯武父为佞邪：指请立丁姬为帝太后之事。　⑨诸父：是对同宗族伯叔辈的通称。　⑩孝成皇后：赵飞燕（？—前1），汉成帝皇后。善歌舞，以体轻，故称“飞燕”。成帝时入宫，为婕妤，后立为皇后。平帝即位，被废为庶人，自杀。　⑪眊（mào 冒）：年老。　⑫寘沟壑（gōu hè 沟褐）：谓死。沟壑，山沟、溪谷。⑬彭宣：阳夏（今河南太康县）人。字子佩。求学于张禹，禹授《易经》于彭宣，由是易家有张彭之学。张禹荐彭宣明经博古，有威重、可任政事。哀帝时，官至大司空，封长平侯。王莽专权，乞归卒。　⑭县车：悬其车。意谓不再做官。　⑮义陵：在今陕西咸阳市。

孝平皇帝上

元始元年　春，正月，王莽风益州，令塞外蛮夷自称越裳氏重译献白雉一、黑雉二。莽白太后下诏，以白雉荐宗庙。于是群臣盛陈莽功德，“致周成白雉之瑞，周公及身在而托号于周，莽宜赐号曰安汉公,益户畴爵邑”。太后诏尚书具其事。莽上书言:“臣与孔光、王舜、甄丰、甄邯共定策;今愿独条光等功赏,寝置臣莽,勿随辈列。”甄邯白太后下诏曰:“‘无偏无党,王道荡荡。’君有安宗庙之功,不可以骨肉故蔽隐不扬,君其勿辞!”莽复上书固让数四,称疾不起;左右白太后,“宜勿夺莽意,但条孔光等”,莽乃肯起。二月,丙辰,太后下诏:“以太傅、博山侯光为太师,车骑将军、安阳侯舜为太保,皆益封万户;左将军、光禄勋丰为少傅,封广阳侯;皆授四辅之职。侍中、奉车都尉邯封承阳侯。”四人既受赏,莽尚未起。群臣复上言:“莽虽克让,朝所宜章,以时加赏,明重元功,无使百僚元元失望!”太后乃下诏:“以大司马、新都侯莽为太傅,干四辅之事,号曰安汉公,益封二万八千户。”于是莽为惶恐,不得已而起,受太傅、安汉公号,让还益封事,云:“愿须百姓家给,然后加赏。”群臣复争,太后诏曰:“公自期百姓家给,是以听之,其令公奉赐皆倍故。百姓家给人足,大司徒、大司空以闻。”莽复让不受,而建言褒赏宗室群臣,立故东平王云太子开明为王;又以故东平思王孙成都为中山王,奉孝王后;封宣帝耳孙信等三十六人皆为列侯;太仆王恽等二十五人皆赐爵关内侯。又令诸侯王公、列侯、关内侯无子而有孙若同产子者,皆得以为嗣;宗室属未尽而以罪绝者,复其属;天下令比二千石以上年老致仕者,参分故禄,以一与之,终其身。下及庶民鳏寡,恩泽之政,无所不施。

莽既媚说吏民,又欲专断;知太后老,厌政,乃风公卿奏言:“往者吏以功次迁至二千石,州部所举茂材异等吏,率多不称,宜皆见安汉公。又,太后春秋高,不宜亲省小事。”令太后下诏曰:“自今以来,唯封爵乃以闻,他事安汉公、四辅平决。州牧、二千石及茂材吏初除奏事者,辄引入,至近署对安汉公,考故官,问新职,以知其称否。”于是莽人人延问,密致恩意,厚加赠送,其不合指,显奏免之,权与人主侔矣。

置羲和官,秩二千石。

夏,五月,丁巳朔,日有食之。大赦天下。公卿以下举敦厚能直言者各一人。

王莽恐帝外家卫氏夺其权,白太后:“前哀帝立,背恩义,自贵外家丁、傅，挠乱国家，几危社稷。今帝以幼年复奉大宗为成帝后，宜明一统之义，以戒前事，为后代法。”六月，遣甄丰奉玺绶，即拜帝母卫姬为中山孝王后。赐帝舅卫宝、宝弟玄爵关内侯。赐帝女弟三人号曰君，皆留中山，不得至京师。

扶风功曹申屠刚以直言对策曰：“臣闻成王幼少，周公摄政，听言下贤，均权布宠，动顺天地，举措不失；然近则召公不说，远则四国流言。今圣主始免襁褓[①]，即位以来，至亲分离，外戚杜隔，恩不得通。且汉家之制，虽任英贤，犹援姻戚[②]，亲疏相错，杜塞间隙，诚所以安宗庙，重社稷也。宜亟遣使者征中山太后，置之别宫，令时朝见，又召冯、卫二族，裁与冗职，使得执戟亲奉宿卫，以抑患祸之端，上安社稷，下全保傅。”莽令太后下诏曰：“刚所言僻经妄说，违背大义！”罢归田里。

丙午，封鲁顷公之八世孙公子宽为褒鲁侯，奉周公祀；封褒成君孔霸曾孙均为褒成侯，奉孔子祀。

诏：“天下女徒已论，归家，出雇山钱，月三百。复贞妇，乡一人。大司农部丞十三人，人部一州，劝农桑。”

秋，九月，赦天下徒。

【注释】

①襁褓(qiáng bǎo 强保)：背负小儿用的背带和布兜。引申为婴儿时期。 ②姻戚：有婚姻关系的亲戚。

二年 春，黄支国献犀牛。黄支在南海中，去京师三万里。王莽欲耀威德，故厚遗其王，令遣使贡献。

越嶲郡上黄龙游江中[①]，太师光、大司徒宫等咸称“莽功德比周公，宜告祠宗庙”。大司农孙宝曰[②]：“周公上圣，召公大贤，尚犹有不相说，著于经典，两不相损。今风雨未时，百姓不足，每有一事，群臣同声，得无非其美者？”时大臣皆失色。甄邯即时承制罢议者。会宝遣吏迎母，母道病，留弟家，独遣妻子。司直陈崇劾奏宝，事下三公即讯。宝对曰：“年七十，誖眊，恩衰共养，营妻子，如章。”宝坐免，终于家。

帝更名衎[③]。

三月，癸酉，大司空王崇谢病免，以避王莽。

夏，四月，丁酉，左将军甄丰为大司空，右将军孙建为左将军，光禄勋甄邯为右将军。

立代孝王玄孙之子如意为广宗王，江都易王孙盱台侯宫为广川王，广川惠王曾孙伦为广德王。绍封汉兴以来大功臣之后周共等皆为列侯及关内侯[④]，凡百一十七人。

郡国大旱，蝗，青州尤甚，民流亡。王莽白太后：宜衣缯练，颇损膳，以示天下。莽因上书愿出钱百万，献田三十顷，付大司农助给贫民。于是公卿皆慕效焉，凡献田宅者二百三十人，以口赋贫民。又起五里于长安城中，宅二百区，以居贫民。莽帅群臣奏太后言："幸赖陛下德泽，间者风雨时，甘露降，神芝生，蓂荚、朱草、嘉禾，休征同时并至[⑤]。愿陛下遵帝王之常服，复太官之法膳，使臣子各得尽欢心，备共养！"莽又令太后下诏，不许。每有水旱，莽辄素食，左右以白太后，太后遣使者诏莽曰："闻公菜食，忧民深矣。今秋幸孰，公以时食肉，爱身为国！"

六月，陨石于巨鹿二。

光禄大夫楚国龚胜、太中大夫琅邪邴汉以王莽专政，皆乞骸骨。莽令太后策诏之曰："朕愍以官职之事烦大夫，大夫其修身守道，以终高年。"皆加优礼而遣之。

梅福知王莽必篡汉祚，一朝弃妻子去，不知所之。其后，人有见福于会稽者[⑥]，变姓名为吴市门卒云。

秋，九月，戊申晦，日有食之，赦天下徒。

遣执金吾候陈茂谕说江湖贼成重等二百余人皆自出，送家在所收事。重徙云阳[⑦]，赐公田宅。

王莽欲悦太后以威德至盛，异于前，乃风单于令遣王昭君女须卜居次云入侍太后，所以赏赐之甚厚。

车师后王国有新道通玉门关，往来差近，戊己校尉徐普欲开之。车师后王姑句以当道供给使者，心不便也。普欲分明其界，然后奏之，召姑句使证之；不肯，系之。其妻股紫陬谓姑句曰[⑧]："前车师前王为都护司马所杀，今久系必死，不如降匈奴！"即驰突出高昌壁，入匈奴。又去胡来王唐兜与赤水羌数相寇，不胜，告急都护，都护但钦不以时救助。唐兜困急，怨钦，东守玉门关；玉门关不内，即将妻子、人民千余人亡降匈奴；单于受置左谷蠡地，遣使上书言状曰："臣谨已受。"诏遣中郎将韩隆等使匈奴，责让单于；单于叩头谢罪，执二虏还付使者。诏使中郎将王萌待于西域恶都奴界上。单于遣使送，因请其罪；使者以闻。莽不听，诏会西域诸国王，陈军斩姑句、唐兜以示之；乃造设四条，中国人亡入匈奴者，乌孙亡降匈奴者，西域诸国佩中国印绶降匈奴者，乌桓降匈奴者，皆不得受。遣中郎将王骏、王昌、副校尉甄阜、王寻使匈奴，班四条与单于，杂函封，付单于，令奉行；因收故宣帝所为约束封函还。时莽奏令中国不得有二名，因使使者以风单于，宜上书慕化，为一名，汉必加厚赏。单于从之，上书言："幸得备藩臣，窃乐太平圣制。臣故名囊知牙斯，今谨更名曰知。"莽大说，白太后，遣使者答谕，厚赏赐焉。

莽欲以女配帝为皇后以固其权，奏言："皇帝即位三年，长秋宫未建⑨，掖庭媵未充⑩。乃者国家之难，本从无嗣，配取不正，请考论《五经》，定取后礼，正十二女之义，以广继嗣，博采二王后及周公、孔子世、列侯在长安者適子女。"事下有司，上众女名，王氏女多在选中者，莽恐其与己女争，即上言："身无德，子材下，不宜与众女并采。"太后以为至诚，乃下诏曰："王氏女，朕之外家，其勿采。"庶民、诸生、郎吏以上守阙上书者日千余人，公卿大夫或诣廷中，或伏省户下，咸言："安汉公盛勋堂堂若此，今当立后，独奈何废公女，天下安所归命！愿得公女为天下母！"莽遣长史以下分部晓止公卿及诸生，而上书者愈甚。太后不得已，听公卿采莽女。莽复自白："宜博选众女。"公卿争曰："不宜采诸女以贰正统。"莽乃白："愿见女。"

【注释】

①越嶲郡：治所在邛都县（今四川西昌市东北）。　②孙宝：河南鄢陵县人。字子严。以明经为郡吏，后为议郎、谏大夫。历益州、冀州刺史，广汉郡太守，蛮夷安辑，吏民称赞，后任为京兆尹。哀帝时为司隶，上书讼尚书仆射郑崇冤，被贬为平民。平帝时起为大司农。坐不迎母罪免官，终于家。　③衎（kàn 看）。　④周共：绛（jiàng 将）侯周勃的玄孙。

⑤休征:吉利的征兆。 ⑥会稽:治所在吴县(今江苏苏州市)。 ⑦云阳:县名。今陕西淳化县。 ⑧陬(zōu 邹)。 ⑨长秋宫:皇后所居的宫。长,久也;秋,万物成熟之初也。所以名曰长秋宫。请立皇后,不敢指言,故以宫称之。后来便以长秋指皇后。 ⑩媵(yìng 硬):陪嫁的女子。

资治通鉴卷第三十六

汉纪二十八　起昭阳大渊献，尽著雍执徐，凡六年。

孝平皇帝下

元始三年　春，太后遣长乐少府夏侯藩、宗正刘宏、尚书令平晏纳采见女[①]。还，奏言："公女渐渍德化[②]，有窈窕之容[③]，宜承天序，奉祭祀。"太师光、大司徒宫、大司空丰、左将军孙建、执金吾尹赏、行太常事、太中大夫刘秀及太卜、太史令服皮弁、素积，以礼杂卜筮[④]，皆曰："兆遇金水王相，卦遇父母得位，所谓康强之占，逢吉之符也。"又以太牢策告宗庙。有司奏："故事：聘皇后，黄金二万斤，为钱二万万。"莽深辞让。受六千三百万，而以其四千三百万分予十一媵家及九族贫者[⑤]。

夏，安汉公奏车服制度，吏民养生、送终、嫁娶，奴婢、田宅、器械之品，立官稷，及郡国、县邑、乡聚皆置学官。

大司徒司直陈崇使张敞孙竦草奏，盛称安汉公功德，以为："宜恢公国令如周公，建立公子令如伯禽，所赐之品亦皆如之，诸子之封皆如六子。"太后以示群公。群公方议其事，会吕宽事起。

初，莽长子宇非莽隔绝卫氏，恐久后受祸，即私与卫宝通书，教卫后上书谢恩，因陈丁、傅旧恶，冀得至京师。莽白太皇太后，诏有司褒赏中山孝王后，益汤沐邑七千户[⑥]。卫后日夜啼泣，思见帝面，而但益户邑；宇复教令上书求至京师。莽不听。宇与师吴章及妇兄吕宽议其故，章以莽不可谏而好鬼神，可为变怪以惊惧之，章因推类说令归政卫氏。宇即使宽夜持血洒莽第，门吏发觉之；莽执宇送狱，饮药死。宇妻焉怀子，系狱，须产子已，杀之。甄邯等白太后，下诏曰："公居周公之位，辅成王之主，而行管、蔡之诛，不以亲亲害尊尊，朕甚嘉之！"莽尽灭卫氏支属，唯卫后在。吴章要斩[7]，磔尸东市门[8]。

初，章为当世名儒，教授尤盛，弟子千余人。莽以为恶人党，皆当禁锢不得仕宦[9]，门人尽更名他师。平陵云敞时为大司徒掾[10]，自劾吴章弟子，收抱章尸归，棺敛葬之，京师称焉。

莽于是因吕宽之狱，遂穷治党与，连引素所恶者悉诛之。元帝女弟敬武长公主素附丁、傅，及莽专政，复非议莽；红阳侯王立，莽之尊属；平阿侯王仁，素刚直；莽皆以太皇太后诏，遣使迫守，令自杀。莽白太后，主暴病薨；太后欲临其丧，莽固争而止。甄丰遣使者乘传案治卫氏党与，郡国豪桀及汉忠直臣不附莽，皆诬以罪法而杀之。何武、鲍宣及王商子乐昌侯安、辛庆忌三子护羌校尉通、函谷都尉遵、水衡都尉茂、南郡太守辛伯皆坐死。凡死者数百人，海内震焉。北海逢萌谓友人曰[11]："三纲绝矣，不去，祸将及人！"即解冠挂东都城门[12]，归，将家属浮海，客于辽东。

莽召明礼少府宗伯凤入说为人后之谊[13]，白令公卿、将军、侍中、朝臣并听，欲以内厉天子而外塞百姓之议。先是，秺侯金日磾子赏、都成侯金安上子常皆以无子国绝[14]，莽以曾孙当及安上孙京兆尹钦绍其封。钦谓"当宜为其父、祖立庙，而使大夫主赏祭也"。甄邯时在旁，廷叱钦，因劾奏："钦诬祖不孝，大不敬。"下狱，自杀。邯以纲纪国体，无所阿私，忠孝尤著，益封千户。更封安上曾孙汤为都成侯。汤受封日，不敢还归家，以明为人后之谊。

是岁，尚书令颍川钟元为大理。颍川太守陵阳严诩本以孝行为官[15]，谓掾、吏为师友，有过辄闭阁自责，终不大言。郡中乱。王莽遣使征诩，官属数百人为设祖道，诩据地哭。掾、吏曰："明府吉征，不宜若此！"诩曰："吾哀颍川士，身岂有忧哉！我以柔弱征，必选刚猛代；代到，将有僵仆者，故相吊耳！"诩至，拜为美俗使者；徙陇西太守何并为颍川太守。并到郡，捕钟元弟威及阳翟轻侠赵季、李款[16]，皆杀之；郡中震栗。

【注释】

①纳采：古婚礼有五礼（纳采、问名、纳吉、纳征、请期）。纳采，是指男方具送求婚的礼物，即行聘。 ②渐渍：浸润，引申为沾染、感化。 ③窈窕：文静美好。 ④卜筮：古时占卜，用龟甲称卜，用蓍草称筮，合称卜筮。 ⑤九族：高祖、曾祖、祖父、父亲、自己、儿子、孙儿、曾孙、玄孙。 ⑥汤沐邑：天子赐给诸侯的封邑，邑内收入供诸侯作汤沐之用。 ⑦要（yāo 腰）斩：古时酷刑，将犯人肢体斩为两截。 ⑧磔（zhé 折）尸：古时的一种酷刑，把肢体分裂。 ⑨禁锢：禁止封闭，勒令不准做官，犹后世之永不录用。 ⑩平陵：地名，今陕西咸阳市。 ⑪北海：郡名，今山东昌乐县。 ⑫东都城门：指长安城东南门。 ⑬为人后：宗法制度，支子立为大宗的继承人，称为人后。 ⑭秺（dù 妒）：地名，在今山东菏泽市。 ⑮陵阳：县名。今安徽石台县。 ⑯阳翟：县名。今河南禹州市。

四年 春，正月，郊祀高祖以配天，宗祀孝文以配上帝。

改殷绍嘉公曰宋公，周承休公曰郑公。

诏："妇女非身犯法，及男子年八十以上、七岁已下，家非坐不道、诏所名捕[①]，他皆无得系；其当验者即验问。定著令！"

二月，丁未，遣大司徒宫、大司空丰等奉乘舆法驾迎皇后于安汉公第，授皇后玺绂，入未央宫。大赦天下。

遣太仆王恽等八人各置副，假节，分行天下，览观风俗。

夏，太保舜等及吏民上书者八千余人，咸请"如陈崇言，加赏于安汉公"。章下有司，有司请"益封公以召陵、新息二县及黄邮聚、新野田[②]；采伊尹、周公称号，加公为宰衡，位上公，三公言事称'敢言之[③]'；赐公太夫人号曰功显君；封公子男二人安为褒新侯，临为赏都侯；加后聘三千七百万，合为一万万，以明大礼；太后临前殿亲封拜，安汉公拜前，二子拜后，如周公故事"。莽稽首辞让，出奏封事："愿独受母号，还安、临印韨及号位户邑[④]。"事下，太师光等皆曰："赏未足以直功；谦约退让，公之常节，终不可听。忠臣之节亦宜自屈，而伸主上之义。宜遣大司徒、大司空持节承制诏公亟入视事；诏尚书勿复受公之让奏。"奏可。莽乃起视事，止减召陵、黄邮、新野之田而已。

莽复以所益纳征钱千万遗太后左右奉共养者。莽虽专权，然所以诳耀媚事太后，下至旁侧长御，方故万端，赂遗以千万数。白尊太后姊、妹号皆为君，食汤沐邑。以故左右日夜共誉莽。莽又知太后妇人，厌居深宫中，莽欲虞乐以市其权，乃令太后四时车驾巡狩四郊，存见孤、寡、贞妇，所至属县，辄施恩惠，赐民钱帛、牛酒，岁以为常。太后旁弄儿病，在外舍，莽自亲候之。其欲得太后意如此。

太保舜奏言："天下闻公不受千乘之土，辞万金之币，莫不乡化。蜀郡男子路建等辍讼，惭怍而退，虽文王却虞、芮何以加！宜报告天下。"于是孔光愈恐，固称疾辞位。太后诏："太师毋朝，十日一入省中，置几杖，赐餐十七物，然后归；官属按职如故。"

【注释】

①不道：汉以来以"不道"作为刑律的名目，至隋列为十大罪之一。唐律有"十恶"，其五为"不道"。 ②召陵：县名。今河南漯河市郾城区。新息：县名。今河南息县。新野：县名，今河南新野县。 ③"敢言"：这是古时下属对上级言事时的套语。为冒昧陈辞。 ④韨（fú弗）：拴玺印的绳子。

莽奏起明堂、辟雍、灵台[①]，为学者筑舍万区，制度甚盛。立《乐经》；益博士员，经各五人。征天下通一艺、教授十一人以上，及有《逸礼》、古书、天文、图谶、钟律、《月令》、兵法、《史篇》文字，通知其意者，皆诣公车。网罗天下异能之士，至者前后千数，皆令记说廷中，将令正乖谬，壹异说云。

又征能治河者以百数，其大略异者，长水校尉平陵关并言[②]："河决率常于平原、东郡左右[③]，其地形下而土疏恶。闻禹治河时，本空此地，以为水猥盛则放溢，少稍自索，虽时易处，犹不能离此。上古难识。近察秦、汉以来，河决曹、卫之域，其南北不过百八十里。可空此地，勿以为官亭、民室而已。"御史临淮韩牧以为[④]："可略于《禹贡》九河处穿之，纵不能为九，但为四、五，宜有益。"大司空掾王横言："河入勃海地，高于韩牧所欲穿处。往者天常连雨，东北风，海水溢，西南出，寖数百里，九河之地已为海所渐矣。禹之行河水，本随西山下东北去[5]。《周谱》云：‘定王五年，河徙。’则今所行非禹之所穿也。又秦攻魏，决河灌其都[6]，决处遂大，不可复补。宜却徙完平处更开空，使缘西山足，乘高地而东北入海，乃无水灾。”司空掾沛国桓谭典其议[7]，为甄丰言：“凡此数者，必有一是；宜详考验，皆可豫见。计定然后举事，费不过数亿万，亦可以事诸浮食无产业民。空居与行役，同当衣食，衣食县官而为之作，乃两便，可以上继禹功，下除民疾。”时莽但崇空语，无施行者。

群臣奏言：“昔周公摄政七年，制度乃定。今安汉公辅政四年，营作二旬，大功毕成，宜升宰衡位在诸侯王上[8]。”诏曰：“可。”仍令议九锡之法[9]。

莽奏尊孝宣庙为中宗，孝元庙为高宗；又奏毁孝宣皇考庙勿修；罢南陵、云陵为县[10]。奏可。

莽自以北化匈奴，东致海外，南怀黄支，唯西方未有加，乃遣中郎将平宪等多持金币诱塞外羌，使献地愿内属。宪等奏言：“羌豪良愿等种可万二千人，愿为内臣，献鲜水海、允谷、盐池[11]，平地美草，皆与汉民；自居险阻处为藩蔽。问良愿降意，对曰：‘太皇太后圣明[12]，安汉公至仁，天下太平，五谷成孰，或禾长丈余，或一粟三米，或不种自生，或茧不蚕自成；甘露从天下，醴泉自地出；凤皇来仪，神爵降集。从四岁以来，羌人无所疾苦，故思乐内属。’宜以时处业，置属国领护。”事下莽，莽复奏：“今已有东海、南海、北海郡[13]，请受良愿等所献地为西海郡[14]。分天下为十二州，应古制。”奏可。冬，置西海郡。又增法五十条，犯者徙之西海。徙者以千万数，民始怨矣。

梁王立坐与卫氏交通，废，徙南郑[15]；自杀。

分京师置前辉光、后丞烈二郡。更公卿、大夫、八十一元士官名、位次及十二州名、分界。郡国所属，罢置改易，天下多事，吏不能纪矣。

【注释】

①明堂：古代帝王宣明政教的地方。凡朝会、祭祀、庆赏、选士、养老、教学等大典，都在此举行。辟雍：汉班固在《白虎通·辟雍》一书中说：“辟者，璧也。象璧圆又以法尺，于雍水侧，象教化流行也。”灵台：在

长安西北,为观测天象之所。 ②平陵:县名。在今陕西咸阳市。 ③平原:郡名。在今山东平原县。东郡:在今河南濮阳县。 ④临淮:郡名。在今江苏泗洪县。 ⑤西山:指太行山。 ⑥都:指魏国国都大梁,在今河南开封市。 ⑦沛国:即沛县,在今江苏沛县。 ⑧宰衡:殷汤时伊尹为阿衡,周武王时周公为太宰。汉王莽专权,汉平帝加王莽称号为宰衡,意谓可媲美伊尹、周公。 ⑨九锡:车马、衣服、乐则、朱户、纳陛、虎贲百人、铁钺、弓矢、秬鬯。 ⑩南陵:县名,在今陕西西安市。云陵:县名,在今陕西淳化县。 ⑪鲜水海:即青海湖。 ⑫圣明:封建时代称颂皇帝或临朝皇后、皇太后的套词。是说英明无所不知之意。 ⑬东海郡:在今山东郯城县。南海郡:在今广东广州市。北海郡:在今山东昌乐县。⑭西海郡:在今青海海晏县。 ⑮南郑:县名。在今陕西汉中市。

五年 春,正月,祫祭明堂[①];诸侯王二十八人,列侯百二十人,宗室子九百余人,征助祭。礼毕,皆益户、赐爵及金帛、增秩、补吏各有差。

安汉公又奏复长安南、北郊。三十余年间,天地之祠凡五徙焉[②]。

诏曰:"宗室子自汉元至今十余万人,其令郡国各置宗师以纠之,致教训焉。"

夏,四月,乙未,博山简烈侯孔光薨[③],赠赐、葬送甚盛,车万余辆。以马宫为太师。

吏民以莽不受新野田而上书者前后四十八万七千五百七十二人,及诸侯王公、列侯、宗室见者皆叩头言:"宜亟加赏于安汉公。"于是莽上书言:"诸臣民所上章下议者,事皆寝勿上,使臣莽得尽力毕制礼作乐;事成,愿赐骸骨归家,避贤者路。"甄邯等白太后,诏曰:"公每见辄流涕叩头言,愿不受赏;赏即加,不敢当位。方制作未定,事须公而决,故且听公制作;毕成,群公以闻,究于前议。其九锡礼仪亟奏!"

五月,策命安汉公莽以九锡,莽稽首再拜,受绿韨,衮冕,衣裳,玚琫、玚珌[④],句履,鸾路、乘马,龙旂九旒,皮弁、素积,戎路、乘马,彤弓矢、卢弓矢,左建朱钺,右建金戚,甲、胄一具,秬鬯二卣[⑤],

圭瓒二，九命青玉珪二，朱户，纳陛，署宗官、祝官、卜官、史官，虎贲三百人。

王恽等八人使行风俗还，言天下风俗齐同，诈为郡国造歌谣、颂功德，凡三万言。闰月，丁酉，诏以羲和刘秀等四人使治明堂、辟雍，令汉与文王灵台、周公作洛同符。太仆王恽等八人使行风俗，宣明德化，万国齐同，皆封为列侯⑥。

时广平相班稚独不上嘉瑞及歌谣；琅邪太守公孙闳言灾害于公府。甄丰遣属驰至两郡，讽吏民，而劾"闳空造不祥，稚绝嘉应，嫉害圣政，皆不道"。稚，班倢伃弟也。太后曰："不宣德美，宜与言灾害者异罚。且班稚后宫贤家，我所哀也。"闳独下狱，诛。稚惧，上书陈恩谢罪，愿归相印，入补延陵园郎；太后许焉。

莽又奏为市无二贾，官无狱讼，邑无盗贼，野无饥民，道不拾遗，男女异路之制；犯者象刑⑦。

莽复奏言："共王母、丁姬，前不臣妾，冢高与元帝山齐，怀帝太后、皇太太后玺绶以葬。请发共王母及丁姬冢，取其玺绶；徙共王母归定陶，葬共王冢次。"太后以为既已之事，不须复发。莽固争之，太后诏因故棺改葬之。莽奏："共王母及丁姬棺皆名梓宫，珠玉之衣，非藩妾服。请更以木棺代，去珠玉衣；葬丁姬媵妾之次。"奏可。公卿在位皆阿莽指，入钱帛，遣子弟及诸生、四夷凡十余万人，操持作具，助将作掘平共王母、丁姬故冢；二旬间，皆平。莽又周棘其处，以为世戒云。又隳坏共皇庙⑧，诸造议者泠褒、段犹皆徙合浦。

征师丹诣公车⑨，赐爵关内侯，食故邑。数月，更封丹为义阳侯；月余，薨。

初，哀帝时，马宫为光禄勋，与丞相、御史杂议傅太后谥曰孝元傅皇后。及莽追诛前议者，宫为莽所厚，独不及。宫内惭惧，上书言："臣前议定陶共王母谥，希指雷同，诡经僻说，以惑误主上，为臣不忠。幸蒙洒心自新，诚无颜复望阙廷，无心复居官府，无宜复食国邑。愿上太师、大司徒、扶德侯印绶，避贤者路。"八月，壬午，莽以太后诏赐宫策曰："四辅之职，为国维纲，三公之任，鼎足承君；不有鲜明固守，无以居位。君言至诚，不敢文过，朕甚多之。

不夺君之爵邑，其上太师、大司徒印绶使者，以侯就第。”

【注释】

①祫（xiá 侠）：合祭。 ②五徙：指成帝建始元年撤除甘泉泰畤、汾阴后土祠；设立长安南、北郊祭天祭地；永始三年，恢复甘泉天神坛及汾阴后土祠；取消长安南、北郊祭天祭地；成帝崩，皇太后诏复长安南、北郊祭天祭地；哀帝建平三年，又恢复甘泉天神坛及汾阴后土神祠；撤除长安南、北郊祭天祭地；今年（元始五年）又恢复长安南、北郊祭天祭地。③孔光（前 65—5）：字子夏。鲁（今山东曲阜市）人。深谙经学。成帝时，举为博士，又以高第为尚书令，掌管枢机十余年。后任御史大夫、丞相等官职。哀帝时，与大司空何武拟定限田、限奴婢方案，其逾限者归官。因遭贵族官僚反对，未能实行。他为人正派，不结私党。其弟子多成为博士、大夫，终无荐举。 ④玚（yáng 杨）琫、玚珌（bì 毖）：玚，玉名。佩刀上装饰物，上称琫，下称珌。 ⑤秬鬯（jù chàng 句倡）：祭祀时灌地所用的以郁金草合黍酿造的酒，色黄而芬香。 ⑥皆封为列侯：指刘秀为红休侯、平晏为防乡侯、孔永为宁乡侯、孙迁为定乡侯、王恽为常乡侯、阎迁为望乡侯、陈崇为南乡侯、李翕为邑乡侯、郝党为亭乡侯、谢殷为章乡侯、逯普为蒙乡侯、陈凤为卢乡侯。 ⑦象刑：传说上古尧舜时无肉刑，以特异的服饰象征五刑，以示耻辱，谓之象刑。 ⑧隳（huī 徽）：毁坏。 ⑨师丹（？—3）：字仲公。琅邪东武（今山东诸城市）人。少治《诗》，举孝廉为郎。元帝时为博士，后免官。成帝末年，为太子太傅。哀帝即位，为左将军，领尚书事，遂代王莽为大司马，封高乐侯。月余，徙为大司空。主张限田、限奴婢，抑制非法兼并，但遭贵族官僚反对，未能实行。

莽以皇后有子孙瑞，通子午道[①]，从杜陵直绝南山，径汉中。

泉陵侯刘庆上书言：“周成王幼小，周公居摄。今帝富于春秋，宜令安汉公行天子事，如周公。”群臣皆言：“宜如庆言。”

时帝春秋益壮，以卫后故，怨不悦。冬，十二月，莽因腊日上椒酒[②]，置毒酒中；帝有疾。莽作策，请命于泰畤，愿以身代，藏策金縢[③]，置于前殿，敕诸公勿敢言。丙午[④]，帝崩于未央宫。大赦天下。莽令天下吏六百石以上皆服丧三年。奏尊孝成庙曰统宗；孝平庙曰元宗。敛孝平，加元服，葬康陵[⑤]。

班固赞曰：孝平之世，政自莽出，褒善显功，以自尊盛。观其文辞，方外百蛮，无思不服，休征嘉应，颂声并作；至乎变异见于上，民怨于下，莽亦不能文也。

以长乐少府平晏为大司徒。

太后与群臣议立嗣。时元帝世绝，而宣帝曾孙有见王五人，列侯四十八人。莽恶其长大，曰："兄弟不得相为后。"乃悉征宣帝玄孙，选立之。

是月，前辉光谢嚣奏武功长孟通浚井得白石[6]，上圆下方，有丹书著石，文曰："告安汉公莽为皇帝。"符命之起，自此始矣。莽使群公以白太后，太后曰："此诬罔天下，不可施行！"太保舜谓太后曰："事已如此，无可奈何；沮之，力不能止。又莽非敢有他，但欲称摄以重其权，填服天下耳！"太后心不以为可，然力不能制，乃听许。舜等即共令太后下诏曰："孝平皇帝短命而崩，已使有司征孝宣皇帝玄孙二十三人，差度宜者，以嗣孝平皇帝之后。玄孙年在襁褓，不得至德君子，孰能安之！安汉公莽，辅政三世，与周公异世同符。今前辉光嚣、武功长通上言丹石之符，朕深思厥意，云'为皇帝'者，乃摄行皇帝之事也。其令安汉公居摄践祚，如周公故事，具礼仪奏！"于是群臣奏言："太后圣德昭然，深见天意，诏令安汉公居摄。臣请安汉公践祚，服天子韨冕，背斧依立于户牖之间，南面朝群臣，听政事；车服出入警跸，民臣称臣妾，皆如天子之制。郊祀天地，宗祀明堂，共祀宗庙，享祭群神，赞曰'假皇帝'，民臣谓之'摄皇帝'，自称曰'予'。平决朝事，常以皇帝之诏称'制'。以奉顺皇天之心，辅翼汉室，保安孝平皇帝之幼嗣，遂寄托之义，隆治平之化。其朝见太皇太后、帝皇后皆复臣节。自施政教于宫家国采[7]，如诸侯礼仪故事。"太后诏曰："可。"

【注释】

①子午道：古隘道名。汉平帝元始五年开辟的从关中至汉中的通道。古代以北方为子，南为午，因次道通南北，故名子午道。　②腊日：古时岁终祭祀百神之日。椒酒：用椒实浸制的酒。　③金縢（téng 滕）：因其匮缄之以金，故称金縢。武王生病，周公祈祷于三王，愿以身代。史纳其祝策于金縢匮中；其后周公因受管叔、蔡叔的流言而避居东都，成王

开匮得其祝文，乃知周公的忠诚，拿着书哭泣，遂迎周公归。 ④丙午：疑有误。 ⑤康陵：在今陕西咸阳市。 ⑥武功：县名。在今陕西眉县。⑦宫：指王莽的安汉公第。家：指王莽原来的家宅。国：指王莽被封的新都国，即在今河南新野县。采：指作为采邑的武功县。

王 莽 上

居摄元年 春，正月，王莽祀上帝于南郊，又行迎春、大射、养老之礼。

三月，己丑，立宣帝玄孙婴为皇太子，号曰孺子。婴，广戚侯显之子也。年二岁；托以卜相最吉，立之。尊皇后曰皇太后。

以王舜为太傅、左辅，甄丰为太阿、右拂，甄邯为太保、后承；又置四少[1]，秩皆二千石。

四月，安众侯刘崇与相张绍谋曰："安汉公莽必危刘氏，天下非之，莫敢先举，此乃宗室之耻也。吾帅宗族为先，海内必和。"绍等从者百余人遂进攻宛[2]；不得入而败。

绍从弟竦与崇族父嘉诣阙自归；莽赦弗罪。竦因为嘉作奏，称莽德美，罪状刘崇："愿为宗室倡始，父子兄弟负笼荷锸[3]，驰之南阳，猪崇宫室，令如古制；及崇社宜如亳社，以赐诸侯，用永监戒！"于是莽大说，封嘉为率礼侯，嘉子七人皆赐爵关内侯；后又封竦为淑德侯。长安为之语曰："欲求封，过张伯松。力战斗，不如巧为奏。"自后谋反者皆污池云。

群臣复白："刘崇等谋逆者，以莽权轻也；宜尊重以填海内。"五月，甲辰，太后诏莽朝见太后称"假皇帝"。

冬，十月，丙辰朔，日有食之。

十二月，群臣奏请以安汉公庐为摄省[4]，府为摄殿[5]，第为摄宫[6]。奏可。

是岁，西羌庞恬、傅幡等怨莽夺其地，反攻西海太守程永；永奔走。莽诛永，遣护羌校尉窦况击之。

二年 春，窦况等击破西羌。

王莽像

五月，更造货：错刀，一直五千；契刀，一直五百；大钱，一直五十；与五铢钱并行，民多盗铸者。禁列侯以下不得挟黄金，输御府受直；然卒不与直。

东郡太守翟义，方进之子也，与姊子上蔡陈丰谋曰："新都侯摄天子位，号令天下，故择宗室幼稚者以为孺子，依托周公辅成王之义，且以观望，必代汉家，其渐可见。方今宗室衰弱，外无强蕃，天下倾首服从，莫能亢扞国难[⑦]。吾幸得备宰相子，身守大郡，父子受汉厚恩，义当为国讨贼，以安社稷；欲举兵西，诛不当摄者，选宗室子孙辅而立之。设令时命不成，死国埋名，犹可以不惭于先帝。今欲发之，汝肯从我乎？"丰年十八，勇壮，许诺。义遂与东郡都尉刘宇、严乡侯刘信、信弟武平侯刘璜结谋，以九月都试日斩观令[⑧]，因勒其车骑、材官士，募郡中勇敢，部署将帅。信子匡时为东平王，乃并东平兵，立信为天子；义自号大司马、柱天大将军；移檄郡国，言："莽鸩杀孝平皇帝，摄天子位，欲绝汉室。今天子已立，共行天罚！"郡国皆震。比至山阳，众十余万。

莽闻之，惶惧不能食。太皇太后谓左右曰："人心不相远也。我虽妇人，亦知莽必以此自危。"莽乃拜其党、亲轻车将军、成武侯孙建为奋武将军[⑨]，光禄勋、成都侯王邑为虎牙将军，明义侯王骏为强弩将军，春王城门校尉王况为震威将军，宗伯、忠孝侯刘宏为奋冲将军，中少府、建威侯王昌为中坚将军，中郎将、震羌侯窦况为奋威将军，凡七人，自择除关西人为校尉、军吏，将关东甲卒，发奔命以击义焉。复以太仆武让为积弩将军，屯函谷关[⑩]；将作大匠蒙乡侯逯并为横壄将军，屯武关[11]；羲和、红休侯刘秀为扬武将军，屯宛。

三辅闻翟义起，自茂陵以西至汧二十三县[12]，盗贼并发。槐里男子赵朋[13]、霍鸿等自称将军，攻烧官寺，杀右辅都尉及斄令[14]，相与谋曰："诸将精兵悉东，京师空，可攻长安！"众稍多至十余万，火见未央宫前殿。莽复拜卫尉王级为虎贲将军，大鸿胪、望乡侯阎迁为折冲将军，西击朋等。以常乡侯王恽为车骑将军，屯平乐馆[15]；骑都尉王晏为建威将军，屯城北；城门校尉赵恢为城门将军；皆勒兵自备。以太保、后承、承阳侯甄邯为大将军，受钺高庙[16]，领天下兵，左杖节，右把钺，屯城外。王舜、甄丰昼夜循行殿中。

莽日抱孺子祷郊庙，会群臣，称曰："昔成王幼，周公摄政，而管、蔡挟禄父以叛。今翟义亦挟刘信而作乱。自古大圣犹惧此，况臣莽之斗筲[17]！"群臣皆曰："不遭此变，不章圣德！"冬，十月，甲子，莽依《周书》作《大诰》曰："粤其闻日，宗室之俊有四百人，民献仪九万夫，予敬以终于此谋继嗣图功。"遣大夫桓谭等班行谕告天下，以当反位孺子之意。

诸将东至陈留菑，与翟义会战，破之，斩刘璜首。莽大喜，复下诏先封车骑都尉孙贤等五十五人皆为列侯，即军中拜授。因大赦天下。于是吏士精锐遂攻围义于圉城[18]，十二月，大破之。义与刘信弃军亡，至固始界中[19]，捕得义，尸磔陈都市；卒不得信。

【注释】

①四少：少师、少傅、少阿、少保。 ②宛：县名。在今河南南阳市。 ③笼：用竹片编成的盛土用的工具。 ④庐：指王莽在宫殿中休息的地方。 ⑤府：指王莽办公的地方。 ⑥第：指王莽的住宅。 ⑦亢扞（kàng hàn 抗旱）：抗御、捍卫。 ⑧都试日：汉制称考试为都试，以立秋日总试骑士。故谓都试日。 ⑨党、亲：指孙建、刘宏、窦况是王莽的同党；王邑、王骏、王况、王昌是王莽的亲属。 ⑩函谷关：在今河南新安县境内。 ⑪武关：在今陕西商洛市西南丹江北岸。 ⑫茂陵：县名，在今陕西兴平市。汧：县名。在今陕西陇县南。 ⑬槐里：县名。在今陕西兴平市。 ⑭斄（tái 台）：县名，在今陕西扶风县境。 ⑮平乐馆：在今陕西西安市西，为西汉上林苑内宫观之一。 ⑯钺（yuè 阅）：古代兵器，

形状像斧而较大。多用于礼仪，以象征帝王的威权。⑰斗筲：斗，容十升；筲，竹器，容斗二升；都是容量很小的量器，因用来比喻人之才识短浅，器量狭小。也喻职位低微。⑱圉（yǔ 语）城：在今河南杞县。⑲固始：县名，在今河南太康县境。

初始元年 春，地震。大赦天下。

王邑等还京师，西与王级等合击赵朋、霍鸿。二月，朋等殄灭，诸县息平。还师振旅，莽乃置酒白虎殿，劳赐将帅。诏陈崇治校军功，第其高下，依周制爵五等，以封功臣为侯、伯、子、男，凡三百九十五人，曰"皆以奋怒，东指西击，羌寇、蛮盗，反虏、逆贼，不得旋踵，应时殄灭，天下咸服"之功封云。其当赐爵关内侯者，更名曰附城[1]，又数百人。莽发翟义父方进及先祖冢在汝南者，烧其棺柩[2]；夷灭三族，诛及种嗣，至皆同坑，以棘五毒并葬之[3]。又取义及赵朋、霍鸿党众之尸，聚之通路之旁，濮阳、无盐、圉、槐里、盩厔凡五所[4]，建表木于其上，书曰："反虏逆贼鱷鲵[5]。"义等既败，莽于是自谓威德日盛，遂谋即真之事矣。

群臣复奏：进摄皇帝子安、临爵为公；封兄子光为衍功侯。是时莽还归新都国；群臣复白以封莽孙宗为新都侯。

九月，莽母功显君死。莽自以居摄践阼[6]，奉汉大宗之后，为功显君缌缞弁而加麻环绖，如天子吊诸侯服。凡壹吊再会；而令新都侯宗为主，服丧三年云。

司威陈崇奏：莽兄子衍功侯光私报执金吾窦况，令杀人；况为收系，致其法。莽大怒，切责光。光母曰："汝自视孰与长孙、中孙！"长孙、中孙者，宇及获之字也。遂母子自杀，及况皆死。初，莽以事母、养嫂、抚兄子为名，及后悖虐，复以示公义焉。令光子嘉嗣爵为侯。

是岁，广饶侯刘京言齐郡新井，车骑将军千人扈云言巴郡石牛，太保属臧鸿言扶风雍石；莽皆迎受。十一月，甲子，莽奏太后曰："陛下遇汉十二世三七之厄[7]，承天威命，诏臣莽居摄。广饶侯刘京上书言：'七月中，齐郡临淄县昌兴亭长辛当一暮数梦，曰："吾，天公使也。天公使我告亭长曰：'摄皇帝当为真。'即不信我，此亭中当有新井。”亭长晨起视亭中，诚有新井，入地且百尺。’十一月，壬子，直建冬至，巴郡石牛，戊午，雍石文，皆到于未央宫之前殿。臣与太保安阳侯舜等视，天风起，尘冥，风止，得铜符帛图于石前，文曰：‘天告帝符，献者封侯。’骑都尉崔发等视说。孔子曰：‘畏天命，畏大人，畏圣人之言。’臣莽敢不承用！臣请共事神祇、宗庙，奏言太皇太后、孝平皇后，皆称‘假皇帝’；其号令天下，天下奏言事，毋言‘摄’；以居摄三年为始初元年；漏刻以百二十为度；用应天命。臣莽夙夜养育隆就孺子，令与周之成王比德，宣明太皇太后威德于万方，期于富而教之。孺子加元服，复子明辟，如周公故事。”奏可。众庶知其奉符命，指意群公博议别奏，以示即真之渐矣。

【注释】

①附城：王莽设置爵位名。王莽为此爵名，效古时的附庸意思。②柩（jiù 救）：装着尸体的棺材。《礼·曲礼》下：“在床曰尸，在棺曰柩。” ③五毒：指石胆、丹砂、雄黄、礜石、慈石五种毒药。 ④盩厔（zhōu zhì 洲制）：县名，在今陕西周至县。 ⑤鳇鲵（jīng ní 京尼）：鲸。雄曰鳇，雌曰鲵。喻凶恶的人。 ⑥践阼：指皇帝新登位。 ⑦十二世：汉朝自刘邦到刘婴，以辈分计，共十一世，以帝位计，则共十三个皇帝。所谓十二世，并不正确。三七：210 年，而汉朝自从前 206 年建立，传国到 8 年，共 214 年，此处言三七是约数。

期门郎张充等六人谋共劫莽，立楚王。发觉，诛死。

梓潼人哀章学问长安[1]，素无行，好为大言，见莽居摄，即作铜匮，为两检，署其一曰“天帝行玺金匮图”，其一署曰“赤帝玺某传予黄帝金策书”。某者，高皇帝名也。书言王莽为真天子，皇太后如天命。图书皆书莽大臣八人，又取令名王兴、王盛，章因自窜姓名，凡十一人，皆署官爵，为辅佐。章闻齐井、石牛事下，即日昏时，衣黄衣，持匮至高庙，以付仆射。仆射以闻。戊辰，莽至高庙拜受金匮神禅，御王冠，谒太后，还坐未央宫前殿，下书曰：“予以不德，托于皇初祖考黄帝之后，皇始祖考虞帝之苗裔，而太皇太后之末属。皇天上帝隆显大佑，成命统序，符契、图文、金匮策书，神明诏告，属予以天下兆民。赤帝汉氏高皇帝之灵，承天命，传金策之书，予甚祗畏，敢不钦受！以戊辰直定，御王冠，即真天子位，定有天下之号曰新。其改正朔，易服色，变牺牲，殊徽帜，异器制。以十二月朔癸酉为始建国元年正月之朔；以鸡鸣为时。服色配德上黄，牺牲应正用白，使节之旄幡皆纯黄，其署曰‘新使五威节’，以承皇天上帝威命也。”

莽将即真，先奉诸符瑞以白太后，太后大惊。是时以孺子未立，玺藏长乐宫。及莽即位，请玺，太后不肯授莽。莽使安阳侯舜谕指。舜素谨敕，太后雅爱信之。舜既见太后，太后知其为莽求玺，怒骂之曰："而属父子宗族，蒙汉家力，富贵累世，既无以报，受人孤寄，乘便利时夺取其国，不复顾恩义。人如此者，狗猪不食其余，天下岂有而兄弟邪！且若自以金匮符命为新皇帝，变更正朔、服制，亦当自更作玺，传之万世，何用此亡国不祥玺为，而欲求之！我汉家老寡妇，旦暮且死，欲与此玺俱葬，终不可得！"太后因涕泣而言，旁侧长御以下皆垂涕。舜亦悲不能自止，良久，乃仰谓太后："臣等已无可言者。莽必欲得传国玺，太后宁能终不与邪！"太后闻舜语切，恐莽欲胁之，乃出汉传国玺投之地，以授舜曰："我老已死，知而兄弟今族灭也！"舜既得传国玺，奏之；莽大说，乃为太后置酒未央宫渐台，大纵众乐。

莽又欲改太后汉家旧号，易其玺绶，恐不见听；而莽疏属王谏欲谄莽，上书言："皇天废去汉而命立新室，太皇太后不宜称尊号，当随汉废，以奉天命。"莽以其书白太后，太后曰："此言是也！"莽因曰："此悖德之臣也，罪当诛！"于是冠军张永献符命铜璧文[2]，言太皇太后当为新室文母太皇太后；莽乃下诏从之。于是鸩杀王谏而封张永为贡符子。

班彪赞曰：三代以来，王公失世，稀不以女宠。及王莽之兴，由孝元后历汉四世为天下母，飨国六十余载，群小世权，更持国柄；五将、十侯[3]，卒成新都。位号已移于天下，而元后卷卷犹握一玺，不欲以授莽，妇人之仁，悲矣！

【注释】

①梓潼：县名。今四川梓潼县。　②冠军：县名。在今河南邓州市。

③五将：指王凤、王音、王商、王根、王莽，因为他们都做过大司马的官。十侯：阳平顷侯王禁、阳平敬侯王凤、安成侯王崇、平阿侯王谭、成都侯王商、红阳侯王立、曲阳侯王根、高平侯王逢时、安阳侯王音、新都侯王莽。